李万甫 等编

中国财经出版传媒集团
中国财政经济出版社

图书在版编目（CIP）数据

减税降费实录.2019 ／ 李万甫等编. ——北京：中国财政经济出版社，2020.6
ISBN 978－7－5095－9746－0

Ⅰ.①减… Ⅱ.①李… Ⅲ.①减税－税收政策－中国－2019 Ⅳ.①F812.422

中国版本图书馆 CIP 数据核字（2020）第 056161 号

责任编辑：吕小军　谷兴华等　　　　　责任校对：张　凡
封面设计：思梵星尚

中国财政经济出版社 出版
URL：http：∥www.cfeph.cn
E－mail：cfeph＠cfeph.cn
（版权所有　翻印必究）
社址：北京市海淀区阜成路甲 28 号　邮政编码：100142
营销中心电话：010－88191537
北京财经印刷厂印刷　各地新华书店经销
787×1092 毫米　16 开　23.75 印张　588 000 字
2020 年 6 月第 1 版　2020 年 8 月北京第 2 次印刷
定价：98.00 元
ISBN 978－7－5095－9746－0
（图书出现印装问题，本社负责调换）
本社质量投诉电话：010－88190744
打击盗版举报热线：010－88191661　QQ：2242791300

序　言

实施更大规模减税降费，是党中央、国务院作出的重大战略部署，是进一步深化供给侧结构性改革的重要举措，也是积极财政政策加力增效的重要内容。与以往相比，2019年以来减税降费呈现出三个"前所未有"的显著特点，即：力度规模之大前所未有、惠及范围之广前所未有、优惠方式之多前所未有。面对这一场历史性大考，全国各级税务部门从政治和全局高度出发，坚决把思想和行动统一到习近平总书记对实施更大规模减税降费的重要指示、批示精神上来、统一到党中央、国务院决策部署上来，坚决把落实减税降费工作作为一项重大政治任务抓实抓细抓出成效。

为了更好地记录减税降费进程、彰显税务人改革创新精神，近期，国家税务总局税收科学研究所牵头策编了《减税降费实录（2019）》一书，该书共约60万字，主要内容包括决策引领、政策法规、落实减税降费、纳税人获得感、媒体聚焦、学者观察等六大部分。该书编写方式新颖、内容严谨、生动活泼，多视角、多维度地梳理与收录了2019年度实施更大规模减税降费主要工作，以纪实手法生动展示了实施更大规模减税降费的全景全貌，为全体纳税人缴费人、税务干部以及广大读者构建起一幅实施减税降费的历史影像档案大全。

全书章节结构和主要内容如下：

第一部分"决策引领"。党政军民学，东西南北中，党是领导一切的。实施更大规模减税降费，是以习近平同志为核心的党中央审时度势、高瞻远瞩作出的重大战略部署。本部分梳理了习近平总书记、李克强总理、韩正副总理以及税务总局党委、相关部委领导对减税降费工作的指示、批示和具体要求，这是顶层设计在减税降费工作领域的具体化，为如何推动好、实施好更大规模减税降费工作指明了方向、提供了指引。

第二部分"政策法规"。"法者，天下之程式也。"实施更大规模减税降费与推进税收现代化、推进税收法治现代化紧密相关，确保减税降费政策措施落地生根是在法治框架下统筹推进的,于法有据、依法推进。本部分梳理了2019年以来财政部、国家税务总局等中央部委出台的与减税降费相关的全部政策法规,涵盖了增值税、所得税、财产和行为税以及社会保险费、行政性事业收费、政府性基金等诸多税种、费种,这为推动和实施更大规模减税降费提供了坚实的法律法规保障和支撑。

第三部分"落实减税降费"。此次减税降费是一项系统工程,囊括税务、财政、发改、人社、审计等众多部门,牵涉面广、综合性强、影响范围大。税务部门是落实减税降费政策的"主攻手""操盘手",从税务总局到基层税务分局(所)全力以赴、尽锐出战,坚持精心谋划、精细操作、精准实施,确保更大规模减税降费政策落地生根。本部分梳理了税务部门与其他部门一道落实减税降费的主要举措,重点梳理了全国各地税务部门助力更大规模减税降费的征管实践、技术保障和典型做法等。

第四部分"纳税人获得感"。实施更大规模减税降费成效如何,纳税人最有发言权。"获得感"立足纳税人缴费人主观感受,充分践行着以人民为中心的发展理念,是衡量和检验更大规模减税降费成效"含金量"的试金石。本部分梳理了全国不同行业、不同地区、不同所有制性质和不同规模的纳税人缴费人对减税降费"获得感"情况,实践充分证明:政府收入"减法"真正换取了企业效益的"加法"、市场活力的"乘法"。

第五部分"媒体聚焦"。新闻媒体作为"社会公器",是实施更大规模减税降费的记录者、观察者、监督者,也是这一重大历史事件的亲历者、参与者、推动者。本部分梳理了《人民日报》《光明日报》《经济日报》《中国财经报》《中国税务报》等新闻媒体2019年以来持续刊发的以减税降费为主题的精品报道。这些报道秉持客观、公正、全面的态度和立场,对减税降费的宣传有质量、有深度、有力度,发出了减税降费好声音,弘扬了减税降费正能量。

第六部分"学者观察"。观察的角度牵引着思考的深度。专家学者是"术业有专攻"群体的典型代表,他们对重大社会事件的观察和解读更专业、更客观。本部分梳理了高培勇、邓力平、李万甫、郭庆旺、胡怡建、张连起、白景明等国内著名财税专家学者对实施更大规模减税降费的专业思考和深刻解读,他们从各自研究领域切入,系统总结诠释了2019年以来实施更大规模减税降费取得的成绩、存在的问题以及改进的建议等,涵盖了减税降费与经济社会发展各领域，是全方位品评更大规模减税降费工作的思想盛宴和学术佳酿。

记录历史是为了面对未来，总结过去是为了扬帆远航。《减税降费实录（2019）》一书旨在忠实记录更大规模减税降费这一重大历史事件的方方面面，力求全面、准确、客观、真实。当下，减税降费正在依法有序推进，政策红利和纳税人缴费人获得感同步显著增强，伟大新时代孕育更多美好新事物正等着我们去记录、书写和创造。

国家税务总局税收科研所所长李万甫和中国财政经济出版社总编辑赵力对本书进行了统稿总撰，国家税务总局相关单位人员参与了本书的编写工作，具体参与人员如下：李本贵、龚辉文、李平、任鹏飞、段志伟、刘和祥、黄浦、李森焱、迟连翔、魏升民、邢锋、赵妤婕、刘建明、李鑫钊、洪江、刘铁源、谭伟、毛明飞、曾丹、王敏、齐一蔚、李昊、刘文钥、刘同洲、孙静、邓学飞、孙韵仪、李美怡、费诗琪、高路、辛舒翔、韩子昂、金波、王素彤等。中国财政经济出版社吕小军、谷兴华参与本书的多媒体部分编写工作。在此一并表示感谢！限于编者水平和时间仓促，本书尚有许多不足之处，敬请各位读者批评指正！

本书编写组

2020 年 1 月 16 日

前　言

在错综复杂的国内外形势下，2019年实施更大规模减税降费，是以习近平同志为核心的党中央高瞻远瞩、审时度势，从中国特色社会主义事业"五位一体"总体布局和"四个全面"战略布局的高度出发，回应新时代人民群众对美好生活的向往、回应社会各界关切，围绕推动高质量发展、完善国家治理体系和治理能力现代化目标做出的重大决策。现围绕"决策引领、政策支撑、措施落地、经济受益、媒体反响、专家发声"六大方面，对2019年实施更大规模减税降费工作进行总结提炼和翔实记录，充分展示减税降费工作的全景全貌。

一、决策引领聚合力，减税降费明方向

一年来，围绕实施更大规模减税降费，以习近平同志为核心的党中央总揽全局、协调各方，举旗帜、定方向，国务院统一部署、周密安排，财税部门与其他相关部门一道勇于担当、真抓实干，不断推动更大规模减税降费政策落地生根。

（一）举旗帜、定方向

习近平总书记对减税降费工作的重要指示与批示，为做好更大规模减税降费工作指明了方向、提供了遵循。2018年11月，习近平总书记在民营企业座谈会上，聚焦解决民营企业普遍反映强烈的税费负担重、降成本实效不明显等问题，特别强调要突出"实质性"这一目标导向，要推进增值税等实质性减税，确保企业社保缴费实际负担有实质性下降，减轻企业负担，增强企业获得感。自此，我国减税降费政策取向发生了根本性转变，即：从特惠式减税转向普惠式减税，从税基式减税转向税率式减税，从结构性减税转向实质性减税与结构性减税并举，从阶段性降低社保费率转向实质性降低企业社保缴费负担。2019年，以习近平同志为核心的党中央始终为实施更大规模减税降费领航掌舵、把脉定向，在新年贺词、中央深改委第七次会议、中共中央政治局会议、中央经济工作会议等重要讲话中，习近平总书记多次强调减税降费政策措施要落地生根，让企业轻装上阵，增强人民群众的获得感、幸福感、安全感。

（二）早部署、快行动

李克强总理在2019年《政府工作报告》中提出明确要求，为实施更大规模减税降费工作做了具体部署。2019年3月，李克强总理在全国"两会"《政府

工作报告》中精准聚焦制造业、生产生活性服务业及小微企业群体等为代表的实体经济，从"实施更大规模的减税""明显降低企业社保缴费负担""确保减税降费落实到位""以改革推动降低涉企收费"等方面，进行了统一部署和周密安排。年中，李克强总理多次主持召开国务院常务会议、专题座谈会，就减税降费政策落实情况听取财税部门、财税专家、企业代表意见建议，研究推出降低社保费率配套措施、降低政府性收费和经营服务性收费措施、降低小微企业融资实际利率措施等一系列举措，确保减税降费红利有效激发市场主体活力。

韩正副总理多次主持研究减税降费工作，先后到财政部、国家税务总局和一些地区现场调研座谈减税降费工作落实情况，强调要把减税降费政策落实好、执行好，并在落实、执行过程中深化完善，不断巩固拓展减税降费成效。与此同时，国务院还印发了《实施更大规模减税降费后调整中央与地方收入划分改革推进方案》，进一步理顺中央与地方财政分配关系，支持地方政府落实减税降费政策、缓解财政运行困难。

（三）抓落实、勇担当

各部门齐动员，税务部门当好"主攻手"。从全局性、战略性高度全方位统筹推进减税降费工作。作为落实减税降费的"主攻手"，税务部门坚持以习近平新时代中国特色社会主义思想为指导，聚焦"四实四硬"要求，树立落实减税降费政策就是"硬任务"理念，将其作为重要政治任务扛牢抓实。以更扎实举措、下更大气力巩固和拓展减税降费成果，进一步提高抓落实的质量，凝聚抓落实的合力，强化抓落实的成效，让纳税人、缴费人有更多获得感。充分发挥税收在推进国家治理体系和治理能力现代化中的积极作用，继续在落实落细减税降费政策、着力优化税收执法方式、健全税务监管体系、改善税收营商环境上发力。严格坚持组织收入工作原则，依法依规征收，积极培植税源，支持民营企业发展壮大，坚决不越收"过头税费"的红线，坚决依法打击虚开骗税行为，努力实现组织税费收入量质兼优，为推动高质量发展贡献税收力量。

与此同时，财政部、税务总局、人力资源和社会保障部等部门成立减税降费工作专班，围绕方案制订、舆论宣传、监督检查、预算保障、综合协调等方面，细化分解工作任务，明确时间表和路线图，严格对标对表，确保各项工作扎实推进。发展改革委、民政部、工业和信息化部、交通运输部、市场监管总局、银保监会等部门还制订了降低企业用能用气用电等资费、降低公路铁路港口收费、清理规范银行及中介服务收费等配套举措，减轻企业整体负担，助力减税降费政策彰显更大成效。

二、完善政策强支撑，减税降费有保障

在党中央、国务院的正确引领下，大规模减税降费政策一一落地。若将2019年的减税降费政策喻作送给纳税人、缴费人的"养生大餐"，那这一桌

"大餐"必是口味多样、营养丰富。一道主菜——深化增值税改革在2019年4月1日落地；三道辅菜——个税六项专项附加扣除政策、小微企业普惠性税收减免、社保费降率在2019年依次落地；多道小菜——完善集成电路设计企业和软件企业所得税"两免三减半"政策，支持扶贫捐赠和第三方污染防治……这些政策或鼓励创新，或改善民生，或促进环保，体现了服务创新驱动发展战略，服务打赢三大攻坚战的鲜明导向。主菜够"劲"，辅菜够"实"，小菜够"鲜"。在推进减税降费政策落地过程中，政策法规领域体现出以下特征：

（一）全面发力，系统谋划

一是税费减免，全面覆盖。首先，本轮减税涉及增值税、所得税等多个主体税种，实现了多领域、全链条的减免。进一步明确增值税纳税主体，优化抵扣链条，切实降低企业税负，并对个人所得税增设专项附加扣除，完善个税税制。其次，此次改革不仅聚焦主体税种的优化，还更多关注各类行政性收费的减免，力求降低企业成本，激发市场活力。国家税务总局联合其他各部委，共出台十余项降费方案，涉及文化、社保、政府性基金等多个领域，有效地降低了企业的费用负担。二是行业企业，全面普惠。既有将创业、天使投资税收优惠政策扩大到全国，以及提高增值税小规模纳税人年销售额标准等优惠措施，也有扩展小微企业减半征收所得税优惠及扩大设备、器具扣除企业所得税优惠范围等优惠政策，企业的获得感得到了显著增强。三是联动谋划，全盘推进。本轮减税降费政策的出台，有着极强的明确性和系统性。国家税务总局积极响应党中央号召，联合相关部委持续推进减税降费政策的贯彻落实。王军局长亲自挂帅，以"不获全胜绝不收兵"的魄力，将相关政策"一竿子插到底"。基于不同政策目标下的企业主体，形成了一系列税收优惠政策的"组合拳"，充分释放了税改的扩散效应。不仅主体税种减税措施详略得当，其他税费政策也相得益彰。在税基式减免的基础上，特别突出了税率式和税额式减免，减税方式更加直接显化。增值税留抵退税也从临时性措施上升为制度性安排，并实施了加计抵减政策，这在世界上尚属首创。

（二）精准发力，疏通难点

一是握指成拳，集中发力。首先，紧扣新时代高质量发展这一主题，直面经济运行中突出问题，聚焦在实体经济、创新驱动、小微企业及民生改善等领域，持续释放减税红利，助力经济高质量发展和市场活力的增强，助推民生状况的改善，符合减税政策的目标定位。其次，面对中美贸易摩擦等国际挑战，国家税务总局沉着应战，出台各项稳妥性政策增强抵御国际市场风险的能力。在积极履行扩大改革开放国策的承诺下，合理调控关税政策，释放减税空间，提振出口力度。二是靶向施策，疏通难点。出台的税收优惠政策，均指向明确、针对性强，令实践效果更加显著。如，在助力实体经济发展方面，实施了降低增值税率、试行增值税留抵退税、扩大设备和器具的所得税优惠等；助力小微企业发展方面，实施了提高小规模纳税人年销售额认定标准、减半征收所得税优惠范围大幅扩展等。一系列减税政策的实施找准了经济运行中的薄弱环节，有针对性施策、施税，极大激发了市场活力和社会创造力。三是明确方向，共生共荣。本轮减税降费举措，在根本上坚持了税制改革的方向，并在最大程度上推出符合国情的减税举措。如，降低增值税税率，就是在坚持三档并二档的改革方向上采取的先行策略，顺应了未来税制改革的变化趋势，提前释放出改革的红利。再如，个人所得税改革中提高基本费用减除标准和增加专项附加扣除，不仅是个人所得税改革的重要内容，也承载了为中低收入者减税这一改善民生的政策安排，切实将减税主张融入改革进程当中，相得益彰，效果明显。

（三）持续发力，相向同行

一是延续政策，加大扶持。对关乎国计民生的相关税收优惠政策，予以适当延期。如，财政部、国家税务总局公告2019年第61号、第67号，将公共租赁住房、饮水安全列为重点事项，并持续出台政策给予减免，并对企事业单位重要科研领域的税负进行合理减免，促进产学研相结合；财政部、国家税务总局公告2019年第88号、第91号，支持航空航天事业，鼓励科学研究和技术开发，在税收政策上合理扶持，并对相关税种持续优化，完善税收体制；财政部、国家税务总局公告2019年第14号和财政部、税务总局、海关总署公告2019年第39号，对增值税税率及其适用对象予以明晰，明确相关抵扣环节及链条。二是扩围主体，激活潜力。国家税务总局高瞻远瞩，明确小微企业适用税收优惠标准范围，并实施便利小微企业办税缴费新举措，进一步降低小微企业运营成本，全面激活小微企业发展潜力。国家税务总局公告2019年第2号的出台，开启了小微企业减税降费的新篇章，极大地激发了市场活力和社会创造力。三是完善税制，破除藩篱。减税降费是持久性的国家政策，是完善税制的良好契机。现阶段我国出台的各项举措，不但增强了税制的中立性，更提升了市场在资源配置中的决定性作用。既规范了原有制度中亟待解决的问题，又实现了减税目标。如，试行增值税留抵退税制，开启了完备增值税税制的先例，回应了减税的利益诉求，也包括分国抵免制度向全面综合抵免制度的推行，助力了国内企业"走出去"，不仅起到了减税的作用，更主要是降低了企业的遵从风险和执行成本。使我国在转换增长动力、培育新动能方面能够持续发力，为建立与高质量发展相适应的税收制度打下了坚实的基础。

三、措施落实出实招，减税降费尽落地

实施更大规模减税降费是一项系统工程，涉及相关部委和各级地方政府，牵涉面广、综合性强、影响范围大。各部门在党中央、国务院的坚强领导下，协同作战，步调一致，形成合力，打赢减税降费攻坚战。

（一）税务部门落实减税降费主要做法

作为落实减税降费政策的"主攻手"，从国家税务总局到省市税务局再到基层税务分局（所），坚持以习近平新时代中国特色社会主义思想为指导，把确保减税降费政策措施落地生根作为重大的政治任务，全力以赴、尽锐出战，坚决打赢打好减税降费攻坚战。国家税务总局围绕"四实、四硬"目标，建立健全"九个一"工作机制，即：一面旗引领，坚持以党建为统领，发挥各级党组织和全体党员干部作用，把加强党的领导与"干事创业敢担当""为民服务解难题"要求贯穿减税降费工作全过程。一盘棋统筹，从国家税务总局到省市县税务局逐级成立减税降费工作领导小组，并在各级领导小组下设"减税办"，统筹减税降费工作，提高了工作效率，减轻了基层负担。一张表推进，各级税务部门挂表作战、对表推进、到点验收。一竿子到底，对重点任务重点事项，做到从国家税务总局到省市县税务局制发文件、业务培训、工作推进、日常抽查等"一竿子到底"，既保证政策落实不延迟，上下步调一致，又保证政策执行不走样，提高"通达度"，减少"中梗阻"。一揽子服务，按照"政策未行、服务先行，政策落地、服务落细"要求，不断完善服务措施，层层递进安排辅导培训，确保纳税人、缴费人对政策把握更准、吃得更透、用得更好。一个口答疑，建立减税降费问题"统一收集、统一解答、统一解决"机制。目前国家税务总局已开通"3个100"直联点（在全国范围内设立100个办税服务厅直联点、100个涉税专业服务机构直联点、100个小微企业直联点）、12366纳税服务热线等减税降费问题收集渠道，跟踪政策落实情况，对纳税人、缴费人和基层税务机关反应的问题快速研究、统一解答。一把尺核算，建立全国统一口径且分户到企业的减税降费核算分析新系统，打造"硬账单、铁账本"，确保每项新增减税降费都有明细账和总账，经得起历史检验，经得起部门审计，经得起各方面监督。一体式督导，建立减税降费一体式督导方式，充分发挥以督促改的作用，统筹安排综合督查与主题教育巡回指导、巡视、执法督查等，各有侧重，互为补充。对存在的问题，依最小颗粒度梳理，按最严精准度整改。既确保减税降费落实工作督查全覆盖，又减轻基层负担。一股绳聚力，充分发挥税务机构改革后双重领导管理体制的优势，注重主动汇报沟通争取支持，主动加强宣讲赢取共识，主动配合接受外部监督，着力推动构建落实减税降费的共治格局，确保减税降费工作同频共振。

各地税务部门不断推动减税降费工作抓实抓细抓出成效，形成一批可复制推广的创新做法，如重庆市推出"一表一卡"个性化服务，新疆维吾尔自治区制作《减税降费明白册》，广东省组建送政策送服务"轻骑队"、湖南省开启"千名税收志愿者，邮送减税大礼包"活动等。

（二）相关部门和地方政府积极配合税务部门落实减税降费工作

在落实减税降费过程中,国务院相关部门也给予了大力支持、鼎力协助,协同推进减税降费工作顺利有效开展。不仅体现在政策制定、系统建设、信息共享等方面,也体现在政策落实过程中,各部门都结合自身实际,通过调研调查、跟踪分析等方式,积极宣传减税降费政策和成效,帮助反应需要解决的问题,并提出意见建议。各级党政领导高度重视减税降费工作,通过指示批示、实地调研、召开座谈会等形式,对税务部门进行指导,给予大力支持。各省(自治区、直辖市)或成立由政府领导牵头的减税降费工作领导小组,或成立协调机制,有力推进减税降费相关工作。众多省份还召开省委常委会会议,专门研究或听取减税降费工作汇报,省委书记、省长、常务副省长等专程到税务部门调研指导工作。

(三)各地税务部门落实减税降费政策的主要措施

一是以党建引领提站位。各地税务部门都紧扣主题教育,聚力减税降费。如,陕西省和云南省分别组建"党员志愿服务队""减税降费党员先锋队",深圳市宝安区税务局与五类百强企业签署《"携手五类百强 党建业务同行"合作备忘录》等。

二是以匠心精神夯基础。各地税务部门纷纷凝聚思想共识,细化落实内容,按规定设立减税办,出台推进方案,制定时间表、路线图、任务书等,下硬功夫落实减税降费政策。如,河南省发布"应享尽享"攻坚行动方案,宁夏回族自治区确立"6+24+N"工作思路等。

三是以统筹协作促融合。各地税务部门在减税降费工作中积极与财政、银行、社会组织管理等相关部门合作,助力减税降费政策落地生根。如,湖南省携手省邮政公司开启"千名税收志愿者,邮送减税大礼包"活动,西藏自治区建立跨部门减税降费工作沟通协作联络机制,福建省石狮市升级推进"税政银企"互动等。

四是以简化办税优环境。各地税务部门在全面落实"政策性措施"的同时,突出落实"服务性措施",以"双轮驱动"确保减税降费落地生根。如,重庆市推出"一表一卡"个性化服务,江苏省建立第三方评议机制,新疆维吾尔自治区制作《减税降费明白册》,贵州省巧编减税降费"三字经",广东省组建送政策送服务"轻骑队"等。

五是以技术创新提效能。各地税务部门纷纷通过技术创新方式推出一系列"神器"助力减税降费落实落细。如,上海、广东、浙江、河北、甘肃、内蒙古、厦门等省市分别开发出"小微企业减税辅助监控信息化平台""减税降费质量保障管家""减税云课堂""减税降费红利账单""减税降费应享未享情况监控平台""i税服务平台"、税企短信沟通小程序等。

四、经济运行全受益,减税降费显成效

2019年减税降费政策实施以来，纳税人、缴费人获得感满满。从宏观层面来看，2019年的减税降费政策力度最大，规模空前，稳增长稳预期助推经济行稳致远；从中观层面来看，实施更大规模减税降费政策精准契合供给侧结构性改革这一主线，助燃产业升级和科技创新，为经济高质量发展保驾护航；从微观层面来看，减税降费一年来，"放水养鱼"的"源头活水"助力市场主体活力迸发，纳税人获得感显著增强。

（一）宏观"稳"：稳增长稳预期助推经济行稳致远

据财税部门测算，2019年前10个月，全国实现减税降费19 688.94亿元，其中减税16 473.26亿元，降低社会保险费3 215.68亿元，预计2019年全年减税降费数额将超过2万亿元，占GDP的比重超过2%，明显高于世界其他国家。减税降费拉动2019年国内生产总值（GDP）增长0.8%，拉动固定资产投资增长0.5%，拉动社会消费品零售总额增长1.1%。当前经济运行处于合理区间，延续了总体平稳、稳中有进的发展态势，减税降费政策发挥了重要作用。

（二）中观"准"：精准改革助燃产业结构创新升级

一方面，扭住了深化供给侧结构性改革这条主线。从供给侧看，深化增值税改革通过降低税率水平、扩大抵扣范围、实施加计抵减和建立留抵退税制度，促使行业税负均有下降。从需求侧看，个人所得税实现了向综合与分类相结合的方向转变，是一次重大飞跃，在税制优化的同时，带来居民税收负担的减轻、可支配收入的增加和消费能力的增强。增值税和个人所得税分别作为我国第一大税种、第四大税种，在全部税收收入中占比超过50%，两个税种的改革对中国整个税制的优化具有重要意义。

另一方面，推动了产业升级和科技创新。更大规模减税降费紧扣高质量发展的要求，聚焦实体经济，加大对制造业的支持力度，支持产业结构优化和科技创新升级。目前，支持创业创新的税收优惠政策已达89项，覆盖企业全部生命周期。2019年前10个月，初步实现了"三个确保"要求，即：制造业及批发业增值税减幅25.7%，确保制造业等主要行业税负明显降低；建筑业和交通运输业减幅分别为6.2%和7.5%，确保了建筑业和交通运输业等行业税负有所降低；现代服务业、生活服务业减幅分别为12.3%、6.6%，确保了其他行业税负只减不增。

（三）微观"活"：源头活水助力市场主体活力迸发

一是为小微企业"卸包袱"。2019年以来，一项项扩大小微企业减税红利的举措，让更多小微企业"卸掉包袱"。在重庆市，长江中上游地区最大的综合批发市场——朝天门市场的1.16万余户个体户2019年无须再缴增值税和附加税费，平均每月能省下增值税和附加税费1 400多块钱，相当于一年多了近两万元的利润。国家税务总局数据显示，前三季度小微企业普惠性政策新增减税1 827

亿元。此次针对小微企业的普惠性减税政策覆盖95%以上的纳税企业，其中98%为民营企业，将促使更多企业减掉负担、轻装上阵。

二是为民营企业"增信心"。在复杂多变的外贸形势下，逾90%的产品远销海外的南京德朔实业有限公司受益于高新技术企业税收优惠、研发费用加计扣除等一系列减税降费政策，全年减负约3 000万元，缓解了资金成本压力，推动新一轮产业升级，使公司的国际竞争能力大大增强。税务部门调查数据显示，92.2%的纳税人认为减税降费对企业生产经营活动产生了积极影响，其中民营经济发展受益最多，前三季度民营经济纳税人新增减税9 644亿元，占新增减税总额的64%，贡献50%税收的民营经济切实享受到了更多政策红利。

三是为制造升级"加燃料"。下调增值税税率、降低社保费率、实施部分先进制造业留抵退税……减税降费重点发力实体经济，为更多处于转型升级关键期的企业注入新活力。2019年11月，中国制造业采购经理指数（PMI）达到50.2%，重回扩张区间。前三季度，全国制造业实现减税4 738亿元，占新增减税总额的31.36%，居各行业之首。减税降费有力地提振了制造业信心，促进了行业发展，赋能我国经济持续向稳向好。

四是为创新创业"添底气"。全国人大常委会预算工委的调研显示，江苏东风悦达起亚、黑龙江飞鹤乳业、中国一重、新疆晶科能源、特变电工、辽宁华晨宝马、新松机器人等企业均表示，减税降费政策的陆续落地，给企业带来了实实在在的实惠，有力促进了企业进一步加大研发投入，推动技术改造和产业升级。国家统计局开展的专题调研显示，在减税红利中，七成以上是用于企业研发、技改和扩大再生产再投资，明显带动了企业加大研发投入。据国家税务总局统计，2019年前三季度，我国10万户重点税源企业研发费用同比增长19.3%，增幅较2018年全年提高3.4%。

五、媒体唱响主旋律，减税降费齐美誉

新闻媒体作为"社会公器"，是实施更大规模减税降费的记录者、观察者、监督者，也是这一重大历史事件的亲历者、参与者、推动者。各级新闻媒体对国家实施更大规模的减税降费进行了广泛深入地报道，通过对减税降费各类信息的收集、整合、沟通和传播，为广大社会经济体提供了了解减税降费政策、参与政府决策、表达切身利益和自身观点的机会。同时也方便纳税人对落实减税降费工作的执行程度及效果进行监督，实现税务机关与广大纳税人的良性互动。媒体充分发挥了政策宣传、实践指导和舆论引导的功能。

（一）上接"天线"，发挥政策指导功能

《人民日报》、新华社等中央级综合性媒体及时发布各项减税降费政策，如1月28日《人民日报》发布了财政部、国家税务总局的普惠性减税政策，超95%企业能享受优惠；3月12日新华网报道了国家税务总局做好深化增值税改革工作的政策解读。中央权威媒体的传播优势充分发挥，实现了对减税降费政策出台背景和具体措施的深度报道，为全面打响实施更大规模减税降费的攻坚战提供了广泛的宣传平台。

《中国税务报》《中国财经报》等专业性媒体对减税降费政策的解读更加全面细致，使减税降费政策的传播更加透明化，让原本复杂深奥并且具有一定限制条件的减税降费优惠政策，更加通俗易懂和快速普及，有力助力减税降费落地生根。

（二）中接"人气"，发挥舆论疏导功能

《人民日报》《光明日报》《经济日报》等中央级综合性媒体，对各项减税降费实施成效进行全面的跟踪解读和报道，深入企业和居民之间进行采访，获得第一手资料，对群众切身感受进行原汁原味地传播，回应了社会的热点关切。

《中国税务报》《中国财经报》等专业财经媒体汇集来自各地的通讯稿件，对减税降费实施成效进行深入细致报道，并对实践中存在的个别地区政策落实不全面、有的地区和单位借机涨价抵消了减税降费的成效等问题，予以客观公正报道、积极回应、正确引导，及时发挥了专业媒体的正面舆论引导作用和监督功能，助力不断修正减税降费过程中的偏差，完善政策执行。

（三）下接"地气"，发挥实践引导功能

媒体报道是跟踪减税降费工作进展的重要表现工具，也是传递减税降费工作经验成果的重要展示平台。广大媒体用形象生动的语言对减税降费政策进行全方位和多角度地报道，对各地纳税服务的创新举措进行广泛的宣传，进一步促进各项优惠政策落地落实，更好地发挥优惠政策促进调节经济、优化产业结构的积极作用。例如，2019年4月是第28个全国税收宣传月，《人民日报》《光明日报》《经济日报》《中国税务报》《中国财经报》聚焦减税降费进行了广泛报道、纵深宣传，有力促进了减税降费政策宣传具体化、便利化、快捷化，更好惠及广大纳税人、缴费人和社会各界。

六、专家学者同发声，减税降费鼓与呼

减税降费政策实施一年以来，学术研究呈现出百花齐放的态势。

（一）围绕减税降费基础理论发声

关于减税降费背景，中国财政科学研究院院长刘尚希认为，减税降费增强了市场主体活力和发展后劲，有利于"活微观""稳预期"。国家税务总局税收科学研究所所长李万甫认为，我国出台大规模减税政策是应对国内经济下行压力加大，寻找新的经济增长点，属于宏观政策的逆周期调节，是雪中送炭。

关于减税降费内涵，中国社会科学院副院长高培勇认为，减税降费以降成本为目标，以结构调整为导向，以供给侧结构性改革为着力点，以降低间接税负担为重点。国家税务总局税收科学研究所所长李万甫认为，实施减税降费是重大政治任务和重大经济决策，是契合供给侧结构性改革的内在要求。

关于减税降费目标定位，中国财政科学研究院院长刘尚希认为减税降费的目标中"稳预期"是最重要的，其他"五稳"都是以"稳预期"为前提的。中国社会科学院财经战略研究院研究员蒋震认为，减税降费的短期目标是逆周期调节，减轻企业税费负担，激发市场主体活力，中长期目标是更好地发挥市场在资源配置中的决定性作用，建立与高质量发展相适应的税费体系，在转换增长动力、培育新动能方面持续发力。

（二）围绕减税降费效果发声

关于降低税负方面，中国社会科学院财经战略研究院研究员张斌认为，近年来实施的减税降费政策降低我国的宏观税负水平，2018年宏观税负（小口径）降至17.4%，2019年减税降费政策的实施预计将使各口径宏观税负水平进一步下降。中国财政科学研究院研究员张学诞也证实了这一点，2015—2018年我国宏观税费负担（中口径）分别为23.47%、22.93%、22.00%和21.51%，呈持续下降的态势。

关于降低社保负担方面，部分学者认为此次社会保险费征收体制改革和"降费率、降费基"是"落一子而活全局"。中南财经政法大学教授庞凤喜认为，此次社保费改革缓解了"社保转税"后出现的部分企业负担跃升问题，避免了出现企业经营困难甚至破产，并为企业加大研发创新投入留有空间，还能够起到稳定预期、提振市场主体信心的衍生效果。

关于市场主体获得感方面，大部分学者认为本轮减税降费政策把更多资金留给企业和个人，直接提高纳税人获得感，激发企业和个人信心，增强企业投资和个人消费能力。也有部分学者认为由于受减税政策的效应释放存在时滞，减税政策传导机制不佳，以及行业自身特点、内外部市场环境、交易对象的议价能力等诸多因素的影响导致部分企业减税获得感不强。

关于税制优化方面，中国财政科学研究院院长刘尚希认为，通过完善税制实现减税降费相较于通过税基减税，稳定企业、市场、社会的预期更为显著。中国社会科学院财经战略研究院研究员张斌等学者认为，持续性减税降费政策将带来税制结构的重大调整，符合"逐步提高直接税比重"的发展方向，既有助于改善收入分配状况，又对优化税制结构起到关键作用。

关于促进经济增长方面，上海财经大学教授范子英认为，增值税减税会改善企业现金流，进而间接推升企业投资。同时，减税会促进产业分工与改善市场效率，进而促进经济增长。中国社会科学院财经战略研究院研究员杨志勇认为，民营经济对税负更为敏感，其减税效果不仅体现在企业正常运作上，而且会促进经济增长。

（三）围绕减税降费可持续性发声

关于财政收入方面，中国人民大学财政金融学院教授郭庆旺认为，减税降费会使财政总体收入减少，同时也会影响财政收入结构，导致税收收入所占比重下降，弱化财政收入体系的法治程度，使地方性收费抬头。

关于财政赤字方面，中国财政科学研究院副院长、研究员白景明认为，在当前复杂的经济环境下，持续性、制度化的减税降费，势必会加大财政赤字规模。中国社会科学院财经战略研究院副研究员何代欣认为，减税降费冲击财政稳定性，政府债务与减税降费的矛盾，或会进一步造成财政稳定的问题的凸显。

关于地方财政风险方面，国家税务总局税收科学研究所所长李万甫认为，2019年地方级税收收入预算未充分考虑减税降费因素，地方财力缺口尚缺乏稳定可靠的弥补渠道，将会加剧地方财政风险。多位专家认为在财政平衡的框架下考虑减税空间是极其重要的，只有强化整体性思维，将减税、税制改革与财政体制改革有机衔接，才能为减税腾挪空间。

目 录

第一部分 决策引领 ……………………………………………………………（1）
  一、中央领导关于减税降费的重要指示 …………………………………（3）
    （一）习近平总书记关于减税降费的重要指示 ………………………（3）
    （二）李克强总理关于减税降费的重要指示 …………………………（9）
    （三）韩正副总理关于减税降费的重要指示 …………………………（13）
  二、国务院常务会议研究部署减税降费工作 ……………………………（15）
  三、税务总局及其他部委落实减税降费的要求 …………………………（24）
    （一）国家税务总局落实减税降费的要求 ……………………………（24）
    （二）其他部委落实减税降费的要求 …………………………………（33）
  四、国务院及相关部门落实减税降费答记者问 …………………………（37）
    （一）国务院关于减税降费答记者问 …………………………………（37）
    （二）财政部关于减税降费答记者问 …………………………………（58）
    （三）国家税务总局关于减税降费答记者问 …………………………（69）

第二部分 政策法规 ……………………………………………………………（81）
  一、减税政策方面 …………………………………………………………（83）
    （一）综合类 ……………………………………………………………（83）
    （二）增值税类 …………………………………………………………（95）
    （三）企业所得税类 ……………………………………………………（103）
    （四）个人所得税类 ……………………………………………………（106）
    （五）财产和行为税类 …………………………………………………（108）
  二、降费政策方面 …………………………………………………………（112）
    （一）行政事业性收费和政府性基金类 ………………………………（112）
    （二）社会保险费类 ……………………………………………………（116）

第三部分 落实减税降费 ………………………………………………………（121）
  一、税务总局落实减税降费的举措 ………………………………………（123）
  二、其他部委落实减税降费的举措 ………………………………………（144）
  三、税收征管和技术保障助力减税降费的举措 …………………………（151）
  四、各地落实减税降费的做法 ……………………………………………（158）
  五、落实减税降费企业的做法 ……………………………………………（206）

第四部分　纳税人获得感 ································ (209)

　　一、小微企业 ································ (211)
　　二、民营企业 ································ (223)
　　三、制造业企业 ································ (229)
　　四、其他 ································ (235)

第五部分　媒体聚焦 ································ (237)

　　一、《人民日报》 ································ (239)
　　二、新华社 ································ (246)
　　三、《光明日报》 ································ (255)
　　四、《经济日报》 ································ (259)
　　五、《中国财经报》 ································ (266)
　　六、《中国税务报》 ································ (271)
　　七、其他媒体 ································ (277)
　　　　（一）国外媒体 ································ (277)
　　　　（二）新媒体 ································ (283)

第六部分　学者观察 ································ (285)

　　一、高培勇：聚焦高质量发展语境下的减税降费 ································ (287)
　　二、邓力平：中国特色的减税降费观 ································ (288)
　　三、李万甫：关于当前减税降费若干问题的思考 ································ (296)
　　四、郭庆旺：减税降费的潜在财政影响与风险防范 ································ (302)
　　五、胡怡建：减税降费改革激发五大政策效应 ································ (313)
　　六、张连起：推进减税降费　促进高质量发展 ································ (316)
　　七、白景明：多角度看减税 ································ (320)
　　八、龚辉文：关于减税降费问题的若干认识 ································ (323)
　　九、张斌：减税降费的理论维度、政策框架与现实选择 ································ (328)
　　十、张学诞：近年来我国减税降费政策效果评估 ································ (338)
　　十一、庞凤喜：论新一轮减税降费的直接目标及实现路径 ································ (346)
　　十二、白彦锋：更大规模的减税与我国经济高质量发展 ································ (353)
　　十三、樊勇：总体规划，实现政策效果最大化 ································ (358)

第一部分　决策引领

一、中央领导关于减税降费的重要指示

（一）习近平总书记关于减税降费的重要指示

习近平：在民营企业座谈会上的讲话

（来源：新华网 2018年11月1日）

大家好！今天，我们召开这个座谈会，主要是听听大家对经济发展形势和民营经济发展的意见和建议。首先，我向在座各位民营企业家和全国广大民营企业家，致以诚挚的问候！

刚才，几位民营企业代表发了言，提出了不少有价值的意见和建议，有关部门要认真研究吸收。下面，结合大家发言和关心的问题，我讲几点意见。

我国非公有制经济，是改革开放以来在党的方针政策指引下发展起来的。公有制为主体、多种所有制经济共同发展的基本经济制度，是中国特色社会主义制度的重要组成部分，也是完善社会主义市场经济体制的必然要求。党的十一届三中全会以后，我们党破除所有制问题上的传统观念束缚，为非公有制经济发展打开了大门。1980年，温州的章华妹领到了第一张个体工商户营业执照。到1987年，全国城镇个体工商等各行业从业人员已经达569万人，一大批民营企业蓬勃兴起。1992年邓小平同志南方谈话发表后，兴起了新一轮创业兴业、发展民营经济的热潮，很多知名大型民营企业都是这个时期起步的。

党的十五大把"公有制为主体、多种所有制经济共同发展"确立为我国的基本经济制度，明确提出"非公有制经济是我国社会主义市场经济的重要组成部分"。党的十六大提出"毫不动摇地巩固和发展公有制经济"，"毫不动摇地鼓励、支持和引导非公有制经济发展"。党的十八大进一步提出"毫不动摇鼓励、支持、引导非公有制经济发展，保证各种所有制经济依法平等使用生产要素、公平参与市场竞争、同等受到法律保护"。

党的十八大以来，我多次重申坚持基本经济制度，坚持"两个毫不动摇"。党的十八届三中全会提出，公有制经济和非公有制经济都是社会主义市场经济的重要组成部分，都是我国经济社会发展的重要基础；公有制经济财产权不可侵犯，非公有制经济财产权同样不可侵犯；国家保护各种所有制经济产权和合法利益，坚持权利平等、机会平等、规则平等，废除对非公有制经济各种形式的不合理规定，消除各种隐性壁垒，激发非公有制经济活力和创造力。党的十八届四中全会提出要"健全以公平为核心原则的产权保护制度，加强对各种所有制经济组织和自然人财产权的保护，清理有违公平的法律法规条款"。党的十八届五中全会强调要"鼓励民营企业依法进入更多领域，引入非国有资本参与国有企业改革，更好激发非公有制经济活力和创造力"。党的十九大把"两个毫不动摇"写入新时代坚持和发展中国特色社会主义的基本方略，作为党和国家一项大政方针进一步确定下来。

2016年3月4日，我在参加全国政协十二届四次会议民建、工商联界委员联组会时，专门就坚持我国基本经济制度问题发表了讲话，阐明了党和国家对待民营经济的方针政策。今天开这个会，目的是集思广益、坚定信心、齐心协力，保持和增强我国民营经济发展良好势头。

今年10月20日，我专门就民营经济发展问题给"万企帮万村"行动中受表彰的民营企业家回信，强调改革开放40年来，民营企业蓬勃发展，民营经济从小到大、由弱变强，在稳定增长、促进创新、增加就业、改善民生等方面发挥了重要作用，成为推动经济社会发展的重要力量。支持民营企业发展，是党中央的一贯方针，这一点丝毫不会动摇。

一、充分肯定我国民营经济的重要地位和作用

今年是改革开放40周年。40年来，我国民营经济从小到大、从弱到强，不断发展壮大。截至2017年底，我国民营企业数量超过2700万家，个体工商户超过6500万户，注册资本超过165万亿元。概括起来说，民营经济具有"五六七八九"的特征，即贡献了50%以上的税收，60%以上的国内生产总值，70%以上的技术创新成果，80%以上的城镇劳动就业，90%以上的企业数量。在世界500强企业中，我国民营企业由2010年的1家增加到2018年的28家。我国民营经济已经成为推动我国发展不可或缺的力量，成为创业就业的主要领域、技术创新的重要主体、国家税收的重要来源，为我国社会主义市场经济发展、政府职能转变、农村富余劳动力转移、国际市场开拓等发挥了重要作用。长期以来，广大民营企业家以敢为人先的创新意识、锲而不舍的奋斗精神，组织带领千百万劳动者奋发努力、艰苦创业、不断创新。我国经济发展能够创造中国奇迹，民营经济功不可没！

我们党在坚持基本经济制度上的观点是明确的、一贯的，从来没有动摇。我国公有制经济是长期以来在国家发展历程中形成的，积累了大量财富，这是全体人民的共同财富，必须保管好、使用好、发展好，让其不断保值升值，决不能让大量国有资产闲置了、流失了、浪费了。我们推进国有企业改革发展、加强对国有资产的监管、惩治国有资产领域发生的腐败现象，都是为了这个目的。同时，我们强调把公有制经济巩固好、发展好，同鼓励、支持、引导非公有制经济发展不是对立的，而是有机统一的。公有制经济、非公有制经济应该相辅相成、相得益彰，而不是相互排斥、相互抵消。

一段时间以来，社会上有的人发表了一些否定、怀疑民营经济的言论。比如，有的人提出所谓"民营经济离场论"，说民营经济已经完成使命，要退出历史舞台；有的人提出所谓"新公私合营论"，把现在的混合所有制改革曲解为新一轮"公私合营"；有的人说加强企业党建和工会工作是要对民营企业进行控制，等等。这些说法是完全错误的，不符合党的大政方针。

在这里，我要再次强调，非公有制经济在我国经济社会发展中的地位和作用没有变！我们毫不动摇鼓励、支持、引导非公有制经济发展的方针政策没有变！我们致力于为非公有制经济发展营造良好环境和提供更多机会的方针政策没有变！我国基本经济制度写入了宪法、党章，这是不会变的，也是不能变的。任何否定、怀疑、动摇我国基本经济制度的言行都不符合党和国家方针政策，都不要听、不要信！所有民营企业和民营企业家完全可以吃下定心丸、安心谋发展！

总之，基本经济制度是我们必须长期坚持的制度。民营经济是我国经济制度的内在要素，民营企业和民营企业家是我们自己人。民营经济是社会主义市场经济发展的重要成果，是推动社会主义市场经济发展的重要力量，是推进供给侧结构性改革、推动高质量发展、建设现代化经济体系的重要主体，也是我们党长期执政、团结带领全国人民实现"两个一百年"奋斗目标和中华民族伟大复兴中国梦的重要力量。在全面建成小康社会、进而全面建设社会主义现代化国家的新征程中，我国民营经济只能壮大、不能弱化，不仅不能"离场"，而且要走向更加广阔的舞台。

二、正确认识当前民营经济发展遇到的困难和问题

近来，一些民营企业在经营发展中遇到不少困难和问题，有的民营企业家形容为遇到了"三座大山"：市场的冰山、融资的高山、转型的火山。这些困难和问题成因是多方面的，是外部因素和内部因素、客观原因和主观原因等多重矛盾问题碰头的结果。

一是国际经济环境变化的结果。一段时间以来，全球经济复苏进程中风险积聚，保护主义、单边主义明显抬头，给我国经济和市场预期带来诸多不利影响。民营企业占我国出口总额的45%，一些民营出口企业必然会受到影响，那些为出口企业配套或处在产业链上的民营企业也会受到拖累。

二是我国经济由高速增长阶段转向高质量发展阶段的结果。当前，我们正处在转变发展方式、优化经济结构、转换增长动力的攻关期，经济扩张速度会放缓，但消费结构全面升级，需求结构快速调整，对供给质量和水平提出了更高要求，必然给企业带来转型升级压力。在结构调整过程中，行业集中度一般会上升，优势企业胜出，这是市场优胜劣汰的正常竞争结果。市场有波动、经济有起伏、结构在调整、制度在变革，在这样一个复杂背景下，部分民营企业遇到困难和问题是难免的，是客观环境变化带来的长期调整压力。对高质量发展的要求，民营企业和国有企业一样都需要逐步适应。

三是政策落实不到位的结果。近年来，我们出台的支持民营经济发展的政策措施很多，但不少落实不好、效果不彰。有些部门和地方对党和国家鼓励、支持、引导民营企业发展的大政方针认识不到位，工作中存在不应该有的政策偏差，在平等保护产权、平等参与市场竞争、平等使用生产要素等方面还有很大差距。有些政策制定过程中前期调研不够，没有充分听取企业意见，对政策实际影响考虑不周，没有给企业留出必要的适应调整期。有些政策相互不协调，政策效应同向叠加，或者是工作方式简单，导致一些初衷是好的政策产生了相反的作用。比如，在防范化解金融风险过程中，有的金融机构对民营企业惜贷不敢贷甚至直接抽贷断贷，造成企业流动性困难甚至停业；在营改增过程中，没有充分考虑规范征管给一些要求抵扣的小微企业带来的税负增加；在完善社保缴费征收过程中，没有充分考虑征管机制变化过程中企业的适应程度和带来的预期紧缩效应。对这些问题，要根据实际情况加以解决，为民营企业发展营造良好环境。

当前，我国民营经济遇到的困难也有企业自身的原因。在经济高速增长时期，一部分民营企业经营比较粗放，热衷于铺摊子、上规模，负债过高，在环保、社保、质量、安全、信用等方面存在不规范、不稳健甚至不合规合法的问题，在加强监管执法的背景下必然会面临很大压力。

应该承认，当前一些民营经济遇到的困难是现实的，甚至相当严峻，必须高度重视。同时，也要认识到，这些困难是发展中的困难、前进中的问题、成长中的烦恼，一定能在发展中得到解决。我相信,只要我们坚持基本经济制度,落实好党和国家方针政策,民营经济就一定能够实现更大发展。

三、大力支持民营企业发展壮大

保持定力,增强信心,集中精力办好自己的事情,是我们应对各种风险挑战的关键。当前,我国经济运行总体平稳、稳中有进,主要指标保持在合理区间。同时,我国经济发展的不确定性明显上升,下行压力有所加大,企业经营困难增多。这些都是前进中必然遇到的问题。

面对困难挑战,我们要看到有利条件,增强对我国经济发展的必胜信心。一是我国拥有巨大的发展韧性、潜力和回旋余地,我国有13亿多人口的内需市场,正处于新型工业化、信息化、城镇化、农业现代化同步发展阶段,中等收入群体扩大孕育着大量消费升级需求,城乡区域发展不平衡蕴藏着可观发展空间。二是我国拥有较好的发展条件和物质基础,拥有全球最完整的产业体系和不断增强的科技创新能力,总储蓄率仍处于较高水平。三是我国人力资本丰富,有9亿多劳动力人口,其中超过1.7亿是受过高等教育或拥有专业技能的人才,每年毕业的大学生就有800多万人,劳动力的比较优势仍然明显。四是我国国土面积辽阔,土地总量资源丰富,集约用地潜力巨大,也为经济发展提供了很好的空间支撑。五是综合各方面因素分析,我国经济发展健康稳定的基本面没有改变,支撑高质量发展的生产要素条件没有改变,长期稳中向好的总体势头没有改变,同主要经济体相比,我国经济增长仍居世界前列。六是我国拥有独特的制度优势,我们有党的坚强领导,有集中力量办大事的政治优势,全面深化改革不断释放发展动力,宏观调控能力不断增强。

从外部环境看,世界经济整体呈现复苏回暖势头,和平与发展仍是时代潮流。今年前三季度我国进出口保持了稳定增长势头,同主要贸易伙伴进出口贸易总额均实现增长。随着共建"一带一路"扎实推进,我国同"一带一路"沿线国家的投资贸易合作加快推进,成为我们外部经济环境的新亮点。

总之,只要我们保持战略定力,坚持稳中求进工作总基调,以供给侧结构性改革为主线,全面深化改革开放,我国经济就一定能够加快转入高质量发展轨道,迎来更加光明的发展前景。

在我国经济发展进程中,我们要不断为民营经济营造更好发展环境,帮助民营经济解决发展中的困难,支持民营企业改革发展,变压力为动力,让民营经济创新源泉充分涌流,让民营经济创造活力充分迸发。为此,要抓好6个方面政策举措落实。

第一,减轻企业税费负担。要抓好供给侧结构性改革降成本行动各项工作,实质性降低企业负担。要加大减税力度。推进增值税等实质性减税,而且要简明易行好操作,增强企业获得感。对小微企业、科技型初创企业可以实施普惠性税收免除。要根据实际情况,降低社保缴费名义费率,稳定缴费方式,确保企业社保缴费实际负担有实质性下降。既要以最严格的标准防范逃避税,又要避免因为不当征税导致正常运行的企业停摆。要进一步清理、精简涉及民间投资管理的行政审批事项和涉企收费,规范中间环节、中介组织行为,减轻企业负担,加快推进涉企行政事业性收费零收费,降低企业成本。一些地方的好做法要加快在全国推广。

第二,解决民营企业融资难融资贵问题。要优先解决民营企业特别是中小企业融资难甚至融不到资问题,同时逐步降低融资成本。要改革和完善金融机构监管考核和内部激励机制,把银行业绩考核同支持民营经济发展挂钩,解决不敢贷、不愿贷的问题。要扩大金融市场准入,拓宽民营企业融资途径,发挥民营银行、小额贷款公司、风险投资、股权和债券等融资渠道作用。对有股权质押平仓风险的民营企业,有关方面和地方要抓紧研究采取特殊措施,帮助企业渡过难关,避免发生企业所有权转移等问题。对地方政府加以引导,对符合经济结构优化升级方向、有前景的民营企业进行必要财务救助。省级政府和计划单列市可以自筹资金组建政策性救助基金,综合运用多种手段,在严格防止违规举债、严格防范国有资产流失前提下,帮助区域内产业龙头、就业大户、战略新兴行业等关键重点民营企业纾困。要高度重视三角债问题,纠正一些政府部门、大企业利用优势地位以大欺小、拖欠民营企业款项的行为。

第三,营造公平竞争环境。要打破各种各样的"卷帘门""玻璃门""旋转门",在市场准入、审批许可、经营运行、招投标、军民融合等方面,为民营企业打造公平竞争环境,给民营企业发展创造充足市场空间。要鼓励民营企业参与国有企业改革。要推进产业政策由差异化、选择性向普惠化、功能性转变,清理违反公平、开放、透明市场规则的政策文件,推进反垄断、反不正当竞争执法。

第四,完善政策执行方式。任何一项政策出台,不管初衷多么好,都要考虑可能产生的负面影响,考虑实际执行同政策初衷的差别,考虑同其他政策是不是有叠加效应,不断提高政策水平。各地区各部门要从实际出发,提高工作艺术和管理水平,加强政策协调性,细化、量化政策措施,制定相关配套举措,推动各项政策落地、落细、落实,让民营企业从政策中增强获得感。去产能、去杠杆要对各类所有制企业执行同样标准,不能戴着有色眼镜落实政策,不能不问青红皂白对民营企业断贷抽贷。要提高政府部门履职水平,按照国家宏观调控方向,在安监、环保等领域微观执法过程中避免简单化,坚持实事求是,一切从实际出发,执行政策不能搞"一刀切"。要结合改革督察工作,对中央全面深化改革委员会会议审议通过的产权保护、弘扬企业家精神、市场公平竞争审查等利好民营企业的改革方案专项督察,推动落实。

第五,构建亲清新型政商关系。各级党委和政府要把构建亲清新型政商关系的要求落到实处,把支持民营企业发展作为一项重要任务,花更多时间和精力关心民营企业发展、民营企业家成长,不能成为挂在嘴边的口号。我们要求领导干部同民营企业家打交道要守住底线、把好分寸,并不意味着领导干部可以对民营企业家的正当要求置若罔闻,对他们的合法权益不予保护,而是要积极主动为民营企业服务。各相关部门和地方的主要负责同志要经常听取民营企业反映和诉求,特别是在民营企业遇到困难和问题情况下更要积极作为、靠前服务,帮助解决实际困难。对支持和引导国有企业、民营企业特别是中小企业克服困难、创新发展方面的工作情况,要纳入干部考核考察范围。人民团体、工商联等组织要深入民营企业了解情况,积极反映企业生产经营遇到的困难和问题,支持企业改革创新。要加强舆论引导,正确宣传党和国家大政方针,对一些错误说法要及时澄清。

第六,保护企业家人身和财产安全。稳定预期,弘扬企业家精神,安全是基本保障。我们加大反腐败斗争力度,是落实党要管党、全面从严治党的要求,是为了惩治党内腐败分子,构建良好政治生态,坚决反对和纠正以权谋私、钱权交易、贪污贿赂、吃拿卡要、欺压百姓等违纪违法行为。这有利于为民营经济发展创造健康环境。纪检监察机关在履行职责过程中,有时需要企业经营者协助调查,这种情况下,要查清问题,也要保障其合法的人身和财产权益,保障企业合法经营。对一些民营企业历史上曾经有过的一些不规范行为,要以发展的眼光看问题,按照罪刑法定、疑罪从无的原则处理,让企业家卸下思想包袱,轻装前进。我多次强调要甄别纠正一批侵害企业产权的错案冤案,最近人民法院依法重审了几个典型案例,社会反映很好。

我说过,非公有制经济要健康发展,前提是非公有制经济人士要健康成长。希望广大民营经济人士加强自我学习、自我教育、自我提升。民营企业家要珍视自身的社会形象,热爱祖国、热爱人民、热爱中国共产党,践行社会主义核心价值观,弘扬企业家精神,做爱国敬业、守法经营、创业创新、回报社会的典范。民营企业家要讲正气、走正道,做到聚精会神办企业、遵纪守法搞经营,在合法合规中提高企业竞争能力。守法经营,这是任何企业都必须遵守的原则,也是长远发展之道。要练好企业内功,特别是要提高经营能力、管理水平,完善法人治理结构,鼓励有条件的民营企业建立现代企业制度。新一代民营企业家要继承和发扬老一辈人艰苦奋斗、敢闯敢干、聚焦实业、做精主业的精神,努力把企业做强做优。民营企业还要拓展国际视野,增强创新能力和核心竞争力,形成更多具有全球竞争力的世界一流企业。

我就讲这些,谢谢大家。

国家主席习近平发表2019年新年贺词

(来源:新华网 2018年12月31日)[内容有删节]

新年前夕,国家主席习近平通过中央广播电视总台和互联网,发表了2019年新年贺词。全文如下:

大家好!"岁月不居,时节如流。"2019年马上就要到了,我在北京向大家致以新年的美好祝福!

2018年,我们过得很充实、走得很坚定。这一年,我们战胜各种风险挑战,推动经济高质量发展,加快新旧动能转换,保持经济运行在合理区间。蓝天、碧水、净土保卫战顺利推进,各项民生事业加快发展,人民生活持续改善。京津冀协同发展、长江经济带发展、粤港澳大湾区建设等国家战略稳步实施。我在各地考察时欣喜地看到:长江两岸绿意盎然,建三江万亩大地号稻浪滚滚,深圳前海生机勃勃,上海张江活力四射,港珠澳大桥飞架三地……这些成就是全国各族人民撸起袖子干出来的,是新时代奋斗者挥洒汗水拼出来的。

……

这一年,我们隆重庆祝改革开放40周年,对党和国家机构进行了系统性、整体性、重构性的改革,推出100多项重要改革举措,举办首届中国国际进口博览会,启动建设海南自由贸易试验区。世界看到了改革开放的中国加速度,看到了将改革开放进行到底的中国决心。我们改革的脚步不会停滞,开放的大门只会越开越大。

……

2019年,我们将隆重庆祝中华人民共和国70周年华诞。70年披荆斩棘,70年风雨兼程。人民是共和国的坚实根基,人民是我们执政的最大底气。一路走来,中国人民自力更生、艰苦奋斗，创造了举世瞩目的中国奇迹。新征程上，不管乱云飞渡、风吹浪打，我们都要紧紧依靠人民，坚持自力更生、艰苦奋斗，以坚如磐石的信心、只争朝夕的劲头、坚韧不拔的毅力，一步一个脚印把前无古人的伟大事业推向前进。

2019年，有机遇也有挑战，大家还要一起拼搏、一起奋斗。减税降费政策措施要落地生根，让企业轻装上阵。要真诚尊重各种人才，充分激发他们创新创造活力。要倾听基层干部心声，让敢担当有作为的干部有干劲、有奔头。农村1000多万贫困人口的脱贫任务要如期完成，还得咬定目标使劲干。要关爱退役军人，他们为保家卫国作出了贡献。这个时候，快递小哥、环卫工人、出租车司机以及千千万万的劳动者，还在辛勤工作，我们要感谢这些美好生活的创造者、守护者。大家辛苦了。

放眼全球，我们正面临百年未有之大变局。无论国际风云如何变幻，中国维护国家主权和安全的信心和决心不会变，中国维护世界和平、促进共同发展的诚意和善意不会变。我们将积极推动共建"一带一路"，继续推动构建人类命运共同体，为建设一个更加繁荣美好的世界而不懈努力。

新年的钟声即将敲响，让我们满怀信心和期待，一同迎接2019年的到来。

祝福中国！祝福世界！

谢谢大家！

（二）李克强总理关于减税降费的重要指示

政府工作报告（节选）
——2019年3月5日在第十三届全国人民代表大会第二次会议上

国务院总理 李克强

今年经济社会发展任务重、挑战多、要求高。我们要突出重点、把握关键，扎实做好各项工作。

（一）继续创新和完善宏观调控，确保经济运行在合理区间。坚持以市场化改革的思路和办法破解发展难题，发挥好宏观政策逆周期调节作用，丰富和灵活运用财政、货币、就业政策工具，增强调控前瞻性、针对性和有效性，为经济平稳运行创造条件。

实施更大规模的减税。普惠性减税与结构性减税并举，重点降低制造业和小微企业税收负担。深化增值税改革，将制造业等行业现行16%的税率降至13%，将交通运输业、建筑业等行业现行10%的税率降至9%，确保主要行业税负明显降低；保持6%一档的税率不变，但通过采取对生产、生活性服务业增加税收抵扣等配套措施，确保所有行业税负只减不增，继续向推进税率三档并两档、税制简化方向迈进。抓好年初出台的小微企业普惠性减税政策落实。这次减税，着眼"放水养鱼"、增强发展后劲并考虑财政可持续，是减轻企业负担、激发市场活力的重大举措，是完善税制、优化收入分配格局的重要改革，是宏观政策支持稳增长、保就业、调结构的重大抉择。

明显降低企业社保缴费负担。下调城镇职工基本养老保险单位缴费比例，各地可降至16%。稳定现行征缴方式，各地在征收体制改革过程中不得采取增加小微企业实际缴费负担的做法，不得自行对历史欠费进行集中清缴。继续执行阶段性降低失业和工伤保险费率政策。2019年务必使企业特别是小微企业社保缴费负担有实质性下降。加快推进养老保险省级统筹改革，继续提高企业职工基本养老保险基金中央调剂比例、划转部分国有资本充实社保基金。我们既要减轻企业缴费负担，又要保障职工社保待遇不受影响、养老金合理增长并按时足额发放，使社保基金可持续、企业与职工同受益。

确保减税降费落实到位。减税降费直击当前市场主体的痛点和难点，是既公平又有效率的政策。全年减轻企业税收和社保缴费负担近2万亿元。这会给各级财政带来很大压力。为支持企业减负，各级政府要过紧日子，想方设法筹集资金。中央财政要开源节流，增加特定国有金融机构和央企上缴利润，一般性支出压减5%以上、"三公"经费再压减3%左右，长期沉淀资金一律收回。地方政府也要主动挖潜，大力优化支出结构，多渠道盘活各类资金和资产。我们要切实让市场主体特别是小微企业有明显减税降费感受，坚决兑现对企业和社会的承诺，困难再多也一定要把这件大事办成办好。

以改革推动降低涉企收费。深化电力市场化改革，清理电价附加收费，降低制造业用电成本，一般工商业平均电价再降低10%。深化收费公路制度改革，推动降低过路过桥费用，治理对客货运车辆不合理审批和乱收费、乱罚款。两年内基本取消全国高速公路省界收费站，实现不停车快捷收费，减少拥堵、便利群众。取消或降低一批铁路、港口收费。专项治理中介服务收费。继续清理规范行政事业性收费。加快收费清单"一张网"建设，让收费公开透明，让乱收费无处藏身。

进一步把"大众创业 万众创新"（以下简称"双创"）引向深入。鼓励更多社会主体创新创业，拓展经济社会发展空间，加强全方位服务，发挥"双创"示范基地带动作用。强化普惠性支持，落实好小规模纳税人增值税起征点从月销售额3万元提高到10万元等税收优惠政策。改革完善金融支持机制，设立科创板并试点注册制，鼓励发行"双创"金融债券，扩大知识产权质押融资，支持发展创业投资。改革完善人才培养、使用、评价机制，优化归国留学人员和外籍人才服务。把面向市场需求和弘扬人文精神结合起来，善聚善用各类人才，中国创新一定能更好发展，为人类文明进步作出应有贡献。

推动消费稳定增长。多措并举促进城乡居民增收，增强消费能力。落实好新修订的个人所得税法，使符合减税政策的约8 000万纳税人应享尽享。要顺应消费需求的新变化，多渠道增加优质产品和服务供给，加快破除民间资本进入的堵点。我国60岁以上人口已达2.5亿。要大力发展养老特别是社区养老服务业，对在社区提供日间照料、康复护理、助餐助行等服务的机构给予税费减免、资金支持、水电气热价格优惠等扶持，新建居住区应配套建设社区养老服务设施，加强农村养老服务设施建设，改革完善医养结合政策，扩大长期护理保险制度试点，让老年人拥有幸福的晚年，后来人就有可期的未来。婴幼儿照护事关千家万户。要针对实施全面"两孩"政策后的新情况，加快发展多种形式的婴幼儿照护服务，支持社会力量兴办托育服务机构，加强儿童安全保障。促进家政服务业提质扩容。发展全域旅游，壮大旅游产业。稳定汽车消费，继续执行新能源汽车购置优惠政策，推动充电、加氢等设施建设。发展消费新业态新模式，促进线上线下消费融合发展，培育消费新增长点。健全农村流通网络，支持电商和快递发展。加强消费者权益保护，让群众放心消费、便利消费。

深化财税金融体制改革。加大预算公开改革力度，全面实施预算绩效管理。深化中央与地方财政事权和支出责任划分改革，推进中央与地方收入划分改革。完善转移支付制度。健全地方税体系，稳步推进房地产税立法。规范地方政府举债融资机制。以服务实体经济为导向，改革优化金融体系结构，发展民营银行和社区银行。改革完善资本市场基础制度，促进多层次资本市场健康稳定发展，提高直接融资特别是股权融资比重。增强保险业风险保障功能。加强金融风险监测预警和化解处置。我国财政金融体系总体稳健，可运用的政策工具多，我们有能力守住不发生系统性风险的底线。

保障基本医疗卫生服务。继续提高城乡居民基本医保和大病保险保障水平，居民医保人均财政补助标准增加30元，一半用于大病保险。降低并统一大病保险起付线，报销比例由50%提高到60%，进一步减轻大病患者、困难群众医疗负担。加强重大疾病防治。我国受癌症困扰的家庭以千万计，要实施癌症防治行动，推进预防筛查、早诊早治和科研攻关，着力缓解民生的痛点。做好常见慢性病防治，把高血压、糖尿病等门诊用药纳入医保报销。加快儿童药物研发。加强罕见病用药保障。深化医保支付方式改革，优化医保支出结构。抓紧落实和完善跨省异地就医直接结算政策，尽快使异地就医患者在所有定点医院能持卡看病、即时结算，切实便利流动人口和随迁老人。

完善社会保障制度和政策。推进多层次养老保障体系建设。继续提高退休人员基本养老金。落实退役军人待遇保障，完善退役士兵基本养老、基本医疗保险接续政策。适当提高城乡低保、专项救助等标准，加强困境儿童保障。加大城镇困难职工脱困力度。提升残疾预防和康复服务水平。我们要尽力为群众救急解困、雪中送炭，基本民生的底线要坚决兜牢。

李克强在企业减税降费专题座谈会上强调
让减税降费红利切实惠及企业　更大激发市场主体活力

（来源：人民网——《人民日报》　2019年5月11日）

新华社北京5月10日电　5月10日，中共中央政治局常委、国务院总理李克强主持召开专题座谈会，就减税降费政策实施情况听取企业负责人意见建议。中共中央政治局常委、国务院副总理韩正出席。

会上，海信集团、三一重工、特变电工、中建一局、中通快递、传神语联网、顺丰控股、中国铁建、江淮汽车等企业负责人结合自身税费变化情况发了言，普遍认为今年国家减税降费力度超出预期，是最直接、最有效、最公平的惠企措施，企业负担显著减轻，带动投资与研发投入增加和就业扩大。大家也提出了进一步给企业减负的措施建议。李克强要求有关部门认真研究，回应企业关切。

李克强说，实施更大规模减税降费是党中央、国务院作出的重大决策，有力增强了市场信心，对促进经济平稳运行发挥了重要作用。当前经济运行总体平稳，积极因素在增加，但国际环境不确定因素也在增加，国内经济存在下行压力，既要坚定信心，又要正视困难。要坚持以习近平新时代中国特色社会主义思想为指导，抓紧落实中央经济工作会议和《政府工作报告》部署，进一步稳就业、稳金融、稳外贸、稳外资、稳投资、稳预期，因时因势更有针对性地实施宏观调控，依靠改革开放激发市场主体活力、增强内生动力，应对各种困难挑战，保持经济平稳运行。

李克强指出，更大规模减税降费是优化营商环境、激发市场主体活力的关键举措，不仅有利于稳增长、稳就业，也会促进企业加大创新投入、增强竞争力，可以起到固本培元、培育税源、增强经济发展后劲一举多得的效果。这是全年重点工作，目前已全面展开，正在按预期进行，要持续用力，加快推进，落实到位。

李克强说，今年的减税降费是综合性"一揽子"政策，有关方面要加强协同，系统推进降低增值税率、加大研发费用加计扣除、小微企业所得税优惠、个人所得税改革和降低企业社保费率等各项政策，不仅要确保明显降低制造业税负，而且要高度关注带动就业较多的建筑业等行业税负情况、确保有所降低，做到确保所有行业税负只减不增，同时还要确保企业特别是小微企业缴费负担有实质性下降。面对减税降费政策实施中企业反映的问题，要努力攻坚克难。坚决防止借各种名目乱收费，决不能让减税降费红利变成"唐僧肉"被蚕食。加强市场监管，防止一些企业违背合同强制要求上游企业降低价格。加大政府部门和国有企业拖欠应付账款的清理力度，防止冲销减税降费效果。

李克强说，激发市场主体活力、顶住经济下行压力，除了要用好减税降费关键性举措，下一步还要出台更多深化改革开放、鼓励创业创新、促进公平竞争的措施。企业也要抓住机遇，把政策红利更多用于提升自身竞争力、吸纳就业能力和抗风险能力，增强中国经济的韧性，推动高质量发展。胡春华、肖捷、何立峰参加了会议。

李克强：落实减税降费"完善金融服务" 促进企业郁郁葱葱蓬勃发展［见二维码1（1-1）］

李克强主持召开经济形势专家和企业家座谈会强调 激活力 挖潜力 增动力保持经济社会平稳健康发展［见二维码1（1-2）］

二维码1

李克强主持召开国务院常务会议听取今年减税降费政策实施汇报要求确保为企业减负担为发展增动能部署以更优营商环境进一步做好利用外资工作

（来源：中国政府网 2019年10月16日）

国务院总理李克强10月16日主持召开国务院常务会议，听取今年减税降费政策实施汇报，要求确保为企业减负担、为发展增动能；部署以更优营商环境进一步做好利用外资工作。

会议指出，按照党中央、国务院部署，今年以来各地、各有关部门狠抓减税降费政策落实，前8个月全国减税降费1.5万多亿元，促进了企业减负、居民增收和就业增加，有效激发了市场活力，对对冲经济下行压力、做好"六稳"、保持经济运行在合理区间发挥了重要支撑作用。据测算，全年减税降费总额将超过2万亿元。下一步，一要落实落细减税降费政策，及时研究解决企业反映的突出问题，确保制造业等主要行业税负明显降低、建筑业和交通运输业等行业税负有所降低、其他行业税负只减不增。进一步治理违规涉企收费。二要指导各地加强财政预算管理，政府要坚持过"紧日子"，严控一般性支出。落实省级政府主体责任，支持基层财政困难地区保工资、保运转、保基本民生。落实增值税留抵退税分担机制，减轻部分地区财政压力。三要研究进一步推改革、促发展、增就业措施，聚焦鼓励创业创新，研究对制造业重点行业加大研发费用加计扣除比例，增强发展内生动力和后劲。

会议指出，对外开放是我国基本国策。外资在我国经济发展中发挥了独特而重要的作用，推动高质量发展、推进现代化建设必须始终高度重视利用外资。会议确定，要持续深化"放管服"改革，打造更有吸引力的营商环境，进一步做好利用外资工作。一是扩大对外开放领域。清理取消未纳入全国和自贸试验区外商投资准入负面清单的限制措施。全面取消在华外资银行、证券公司、基金管理公司业务范围限制，落实好新修改的外资银行和外资保险公司管理条例。优化汽车外资政策，保障内外资汽车制造企业生产的新能源汽车享受同等市场准入待遇。修订乘用车企业平均燃料消耗量与新能源汽车积分并行管理办法，允许外资在华投资的整车企业间转让积分。二是促进投资便利化。扩大资本项目收入支付便利化改革试点范围。支持外资企业自主选择借用外债模式，鼓励其资本金依法用于境内股权投资。对外资项目，合并规划选址和用地预审，合并建设用地规划许可和用地批准。三是平等保护外商投资合法权益。不得强制或变相强制外国投资者和外资企业转让技术，依法保护商业秘密，完善电商平台专利侵权判定通知、移除规则。政府采购不得限定供应商所有制形式、投资者国别、产品或服务品牌等。四是支持地方加大招商引资力度。对招商部门、团队内非公务员岗位实行更加灵活的激励措施，对出境招商活动、团组申请等予以支持。在中西部地区优先增设一批综合保税区。

会议还研究了其他事项。

（三）韩正副总理关于减税降费的重要指示

韩正在财政部调研并主持召开座谈会

（来源：央广网 2019年2月16日）

央广网北京2月16日消息 据中国之声《新闻和报纸摘要》报道，中共中央政治局常委、国务院副总理韩正15日到财政部调研并主持召开座谈会，认真贯彻习近平新时代中国特色社会主义思想，贯彻落实中央经济工作会议精神，研究部署减税降费和支持打好三大攻坚战等重点工作。

韩正强调，做好财政工作要立足全局，坚持稳中求进工作总基调，坚持推动高质量发展，坚持以供给侧结构性改革为主线，统筹推进稳增长、促改革、调结构、惠民生、防风险，推动积极的财政政策加力提效，更好地促进经济社会持续健康发展。要重细节，坚持一切从实际出发，在政策实施中体现精准；要重落实，大力加强调查研究，确保政策管用、能够落地；要重成效，坚持以结果为导向解决突出问题，增强人民群众获得感幸福感安全感。

韩正表示，实施更大规模的减税降费，要有利于改善收入分配格局，有利于完善税制结构，有利于服务当前宏观政策导向，畅通国民经济循环。要着眼于完善基础性制度，推进企业社保降费，实施好企业职工基本养老保险基金中央调剂制度。要加强财政收支管理，科学合理制定政策措施，强化政策普惠性，创造有利于公平竞争的政策环境。要有效防范化解财政金融风险，加强地方政府债务风险监测，对重大隐患要跟踪分析，及时预警，完善预案。加大财政资金投入，继续支持打好脱贫攻坚战和污染防治攻坚战。要着力加强党风廉政建设，打造忠诚干净担当的高素质财政干部队伍。

韩正在国家税务总局调研并主持召开座谈会时强调　落实宏观经济政策　服务微观经济运行　为经济社会持续健康发展作出新的贡献［见二维码1（1-3）］

二维码1

韩正：确保企业社保缴费实际负担有实质性下降

（来源：新华网　2019年4月3日）［内容有删节］

新华社北京4月3日电　降低社会保险费率工作会议3日在北京召开。会议以习近平新时代中国特色社会主义思想为指导，贯彻落实中央经济工作会议和《政府工作报告》要求，部署实施降低社会保险费率和2019年企业职工基本养老保险基金中央调剂等工作。中共中央政治局常委、国务院副总理韩正出席会议并讲话。

韩正表示，降低社会保险费率是党中央、国务院作出的重大决策部署，是减轻企业负担、完善社会保险制度的重要举措，充分考虑了社保基金的承受度和可持续性，具有可行性和可操作性。各地区各有关部门要切实担起责任，精心组织实施，把好事办实，把实事办好，确保企业社保缴费实际负担有实质性下降。

韩正强调，各地区要落实好基本养老保险单位缴费比例可降至16%的要求，科学制定本地区降费率的具体方案。要实施好企业职工基本养老保险基金中央调剂制度，逐步加大中央调剂力度。要加快推进养老保险省级统筹，逐步统一养老保险政策，为推进全国统筹创造良好条件。养老金是退休职工的"保命钱"，要扎实做好资金保障和待遇落实工作，确保广大退休职工养老金按时足额发放。要深化基本养老保险制度改革，研究完善多缴多得、长缴多得机制，不断提高养老保险制度的科学性和可持续性。

韩正在北京市调研企业减税降费情况并召开座谈会强调
不折不扣将减税降费举措落实到位
千方百计让市场主体享受政策红利

（来源：新华社　2019年6月26日）

新华社北京6月26日电（记者赵超）　中共中央政治局常委、国务院副总理韩正25日到北京市调研企业减税降费情况并召开座谈会。韩正强调，各级政府要坚决贯彻落实党中央、国务院决策部署，坚持过紧日子，发扬艰苦奋斗精神，进一步压减一般性财政支出，不折不扣将减税降费举措落实到位，千方百计让市场主体享受政策红利。

韩正来到北京市海淀区税务局第一税务所，走进办税服务厅，慰问税务工作者，同正在办理业务、咨询政策的企业工作人员交流，询问减税降费政策实施给企业带来了哪些实惠、遇到了什么问题，详细了解政策落实情况和企业诉求。

韩正在税务所现场召开座谈会，认真听取了13家代表性企业、中国机械工业联合会、北京市工商联、北京市和中央有关部门负责同志对减税降费的意见建议。他表示，实施更大规模减税降费是以习近平同志为核心的党中央作出的重大决策部署。在各方面共同努力下，减税降费落实认真有力，总体平稳有序，效果符合预期。从今年前5个月情况看，全国累计新增减税降费明显增加，增值税改革涉及行业都实现了减税，小微企业普惠性减税政策实施效果良好，对激发市场活力、应对经济下行压力、稳定就业等发挥了重要作用。

韩正指出，要高度重视减税降费政策落实中出现的新情况。要进一步完善政策举措，提升申报便利度，确保今年全年所有行业税负只减不增。要畅通减税红利传导机制，加大对违规行为的监管力度，让上中下游企业都得到实惠、提高竞争力，让最终端的消费者受益。要进一步完善留抵退税政策，有效增加企业资金流，激发企业活力。要指导督促地方工作，按照政府过紧日子的要求，压缩一般性支出，困难再多也要把减税降费这件大事办实办好。

韩正强调，要始终把工作着力点放在让企业有明显减税降费感受上，让广大纳税人、缴费人享受到政策红利。要切实强化工作保障，加强宣传辅导，广大税务工作者要熟悉政策，提升业务能力和水平。各级政府要统筹财政收支，抓紧做好预算调整工作，做到财政平衡。要适时开展自查评估，推广成功经验，及时梳理、研究和解决新问题，不断完善各项政策举措。

二、国务院常务会议研究部署减税降费工作

李克强主持召开国务院常务会议
决定再推出一批针对小微企业的普惠性减税措施等

（来源：中国政府网　2019年1月9日）

国务院总理李克强1月9日主持召开国务院常务会议，决定再推出一批针对小微企业的普惠性减税措施；部署加快发行和用好地方政府专项债券，支持在建工程及补短板项目建设并带动消费扩大；听取保障农民工工资支付情况汇报，部署做好治欠保支工作。

会议指出，贯彻中央经济工作会议精神，保持今年经济运行在合理区间，努力实现一季

度平稳开局十分重要。必须多管齐下。发展好小微企业关系经济平稳运行和就业稳定。会议决定，对小微企业推出一批新的普惠性减税措施。一是大幅放宽可享受企业所得税优惠的小型微利企业标准，同时加大所得税优惠力度，对小型微利企业年应纳税所得额不超过100万元、100万元到300万元的部分，分别减按25%、50%计入应纳税所得额，使税负降至5%和10%。调整后优惠政策将覆盖95%以上的纳税企业，其中98%为民营企业。二是对主要包括小微企业、个体工商户和其他个人的小规模纳税人，将增值税起征点由月销售额3万元提高到10万元。三是允许各省（区、市）政府对增值税小规模纳税人，在50%幅度内减征资源税、城市维护建设税、印花税、城镇土地使用税、耕地占用税等地方税种及教育费附加、地方教育附加。四是扩展投资初创科技型企业享受优惠政策的范围，使投向这类企业的创投企业和天使投资个人有更多税收优惠。五是为弥补因大规模减税降费形成的地方财力缺口，中央财政将加大对地方一般性转移支付。上述减税政策可追溯至今年1月1日，实施期限暂定三年，预计每年可再为小微企业减负约2 000亿元。

会议指出，要围绕优结构、稳内需，更有效发挥财政货币政策作用。落实好日前宣布的全面降准措施，继续实施稳健的货币政策，坚持不搞"大水漫灌"，适时预调微调，缓解民营企业、小微企业融资难融资贵，保证市场流动性合理充裕，促进扩大就业和消费。同时，要加快地方政府专项债券发行使用进度。会议决定，一是对已经全国人大授权提前下达的1.39万亿元地方债要尽快启动发行。抓紧确定全年专项债分配方案，力争9月底前基本发行完毕。二是更好发挥专项债对当前稳投资促消费的重要作用。专项债募集资金要优先用于在建项目，防止"半拉子"工程，支持规划内重大项目及解决政府项目拖欠工程款等。在具备施工条件的地方抓紧开工一批交通、水利、生态环保等重大项目，尽快形成实物工作量。暂不具备条件的地方也要抓紧开展备料等前期工作。三是货币信贷政策要配合专项债发行及项目配套融资，引导金融机构加强金融服务，保障重大项目后续融资。四是规范专项债管理，落实偿还责任，严控地方政府隐性债务。

会议要求强化农民工欠薪治理。各地要优先清偿政府投资项目拖欠导致的欠薪。对企业拖欠工资的，责令限期解决，逾期不支付的依法从严处罚。

李克强主持召开国务院常务会议
落实降低社会保险费率部署　明确具体配套措施等

（来源：中国政府网　2019年3月26日）

国务院总理李克强3月26日主持召开国务院常务会议，落实降低社会保险费率部署，明确具体配套措施；确定今年优化营商环境重点工作，更大激发市场活力；通过《中华人民共和国食品安全法实施条例（草案）》。

按照《政府工作报告》要求，为落实从5月1日起各地可将城镇职工基本养老保险单位缴费比例从原规定的20%降至16%等降低社保费率部署，会议决定，一是核定调低社保缴费基数。各地由过去依据城镇非私营单位在岗职工平均工资，改为以本省城镇非私营单位和私营单位加权计算的全口径就业人员平均工资，核定缴费基数上下限，使缴费基数降低。个体工商户和灵活就业人员可在本省平均工资60%—300%之间自愿选择缴费基数。二是将阶段性降低失业和工伤保险费率政策再延长一年,至2020年4月底。其中,工伤保险基金累计结余可支付月数在18—23个月的统筹地区可将现行费率再下调20%,可支付月数在24个月以上的可下调50%。会议强调,各地不得采取任何增加小微企业实际缴费负担的做法,不得自行对历史欠费进行集中清缴,确保职工社保待遇不受影响、养老金按时足额发放。

会议指出,要贯彻党中央、国务院部署,对标先进水平,聚焦短板弱项,加大力度打好优化营商环境硬仗,进一步激发市场活力和社会创造力。一要从"减"字入手促进简政。落实缩减市场准入负面清单、"证照分离"、简化工程建设项目审批、压减工业生产许可证等措施,年底前在全国将企业开办时间压至5个工作日内、办理用电业务平均时间压至45个工作日内,进一步破除市场主体反映多的纳税、获得信贷、办理企业注销和破产等方面的堵点痛点。二要按照竞争中性原则,加快清理修改相关法规制度,对妨碍公平竞争、束缚民营企业发展、有违内外资一视同仁的政策措施应改尽改、应废尽废,年底前实现公平竞争审查制度在国家、省、市、县四级政府全覆盖,今后涉企规章、规范性文件和其他政策措施都要进行公平竞争审查,建立投诉举报、第三方评估等机制,坚决防止和纠正排除或限制竞争行为,不保护落后。三要推进公正监管,纠正政府监管不到位、企业主体责任不落实问题。在涉及群众生命健康的领域建立巨额赔偿和罚款制度,对违法违规导致严重后果的企业和责任人严加惩处。全面加强知识产权保护,推行信用监管,打造充满活力又公平有序的市场。

会议通过《中华人民共和国食品安全法实施条例(草案)》。草案细化了生产经营者主体责任、政府监管职责和问责措施,依法按程序加大对违法违规企业及其法定代表人等相关责任人的处罚力度,并完善了食品安全标准、风险监测等制度,确保食品安全,维护人民健康。

李克强主持召开国务院常务会议　确定今年降低政府性收费和经营服务性收费的措施等［见二维码1(1-4)］

李克强主持召开国务院常务会议　部署推进国家级经济技术开发区创新提升等［见二维码1(1-5)］

李克强主持召开国务院常务会议　部署进一步促进社区养老和家政服务业加快发展的措施等［见二维码1(1-6)］

二维码1

李克强主持召开国务院常务会议　确定按照创新驱动发展战略要求把"大众创业　万众创新"引向深入的措施等［见二维码1(1-7)］

李克强主持召开国务院常务会议
确定进一步降低小微企业融资实际利率的措施等

（来源：中国政府网　2019年6月6日）

国务院总理李克强6月26日主持召开国务院常务会议，确定进一步降低小微企业融资实际利率的措施，决定开展深化民营和小微企业金融服务综合改革试点；部署支持扩大知识产权质押融资和制造业信贷投放，促进创新和实体经济发展；决定扩大高职院校奖助学金覆盖面、提高补助标准并设立中等职业教育国家奖学金。

会议指出，按照中央经济工作会议和《政府工作报告》部署，一段时间以来各方面多措并举，小微企业融资成本有所下降。下一步，要坚持实施稳健的货币政策，保持松紧适度，并根据国际、国内形势变化适时预调微调，保持流动性合理充裕，确保小微企业贷款实际利率进一步降低。一是深化利率市场化改革，完善商业银行贷款市场报价利率机制，更好发挥贷款市场报价利率在实际利率形成中的引导作用，推动银行降低贷款附加费用，确保小微企业融资成本下降。二是支持中小微企业通过债券、票据等融资。完善商业银行服务小微企业监管考核办法，提高银行对小微企业贷款能力。今年金融机构发行小微企业金融债券规模要大幅超过去年，力争达到1 800亿元以上。三是实施好小微企业融资担保降费奖补政策，发挥国家融资担保基金作用，降低再担保费率，引导担保收费标准进一步降低。会议还决定，中央财政采取以奖代补方式，支持部分城市开展为期3年的深化民营和小微企业金融服务综合改革试点，在扩大民营和小微企业融资规模、提高便利度、降低融资成本、完善风险补偿机制、金融服务创新等方面进行探索，引导更多金融资源支小助微。

为支持创新发展、强化知识产权保护利用、促进扩大就业，会议要求，支持扩大知识产权质押融资，以拓宽企业特别是民营小微企业、"双创"企业获得贷款渠道，推动缓解融资难。引导银行对知识产权质押贷款单列信贷计划和专项考核激励，不良率高于各项贷款不良率3个百分点以内的，可不作为监管和考核扣分因素；探索打包组合质押，拓宽质押物范围和处置途径。会议同时要求，要调整优化贷款结构，引导加大制造业、服务业信贷投放。鼓励大型银行完善贷款考核机制、设置专项奖励，确保今年制造业全部贷款、中长期贷款和信用贷款的余额均明显高于上年。

为促进人力资源素质提升、培养更多技能人才，会议决定，结合高职扩招，从今年开始，对高职院校国家奖学金奖励名额由5 000人增至1.5万人；国家励志奖学金覆盖面提高至3.3%；国家助学金覆盖范围扩大至23.7%，平均补助标准从每生每年3 000元提高至3 300元，并同步提高本科院校学生补助标准。同时，设立中职教育国家奖学金，按每生每年6 000元标准，从今年起每年奖励2万人。上述政策对包括公办、民办在内的各类职业院校一视同仁。会议还研究了其他事项。

李克强主持召开国务院常务会　确定进一步稳外贸措施　以扩大开放助力稳增长稳就业等［见二维码1（1-8）］

李克强主持召开国务院常务会议　听取今年减税降费政策实施汇报　要求确保为企业减

负担为发展增动能等［见二维码1（1-9）］

李克强主持召开国务院常务会议 听取个人所得税改革情况汇报 确定有关税收优惠政策减轻纳税人负担等［见二维码1（1-10）］

二维码1

国务院关于减税降费工作情况的报告
——2019年12月25日在第十三届全国人民代表大会常务委员会第十五次会议上

财政部部长 刘昆

（来源：中国人大网 2019年12月25日）

全国人民代表大会常务委员会：

受国务院委托，我向全国人大常委会报告2019年减税降费工作情况。

一、2019年减税降费各项政策措施实施情况

实施更大规模减税降费是党中央、国务院作出的重大决策部署。习近平总书记强调，宏观政策要强化逆周期调节，积极的财政政策要加力提效，减税降费政策措施要落地生根，让企业轻装上阵。李克强总理指出，减税降费直击当前市场主体的痛点和难点，是既公平又有效率的政策。按照党中央、国务院决策部署，今年出台了有史以来力度最大、规模空前的减税降费政策。

（一）认真研究谋划，确保减税降费政策及时出台

今年《政府工作报告》明确要求，全年减轻企业税收和社保缴费负担近2万亿元。小微企业普惠性减税、个人所得税专项附加扣除政策于1月1日起实施；深化增值税改革措施于4月1日起实施；降低社会保险费率于5月1日起实施；清理规范行政事业性收费和政府性基金措施于7月1日起实施。

一是深化增值税改革。按照国务院常务会议部署，明确将制造业等行业16%的增值税税率降至13%，将交通运输业、建筑业等行业10%的增值税税率降至9%，相应调整部分货物服务出口退税率、购进农产品适用的扣除率等；进一步扩大进项税抵扣范围，将旅客运输服务纳入抵扣，并将纳税人取得不动产支付的进项税由分两年抵扣改为一次性全额抵扣；对主营业务为邮政、电信、现代服务和生活性服务业的纳税人，按进项税额加计10%抵减应纳税额（10月1日起又进一步将生活性服务业加计抵减比例提高到15%）。

二是实施小微企业普惠性减税。按照国务院常务会议部署，推出一批新的小微企业普惠性减税措施。对小规模纳税人，将增值税起征点由月销售额3万元提高到10万元；大幅放宽可享受企业所得税优惠的小型微利企业标准，并加大所得税优惠力度；由省、自治区、直辖市人民政府根据本地区实际情况，对增值税小规模纳税人在50%的税额幅度内减征"六

税两费"（即资源税、城市维护建设税、房产税、城镇土地使用税、印花税、耕地占用税和教育费附加、地方教育附加）；扩展投资初创科技型企业享受优惠政策的范围。

三是实施个人所得税专项附加扣除。2018年8月31日，第十三届全国人大常委会第五次会议通过了新修改的《中华人民共和国个人所得税法》，其中，第六条对子女教育、继续教育、大病医疗、住房贷款利息、住房租金、赡养老人等6项专项附加扣除政策作出明确规定。在此基础上，国务院印发《个人所得税专项附加扣除暂行办法》，自今年1月1日起正式实施6项专项附加扣除政策。

四是降低社会保险费率。经国务院常务会议审议通过，国务院办公厅印发《降低社会保险费率综合方案》（国办发〔2019〕13号），明确降低城镇职工基本养老保险单位缴费比例，各省、自治区、直辖市及新疆生产建设兵团（以下统称省）养老保险单位缴费比例高于16%的，可降至16%；继续阶段性降低失业保险、工伤保险费率；调整社会保险缴费基数政策，各省以全口径城镇单位就业人员平均工资核定社会保险个人缴费基数上下限，个体工商户和灵活就业人员可以在本省全口径城镇单位就业人员平均工资的60%至300%之间自愿选择缴费基数。

五是清理规范行政事业性收费和政府性基金。按照国务院常务会议部署，出台了进一步清理规范行政事业性收费和政府性基金的政策措施，明确减免不动产登记费，减征文化事业建设费，扩大减缴专利申请费、年费等的范围；降低因私普通护照等出入境证照、部分商标注册及电力、车联网等占用无线电频率收费标准；将国家重大水利工程建设基金和航空公司民航发展基金征收标准降低一半；对产教融合试点企业兴办职业教育符合条件的投资，按投资额30%抵免当年应缴教育费附加和地方教育附加。

此外，发展改革委、民政部、工业和信息化部、交通运输部、市场监管总局、银保监会等部门还制定了降低企业用能、物流、电信等费用的措施，进一步降低一般工商业电价和电信资费，推动降低公路、铁路、港口收费，清理规范银行及中介服务收费，切实减轻企业和社会负担。

（二）精心组织实施，确保减税降费政策落地生根

一是加强组织领导，完善工作机制。财政部、税务总局、人力资源社会保障部等部门成立减税降费工作专班，统筹协调减税降费各项工作，围绕方案制定、舆论宣传、监督检查、预算保障、综合协调等方面，细化分解工作任务，明确时间表和路线图，严格对标对表，确保各项工作扎实推进。指导督促各省、自治区、直辖市结合本地区实际，加强减税降费组织领导和工作力量，建立健全工作机制，压实工作责任，形成工作合力。

二是深入开展调研，加强政策评估。各地区各有关部门积极开展减税降费调研，了解政策实施情况，听取企业和群众对减税降费政策落实情况的评价和意见建议，及时跟踪评估，强化政策效应分析，针对政策落地过程中出现的新情况、新问题，深入分析成因，及时研究解决。深入开展减税降费统计核算分析，打造"硬账单、铁账本"。

三是加强政策解读，确保宣传效果。各地区各有关部门通过新闻发布会、政务网站、微信微博、移动客户端、纳税服务热线等多种形式、多个平台，开展多渠道、广覆盖的减税降费宣传解读。主动阐释政策、做好数据解读，及时回应社会关切，积极营造良好舆论环境。组织多轮减税降费政策专项辅导和培训，帮助纳税人和缴费人用足用好减税降费政策，增强纳税人和缴费人的获得感。

四是优化纳税服务，简便办税程序。按照深化"放管服"改革的要求，税务机关及时出台便民办税缴费新举措，针对小微企业普惠性减税、深化增值税改革、降低社会保险费率等政策，分门别类出台具体办税服务措施。取消60项涉税证明，健全完善电子税务局业务功能，让纳税人和缴费人"多跑网路、少跑马路"。

五是加强监督检查，保障落地见效。各地区各有关部门聚焦减税降费政策实施效果，持续加强监督检查，严肃查处不作为、慢作为、乱作为等问题，坚决打通"中梗阻""最后一公里"，对搞变通、打折扣或变换花样乱收费抵消减税降费效果的，发现一起查处一起，决不姑息，确保企业切实享受到减税降费的政策红利。

（三）加强财政收支预算管理，支持落实减税降费政策

一是加大对地方转移支付力度。为支持地方财政平稳运行，今年中央财政安排对地方转移支付7.54万亿元，比上年增长9%，力度是近年来最大的。同时，在分配均衡性转移支付、县级基本财力保障机制奖补资金时，向基层财政困难地区和受减税降费影响较大的地区倾斜，增强这些地区的财政保障能力。同时，落实省级政府主体责任，切实兜牢基层"三保"（保工资、保运转、保民生）底线。

二是指导地方多渠道筹集资金弥补减收。在中央加大对地方转移支付力度的同时，指导地方财政部门结合本地实际，研究统筹采取调入预算稳定调节基金、提高国有资本经营预算调入一般公共预算比例、盘活存量资金和国有资源资产等方式筹集资金，缓解实施减税降费对财政减收的影响，努力实现预算收支平衡。

三是督促地方压减一般性支出。要求各地区牢固树立过紧日子思想，在严格落实《政府工作报告》明确的压减一般性支出5%要求的基础上，进一步加大压减力度，力争达到10%以上，节省下来的资金优先安排用于落实"三保"支出、支持打好三大攻坚战等重点领域。同时，硬化预算执行约束，从严控制预算调剂追加。

四是研究实施中央与地方收入划分改革推进方案。国务院印发《实施更大规模减税降费后调整中央与地方收入划分改革推进方案》（国发〔2019〕21号），明确保持增值税"五五分享"比例稳定，进一步稳定了地方预期；调整完善增值税留抵退税分担机制，使分担机制更加公平合理；后移消费税征收环节并稳步下划地方，增强地方财政保障能力。

五是加大企业职工基本养老保险基金中央调剂和补助力度。为均衡地区间企业职工基本养老保险基金负担，2019年进一步加大了中央调剂力度，将基金调剂比例提高到3.5%，全年基金调剂规模达6 300多亿元，22个中西部地区和老工业基地省份受益1 500多亿元。同时，加大企业职工基本养老保险基金补助力度，今年中央财政预算安排补助资金5 285亿元，同比增长9.4%。

二、减税降费取得的主要成效

按照党中央、国务院决策部署，在各有关方面的共同努力下，目前各项减税降费措施落实有力，效果正在逐步显现。

（一）有效降低企业成本负担

1—10月，全国实现减税降费19 688.94亿元，其中减税16 473.26亿元，降低社会保险费3 215.68亿元。全年减税降费数额将超过2万亿元，占GDP的比重超过2%，明显高于世界其他国家。深化增值税改革后，增值税高档税率由16%下降至13%，在G20国家中处

于中等偏下水平，低于一些发达国家和新兴市场国家。

（二）初步实现"三个确保"要求

4月1日深化增值税改革政策实施以来，牢牢把握"三个确保"的要求。一是确保制造业等主要行业税负明显降低。4—10月，制造业及批发业增值税减税4598.83亿元，减税幅度25.7%。二是确保建筑业和交通运输业等行业税负有所降低。建筑业减税188.19亿元，减税幅度6.2%；交通运输业减税35.63亿元，减税幅度7.5%。三是确保其他行业税负只减不增。现代服务业、生活服务业分别减税321.96亿元、134.9亿元，减税幅度分别为12.3%、6.6%，随着10月1日生活服务业加计抵减比例进一步由10%提高至15%等政策实施，生活服务业减税规模继续增加。

（三）重点支持民营和小微企业

坚持普惠性减税与结构性减税并举，重点聚焦减轻小微企业税负。1月1日实施小微企业普惠性减税政策以来，截至10月末小微企业减税1860.89亿元，放宽标准后实际享受到企业所得税减免的纳税人达到468.92万户，享受增值税免税的小规模纳税人新增402.64万户。民营企业是减税政策的主要受益者，1—10月，民营企业各项政策合计减税10511.84亿元，占全部减税数额的比例达到63.8%。

（四）有力促进企业加大研发投入

加快落实研发费用按75%比例税前加计扣除的政策，减税877.96亿元，加上落实其他各项减税降费政策，促进企业将减少的成本用于研发、技改等再投资。1—10月，在投资整体下行的形势下，高技术产业投资同比增长14.2%，增速比前三季度加快1.2个百分点，高于全部投资9个百分点。

（五）明显增加居民收入和消费能力

1—10月，实施个人所得税专项附加扣除政策减税521.94亿元，加上去年10月1日提高个人所得税基本减除费用标准和优化税率结构翘尾因素，合计减税4480.84亿元；个人所得税纳税人人均减税1786元，直接增加了居民收入，提升了消费能力。

从目前各方面反映的情况看，减税降费实施效果良好，广大企业和社会公众的获得感和满意度高，普遍反映今年实施的减税降费政策力度超出预期，是最直接、最有效、最公平的惠企措施。据财税部门测算，减税降费拉动当年GDP增长0.8个百分点，拉动固定资产投资增长0.5个百分点，拉动社会消费品零售总额增长1.1个百分点。当前经济运行处于合理区间，延续了总体平稳、稳中有进的发展态势，减税降费政策发挥了重要作用。

在肯定减税降费成效的同时，也要看到政策实施过程中仍面临一些困难和问题。一是财政收入压力较大。1—10月，由于减税降费力度超出预期，全国一般公共预算收入增长3.8%，其中税收收入仅增长0.4%。中央和地方财政收入压力较大，完成全年收入预算面临困难。此外，一些省份社会保险基金收支平衡压力也在增大，当期收支出现赤字。二是少部分企业减负不明显。从增值税改革实施情况看，目前所有行业税负都有所下降，但减税降费红利传导机制不畅，个别处在产业链"夹心层"的企业享受政策红利相对有限。少数企业由于购销两端税率降幅不一致、自身管理不完善等原因，出现一时少量增税情况。三是涉企乱收费、乱罚款、乱摊派问题不容忽视。一些企业反映，行业协会、红顶中介乱收费问题仍然存在。在财政收入减收较大的情况下，个别地方非税收入特别是罚没收入增加较多，需要防止其中存在乱罚款乱摊派行为。

三、下一步减税降费工作考虑

针对减税降费工作中存在的困难和问题,财税部门将以习近平新时代中国特色社会主义思想为指导,认真贯彻落实党的十九大和十九届二中、三中、四中全会及中央经济工作会议精神,坚持问题导向,在确保财政运行可持续的基础上,继续落实落细各项减税降费政策,推动减税降费政策持续发挥效应。

（一）坚决落实落细减税降费政策

不折不扣把党中央、国务院减税降费部署落实到位,确保企业和人民群众有实实在在的获得感。牢牢把握"三个确保"的要求,加强部门协调配合,加大对地方指导和督促力度,继续密切关注各行业税负变化,跟踪做好效果监测和分析研判,组织开展政策实施效果总结评估。进一步加大宣传和政策解读力度,提高纳税人和缴费人政策知晓度,帮助企业用足用好政策。督促地方政府坚决清理规范涉企收费,严肃查处政策不落实、增加企业负担、损害群众利益等问题,确保各项措施落实到位。

（二）切实加强财政预算管理

继续密切关注各级预算执行情况,指导督促各地开源节流支持减税降费。加强财政收入预算管理,认真研判财政收入形势,深入分析减税降费政策的减收影响,有条件的地方依法依规有序组织国有金融机构和国有企业上缴利润,加大国有资源资产盘活力度。从目前来看,预计今年地方财政收入可能会出现较大短收；中央财政收入可基本完成预算,如果有少量短收,所带来的支出变化,将通过节省非急需支出等方式实现平衡。

（三）调整优化财政支出结构

牢固树立过紧日子的思想,严格压减一般性支出。落实省级政府主体责任,加大财力下沉力度,抓好基层"三保"工作,重点帮扶"三保"困难和减税降费影响大的地区。落实实施更大规模减税降费后中央与地方收入划分改革推进方案,确保调整完善增值税留抵退税分担机制落实到位,切实减轻部分地区特别是基层财政压力。

委员长、各位副委员长、秘书长、各位委员,实施减税降费是深化供给侧结构性改革的重要举措,对减轻企业负担、激发微观主体活力、促进经济增长具有重要作用。我们要更加紧密地团结在以习近平同志为核心的党中央周围,增强"四个意识",坚定"四个自信",做到"两个维护",认真贯彻党中央、国务院决策部署,按照全国人大常委会的审议意见,扎实做好减税降费各项工作,为坚持和完善中国特色社会主义制度、推进国家治理体系和治理能力现代化,实现"两个一百年"奋斗目标、实现中华民族伟大复兴的中国梦而努力奋斗!

三、税务总局及其他部委落实减税降费的要求

（一）国家税务总局落实减税降费的要求

王军谈"减税降费"："四实四硬"力保政策落地

（来源：人民网　2019年3月12日）

3月12日，十三届全国人大二次会议第三次全体会议前，2019年全国两会第四场"部长通道"在人民大会堂举行。国家税务总局局长王军在回答记者提问时表示，将努力做到"四实四硬"，力保减税降费措施实打实、硬碰硬落地。

3月12日，十三届全国人大二次会议在北京人民大会堂举行第三次全体会议。这是国家税务总局局长王军在"部长通道"接受采访（新华社记者：殷刚摄）

王军说，党中央、国务院高度重视实施更大规模的减税降费措施。去年11月以来，习近平总书记多次就实施更大规模的减税降费作出指示、批示、提出要求。李克强总理在3月5日作《政府工作报告》时，公布了近2万亿元一揽子大规模减税降费举措。这是一次实打实、硬碰硬、更大规模的减税降费。

王军表示，此次"减税降费"有两个鲜明特点。第一是导向精准。力减制造业、小微企业、工薪阶层的负担，力促"六稳"。第二是规模空前。减税降费的总额近2万亿元，比

去年大规模减税降费又增加了 50% 以上。单就减税而言，这次减税降费规模相当于当年预算安排的税务部门组织收入的 10% 以上。这么大的减税降费规模，无论是在中国还是在国外，无论是近些年来还是几十年来，都是空前的。这充分彰显了我们党和政府攻坚克难、励精图治，逐梦圆梦的决心、信心、智慧和力量。税务部门必须把减税降费实打实、硬碰硬地落地。税务部门的努力目标是做到"四实四硬"，也就是政策制定要实、简明操作要实、宣传辅导要实、优化服务要实。哪"四硬"呢？就是信息系统要硬、数据账本要硬、检查问责要硬、改进完善要硬。

王军还表示，3 月 5 日总理公布减税降费一揽子方案的当天，税务总局就向全国税务系统发出通知，要求大家迅速行动起来，做好准备工作。3 月 8 日，国家税务总局又决定再取消 15 项涉及减税降费措施落地的税务证明。目前，全国各级税务部门和广大税务人员正在夜以继日、紧锣密鼓、周到细致地进行各项准备工作。在减税降费落实过程中，欢迎并将主动配合方方面面，包括媒体朋友，进行实打实、硬碰硬的监督。

王军谈个税改革：4 个月减税近 2 000 亿 8 000 万人不再缴个税［见二维码 1 (1-11)］

国家税务总局局长王军：推动减税降费实打实落地［见二维码 1 (1-12)］

二维码 1

国家税务总局局长王军：把税和费减下来 把获得感提上去 促进经济高质量发展

（来源：《中国税务报》 2019 年 4 月 2 日）

今天对税务部门来讲是个特殊的日子，既是第 28 个全国税收宣传月启动之日，也是深化增值税改革实施的首日，还是小微企业普惠性税收减免政策实施后首季申报第一个工作日。上午我们去北京的企业和办税服务厅实地调研，下午与大家座谈，目的都是虚心听取意见和建议，查找和改进我们工作中的不足和短板，努力在前期基础上把工作做得再好一些，确保减税降费政策落地生根，让广大企业和人民群众有实实在在的获得感。

刚才，全国工商联副主席王永庆同志作了很好的讲话，各位企业家代表、行业协会代表和专家学者都发了言，听了很受启发，也感到莫大的信任和沉甸甸的责任。对大家所提的意见建议，我们将逐一认真研究吸纳并向大家反馈，切实改进工作。在此，我代表税务总局党委向大家长期以来对税收工作的关心和支持表示衷心感谢，对大家为税收事业和国家经济社会发展作出的重要贡献表示崇高敬意。

此时，我不禁想起 1992 年的第一个全国税收宣传月，当年的主题是"税收与发展"，宣传重点是"人民税收为人民"。28 年间，税务系统历经 1994 年国税地税"分设"，再到去年国税地税"合并"，改革大潮、时代变迁，税收宣传月为民服务的主题没变，税务人为民服务的初心未改。

大家都知道，2018 年 11 月以来，习近平总书记先后在民营企业座谈会、中央经济工作会议、2019 年新年贺词、中央深改委第七次会议等多次重要讲话中，反复强调要加大减税降费力度，实施更大规模减税和更明显降费，做到简明易行好操作，实质性降低企业负担，确保减税降费政策措施落地生根，让企业轻装上阵，增强人民群众获得感。李克强总理在《政府工作报告》中对减税降费工作作出部署，"两会"后主持召开的两次国务院常务会议分别审议通过深化增值税改革方案和降低社保费率综合方案，并先后到税务总局和海南考察调研深化增值税改革准备工作。韩正副总理多次主持研究减税降费工作，到税务总局考察调研，近日又要求我们以本次税收宣传月活动为契机，大力宣传党中央、国务院关于实施大规模减税降费、切实减轻企业负担的决策部署。所以，我们将确保减税降费政策措施落地生根作为今年税收工作的主题，在部署工作时打破以往惯例，将其摆到了组织税费收入前面，各方面力量都朝此聚合。同时，我们将今年税收宣传月的主题确定为"落实减税降费，促进经济高质量发展"，并由往年一个月延长至50天，打造"加长版"，努力使广大纳税人和缴费人更全面了解、更便利享受减税降费政策红利。

下面，我介绍些相关情况，供大家参考。

一、把真金白银减到位，让市场主体增活力

党中央、国务院实施的近2万亿元更大规模减税降费，既促公平又求效率，既利当前又谋长远，既减负担又调结构，既增信心又稳预期，对于激发市场主体活力、应对经济下行压力具有十分重大的意义。

大家可能十分关心，前两个月减税降费政策落实得怎么样？我给大家报告的是：今年前两个月，虽然减税降费的"主菜""硬菜"还未端上来，且超过90%以上的小微企业从今天开始才实行季度申报，但总的来讲前期政策措施落实平稳有序，累计新增减税1 828.5亿元，且已呈现出积极效应。1—2月，全国净增纳税人56.3万户，月均比2018年增加1.22万户；税务部门为纳税人办理税务注销66.6万户，同比下降26.2%。1—2月，民营经济（含个体工商户）新增减税户数318万户，占全部新增减税户数的98%；全国私营企业工业增加值增长8.3%，比去年12月加快0.5个百分点。1—2月，去年实施的增值税降率翘尾减税超过530亿元，其中制造业占比超过32%；税务总局管理服务的238户年纳税额1亿元以上的大型高新技术制造业企业纳税额占营业收入的比重同比下降0.5个百分点，而营业收入和净利润增长分别超过10%和27%。1—2月，个人所得税专项附加扣除政策累计惠及超过4 400万纳税人，加上个税第一步改革减税影响，共有8400多万工薪所得纳税人无需再缴纳个人所得税。我相信，随着更大规模增值税减税和降低社保费率政策的实施，减税降费效应将更加充分地显现出来，大家的获得感会越来越强。刚才，沈阳鼓风机集团戴继双先生、青岛瑞源集团于瑞升先生等都测算了本企业减税降费情况，江苏金昇实业公司潘雪平先生、京东方科技集团陈炎顺先生等还提出将减税降费节省下来的资金投入到扩大再生产和研发创新，表明大家对减税感受更深了，对未来发展的信心更足了，我听了感到很振奋。

二、把工作要求抓到位，让政策落实高效率

今年1月1日以来，税务部门已经打响了个人所得税第二步改革、小微企业普惠性税收减免、深化增值税改革三场硬仗，5月1日起降低社保费率第四场硬仗也即将打响。工作中，我们已采取了一系列实打实、硬碰硬的举措，并将在下步工作中加力加效，确保减税降费政策落地生根。

一是落实推进有机制保障。减税降费涉及多个税种费种、内部多个机构、外边多个部门、系统多个层级，为确保统一、规范、高效落实，我们从税务总局到基层税务分局逐级成立由主要负责人任组长的减税降费工作领导小组，下设减税办，抽调精兵强将进行集中办公，实行实体化运作，构建起"一揽子统筹、一竿子到底"的统一指挥体系。下一步，我们将在实践中不断完善工作推进落实机制，确保做到上下通畅、高效统一。

二是落实过程有监督考核。为了确保减税降费工作有力有序推进，我们从组织动员、政策制定、系统保障、核算分析、服务宣传、督察督办六个方面，明确了落实减税降费重点工作任务，制定了路线图、时间表，并根据新政策的出台情况动态完善，落实到责任人，挂图作战、对表推进、到点验收。同时，一方面从税务总局开始到各级税务机关自觉接受、主动配合各方监督，另一方面税务总局专门发文对加强减税降费落实的监督检查作了部署，以强有力的监督问责促进减税降费政策落实落地，决不允许打折扣搞变通，决不让好的政策打白条，也欢迎在座的各位监督。下一步，我们将进一步严格减税降费工作考核，按点督促，确保落实落地。

三是落实政策有全面辅导。3月28日，中国社会科学院法学研究所发布《中国政府透明度指数评估报告》，税务总局在国务院部门透明度排名中名列第一，其中"政策解读与回应关切"得分最高，反映了税务部门加强政策宣传辅导的成效。今年，我们针对每项减税降费政策都开展了多轮次、全覆盖的宣传辅导工作，确保应享尽知。目前，个人所得税改革已经开展了覆盖所有纳税人和扣缴单位、超过1亿人次的5轮大规模专题培训；小微企业普惠性税收减免政策也已开展了全覆盖培训；深化增值税改革第一轮政策辅导在5天之内通过多渠道多形式已实现对900多万户一般纳税人全覆盖。刚才，德力西集团胡成中先生对进一步加强税收知识的宣传与培训提出了很好的建议，我们将认真研究吸纳。下一步，我们将开展第二轮以小微企业为重点对象的全覆盖宣传辅导，以及第三轮有针对性的答疑解难辅导。专家学者的宣传解读权威性高、影响力大，希望张连起先生等专家多支持我们工作，加强税收政策解读，共同营造良好的减税降费舆论氛围。

四是落实手段有技术支撑。减税降费政策要高效落地，必须有强大的信息系统作支撑。1月9日国务院出台小微企业普惠性税收减免政策后，面对4 000多万适用该政策的纳税人，我们争分夺秒，赶在2月1日首个征期前完成核心征管系统调整，并增加自动识别政策条件、提醒享受、计算税款等功能，让广大纳税人更加便捷地享受优惠。这里我给大家讲个小故事：地方"六税两费"减半征收优惠政策大都在2月出台，但追溯至1月1日起实施，这就自然产生了"退税"问题，金额最少的只有几毛钱。在此过程中，我们不怕麻烦，但有些纳税人嫌麻烦，甚至在接到税务干部电话通知可办理退税时，还以为是遇到"骗子"了呢。由于有了强大技术支撑和为民服务的精神，浙江、陕西等地税务部门积极协调人民银行，一户一户核实应退税款并直接退到了纳税人账上。今天，作为今年减税降费"重头戏"的深化增值税改革正式拉开了帷幕。为了使纳税人能开好票，税务部门在10天内完成了900多万增值税一般纳税人的开票系统升级工作。下一步，我们将加快"金税三期"核心征管系统相关模块的开发升级，进一步完善各省电子税务局申报模块，确保4月底前升级到位，保障纳税人5月1日起顺利进行申报。

五是落实效应有铁账核算。为了打造减税降费"硬账单、铁账本"，我们重建了减税降费统计核算分析体系，建立了专门的信息化平台，实现减税降费数据的"机生机汇"，确保数据的真实性、准确性和可验证性。前两个月的减免税数据就是依托信息化平台自动生成。下一步，我们将继续用好这个核算平台对政策效应情况进行统计分析，不仅要算好改革效应

"总分账"，分析经济社会"效益账"，还要帮助纳税人算好减税红利"获益账"。

三、把纳税服务优到位，让政策享受更便利

为了让广大纳税人、缴费人更加优质便捷地享受各项优惠政策，我们已经并将进一步推出一系列纳税服务举措。

一是推动服务再提升。为助力减税降费政策落实，我们分步推出便利化服务举措：第一步是1月底小微企业普惠性税收减免政策首个申报期前，出台8方面服务举措；第二步是2月份开始，我们连续第6年开展"便民办税春风行动"，出台了52条便利化措施；第三步是3月21日推出20条服务举措，支持深化增值税改革更好落地；第四步是3月26日提出4方面9项举措，进一步发挥涉税专业服务作用，助力减税降费政策落实。希望包括蓝逢辉先生在内的广大涉税服务中介机构人士，积极发挥优势，帮助我们做好工作。刚才湖北长飞光纤光缆公司庄丹先生等表扬了我们的纳税服务工作，并提出一些建议，我们将认真吸纳改进。下一步，为助力5月1日起实施降低社保费率政策还将再推出若干服务措施，让纳税人和缴费人不仅有减税降费获得感，还有服务获得感。

二是确保诉求有处提。这一轮减税降费涉及的政策内容多，纳税人、缴费人难免有不太熟悉的地方，也会有一些意见建议，畅通诉求表达渠道十分重要。目前，我们已经开通了6个方面的反馈渠道。纳税人有问题、有诉求可以随时提，我们都会及时响应。下一步，我们将进一步完善多渠道问题收集反馈机制，及时处理。

三是力求难题及时解。对减税降费政策落实过程中纳税人、缴费人反映的各类问题，我们力争做到两点：第一是快速反应，就是第一时间进行研究，税务总局减税办建立晨会、晚会、专题会"三会"制度就是为了更快地研究、解决、回应问题。我们还建立小微企业涉税诉求快速响应机制，要求税务机关原则上在3个工作日内解决并反馈。第二是权威准确。为保持政策、征管的统一性，对重要问题一律由总局统一研究答复。这样也可以达到安徽艾可蓝公司刘屹先生希望的那样，更好地统一各地税务部门执法标准。目前我们根据收集到的问题已经发布了750个个人所得税第二步改革、100个小微企业普惠性税收减免政策和100个深化增值税改革问题解答口径。下半年，我们将结合减免税统计核算，在总结实施成效的同时，重点分析和解决存在的问题。对属于税务部门执行中的问题，我们立行立改；对属于政策层面特别是反映个别企业税负增加的问题，我们将配合财政部认真研究并提出完善建议。刚才，东莞晟鼎精密仪器公司冼健威先生等对进一步完善税收优惠政策提了一些意见建议，我们将认真研究考虑。当然，恐怕也有一些建议可能因条件一时还不成熟难以解决，也请大家理解。

四是发现乱收费必严查。李克强总理3月27日在海南考察时强调，要警惕借减税服务巧立名目乱收费，不论哪里出现这样的苗头必须坚决打掉，决不允许以任何名目揩减税的油。3月29日，税务总局已专门对此进行部署，迅速开展为期两个月的第三方借减税降费服务巧立名目乱收费行为专项排查整治，并与有关部门一起推动形成共治格局。对税务干部违规参与、干预、诱导纳税人选择第三方涉税服务机构的行为，发现一起查处一起，绝不姑息。一旦查出税务干部与第三方有利益关联，坚决清除出税务系统；涉嫌违法犯罪的，依法移送司法机关处理。

减税降费直达市场主体，影响直接而深刻。希望大家注重把握减税降费特别是深化增值税改革通过价格传导对市场主体预期、经营策略、竞争博弈等各方面的影响，把减税降费红

利转化为发展动能,实现更快速更长远发展。同时,落实减税降费政策涉及面广,税务部门在具体工作中难免存在这样或那样的问题,我们一定会不断加以改进。

4月春回大地,是播种希望的季节。减税降费既是放水养鱼,也是播种希望。这种希望源于初心、发自肺腑、寄望未来。请大家放心,税务部门一定会以最大力度、最优服务、最严标准落实党中央、国务院决策部署,将减税降费这个惠民大礼包实打实送到千家万户。

二维码1

王军在部分地区税务局减税降费座谈会上强调　上下同欲　克难奋进从全局性战略性高度把减税降费政策落实好［见二维码1（1-13）］

实打实　硬碰硬　确保减税降费政策措施落地生根
——访国家税务总局党委书记、局长　王军

（来源:《学习时报》　2019年9月30日）

《学习时报》:今年我国实施的减税降费力度之大超出了很多人预期。您如何看待这次减税降费?

王军:我国今年实施更大规模减税降费是在错综复杂的国内外形势下,以习近平同志为核心的党中央审时度势作出的重大决策部署,充分体现了党中央、国务院高瞻远瞩的大手笔、大智慧、大韬略。我理解,这至少有三个层面的重大意义。

首先,这是一项应对经济下行压力的重大财税政策抉择。2018年以来,我国经济面临新的下行压力。为提振市场信心、促进"六稳",党中央、国务院实施了一系列重要举措,其中,实施更大规模减税降费对市场主体而言作用最直接、最公平、最普惠,见效也最快,是积极财政政策的"重手拳",是应对经济下行压力的"关键招",是增强市场主体信心的"压舱石",是保持经济运行在合理区间的"当头炮"。

其次,这是一项推动高质量发展的重大经济战略决策。我国经济已由高速增长阶段转向高质量发展阶段,当今世界正面临百年未有之大变局。应对外部环境变化特别是中美经贸摩擦带来的风险挑战,最重要的是做好自己的事,走高质量发展之路。在这一背景下实施更大规模减税降费,充分体现了党中央、国务院统揽国内国外、当前长远的战略考量。政策措施重点聚焦于支持实体经济、扩大就业、刺激消费、创新发展,有利于把稳战略重心、夯实战略基点、发挥战略优势、增强战略后劲,具有在世界大变局中为我国经济注入"活力剂"、推动我国经济处变行稳实现高质量发展的战略性作用。

最后,这是一项事关国家治理全局的重大政治决断。实施更大规模减税降费,是党中央从保持党与人民群众血肉联系、巩固党执政基础的政治高度作出的重大决策,是践行以人民为中心发展思想的生动实践。正因为如此,中央特别强调要加强对减税降费工作的监督,广泛运用党和国家监督的政治手段及力量来推进落实,充分反映不能简单将减税降费作为一项经济工作来部署,而要作为一项政治责任来担当。

《学习时报》:请您介绍一下今年减税降费政策的总体情况,与以往相比主要有哪些新特点?

王军：今年新增减税降费政策共涉及12个税种，19个费种（均属国务院确定的项目，不含一些用能用地用网、物流交通等方面收费以及地方出台的降费项目）。主要由3个部分组成。

一是2019年新出台的政策。可概括为"1+3+N"多菜式政策："1"是指"一道大菜"，即深化增值税改革，其新增减税约占全部新增减税一半左右；"3"是指"三道辅菜"，即个人所得税第二步改革、小微企业普惠性税收减免、社保费降率，这3项虽然减收规模不及深化增值税改革那么大，但分量也不轻、影响也不小；"N"是指"多道小菜"，即针对若干重点领域和薄弱环节出台的专项减税降费政策，主要涉及鼓励创新、改善民生、促进环保3个方面。

二是2018年实施对2019年形成翘尾影响的政策。主要包括：2018年5月1日起增值税由原来的17%、11%税率分别下调为16%、10%，2018年10月1日起实施的个人所得税第一步改革，以及一些降费翘尾政策。这些政策的减收效果既体现在2018年后几个月，也对2019年前几个月形成翘尾影响。

三是2018年到期后在2019年又延续实施的政策。主要有18项，具体涉及支持文化企业发展、公共租赁住房建设运营、农村饮水安全工程建设等文化社会事业和民生领域。

与以往相比，今年的减税降费主要体现了3个"前所未有"的特点：一是力度规模之大前所未有。今年新增减税降费规模相当于2018年的两倍。上半年实现的减税额度，已相当于1999年全年的财政收入额度，预计全年新增减税接近2003年的财政收入。规模之大在我国历史上从未有过。二是惠及范围之广前所未有。深化增值税改革、社保降费均惠及所有行业，个人所得税减税使工薪阶层100%受益，普惠性特征明显。三是优惠方式之多前所未有。在税基式减免的基础上，特别突出了税率式和税额式减免，减税方式更加直接显化。增值税留抵退税也从临时性措施上升为制度性安排，并实施了加计抵减政策，这在世界上尚属首创。

《学习时报》：这么大规模、广覆盖、普惠性的减税降费，税务部门如何确保不折不扣抓好落实？

王军：从一般意义上讲，减税实际比征税还要难，因为征税更多的是执行老政策，减税更多的是要落实新政策；征税更多的是运用老机制，减税更多的是要建立新系统；征税更多的是体现统一性，减税更多的是要考虑差异性。就今年而言，落实好减税降费又比其他时期还要更难一些。因为从政策措施上看，项目多、时间紧，且持续密集出台，有些政策从正式发布到实施不到10天；从操作流程上看，工序多、战线长，且需一遍遍反复，经常是刚落实好上一个政策，下一个又接踵而至；从协同推进上看，部门多、统筹难，且情况差异复杂，不同税种费种，需要协同推进的事项各有不同。特别是去年国税地税机构合并，精简机构3.4万多个，22 255名干部由正职转副职，干部队伍、工作机制、业务流程还在磨合，原国税与地税、征税与收费、老信息系统与新信息系统还要"并库"整合，且不得影响日常业务办理，这好比是在"超高压""特高压"上"带电作业"，来不得半点差池。为此，我们把确保减税降费落地生根作为2019年税收工作主题，建立了一面旗引领、一盘棋统筹、一张表推进、一竿子到底、一揽子服务、一个口答疑、一把尺核算、一体式督导、一股绳聚力的"九个一"工作机制狠抓落实。

《学习时报》：那么，现在减税降费政策实施情况怎么样？取得了哪些明显效果？

王军：总体来看，目前各项减税降费政策运行平稳，取得了明显成效。今年1—7月，全国累计新增减税降费13 492亿元。其中，新增减税11 740亿元，相当于税务部门组织税收收入（已扣减出口退税）的12.1%，比1月提高了7个百分点。与此相对应，税收收入增速从1月份的7.6%回落至前7个月的0.9%，降低近7个百分点。照此推算，全年减税降费规模将超出预期，其效应已经显现并将持续放大。

一是提高了制造业发展质量。1—7月，深化增值税改革中，制造业净减税1 766亿元，减税金额占比达43.4%，减税面为98.82%，居各行业之首。国家统计局数据显示，1—7月份，规模以上工业企业营业收入利润率达5.87%，主要来自减税降费。增值税发票数据显示，前7个月高技术制造业销售收入同比增长6.5%，高于制造业平均增速3.7个百分点。

二是推动了民营经济发展向好。1—7月，民营经济纳税人新增减税7 450.45亿元，占新增减税总规模的63.46%。前7个月，规模以上私营工业企业利润同比增长7%，明显快于全部规模以上工业企业。增值税发票和"金税三期"系统数据显示，全国民营经济销售收入同比增长9.5%，比整体增速快1.5个百分点。

三是激发了创新活力。减税降费增加了企业研发投入的资金来源，提高了研发积极性。根据10万户重点税源企业数据显示，前7个月重点税源企业研发投入同比增长20%，比去年同期提高3.9个百分点。

四是拉动了消费增长。1—7月，全国缴纳个税的纳税人累计人均减税1 491元，助力了上半年全国居民人均可支配收入同比增长8.8%。据商务部流通产品促进中心发布的数据，我国城镇居民边际消费倾向在0.71—0.75，按0.73计算，1—7月个税新增减税可带来约2 500亿元新增消费。全球化监测和数据分析公司尼尔森发布的报告显示，个税改革带来的减税与中国消费趋势指数走高基本同步。

五是增强了企业抵御国际市场风险的能力。得益于更大规模减税降费，我国出口企业因美加征关税而增加的负担，从总量看完全可以被减税降费红利对冲。这表明减税降费不仅有利于增强我国企业抵御国际市场风险的能力，而且也增强了我们在斗争中取胜的信心和决心。

六是助力了就业稳定。小微企业普惠性税收减免、降低增值税税率和社保费率、加大对重点群体就业支持等政策，促进了企业降成本，对稳就业发挥了积极作用。重点税源数据显示，今年7月底企业职工人数比去年底增长5.2%，其中服务业职工人数增长10.4%。

七是优化了收入分配。减税降费带来上半年税收收入占现价GDP比重同比下降1.5个百分点，相应提高了企业和居民在国民收入分配中的占比。同时，个税改革更多惠及中低收入群体，促进了收入分配公平。月均收入2万元以下的纳税人新增减税幅度超过67.47%；月收入1万元以下的纳税人，享受赡养老人、子女教育等专项附加扣除后，基本不需要缴纳个税。

八是得到了国内外的肯定。我国今年减税降费在经济下行压力下"逆周期"实施，成为提振市场信心、稳定市场预期的重要支撑，受到了广泛好评。据国内外有关研究机构测算，实施更大规模减税降费可以拉动我国今年GDP增长0.45—0.8个百分点甚至更高。经济合作与发展组织、国际货币基金组织等国际组织和很多国外媒体也纷纷对我国实施更大规模减税降费表示积极赞赏。

上述成效，充分表明党中央、国务院实施更大规模减税降费的决策之英明，也进一步坚定了我们必须将减税降费落实落细的决心。

《学习时报》：这次增值税税率下降幅度很大，但仍有个别企业的增值税有少量增加，请问如何看待这一问题？

王军：今年4月1日实施增值税降率以来，所有行业税负都有所下降，但单算此政策，4—7月累计仍有3.06%的增值税一般纳税人一时出现了少量增税的情况，合计增加增值税43.53亿元。对此，我们进行了"一对一"的分析。主要有四个方面原因：一是税制原因。由于这次增值税各档税率的降幅不一致，有的企业销项税额减少小于进项税额的减少而带来增税，占增税企业的比重为80.23%。二是市场原因。部分企业在税率下调后，仍被强势购买方以执行老合同为由，而按原税率开具发票，导致暂时性、非正常增税，占比为16.04%。三是企业主观原因。少数企业可享受但未及时或足额享受改革配套措施导致增税，占比为0.92%。四是企业申报错误原因。少数企业漏填、误填申报表而显示增税，实际并未增税，占比为2.81%。可见，少数企业增税主要是税制因素，后三个原因形成的增税，随着税务部门加强"一对一"辅导，占比逐渐下降且会进一步减少。

需要看到的是，增值税税负上升不等于企业总负担上升，评价企业减负成效要算减税降费"总账"。如综合考虑2018年增值税降率在2019年形成的翘尾减税以及其他新增减税政策，增税企业面降至1.64%；如果再进一步考虑社保降费等因素，基本上所有企业可实现整体税费负担只减不增。

《学习时报》：请问税务部门将如何进一步落实好减税降费工作？

王军：当前减税降费工作中仍存在一些不足，要切实加以改进。税务部门将持续深入学习贯彻习近平总书记关于减税降费的重要指示、批示精神，进一步提高政治站位，扛牢抓实主体责任，确保减税降费更好地落实落细。一是进一步加大统筹推进力度。重点抓好落实减税降费与组织税收收入、优化执法方式的统筹。坚持做到"三个务必、三个坚决"：务必把该减税的减到位、务必把该降的费降到位、务必把该征的税费依法规范征收好，坚决打击虚开骗税，坚决不收"过头税费"，坚决做好留抵退税工作。二是进一步加大分析研究力度。不断完善减税降费的"铁账本"，继续加强对少数增值税一时增加企业的"一对一"分析辅导，逐户算准讲清叠加各项减税降费政策的"综合账"。三是进一步加大服务便民力度。持续精简表证单书，减少纳税人和缴费人资料报送，压缩办税缴费时间，力争税收营商环境的世界排名有较大提升，更好地增强纳税人、缴费人享受政策红利和服务便利的"双重获得感"。四是进一步加大税收共治力度。近年来税收共治迎来了未曾有过的良好局面。进一步落实好减税降费，税务部门还要更好地依靠各地区、各部门的支持协助，凝聚起更大合力。同时，继续自觉接受、主动配合各方面监督，以监督促落实、促提升。

（二）其他部委落实减税降费的要求

1. 财政部落实减税降费的要求

财政部部长：今年中国减税降费规模世界空前

（来源：中国新闻网　记者：王恩博　2019年9月24日）

图为财政部部长刘昆回答记者提问（中新社记者：富田　摄）

中国财政部部长刘昆 24 日在北京表示，减税降费是中国今年积极财政政策的头等大事，在世界上和中国财政史上从未有过如此大规模减税降费。

2019 年中国《政府工作报告》提出，要完成"全年减轻企业税收和社保缴费负担近 2 万亿元"的任务目标。

刘昆当天出席庆祝新中国成立 70 周年活动新闻中心首场发布会时介绍说，今年来执行情况和预期基本相符。1—7 月，中国累计新增减税降费 13 492 亿元，其中新增减税 11 740 亿元。分行业看，制造业新增减税 3 648 亿元，占 31%，是受益最大的行业；分经济类型看，民营经济新增减税 7 450 亿元，占 63%，受益最明显。

"减税效果如何，市场主体和纳税人是最清楚的。"刘昆说，社会上普遍反映今年实施的综合性、一揽子减税降费政策是最直接、最有效，也是最公平的惠企措施。

此外，根据国家统计局对北京等 9 个省市、311 家企业开展的专题调研，减税红利中七成以上用于企业研发、技改和扩大再生产再投资，并明显带动企业加大研发投入。同时减税降费还激发了市场主体活力，有力增强了市场信心和经济增长后劲。

刘昆表示，1—8 月，中国日均新登记企业达到 1.9 万户，高技术产业投资同比增长 13%，增速比 1—7 月和上年同期分别加快 1.6 个和 1.1 个百分点，高于全部投资 7.5 个百分点。从1—8月主要经济指标来看,当前经济运行处于合理区间,延续了总体平稳、稳中有进的发展态势,减税降费发挥了重要作用。

至于未来中国会否进一步加大减税降费规模,刘昆说,减税降费是一个动态调整和完善的过程,官方还将对政策实施效果进行评估,并根据评估结果调整有关政策措施,推动减税降费政策发挥更好效益。

财政部部长刘昆:减税降费拉动GDP增长0.8个百分点,地方财政收入可能出现较大短收

(来源:21世纪经济报道 2019年12月25日)[内容有删节]

12月25日,在第十三届全国人民代表大会常务委员会第十五次会议上,财政部部长刘昆受国务院委托,向全国人大常委会报告2019年减税降费工作情况。

1—10月,全国实现减税降费19 688.94亿元,其中减税16 473.26亿元,降低社会保险费3 215.68亿元。

刘昆表示,全年减税降费数额将超过2万亿元,占GDP的比重超过2%,明显高于世界其他国家。深化增值税改革后,增值税高档税率由16%下降至13%,在G20国家中处于中等偏下水平,低于一些发达国家和新兴市场国家。

作为今年大规模减税降费"重头戏"的深化增值税改革,初步实现"三个确保"的要求。4月1日深化增值税改革政策实施以来,确保制造业等主要行业税负明显降低,确保建筑业和交通运输业等行业税负有所降低,确保其他行业税负只减不增。其中,随着10月1日生活服务业加计抵减比例进一步由10%提高至15%等政策实施,生活服务业减税规模继续增加(见表1)。

表1　　　　　　　　　　4—10月主要行业增值税减税情况

主要行业名称	4—10月减税规模(亿元)	减税幅度(%)
制造业及批发业	4 598.83	25.7
建筑业	188.19	6.2
交通运输业	35.63	7.5
现代服务业	321.96	12.3
生活服务业	134.9	6.6

数据来源:财政部部长刘昆针对2019年减税降费工作情况所做报告。

今年坚持普惠性减税与结构性减税并举,重点聚焦减轻小微企业税负。1月1日实施小微企业普惠性减税政策以来,截至10月末小微企业减税1 860.89亿元。具体而言,享受到企业所得税减免的纳税人达到468.92万户,享受增值税免税的小规模纳税人新增402.64万户。

研发费用加计扣除政策的落地,减税877.96亿元,加上落实其他各项减税降费政策,促进企业将减少的成本用于研发、技改等再投资。

个税专项附加扣除等政策的落地，1—10月共计减税521.94亿元。加上去年10月1日提高个税基本减税费用标准（提高起征点到5 000元/月），和优化税率结构翘尾因素，合计减税4 480.84亿元；个人所得税纳税人人均减税1 786元，直接提高了居民收入，提升了消费能力。

刘昆表示，从目前各方面反映情况来看，减税降费实施效果良好，广大企业和社会公众的获得感和满意度高，普遍反映今年实施的减税降费政策力度超出预期，是最直接、最有效、最公平的惠企措施。

据财税部门测算，减税降费拉动当年GDP增长0.8个百分点，拉动固定资产投资增长0.5个百分点，拉动社会消费品零售总额增长1.1个百分点。当前经济运行处于合理区间，延续了总体平稳、稳中有进的发展态势，减税降费政策发挥了重要作用。

刘昆指出，在肯定减税降费成效的同时，也要看到政策实施过程中仍面临一些困难和问题。

一是财政收入压力较大。1—10月，由于减税降费力度超出预期，全国一般公共预算收入增长3.8%，其中，税收收入仅增长0.4%。中央和地方财政收入压力较大，完成全年收入预算面临困难。此外，一些省份社会保险基金收支平衡压力也在增大，当期收支出现赤字。

二是少部分企业减负不明显。从增值税改革实施情况看，目前所有行业税负都有所下降，但减税降费红利传导机制不畅，个别处在产业链"夹心层"的企业享受政策红利相对有限。少数企业由于购销两端税率降幅不一致、自身管理不完善等原因，出现一时少量增税情况。

三是涉企乱收费、乱罚款、乱摊派问题不容忽视。一些企业反映，行业协会、红顶中介乱收费问题仍然存在。在财政收入减收较大的情况下，个别地方非税收入特别是罚没收入增加较多，需要防止其中存在乱罚款乱摊派行为。

至于下一步工作，刘昆表示，继续密切关注各级预算执行情况，指导督促各地开源节流支持减税降费。加强财政收入预算管理，认真研判财政收入形势，深入分析减税降费政策的减收影响，有条件的地方依法依规有序组织国有金融机构和国有企业上缴利润，加大国有资源资产盘活力度。从目前来看，预计今年地方财政收入可能会出现较大短收；中央财政收入可基本完成预算，如果有少量短收，所带来的支出变化，将通过节省非急需支出等方式实现平衡。

2. 国家发改委落实减税降费的要求

何立峰：落实减税降费　促进民营经济发展

（来源：中国发展网　记者：张洽棠　公欣　刘维　2019年3月6日）

3月6日，十三届全国人大二次会议新闻中心就"大力推动经济高质量发展"举行记者会。谈及支持民营经济发展的下一步工作，国家发改委主任何立峰表示，将大力促进减税降费政策的落实，进一步帮助民营企业特别是中小微企业解决融资难融资贵的问题。

何立峰指出，民营经济在我国经济发展中占有非常重要的地位，正在发挥非常重要的作用。有一种"56789"的说法，就是民营经济贡献了中国经济50%以上的税收、60%以上的GDP、70%以上的技术创新成果、80%以上的城镇劳动就业，还有90%以上的企业数量，这从一个侧面说明，民营经济在我国经济发展当中的地位和作用是非常突出的。

何立峰表示，党中央、国务院历来高度重视民营经济的发展，去年9月、10月，习近平总书记从北到南，在东北一直到广东，先后考察了一大批民营大型企业、中型企业、小型企业，并且主持召开了民营企业座谈会，强调要坚持两个毫不动摇，并且要为民营企业解决客观存在的一系列困难、矛盾、问题。在昨天的《政府工作报告》当中，李克强总理用很大的篇幅阐述了一系列的政策，包括十大工作任务和举措当中，大部分都涉及要促进民营经济的发展。我们长期在发展改革委工作，都有深切的体会，最近几年，党中央国务院出台的一系列经济政策措施，实际上是要帮助民营企业解决存在的问题、困难、矛盾。所以，对民营企业的发展，我们是高度重视的。

谈及支持民经济发展的下一步工作，何立峰说，当前民营企业发展确实存在一些困难和问题，下一步，为了进一步促进民营经济、民营企业的发展，要做的工作很多，《政府工作报告》已经大部分列出来。从发改委的角度，重点要促进三方面的工作：

一是大力促进减税降费政策的落实。前几年每年减税降费规模超过1万亿元，这是空前的。昨天，李克强总理在《政府工作报告》中提出，今年的减税降费规模要近2万亿元，这在中国经济发展历史上是空前的，制造业等现行16%的增值税税率将降到13%，交通运输业、建筑业等行业现行10%的税率降到9%，保持6%一档的税率不变，还有其他方面的一些减税降费措施，通过实施这些措施，将进一步激发市场主体的活力，特别是民营企业的活力。

二是要进一步帮助民营企业特别是中小微企业解决融资难融资贵的问题，现在采取了一系列措施，主要是两大方面，第一个是解决他们的流动性问题，相关金融部门采取了一系列措施。第二个是解决他们的中长期投资资金短缺问题，报告当中已经讲到了，要帮助包括中小微企业在内的企业解决中长期贷款问题。

三是要进一步营造更好的营商环境。要简化审批，提供优质服务，提供更大的便利，来更好地保护民营企业的合法权益，包括知识产权、合法的财产权和其他的相关权益，促进民营企业能够安心创业、发展。要简化政府审批环节、审批事项，提供更便捷、更优质的服务，使民营经济更好地发展。

何立峰表示，我们有信心也有决心，落实好《政府工作报告》提出的各项工作任务，进一步促进民营企业、民营经济的发展，汇聚成磅礴的力量，和国有企业、外商投资企业一起构成中国经济浩浩荡荡的发展力量，来实现好今年的各项经济社会发展目标任务，保持中国经济稳中向好的发展趋势。

四、国务院及相关部门落实减税降费答记者问

（一）国务院关于减税降费答记者问

国新办就发改委 财政部 中国人民银行
落实中央经济工作会议精神的具体举措举行发布会

（来源：中国网 2019年1月15日）[内容有删节]

国务院新闻办公室定于2019年1月15日（星期二）上午10时举行新闻发布会，请国家发展改革委副主任连维良、财政部部长助理许宏才、中国人民银行副行长朱鹤新介绍本部门落实中央经济工作会议精神的具体举措，并答记者问。

胡凯红： 女士们、先生们，大家上午好，欢迎大家出席国务院新闻办今天举办的新闻发布会。中央经济工作会议对2019年的经济工作作出了全面部署，今天我们很高兴请来了国家发改委副主任连维良先生、财政部部长助理许宏才先生、中国人民银行副行长朱鹤新先生，请他们向大家介绍贯彻落实中央经济工作会议的具体举措，并回答大家的提问。下面先请连主任做介绍。

连维良： 各位媒体朋友，大家上午好！中央经济工作会议对2019年经济工作作出了全面部署。国家发展改革委将认真贯彻落实好会议精神，以习近平新时代中国特色社会主义思想为指导，坚持稳中求进工作总基调，坚持新发展理念，按照"巩固、增强、提升、畅通"八字方针，深化供给侧结构性改革、推动经济高质量发展，扎实做好稳增长、促改革、调结构、惠民生、防风险各项工作，进一步做好"六稳"工作，推动各项任务落到实处。

第一，务实推动宏观政策落实，保持经济运行在合理区间。按照中央经济工作会议要求，宏观政策要强化逆周期调节，继续实施积极的财政政策和稳健的货币政策，实施更大规模的减税降费，解决好民营企业和小微企业融资难融资贵问题。结构性政策要强化体制机制建设，深化国企国资、财税金融、土地、市场准入、社会管理等领域改革，强化竞争政策的基础性地位，创造公平竞争的制度环境。社会政策要强化兜底保障功能，实施就业优先政策，确保群众基本生活底线。从发展改革部门的职能出发，切实加强经济形势监测预警，做好政策储备，健全政策出台前协调评估、执行中效果监测、发现问题后有序处置的工作机制，确保经济运行处于合理区间。

第二，务实打好三大攻坚战，确保牵头任务取得实质性进展。在防范化解重点领域风险方面，建立健全企业债务风险防控机制，深入推进市场化法治化债转股扩量提质，有效解决

债转股项目落地难问题,加大对在建基础设施项目的资金保障。在精准脱贫方面,基本完成"十三五"易地扶贫搬迁规划建设任务,加快推进建档立卡贫困户等重点对象危房改造,重点解决深度贫困地区公共服务、基础设施以及基本医疗有保障的问题。在污染防治方面,促进节能环保、清洁能源等绿色产业发展,推进北方地区清洁取暖,下力气推进长江经济带"三水共治",加快实现水污染治理全覆盖。

第三,务实抓好重点任务落实,推动经济高质量发展。重点抓好六个"着力"。着力促进形成强大国内市场。加强重大技术装备补短板,推进传统产业改造提升,建设一批国家产业创新中心;加快推进一批在建项目,加快开工一批新项目,加快储备一批重大项目;制定出台稳住汽车、家电等热点产品消费的措施,鼓励信息、旅游、体育等服务消费和网购等消费新业态。着力发展壮大实体经济。加快清理废除妨碍统一市场和公平竞争的各种规定和做法,建立健全企业家参与涉企政策制定机制,建立健全向民间资本推介项目长效机制,加快推进涉企行政事业性收费零收费,切实降低企业用能和物流成本。着力深化重点领域改革。全面实施《市场准入负面清单(2018年版)》,扩大混合所有制改革试点范围,深入推进电力、油气领域改革,深化投融资体制改革和价格体制改革。着力提高对外开放水平。全面清理取消负面清单以外领域针对外商设置的准入限制,抓紧修订《外商投资产业指导目录》《中西部地区外商投资优势产业目录》,健全外资项目服务机制,抓紧推动一批重大外资项目尽快落地。着力统筹推进城乡区域融合发展,持续推进乡村振兴战略实施,加力推动1亿非户籍人口在城市落户,深入实施国家重大区域战略。比如,推进雄安新区规划政策落地实施,启动建设一批标志性项目,编制实施长江三角洲区域一体化发展规划纲要,加快完善粤港澳大湾区建设规划政策体系。着力保障和改善民生。出台公共服务补短板强弱项提质量行动方案,推动城企联动扩大普惠性养老服务,推动家政服务提质扩容、健康产业高质量发展、产教融合型城市遴选和企业试点。

我们将以钉钉子精神做实做细做好各项工作,确保实现一季度经济发展良好开局,保持全年经济运行在合理区间。

我先介绍这些,谢谢大家。

胡凯红: 谢谢连主任,下面请许部长助理做介绍。

许宏才: 女士们、先生们:

2018年,面对错综复杂的国际环境和艰巨繁重的国内改革发展稳定任务,在以习近平同志为核心的党中央坚强领导下,财政部门认真学习贯彻习近平新时代中国特色社会主义思想和党的十九大精神,按照党中央、国务院决策部署,聚力增效实施积极的财政政策,促进经济运行总体平稳、稳中有进,宏观调控目标较好完成。一是大力实施减税降费,保持较高支出强度,促进经济运行保持在合理区间。二是强化政策支持和资金保障,推动三大攻坚战取得明显成效,促进社会民生持续改善。三是支持深化供给侧结构性改革,落实"三去一降一补"重点任务,推动城乡区域协调发展,促进经济发展质量提高。四是深入推进依法理财,强化管理基础工作,加强财政内部控制建设,推动改善营商环境等。

这里,我重点介绍一下2018年减税降费有关情况。一是深化增值税改革,降低部分行业增值税税率、统一增值税小规模纳税人标准、对部分行业实行期末留抵退税。二是实施个人所得税改革,建立综合与分类相结合的个人所得税制度,实施5000元/月的基本减除费用标准和新的税率表。三是出台一系列支持小微企业发展的优惠政策。比如,将减半征收企业所得税的小型微利企业年应纳税所得额上限由 50 万元提高到 100 万元，将小微企业和个体工商户贷款利息收入免征增值税单户授信额度上限提高至 1 000 万元。四是支持科技研发创新。将企业研发费用加计扣除比例提高到 75% 的政策由科技型中小企业扩大到所有企业，将创业投资企业、天使投资个人有关税收优惠政策试点范围推广至全国，将科技型中小企业亏损结转年限由 5 年延长至 10 年等。五是两次提高部分产品出口退税率，降低关税总水平，对进口包括抗癌药在内的绝大多数药品实施零关税，减按 3% 征收抗癌药品进口环节增值税等，我国关税总水平由 2017 年的 9.8% 降至 7.5%。六是清理行政事业性收费和政府性基金，以及社会保险费、工程建设领域保证金、经营服务性收费等。总的来看，减税降费政策措施对激发市场活力、降低企业负担发挥了重要作用，全年减税降费规模约 1.3 万亿元。

当前我国经济运行稳中有变，面临一些新问题新挑战，外部环境发生变化。按照党中央决策部署，2019 年积极的财政政策，将在稳定总需求的同时，坚持以供给侧结构性改革为主线不动摇，认真贯彻落实"巩固、增强、提升、畅通"八字方针，发挥好财税政策的结构性调控优势，增强微观主体活力推动经济高质量发展。重点是要做到"加力"和"提效"：

"加力"指的是加大减税降费力度和加大支出力度。第一，加大减税降费力度。一方面，实施更大规模的减税，坚持普惠性减税和结构性减税相结合，重点减轻制造业和小微企业负担，支持实体经济发展。另一方面，推进更为明显的降费，清理规范地方收费项目，加大对乱收费查处和整治力度。第二，加大财政支出力度。根据经济形势和各方面支出需求，适度扩大财政支出规模。同时，较大幅度增加地方政府专项债券规模，支持重大在建项目建设和补短板。

"提效"指的是提高财政资金配置效率和提高财政资金使用效益。提高财政资金配置效率，就是要坚持有保有压，聚焦重点领域和薄弱环节，进一步调整优化支出结构。该保的支出必须保障好，要增加对脱贫攻坚、"三农"、结构调整、科技创新、生态环保、民生等领域投入；该减的支出一定要减下来，政府要过紧日子，要大力压减一般性支出，严控"三公"经费预算，一般性支出要压减 5% 以上，取消低效无效支出。提高财政资金使用效益，就是要将预算绩效管理贯穿预算编制执行全过程，更好推动政策落地见效；继续盘活财政存量资金，将难以支出的长期沉淀资金一律收回，统筹用于亟须资金支持的领域。

谢谢大家。

胡凯红：谢谢许部长助理。下面请朱行长做介绍。

朱鹤新：各位记者朋友，大家早上好。

2018 年以来，人民银行以习近平新时代中国特色社会主义思想为指导，按照党中央、国务院决策部署，实施好稳健的货币政策，并根据形势变化，前瞻性地采取了一系列逆周期调节措施。一是在总量上保持流动性合理充裕。五次降低存款准备金率，增量开展中期借贷便利（MLF）操作，增加中长期流动性供应，引导货币信贷和社会融资规模合理增长。二是在结构上加大定向调控、精准滴灌力度。运用结构性货币政策工具，加大对普惠金融等重点领域、薄弱环节的金融支持，包括增加支农支小再贷款和再贴现额度、下调支小再贷款利率、扩大央行担保品范围等措施。三是采取多项措施疏通货币政策传导。调整宏观审慎评估（MPA）政策参数，扩大金融机构广义信贷增长空间，增设考察支持民营、小微企业融资和债转股工作的专项指标。创设定向中期借贷便利（TMLF），提供长期资金并执行比 MLF 更优惠的利率。推出民营企业债券融资支持工具。加强民营和小微企业金融服务实地督导。以永续债为突破口推进银行补充资本，缓解资本约束。四是继续推进利率和汇率市场化改革。培育市场基准利率体系，进一步提高利率定价的市场化水平。发挥汇率调节宏观经济和国际收支的"自动稳定器"作用，同时保持人民币汇率在合理均衡水平上基本稳定。五是打好防范化解重大金融风险攻坚战。多措并举有序处置各类金融风险，推动金融风险由前几年的快速积累逐渐转向高位缓释。

总的来看，各项政策取得了较好效果，金融对实体经济的支持力度较为稳固。初步统计，2018年全年，新增人民币贷款16.17万亿元，同比多增2.64万亿元，多增量是上年同期的3倍，年末贷款余额同比增长13.5%，较上年末提升0.8个百分点。前11个月，普惠口径小微贷款同比增长17.1%，小微贷款授信户数较上年末增长28%。各种利率稳中有降。12月，债券回购加权平均利率为2.68%，同比下降0.43个百分点。年末10年期国债收益率为3.25%，同比下降0.64个百分点。2018年11—12月，民营企业发债规模同比增长70%。金融风险总体收敛，宏观杠杆率基本保持稳定。

当前，经济运行稳中有变、变中有忧，经济金融形势可能更加复杂。人民银行将认真贯彻执行党中央、国务院决策部署，落实好中央经济工作会议"六个稳"的工作方针，实施好稳健的货币政策，强化逆周期调节，进一步增强政策的前瞻性、灵活性和针对性，做到松紧适度，保持流动性合理充裕，保持货币信贷和社会融资规模合理增长，促进经济金融良性循环。同时在这个基础上，我们要保持好金融稳定，进一步降低金融风险，稳定好宏观杠杆率。

我的介绍就到这里，谢谢大家。

胡凯红：谢谢朱行长，下面开始提问。

中央广播电视总台央视记者：我的问题是，我们最近注意到发改委又批复了一批补短板项目的投资，我们想知道今年在投资上还将聚焦哪些领域来加大发力？具体会采取什么样的措施？谢谢。

连维良：感谢你的提问，大家很关注投资。中央经济工作会议强调，要发挥好投资的关键作用，促进形成强大国内市场。发挥好投资关键作用，重点是坚持使市场在资源配置中起决定性作用，更好发挥政府作用，围绕"建设、改造"两个关键词加大投资力度。"建设"突出是五个方面，一是加强新型基础设施建设，推进人工智能、工业互联网、物联网建设，加快5G商用步伐；二是加强城乡基础设施建设，推进市政、物流基础设施建设，推进脱贫攻坚、农村基础设施建设；三是加强能源、交通、水利等重大基础设施建设；四是加强民生和公共服务项目建设力度，尤其是补上教育、医疗、健康、养老这些方面的短板；五是加强生态环保和自然灾害防治能力建设。"改造"，突出是加大制造业技术改造和设备更新。

关于政策措施，主要是在投资环境、项目推进和资金保障三个方面下功夫。一是在改善投资环境上下功夫，深化投资领域"放管服"改革，大幅度压减项目审批时间，在16个地区开展试点基础上，推动在全国实现工程建设项目审批时间压减一半。进一步放宽市场准入，今年要在全国范围内全面实施市场准入负面清单制度，各类市场主体依法平等进入清单以外和清单许可领域。在22个城市试点的基础上，在全国大中城市、国家级新区全面开展营商环境试评价。二是在项目推进上下功夫，争取在一季度预下达大部分中央预算内投资计划，推进在建项目加快实施，加快开工已纳入规划的重大项目，尽快形成更多实物工作量。

提高项目储备数量和质量，按照近期、中期、长期储备一批补短板重大项目。三是在资金保障上下功夫，加快发行和用好地方政府专项债券，支持在建工程及补短板重大项目建设。在有效防范风险的前提下，创新基础设施和公共服务项目市场化运作的盈利模式，加大金融支持力度，充分调动社会资本积极性，更加有效地吸引外商投资。

我们注意到近期一些媒体十分关注发改部门审批项目的规模和进度。需要说明的是，我们在大幅压缩项目审批时间、加快审批进度的同时，随着投融资体制改革的深化，各级发改部门直接审批核准项目的规模也在减少。发挥投资的关键作用重在形成精准投资、有效投资，坚决不搞"大水漫灌"式的强刺激。在投资重点上突出补短板，在项目选择上突出纳入规划的项目，在投资决策上坚持发挥市场在资源配置中的决定性作用，坚持补短板、稳投资、防风险相统一。谢谢。

《光明日报》记者：中央经济工作会议提出要实施更大规模的减税降费，能否介绍一下今年减税降费的主要内容？谢谢。

许宏才：减税降费是积极财政政策加力增效的重要内容，也是深化供给侧结构性改革的重要举措。习近平总书记在中央经济工作会议上强调，要实施更大规模的减税降费。按照党中央、国务院决策部署，财政部将在全面落实已出台的减税降费政策的同时，抓紧研究更大规模的减税、更为明显的降费，更好地促进实体经济健康发展。前面我介绍了2018年减税降费的情况，2019年在2018年减税降费的基础上还要有更大规模的减税和更为明显的降费，主要包括四个方面：

一是对小微企业实施普惠性税收减免。此项政策已在1月9日的国务院常务会议审议后对外发布，其主要内容有以下几个方面，我再具体解读一下：

第一，提高增值税小规模纳税人起征点，月销售额3万元调整到10万元，即月销售额10万元以下的，不用再交纳增值税。

第二，放宽小型微利企业标准并加大优惠力度，放宽小型微利企业标准就是放宽认定条件，放宽后的条件为：企业资产总额5 000万元以下、从业人数300人以下、应纳税所得额300万元以下。这都比原来认定的标准有大幅度的提升，也就是说有更多的企业会被认定为小型微利企业。我们根据有关的数据进行了测算，认定为小型微利企业户数1 798万户，占全部纳税企业的比重超过95%，其中，民营企业占98%。在税率优惠方面，按应纳税所得额不同，分别采用所得税优惠税率。其中，应纳税所得额100万元以下，税负是5%，低于标准税率20个百分点。应纳税所得额是100万—300万元的，税负是10%，低于标准税率15个百分点。

第三，对小规模纳税人交纳的部分地方税种，可以实行减半征收。即允许各地按程序在50%幅度内减征资源税、城市维护建设税、印花税、城镇土地使用税、耕地占用税等地方税种以及教育费附加和地方教育附加。

第四，扩展初创科技型企业优惠政策适用范围，对创投企业和天使投资个人投向初创科技型企业可按投资额70%抵扣应纳税所得额的政策，也就是说如果创投企业和天使投资个人向初创科技型企业投资，投资额的70%可以拿来抵免应纳税所得额。把投资的初创科技型企业的范围或者标准进一步扩大，扩展到从业人数不超过300人、资产总额和年销售收入不超过5 000万元的初创科技型企业。

二是深化增值税改革，继续推进实质性减税。

三是全面实施修改后的个人所得税法及其实施条例，落实好6项专项附加扣除政策，减轻居民税负。

四是配合相关部门，积极研究制定降低社会保险费率综合方案，进一步减轻企业的社会保险缴费负担。同时，清理规范收费，加大对乱收费查处力度。

我们相信随着减税降费政策逐步落地，将进一步激发市场主体活力，提振市场信心，促进经济实现高质量发展。谢谢。

《经济日报》记者： 请问央行朱行长，对于中央经济工作会议要求的稳健的货币政策要松紧适度，保持流动性合理充裕，改善货币政策传导机制，我们应该如何理解？央行又是如何贯彻落实的？谢谢。

朱鹤新： 谢谢你的提问。"稳健"是货币政策的工作原则和指导思想，强调了货币政策要以稳为主，坚持稳中求进总基调。货币政策保持稳健，并不意味着一成不变。货币条件要与保持经济平稳增长及物价稳定的要求相匹配，保持松紧适度，既不能过松，也不能过紧。要根据形势的变化增强货币政策的前瞻性、灵活性、针对性，主动动态优化，强化逆周期调节，为供给侧结构性改革和高质量发展营造适宜的货币金融环境。2018年年初我们针对当时的经济形势变化做出了逆周期的调节，延伸到2019年，把稳健的货币政策作为2019年工作的总基调。同时把握好松紧适度的"度"，既要保持总量合理，也要着力优化结构。一方面，要把握好总量，为实体经济提供足够的金融支持，M2和社会融资规模增速应与名义GDP增速大体匹配。同时，也不能搞"大水漫灌"，要保持宏观杠杆率基本稳定。另一方面，要精准把握流动性的投向，充分发挥结构性货币政策的作用，做好定向调控和"精准滴灌"，特别是加大对民营企业、小微企业、"三农"、扶贫、乡村振兴、双创以及推动转型升级和高质量发展等领域的支持力度，这就是我们的方向。

前面我介绍到2018年的一组数据，2018年通过货币政策和结构调整，取得了实实在在的成效，16万多亿元的信贷投放其实都是流到实体经济当中，央行货币政策对于有效缓解融资难、融资贵作出了贡献。当然这里也有一个问题，我们的政策怎么有效提高效率，在传导机制上还要做更多的努力和探索。今天国新办组织我们三家来，发改委、财政部、央行都来了，体现我们的合力作用，体现了我们政策协调的一以贯之，体现我们围绕服务实体经济这样一个宗旨。我们希望打通货币政策传导的"最后一公里"，最关键的一环就是怎么进一步发挥金融机构的作用，因为金融机构直接面向服务对象，包括民营企业、小微企业和其他的服务对象。怎么对金融机构建立正向的激励机制，使其主动加大对实体经济的支持力度。目前人民银行正会同有关部门加快打通环节，提高效率，要解决好金融机构传导过程中的一些问题。一是流动性的问题。要保持流动性合理充裕，采取了五次降准、中期借贷便利等定向支持政策。二是要解决好资金成本问题。因为小微企业融资贵就体现在资金的价格，通过流动性的支持来引导资金价格下移，降低成本。三是资本的问题。大家也关注到去年贷款放了16万亿，这是需要资本支持的，怎么解决资本约束的问题，我们通过推动发永续债补充资本。补充资本有内源性的和外源性的，需要在补充资本方面做出更好更多的安排，所以我们今年在永续债补充资本方面做了一些努力。四是风险防范问题，我们前段时间做了一些安排。总的来说，通过解决这四大问题，我们采取一些有效手段，包括降准、实施首次定向中期借贷便利操作，同时财政也给了我们很多的支持，给予必要的财税贴息支持，监管部门提高相关指标的容忍度，落实好金融机构期盼的关于尽职免责的一些要求，同时央行也在充分发挥信息中介上起作用，缓解金融服务民营企业和小微企业信息不对称的问题。只要我们齐心努力，把货币政策和监管的协调以及金融机构的作用发挥起来，同时也发挥服务对象企业的作用，相互一起努力，我想效果一定会更好，能真正体现货币政策应该起的作用，把稳健的货币政策落实好。谢谢。

路透社记者：想问两个问题，一是经济下行的压力现在还在加大，这种背景下，就业的情况您预计会不会面临压力？二是货币政策进一步支持经济增长，有可能继续降准的话，这对我们的汇率会不会带来一些贬值压力？谢谢。

胡凯红：明天我们还将举办一场发布会，人力资源和社会保障部的同志会来谈这个问题。

连维良：刚刚过去的2018年，中国经济运行总体平稳、稳中有进。我们现在确实也面临经济下行压力，党中央、国务院最关注的是解决就业问题，把稳就业放在"六稳"之首。2018年全国城镇新增就业达到1 361万人，同比多增了10万人。中央部署安排2019年经济工作的时候，仍然是突出稳就业。刚才许部长讲到的减税降费的一系列措施，还有朱行长讲到的金融支持实体经济的一系列措施，目的就是千方百计支持小微企业的发展，支持民营企业发展，支持创新创业，通过完善创新创业的体制机制，通过促进民营经济、小微企业发展增加就业岗位，来对冲经济下行压力给就业带来的挑战。谢谢。

朱鹤新：刚才你提出的关于降准和汇率的关系，我们通过降准有效地支持实体经济的发展，实体经济发展好了，企业面好了，我们的汇率会更加稳定，有利于汇率更好地保持稳定，推动经济可持续发展，这是不矛盾的。而且我们的汇率机制是浮动的，体现市场供求关系。这方面我们也有底气，我们的经济基本面较好，外汇储备也足够，都可以增强对我们汇率的信心，我们也是有信心的。

胡凯红：明天上午我们还会举办一场发布会，人力资源和社会保障部的同志也会来，欢迎路透社的记者来参加，进一步交流。请继续提问。

《中国日报》记者：刚才提到继续推行积极的财政政策，增加地方政府专项债券规模，想请问这是否意味着省市和地方的财政会出现某种程度的松绑？财政赤字会不会扩大？谢谢。

许宏才：按照中央经济工作会议要求，今年实施积极的财政政策，要较大幅度增加地方政府专项债券规模，支持重大在建项目建设和补短板，更好发挥专项债对稳投资、促消费的重要作用。这项工作进展还是比较好的，我们当前重点做了以下几项工作：

一是增加地方政府债券规模。2018年，经全国人大审议批准，当年新增一般债券8 300亿元，专项债券1.35万亿元。按照中央经济工作会议精神，2019年将适度增加地方政府债券规模，特别是较大幅度增加地方政府专项债券规模，具体额度会经过全国人民代表大会审议之后确定。

二是加快地方政府债券发行使用进度。不知道大家注意到没有，近期，全国人大已经授权国务院提前下达2019年1.39万亿元地方债，这个额度占到去年新增债务限额的63%左右，我们将上述数额已经提前下达各地，各地要经过法律程序，经过地方人大审议批准，审议批准后预计各地将在1月份启动新增债券发行工作，时间上会比去年大幅度提前。3月份，全国人大批准2019年全年地方政府债务限额后，财政部会将批准的限额及时下达给地方，由地方在预算年度内均衡发债，并且要求争取在9月底之前完成，这样能够更好地把发行的地方政府债券在当年用出去。

三是加大专项债券对当前稳投资促消费的支持力度。指导和督促地方将专项债券资金重点用于急需资金支持的方面，优先用于解决在建项目"半拉子工程"、存量隐性债务项目政府拖欠工程款问题等。在具备施工条件的地方抓紧开工一批交通、水利、生态环保等重大项目，尽快形成实物工作量。暂不具备施工条件的东北等地方也要抓紧开展前期工作，把专项债券发行使用时间尽可能往前提。

四是加强管理，确保法定债券不出任何风险。严格执行国务院文件要求，坚持专项债券用于有一定收益的公益性项目。依法落实地方政府到期专项债券偿还责任，防控专项债券整体风险。这一条也是在专项债券管理当中再三要求和明确的。

刚才讲到了是不是松绑的问题，我想强调的是，增加地方政府专项债券规模，不意味着放松对地方政府债务的管理。要在发挥政府规范举债积极作用的同时，进一步规范债务管理，严格控制地方政府隐性债务风险，前门开大了，堵后门要更严。一是严格落实地方政府债务限额管理和预算管理，强化法定预算约束，主动接受人大和社会监督。刚才给大家介绍的情况都体现了这样一点。二是严禁地方政府违法违规或变相举债，强化监督问责，完善政绩考核体系，做到终身问责，倒查责任。三是完善专项债务限额规模全额管理，规范专项债券发行使用，落实偿还责任，健全专项债券风险防控机制。四是督促地方落实地方政府债务信息公开要求，稳步推进地方政府债务"阳光化"。实质上是指地方专项债券规模在增加，但是管理要规范，风险要防范。我主要就介绍这些，谢谢。

中央广播电视总台国广记者： 中央经济工作会议提出要改善货币政策传导机制，解决好民营和小微企业融资难、融资贵的问题，想请问一下人民银行，在畅通货币信贷政策传导机制以及解决民营和小微企业融资难、融资贵方面有哪些举措和考虑？谢谢。

朱鹤新： 刚才我在开场介绍和介绍货币政策时对民营企业、小微企业有了一定的陈述，我在这里再把有关情况给各位做一些介绍。支持民营企业、支持小微企业是我们坚定不移的方向，人民银行在货币政策和宏观审慎的双支柱导向方面都给予了落实和支持，主要体现在：一是加大货币政策支持力度。2018 年至今五次降准，创设定向中期借贷便利，比原来的中期借贷便利还要低 15 个基点，更好地降低融资成本，使小微企业得到更多实惠。三次增加再贷款、再贴现限额共 4 000 亿元，来解决传导的问题。二是发挥债券市场引领作用，去年 7、8 月的时候，民营企业的债券融资碰到了一些压力，我们及时采取一些措施，推动实施民营企业债券融资支持工具，修复了民企债券融资功能，去年 11、12 月的时候，债券融资的增幅同比增了 70% 以上，这是非常了不起的，我们也尝试了风险缓释工具，同时在相关地方已经在试点并正在不断推广，而且也支持金融机构发行小微企业金融债和贷款资产支持证券，拓宽盘活支小资金来源，这方面也有了很大进步。三是强化多方政策合力，前面已经给大家介绍过了，我们要"几家抬"，刚才宏才部长说了，比如对小微企业贷款利息收入免征增值税的问题，本来是单户授信 500 万元以下，现在提高到 1 000 万元以下，在减税力度上确实给了更多支持。此外，在促进政策落地环节，推动金融机构尽职免责、监管考核和资本约束等方面，我们都做了一些安排，有了一些进展。四是强化政策传导评估，国务院金融委组织了相关部门，深入到浙江、广东等七个省市督导，抓好我们政策的落地见效。

总的来看，我们还是取得了很好的成效，信贷的投入有了很大增长，2018 年 11 月末普惠口径小微企业贷款余额同比增长 17%，远大于 13% 的各项贷款增速；年末小微企业的授信户数已经超过 1 800 万家，同比增长 28%，这个增速也是很快的，确实让小微企业惠及面更宽，在融资方面得到了支持。民企债券融资有很大的增量，推出的民企债券融资支持工具，直接和间接支持了 49 家民营企业发行 313 亿债务融资工具。当然现在面临一些经济下行的压力，给我们带来一些挑战，包括传导机制上还要做很大的努力。

所以下一步我们要持续通过政策来引导，通过平台的搭建来支撑，解决一些银行不敢贷、不愿贷、不会贷的问题。一是要继续落实好稳健的货币政策，把逆周期的调节做好。二是督促商业银行加大主动投放的力度，这里有一些内部机制，怎么发挥作用。特别是大家比较关注的，我们监管部门在尽职免责方面还要做一些努力，更好实现对企业愿意放、能放贷、会放贷。三是要用好债券、信贷和股权三支箭，这个大家可能已经关注了，传统信贷已经有了，发债也有了，现在大家比较关注股权计划的落实，我们在这方面还在不断做探索。四是要推动发挥国家融资担保基金的作用，财政部做了一些安排，已经挂牌了，发改委也给了很多支持，推动这种补偿机制、分担机制怎么落实好。此外我们和发改委正在联合在信用体系建设上不断努力，总的体现在发挥几家抬的作用，把政策的合力、向心力传导给民营企业、小微企业，让他们真正得到实惠，让我们的经济更平稳一些，让我们的控风险能力更强，这就是我们的目的和出发点。谢谢。

中新社记者：我的问题提给连主任，大家都已经注意到中央经济工作会议部署经济体制改革任务时提出了要深化四梁八柱性质的改革，作为承担经济体制改革重要任务的部门，国家发改委在 2019 年会推出哪些具体的改革举措？谢谢。

连维良：国家发改委承担的经济体制改革任务确实比较繁重，我们深感责任重大。中央经济工作会议对今年的经济体制改革做出了全面部署，国家发改委将以习近平新时代中国特色社会主义思想为指导，以供给侧结构性改革为主线，重点围绕"巩固、增强、提升、畅通"八字方针，推动经济体制改革落地落实。

第一，围绕巩固"三去一降一补"成果推进改革，突出是"四个深化"。一是深化投融资体制改革，更加有效地补短板。创新基础设施和公共服务项目市场化运作的盈利模式，健全向民营资本推介项目长效机制，吸引更多社会资本参与补短板项目建设。二是深化价格改革，更加有效地降成本。修订《中央定价目录》，推动输配电价改革、公用事业收费改革和货运车辆"三检合一"改革，加快清理规范涉企行政事业性收费，结合减税措施落实，进一步降低实体经济成本。三是深化市场主体退出制度改革，更加有效地去产能。规范市场主体退出方式，加快僵尸企业处置，有效有序引导产能过剩行业去产能。四是深化国有企业资产负债约束制度改革，更加有效地去杠杆。推进市场化法治化债转股扩量提质，有序引导高负债国有企业有序降低负债率。

第二，围绕增强微观主体活力推进改革，突出是"五个加大"或者说"五改联动"。一是加大国有企业混合所有制改革力度，在前三批 50 家试点的基础上，出台进一步深化国有企业混合所有制改革的实施意见，加快推出第四批、100 家以上混改试点。二是加大对民营企业的支持力度，引导民营企业参与国家重大战略实施和重大项目建设，围绕减轻负担、公平竞争、解决融资难融资贵等问题，进一步制定支持民营企业改革发展的指导意见。三是加大产权保护改革力度，继续推动甄别纠正涉产权冤错案件，推动解决一批因政府失信导致民营企业产权受到侵害的问题。四是加大激发和保护企业家精神力度，出台企业家参与涉企政策制定的规范化机制。五是加大营商环境优化力度，全面推开大中城市和国家级新区营商环境评价。

第三，围绕提升产业链水平推进改革，突出是"三个推进"。一是推进要素市场化改革，制定深化要素市场化改革的指导意见，扩大优质要素供给。深化电力体制改革，再选择一批经营性行业全面放开发用电计划，大幅提高市场化交易比重。推进石油天然气管网体制改革，实现上游资源类企业公平接入，下游用户公平享有。二是推进创新创业相关体制改革，研究提出新一轮全面创新改革试验方案。加大对中小企业创新支持力度。三是推进服务业改革，深入开展服务业综合改革试点，更大力度放宽服务业准入。

第四，围绕畅通国民经济循环推进改革，突出是"三个打通"。一是打通国内市场和生产主体良性循环，加快清理废除妨碍统一市场和公平竞争的各种规定和做法。二是打通经济增长和就业扩大良性循环，破除妨碍劳动力、人才社会性流动的制度性障碍，完善促进就业创业的体制机制。三是打通金融和实体经济良性循环，更好发挥政策性金融机构作用，从发改委的角度推进债券品种创新，扩大优质企业债券发行规模。

总体来说，2019年国家发改委承担的改革任务非常繁重，我们将按照党中央、国务院的决策部署，围绕八字方针来推动改革，着力在改革落实落地上下功夫，努力让改革为高质量发展提供源源不断的动力。谢谢。

彭博新闻社记者：第一个问题是想提给央行的朱行长，央行最近一直在避免降低基准利率，而是使用了TMLF等一系列的措施，请问在什么情况下央行会降低基准利率？第二个问题提给许部长，请您详细介绍一下在增值税和公司税方面的减税措施，这些措施将会给公司带来哪些好处，将对中国的经济GDP增长以及投资增长带来哪些好处？谢谢。

朱鹤新：关于降息的问题，大家可能关注比较多。我们通过总量政策如降准和中期借贷便利等，来体现和整个经济环境的适应，包括物价水平的适应，并通过实际数据来观察我们政策的效果。结构上围绕薄弱环节、重点领域也做了各种各样的努力。总的来看，现在货币政策在实体经济中的作用正在逐步发挥，同时我们对原来的政策也在做动态评估，在这个基础上我们再做进一步的研究。

许宏才：关于增值税和公司税方面详细的减税措施，我再做一个补充说明。增值税实质上是2018年就已经在改革，前面我介绍时我也讲到了，降低了部分行业的增值税税率，统一了增值税的小规模纳税人标准，另外对一部分行业实行了期末留抵退税。2019年，我刚才介绍了增值税还要进行进一步的深化增值税改革，继续推进实质性的减税。

具体的增值税改革方案，现在还在研究论证和测算过程中，但肯定会有实质性的减税措施。方案将按程序审议后公布实施。

关于公司税，也就是所得税，其实我刚才讲了一下针对小微企业减税的政策，这是2019年刚刚宣布的政策。在这里面我介绍了针对小微企业所得税的具体介绍，放宽小型微利企业认定的标准，并且加大优惠力度，实际是税负较大幅度降低的政策，我刚才介绍到了认定为小微企业应纳税所得额在100万元以下的，所得税税负是5%，低于标准税率20个百分点，应纳税所得额在100万—300万元的，税负是10%，低于标准税率15个百分点。公司税的减税重点是放在了小微企业方面，刚才我提到实施新政策后，小微企业占全部纳税企业的比重超过95%，比较详细的就是这样一个情况。这些减税措施的实施会减轻企业增值税和所得税等负担，激发企业活力，推动企业发展。

胡凯红：最后一个提问。

《香港文汇报》记者：去年7月份央行曾经定向降准支持债转股，到目前债转股进展如何？今年债转股会有什么计划？谢谢。

朱鹤新：债转股也是供给侧结构性改革的一个非常重要的方向，债转股还是通过市场化、法治化的努力来推进。债转股的对象主要是市场面临一些困难的，特别是在债务上有困难的，有前景的优质企业。通过去年7月5日以后的努力，我们定向降准拿了5 000亿元资金对接，去年年底的情况看还是有蛮不错的进展，媒体上大家可能也看到了，几大行都有了很好的进展，包括建行和大家关注到的农行，农行和东方园林，东方园林前段时间面临一些困难，但是通过债转股农行资金的介入，包括在发债市场有了很好的进展。有的企业在改革当中取得很好的成效，而且在这个过程中，不光是资金的进入，同时也有技术，特别是专家团队的介入，直接参与到当中。今天连主任在，财政也在，我们三家都在讨论、推动这件事，取得了很不错的进展，在央行的"双支柱"当中，宏观审慎工具中有专门对债转股情况的考核，正向激励金融机构。五大机构都有债转股的一些机构来具体落实。通过我们央行的降准，机构的设立，同时项目的对接，现在我们有了很好的经验，很好的成效。下一步我们还是按照既定的目标再去推进，希望在宏观杠杆上取得更好的成效。而且这方面不光是国有的，民营的债转股也有，包括前面讲的东方园林，这都体现我们是一视同仁的。

连维良：刚才朱行长已经把市场化、法治化债转股的情况作了系统介绍，这项工作是发改委、财政部、人民银行、银保监会等多个部门共同推进的，市场化、法治化债转股是降杠杆非常重要也是非常有效的一项措施。您很关心取得的效果，我觉得至少有几个方面：

第一，通过降准资金支持债转股，使市场化债转股企业参与的积极性大幅度提高，包括实施机构参与的积极性，一个很重要的标志就是签约金额已经超过了2万亿元。

第二，去年推进市场化、法治化债转股过程中，遇到的一个最重要的问题就是实施机构缺少有效的资金来支持债转股。通过降准，释放了5 000亿元资金用于支持债转股，充分调动了实施机构的积极性，市场化债转股落地率，也就是签约之后实施到位的比例大幅度提高。截至目前，落地金额已经超过了6 000亿元，2017年落地率只有百分之十几，2018年的落地率超过了30%。

第三，一些优质企业通过债转股整合了资源、提高了竞争力，一些暂时遇到困难的企业通过市场化、法治化债转股摆脱了困境，有一批这样的典型案例，通过债转股，原来的困难企业有些濒临破产的，现在步入健康发展的轨道。还有一些高负债的企业，降低了杠杆率。可以说，市场化、法治化债转股在多方面取得了非常明显的成效。2019年市场化、法治化债转股将继续加大力度。一是要提高签约的到位率。因为注入了降准的专项资金之后，有了资金来源，再加上筹集社会资金，就可以使已经签约的这部分债转股意向性项目尽快落地。二是突出一些重点方向，加大优质企业债转股力度，使优质企业进一步整合资源，提高竞争力。加大对临时遇到困难的企业开展市场化债转股力度，使这些困难企业摆脱困境。还要加大民营企业参与市场化债转股的力度，民营企业在这方面表现出很大的积极性。此外，把市场化、法治化债转股同"僵尸企业"出清、同发展混合所有制紧密结合起来，使这些措施形成合力，实现巩固"三去一降一补"成果，实现"巩固、增强、提升、畅通"的目标。谢谢。

胡凯红：因为时间关系，今天的发布会到此结束，谢谢三位负责同志，谢谢各位。

在十三届全国人大二次会议记者会上
李克强总理答中外记者问

（来源：中国政府网　2019年3月15日）［内容有删节］

十三届全国人大二次会议15日上午在人民大会堂举行记者会，国务院总理李克强应大会发言人张业遂的邀请会见中外记者，并回答记者提问。

路透社记者： 去年中国采取了一系列措施放松货币条件，还加大了减税降费力度，今年中国表示将进一步放宽货币条件，进一步减税降费，还要加大基础设施投资。请问，中国经济面临的问题是否比之前预想得更为严重？如果经济放缓继续持续下去，中国是否会考虑采取更加有力的举措，包括取消房地产限制和降低基准利率等？

李克强： 这位记者朋友喜欢单刀直入，那我也开诚布公。中国经济确实遇到了新的下行压力，现在世界经济都在放缓，就在这一个多月期间，几大国际权威机构都在调低世界经济增长的预期。中国适度调低经济增长预期目标，用的是区间调控的方式，既和去年经济增速相衔接，也表明我们不会让经济运行滑出合理区间，可以说给市场发出的是稳定的信号。

去年，在以习近平同志为核心的党中央坚强领导下，以习近平新时代中国特色社会主义思想为指导，全国上下奋力拼搏，在推进供给侧结构性改革的进程中，面对国际贸易保护主义抬头的背景，中国经济实现6.6%的增速，的确是来之不易。国内生产总值总量达到90万亿元，在这个基础上，今年预计经济增长6%至6.5%，这是高基数、大总量上的增长，可以说本身就是进。

当然，面对新的下行压力，要有有力举措。一种办法是搞量化宽松，超发货币、大幅度提高赤字率，搞所谓"大水漫灌"，一时可能有效，但萝卜快了不洗泥，会带来后遗症，所以不可取。我们还是要坚持通过激发市场活力，来顶住下行压力。前些年，我们也遇到下行压力，采取的就是激发市场活力的措施，因为市场活力增强了，发展的动力必然增强。

现在中国市场主体已经超过1亿户，把他们的活力激发出来，这个力量是难以估量的。我们还是要政贵有恒，继续推进减税降费、简政、培育新动能、放宽市场准入、营造公平竞争环境等一系列措施，为市场松绑，为企业腾位，为百姓解忧。把他们的创造力释放出来，我们一定能够保持经济运行在合理区间，而且推动高质量发展。

当然，今年不确定因素不少，我们还要有更多的应对准备，留有政策空间。比如我们今年提高赤字率0.2个百分点，达到2.8%，没有超过国际上所谓3%的警戒线。我们还可以运用像存款准备金率、利率等数量型或价格型工具，这不是放松银根，而是让实体经济更有效地得到支持。不管发生什么样的新情况，我们都会立足当前、着眼长远，保持中国经济稳定，保持中国经济长期向好趋势不变，这都是很重要的。中国经济会始终成为世界经济的一个重要"稳定之锚"。

《财新周刊》记者： 中国政府出台了一系列关于减税降费的举措，不少企业家反映企业税收依然很重，今年政府出台了更大规模的减税降费，请问您认为企业能得到实惠吗？财政可持续吗？

李克强：近几年我们利用营改增等，平均每年给企业减税降费1万亿元，3年3万亿元。应该说，我们减税的规模是比较大的。今年下决心要进行更大规模的减税降费，把增值税和基本养老保险单位缴费率降下来，减税降费红利近两万亿元。这可以说是应对当前经济下行压力的一个十分重要的关键性举措。

这样做有利于公平，因为按照规则，各类所有制企业普遍能从减税降费中受惠，而且政策效率很高，一竿子插到底，直达市场主体。4月1日就要减增值税，5月1日就要降社保费率，全面推开。我看还没有其他办法比这种办法给企业带来的感受更公平、更有效。

今年更大规模的减税降费是一项重大改革和重要抉择。之前我们反复测算，有多种方案，一种就是今后几年每年把增值税率降1个百分点，但在当前情况下企业可能感受不深。所以我们下决心把占增值税总量近60%的制造业等行业的增值税率降低3个百分点，把建筑业等部分行业降1个百分点，其他所有行业也确保只减不增。由于税制的原因，可能在推进过程当中有些行业抵扣少了，税收会有增加，我们也做了认真的准备，对他们加大抵扣的力度，用打补丁的办法，并对所有的中小微企业实行普惠性减税，以此确保所有行业税负只减不增。对基本养老保险单位缴费率，我们还明确，可以从原规定的20%降到16%。

减税是要减收的。我们今年安排财政支出和GDP增长同步，确保民生重点领域、三大攻坚战支出只增不减。那么人们会问钱从哪里来？赤字只提高了0.2个百分点，填不上这个窟窿怎么办？我们的办法是，政府要过紧日子，不仅要压缩政府一般性支出，而且增加特定国有金融机构和央企上缴利润、进入国库，并把长期沉淀的财政资金收回。通过这些举措，我们筹集了1万亿元资金。我们还要求地方政府也要挖潜，把自己的功课做足。对中西部地区，我们将给予适当的转移支付支持。大规模减税降费，是要动政府的存量利益，要割自己的肉。所以我说这是一项刀刃向内、壮士断腕的改革。

刚才记者问，这样做财政可持续吗？我们也是认真算过账的。我们是给制造业等基础行业、给带动就业面最大的中小企业明显减税，这实际上是"放水养鱼"、培育财源。我们前几年在营改增过程中起先也是财政减收的，但后来税基扩大了，财政收入增长了。现在看，我们还要调整国民收入分配结构，这也是一项改革。从趋势看，应该给实体经济、给企业让利，让他们在国民收入分配蛋糕中的比例更大，这样能更多带动就业，让就业人群增加收入。为此，政府就要过紧日子，就要让利，政府的存量利益也要动，得罪人也要动，让利于企业，让利于民，这样财政才更可持续，反过来讲可能就要打问号了。我们这样做，不是在预支未来，恰恰是在培育未来。

现在可以说是真金白银已经备好了，有关部门和各级政府都要去落实，决不能让政策"打白条"，更不允许变换花样乱收费来冲击减税降费的成效，要让企业、让市场主体切实感受到更大规模减税降费的实实在在效果。

新华社记者：2018年是中国改革开放40周年，提出了改革要再出发，现在国内外对中国加快改革有许多新期待。请问今年改革会有什么具体的行动？在优化营商环境方面会有哪些新举措？

李克强：改革开放40年来，中国发展取得了巨大成就，惠及了亿万中国人民。这条路我们会继续走下去，而且应该越走越深入、越宽广。也就是说，我们要继续推进建设社会主义市场经济，继续坚持市场化改革的方向。

政府要坚持推进市场化、法治化的改革，以实际行动、具体举措让改革成果不断显现。

政府的改革应该是更好地让市场在配置资源中发挥决定性作用，也就是说要围着市场做文章，不是老给市场下指令、让市场做什么，而是要把市场的活力激发出来。这次我在参加两会的时候，不少代表委员都提出希望继续优化营商环境。给企业好的营商环境、公平的营商环境，市场就会发挥自身的力量。应该说，我们这几年通过"放管服"改革，营商环境的优化是取得成效的。去年有关国际组织把中国营商环境的排名提升了30多位。但社会上也有呼声，营商环境改善得还不够，还有较大差距。我们要倾听这种呼声，进一步改善营商环境。营商环境好了，市场的活力和社会的创造力就会更大地释放出来。

改善营商环境，还是要放管结合、放管并重。放就是要平等地放，不能搞三六九等。我们减少审批程序、办证办照时间，应该说对各类所有制企业，原则是一视同仁的。现在开办企业拿营业执照的时间，经过几年努力，已经从22天降到了8.5天，今年要力争降到5天，有的地方可以降到3天，目前有的发达国家才1天。我到基层去调研，有不少企业反映，拿到营业执照以后还需要很多证，这是所谓"准入不准营"。我们要采取措施，除了涉及公共安全、特种行业之外，都应该拿到营业执照以后就可以正常经营。政府的监管部门可以加强事中事后监管，在这个过程中，对企业的行为进行甄别辨别，需要发证的发证，不符合资质条件的，该逐出市场就逐出市场。

宽进就要严管。公平的准入，公正的监管，这是鸟之两翼，不可偏废。如果我们监管不到位，那些坑蒙拐骗、侵犯知识产权、假冒伪劣、恶意拖欠款项的行为就有可能肆意妄为。这次两会上我听到一些政协委员反映，他们遇到的是打官司难、讨债难，政府的监管不到位。监管要把规则公开透明，让被监管者知道自己该做什么、不该做什么。监管不能搞选择性监管、任性监管。要形成一种放和管结合的有效的制度性安排。

我可以这么说，减税降费和简政、公平监管，这是我们应对经济下行压力、激发市场活力的两个重要的关键举措，目的是要让中国经济行稳致远，而且活力四射。

《人民日报》记者：去年以来，一些企业存在裁员的情况，有的内外资企业开始向境外转移。同时也有一些企业反映，他们想招一些合适的技术工人却很难。政府将采取哪些政策措施来推动这些问题的解决？

李克强：在中国现代化进程中，就业会始终是一个巨大的压力。我们每年城镇需就业的新增劳动力1 500多万人，未来几年不会减，而且还要给几百万新进城农民工提供打工的机会。今年我们确定要确保新增城镇就业人数在1 100万人以上，并要力争实现去年的实际规模，也就是1 300万人以上的就业。所以，我们把就业优先的政策首次和财政政策、货币政策并列为宏观政策。财政和货币政策不管是减税、还是降低实际利率水平等，在很大程度上都是围绕着就业来进行的。有了就业，才会有收入，才会有社会财富的创造。

我们说保持经济运行在合理区间，首先是要保就业，不让经济滑出合理区间，就是不能出现"失业潮"。我们要多措并举，对一些重点人群要继续努力保障他们就业，像大学毕业生、复转军人、转岗职工等。今年的高校毕业生又达834万，比去年还多，创历史新高。我们还要确保不出现零就业家庭，对那些吸纳劳动力比较多的企业要给政策优惠支持。我们还要推动创新创业创造，用好大众创业、万众创新平台，提供更多的就业岗位。就业好不好，这本身也是经济好不好的一个重要体现。

《政府工作报告》主要讲了保障城镇新增就业，这里我想特别强调一下农民工就业。中国现在有2.8亿多农民工，而且每年是以百万计的数量在增长。他们是许多产业行业的主力军,农民的收入大部分来自打工收入。农民工的身后可以说有无数家庭的期待。讲到这里,我就想起几年前到我国东北一个中型城市的建设枢纽工地上去考察,有一个印象至今挥之不去。在寒冷的天气里农民工在施工,其中有一位农民工跟我岁数差不多大,我和他对话,他就希望一条:多加班,多挣钱。我说为什么?他说他的一个孩子考上了重点大学,他要挣钱使孩子安心学习,并且学习好。我从他的眼神里看到他对下一代、对未来的期待。

我们中华民族几千年生生不息,这40年来有如此巨大变化,教育的确起了巨大支撑作用。所以我们要善待农民工,不仅要给他们提供打工的机会,而且要保障他们应有的所得。现在不时发生农民工被欠薪的问题,我们要立法规,坚决打击那些恶意欠薪的行为,确保农民工打工有机会,而且合法权益得到保障,要看到他们是无数家庭的希望。

国务院新闻办公室举行国务院政策例行吹风会

(来源:中国政府网 2019年3月27日)

国务院新闻办公室于2019年3月27日(星期三)下午3时举行国务院政策例行吹风会,财政部副部长程丽华和国家税务总局副局长孙瑞标介绍深化增值税改革有关情况,并答记者问。

国新办新闻发言人胡凯红: 女士们、先生们,大家下午好。欢迎大家出席国务院政策例行吹风会。3月20日召开的国务院常务会议明确了增值税减税的配套措施,今天下午我们很高兴请来了财政部副部长程丽华女士、国家税务总局副局长孙瑞标先生,请他们向大家介绍这方面情况并回答大家的提问。出席今天吹风会的还有财政部税政司司长王建凡先生,国家税务总局货物和劳务税司司长王道树先生,首先请程部长介绍。

财政部副部长程丽华: 女士们、先生们、媒体的朋友们,大家下午好!实施更大规模减税是积极财政政策加力增效的重要方面,也是深化供给侧结构性改革的重要举措。习近平总书记在中央经济工作会议上强调,要实施更大规模的减税降费,有效降低企业成本负担。李克强总理在2019年《政府工作报告》中指出,要实施更大规模减税,普惠性减税与结构性减税并举,重点降低制造业和小微企业税收负担;深化增值税改革,确保主要行业税负明显降低,确保所有行业税负只减不增。3月20日,也就是全国"两会"闭幕不到一周,国务院常务会议就审议通过了以增值税改革为主要内容的一揽子减税措施。主要包括以下两个方面:

第一,明确增值税减税具体措施。根据国务院常务会议精神,3月20日,财政部会同税务总局和海关总署印发了《关于深化增值税改革有关政策的公告》,明确了从4月1日起,深化增值税改革的具体措施和操作办法。主要包括以下四项内容:一是降低增值税税率水平。将适用16%税率的项目改按13%税率征税,主要涉及制造业等行业;将适用10%税率的项目改按9%税率征税,主要涉及交通运输业、邮政业、建筑业、房地产业、基础电信服务和农产品等货物;保持6%一档税率不变,主要涉及现代服务业、金融业、生活服务业和增值电信服务。二是扩大进项税抵扣范围。将购进国内旅客运输服务纳入抵扣范围。将取得不动产支付的进项税由分两年抵扣改为一次性全额抵扣。这两项措施可增加纳税人的可抵扣进项税，让减税惠及所有纳税人。三是试行期末留抵退税制度。对降低税率水平后纳税人的增量留抵税额按条件予以退还，有效增加企业现金流。四是对生产、生活性服务业进项税额加计抵减。对主营业务为邮政、电信、现代服务和生活服务业的纳税人，按进项税额加计10%抵减应纳税额。通过实施以上措施，确保主要行业税负明显降低，确保部分行业税负有所降低，确保所有行业税负只减不增。

第二，出台有助于改善民生和打好三大攻坚战的减税措施。主要包括以下三项内容：一是延续实施2018年执行到期的部分税收优惠政策，发挥政策导向作用，稳定社会预期。比如，对公共租赁住房、农村饮水安全工程建设运营、国产抗艾滋病病毒药品等税收减免政策。二是助力脱贫攻坚，支持社会力量从事公益扶贫捐赠。对企业用于国家扶贫开发重点县、集中连片特困地区县和建档立卡贫困村的扶贫捐赠支出，按规定在企业所得税前据实扣除；对符合条件的扶贫货物捐赠免征增值税。三是支持污染防治，鼓励排污企业委托环境服务公司进行污染治理。对从事污染防治的第三方企业，减按15%税率征收企业所得税。

如果说年初出台的小微企业普惠性减税政策是今年更大规模减税的一道"开胃菜"，那么此次增值税改革措施就是一道"主菜"，更是一道"硬菜"。至此，今年主要的减税措施都已经出台。可以说，今年已经确定的主要减税措施出台早、落实快，体现了普惠性减税与结构性减税并举，着眼"放水养鱼"、增强发展后劲并考虑财政可持续，既是减轻企业负担、激发市场活力的重大举措，也是完善税制、优化收入分配格局的重要改革。下一步，财政部、税务总局将会同相关部门，抓紧组织实施，把各项工作做实做细。开展多种形式的政策宣传解读和培训辅导，帮助企业用足用好政策；密切跟踪减税政策特别是增值税改革执行情况，及时研究解决政策实施过程中的突出问题，不断完善政策举措；加大督查和监督力度，确保各项措施落实到位，让企业和人民群众有实实在在的获得感。谢谢大家！

胡凯红：谢谢程部长，开始提问。

中央广播电视总台央视记者：在这次增值税改革中，制造业应该是受益最大的，税率下调了3个百分点，这样做考虑的原因是什么？另外，能不能介绍一下会对相关行业带来什么样的影响？谢谢。

程丽华：谢谢您的提问。制造业是经济发展的基础、实体经济的重要组成部分，也是推进供给侧结构性改革、经济转型升级、新旧动能转换的关键和重点。在增值税改革中，制造业一直是减税规模最大、受益最为明显的行业。在前期"营改增"试点过程中，随着纳入试点的行业范围逐步扩大，制造业企业可抵扣进项税不断增加，享受了净减税的改革红利。2018年5月1日，增值税改革将制造业等行业适用税率由17%降至16%，将交通运输、建筑等行业适用税率由11%降至10%。据税务机关统计，此项措施2018年5—12月减税2 700亿元，制造业减税约945亿元，占35%。

即将于4月1日起实施的深化增值税改革，也以制造业为减税重点。一是将制造业适用税率由16%降至13%，将交通运输、建筑等行业适用税率由10%降至9%。制造业适用税率下调3个百分点，是下降幅度最大的行业之一，制造业税负将进一步大幅降低。二是进一步扩大抵扣范围。将国内旅客运输服务纳入抵扣、将不动产由分两年抵扣改为一次性全额抵扣，制造业企业相关支出的总体规模较大，受益尤为明显。三是试行期末留抵退税制度。根据统计数据，制造业期末留抵税额占比最高，将是这项政策的最大受益对象。

当前，我国实体经济困难较多，通过持续、较大幅度减轻制造业企业负担，可以改善企业预期和经营效益。企业获得减税资金后，将拥有更多的资源用于设备更新、技术创新和升级改造，有利于增强企业的活力和竞争力，推动制造业从中低端迈向中高档，加快新旧动能接续转换，促进我国经济高质量发展。此外，制造业是国民经济的基础产业，制造业享受的减税红利，还将通过价格机制由产业链条层层传递，让更多的行业受益。

《中国日报》记者：此次改革为确保所有行业税负只减不增，对适用6%税率的生产生活性服务业纳税人采取了加计抵减政策，对这项全新的制度安排，纳税人高度关注。能否请您作一下更加详细的介绍？同时税务机关又采取了哪些措施确保纳税人准确适用加计抵减政策？

国家税务总局副局长孙瑞标：谢谢您的提问。此次增值税税率调整，6%一档保持不变，在16%、10%两档税率同时下调的情况下，适用6%税率的生产、生活性服务业纳税人，因进项税额减少税负可能出现上升。李克强总理在《政府工作报告》中明确提出，要确保所有行业税负只减不增。财税部门坚决贯彻落实党中央、国务院决策部署，针对这部分纳税人税负可能上升的情况，财政部和税务总局经过反复研究和测算，综合比较，多维度论证，最终确定对其适用进项税额加计抵减10%的政策。加计抵减，简单来说，就是允许特定纳税人按照当期可抵扣进项税额的10%虚拟计算出一个抵减额，专用于抵减一般计税方法下计算出来的应纳税额，从而达到降低纳税人税负的目的。增值税的基本原理是"征多少扣多少"，因此，加计抵减的实质是一项税收优惠，它是为有效降低适用6%税率的生产、生活性服务业纳税人税收负担而出台的一项临时性优惠政策。为确保这项全新的政策落地生根、切实生效，税务部门按"简明易行好操作"原则的要求，设计了一套操作办法，简单来讲，就是"宽口径、年度定、可追溯、易操作"。

宽口径。就是按最大口径明确了加计抵减政策。一方面，只要一般纳税人在规定期限内，其提供的邮政服务、电信服务、现代服务和生活服务的销售额合计数，占全部销售额的比重超过一半，即可享受加计抵减政策；另一方面，只要纳税人符合条件，其国内环节所有可抵扣的进项税额均可按10%比例进行加计抵减，而不用细化区分其进项构成。年度定。为了尽可能减少纳税人的办税负担，避免频繁判定享受条件，我们明确加计抵减政策按年度适用，只要纳税人符合规定，当年内无需调整，均可享受加计抵减政策。可追溯。考虑到加计抵减政策是一项全新的优惠政策，纳税人相对陌生，还需要逐步适应，因此，对于满足条件，但因各种原因未及时计提加计抵减额的纳税人，允许其补充计提，用于抵减以后期间的应纳增值税额。易操作。为了最大限度方便纳税人，在优惠政策的实现方式上，我们采用了"三自"模式，即由纳税人"自主判断、自主申报、自主享受"，避免因纳税人数量较多、审核时间长而造成政策延迟落地，保证纳税人及时充分享受改革红利。纳税人享受加计抵减政策，不需要任何审批，纳税人自己选择适当方式，线上或线下向主管税务机关提交《适用加计抵减政策的声明》（以下简称《声明》）即可，《声明》中的基本信息均由税收征管系统自动填写，纳税人仅需勾选、填写4项内容（即所属行业、判定销售额占比的时间段、四项服务销售额、全部销售额）。《声明》信息录入成功后，申报纳税系统将自动开放"加计抵减模块"，纳税人自行计算填报加计抵减额，申报纳税系统将根据申报表内部勾稽关系，自动计算抵减当期应纳税额。

《光明日报》记者：请问这次出台的两项扶贫捐赠的税收政策是出于怎样的考虑？谢谢。

程丽华：长期以来，我国不断完善有利于脱贫的税收优惠政策体系，对促进贫困地区和贫困人口脱贫发展发挥了积极作用。主要包括四个方面：一是支持农业发展方面。对农业生产者销售的自产农产品免征增值税；对从事农林牧渔业项目的企业减免企业所得税；对企业直接用于农林牧渔业生产用地免征城镇土地使用税；对小额贷款公司农户小额贷款利息收入免征增值税，在计算所得额时按90%计入收入总额等。二是促进区域协调发展方面。实施西部大开发企业所得税优惠政策，对西部地区和湖南湘西、吉林延边、湖北恩施、江西赣州鼓励类产业企业减按15%征收企业所得税，修订完善西部地区鼓励类目录；对新疆困难地区重点鼓励类产业给予企业所得税优惠，对新疆国际大巴扎项目免征增值税等；此外，民族区域自治法授权民族自治地方对属于地方财政收入的部分税收，可以实行减税或免税。三是鼓励就业创业方面。对重点群体就业创业给予税收优惠。加大对小微企业税收支持力度，发挥小微企业吸纳贫困群体创业、就业主渠道作用。如对月销售额不超过10万元的增值税小规模纳税人，免征增值税；提高小型微利企业应纳税所得额上限，扩大享受减半优惠的小型微利企业范围等。四是公益捐赠方面，对企业发生的包括扶贫在内的公益性捐赠支出，准予按年度利润总额12%在所得税前扣除，超过部分允许结转以后三年扣除等。对个人发生的包括扶贫在内的公益性捐赠支出，准予按照个人应纳税所得额的30%以内予以扣除。

2018年以来，为贯彻落实党中央、国务院关于打赢脱贫攻坚战的各项决策部署，各级财政部门进一步提高政治站位，在认真落实上述支持扶贫攻坚的各项税收政策的同时，严格对标精准脱贫要求，抓紧研究出台了易地扶贫搬迁、支持吸纳建档立卡贫困人口就业等税收优惠政策。一是易地扶贫搬迁税收支持政策。对易地扶贫搬迁贫困人口按规定取得的补助资金、货币化补偿和安置住房，免征个人所得税和相关的契税；对易地扶贫搬迁安置住房建设运营免征相关的契税、城镇土地使用税和印花税。二是支持吸纳建档立卡贫困人口税收优惠政策。扩大吸纳企业范围，提高税额扣减标准，对包括建档立卡贫困人口在内的重点群体创业就业进一步加大了税收优惠力度。随着社会力量扶贫捐赠力度的不断加大，现行政策在执行过程中也出现了一些新问题需要研究解决。我们了解到，一些企业对贫困地区单次扶贫捐赠支出金额较大，而按照现行政策规定，其捐赠支出即使结转三年仍然得不到全部扣除，同时企业捐赠货物视同销售还需要缴纳增值税，也加重了企业负担，不利于调动社会力量积极参与脱贫攻坚事业。这次国务院常务会审议通过两项扶贫捐赠优惠政策：一是对企业用于重点贫困地区的扶贫捐赠准予在企业所得税前据实扣除，解决了企业所得税前不足扣除的问题；二是对捐赠给重点贫困地区的货物免征增值税，减轻了企业负担。这两项扶贫捐赠专项优惠政策，将有效减轻参与脱贫攻坚战企业的税收负担，进一步调动社会力量参与扶贫攻坚的积极性。谢谢。

美国国际市场新闻社记者：我的问题是今年这么大规模的减税降费，在财政平衡的压力上如何来缓解？谢谢。

程丽华：按照《政府工作报告》部署，今年全年减轻企业税收和社保缴费负担近2万亿元，这是积极财政政策的头等大事。其中，减税降费又以减税为主体，大约占7成。我们将坚决落实好各项政策，实打实、硬碰硬，通过普惠性减税和结构性减税并举，重点降低制造业和小微企业税收负担，切实增强企业的获得感。今年财政收支矛盾确实比较突出，平衡起来难度较大。解决财政收支平衡问题，我们主要从两方面着手，一方面，要开源节流，通过统筹收入、赤字和调用预算稳定调节基金等方式，保持较高支出强度，今年预算安排全国财政支出超过23万亿元，增长6.5%。同时，还较大幅度增加地方政府专项债券规模，安排2.15万亿元，比上年增加8 000亿元。另一方面，要精打细算，既要当"铁公鸡"，不该花的钱"一毛不拔"，严格按照中央要求压减一般性支出；也要打好"铁算盘"，把该花的钱花好，花在刀刃上。坚持有保有压，进一步优化支出结构，加大对重点领域和关键环节的投入力度，包括支持深化供给侧结构性改革，促进形成强大国内市场，支持打好三大攻坚战，推动区域均衡发展，加强基本民生保障等等。

中新社记者：请问今年增值税改革从两会提出到4月1日开始实施，时间比较紧，税务部门如何帮助企业做好改革准备工作？谢谢。

国家税务总局货物和劳务税司司长王道树：谢谢您的提问。3月5日，李克强总理在《政府工作报告》中宣布了深化增值税改革的基本方案；20日，国务院常务会议审议通过了深化增值税改革具体政策，作为2019年减税规模最大的"重头戏"，深化增值税改革正式拉开帷幕。为了确保这项改革按时顺利地实施，税务部门提早制定了工作计划，对表推进。目前，税务系统内部的前期各项准备工作已经基本就绪，下一阶段的重点，是服务好纳税人，帮助纳税人尽快做好享受政策的准备工作。归纳起来，有这么两个方面：

第一，是全力确保4月1日起"开好票"。我们要在3月底前帮助全部930多万户增值税一般纳税人升级增值税发票开票系统，保证纳税人从4月1日起能够按照下调后的税率开出增值税发票。这是税务部门当前工作的重中之重，对此，总局党委已提前作出部署。主管税务机关已经组织开票系统的服务单位梳理核实每一位应当升级的纳税人，形成清册。对在线升级的纳税人，我们逐户提醒，使纳税人在联网状态下登录开票系统，即可自动完成升级。对离线升级的纳税人，税务部门采取上门辅导方式，一户一户跑，面对面帮助其将开票系统升级到位。截至昨天晚上，全国已经有超过97%的一般纳税人完成了升级工作，可以确保3月底前全面完成。这里要说明一点，即便有个别纳税人因为各种原因在3月底前没有完成开票系统升级，也不用着急，只要他在需要开票的时候，打开开票系统，联网点击一下就可以自动升级，不会影响其对外开票。

第二，是全力确保5月1日起"报好税"。从现在开始到4月底以前，税务部门重点做好三件事。一是启用好一套申报表。配合这一次增值税改革，税务总局已经发布新的一般纳税人增值税申报表和填写说明。新申报表不仅与新政策相匹配，而且整合了2016年以来涉及申报表的所有"补丁性"规定，进行了系统性梳理，更便于纳税人操作。二是改造好两个系统。税务总局正稳步推进"金税三期"核心征管系统的开发升级，各省的电子税务局申报模块按照税务总局统一的技术方案也正在进行优化，4月底前即可投入使用。在此次系统升级中，有针对性地增加了一些界面友好的提醒提示，帮助纳税人在填报时更容易地享受政策、更加便捷地完成申报。

三是辅导好四项新政。此次深化增值税改革，刚才程部长也介绍了，除了下调税率之外，还配套实施了不动产进项税一次性抵扣、旅客运输服务进项税纳入抵扣、生产生活性服务业加计抵减、试行增量留抵税额退税制度等几项政策，很有含金量。税务部门当前的重要任务，就是帮助纳税人尽快了解、熟悉、掌握这些新政策，确保纳税人应享尽享。目前，面向纳税人的各项宣传辅导工作已经全面铺开，税务部门将分类型、分行业、有重点地举办现场培训，既讲解增值税政策，又培训如何填报申报表。同时，12366纳税服务热线增设多个专岗,纳税人对政策有任何疑问,都可以随时拨打热线电话进行咨询。

为了宣传辅导好深化增值税改革新政,税务总局近日又专门推出 20 项服务举措,其中包括线上线下咨询等 7 项措施保障政策宣传辅导全覆盖,精简办税流程等 6 项措施提高办税便捷性,组织开展纳税人需求调查等 4 项措施聚焦提升政策的执行力。各级税务机关将把落实深化增值税改革各项政策作为一项政治任务,以更严的要求、更高的标准、更实的举措促进政策红利落实到位,确保纳税人有实实在在的获得感。

中央广播电视总台央广记者: 3 月 20 日国务院常务会议上,除了推出深化增值税改革的这道"主菜"之外,还明确了一些到期延续的政策以及对扶贫捐赠和从事污染防治第三方给予税收优惠等"配菜"。税务部门将如何落实好这些政策呢?

孙瑞标: 谢谢你的提问。这次深化增值税改革,刚才程部长说了,是今年改革的一道"主菜",还有一些"配菜",就是刚才你提到的延续政策或者新的政策。这些配合在一起,显得重点突出又精彩纷呈。总体来看,到期的延续政策还有扶贫捐赠、从事污染防治第三方优惠政策有三方面的特点:一是体现了一个结合。普惠性减税和结构性减税相结合。深化增值税改革是普惠性的,不管什么企业都可以享受到。到期延续的政策和扶贫捐赠、从事污染防治第三方优惠政策,则是有针对性的、结构性的减税。二是顺应了两方面的期待。明确一些到期的政策延续实施,顺应了纳税人对政策连续性、稳定性的期待。这些政策加上扶贫捐赠、从事污染防治第三方税收优惠,大部分都跟民生密切相关,顺应了广大群众对改善民生的期待。三是助力打好三大攻坚战。三大攻坚战是党中央向全国人民、全世界人民的庄严承诺,到 2020 年三大攻坚战都要取得明显成效。加大对扶贫捐赠、污染防治的税收支持力度,鼓励引导更多的社会力量参与到坚决打好三大攻坚战方面来。

实打实、硬碰硬落实好这些政策,是我们税务部门责无旁贷的责任。我们既要确保纳税人的"主菜"有声有色,也要确保"配菜"有滋有味,我们将从两方面做好落实工作。一方面,对各项政策都要花大力气、下大功夫确保落实到位。今年以来,为了确保减税降费政策不折不扣地落实到位,从税务总局到省市县乡税务机构,都建立了一套"一体指挥、对表推进、铁账核算、全程辅导、精准服务、严格监督"抓落实的工作机制,对每一项政策,无论规模大小都会尽百分百努力落实好。像扶贫捐赠、污染防治第三方等税收优惠体现在点上,但作用在全局,更要不折不扣地落实到位。

另一方面,对结构性政策会采取针对性措施,确保精准到户。结构性减税更加具有针对性,落实起来需要更加精细、更加精准,在具体操作当中,税务部门会做到像普惠性减税一样,能简明的尽量简明,能便捷的尽量便捷。同时还要根据不同政策特点,采取有针对性的培训辅导、服务保障等措施,务求精准到每一户纳税人。比如像从事污染防治第三方减按 15% 的税率征收企业所得税,我们将向其他企业所得税优惠一样,采取纳税人自行判别、申报享受、相关资料留存备查的管理方式。同时还积极会同相关部门确定好享受优惠的条件,确保简明易行好操作,让纳税人能享、易享、尽享,同时还对纳税人进行精准的、点到点的辅导,让纳税人熟悉了解新的优惠政策,确保享受到位。谢谢。

《经济日报》记者: 近些年我国持续推进增值税改革,并且取得积极成效,我有一个问题,请问下一步增值税方面还将推出哪些改革措施?谢谢。

程丽华: 我国自 1979 年引进增值税制度,增值税是我国第一大税种。深化增值税改革,逐步建立现代增值税制度是我国现阶段税制改革的一项重要任务。近年来,面对经济下行压力,根据党中央、国务院决策部署,我们坚持减税与完善税制并重,采取"分步走"的方式,先局部再全国、分行业逐步推进营改增试点,按照现代税制的要求逐步推进制度建设,八年来通过"十大步"改革不断向现代增值税制度迈进。第一步,2012年1月1日,在上海市针对交通运输业和部分现代服务业两个行业启动了营改增试点;第二步,2012年8月1日至12月1日,将两个行业试点分批扩大至北京等11个省市;第三步,2013年8月1日,将两个行业的试点在全国推开;第四步,2014年1月1日,将铁路运输和邮政业纳入试点;第五步,2014年6月1日,将电信业纳入试点;第六步,2016年5月1日,全面推开营改增试点,将建筑业、房地产业、金融业和生活服务业纳入试点,实现增值税对货物服务的全覆盖,营业税退出历史舞台;第七步,2017年7月1日,取消13%的税率,四档税率简并至三档,原按13%征税的与居民生活、农业生产、文化宣传相关的23类货物改按11%征税,构建更加公平、简洁的增值税制度;第八步,2017年11月19日,修改增值税暂行条例,废止营业税暂行条例,以法规形式确定营改增试点成果;第九步,2018年5月1日,将制造业等行业的适用税率由17%降至16%,将交通运输、建筑等行业适用税率由11%降至10%。统一小规模纳税人标准,对符合条件的先进制造业和现代服务业企业退还期末留抵税额;第十步,也就是即将于4月1日实施的深化增值税改革,将制造业等行业的适用税率由16%降至13%,将交通运输、建筑等行业适用税率由10%降至9%。进一步扩大进项税抵扣范围,完善抵扣链条;试行期末留抵退税制度,减少因留抵导致的企业资金占压问题,增强税收中性。

深化增值税改革既是减税降费政策的主要内容,也是完善增值税制度的重大举措。目前,距4月1日只有不到5天的时间,我们将会同税务总局等相关部门,继续扎实做好各项准备工作,确保改革顺利启动、平稳推进。改革实施后,落实好深化增值税改革的各项措施,确保主要行业税负明显下降、部分行业税负有所降低、所有行业税负只减不增,给纳税人实实在在的获得感、减负感。同时,按照建立现代增值税制度的目标,进一步完善增值税制度,继续向税率三档并两档方向迈进。

新华社记者:请问刚才各位领导都提到了很多次试行期末留抵退税的政策,请问孙局这项政策是出于什么样的考虑以及之后会怎么样推行?因为这项政策关注度还是比较高的。谢谢。

孙瑞标:期末留抵税额,是指纳税人销项税额不足以抵扣进项税额而未抵扣完的进项税额。对于期末留抵税额,我国采用的是结转下期抵扣的制度安排。2018年,为助力经济高质量发展、释放企业活力,我们对装备制造、研发服务、电网等符合条件的企业,在一定时期内未抵扣完的进项税额,实行了一次性退还,实现退税1 148亿元。通过这种大规模、行业性的退税尝试,探索了在我国建立留抵退税制度的可行性,积累了宝贵的经验。随着增值税改革步伐的加快,今年,我们又将留抵退税扩大到全行业,纳税人只要符合条件,其新增留抵税额可以退还,这标志着我国初步建立了制度性的期末留抵退税制度,在完善增值税制度、优化营商环境等方面迈出了一大步。具体来看:

一是完善税制,使我国增值税制度更加科学合理。从国际上看,实行增值税的许多国家和地区,对于企业的期末留抵,一般会根据其额度大小、留抵存续时间长短等因素,有条件地予以退还,这也是增值税制度的重要组成部分。我国通过营改增,打通了增值税抵扣链条,而建立留抵退税制度,将进一步通畅和完善链条抵扣机制,从而更加充分地发挥增值税中性作用，构建起更加科学、规范的增值税制度。二是缓解企业资金占用压力，激发企业市场活力。制造业等机器设备投资占比较大的行业企业，留抵税额一般比较多。实行留抵退税，能够直接增加企业现金流，进而有利于促进企业增加设备投资和研发投入，拉动社会固定资产投资，增强企业盈利能力和发展后劲，激发制造业等实体经济发展活力。去年的一次性留抵退税就受到了企业的热烈欢迎，大家都希望今年的退税力度能更大一些。三是扩大改革受益面，优化税收营商环境。近年来，通过"营改增"、增值税税率"四并三"、去年的增值税改革等一系列改革举措，各行业增值税税负得到了有效降低。今年进一步深化增值税改革，在降低税率、扩大抵扣范围、实施加计抵减等政策之外，搭配增量留抵退税政策，将有效扩大改革受益面，切实发挥实质性、普惠性减税的效应，进一步优化税收营商环境。

为确保留抵退税平稳推进，下一步，税务部门还将制定统一的留抵退税操作规程，对退税流程以及后续管理等作出规范，尽量做到简明易行好操作，确保纳税人应退尽退、应享尽享，切实增强企业获得感。

《第一财经》记者：请问此次增值税新政的减税规模大约有多少？

财政部税政司司长王建凡：这一次增值税改革推出的措施除了降低税率、扩大抵扣，还有制度性期末留抵退税。降低税率是直接减少缴税，增加抵扣项目也是在减少缴税，期末留抵退税是增加企业现金流，减少企业财务费用。这次标准税率降了3个点，此前改革只降了一个点，这次中间这一档税率又降了一个点，再加上制度性期末留抵退税，减税降负规模和以前比至少是翻倍的。但我们是第一次实行期末留抵退税制度，目前退税规模只能根据征管数据静态测算。总体上这几项措施加起来，减税降负规模应该超过1万亿。再加上今年以来已经实施的减税措施，小微企业减税约2 000亿，以及个人所得税专项附加扣除，今年的减税规模是最大的。从建立现代增值税制度的改革方向来看，三档并两档更有利于税制简洁、公平。但这项改革要根据经济发展、税制变化等诸多条件综合考量，是一个持续推进的过程。谢谢。

胡凯红：今天吹风会到此结束。谢谢程部长、孙局长、两位司长，谢谢各位。

李克强同主要国际经济金融机构负责人共同会见记者［见二维码1(1-14)］

二维码1

（二）财政部关于减税降费答记者问

财政部就"财税改革和财政工作"答记者问

（来源：新华网/中国政府网　2019年3月7日）［内容有删节］

十三届全国人大二次会议新闻中心3月7日9时在梅地亚中心新闻发布厅举行记者会，邀请财政部部长刘昆，副部长程丽华、刘伟就"财税改革和财政工作"相关问题回答中外记者提问。新华网、中国政府网进行现场直播。

主持人：各位记者朋友，大家上午好，欢迎参加十三届全国人大二次会议记者会。本场记者会的主题是"财税改革和财政工作"。我们很高兴地邀请到财政部部长刘昆先生、副部长程丽华女士、副部长刘伟先生，围绕这一主题回答大家的提问。首先，有请刘部长。

财政部部长刘昆：谢谢主持人。各位记者朋友，大家上午好。今天非常高兴由我和程丽华副部长、刘伟副部长与大家一起交流财税改革和财政工作，并回答大家的提问。

过去的一年，在以习近平同志为核心的党中央坚强领导下，财政部门认真贯彻落实党中央、国务院决策部署，聚力增效实施积极的财政政策，深化财税体制改革，有力促进了经济社会持续健康发展和社会大局稳定，朝着实现全面建成小康社会目标迈出了新的步伐。狠抓预算执行管理，2018年全国一般公共预算收入18.3万亿元，同比增长6.2%，全国一般公共预算支出22.1万亿元，同比增长8.7%。各级财政加大对重点领域的投入力度，支持打好三大攻坚战，深化供给侧结构性改革，财政资金更多向创新驱动、"三农"、民生等领域倾斜。

今年是新中国成立70周年，是全面建成小康社会关键之年。财政部将按照党中央决策部署，统筹推进稳增长、促改革、调结构、惠民生、防风险工作，进一步稳就业、稳金融、稳外贸、稳外资、稳投资、稳预期，更多采取改革的办法，更多运用市场化、法治化手段，在"巩固、增强、提升、畅通"八个字上下功夫，着力促进经济持续健康发展和社会大局稳定，为全面建成小康社会收官打下决定性基础，以优异成绩庆祝中华人民共和国成立70周年。

受国务院委托，财政部编制了预算报告和预算草案，已经提请十三届全国人大二次会议审议，并请全国政协各位委员提出意见。在这里，我想给大家介绍的是，今年首次分中央和地方列报社会保险基金预算执行情况，加上一般公共预算、政府性基金预算和国有资本经营预算，四本预算全部实现分中央、地方和全国三个层面报告。其中：2019年全国一般公共预算收入19.3万亿元，增长5%，全国一般公共预算支出23.5万亿元，增长6.5%；全国政府性基金预算收入7.8万亿元，增长3.4%，全国政府性基金预算支出约10万亿元，增长23.9%；全国国有资本经营预算收入3 366亿元，增长16.1%，全国国有资本经营预算支出2401亿元，增长11.2%；全国社会保险基金收入近8万亿元，增长9.7%，全国社会保险基金支出7.4万亿元，增长15%。下面，我和我的同事愿意回答大家的提问。

主持人：谢谢，现在开始提问。

新华社记者：去年，我国减税降费规模约为1.3万亿元，今年我国将实施更大规模的减税和更明显的降费。请问具体将从哪些方面入手，在这道减税"大餐"中，"主菜"又是什么？谢谢。

刘昆：您问了一个非常好的问题。党的十八大以来，中国持续实施减税降费政策，着力用政府收入的"减法"来换取企业效益的"加法"和市场活力的"乘法"。去年，在落实好年初既定的各项减税降费政策基础上，年中又根据经济形势变化及时出台新的举措，全年减负约1.3万亿元，这对于降低企业负担、激发微观主体活力、促进经济增长发挥了重要的作用。

李克强总理作《政府工作报告》时提出，今年全年减轻企业税收和社保缴费负担近2万亿元，财政部门将会同有关部门和地方精心组织，不折不扣地落实。

减税降费是今年积极财政政策的头等大事，是减轻企业负担、激发市场活力的重大举措,是宏观政策支持稳增长、保就业、调结构的重大举措,具有一举多得的效果。财政部将按照党中央、国务院决策部署,坚持实打实、硬碰硬,普惠性减税和结构性减税并举,重点降低制造业和小微企业税收负担,切实增强企业的获得感。

在减税方面,今年除了实施年初已经明确的对小微企业实施普惠性税收减免,以及全面落实修改后的个人所得税法外,还将进一步深化增值税改革。深化增值税改革是今年减税降费的核心内容,也就是您所说的"主菜"。一方面,注重突出普惠性,将制造业等企业现行16%的税率降到13%,将交通运输业、建筑业等行业现行10%的税率降到9%,确保主要行业税负明显降低。虽然保持6%一档的税率不变,但通过采取一系列配套措施,确保所有行业税负只减不增。对适用6%这一档税率的一些行业,会采取加计扣除的方式,让他们的税负只减不增。

另一方面,我们注重与税制改革相衔接。关心增值税改革的朋友都知道,从2017年7月1日增值税税率由17%、13%、11%、6%四档简并到17%、11%、6%三档之后,2018年5月1日起又下调至16%、10%、6%三档,这次又进一步调整到13%、9%、6%三档,将有利于继续推进增值税税率三档并两档。

在降费方面,明显降低企业社保缴费负担,下调城镇职工基本养老保险单位缴费比例,各地可降到16%。继续执行阶段性降低失业和工伤保险费率政策,对劳动密集型企业提高稳岗和社保补贴力度。加快推进养老保险省级统筹改革,继续提高企业职工养老保险基金中央调剂比例,划转部分国有资本充实社保基金,使社保基金可持续,企业与职工同受益。

我想说明的是,关于减税降费,我们公布的预测数是年化的全年预计数,这与当年实际减税降费的数额不一定是完全一致的。举例来说,今年我们实施小微企业普惠性税收减免政策,并规定从1月1日起施行,这项政策年化的全年预计数是2 000亿元,当年减税数和全年减税数是一致的。

刚才介绍了,去年增值税降低税率的政策是5月1日出台的,全年预测减负额是4 000亿元,但因为是5月1日才实施,所以这8个月的减税规模覆盖全年测算规模的3 000亿元,有近1 000亿元会在今年形成翘尾影响,也就是说会变成今年的减税额。2019年减税降费措施以减税为主体,大约占7成。减税的份额里又以增值税降率为主体。由于2018年减税措施的翘尾影响会高于2019年减税措施的翘尾影响,2019年减税的实际减负数额,按照我们的测算,会高于公布的年化全年预测数。谢谢。

中国外文局中国网记者:我们知道,财政资金分配是大家非常关注的问题,财政部门也一直强调"好钢"要用在刀刃上。请问,在今年财政收支矛盾相对突出的情况下,应该如何优化支出结构保障重点领域工作?谢谢。

刘昆:谢谢您的提问。正如您所说的,今年财政收支平衡压力将比较突出,平衡确实非常困难。我们刚才介绍了减税降费数额近2万亿元,在世界上没有别的国家一年减税额能达到这么高,实际上我们去年的减税已经在国际上很少见,今年的数额更大。

一是解决财政收支平衡问题。要从两方面着手。上次我在接受记者采访时说了,我们要当"铁公鸡",不该花的钱"一毛不拔"。同时,我们也要打好"铁算盘",把该花的钱花好,花在刀刃上。在严格控制一般性支出的同时,加大对重点领域和关键环节的投入力度。另一方面,支持深化供给侧结构性改革,用好工业企业结构调整专项奖补资金,巩固"三去一降一补"成果。综合运用政府投资基金、风险补偿、后补助等手段,引导企业加大科技投入，提升产业链水平，支持增强金融体系服务实体经济能力，推动形成金融和实体经济良性循环。

二是支持打好三大攻坚战。比如，我们准备安排1 261亿元中央财政专项扶贫资金，同比增长18.9%，增量将主要用于深度贫困地区。我们还准备安排大气、水、土壤污染防治等方面的资金600亿元，同比增长35.9%，聚焦打赢污染防治攻坚战七大标志性战役。

三是加大重点领域投入力度。增加中央财政农业生产发展资金、农业资源及生态保护补助资金，推动农业高质量发展。我们还准备安排中央本级科技支出3 543亿元，同比增长13.4%，支持科技创新和技术攻关。安排了中央基建投资5 776亿元，同比增加400亿元，重点支持重大基础设施建设、创新驱动和结构调整，社会事业和社会治理、节能环保与生态建设等重大项目，推动经济持续健康发展。

四是加强基本民生保障。拟安排就业补助资金539亿元，同比增长14.9%；现代职业教育质量提升计划专项资金237亿元，同比增长26.6%；困难群众救助补助资金1467亿元，增长5.1%，支持各地开展低保、特困人员救助供养等工作。我们还安排了城镇保障性安居工程专项资金1 433亿元，同比增长12.4%；强化民生政策兜底，提高保障和改善民生水平。

五是推动区域均衡发展。较大幅度增加中央对地方转移支付规模，提升区域间基本公共服务均等化水平。我们拟安排中央财政均衡性转移支付1.56万亿元，同比增长10.9%，增强地方财政经费保障能力，还安排县级基本财力保障机制奖补资金2 709亿元，同比增长10%，加大对基层财政补助力度。安排老少边穷地区转移支付2 489亿元，同比增长14.7%，支持老少边穷地区加快发展。谢谢。

美国国际市场新闻社记者： 今年《政府工作报告》把赤字率设置为2.8%，比去年仅增加了0.2个百分点。之前市场预期，因为今年的经济下行压力较大，而且又大幅减税降费，财政赤字率可能超过3%。所以，想问2.8%这个赤字率是如何衡量决定的？

刘昆： 谢谢您的提问。关于赤字率，实际上预算报告公布之前，经济界和社会舆论已经对这个问题作过很多讨论，也有认为应该提得更高一些，也有认为应该保持，也有认为适度提高赤字率。我们通过认真研究、平衡，最后今年全国财政赤字拟安排2.76万亿元，赤字率预计是2.8%，也就是刚才您所说的提高了0.2个百分点。首先，为什么要适当提高。适当提高财政赤字率，是党中央、国务院综合考虑经济社会发展需要和财政可持续发展因素作出的重大决策部署。一方面，强化逆周期调节，促进经济平稳较快发展；另一方面，也与更大规模减税降费、有效降低企业负担、激发市场主体活力相适应。

您刚才的问题里也提到了0.2这个数字，我觉得您的意思是认为这是偏小的一个数字。我想说一下，中国的财政依托于中国特色社会主义制度，和其他国家有不同的地方。我们今年的赤字安排为什么这样考虑？因为除了适当提高赤字率，中央财政还增加了特定国有金融机构和央企上缴利润，地方财政也将多渠道盘活各类资金和资产。这方面也筹措了一部分资金，可以让我们不用过高地提高赤字率。所以，今年的赤字安排是积极的，也是稳妥的。

从赤字规模看，我国赤字规模从2016年的2.18万亿元，到2017年、2018年的2.38万亿元，到今年的2.76万亿元，规模还是持续增加的，今年比去年增加了3 800亿元，这已经体现了积极财政政策"加力提效"的要求。从赤字率看，2016年、2017年都是2.9%，2018年是2.6%，今年预计是2.8%，始终控制在国际通用的3%控制线以内，和世界主要经济体相比，我国赤字率水平并不高，这个安排综合考虑了财政收支、专项债券等因素，也为今后宏观调控留出了政策空间。

今年我们还将大力压减一般性支出，重点增加对脱贫攻坚、"三农"、结构调整、科技创新、生态环保、民生等领域的投入。刚才我已经介绍了重点投入情况，不该花的钱一分钱不花，该花的钱我们会努力给予保障。

我还想再说一下，中国政府的举债不是用于机构运转、人员工资等经常性支出，而是进行有效投资，形成了可偿还债务的对应资产，这也是和许多国家不同的地方。我们还将继续平衡好稳增长和防风险的关系，在加大减税降费力度和着力保障重点支出的同时，保持财政的可持续发展。

中央广播电视总台国广记者：我的问题想提给程副部长。我们知道今年是打赢脱贫攻坚战的关键一年，请问财政部将会出台哪些具体举措？另外，我们也发现一些地方出现了虚报冒领、挤占挪用扶贫资金的现象。针对这种情况，我们将如何采取措施防止这类现象发生？谢谢。

刘昆：这证明您研究了财政部的部领导分工，下面请程副部长回答您的问题。

财政部副部长程丽华：谢谢您的提问。今年是打赢脱贫攻坚战攻坚克难的关键一年，财政部将继续把脱贫攻坚摆在突出重要位置，全力支持脱贫攻坚决战决胜。

一是加大投入。今年拟安排专项扶贫资金1 261亿元，同比增长18.9%，这是连续4年保持200亿元的增量。同时，调整优化行业扶贫资金投向，进一步强化对贫困地区义务教育、基本医疗、住房安全和饮水安全的投入保障。统筹运用财税政策工具，调动企业、社会积极性，推动形成大扶贫格局。

二是突出重点。扶贫资金进一步向"三区三州"以及其他贫困人口多、贫困发生率高、脱贫难度大的深度贫困地区倾斜，其他相关转移支付和债务限额的分配也继续向贫困地区尤其是深度贫困地区倾斜。

三是加强管理。加快扶贫资金动态监控机制建设，实时动态监控各级各类扶贫资金，对扶贫项目资金实施全过程绩效管理，更好发挥财政投入的脱贫成效。

关于您问到的第二个问题，我们将在不断完善制度和机制的同时，重点采取两个方面的措施：一方面，要全面公开。公开是最好的"防腐剂"，我们将全面公开省市县扶贫资金分配结果，乡村两级扶贫项目安排和资金使用情况也一律要公告公示，自觉接受社会各界监督。另一方面，要监督问责。我们将与有关部门协作，对扶贫资金管理使用情况加强监督检查，对违规违纪问题发现一起、处理一起、问责一起、曝光一起，坚决防止扶贫资金被挤占挪用。谢谢。

《人民日报》记者：今年中国经济将置身更加复杂的国内外经济环境中，我们注意到，目前外界对于积极财政政策提振发展信心的期待很高。请问部长，积极财政政策将从哪些方面加力提效，从而更好助力中国经济稳增长？谢谢。

刘昆：谢谢您的提问。您提的这个问题，也是社会各界普遍关心的问题。

李克强总理作《政府工作报告》时强调，积极的财政政策要"加力提效"，作为财政部门，关键是要做好"加减乘除"这四则运算，其中最重要的是做好"乘法"，"放水养鱼"，用减税降费激发市场主体活力，提高居民消费能力。减税降费是今年积极财政政策的头等大事，我们将实施更大规模的减税和更为明显的降费，更好地引导企业预期和增强市场信心，稳定经济增长。

做好"加法",就是要加大财政支出力度。去年财政支出规模超过了22万亿元。我们将继续适度扩大财政支出规模,拟安排中央一般公共预算支出11.13万亿元,同比增长8.7%,重点增加对脱贫攻坚、"三农"、结构调整、科技创新、生态环保、民生等领域的投入。此外,较大幅度增加地方政府专项债券规模,拟安排地方政府专项债券2.15万亿元,同比增加8 000亿元,重点支持重大在建项目建设和补短板。

同时,我们还要做好"减法",节用裕民。坚持政府过紧日子,大力压减一般性支出,严控"三公"经费预算,取消低效无效支出。中央财政带头严格管理部门支出,一般性支出要压减5%以上,"三公"经费再压减3%左右,长期沉淀的资金一律收回。地方财政要比照中央的做法,从严控制行政事业单位开支。把省下的钱重点用于保障民生支出,不断提升老百姓的获得感、幸福感、安全感。从目前我们对各地情况的了解看,压支方面各地的力度还都是很大的,有些超过了5%,中央部门压支也比5%高。

此外,我们还要做好"除法",破除体制机制障碍,全面深化财税体制改革。特别是要全面实施预算绩效管理,将预算绩效管理贯穿预算编制执行全过程,加快预算执行进度,做好预算绩效监控,更好发挥财政资金作用。在预算绩效管理过程中,我们收回了很多低效无效资金,这些资金就能够派上更好的用场,发挥更好的作用。

在这里,我也想强调一下,积极的财政政策加力提效,不是要搞"大水漫灌"式强刺激,也不是要搞政府大包大揽,而是要实施逆周期调节,更好应用市场化、法治化的手段,采取改革的办法,在"巩固、增强、提升、畅通"上下功夫,着力促进中国经济高质量发展。谢谢。

经济日报融媒体记者: 我国民营企业大部分是中小企业,他们在稳就业等方面发挥了重要作用。今年的财税政策如何支持中小企业发展?谢谢。

这个问题请刘伟副部长回答。

财政部副部长刘伟: 谢谢您的提问。《政府工作报告》里有一句话非常重要,就是把市场主体的活跃度保持住、提上去,是促进经济平稳增长的关键所在。其实有一组数据大家都耳熟能详,我们中小企业贡献了60%以上的GDP,70%以上的科技创新,80%以上的城镇就业,90%以上的企业都是中小企业。所以,关注、重视中小企业发展,对实现"六稳",特别是稳就业、稳预期十分重要,因为这是国民经济和社会发展的一支生力军。

大家通过我们预算报告可以看出,去年一年财政部门按照党中央、国务院决策部署,在减轻企业税费负担、缓解企业融资难融资贵等方面,做了很多工作,采取了一系列措施。这里面把中小企业的发展作为我们财政着力的重点。今年预算报告里也有体现,我们会"加力"。简单讲是四个方面:

第一,减税降费。刚才刘昆部长已经介绍了一些情况,我聚焦中小企业,除了刚才讲的大家这几天热议的增值税降率,首先对制造业就是个利好。这里对中小企业,除了增值税降率以外,我想说的是年初已经出台的几项政策。首先,是把小型微利企业的认定标准进行了调整,这是非常大的一项政策。大家都讲企业有感没感?我现在想告诉大家,这个政策的调整,让大多数企业有感。像过去小型微利企业的认定标准,比如说工业,就按资产总额3 000万元,其他企业1 000万元,现在统统把它提高到5 000万元,也就是说5 000万元以下的都具备认定为小型微利企业的条件。人数,工业企业过去是100人,其他企业80人,现在统统把它认定为300人以下。还有就是应纳税所得额，过去是100万元以下，现在统统提到300万元以下，这覆盖了多少？1798万户企业都纳入了调整范围。也就是说，占全国全部纳税企业总数的95%以上，其中98%是民营企业。调整了以后，关键在于加大所得税的优惠力度，现在应税所得100万元以下的按5%缴纳所得税；100万元到300万元的按10%，还是低于标准税率15个点。这种税收优惠是普惠性的。还有，提高增值税小规模纳税人的起征点，原来是3万元，现在提到10万元。在这些政策的同时，我们还规定，地方可以把现在6项地方税种减半征收。进一步拓展初创科技型企业的税收优惠政策适用范围，能够扩大尽量扩大。我讲的这些措施，都是直接提高标准、放宽范围，体现普惠并从1月1日起实施，让大家都能够得到实惠，让企业都能够及早享受政策红利。

第二，在减税降费这些措施以外，就是推动企业解决融资难的问题。融资难、融资贵，大家常常挂在口上。对于企业来讲，难是首要的，贵一点，只要拿到资金就不得了了。所以，财政部门在配合金融部门解决难的问题上，做了这么几件事情：一是安排了100亿元资金用于创业担保贷款贴息，范围扩大了，包括农村自主创业的农民，也纳入这个范围，过去仅仅限于城镇。二是提高贷款额度上限，个人创业担保贷款最高额度过去是10万元，现在提到15万元，小微企业的创业担保贷款过去是200万元，现在提到300万元，都予以贴息。另外，降低贷款申请条件、放宽担保贴息要求，引导金融机构尽可能往小微企业创业方面去积极投入信贷。再有一点，大家已经知道的，国家已经专门成立了融资担保基金，通过对省里的融资担保机构进行再担保，来给小微企业提供贷款支撑平台，而且再担保费率不超过0.5%。中央财政专门安排了一笔资金，对各个省市政策性的担保机构，他们对小微企业收费比较低的予以奖补。

第三，运用好政府采购政策支持中小企业发展。我们准备和相关部门一道，对现有的一些办法作出调整。比如，通过办法调整，规定政府部门预算中，每年不是要编制采购预算嘛，至少留30%的额度面向中小企业，提供同样的服务、同样的货物，要面对中小企业，通过设定一定额度来强化这种导向。再有，我们对小微企业参与采购竞争时给予价格扣除政策，让它有竞争能力。还有，我们还拟建立预付款保函制度，如果你有了订单，提供了保函，可以提前预付一部分货款，政府部门预算已经安排了，保单已经有了，他虽然供货还有一个过程，我给你一部分预付款，这个我们正在研究，就是支持中小企业成长起来。

第四，财政部将继续安排相应的资金，支持中小企业"双创"升级，主要是继续安排资金来支持各类"双创"载体，让他们的专业化程度、精细化程度进一步提高，为各地小企业发展提供服务平台。

我们相信，以上措施的落实，中小企业一定会有明显的获得感。当然，更重要的是能够让我们这些企业有一个良好的政策环境，让他们能够应对挑战，不断创新，最终做大做强。谢谢。

彭博新闻社记者： 我的问题是关于地方政府债务的。在地方政府债务中，有一类债务并不属于财政部确认的地方债，但是地方政府确实对其负有间接偿还义务或救助义务，而且这类债务也对地方财政造成了一定的压力，有一定的风险。请问财政部，这个问题有多大？下一步考虑运用哪些政策安排来化解这类债务的相关风险？

刘昆： 谢谢您提出的这个问题。首先，我们一直高度重视政府债务问题。财政要可持续，其中一个重要的内容，就是要做好政府债务的管理和控制。当然，一级政府一级预算，我们对每一级财政的债务都要进行控制。同时，我们必须对可能存在的风险隐患，采取积极措施进行防范化解。

从我国的情况看，目前地方政府债务风险总体是可控的。到去年年末，我国地方政府债务余额是18.39万亿元，债务余额和综合财力比例是76.6%，这个远低于国际通行100%到120%的警戒线。加上纳入预算管理的中央政府债务余额14.96万亿元，全国政府债务余额是33.35万亿元，政府债务和GDP相比，负债率是37%，远低于欧盟60%的警戒线，也低于主要市场经济国家和新兴市场国家的水平。所以，从这几个数字上看，中国这方面的风险是非常低的。

刚才讲的是余额，现在讲讲限额。2018年全国政府债务限额是36.69万亿元，刚才我提到的余额是33.35万亿元。所以，不管是中央还是地方，实际的法定债务余额都低于法定限额。当然，我也不回避，确实有个别地方政府仍然存在在法定限额外通过融资平台公司违法违规或变相举借债务，也就是所谓的政府隐性债务，这方面我们已经采取严格的措施，不允许发生新的隐性债务，同时稳妥化解存量。在不允许发生新的隐性债务方面，我们是非常严格的，我们对各地财政包括融资平台公司进行监控，发现这类情况的，马上进行问责，在全国也问责了不少人。同时，我们是很多金融企业的出资人，也要求他们不能在这方面发生新的政府隐性债务。对于存量债务，已经发生了的，我们要求要稳妥化解。

下一步，我们将按照党中央、国务院部署，严堵违法违规举债的"后门"，给地方政府债务戴上"紧箍咒"，坚决打好防范化解重大风险的攻坚战。有几个方面工作要做：

一是遏制增量。我们严禁违法违规融资担保行为，严禁以政府投资基金、政府和社会资本合作、政府购买服务等名义变相举债。这三方面的工作，合法合规是可以做的，我们也鼓励这么做，但是不能借这个名义来变相举债。加大了财政约束力度，有效抑制地方不具还款能力的项目上马建设。同时，管控好新增项目融资的金融"闸门"，对没有稳定经营性现金流作为还款来源或没有合法合规抵质押物的项目，金融机构不得提供融资。这方面，因为很多国有金融机构，各级政府是出资人，所以我们从出资者的角度对他们提出了要求。

二是化解存量。这方面我们还是坚持中央不救助原则，坚持谁举债谁负责，做到"谁家的孩子谁家抱"。建立了市场化、法治化债务违约处置机制，依法实现债权人、债务人共担风险，继续整治违法担保，纠正政府投资基金、PPP、政府购买服务中的不规范行为。从目前的情况看，化解存量的状况也是比较好的。

三是推动转型。推动融资平台公司公开透明、合法合规运作，严禁新设融资平台公司，分类推进融资平台公司市场化转型，剥离融资平台公司政府融资职能，坚决制止地方政府将公益性事业单位变成融资平台。因为对债务的管理，预算法有严格的规定，我们现在是严格按照法律进行规范，所以必须推动融资平台公司转型。

四是监督问责。健全了监督问责机制，坚决查处和问责违法违规行为，发现一起、查处一起、问责一起、终身问责、倒查责任，牢牢守住不发生系统性风险的底线。谢谢。

中央广播电视总台央视记者：我们注意到部分省份的职工养老金发放出现了困难，有部分省份还有结余，去年出台了中央调剂制度，这个制度目前实施效果怎么样？下一步我们还有哪些举措？谢谢。

刘昆：谢谢您提的这个问题，这是关系民生的大问题。我首先想明确的是，目前社会保险基金的运行情况总体良好，能够确保养老金按时足额发放。

目前,全国社会保险基金整体上是收大于支的,滚存结余规模仍保持不断增长的态势。因为当初社会保险基金的设计是现收现付、部分积累,实际上原来制度设计的目标还是可以实现的。初步统计,去年全国企业职工养老保险基金的收入是 3.6 万亿元,基金支出是 3.2 万亿元,当年结余约 4 000 亿元,滚存结余达到了 4.6 万亿元。从数字上看,从全国总体情况看,我认为能够对这个事情有个更清晰的了解。

当然,您提的问题也是现实存在的。我们也关注到,受人口老龄化加剧和人口流动不均衡等因素的影响,再加上此前基金不能在省际调剂使用,我国确实有部分省份的基金收支平衡压力比较大。

经党中央、国务院批准,从去年 7 月 1 日起,建立了企业职工基本养老保险基金中央调剂制度,调剂比例从 3% 起步,以后还会逐步提高。我们政策是年中出的,所以去年执行了半年,去年半年调剂额是 2 400 多亿元,有 22 个省份从中受益,受益金额 600 多亿元,适度均衡了不同省份间的基金负担,一定程度上缓解了各地基金负担苦乐不均的问题。

养老金是老百姓托付给国家管理的"养命钱"。为了确保各地养老金按时足额发放,我们今年还要采取一些措施:

一是提高调剂比例。要进一步加大调剂力度,将调剂比例提高到 3.5%,预计全年中央调剂基金规模将达到 6 000 亿元左右,进一步缓解个别省份基金收支压力。

二是加大补助力度。适当提高退休人员基本养老金水平,拟安排中央财政基本养老金转移支付预算 7 392 亿元,同比增长 10.9%,重点向基金收支矛盾较为突出的中西部地区和老工业基地省份倾斜。

三是弥补收支缺口。对于通过中央调剂和中央财政补助后基金仍存在滚存缺口的省份,将按照中央和地方共同负担的原则,弥补基金收支缺口。

四是加快规范养老保险省级统筹。我们将不断巩固现有养老保险省级统筹的成果,并进一步规范有关政策。在此基础上,推动尽快实现养老保险全国统筹。从今年养老保险基金安排情况看,各省份都能够做到平衡。谢谢。

中国农村杂志社全媒体记者: 今年中央 1 号文件提出,要坚持农业农村优先发展,请问财政将如何体现落实"优先"二字?财政在支持乡村振兴方面又将有哪些"干货"?谢谢。

刚才程丽华副部长回答了脱贫攻坚的问题,现在请她再继续回答乡村振兴的问题。

程丽华: 谢谢您的提问。党的十九大以来,财政部紧紧围绕支持实施乡村振兴战略,加大投入力度,优化支出结构,创新管理机制,构建完善了财政支持乡村振兴的政策体系和体制机制。去年,全国财政一般公共预算用于农林水的支出迈上了 2 万亿元的新台阶。

今年,财政部将深入贯彻党中央、国务院决策部署,坚持农业农村优先发展的总方针,继续大力支持深入实施乡村振兴战略,加快推进农业农村现代化。

刚才这位记者问到,今年中央财政有什么措施,有什么"干货",我想有这么几个方面:

一是建立投入保障机制。今年全国一般公共预算拟安排农林水支出约 2.2 万亿元,同比增长 7%。加快落实通过建立土地指标跨省域调剂机制,将土地增值收益更多用于"三农"。

二是完善支持政策体系。支持深化农业供给侧结构性改革,保障国家粮食安全和重要农产品有效供给。支持统筹推进山水林田湖草综合治理,完善以绿色生态为导向的财政支农政策体系。支持农村社会事业发展,促进城乡基本公共服务均等化。

三是着力提升工作成效。完善财政涉农资金使用管理机制,加快建立涉农资金统筹整合长效机制。充分发挥财政资金的引导作用,撬动金融和社会资本更多投向农业农村。切实加强财政涉农资金监管,健全绩效评价制度,提高资金使用效益。谢谢。

《中国日报》记者:我们一直都比较关心大气污染防治的问题,这两年来,在北京的一个感受就是蓝天白云的日子越来越多了,2018年也有统计数据显示,是近四年以来有蓝天的比例最高的一年。请问在接下来打赢蓝天保卫战方面,中央财政还有哪些具体的措施?谢谢。

刘昆:您刚才这个问题,说到了我们同样的感受。昨天晚上我回家的时候,看到满天的星斗,确实感到非常的愉悦。当然这个问题我们也做了很认真的研究,刘伟副部长分管这项工作,请他来回答您的问题。

刘伟:谢谢您的问题。像刚才刘昆部长说的,我分管这块工作,我的心情每天随着PM2.5指标在起伏。我也养成了习惯,今天早上我一看,指标到了27,我开心得不得了。前几天上了200,我还跟专业部门的同志通话。

刚才讲到积极财政政策的时候,刘昆部长讲到有保有压。我要跟大家报告的是,三大攻坚战是财政部按照党中央、国务院决策部署必须保障的重点。我给大家报一个账,去年中央财政安排大气污染防治专项资金200亿元,这是2013年的4倍。我们配合相关部门,主要抓住散煤治理这个"牛鼻子",突出在京津冀这一带,而且治理的面积,按照中央部署,进一步拓展。从一开始试点的13个城市,现在已经到了汾渭平原,已经有35个城市在做。当然,在推进过程中,宜煤则煤,宜电则电,考虑推进工作的节奏,但是在资金的支持上,财政部是予以重点保障的。

除了大力支持大气污染防治,财政部还通过其他专项资金,算起来大致也有400亿左右,支持清洁能源开发利用、节能减排、新能源汽车推广应用等,这样综合施策,来解决大气的问题。

除了加大投入,机制建设更重要。创新机制就是财政部跟相关部门一道,把歼灭战打下去、把好的天气巩固下去。去年,全国人大常委会对《大气污染防治法》实施情况进行了执法检查,其实反映出了比较多的问题。我特别想跟大家分享一个看法,要打好大气污染防治攻坚战,中央财政的投入是非常重要的,但是单靠政府的投入是不够的,还是需要社会各界的参与,我们需要的是企业要落实责任,甚至我们的群众、我们的老百姓都积极地加入进来。全国人大常委会执法检查中也反映出,现在政府承担的环境治理的支出责任偏重,企业的主体责任,也就是市场主体责任还没有完全落实。还有,环保成本的内部化远远不足,中央和地方在财政事权和支出责任划分上也比较模糊。今年在创新机制、完善措施上还要做更多的工作,要把中央和地方财政事权和支出责任要划分清楚,中央该承担的责任,要适当往上提,地方该明确的任务,要把它压实。同时,要支持推进环境监测体制改革,探索建立排污权有偿使用和交易制度,完善以奖代补、政府绿色采购等政策,使大气污染防治相关工作真正能够取得实效,行稳致远。

今年中央财政大气污染防治资金在去年200亿元的基础上,再增加安排50亿元,增长25%。刚才刘昆部长已经讲到,今年污染防治方面的资金安排600亿元,也就是说这里的250亿元之外,另外还有350亿元是对水污染防治、土壤污染防治的投入,增长的幅度都是非常大的。我们会按照中央部署,配合相关部门,扎扎实实地推进这方面的工作。谢谢。

《成都商报》红星新闻记者： 请问部长，在经济下行压力下，一些地方财政收入放缓，有些市县为了保工资、保运转、保基本民生，支出压力有些大。请问，为了缓解地方上的这种财政困难，财政部门会有哪些具体措施，让我们这些地方上的"紧日子"有一个更好的解决方式？

刘昆： 谢谢您的提问。您说地方上过紧日子，我们要求地方过紧日子，不是说要求他不发放工资。去年我国经济总体上保持稳中向好的态势，但部分地区受经济结构不合理、新旧动能转换缓慢等影响，确实有些地方保工资、保运转、保基本民生，也就是我们讲的"三保"，出现了一些困难。对这方面，我们是高度重视的，在去年年底召开的全国财政工作会议上，我专门做了布置，要求对"三保"给予保障，支持增强基层财政"三保"能力。

财政部近期也就这个问题组织了专项调研，而且对地方财政运行情况的监控也进行了分析。从各地的情况看，基层财政"三保"的情况还是平稳的。我想介绍一下今年预算关于这方面的安排。中央财政在安排今年预算的时候，将保持地方财政的财力作为重点进行了均衡。由于实行更大规模的减税降费，中央财政采取了一系列措施，但中央本级财政收入预测增长数只能达到5.1%。由于中央本级采取了一系列压支措施，中央财政本级支出预计增长数是6.5%，比收入略高一些。而中央对地方的均衡性转移支付增长10.9%，这是两位数的增长率，是相当高的一个数据。中央对地方税收返还和转移支付将达到7.54万亿，增长9%。这方面的资金是向财力薄弱地区、向中西部地区倾斜的，所以就为地方财政特别是中西部地区提供了强有力的财力支撑。

今年基层财政"三保"问题将是我们继续关注的一个重点。考虑到经济面临的下行压力，以及实施的更大规模的减税降费政策，一些地方还是会面对比较大的支出压力。解决这个问题，各级政府都要强化主体责任，县级政府在安排预算时要统筹财力，调整优化支出结构，优先安排"三保"支出，并在预算执行阶段，切实按预算执行。省级政府要加大对下的转移支付力度，分配资金向基层困难地区倾斜。对于中央财政来说，我们将把帮助缓解基层财政困难作为党中央交付的重大政治任务，把支持增强基层"三保"能力作为防范系统性和区域性风险的重要举措来抓。中央财政宁可自己少花钱，也要想办法挤出资金，做好县级基本财力保障工作。刚才我也介绍了，2019年预算对县级基本财力保障的转移支付力度。

在具体措施上，一是全面压实保障责任，督促地方各级政府在安排2019年预算时优先安排"三保"支出。二是突出保障重点地区、困难地区，我们今年将继续安排阶段性财力补助400亿元，将资源能源型和东北地区等困难县作为补助对象，提高困难地区民生政策兜底的能力。三是加大奖补资金投入。今年中央财政拟安排县级基本财力保障奖补资金2 709亿元，同比增长10%，支持财政困难地区兜住底线。同时完善资金分配机制，财政越困难，省级财政均衡省内财力越努力，中央安排的转移支付就越多。

从我们整个测算看，在加大了转移支付力度之后，各地的"三保"支出是有财力保障的。相信通过各级财政的共同努力，一定能够缓解部分地区的财政困难，确保党中央、国务院出台的相关政策在基层落实到位。谢谢。

主持人： 谢谢，由于时间关系，再提最后一个问题。

澎湃新闻记者： 我的问题是关于地方政府专项债券的，我们关注到2019年新增了地方政府专项债券发行，持续受到了市场的热捧。请问专项债券发行的情况是怎么样的？还有关于募集的资金，接下来将会用到什么地方，如何确保其发挥实际效益？谢谢。

刘昆：您对市场的观察了解还是相当仔细的。今年地方政府债券的发行，确实市场上反映很好，一些地方的申购倍数达到了历史新高，个别地方达到了几十倍，而且整个发行利率在下行，高的时候比以往同期下行了几十个基点，这两天有点回调，但总体利率水平还是处于比较低的水平。

正如您关注到的，按照党中央、国务院决策部署，并经全国人大常委会授权，财政部提前下达了部分2019年新增地方政府债务限额，刚才讲了，平均投标倍数超过20倍。

和往年相比，今年的专项债券发行工作有三个特点：一是发行早。以往是5月份才启动发行，今年提早了4—5个月。为什么以往是5月份呢？因为现在开人大会，等人大批准之后，我们才会下达指标，最后时间就要5月份。今年我们专门向全国人大常委会作了报告，经全国人大常委会批准，可以提前下达一部分限额，所以这个发行时间就提前了。截至2月末，全国地方政府新增专项债券累计发行3 078亿元。二是成本低。1月份各地发行的新增债券平均利率较2018年平均发行利率下降约55个基点。三是期限长。各地发行新增债券平均期限是7年，较2018年平均发行期限增加了1年，实现债券期限和项目期限相匹配，避免不必要的偿债压力。

总体上看，目前发行情况是好的。这些资金用在什么地方呢？重点还是支持重大在建项目和补短板。一是支持打好三大攻坚战。尤其是"三区三州"等深度贫困地区脱贫攻坚项目、污染防治项目。二是支持重大发展战略。比如雄安新区建设、长江经济带发展、"一带一路"建设、粤港澳大湾区等等。三是支持重大项目建设。包括棚户区改造、铁路和公路等交通基础设施、重大水利设施、乡村振兴等公益性项目建设，并将重点支持在建项目续建。

为确保专项债券尽快发挥效益，我们将督促各地提前做好发债融资的准备工作，加快债券资金的拨付，尽快形成实物工作量，更好发挥专项债券对当前稳投资、促消费、补短板的重要作用。从目前各地发行情况看，债券发行之后，在国库的停留只有几天时间，就马上投入使用，所以对稳投资、促消费、补短板的作用还是十分明显的。谢谢。

二维码1

主持人：谢谢，本场记者会到此结束，谢谢三位嘉宾，谢谢大家。

以新发展理念为引领，推进中国经济平稳健康可持续发展［见二维码1（1－15）］

（三）国家税务总局关于减税降费答记者问

王军谈减税降费：实打实、硬碰硬、规模空前

（来源：新华网/中国政府网　2019年3月12日）

3月12日，2019年全国两会第四场"部长通道"在人民大会堂举行。部长们在这里直面热点，回应关切。3月12日，十三届全国人大二次会议在北京人民大会堂举行第三次全体会议。这是国家税务总局局长王军在"部长通道"接受采访。

中央广播电视总台央视记者：减税降费可以说是今年《政府工作报告》的一个突出亮

点，也是大家非常关心的，事关很多人的切身利益。请问税务部门接下来会采取哪些措施让减税降费政策实打实、硬碰硬落地呢？

国家税务总局局长王军： 谢谢你的提问。党中央、国务院高度重视实施更大规模的减税降费措施。去年11月以来，习近平总书记多次就实施更大规模的减税降费作出指示、批示、提出要求。李克强总理在3月5日作《政府工作报告》时，公布了近2万亿元的一揽子大规模减税降费的系列举措。这是一次实打实、硬碰硬，更大规模的减税降费。

它有两个鲜明特点：其一，导向精准。力减制造业、小微企业、工薪阶层的负担，力促"六稳"。其二，规模空前，也可以说是罕见的。减税降费的总额近2万亿元，比去年大规模减税降费又增加了50%以上。单就减税而言，它的规模相当于当年预算安排的税务部门组织收入的10%以上。这么大的减税降费规模，无论是在中国，还是在国外，无论是近些年来，还是几十年来，都是空前的。它充分彰显了我们党和政府攻坚克难、励精图治、逐梦圆梦的决心、信心、智慧和力量。税务部门必须把减税降费实打实、硬碰硬地落地。我们的努力目标是做到"四实四硬"，也就是政策制定要实、简明操作要实、宣传辅导要实、优化服务要实。哪"四硬"呢？就是信息系统要硬、数据账本要硬、检查问责要硬、改进完善要硬。

3月5日总理公布减税降费一揽子方案的当天，税务总局就向全国税务系统发出通知，要求大家迅速行动起来，做好准备工作。3月8日，我们又决定再取消15项涉及减税降费措施落地的税务证明。目前，全国各级税务部门和广大税务人员正在夜以继日、紧锣密鼓、周到细致地进行各项准备工作。在减税降费落实过程中，我们欢迎并将主动配合方方面面，包括我们媒体的朋友们，进行实打实、硬碰硬的监督。我们不回避问题，不掩饰短板，在落实中改进，在改进中更好落实。

我相信，好的政策、好的实施、好的监督，一定会使这些政策取得好的结果，这就是提振人民信心，铸牢长远根基，促进高质发展，贡献世界经济。为此，我们税务人会很拼的。谢谢。

国家税务总局有关负责人答记者问——用硬举措确保减税降费政策落地生根 ［见二维码1（1-16）］

二维码1

国家税务总局召开新闻发布会
减税降费政策叠加发力　为经济发展增添动能

（来源：中国政府网　2019年4月23日）

税务总局税收宣传中心主任兼办公厅副主任付树林：

各位新闻媒体朋友们，大家下午好！欢迎大家出席税务总局新闻发布会。这是全国"两会"闭幕后的首场发布会，又适逢季度申报"大征期"刚结束，今天将重点介绍今年以来税务部门落实党中央、国务院更大规模减税降费政策情况。我们邀请到了税务总局减税办常务副主任、收入规划核算司司长蔡自力先生，请他向大家介绍有关情况，然后进入问答环节。

下面，先请蔡司长介绍情况。

税务总局减税办常务副主任、收入规划核算司司长蔡自力：

实施更大规模减税降费，是党中央、国务院深化供给侧结构性改革、推进经济高质量发展的重大决策，是减轻企业负担、激发市场主体活力的重大举措。今年以来，全国税务系统坚决贯彻党中央、国务院更大规模减税降费的重大决策部署，牢固树立落实减税降费政策是政治任务、硬任务的理念，采取一系列措施，确保各项政策落地生根。

一是一体指挥。今年大规模减税降费涉及多个税种费种、内部多个机构、外边多个部门、系统多个层级。为确保政策执行到位，从税务总局到基层税务分局逐级成立了减税降费工作领导小组及其办公室，构建了"一揽子统筹、一竿子到底"的统一指挥体系，确保政策统一、操作规范、高效落实。税务总局开通12366热线等6条减税降费问题收集渠道，就纳税人和缴费人关心的问题，研究发布了750个个人所得税政策、200个小微企业普惠性政策和200个增值税降率政策问题解答口径。

二是对表推进。税务总局明确减税降费工作路线图、时间表、责任人，包含9大类443项任务，并根据新政策出台情况动态调整，做到挂图作战、对表推进、到点验收，目前已完成140项任务。

三是升级服务。把优化服务贯穿减税降费落实全过程，在连续第6年开展"便民办税春风行动"出台52条便利化措施的基础上，相继出台8条支持小微企业普惠性税收减免、20条深化增值税改革、16条降低社保费率政策的服务措施；把今年4月开展的全国税收宣传月活动主题确定为"落实减税降费，促进经济高质量发展"，并将时间由往年的一个月延长至50天。

四是全面辅导。落实减税降费政策时间紧、任务重，全国税务系统上下攻坚克难、全力投入，每项政策出台都及时对纳税人全面开展宣传辅导，努力使广大纳税人懂政策、会申报。

五是精细核算。及时优化升级统计核算分析体系，建立专门信息化平台，实现减税降费数据"机生机汇"，确保数据的真实性、准确性，精准统计减税降费成效。

近日，今年首个季度申报"大征期"结束，我们及时完成了减税统计核算工作。这里需要特别强调的是，新一轮深化增值税改革措施自今年4月1日起实施，减税数据要到5月份申报期结束后才能核算出来。一季度，全国累计新增减税3 411亿元，主要有三类：

一是2019年新出台政策减税722亿元，其中：小微企业普惠性政策新增减税576亿元，个人所得税专项附加扣除政策新增减税146亿元；

二是2018年年中出台减税政策在2019年的翘尾新增减税2 652亿元，其中：个人所得税第一步改革去年10月1日实施，在今年一季度翘尾减税1 540亿元；增值税17%和11%两档税率各降1个百分点，是去年5月1日实施，在今年一季度翘尾减税976亿元；

三是2018年到期后2019年延续实施政策新增减税37亿元，其中：经营性文化事业单位转制优惠政策减税26亿元；农产品批发市场、农贸市场房产税和城镇土地使用税优惠政策减税2.6亿元。

随着大规模减税政策的相继落地，税收收入增速明显回落。一季度，全国税务部门组织税收收入41 637亿元（已扣减出口退税），增长6.1%，比去年同期增速回落11.7个百分点。从一些税种上看，减税政策影响收入增速回落明显：一是去年5月起实施的增值税降率政策,在今年一季度形成翘尾减税,受此影响国内增值税增速比去年同期回落9.2个百分点;二是去年10月起实施个人所得税第一步改革,加上今年1月1日实施六项专项附加扣除,一季度个人所得税收入下降29.6%;三是今年新实施的小微企业普惠性减税政策,地方"六税两费"对增值税小规模纳税人减征50%,一季度地方"六税两费"收入增速比去年同期回落7.2个百分点。

减税降费,就是用政府收入的"减法"换取企业效益的"加法"、市场活力的"乘法"。税收监测数据显示,全国重点税源企业信心指数止落回升,从2018年四季度的121.16上扬至2019年一季度的125.23,回升了4个点,显示企业投资意愿增强,预示二季度企业生产经营将呈向好态势。

付树林: 感谢蔡司长的介绍。下面进入答问环节,请记者朋友们提问。

中央电视台记者: 今年以来,国家推出了一系列小微企业普惠性税收减免措施,备受社会关注。请问蔡司长,就首季申报情况来看,减税效果如何?

蔡自力: 小微企业数量大、分布广、类型多,是促进创业创新和保持就业稳定的主力军。国家推出小微企业普惠性税收减免政策,着力于增强小微企业发展动力,激发微观主体活力,提振市场信心,推动形成积极的社会预期。

小微企业普惠性减税政策涉及增值税、企业所得税和地方"六税两费",覆盖了小微企业大部分主要税种。一季度,小微企业普惠性政策新增减税576亿元,其中提高增值税小规模纳税人起征点新增减税149亿元,放宽小型微利企业标准和加大企业所得税优惠力度新增减税287亿元,地方"六税两费"减征政策新增减税140亿元。

从首季情况看,主要特点有:一是普惠效果好。增值税小规模纳税人起征点由3万元提至10万元后,享受增值税减税纳税人新增330万户,与3万元以下免税原政策叠加后达到2 900多万户;小型微利企业标准大幅提高后,享受企业所得税减税纳税人新增29万户,与原小型微利企业标准叠加后达到399万户,占一季度全部盈利企业的94%;享受"六税两费"减征政策的纳税人为1 392万户。

二是减免幅度大。增值税小规模纳税人起征点从3万元提高到10万元后,新享受政策的纳税人户均减免增值税超过4 500元,远大于3万元起征点时的1 200余元;小型微利企业标准放宽和加大优惠力度后,小型微利企业户均减免所得税达13 521元;享受"六税两费"减征政策的纳税人户均新增减税1 007元。

三是民营经济是受益主体。民营经济享受新增减税493亿元,占全部新增减税额的85.6%。

从首季申报情况看,小微企业普惠性减税明显减轻了其税收负担,有利于激发市场活力,更好地发挥小微企业促创业、稳就业的重要作用。

付树林: 请记者朋友们继续提问,有请《经济日报》记者。

《经济日报》记者: 个人所得税改革一直受到社会各界的高度关注,自2018年10月1日起个税改革已经实施了6个月,今年以来减税情况如何?

蔡自力: 税务机关紧紧围绕党中央、国务院决策部署,全力确保个人所得税政策红利释放到位。

今年一季度,个税改革累计减税1 686亿元,人均减税855元。其中,第一步改革翘尾减税1 540亿元;第二步改革即专项附加扣除政策实施三个月,新增减税146亿元,惠及

4 887万纳税人，共有2 000多万纳税人因享受专扣政策而无需缴纳工薪所得个人所得税。两步改革因素叠加，累计已有9 163万人的工薪所得无需缴纳个人所得税。

同时，专项附加扣除减税政策的指向性、规律性开始显现。以年龄区间为例，36至50岁的人群是政策享受主力，占比达5成，绝大多数集中在赡养老人、住房和孩子教育，人均月新增减税348元，是获益最大的群体。35岁以下的年轻人群体，六成集中在住房租金或住房贷款支出，人均月新增减税249.6元。50岁以上群体，特点也很鲜明，以赡养老人居多，人均月新增减税229元。

总体来看，本次个人所得税改革提高了起征点，优化了税率结构，设置了专项附加扣除，减税红利既覆盖了更广泛的人群，又较好地体现了个性化和差异化，其积极效应将进一步显现。

付树林：请记者继续提问，有请新华社记者。

新华社记者：深化增值税改革降低增值税税率是今年减税降费政策的"重头戏"，请问税务部门采取了哪些措施确保4月1日企业"开好票"？5月份是深化增值税改革实施后首个申报期，税务部门将如何确保企业"报好税"？

付树林：我来回答您的问题。深化增值税改革从4月1日实施，实施当日企业能按降低后的税率开出增值税发票，是改革平稳起步的重要标志。为确保企业"开好票"，从3月5日《政府工作报告》公布改革内容到4月1日正式实施，不到一个月的时间，税务部门主要做了以下工作。

一是明确操作措施。3月20日，国务院常务会议审议通过增值税改革具体政策当日，税务总局即与财政部、海关总署一起印发政策规定。3月21日，税务总局连续下发3个文件，其中专门制发《关于深化增值税改革有关事项的公告》，对纳税人在改革前发生的业务，改革后发生调整如何开具发票问题进行明确；印发《2019年深化增值税改革纳税服务工作方案》，就开展业务学习培训、推进政策宣传辅导、确保简明易行好操作等出台具体措施；印发《关于做好深化增值税改革第一阶段"开好票"相关工作的通知》，就完成开票软件升级等问题作出具体规定。

二是确保软件升级。税控开票软件及时升级到位是"能开票、开好票"的重要前提。软件升级涉及"两端"，不仅要求税务局端及时完成相关系统升级，还须提示提醒纳税人端完成税控开票软件升级操作。我们坚持改革措施制定与业务需求完善同部署、齐推进。一方面，在最短时间内完成了软件开发、测试和定版工作；另一方面，坚持"让信息多跑路、让群众少跑腿"原则，税务部门对99.6%的纳税人采用在线方式升级开票系统，纳税人"足不出户"即可完成操作；对极少量离线开票的纳税人，采取上门辅导等方式帮助纳税人升级到位。

截至3月28日，全国应升级939万户一般纳税人开票软件全部升级到位。4月1日改革实施首日至今，全国各地区纳税人均顺利开出了新税率增值税发票，深化增值税改革第一阶段"开好票"工作已经平稳有序运行。

下面我回答您的第二个问题。

"开好票"是基础，"报好税"是关键。为做好5月首个纳税申报期各项准备工作，4月12日税务总局印发了《关于做好2019年深化增值税改革第二阶段"报好税"相关工作的通知》，明确了具体措施和工作要求，主要是做好"两更新、两辅导、两核实"。"两更新",即更新完善申报表、更新升级征管系统。我们发布了《关于调整增值税纳税申报有关事项的公告》,对增值税申报事项进行整合完善,指导各地税务部门按照规定时间节点,完成电子税务局等相关信息系统中纳税申报功能改造升级。"两辅导",即规范开展政策辅导、细致开展申报辅导。我们进一步加大政策辅导力度,广泛征询纳税人和基层税务机关意见,编写了200个政策问题解答口径,确保有问必答;开展有针对性的申报辅导,帮助纳税人掌握新申报表填报口径,确保纳税人会申报。"两核实",一是对生产、生活性服务业纳税人行业归类进行申报前初核、申报期复核,确保纳税人享受加计抵减政策优惠;二是对所有行业一般纳税人申报数据进行校核,防止出现纳税人因申报错误不能正确享受政策优惠等情形。

请记者继续提问,有请央广经济之声记者。

央广经济之声记者:社保费关系企业负担和百姓切身利益,5月1日实施降低社会保险费率政策,我想请主持人介绍一下,税务部门在征管服务方面采取哪些措施来确保政策顺利落地?

付树林:谢谢您的提问。国务院办公厅印发的《降低社会保险费率综合方案》(以下简称《方案》)明确,企业职工基本养老保险和企业职工其他险种缴费,原则上暂按现行征收体制继续征收,即原由社保部门征收的继续由社保部门征收,原由税务部门征收的继续由税务部门征收,稳定缴费方式;机关事业单位社保费和城乡居民社保费征管职责如期划转。因此,税务部门既要落实好已负责征收地区降低企业社保费率工作,又要落实好降低机关事业单位社保费率工作,深感责任重大。为贯彻好《方案》精神,税务部门从建机制、强辅导、优服务、细核算等方面狠抓落实工作。

一是将社保费降率纳入减税降费"总盘子"。刚才蔡自力司长介绍了,各级税务部门成立了减税降费工作领导小组,其中专门设立了社保费工作组,建立起"一竿子到底"的指挥体系,将落实降低社保费率政策纳入减税降费"总盘子",做到同部署、同落实。同时对照降率方案细化16类80项重点任务,实行挂图作战、对表推进、督导问效。

二是制发系列操作文件和配套办法。围绕落实《方案》,税务总局制发了一系列操作性文件和配套办法,截至4月22日,税务总局先后印发了关于落实降低社保费率政策的通知、降低社保费率缴费服务工作方案等文件,并出台了降费核算、信息系统、技术保障等方面配套办法。

三是多形式多渠道开展政策培训辅导。税务总局在3月底举办全国税务系统社保费研修班后,又组织开展了税务系统"一竿子到底"的社保费业务视频培训,解读《方案》主要精神和降费统计核算等工作要求。各地在开展对内培训的同时,充分利用12366热线、税务网站、在线访谈、办税服务厅等渠道,全力做好对缴费人的培训辅导,确保缴费人懂政策、会操作。

四是加快做好信息系统准备工作。根据《方案》政策调整变化和降费核算需要,及时对征管信息系统和信息共享平台进行升级改造,切实做好运维保障工作,确保系统运行稳定,为《方案》落地提供有力的信息化支撑。

五是强化部门合作协同推进。4月9日,人社部、财政部、税务总局、国家医保局联合发布答记者问,进一步解读降率政策。税务总局与人社部通过共同研究协作事项、联合举办培训等方式,指导督促各地社保、税务部门把《方案》落实到位。

请下一位记者提问,有请凤凰卫视记者。

凤凰卫视记者: 这个问题提给蔡司长,请问围绕减税降费的决策部署,税务部门采取哪些措施优化纳税服务,确保企业充分享受到减税降费红利?

蔡自力: 谢谢您的提问。为了把减税降费政策落实好,让企业和群众有实实在在的获得感,今年以来全国税务系统深入开展"便民办税春风行动",根据纳税人所需出实招、办实事,在个税改革、小微企业普惠性减税政策落地、深化增值税改革、社保降费等多重改革任务叠加情况下,有力保障了各项减税降费政策的落地落实。

一是全面开展政策宣传辅导。今年,我们针对每项减税降费政策都全面开展了宣传辅导工作,确保应享尽知。我跟大家讲个细节,增值税降率改革前夕,在3月26日至3月底,各地税务机关在短短几天时间里完成了对900多万户一般纳税人的宣传辅导。针对纳税人,在纳税人学堂等现场组织1.3万场培训,推送短信、微信1 900万条,办税服务厅面对面辅导99万人次,上门一对一辅导48万户次。针对税务人,各省全面完成了对12366纳税服务热线、办税服务厅工作人员的培训,确保一线税务干部都能懂政策、会操作、答得准、办得快。

二是确保简明易行好操作。首先是简化办税流程。为新办纳税人提供"套餐式"服务,一次办结多个涉税事项。其次是精简资料报送。税务总局在去年年底取消20项税务证明事项的基础上又取消了15项,有的地方还进一步清理取消了部分本级设定的证明事项,大大减轻纳税人报送资料的负担。

三是改进方式优化发票办理。发票办理是纳税人办税的关注点,也是兑现纳税人减税降费"红利"的关键点。一方面,扩大了自开范围,自2月初开始,将小规模纳税人自行开具增值税专用发票试点范围,扩大至租赁和商务服务业、科学研究和技术服务业以及居民服务、修理和其他服务业,最大限度方便纳税人。另一方面,将增值税普通发票核定事项由限时办结改为即时办结,大幅缩短办理时间等。

四是创新举措优化退税办理。压缩出口退税的办理时限,确保审核办理正常出口退税的平均时间压缩在10个工作日以内。各地税务机关积极引导出口企业使用国际贸易"单一窗口"出口退税平台办理退税业务,有的地方以《出口退税电子退还书》代替纸质税票,缩短出口企业退税到账时间,提高了企业资金周转效率。

付树林: 请继续提问,有请中国新闻社记者。

中国新闻社记者: 减税降费政策落地,离不开公平的税收环境。请问税务部门如何通过优化执法方式、规范税务执法、严厉打击偷骗税行为来进一步维护减税降费成果?

付树林: 我来回答您的问题。税务总局在年初召开的全国税务工作会议上,一方面将确保减税降费政策措施落地生根作为2019年税收工作的主题,另一方面将统筹推进优化税务执法方式与健全税务监管体系作为税收工作的主线。今年以来,我们在优化执法方式、规范税务执法、打击偷骗税方面持续发力,充分发挥税务稽查的"利剑"作用,切实保障国家税收安全、维护减税降费成果。

在优化执法方式、规范税务执法方面,一是全面推行行政执法公示、执法全过程记录、重大执法决定法制审核"三项制度",持续深化税务执法监督,强化对重大税务案件审理、重大执法行为事中监督,确保税务执法透明、规范和公正。二是构建以税收风险为导向,以"双随机、一公开"为基本方式的新型稽查监管机制,落实"无风险不检查"原则,强化大数据分析,对高风险纳税人实施立案检查,增强稽查精准性和有效性。三是发挥跨区域稽查机构作用,打破地域限制,增强执法独立性,既避免多头重复检查,减轻企业负担,又提高稽查执法质效。

在打击虚开增值税发票、骗取出口退税方面,税务总局会同公安部、海关总署和中国人民银行,持续纵深推进打虚打骗两年专项行动。今年一季度,全国税务机关检查涉嫌骗税和虚开企业2.69万户,认定虚开和接受虚开增值税专用发票及其他可抵扣凭证59.96万份,涉及税额128亿元;查处骗取出口退税违法行为挽回税款损失11亿元。抓捕犯罪嫌疑人1 422名,293名犯罪嫌疑人主动向公安机关投案自首。

在实施税收违法"黑名单"和联合惩戒工作方面,2018年全国税务机关共计公布"黑名单"案件9 344件,同比增长70.54%。2019年一季度全国税务机关共计公布"黑名单"案件3 467件,其中,虚开发票案件3 261件,偷税案件140件,骗税案件33件,走逃失联案件23件,其他案件10件。自2014年10月税收违法"黑名单"制度实施以来,各级税务机关累计公布案件数量已经达到20 109件。

自2015年启动联合惩戒措施以来,截至2019年一季度,全国各级税务机关已累计推送多部门联合惩戒"黑名单"当事人26.09万户次,其中公安部门配合税务机关办理阻止出境4 778人次;1.64万名"黑名单"当事人被工商部门、市场监督管理部门限制担任企业的法定代表人、董事、监事及经理职务;1.69万户次当事人被金融机构限制融资授信;另外,还有22.28万户次"黑名单"当事人在政府供应土地、检验检疫监督管理、政府采购活动、政府性资金支持等方面被有关部门采取限制性管理措施。

付树林: 由于时间关系,今天新闻发布会到此结束,再次感谢各位媒体朋友。

国家税务总局召开新闻发布会
——减税降费红利持续释放　便民服务举措集成推出

(来源:国家税务总局办公厅　2019年10月30日)

2019年10月30日上午,国家税务总局召开新闻发布会,主要介绍今年前三季度税务部门落实减税降费、组织税收收入、深化"放管服"改革、优化税收营商环境等情况。

付树林: 各位新闻界的朋友,上午好!欢迎参加国家税务总局新闻发布会。我是税务总局新闻发言人付树林。

本次新闻发布会主要介绍今年前三季度税务部门落实减税降费、组织税收收入、深化"放管服"改革、优化税收营商环境等情况。我们邀请到税务总局减税办常务副主任、收入规划核算司司长蔡自力先生参加发布会,回答大家的提问。

首先,请蔡司长介绍税务部门落实减税降费最新情况。

蔡自力: 今年以来,在以习近平同志为核心的党中央坚强领导下,税务部门认真贯彻落实党中央、国务院实施更大规模减税降费政策措施的决策部署,确保落地生根,减税降费政策效应持续释放,为应对经济下行压力、促进"六稳"、保持经济运行在合理区间提供了重要支撑。

近日，今年第三季度申报"大征期"结束，税务总局及时完成了前三季度减税降费统计核算工作。今年前三季度，全国累计新增减税降费 17 834 亿元，其中新增减税 15 109 亿元，新增社保费降费 2 725 亿元。

主要减税政策中，增值税改革新增减税 7 035 亿元（其中，去年 5 月 1 日调整增值税税率翘尾减税 1 184 亿元，今年深化增值税改革减税 5 851 亿元），小微企业普惠性政策新增减税 1 827 亿元，个人所得税两步改革叠加新增减税 4 426 亿元。

今年实施更大规模减税降费政策对税收收入的减收影响较为明显。前三季度全国税务部门组织税收收入（已扣除出口退税）112 658 亿元，增长 0.3%，增幅比去年同期回落 12.9 个百分点。

在落实减税降费政策过程中，税务总局一直强调提高收入质量，始终要求各地坚持依法征税，确保做到"三个务必、三个坚决"，即务必把该减的税减到位、务必把该降的费降到位、务必把该征的税费依法依规征收好，坚决打击虚开骗税、坚决不收"过头税费"、坚决做好留抵退税工作，全力以赴确保减税降费政策措施进一步落地生根。

以上为税务部门落实减税降费和组织税收收入基本情况，谢谢。

付树林：感谢蔡司长的介绍。下面进入答问环节，请记者朋友们提问。

《人民日报》记者：从刚才蔡司长发布的数据来看，前三季度新增减税降费已达 17 834 亿元，力度非常大，请问具体到各行各业，减税有哪些特点？减税降费政策效应主要体现在哪些方面？

蔡自力：对这次减税，党中央、国务院多次明确提出"确保制造业税负明显降低，确保建筑业、交通运输业等行业税负有所降低，确保其他行业税负只减不增"的要求。税务部门在落实减税降费政策过程中，牢牢把握、坚决贯彻这一要求，全力以赴确保这一目标实现。前三季度，各行业门类税负水平，与上年同期相比，均实现不同程度的下降。比如，制造业新增减税 4 738 亿元，占新增减税总额的 31.36%，行业税负同比下降 1.08 个百分点；批发零售业新增减税 3 258 亿元，占新增减税总额的 21.56%，行业税负同比下降 3.27 个百分点。又如，建筑业，交通运输、仓储和邮政业共新增减税 1 179 亿元，占新增减税总额的 7.8%，这两个行业税负同比分别下降 0.63 个和 0.35 个百分点。

我再回答您的第二个问题。

减税降费政策实施以来，税务部门在狠抓政策落实的同时，对减税降费的效应进行了初步分析，并持续开展跟踪调查，了解各类别企业对减税降费政策的感受。通过分析，减税降费政策效应主要体现在以下五个方面：

一是减税降费落地生根，稳定了经济发展预期。在国内外经济形势复杂多变的情况下，减税降费政策充分发挥了逆周期调节作用，更直接更有效地惠及广大纳税人、缴费人，稳定了经济发展预期。税务部门调查数据显示，92.2% 的纳税人认为减税降费对企业生产经营活动产生了积极影响，提振了市场主体信心。

二是研发投入快速增加，激发了科技创新活力。近年来，我国多次优化调整研发费用加计扣除等鼓励创新政策，使得企业有更多的资金用于研发创新。税务部门调查数据显示，前三季度，45% 的制造业纳税人将减税降费红利用于增加研发投入。税务部门监测的 10 万户重点税源企业前三季度研发费用同比增长 19.3%，增幅较 2018 年全年提高 3.4 个百分点。

三是民营经济深享红利，增强了向好发展基础。前三季度，包括民营企业和个体经济在内的民营经济纳税人新增减税 9 644 亿元，占新增减税总额的 64%，受益最大。小微企业普惠性减税政策受益对象大多是民营经济，前三季度，民营经济享受该政策新增减税 1 619 亿元，占比为 88.61%。国家税务总局数据显示，前三季度，全国民营经济销售收入同比增长 9.7%，快于整体增幅 1.6 个百分点，购进机器设备投资同比增长 8.9%，快于整体增幅 2.8 个百分点。

四是居民消费能力提升，拉动了社会消费增长。前三季度，个人所得税改革新增减税 4 426 亿元，累计人均减税 1 764 元。受减税影响，同期个人所得税收入同比下降 29.7%。个人所得税的减少，直接增加了居民收入，提升了居民消费能力。国家税务总局数据显示，前三季度，反映居民消费活力的生活服务业销售收入增长 16.2%，互联网批发和零售销售收入同比增长 16.8%，分别高于三产销售增速 4.7 和 5.3 个百分点。

五是市场主体活力激发，助力了社会就业稳定。国家税务总局数据显示，前三季度，全国新增市场主体（含个体工商户）办理过涉税事项的有 776.7 万户，月均新增 86.3 万户。减税降费政策增强了创业的意愿，提高了市场主体活跃度，创造了更多的就业岗位。

此外，出口企业受益明显，经营压力得到了有效缓解。前三季度，出口企业累计享受减税 2 742 亿元，同时受出口退税率两次提高的利好，出口企业增加出口退（免）税 409 亿元。

下一步，税务部门将继续扎实做好有关工作，特别是落实好放宽部分先进制造业留抵退税条件和提升生活性服务业纳税人加计抵减比例两项最新减税政策，确保全年减税降费的目标任务圆满实现。

付树林： 请继续提问，下面有请《经济日报》记者。

《经济日报》记者： 近期国务院常务会议要求"持续深化'放管服'改革，打造更有吸引力的营商环境"。我想请问，税务系统近期围绕"放管服"改革，有何新的硬举措？

付树林： 为贯彻落实国务院关于深化"放管服"改革、优化营商环境的决策部署，税务总局持续推进税务行政审批制度改革，近日发布了《关于进一步简化税务行政许可事项办理程序的公告》，对仅保留的 6 项税务行政许可事项，从今年 12 月 1 日起，进一步简化办理程序，减轻办税负担，提高服务效率。

一是压缩办理时间。对部分税务行政许可事项，在 20 个工作日法定办结时限的基础上，进一步压缩办理时间。比如，对纳税人延期申报核准、增值税专用发票最高开票限额审批等 3 个事项的办结时限压缩至 10 个工作日以内；对纳税人变更纳税定额核准事项的办结时限压缩至 15 个工作日以内。

二是简并申请文书。对于纳税人延期缴纳税款、延期申报的核准事项，不再要求纳税人填报审批表或核准表，而是将有关内容并入《税务行政许可申请表》，实现"一表集成"。

三是减少报送材料。对纳税人延期缴纳税款的核准事项，取消了延期缴纳税款报告、资产负债表等 5 项申请材料报送；对纳税人延期申报的核准事项，不再要求申请人单独报送情况说明，只需在申请表中简要填写相关信息即可。

四是简化送达流程。对通过办税服务窗口向申请人直接送达税务行政许可文书，且申请人无异议的，只需申请人在文书末尾签名或盖章、注明收到日期即可，不需另行填写《税务文书送达回证》。

同时，为促进扩大对外开放，帮助非居民纳税人更好享受税收协定待遇，减轻纳税负担,税务总局还于近日修订发布了《非居民纳税人享受协定待遇管理办法》(以下简称《办法》),并自 2020 年 1 月 1 日起实施。与原办法相比,新办法享受待遇更加便利,报表更加精简,责任更加明晰。比如,《办法》大幅简化了非居民纳税人需填写的报表,不仅数量由原来的 10 张压缩为 1 张,而且填报的内容进一步简化,只需填报纳税人名称、联系方式等基本信息并作出声明即可。再如,《办法》规定,非居民纳税人享受协定待遇,实行"自行判断、申报享受、相关资料留存备查"的方式,即纳税人认为符合享受协定待遇的条件,无论是自行申报还是扣缴申报,除填报有关报表外,不需报送其他资料,一律改为留存备查。

付树林:请继续提问,下面有请《经济参考报》记者。

《经济参考报》记者:为营造公平公正的市场环境,税务部门近年来加大对虚开骗税违法行为打击力度,并持续推进税收违法"黑名单"和失信联合惩戒制度,越来越受社会公众尤其是纳税人的关注。请问这方面工作有什么最新进展和成效?

付树林:打击虚开发票骗取退税违法犯罪,实施税收违法"黑名单"和联合惩戒制度是税务部门优化执法方式、改善营商环境的重要举措,对于构建褒扬诚信、惩戒失信的税收信用体系,提升纳税人税法遵从度起到了积极的推动作用。

在打击虚开骗税违法犯罪方面。2018 年 8 月,国家税务总局、公安部、海关总署、中国人民银行等四部委共同部署开展打击虚开骗税违法犯罪两年专项行动,重点打击没有实际经营业务只为虚开发票的"假企业"、没有实际出口只为骗取退税的"假出口"。最新数据显示,截至 2019 年 9 月底,全国依法查处涉嫌虚开骗税企业 17.63 万户;通过严查"假企业",认定虚开增值税发票 835 万份,涉及税额 1 558 亿元;通过严打"假出口",挽回税款损失 162 亿元,初步遏制了虚开骗税猖獗势头,有力保障了减税降费政策落实落地。近日,四部委联合召开会议,对打击虚开骗税违法犯罪两年专项行动进行再动员、再部署,继续严厉打击"假企业""假出口",特别是针对团伙化、职业化犯罪分子,持续开展集中强力打击行动,进一步规范税收秩序,让依法经营者享受税收改革红利,让违法犯罪分子受到法律严惩。

在落实税收违法"黑名单"制度方面。对于达到标准的偷税骗税和虚开发票等违法案件即"黑名单"案件的相关信息,自 2014 年 10 月起公布以来,截至今年 9 月,全国税务机关累计公布 30 645 件,其中仅今年前三季度公布的案件数量就占总数的近一半,达 14 003 件,体现了税务部门打击涉税违法犯罪行为的力度和决心。税务部门将税收违法"黑名单"案件当事人全部纳入纳税信用 D 级范围,并依法采取更加严格的发票管理、出口退税审核等措施。

在推进联合惩戒工作方面。税务部门及时将税收违法"黑名单"案件信息推送给相关部门,对当事人依法实施联合惩戒。从 2015 年启动至 2019 年 9 月,已累计向相关部门推送税收违法"黑名单"信息 39.3 万户次,其中今年前三季度就推送 19.27 万户次,比去年同期增长 153.9%。截至 2019 年 9 月,共有 2.46 万户次"黑名单"当事人被市场监管部门限制担任企业相关职务;有 2.5 万户次"黑名单"当事人被金融机构限制融资授信;此外,还有 3 万多户次"黑名单"当事人被限制取得政府供应土地、获取政府性资金支持等,有效震慑了重大税收违法失信案件当事人。

在落实信用修复制度方面。自 2016 年 4 月建立税收信用修复机制以来,截至今年 9 月,累计有 1 650 户涉及偷逃税款的"黑名单"当事人，在主动缴清税款、滞纳金和罚款后，从"黑名单"公告栏中撤出，体现了信用监管对诚信纳税的引导作用。

为进一步震慑失信和褒扬诚信，我们整理了 3 个失信联合惩戒案例和 2 个守信联合激励案例，将在新闻发布会结束后印发给大家，请大家帮助宣传。

付树林： 下面有请央广记者提问。

央广记者： 在第一批"不忘初心、牢记使命"主题教育中，税务部门瞄准纳税人缴费人所需所盼，推出了一系列便民利民举措，请问取得了什么样的成效？开展第二批主题教育后，税务部门是如何推动这些服务举措进一步落实落地的？

付树林： 在今年 6—8 月开展的第一批"不忘初心、牢记使命"主题教育中，税务总局聚焦纳税人和缴费人反映强烈的问题，分两批推出 20 条便民办税缴费措施，取消 25 项税务证明事项，修订出台《纳税服务投诉管理办法》等，从申报缴款、便捷办税、发票使用、跨部门合作等方面，提升服务质效，优化服务体验，确保减税降费政策措施落地落细落到实处，进一步增强纳税人和缴费人的获得感。以上可以通过两份评价报告得到印证。

一是在世界银行近期发布的《全球营商环境报告 2020》中，中国营商环境全球排名由去年的第 46 位上升至第 31 位，连续两年被评为全球优化营商环境改善幅度最大的十大经济体。其中纳税指标排名在前两年提升的基础上，今年再度提升 9 位，实现"三连升"。世界银行认为，纳税指标排名提升的主要原因一方面是中国出台了更大规模减税降费政策措施；另一方面是中国税务部门在落实减税降费、持续推进纳税便利化改革等方面取得了明显成效。

二是税务总局委托第三方开展了 2019 年纳税人满意度专项调查，近期通报的结果显示，全国纳税人满意度综合得分为 84.42 分，比 2018 年同口径得分提高 1.44 分，继续保持稳中有进的态势，超九成的企业纳税人满意度明显提升，12366 纳税服务热线、办税服务厅服务、最多跑一次、申领增值税发票、纳税申报表等指标得分全面提升，说明各地税务机关围绕便民办税解难题，在主题教育中找差距、抓落实、促整改，确保各项改革措施落地生效，得到了纳税人和缴费人的认可。

当前正在深入开展第二批主题教育，与第一批主题教育相比，税务部门参与的单位多、数量大，与纳税人、缴费人联系更直接、更紧密。各地税务机关将以习近平新时代中国特色社会主义思想为指导，按照国务院近日颁布的《优化营商环境条例》要求，本着"最大限度便利纳税人和缴费人，最大限度规范税务人"的原则，进一步落实好前期出台的各项便民办税缴费新举措，特别是 11 月 1 日起将施行的新版《全国税务机关纳税服务规范》和《税收征管操作规范》等，实现办税负担更"轻"、办税时间更"短"、办税渠道更"广"、办税方式更"优"，持续打好政策惠民和服务便民的"组合拳"，进一步提升纳税人、缴费人享受政策红利和办税便利的双重获得感。

付树林： 由于时间关系，今天的新闻发布会到此结束。再次感谢各位媒体朋友！

第二部分 政策法规

一、减税政策方面

(一) 综合类

财政部 税务总局关于实施小微企业普惠性税收减免政策的通知

(2019年1月17日 财税〔2019〕13号)

各省、自治区、直辖市、计划单列市财政厅（局），新疆生产建设兵团财政局，国家税务总局各省、自治区、直辖市和计划单列市税务局：

为贯彻落实党中央、国务院决策部署，进一步支持小微企业发展，现就实施小微企业普惠性税收减免政策有关事项通知如下：

一、对月销售额10万元以下（含本数）的增值税小规模纳税人，免征增值税。

二、对小型微利企业年应纳税所得额不超过100万元的部分，减按25%计入应纳税所得额，按20%的税率缴纳企业所得税；对年应纳税所得额超过100万元但不超过300万元的部分，减按50%计入应纳税所得额，按20%的税率缴纳企业所得税。

上述小型微利企业是指从事国家非限制和禁止行业，且同时符合年度应纳税所得额不超过300万元、从业人数不超过300人、资产总额不超过5 000万元等三个条件的企业。

从业人数，包括与企业建立劳动关系的职工人数和企业接受的劳务派遣用工人数。所称从业人数和资产总额指标，应按企业全年的季度平均值确定。具体计算公式如下：

季度平均值 =（季初值 + 季末值）÷ 2

全年季度平均值 = 全年各季度平均值之和 ÷ 4

年度中间开业或者终止经营活动的，以其实际经营期作为一个纳税年度确定上述相关指标。

三、由省、自治区、直辖市人民政府根据本地区实际情况，以及宏观调控需要确定，对增值税小规模纳税人可以在50%的税额幅度内减征资源税、城市维护建设税、房产税、城镇土地使用税、印花税（不含证券交易印花税）、耕地占用税和教育费附加、地方教育附加。

四、增值税小规模纳税人已依法享受资源税、城市维护建设税、房产税、城镇土地使用税、印花税、耕地占用税、教育费附加、地方教育附加其他优惠政策的，可叠加享受本通知第三条规定的优惠政策。

五、《财政部税务总局关于创业投资企业和天使投资个人有关税收政策的通知》（财税

〔2018〕55号）第二条第（一）项关于初创科技型企业条件中的"从业人数不超过200人"调整为"从业人数不超过300人"，"资产总额和年销售收入均不超过3 000万元"调整为"资产总额和年销售收入均不超过5 000万元"。

2019年1月1日至2021年12月31日期间发生的投资，投资满2年且符合本通知规定和财税〔2018〕55号文件规定的其他条件的，可以适用财税〔2018〕55号文件规定的税收政策。

2019年1月1日前2年内发生的投资，自2019年1月1日起投资满2年且符合本通知规定和财税〔2018〕55号文件规定的其他条件的，可以适用财税〔2018〕55号文件规定的税收政策。

六、本通知执行期限为2019年1月1日至2021年12月31日。《财政部税务总局关于延续小微企业增值税政策的通知》（财税〔2017〕76号）、《财政部税务总局关于进一步扩大小型微利企业所得税优惠政策范围的通知》（财税〔2018〕77号）同时废止。

七、各级财税部门要切实提高政治站位，深入贯彻落实党中央、国务院减税降费的决策部署，充分认识小微企业普惠性税收减免的重要意义，切实承担起抓落实的主体责任，将其作为一项重大任务，加强组织领导，精心筹划部署，不折不扣落实到位。要加大力度、创新方式，强化宣传辅导，优化纳税服务，增进办税便利，确保纳税人和缴费人实打实享受到减税降费的政策红利。要密切跟踪政策执行情况，加强调查研究，对政策执行中各方反映的突出问题和意见建议，要及时向财政部和税务总局反馈。

二维码2

国家税务总局关于增值税小规模纳税人地方税种和相关附加减征政策有关征管问题的公告［见二维码2（2-1）］

财政部　税务总局关于明确养老机构免征增值税等政策的通知

（2019年2月2日　财税〔2019〕20号）

各省、自治区、直辖市、计划单列市财政厅（局），国家税务总局各省、自治区、直辖市、计划单列市税务局，新疆生产建设兵团财政局：

现将养老机构免征增值税等政策通知如下：

一、《营业税改征增值税试点过渡政策的规定》（财税〔2016〕36号印发）第一条第（二）项中的养老机构，包括依照《中华人民共和国老年人权益保障法》依法办理登记，并向民政部门备案的为老年人提供集中居住和照料服务的各类养老机构。

二、自2019年2月1日至2020年12月31日，医疗机构接受其他医疗机构委托，按照不高于地（市）级以上价格主管部门会同同级卫生主管部门及其他相关部门制定的医疗服务指导价格（包括政府指导价和按照规定由供需双方协商确定的价格等），提供《全国医疗服务价格项目规范》所列的各项服务，可适用《营业税改征增值税试点过渡政策的规定》（财税〔2016〕36号印发）第一条第（七）项规定的免征增值税政策。

三、自2019年2月1日至2020年12月31日，对企业集团内单位（含企业集团）之间的资金无偿借贷行为，免征增值税。

四、保险公司开办一年期以上返还性人身保险产品，按照以下规定执行：

（一）保险公司开办一年期以上返还性人身保险产品，在保险监管部门出具备案回执或批复文件前依法取得的保费收入，属于《财政部国家税务总局关于一年期以上返还性人身保险产品营业税免税政策的通知》（财税〔2015〕86号）第一条、《营业税改征增值税试点过渡政策的规定》（财税〔2016〕36号印发）第一条第二十一项规定的保费收入。

（二）保险公司符合财税〔2015〕86号第一条、第二条规定免税条件，且未列入财政部、税务总局发布的免征营业税名单的，可向主管税务机关办理备案手续。

（三）保险公司开办一年期以上返还性人身保险产品，在列入财政部和税务总局发布的免征营业税名单或办理免税备案手续后，此前已缴纳营业税中尚未抵减或退还的部分，可抵减以后月份应缴纳的增值税。

五、本通知自发布之日起执行。此前已发生未处理的事项，按本通知规定执行。

国家税务总局关于建立小微企业涉税诉求和意见快速响应机制的通知〔见二维码2（2–2）〕

财政部　税务总局　退役军人部关于进一步扶持自主就业退役士兵创业就业有关税收政策的通知〔见二维码2（2–3）〕

二维码2

财政部　税务总局　人力资源社会保障部　国务院扶贫办关于进一步支持和促进重点群体创业就业有关税收政策的通知

（2019年2月2日　财税〔2019〕22号）

各省、自治区、直辖市、计划单列市财政厅（局）、人力资源社会保障厅（局）、扶贫办，国家税务总局各省、自治区、直辖市、计划单列市税务局，新疆生产建设兵团财政局、人力资源社会保障局、扶贫办：

为进一步支持和促进重点群体创业就业，现将有关税收政策通知如下：

一、建档立卡贫困人口、持《就业创业证》（注明"自主创业税收政策"或"毕业年度内自主创业税收政策"）或《就业失业登记证》（注明"自主创业税收政策"）的人员，从事个体经营的，自办理个体工商户登记当月起，在3年（36个月，下同）内按每户每年12 000元为限额依次扣减其当年实际应缴纳的增值税、城市维护建设税、教育费附加、地方教育附加和个人所得税。限额标准最高可上浮20%，各省、自治区、直辖市人民政府可根据本地区实际情况在此幅度内确定具体限额标准。

纳税人年度应缴纳税款小于上述扣减限额的，减免税额以其实际缴纳的税款为限；大于上述扣减限额的，以上述扣减限额为限。

上述人员具体包括：1. 纳入全国扶贫开发信息系统的建档立卡贫困人口；2. 在人力资源社会保障部门公共就业服务机构登记失业半年以上的人员；3. 零就业家庭、享受城市居民最低生活保障家庭劳动年龄内的登记失业人员；4. 毕业年度内高校毕业生。高校毕业生是指实施高等学历教育的普通高等学校、成人高等学校应届毕业的学生;毕业年度是指毕业所在自然年,即1月1日至12月31日。

二、企业招用建档立卡贫困人口,以及在人力资源社会保障部门公共就业服务机构登记失业半年以上且持《就业创业证》或《就业失业登记证》(注明"企业吸纳税收政策")的人员,与其签订1年以上期限劳动合同并依法缴纳社会保险费的,自签订劳动合同并缴纳社会保险当月起,在3年内按实际招用人数予以定额依次扣减增值税、城市维护建设税、教育费附加、地方教育附加和企业所得税优惠。定额标准为每人每年6 000元,最高可上浮30%,各省、自治区、直辖市人民政府可根据本地区实际情况在此幅度内确定具体定额标准。城市维护建设税、教育费附加、地方教育附加的计税依据是享受本项税收优惠政策前的增值税应纳税额。

按上述标准计算的税收扣减额应在企业当年实际应缴纳的增值税、城市维护建设税、教育费附加、地方教育附加和企业所得税税额中扣减,当年扣减不完的,不得结转下年使用。

本通知所称企业是指属于增值税纳税人或企业所得税纳税人的企业等单位。

三、国务院扶贫办在每年1月15日前将建档立卡贫困人口名单及相关信息提供给人力资源社会保障部、税务总局,税务总局将相关信息转发给各省、自治区、直辖市税务部门。人力资源社会保障部门依托全国扶贫开发信息系统核实建档立卡贫困人口身份信息。

四、企业招用就业人员既可以适用本通知规定的税收优惠政策,又可以适用其他扶持就业专项税收优惠政策的,企业可以选择适用最优惠的政策,但不得重复享受。

五、本通知规定的税收政策执行期限为2019年1月1日至2021年12月31日。纳税人在2021年12月31日享受本通知规定税收优惠政策未满3年的,可继续享受至3年期满为止。《财政部 税务总局 人力资源社会保障部关于继续实施支持和促进重点群体创业就业有关税收政策的通知》(财税〔2017〕49号)自2019年1月1日起停止执行。

本通知所述人员,以前年度已享受重点群体创业就业税收优惠政策满3年的,不得再享受本通知规定的税收优惠政策;以前年度享受重点群体创业就业税收优惠政策未满3年且符合本通知规定条件的,可按本通知规定享受优惠至3年期满。

各地财政、税务、人力资源社会保障部门、扶贫办要加强领导、周密部署,把大力支持和促进重点群体创业就业工作作为一项重要任务,主动做好政策宣传和解释工作,加强部门间的协调配合,确保政策落实到位。同时,要密切关注税收政策的执行情况,对发现的问题及时逐级向财政部、税务总局、人力资源社会保障部、国务院扶贫办反映。

财政部 税务总局 中央宣传部关于继续实施文化体制改革中经营性文化事业单位转制为企业若干税收政策的通知[见二维码2(2-4)]

国家税务总局 人力资源和社会保障部 国务院扶贫办 教育部关于实施支持和促进重点群体创业就业有关税收政策具体操作问题的公告[见二维码2(2-5)]

国家税务总局关于取消一批税务证明事项的决定[见二维码2(2-6)]

二维码2

财政部　税务总局关于延续供热企业增值税　房产税城镇土地使用税优惠政策的通知

（2019年4月3日　财税〔2019〕38号）

北京、天津、河北、山西、内蒙古、辽宁、大连、吉林、黑龙江、山东、青岛、河南、陕西、甘肃、宁夏、新疆、青海省（自治区、直辖市、计划单列市）财政厅（局），新疆生产建设兵团财政局，国家税务总局北京、天津、河北、山西、内蒙古、辽宁、大连、吉林、黑龙江、山东、青岛、河南、陕西、甘肃、宁夏、新疆、青海省（自治区、直辖市、计划单列市）税务局：

为支持居民供热采暖，现将"三北"地区供热企业（以下称供热企业）增值税、房产税、城镇土地使用税政策通知如下：

一、自2019年1月1日至2020年供暖期结束，对供热企业向居民个人（以下称居民）供热取得的采暖费收入免征增值税。

向居民供热取得的采暖费收入，包括供热企业直接向居民收取的、通过其他单位向居民收取的和由单位代居民缴纳的采暖费。

免征增值税的采暖费收入，应当按照《中华人民共和国增值税暂行条例》第十六条的规定单独核算。通过热力产品经营企业向居民供热的热力产品生产企业，应当根据热力产品经营企业实际从居民取得的采暖费收入占该经营企业采暖费总收入的比例，计算免征的增值税。

本条所称供暖期，是指当年下半年供暖开始至次年上半年供暖结束的期间。

二、自2019年1月1日至2020年12月31日，对向居民供热收取采暖费的供热企业，为居民供热所使用的厂房及土地免征房产税、城镇土地使用税；对供热企业其他厂房及土地，应当按照规定征收房产税、城镇土地使用税。

对专业供热企业，按其向居民供热取得的采暖费收入占全部采暖费收入的比例，计算免征的房产税、城镇土地使用税。

对兼营供热企业，视其供热所使用的厂房及土地与其他生产经营活动所使用的厂房及土地是否可以区分，按照不同方法计算免征的房产税、城镇土地使用税。可以区分的，对其供热所使用厂房及土地，按向居民供热取得的采暖费收入占全部采暖费收入的比例，计算免征的房产税、城镇土地使用税。难以区分的，对其全部厂房及土地，按向居民供热取得的采暖费收入占其营业收入的比例，计算免征的房产税、城镇土地使用税。

对自供热单位，按向居民供热建筑面积占总供热建筑面积的比例，计算免征供热所使用的厂房及土地的房产税、城镇土地使用税。

三、本通知所称供热企业，是指热力产品生产企业和热力产品经营企业。热力产品生产企业包括专业供热企业、兼营供热企业和自供热单位。

四、本通知所称"三北"地区，是指北京市、天津市、河北省、山西省、内蒙古自治区、辽宁省、大连市、吉林省、黑龙江省、山东省、青岛市、河南省、陕西省、甘肃省、青海省、宁夏回族自治区和新疆维吾尔自治区。

国家税务总局　国家发展改革委　财政部　国务院国有资产监督管理委员会　国家市场监督管理总局　国家档案局
关于坚决查处第三方涉税服务借减税降费巧立名目乱收费行为的通知

(2019年4月4日　税总发〔2019〕49号)

国家税务总局各省、自治区、直辖市和计划单列市税务局，国家税务总局驻各地特派员办事处，各省、自治区、直辖市和计划单列市、新疆生产建设兵团发展改革委、物价局、财政厅（局）、国资委、市场监管局（厅、委）、档案局：

为认真贯彻落实党中央、国务院作出的减税降费重大决策部署，切实加强对电子发票第三方平台等涉税服务收费的监督管理，坚决防止借减税降费巧立名目乱收费、抵消减税降费效果，保障纳税人和缴费人应享尽享减税降费红利，现将有关事项通知如下：

一、开展第三方借减税降费巧立名目乱收费行为专项整治

进一步加强电子发票第三方平台等涉税服务收费监管，对降低企业经营成本，维护纳税人和缴费人合法权益，确保减税降费的真金白银真正落到企业具有十分重要的意义。国家税务总局、国家发展改革委、财政部、国务院国有资产监督管理委员会、国家市场监督管理总局、国家档案局决定，从即日起至5月31日，开展第三方借减税降费巧立名目乱收费行为专项整治。

二、畅通投诉举报渠道

畅通服务收费投诉举报渠道，建立快速反应机制，对纳税人和各方面反映的电子发票第三方平台等涉税服务乱收费问题，要迅速调查核实和处理反馈。在专项整治期间，国家税务总局及各省税务局在12366纳税服务热线设立电子发票第三方平台等涉税服务乱收费问题举报投诉专席。税务部门要对使用电子发票第三方平台等涉税服务的纳税人开展走访和调研，开展第三方服务满意度调查，及时解决存在问题。

三、组织开展自查自纠

税务部门要立即组织电子发票第三方平台开展自查自纠，对发现存在乱收费问题的，要责令其限期整改。国有资产监管部门要加强对所属国有企业的监督管理，对自查及专项整治中发现存在乱收费问题的，要会同有关部门依法采取措施，整改落实到位。

四、坚决整治第三方涉税服务乱收费问题

税务部门对违规收取电子发票版式文件的生成、打印、查询和交付等基础服务费用的，要迅速采取约谈、责令限期改正、降低信用等级、取消服务资格等方式依法依规严肃查处，坚决予以整治。市场监管部门要指导电子发票第三方平台等涉税服务规范明码标价，对投诉举报的不正当价格行为及时查处。

五、严格执行备案制度

税务机关要加强对电子发票第三方平台的备案管理，要求平台运营商向省税务机关备案运营商名称、技术方案、管理方案。对未按规定备案或者未如实报送备案信息的，责令其限

期改正，逾期未改正的不得从事电子发票第三方平台服务，并由相关部门依法依规实施联合惩戒。

六、做好信息公开宣传辅导工作

在省税务局门户网站、电子税务局和办税服务场所公告备案的电子发票第三方平台名称、运营商名称等信息，并明确免费项目和收费项目，方便纳税人自愿选择电子发票第三方平台。各地要加强对电子发票政策的宣传，特别是将小微企业作为辅导重点，告知纳税人可自愿选择使用电子发票或纸质发票，对电子发票第三方平台提供的服务项目，纳税人可根据需要自愿选择，任何单位和个人不得违规参与、干预、诱导纳税人选择第三方平台。

七、做好电子发票电子化报销入账归档试点工作

按照《国家档案局办公室　财政部办公厅　国家税务总局办公厅关于开展电子发票电子化报销入账归档试点工作的通知》（档办发〔2019〕1号）要求，协同推进开展电子发票电子化报销、入账、归档试点工作，加强对试点工作的领导，共同研究确定扩大试点企业范围，为电子发票的推广应用、进一步降低纳税人经营成本奠定坚实的基础。试点工作中，任何单位和个人不得以任何名义收取纳税人费用。

八、严肃查处违纪违法行为

坚持把纪律规矩挺在前面，严格执行有关法律法规和廉政规定，对违规参与、干预、诱导纳税人选择第三方涉税服务的行为，发现一起查处一起，绝不姑息。一旦发现任何部门或个人与第三方有利益关联，要坚决查处；涉嫌违法犯罪的，依法移送司法机关处理。

各部门要从贯彻以习近平同志为核心的党中央作出的减税降费重大决策部署的高度，深入落实李克强总理重要指示精神，牢固树立落实好减税降费政策措施是硬任务的理念，高度重视、迅速部署，严明工作要求，扛牢压实责任，加强协调配合，强化监督检查，决不允许任何第三方以任何名目揩减税的油，保护纳税人合法权益，保障纳税人"开好票"，确保减税降费政策措施不折不扣地落实到位。

国家税务总局关于进一步规范涉税专业服务助力减税降费政策措施落地生根的通知

（2019年4月9日　税总函〔2019〕94号）

国家税务总局各省、自治区、直辖市和计划单列市税务局，国家税务总局驻各地特派员办事处：

近年来，在全面推开营改增试点、个人所得税改革等重大税收改革中，涉税专业服务等社会力量发挥其专业能力强等优势，积极服务和助力各项税收政策落地。当前，落实减税降费政策是税务部门一项重大任务，各级税务机关要进一步优化纳税服务工作机制，充分发挥涉税专业服务作用，促进减税降费政策措施落地生根。现将有关事项通知如下：

一、充分发挥涉税专业服务助力减税降费落实作用

（一）开展宣传辅导税收志愿者服务。认真评估纳税服务资源与减税降费宣传辅导、咨询办税需求的匹配情况，对纳税服务资源不足的，在综合考虑涉税专业服务信用情况、擅长

专业领域、公益服务意愿等情况基础上，可邀请涉税专业服务机构的税务师、注册会计师、律师等，以税收志愿者身份参加12366专家咨询坐席、办税服务厅导税咨询、自助办税和办税体验区咨询辅导、纳税人学堂专家辅导讲座等。要不断打造"税收志愿者"品牌，增强涉税专业服务机构和专家的社会责任感和志愿者服务荣誉感。

（二）听取涉税行业协会和涉税专业服务机构意见。在制定面向纳税人、缴费人的减税降费宣传辅导实施方案时，可邀请税务师行业协会、注册会计师协会、律师协会、代理记账行业协会等涉税行业协会、涉税专业服务机构参与研究。在落实减税降费政策过程中，及时听取涉税行业协会和涉税专业服务机构有关减税降费政策需求及专业服务的意见建议，确保减税降费宣传辅导针对性更强，更接地气。

（三）建立涉税专业服务直联工作机制。税务总局已建立与100家涉税专业服务机构的直联工作机制，通过直联机制快速收集纳税人、缴费人减税降费的需求，汇集热点、难点问题，跟踪减税降费落实效果。各省税务机关可结合本地实际情况，建立涉税专业服务机构直联工作机制，及时向税务总局反映纳税人、缴费人减税降费方面的诉求。

二、鼓励涉税行业协会和涉税专业服务机构组织减税降费宣传辅导公益活动

（四）鼓励涉税行业协会组织公益宣传辅导。加强与涉税行业协会的沟通协作，鼓励涉税行业协会和涉税专业服务机构加强与其他各类行业协会商会交流合作，针对不同行业、企业的特点和需求，共同组织举办减税降费公益大讲堂、公益培训、税收知识竞赛等系列活动，提高减税降费政策宣传辅导影响力。

（五）鼓励涉税专业服务机构及人员参加涉税公益活动。鼓励涉税专业服务机构及从事涉税服务人员参加税务师"同心服务团"、代理记账"协税者"服务团、专家讲师团等涉税公益服务团队，开展减税降费宣传"进园区、进校园、进社区"等公益活动，向社会宣传小微企业普惠性税收减免、深化增值税改革、社保降费等减税降费政策。支持涉税专业服务机构及其专家运用微博、微信、微课堂、12366纳税服务平台等，开展减税降费网上公益宣传，扩大政策宣传覆盖面。

三、强化分类服务和重点监管

（六）提供分类培训和便利化服务。加强对涉税专业服务机构的减税降费专题辅导培训，最大程度发挥涉税专业服务的杠杆作用和传导效应。针对不同类型机构的需求，实行分类辅导培训。对税务师事务所、会计师事务所和律师事务所辅导培训，要突出政策综合运用；对代理记账机构、税务代理公司，要突出业务办理实操性；对财税类咨询机构，要突出政策实用性。在减税降费专题辅导培训时，应当重点强调涉及减税降费的监管要求。

（七）规范引导涉税专业服务机构诚信服务。在涉税专业服务机构提供市场化服务过程中，引导其诚信服务、诚实申报，规范执业行为，遵守职业道德，提高专业水平。不得以税务机关的名义或利用参加志愿者活动、公益活动之机招揽生意。不得借减税服务巧立名目乱收费、抵消减税效果。不得利用信息不对称谋取不当经济利益，损害纳税人、缴费人合法权益。

（八）加强监管严防涉税专业服务风险。在涉及落实减税降费政策的涉税专业服务监管工作中，各级税务机关要持续整治"黑中介""中介黑"问题，决不允许以任何名目揩减税的油，让更大规模减税减下来的真金白银，扎扎实实落进企业的口袋。对未纳入涉税专业服务实名制监管却从事涉及减税降费市场化服务的各类代理记账机构、税务代理公司，应加强重点监管，按照《涉税专业服务监管办法（试行）》第十四条规定，采取约谈、责令限期改正、暂停受理所代理的涉税业务、纳入涉税服务失信名录等监管措施予以处理，并限期将其纳入监管范围。对纳税人举报投诉借落实减税降费政策之机，蒙蔽纳税人牟取不当经济利益的涉税专业服务机构及从事涉税服务人员，按照《涉税专业服务监管办法（试行）》第十五条规定进行处理，暂停受理所代理的涉税业务、纳入涉税服务失信名录，并扣减信用积分、降低信用等级、进行执业负面记录。

财政部　税务总局关于公共租赁住房税收优惠政策的公告

（2019年4月15日　财政部　税务总局公告2019年第61号）

为继续支持公共租赁住房（以下称公租房）建设和运营，现将有关税收优惠政策公告如下：

一、对公租房建设期间用地及公租房建成后占地，免征城镇土地使用税。在其他住房项目中配套建设公租房，按公租房建筑面积占总建筑面积的比例免征建设、管理公租房涉及的城镇土地使用税。

二、对公租房经营管理单位免征建设、管理公租房涉及的印花税。在其他住房项目中配套建设公租房，按公租房建筑面积占总建筑面积的比例免征建设、管理公租房涉及的印花税。

三、对公租房经营管理单位购买住房作为公租房，免征契税、印花税；对公租房租赁双方免征签订租赁协议涉及的印花税。

四、对企事业单位、社会团体以及其他组织转让旧房作为公租房房源，且增值额未超过扣除项目金额20%的，免征土地增值税。

五、企事业单位、社会团体以及其他组织捐赠住房作为公租房，符合税收法律法规规定的，对其公益性捐赠支出在年度利润总额12%以内的部分，准予在计算应纳税所得额时扣除，超过年度利润总额12%的部分，准予结转以后三年内在计算应纳税所得额时扣除。

个人捐赠住房作为公租房，符合税收法律法规规定的，对其公益性捐赠支出未超过其申报的应纳税所得额30%的部分，准予从其应纳税所得额中扣除。

六、对符合地方政府规定条件的城镇住房保障家庭从地方政府领取的住房租赁补贴，免征个人所得税。

七、对公租房免征房产税。对经营公租房所取得的租金收入，免征增值税。公租房经营管理单位应单独核算公租房租金收入，未单独核算的，不得享受免征增值税、房产税优惠政策。

八、享受上述税收优惠政策的公租房是指纳入省、自治区、直辖市、计划单列市人民政府及新疆生产建设兵团批准的公租房发展规划和年度计划，或者市、县人民政府批准建设（筹集），并按照《关于加快发展公共租赁住房的指导意见》（建保〔2010〕87号）和市、县人民政府制定的具体管理办法进行管理的公租房。

九、纳税人享受本公告规定的优惠政策，应按规定进行免税申报，并将不动产权属证明、载有房产原值的相关材料、纳入公租房及用地管理的相关材料、配套建设管理公租房相关材料、购买住房作为公租房相关材料、公租房租赁协议等留存备查。

十、本公告执行期限为 2019 年 1 月 1 日至 2020 年 12 月 31 日。

财政部 税务总局关于继续实行农村饮水安全工程税收优惠政策的公告

（2019 年 4 月 15 日 财政部 税务总局公告 2019 年第 67 号）

为确保如期打赢农村饮水安全脱贫攻坚战，支持农村饮水安全工程（以下称饮水工程）巩固提升，现将饮水工程建设、运营的有关税收优惠政策公告如下：

一、对饮水工程运营管理单位为建设饮水工程而承受土地使用权，免征契税。

二、对饮水工程运营管理单位为建设饮水工程取得土地使用权而签订的产权转移书据，以及与施工单位签订的建设工程承包合同，免征印花税。

三、对饮水工程运营管理单位自用的生产、办公用房产、土地，免征房产税、城镇土地使用税。

四、对饮水工程运营管理单位向农村居民提供生活用水取得的自来水销售收入，免征增值税。

五、对饮水工程运营管理单位从事《公共基础设施项目企业所得税优惠目录》规定的饮水工程新建项目投资经营的所得，自项目取得第一笔生产经营收入所属纳税年度起，第一年至第三年免征企业所得税，第四年至第六年减半征收企业所得税。

六、本公告所称饮水工程，是指为农村居民提供生活用水而建设的供水工程设施。本公告所称饮水工程运营管理单位，是指负责饮水工程运营管理的自来水公司、供水公司、供水（总）站（厂、中心）、村集体、农民用水合作组织等单位。

对于既向城镇居民供水，又向农村居民供水的饮水工程运营管理单位，依据向农村居民供水收入占总供水收入的比例免征增值税；依据向农村居民供水量占总供水量的比例免征契税、印花税、房产税和城镇土地使用税。无法提供具体比例或所提供数据不实的，不得享受上述税收优惠政策。

七、符合上述条件的饮水工程运营管理单位自行申报享受减免税优惠，相关材料留存备查。

八、上述政策（第五条除外）自 2019 年 1 月 1 日至 2020 年 12 月 31 日执行。

特此公告。

财政部 税务总局 发展改革委 民政部 商务部 卫生健康委关于养老、托育、家政等社区家庭服务业税费优惠政策的公告知

（2019 年 6 月 28 日 财政部 税务总局 发展改革委
民政部 商务部 卫生健康委公告 2019 年第 76 号）

为支持养老、托育、家政等社区家庭服务业发展，现就有关税费政策公告如下：

一、为社区提供养老、托育、家政等服务的机构，按照以下规定享受税费优惠政策：

（一）提供社区养老、托育、家政服务取得的收入，免征增值税。

（二）提供社区养老、托育、家政服务取得的收入，在计算应纳税所得额时，减按90%计入收入总额。

（三）承受房屋、土地用于提供社区养老、托育、家政服务的，免征契税。

（四）用于提供社区养老、托育、家政服务的房产、土地，免征不动产登记费、耕地开垦费、土地复垦费、土地闲置费；用于提供社区养老、托育、家政服务的建设项目，免征城市基础设施配套费；确因地质条件等原因无法修建防空地下室的，免征防空地下室易地建设费。

二、为社区提供养老、托育、家政等服务的机构自有或其通过承租、无偿使用等方式取得并用于提供社区养老、托育、家政服务的房产、土地，免征房产税、城镇土地使用税。

三、本公告所称社区是指聚居在一定地域范围内的人们所组成的社会生活共同体，包括城市社区和农村社区。

为社区提供养老服务的机构，是指在社区依托固定场所设施，采取全托、日托、上门等方式，为社区居民提供养老服务的企业、事业单位和社会组织。社区养老服务是指为老年人提供的生活照料、康复护理、助餐助行、紧急救援、精神慰藉等服务。

为社区提供托育服务的机构，是指在社区依托固定场所设施，采取全日托、半日托、计时托、临时托等方式，为社区居民提供托育服务的企业、事业单位和社会组织。社区托育服务是指为3周岁（含）以下婴幼儿提供的照料、看护、膳食、保育等服务。

为社区提供家政服务的机构，是指以家庭为服务对象，为社区居民提供家政服务的企业、事业单位和社会组织。社区家政服务是指进入家庭成员住所或医疗机构为孕产妇、婴幼儿、老人、病人、残疾人提供的照护服务，以及进入家庭成员住所提供的保洁、烹饪等服务。

四、符合下列条件的家政服务企业提供家政服务取得的收入，比照《营业税改征增值税试点过渡政策的规定》（财税〔2016〕36号附件）第一条第三十一项规定，免征增值税。

（一）与家政服务员、接受家政服务的客户就提供家政服务行为签订三方协议；

（二）向家政服务员发放劳动报酬，并对家政服务员进行培训管理；

（三）通过建立业务管理系统对家政服务员进行登记管理。

五、财政、税费征收机关可根据工作需要与民政、卫生健康、商务等部门建立信息共享和工作配合机制，民政、卫生健康、商务等部门应积极协同配合，保障优惠政策落实到位。

六、本公告自2019年6月1日起执行至2025年12月31日。

国务院关于印发实施更大规模减税降费后调整中央与地方收入划分改革推进方案的通知

（2019年9月26日 国发〔2019〕21号）

各省、自治区、直辖市人民政府，国务院各部委、各直属机构：

现将《实施更大规模减税降费后调整中央与地方收入划分改革推进方案》印发给你们，请认真贯彻执行。

实施更大规模减税降费后调整中央与地方收入划分改革推进方案

为进一步理顺中央与地方财政分配关系，支持地方政府落实减税降费政策、缓解财政运行困难，按照党中央、国务院决策部署，现就实施更大规模减税降费后调整中央与地方收入划分改革制定如下方案。

一、基本原则

（一）保持现有财力格局总体稳定。调动中央与地方两个积极性，稳定分税制改革以来形成的中央与地方收入划分总体格局，巩固增值税"五五分享"等收入划分改革成果。

（二）建立更加均衡合理的分担机制。按照深化增值税改革、建立留抵退税制度的要求，在保持留抵退税中央与地方分担比例不变的基础上，合理调整优化地方间的分担办法。

（三）稳步推进健全地方税体系改革。适时调整完善地方税税制，培育壮大地方税税源，将部分条件成熟的中央税种作为地方收入，增强地方应对更大规模减税降费的能力。

二、主要改革措施

（一）保持增值税"五五分享"比例稳定。《国务院关于印发全面推开营改增试点后调整中央与地方增值税收入划分过渡方案的通知》（国发〔2016〕26号）确定的2—3年过渡期到期后，继续保持增值税收入划分"五五分享"比例不变，即中央分享增值税的50%、地方按税收缴纳地分享增值税的50%。进一步稳定社会预期，引导各地因地制宜发展优势产业，鼓励地方在经济发展中培育和拓展税源，增强地方财政"造血"功能，营造主动有为、竞相发展、实干兴业的环境。

（二）调整完善增值税留抵退税分担机制。建立增值税留抵退税长效机制，结合财政收入形势确定退税规模，并保持中央与地方"五五"分担比例不变。为缓解部分地区留抵退税压力，增值税留抵退税地方分担的部分（50%），由企业所在地全部负担（50%）调整为先负担15%，其余35%暂由企业所在地一并垫付，再由各地按上年增值税分享额占比均衡分担，垫付多于应分担的部分由中央财政按月向企业所在地省级财政调库。合理确定省以下退税分担机制，切实减轻基层财政压力。具体办法由财政部研究制定。

（三）后移消费税征收环节并稳步下划地方。按照健全地方税体系改革要求，在征管可控的前提下，将部分在生产（进口）环节征收的现行消费税品目逐步后移至批发或零售环节征收，拓展地方收入来源，引导地方改善消费环境。具体调整品目经充分论证，逐项报批后稳步实施。先对高档手表、贵重首饰和珠宝玉石等条件成熟的品目实施改革，再结合消费税立法对其他具备条件的品目实施改革试点。改革调整的存量部分核定基数，由地方上解中央，增量部分原则上将归属地方，确保中央与地方既有财力格局稳定。具体办法由财政部会同税务总局等部门研究制定。

三、工作要求

（一）加强组织领导。财政部要加强对中央与地方收入划分改革工作的组织协调，抓紧制定具体实施办法。各省级人民政府要结合本地实际，进一步建立健全中央与地方收入划分改革工作的协调机制，明确责任分工，强化协同配合，督促指导本级部门和辖区内市县全面贯彻落实。国务院有关部门要全力配合改革，协助做好对各地区各行业改革落实情况的跟踪监测。

（二）严肃财经纪律。财政部要会同有关部门认真审核、严格把关，防止一些地方人为干预税收、突击做基数。各地区要按本方案要求推进改革，严肃查处干预企业经营、操纵税源分布、地方市场保护等违规行为，防止为了短期和局部利益，搞违规政策洼地。各级税务机关要做好改革后税收征管工作，严厉打击虚开发票和偷逃骗税行为，坚决堵塞征管漏洞。

（三）推进配套改革。本方案确定的中央与地方收入划分改革措施到位后，各省、自治区、直辖市及计划单列市人民政府要结合本地实际，进一步改革和完善省以下财政管理体制，理顺省以下各级政府间收入划分关系，均衡省以下地区间财力，促进基本公共服务均等化。

实施更大规模减税降费是应对当前经济下行压力的关键之举，调整中央与地方收入划分改革是落实减税降费政策的重要保障。各地区各部门要更加紧密地团结在以习近平同志为核心的党中央周围，坚持以习近平新时代中国特色社会主义思想为指导，增强"四个意识"、坚定"四个自信"、做到"两个维护"，抓好本方案的贯彻实施工作，建立权责清晰、财力协调、区域均衡的中央与地方财政关系，为减税降费政策落实创造条件，确保让企业和人民群众有实实在在的获得感，为全面建成小康社会收官打下决定性基础，以优异成绩庆祝中华人民共和国成立70周年。

财政部　税务总局关于民用航空发动机、新支线飞机和大型客机税收政策的公告［见二维码2（2-7）］

国家税务总局关于实施便利小微企业办税缴费新举措的通知［见二维码2（2-8）］

国家税务总局关于小规模纳税人免征增值税政策有关征管问题的公告［见二维码2（2-9）］

二维码2

（二）增值税类

财政部　国家税务总局关于继续实施支持文化企业发展增值税政策的通知

（2019年2月13日　财税〔2019〕17号）

各省、自治区、直辖市、计划单列市财政厅（局），新疆生产建设兵团财政局，国家税务总局各省、自治区、直辖市、计划单列市税务局：

为贯彻落实《国务院办公厅关于印发文化体制改革中经营性文化事业单位转制为企业和进一步支持文化企业发展两个规定的通知》（国办发〔2018〕124号）有关规定，进一步深化文化体制改革，促进文化企业发展，现就继续实施支持文化企业发展的增值税政策通知如下：

一、对电影主管部门（包括中央、省、地市及县级）按照各自职能权限批准从事电影制片、发行、放映的电影集团公司（含成员企业）、电影制片厂及其他电影企业取得的销售电影拷贝（含数字拷贝）收入、转让电影版权（包括转让和许可使用）收入、电影发行收入以及在农村取得的电影放映收入，免征增值税。一般纳税人提供的城市电影放映服务，可以按现行政策规定，选择按照简易计税办法计算缴纳增值税。

二、对广播电视运营服务企业收取的有线数字电视基本收视维护费和农村有线电视基本收视费，免征增值税。

三、本通知执行期限为 2019 年 1 月 1 日至 2023 年 12 月 31 日。《财政部 税务总局关于继续执行有线电视收视费增值税政策的通知》（财税〔2017〕35 号）同时废止。《财政部 税务总局关于继续实施支持文化企业发展若干税收政策的通知》（财税〔2014〕85 号）自 2019 年 1 月 1 日起停止执行。

文化企业按照本通知规定应予减免的增值税税款，在本通知下发以前已经征收入库的，可抵减以后纳税期应缴税款或办理退库。

国家税务总局关于做好 2019 年深化增值税改革工作的通知

（2019 年 3 月 5 日 税总发〔2019〕32 号）

国家税务总局各省、自治区、直辖市和计划单列市税务局，国家税务总局驻各地特派员办事处：

今天，李克强总理在《政府工作报告》中提出了 2019 年深化增值税改革的具体安排和工作要求。考虑到实施时间较紧，任务很重，既涉及税务机关的准备，又涉及相关服务单位的支持，也需要广大纳税人的配合，为确保降低增值税税率等各项改革措施如期落实到位、落地生根，现就有关工作事项通知如下：

一、提高认识，加强领导，汇集改革合力

（一）提高政治站位此次改革是 2019 年实施更大规模减税降费的"重头戏"，是减轻企业负担、激发市场活力的重大举措，是完善税制、优化收入分配格局的重要改革，是宏观政策支持稳增长、保就业、调结构的重大抉择。各级税务机关要充分认识深化增值税改革的重大意义，切实把思想和行动统一到党中央、国务院的决策部署上来，从讲政治的高度，把贯彻落实好深化增值税改革、切实减轻实体经济税收负担，摆在重中之重的位置，实打实、硬碰硬，不折不扣狠抓落实，让企业和人民群众有实实在在的获得感。

（二）加强组织领导此次改革时间紧、任务重、要求高。各级税务机关要切实加强组织领导，进一步增强工作的主动性、前瞻性、协调性，着力构建一竿子到底抓落实的工作机制。一把手要负总责，以实施减税降费工作领导小组为依托，紧紧围绕减税目标，统筹研究、注重集成、周密部署、迅速行动，倒排工期，明确责任分工，梳理任务清单，紧扣时间节点，对标对表加以推进。各级领导班子要强化责任担当，分管领导要亲自组织，亲自研究，亲自部署，不折不扣把深化增值税改革各项措施按时保质落实到位。

（三）严格工作标准此次改革，除了降低增值税税率之外，还将配套增加抵扣等政策措施。各级税务机关要充分认识改革任务落实的艰巨性、紧迫性，进一步弘扬中国税务精神和营改增精神,确立更高的思想认识标准、政策落实标准、征管核算标准、服务宣传标准、督查督办标准,精准对标,深挖潜力,加强制度创新、服务创新、管理创新和技术创新,按照简明易行好操作的要求,细化实化操作办法,增强工作的科学性、针对性、实效性。

(四)坚持协调联动深化增值税改革措施政策性强、涉及面广,落实落地需要各方面积极参与,协同推进,形成政府主导、部门合作、内部联动、社会协同的良好局面。各级税务机关要主动向地方党委、政府汇报,积极争取在调整预算时充分考虑增值税税率下调带来的减收因素,合理确定税费收入预算水平。要加强与行业主管部门、行业协会的沟通协作,及时了解行业动向,全面掌握减税成效。要主动向有关监督部门汇报减税降费政策落实情况,积极争取指导,认真改进工作。

二、突出重点,有序推进,做实改革举措

(五)夯实征管基础各级税务机关要围绕深化增值税改革在征管方面带来的变化和提出的要求,打牢征管基础。税务总局负责完成"金税三期"、增值税发票管理、出口退税管理等信息系统的优化完善、联调测试及维护升级。各地应及时做好电子税务局的改造升级,以及与"金税三期"系统的联调测试和上线工作,重点关注申报表栏次和填写规则变化对相关系统的影响,切实做到网上申报与申报比对的有序衔接,保障系统稳定高效运行。

(六)深入培训辅导增值税改革政策出台后,各级税务机关要把加强培训辅导摆在重要位置,组织开展好税务系统内部和面向纳税人的辅导培训。税务总局将组织"一竿子插到底"的视频培训,相关业务部门要及时做好热点问题、疑难问题的审核工作,统一办税服务厅、12366热线等渠道的咨询解答口径。各级税务机关要结合当地实际,对纳税人进行全覆盖、分阶段、强重点的政策培训和有针对性的操作培训,提高宣传辅导的精准度。特别要做好新旧政策衔接的辅导工作,帮助纳税人准确适用政策,确保政策平稳有序过渡。

(七)优化纳税服务各级税务机关要落实深化"放管服"改革要求,进一步牢固树立以纳税人为中心的理念,针对纳税人办税过程中的"痛点"和"堵点",问计问需于纳税人,综合施策,注重体验,出台服务举措,创新服务手段,努力提供更优质、更便捷的纳税服务。税务总局将指导各地优化纳税服务,紧扣纳税人诉求,回应纳税人关切。各级税务机关要确保政策施行后,纳税人能够及时、准确、顺利地开具增值税发票;同时,各级税务机关要加强对税控服务单位的指导和监管,做好开票系统升级完善工作,做好纳税人配合的宣传解释工作,及时解决纳税人遇到的问题,切实提高服务质量,严禁借系统升级之机违规收费。

(八)抓好宣传引导各级税务机关要加强和规范政策解读,深入做好改革宣传工作,积极应用新媒体、移动终端等渠道,从纳税人视角开展宣传,增强纳税人改革获得感,要及时回应社会关切,正确引导舆论,营造良好改革氛围。

三、压实责任,严明纪律,确保改革成效

(九)严肃工作纪律深化增值税改革是党中央、国务院作出的重大决策部署,各级税务机关要牢固树立落实减税降费政策既是政治任务,又是硬任务的理念,严明工作纪律,严实工作作风,严肃工作态度,确保各项工作部署扎实有序推进、各项改革举措不折不扣落实,使广大纳税人充分享受改革红利。对改革任务落实不力的,特别是对造成社会不良影响的,要依法依纪严肃追责问责。

(十)统筹督查检查税务总局已将改革相关重点工作纳入督查督办和绩效考评,各级税务机关也要参照全面推开营改增和2018年深化增值税改革三项措施的好经验、好做法,对改革工作逐项梳理，逐项分解，明确责任部门和责任人员，完善督查和考评内容，细化考评指标，严格绩效考评，确保一督到底、全面覆盖、不留死角。对督查发现的问题要查深查透、即查即改，切实做到真督真查、真促真改。稽查部门要及时查处、精准打击改革推行后发现的虚开增值税发票等税收违法行为，切实防范税收风险，规范税收秩序，为深化增值税改革保驾护航。

（十一）深化效应分析各级税务机关要围绕改革成效，高标准做精统计核算，夯实数据质量。税务总局已制定改革后续统计核算和效应分析方案，将对省税务局使用分析平台开展减税统计核算和效应分析工作作出部署、提出要求。省税务局要建立数据采集、审核校验、汇总上报、核算分析的全环节工作机制，注重收集鲜活案例，扎实做好数据统计，打造减税核算的"铁账本"。

（十二）注重示范带动各级税务机关要结合本地实际，及时总结经验，排查问题，不断改进和提升工作质效。对具有复制推广意义的经验做法，各地要及时层报至税务总局（货物劳务税司）。税务总局将通过适当方式予以推介，更好地发挥典型示范带动作用。

财政部　税务总局　海关总署关于深化增值税改革有关政策的公告

（2019年3月20日　财政部　税务总局　海关总署公告2019年第39号）

为贯彻落实党中央、国务院决策部署，推进增值税实质性减税，现将2019年增值税改革有关事项公告如下：

一、增值税一般纳税人（以下称纳税人）发生增值税应税销售行为或者进口货物，原适用16%税率的，税率调整为13%；原适用10%税率的，税率调整为9%。

二、纳税人购进农产品，原适用10%扣除率的，扣除率调整为9%。纳税人购进用于生产或者委托加工13%税率货物的农产品，按照10%的扣除率计算进项税额。

三、原适用16%税率且出口退税率为16%的出口货物劳务，出口退税率调整为13%；原适用10%税率且出口退税率为10%的出口货物、跨境应税行为，出口退税率调整为9%。

2019年6月30日前（含2019年4月1日前），纳税人出口前款所涉货物劳务、发生前款所涉跨境应税行为，适用增值税免退税办法的，购进时已按调整前税率征收增值税的，执行调整前的出口退税率，购进时已按调整后税率征收增值税的，执行调整后的出口退税率；适用增值税免抵退税办法的，执行调整前的出口退税率，在计算免抵退税时，适用税率低于出口退税率的，适用税率与出口退税率之差视为零参与免抵退税计算。

出口退税率的执行时间及出口货物劳务、发生跨境应税行为的时间，按照以下规定执行：报关出口的货物劳务（保税区及经保税区出口除外），以海关出口报关单上注明的出口日期为准；非报关出口的货物劳务、跨境应税行为，以出口发票或普通发票的开具时间为准；保税区及经保税区出口的货物，以货物离境时海关出具的出境货物备案清单上注明的出口日期为准。

四、适用13%税率的境外旅客购物离境退税物品，退税率为11%；适用9%税率的境外旅客购物离境退税物品，退税率为8%。

2019年6月30日前，按调整前税率征收增值税的，执行调整前的退税率；按调整后税率征收增值税的，执行调整后的退税率。

退税率的执行时间，以退税物品增值税普通发票的开具日期为准。

五、自2019年4月1日起，《营业税改征增值税试点有关事项的规定》（财税〔2016〕36号）第一条第（四）项第1点、第二条第（一）项第1点停止执行，纳税人取得不动产或者不动产在建工程的进项税额不再分2年抵扣。此前按照上述规定尚未抵扣完毕的待抵扣进项税额，可自2019年4月税款所属期起从销项税额中抵扣。

六、纳税人购进国内旅客运输服务，其进项税额允许从销项税额中抵扣。

（一）纳税人未取得增值税专用发票的，暂按照以下规定确定进项税额：

1. 取得增值税电子普通发票的，为发票上注明的税额；

2. 取得注明旅客身份信息的航空运输电子客票行程单的，为按照下列公式计算进项税额：

航空旅客运输进项税额＝（票价＋燃油附加费）÷（1＋9%）×9%

3. 取得注明旅客身份信息的铁路车票的，为按照下列公式计算的进项税额：

铁路旅客运输进项税额＝票面金额÷（1＋9%）×9%

4. 取得注明旅客身份信息的公路、水路等其他客票的，按照下列公式计算进项税额：

公路、水路等其他旅客运输进项税额＝票面金额÷（1＋3%）×3%

（二）《营业税改征增值税试点实施办法》（财税〔2016〕36号）第二十七条第（六）项和《营业税改征增值税试点有关事项的规定》（财税〔2016〕36号印发）第二条第（一）项第5点中"购进的旅客运输服务、贷款服务、餐饮服务、居民日常服务和娱乐服务"修改为"购进的贷款服务、餐饮服务、居民日常服务和娱乐服务"。

七、自2019年4月1日至2021年12月31日，允许生产、生活性服务业纳税人按照当期可抵扣进项税额加计10%，抵减应纳税额（以下称加计抵减政策）。

（一）本公告所称生产、生活性服务业纳税人，是指提供邮政服务、电信服务、现代服务、生活服务（以下称四项服务）取得的销售额占全部销售额的比重超过50%的纳税人。四项服务的具体范围按照《销售服务、无形资产、不动产注释》（财税〔2016〕36号）执行。

2019年3月31日前设立的纳税人，自2018年4月至2019年3月期间的销售额（经营期不满12个月的，按照实际经营期的销售额）符合上述规定条件的，自2019年4月1日起适用加计抵减政策。

2019年4月1日后设立的纳税人，自设立之日起3个月的销售额符合上述规定条件的，自登记为一般纳税人之日起适用加计抵减政策。

纳税人确定适用加计抵减政策后，当年内不再调整，以后年度是否适用，根据上年度销售额计算确定。

纳税人可计提但未计提的加计抵减额，可在确定适用加计抵减政策当期一并计提。

（二）纳税人应按照当期可抵扣进项税额的10%计提当期加计抵减额。按照现行规定不得从销项税额中抵扣的进项税额，不得计提加计抵减额；已计提加计抵减额的进项税额，按规定作进项税额转出的，应在进项税额转出当期，相应调减加计抵减额。计算公式如下：

当期计提加计抵减额＝当期可抵扣进项税额×10% 当期可抵减加计抵减额＝上期末加计

抵减额余额+当期计提加计抵减额-当期调减加计抵减额

（三）纳税人应按照现行规定计算一般计税方法下的应纳税额（以下称抵减前的应纳税额）后，区分以下情形加计抵减：

1. 抵减前的应纳税额等于零的，当期可抵减加计抵减额全部结转下期抵减；

2. 抵减前的应纳税额大于零，且大于当期可抵减加计抵减额的，当期可抵减加计抵减额全额从抵减前的应纳税额中抵减；

3. 抵减前的应纳税额大于零，且小于或等于当期可抵减加计抵减额的，以当期可抵减加计抵减额抵减应纳税额至零。未抵减完的当期可抵减加计抵减额，结转下期继续抵减。

（四）纳税人出口货物劳务、发生跨境应税行为不适用加计抵减政策，其对应的进项税额不得计提加计抵减额。

纳税人兼营出口货物劳务、发生跨境应税行为且无法划分不得计提加计抵减额的进项税额，按照以下公式计算：

不得计提加计抵减额的进项税额=当期无法划分的全部进项税额×当期出口货物劳务和发生跨境应税行为的销售额÷当期全部销售额

（五）纳税人应单独核算加计抵减额的计提、抵减、调减、结余等变动情况。骗取适用加计抵减政策或虚增加计抵减额的，按照《中华人民共和国税收征收管理法》等有关规定处理。

（六）加计抵减政策执行到期后，纳税人不再计提加计抵减额，结余的加计抵减额停止抵减。

八、自2019年4月1日起，试行增值税期末留抵税额退税制度。

（一）同时符合以下条件的纳税人，可以向主管税务机关申请退还增量留抵税额：

1. 自2019年4月税款所属期起，连续六个月（按季纳税的，连续两个季度）增量留抵税额均大于零，且第六个月增量留抵税额不低于50万元；

2. 纳税信用等级为A级或者B级；

3. 申请退税前36个月未发生骗取留抵退税、出口退税或虚开增值税专用发票情形的；

4. 申请退税前36个月未因偷税被税务机关处罚两次及以上的；

5. 自2019年4月1日起未享受即征即退、先征后返（退）政策的。

（二）本公告所称增量留抵税额，是指与2019年3月底相比新增加的期末留抵税额。

（三）纳税人当期允许退还的增量留抵税额，按照以下公式计算：

允许退还的增量留抵税额=增量留抵税额×进项构成比例×60%

进项构成比例，为2019年4月至申请退税前一税款所属期内已抵扣的增值税专用发票（含税控机动车销售统一发票）、海关进口增值税专用缴款书、解缴税款完税凭证注明的增值税额占同期全部已抵扣进项税额的比重。

（四）纳税人应在增值税纳税申报期内，向主管税务机关申请退还留抵税额。

（五）纳税人出口货物劳务、发生跨境应税行为，适用免抵退税办法的，办理免抵退税后，仍符合本公告规定条件的，可以申请退还留抵税额；适用免退税办法的，相关进项税额不得用于退还留抵税额。

（六）纳税人取得退还的留抵税额后，应相应调减当期留抵税额。按照本条规定再次满足退税条件的，可以继续向主管税务机关申请退还留抵税额，但本条第（一）项第1点规定的连续期间，不得重复计算。

（七）以虚增进项、虚假申报或其他欺骗手段，骗取留抵退税款的，由税务机关追缴其骗取的退税款，并按照《中华人民共和国税收征收管理法》等有关规定处理。

（八）退还的增量留抵税额中央、地方分担机制另行通知。

九、本公告自 2019 年 4 月 1 日起执行。

特此公告。

国家税务总局关于深化增值税改革有关事项的公告［见二维码 2（2-10）］

国家税务总局关于调整增值税纳税申报有关事项的公告［见二维码 2（2-11）］

二维码 2

财政部　税务总局　国务院扶贫办
关于扶贫货物捐赠免征增值税政策的公告

（2019 年 4 月 10 日　2019 年第 55 号）

为支持脱贫攻坚，现就扶贫货物捐赠免征增值税政策公告如下：

一、自 2019 年 1 月 1 日至 2022 年 12 月 31 日，对单位或者个体工商户将自产、委托加工或购买的货物通过公益性社会组织、县级及以上人民政府及其组成部门和直属机构，或直接无偿捐赠给目标脱贫地区的单位和个人，免征增值税。在政策执行期限内，目标脱贫地区实现脱贫的，可继续适用上述政策。

"目标脱贫地区"包括 832 个国家扶贫开发工作重点县、集中连片特困地区县（新疆阿克苏地区 6 县 1 市享受片区政策）和建档立卡贫困村。

二、在 2015 年 1 月 1 日至 2018 年 12 月 31 日期间已发生的符合上述条件的扶贫货物捐赠，可追溯执行上述增值税政策。

三、在本公告发布之前已征收入库的按上述规定应予免征的增值税税款，可抵减纳税人以后月份应缴纳的增值税税款或者办理税款退库。已向购买方开具增值税专用发票的，应将专用发票追回后方可办理免税。无法追回专用发票的，不予免税。

四、各地扶贫办公室与税务部门要加强沟通，明确当地"目标脱贫地区"具体范围，确保政策落实落地。

特此公告。

国家税务总局关于办理增值税期末留抵税额退税有关事项的公告［见二维码 2（2-12）］

财政部　税务总局关于延续免征国产抗艾滋病病毒药品增值税政策的公告［见二维码 2（2-13）］

二维码 2

财政部 税务总局关于明确部分先进制造业增值税期末留抵退税政策的公告

(2019年8月31日 财政部 税务总局公告2019年第84号)

为进一步推进制造业高质量发展，现将部分先进制造业纳税人退还增量留抵税额有关政策公告如下：

一、自2019年6月1日起，同时符合以下条件的部分先进制造业纳税人，可以自2019年7月及以后纳税申报期向主管税务机关申请退还增量留抵税额：

1. 增量留抵税额大于零；
2. 纳税信用等级为A级或者B级；
3. 申请退税前36个月未发生骗取留抵退税、出口退税或虚开增值税专用发票情形；
4. 申请退税前36个月未因偷税被税务机关处罚两次及以上；
5. 自2019年4月1日起未享受即征即退、先征后返（退）政策。

二、本公告所称部分先进制造业纳税人，是指按照《国民经济行业分类》，生产并销售非金属矿物制品、通用设备、专用设备及计算机、通信和其他电子设备销售额占全部销售额的比重超过50%的纳税人。

上述销售额比重根据纳税人申请退税前连续12个月的销售额计算确定；申请退税前经营期不满12个月但满3个月的，按照实际经营期的销售额计算确定。

三、本公告所称增量留抵税额，是指与2019年3月31日相比新增加的期末留抵税额。

四、部分先进制造业纳税人当期允许退还的增量留抵税额，按照以下公式计算：

允许退还的增量留抵税额＝增量留抵税额×进项构成比例

进项构成比例，为2019年4月至申请退税前一税款所属期内已抵扣的增值税专用发票（含税控机动车销售统一发票）、海关进口增值税专用缴款书、解缴税款完税凭证注明的增值税额占同期全部已抵扣进项税额的比重。

五、部分先进制造业纳税人申请退还增量留抵税额的其他规定，按照《财政部 税务总局 海关总署关于深化增值税改革有关政策的公告》（财政部 税务总局 海关总署公告2019年第39号，以下称39号公告）执行。

六、除部分先进制造业纳税人以外的其他纳税人申请退还增量留抵税额的规定，继续按照39号公告执行。

七、符合39号公告和本公告规定的纳税人向其主管税务机关提交留抵退税申请。对符合留抵退税条件的，税务机关在完成退税审核后，开具税收收入退还书，直接送交同级国库办理退库。税务机关按期将退税清单送交同级财政部门。各部门应加强配合，密切协作，确保留抵退税工作稳妥有序。

特此公告。

财政部 商务部 税务总局关于继续执行研发机构采购设备增值税政策的公告［见二维码2（2-14）］

二维码2

(三) 企业所得税类

国家税务总局关于实施小型微利企业普惠性所得税减免政策有关问题的公告 [见二维码2（2-15）]

二维码2

财政部　税务总局　国务院扶贫办
关于企业扶贫捐赠所得税税前扣除政策的公告

（2019年4月2日　财政部　税务总局　国务院扶贫办公告2019年第49号）

为支持脱贫攻坚，现就企业扶贫捐赠支出的所得税税前扣除政策公告如下：

一、自2019年1月1日至2022年12月31日，企业通过公益性社会组织或者县级（含县级）以上人民政府及其组成部门和直属机构，用于目标脱贫地区的扶贫捐赠支出，准予在计算企业所得税应纳税所得额时据实扣除。在政策执行期限内，目标脱贫地区实现脱贫的，可继续适用上述政策。

"目标脱贫地区"包括832个国家扶贫开发工作重点县、集中连片特困地区县（新疆阿克苏地区6县1市享受片区政策）和建档立卡贫困村。

二、企业同时发生扶贫捐赠支出和其他公益性捐赠支出，在计算公益性捐赠支出年度扣除限额时，符合上述条件的扶贫捐赠支出不计算在内。

三、企业在2015年1月1日至2018年12月31日期间已发生的符合上述条件的扶贫捐赠支出，尚未在计算企业所得税应纳税所得额时扣除的部分，可执行上述企业所得税政策。

特此公告。

财政部　税务总局　国家发展改革委　生态环境部
关于从事污染防治的第三方企业所得税政策问题的公告

（2019年4月13日　财政部公告2019年第60号）

为鼓励污染防治企业的专业化、规模化发展，更好支持生态文明建设，现将有关企业所得税政策问题公告如下：

一、对符合条件的从事污染防治的第三方企业（以下称第三方防治企业）减按15%的税率征收企业所得税。

本公告所称第三方防治企业是指受排污企业或政府委托，负责环境污染治理设施（包括自动连续监测设施，下同）运营维护的企业。

二、本公告所称第三方防治企业应当同时符合以下条件：

（一）在中国境内（不包括港、澳、台地区）依法注册的居民企业；

（二）具有1年以上连续从事环境污染治理设施运营实践，且能够保证设施正常运行；

（三）具有至少5名从事本领域工作且具有环保相关专业中级及以上技术职称的技术人员，或者至少2名从事本领域工作且具有环保相关专业高级及以上技术职称的技术人员；

（四）从事环境保护设施运营服务的年度营业收入占总收入的比例不低于60%；

（五）具备检验能力，拥有自有实验室，仪器配置可满足运行服务范围内常规污染物指标的检测需求；

（六）保证其运营的环境保护设施正常运行，使污染物排放指标能够连续稳定达到国家或者地方规定的排放标准要求；

（七）具有良好的纳税信用，近三年内纳税信用等级未被评定为C级或D级。

三、第三方防治企业，自行判断其是否符合上述条件，符合条件的可以申报享受税收优惠，相关资料留存备查。税务部门依法开展后续管理过程中，可转请生态环境部门进行核查，生态环境部门可以委托专业机构开展相关核查工作，具体办法由税务总局会同国家发展改革委、生态环境部制定。

四、本公告执行期限自2019年1月1日起至2021年12月31日止。

特此公告。

财政部　税务总局关于永续债企业所得税政策问题的公告

（2019年4月16日　财政部　税务总局公告2019年第64号）

为进一步明确永续债的企业所得税政策适用，根据《中华人民共和国企业所得税法》及其实施条例的有关规定，现就有关问题公告如下：

一、企业发行的永续债，可以适用股息、红利企业所得税政策，即：投资方取得的永续债利息收入属于股息、红利性质，按照现行企业所得税政策相关规定进行处理，其中，发行方和投资方均为居民企业的，永续债利息收入可以适用企业所得税法规定的居民企业之间的股息、红利等权益性投资收益免征企业所得税规定；同时发行方支付的永续债利息支出不得在企业所得税税前扣除。

二、企业发行符合规定条件的永续债，也可以按照债券利息适用企业所得税政策，即：发行方支付的永续债利息支出准予在其企业所得税税前扣除；投资方取得的永续债利息收入应当依法纳税。

三、本公告第二条所称符合规定条件的永续债，是指符合下列条件中5条（含）以上的永续债：

（一）被投资企业对该项投资具有还本义务；

（二）有明确约定的利率和付息频率；

（三）有一定的投资期限；

（四）投资方对被投资企业净资产不拥有所有权；

（五）投资方不参与被投资企业日常生产经营活动；

（六）被投资企业可以赎回，或满足特定条件后可以赎回；

（七）被投资企业将该项投资计入负债；

（八）该项投资不承担被投资企业股东同等的经营风险；

（九）该项投资的清偿顺序位于被投资企业股东持有的股份之前。

四、企业发行永续债，应当将其适用的税收处理方法在证券交易所、银行间债券市场等发行市场的发行文件中向投资方予以披露。

五、发行永续债的企业对每一永续债产品的税收处理方法一经确定，不得变更。企业对永续债采取的税收处理办法与会计核算方式不一致的，发行方、投资方在进行税收处理时须作出相应纳税调整。

六、本公告所称永续债是指经国家发展改革委员会、中国人民银行、中国银行保险监督管理委员会、中国证券监督管理委员会核准，或经中国银行间市场交易商协会注册、中国证券监督管理委员会授权的证券自律组织备案，依照法定程序发行、附赎回（续期）选择权或无明确到期日的券，包括可续期企业债、可续期公司债、永续债务融资工具（含永续票据）、无固定期限资本债券等。

七、本公告自2019年1月1日起施行。

财政部　税务总局关于扩大固定资产加速折旧优惠政策适用范围的公告

（2019年4月23日　财政部　税务总局公告2019年第66号）

为支持制造业企业加快技术改造和设备更新，现就有关固定资产加速折旧政策公告如下：

一、自2019年1月1日起，适用《财政部　国家税务总局关于完善固定资产加速折旧企业所得税政策的通知》（财税〔2014〕75号）和《财政部　国家税务总局关于进一步完善固定资产加速折旧企业所得税政策的通知》（财税〔2015〕106号）规定固定资产加速折旧优惠的行业范围，扩大至全部制造业领域。

二、制造业按照国家统计局《国民经济行业分类与代码（GB/4754—2017）》确定。今后国家有关部门更新国民经济行业分类与代码，从其规定。

三、本公告发布前，制造业企业未享受固定资产加速折旧优惠的，可自本公告发布后在月（季）度预缴申报时享受优惠或在2019年度汇算清缴时享受优惠。

财政部　国家税务总局关于集成电路设计和软件产业企业所得税政策的公告

（2019年5月17日2019年第68号）

为支持集成电路设计和软件产业发展，现就有关企业所得税政策公告如下：

一、依法成立且符合条件的集成电路设计企业和软件企业，在2018年12月31日前自获利年度起计算优惠期,第一年至第二年免征企业所得税,第三年至第五年按照25%的法定税率减半征收企业所得税,并享受至期满为止。

二、本公告第一条所称"符合条件",是指符合《财政部 国家税务总局关于进一步鼓励软件产业和集成电路产业发展企业所得税政策的通知》(财税〔2012〕27号)和《财政部 国家税务总局 发展改革委 工业和信息化部关于软件和集成电路产业企业所得税优惠政策有关问题的通知》(财税〔2016〕49号)规定的条件。

财政部 税务总局
关于横琴新区企业所得税优惠目录增列旅游产业项目的通知

(2019年8月2日 财税〔2019〕63号)

广东省财政厅,国家税务总局广东省税务局:

根据国务院批复的《横琴国际休闲旅游岛建设方案》有关要求,为进一步推动横琴国际休闲旅游岛建设,现就横琴新区企业所得税优惠目录增列旅游产业项目问题通知如下:

一、在横琴新区企业所得税优惠目录中增列有关旅游产业项目。横琴新区内享受减按15%税率征收企业所得税优惠政策的鼓励类产业企业,统一按照《横琴新区企业所得税优惠目录(2019版)》执行。

二、横琴新区内鼓励类产业企业减按15%税率征收企业所得税政策其他相关事项,继续按照《财政部 国家税务总局关于广东横琴新区福建平潭综合实验区深圳前海深港现代服务业合作区企业所得税优惠政策及优惠目录的通知》(财税〔2014〕26号)的相关规定执行。

三、本通知执行期限自2019年1月1日起至2020年12月31日止。

附件:横琴新区企业所得税优惠目录(2019版)(编者略)

(四)个人所得税类

财政部 发展改革委 税务总局 证监会
关于创业投资企业个人合伙人所得税政策问题的通知

(2019年1月10日 财税〔2019〕8号)

各省、自治区、直辖市、计划单列市财政厅(局)、发展改革委、证券监督管理机构,国家税务总局各省、自治区、直辖市、计划单列市税务局,新疆生产建设兵团财政局、发展改革委:

为进一步支持创业投资企业(含创投基金,以下统称创投企业)发展,现将有关个人所得税政策问题通知如下:

一、创投企业可以选择按单一投资基金核算或者按创投企业年度所得整体核算两种方式之一，对其个人合伙人来源于创投企业的所得计算个人所得税应纳税额。本通知所称创投企业，是指符合《创业投资企业管理暂行办法》（发展改革委等 10 部门令第 39 号）或者《私募投资基金监督管理暂行办法》（证监会令第 105 号）关于创业投资企业（基金）的有关规定，并按照上述规定完成备案且规范运作的合伙制创业投资企业（基金）。

二、创投企业选择按单一投资基金核算的，其个人合伙人从该基金应分得的股权转让所得和股息红利所得，按照 20% 税率计算缴纳个人所得税。

创投企业选择按年度所得整体核算的，其个人合伙人应从创投企业取得的所得，按照"经营所得"项目、5%—35% 的超额累进税率计算缴纳个人所得税。

三、单一投资基金核算，是指单一投资基金（包括不以基金名义设立的创投企业）在一个纳税年度内从不同创业投资项目取得的股权转让所得和股息红利所得按下述方法分别核算纳税：

（一）股权转让所得。单个投资项目的股权转让所得，按年度股权转让收入扣除对应股权原值和转让环节合理费用后的余额计算，股权原值和转让环节合理费用的确定方法，参照股权转让所得个人所得税有关政策规定执行；单一投资基金的股权转让所得，按一个纳税年度内不同投资项目的所得和损失相互抵减后的余额计算，余额大于或等于零的，即确认为该基金的年度股权转让所得；余额小于零的，该基金年度股权转让所得按零计算且不能跨年结转。

个人合伙人按照其应从基金年度股权转让所得中分得的份额计算其应纳税额，并由创投企业在次年 3 月 31 日前代扣代缴个人所得税。如符合《财政部 税务总局关于创业投资企业和天使投资个人有关税收政策的通知》（财税〔2018〕55 号）规定条件的，创投企业个人合伙人可以按照被转让项目对应投资额的 70% 抵扣其应从基金年度股权转让所得中分得的份额后再计算其应纳税额，当期不足抵扣的，不得向以后年度结转。

（二）股息红利所得。单一投资基金的股息红利所得，以其来源于所投资项目分配的股息、红利收入以及其他固定收益类证券等收入的全额计算。

个人合伙人按照其应从基金股息红利所得中分得的份额计算其应纳税额，并由创投企业按次代扣代缴个人所得税。

（三）除前述可以扣除的成本、费用之外，单一投资基金发生的包括投资基金管理人的管理费和业绩报酬在内的其他支出，不得在核算时扣除。

本条规定的单一投资基金核算方法仅适用于计算创投企业个人合伙人的应纳税额。

四、创投企业年度所得整体核算，是指将创投企业以每一纳税年度的收入总额减除成本、费用以及损失后，计算应分配给个人合伙人的所得。如符合《财政部 税务总局关于创业投资企业和天使投资个人有关税收政策的通知》（财税〔2018〕55 号）规定条件的，创投企业个人合伙人可以按照被转让项目对应投资额的 70% 抵扣其可以从创投企业应分得的经营所得后再计算其应纳税额。年度核算亏损的，准予按有关规定向以后年度结转。

按照"经营所得"项目计税的个人合伙人，没有综合所得的，可依法减除基本减除费用、专项扣除、专项附加扣除以及国务院确定的其他扣除。从多处取得经营所得的，应汇总计算个人所得税，只减除一次上述费用和扣除。

五、创投企业选择按单一投资基金核算或按创投企业年度所得整体核算后，3 年内不能变更。

六、创投企业选择按单一投资基金核算的,应当在按照本通知第一条规定完成备案的 30 日内,向主管税务机关进行核算方式备案;未按规定备案的,视同选择按创投企业年度所得整体核算。2019 年 1 月 1 日前已经完成备案的创投企业,选择按单一投资基金核算的,应当在 2019 年 3 月 1 日前向主管税务机关进行核算方式备案。创投企业选择一种核算方式满 3 年需要调整的,应当在满 3 年的次年 1 月 31 日前,重新向主管税务机关备案。

七、税务部门依法开展税收征管和后续管理工作,可转请发展改革部门、证券监督管理部门对创投企业及其所投项目是否符合有关规定进行核查,发展改革部门、证券监督管理部门应当予以配合。

八、本通知执行期限为 2019 年 1 月 1 日起至 2023 年 12 月 31 日止。

财政部 税务总局关于非居民个人和无住所居民个人有关个人所得税政策的公告〔见二维码 2（2-16）〕

（五）财产和行为税类

二维码 2

财政部 税务总局关于继续实行农产品批发市场农贸市场房产税 城镇土地使用税优惠政策的通知

（2019 年 1 月 9 日 财税〔2019〕12 号）

各省、自治区、直辖市、计划单列市财政厅（局），国家税务总局各省、自治区、直辖市、计划单列市税务局，新疆生产建设兵团财政局：

为进一步支持农产品流通体系建设,决定继续对农产品批发市场、农贸市场给予房产税和城镇土地使用税优惠。现将有关政策通知如下：

一、自 2019 年 1 月 1 日至 2021 年 12 月 31 日,对农产品批发市场、农贸市场（包括自有和承租,下同）专门用于经营农产品的房产、土地,暂免征收房产税和城镇土地使用税。对同时经营其他产品的农产品批发市场和农贸市场使用的房产、土地,按其他产品与农产品交易场地面积的比例确定征免房产税和城镇土地使用税。

二、农产品批发市场和农贸市场,是指经工商登记注册,供买卖双方进行农产品及其初加工品现货批发或零售交易的场所。农产品包括粮油、肉禽蛋、蔬菜、干鲜果品、水产品、调味品、棉麻、活畜、可食用的林产品以及由省、自治区、直辖市财税部门确定的其他可食用的农产品。

三、享受上述税收优惠的房产、土地,是指农产品批发市场、农贸市场直接为农产品交易提供服务的房产、土地。农产品批发市场、农贸市场的行政办公区、生活区,以及商业餐饮娱乐等非直接为农产品交易提供服务的房产、土地,不属于本通知规定的优惠范围,应按规定征收房产税和城镇土地使用税。

四、企业享受本通知规定的免税政策,应按规定进行免税申报,并将不动产权属证明、载有房产原值的相关材料、租赁协议、房产土地用途证明等资料留存备查。

财政部　税务总局关于继续对城市公交站场　道路客运站场城市轨道交通系统减免城镇土地使用税优惠政策的通知

(2019年1月31日　财税〔2019〕11号)

各省、自治区、直辖市、计划单列市财政厅(局),国家税务总局各省、自治区、直辖市、计划单列市税务局,新疆生产建设兵团财政局:

为支持公共交通发展,现将城市公交站场、道路客运站场、城市轨道交通系统城镇土地使用税优惠政策通知如下:

一、对城市公交站场、道路客运站场、城市轨道交通系统运营用地,免征城镇土地使用税。

二、城市公交站场运营用地,包括城市公交首末车站、停车场、保养场、站场办公用地、生产辅助用地。

道路客运站场运营用地,包括站前广场、停车场、发车位、站务用地、站场办公用地、生产辅助用地。

城市轨道交通系统运营用地,包括车站(含出入口、通道、公共配套及附属设施)、运营控制中心、车辆基地(含单独的综合维修中心、车辆段)以及线路用地,不包括购物中心、商铺等商业设施用地。

三、城市公交站场、道路客运站场,是指经县级以上(含县级)人民政府交通运输主管部门等批准建设的,为公众及旅客、运输经营者提供站务服务的场所。

城市轨道交通系统,是指依规定批准建设的,采用专用轨道导向运行的城市公共客运交通系统,包括地铁系统、轻轨系统、单轨系统、有轨电车、磁浮系统、自动导向轨道系统、市域快速轨道,不包括旅游景区等单位内部为特定人群服务的轨道系统。

四、纳税人享受本通知规定的免税政策,应按规定进行免税申报,并将不动产权属证明、土地用途证明等资料留存备查。

五、本通知执行期限为2019年1月1日至2021年12月31日。

财政部　税务总局关于高校学生公寓房产税印花税政策的通知

(2019年1月31日　财税〔2019〕14号)

各省、自治区、直辖市、计划单列市财政厅(局),国家税务总局各省、自治区、直辖市、计划单列市税务局,新疆生产建设兵团财政局:

为支持高校办学,优化高校后勤保障服务,现就高校学生公寓房产税和印花税政策通知如下:

一、对高校学生公寓免征房产税。

二、对与高校学生签订的高校学生公寓租赁合同，免征印花税。

三、本通知所称高校学生公寓，是指为高校学生提供住宿服务，按照国家规定的收费标准收取住宿费的学生公寓。

四、企业享受本通知规定的免税政策，应按规定进行免税申报，并将不动产权属证明、载有房产原值的相关材料、房产用途证明、租赁合同等资料留存备查。

五、本通知自2019年1月1日至2021年12月31日执行。

财政部　税务总局关于国家综合性消防救援车辆车船税政策的通知

（2019年2月13日　财税〔2019〕18号）

各省、自治区、直辖市、计划单列市财政厅（局），新疆生产建设兵团财政局，国家税务总局各省、自治区、直辖市、计划单列市税务局：

根据《国务院办公厅关于国家综合性消防救援车辆悬挂应急救援专用号牌有关事项的通知》（国办发〔2018〕114号）规定，国家综合性消防救援车辆由部队号牌改挂应急救援专用号牌的，一次性免征改挂当年车船税。

财政部　税务总局关于公共租赁住房税收优惠政策的公告

（2019年4月15日　财政部　税务总局公告2019年第61号）

为继续支持公共租赁住房（以下称公租房）建设和运营，现将有关税收优惠政策公告如下：

一、对公租房建设期间用地及公租房建成后占地，免征城镇土地使用税。在其他住房项目中配套建设公租房，按公租房建筑面积占总建筑面积的比例免征建设、管理公租房涉及的城镇土地使用税。

二、对公租房经营管理单位免征建设、管理公租房涉及的印花税。在其他住房项目中配套建设公租房，按公租房建筑面积占总建筑面积的比例免征建设、管理公租房涉及的印花税。

三、对公租房经营管理单位购买住房作为公租房，免征契税、印花税；对公租房租赁双方免征签订租赁协议涉及的印花税。

四、对企事业单位、社会团体以及其他组织转让旧房作为公租房房源，且增值额未超过扣除项目金额20%的，免征土地增值税。

五、企事业单位、社会团体以及其他组织捐赠住房作为公租房，符合税收法律法规规定的，对其公益性捐赠支出在年度利润总额12%以内的部分，准予在计算应纳税所得额时扣除，超过年度利润总额12%的部分，准予结转以后三年内在计算应纳税所得额时扣除。

个人捐赠住房作为公租房，符合税收法律法规规定的，对其公益性捐赠支出未超过其申报的应纳税所得额30%的部分，准予从其应纳税所得额中扣除。

六、对符合地方政府规定条件的城镇住房保障家庭从地方政府领取的住房租赁补贴，免征个人所得税。

七、对公租房免征房产税。对经营公租房所取得的租金收入，免征增值税。公租房经营管理单位应单独核算公租房租金收入，未单独核算的，不得享受免征增值税、房产税优惠政策。

八、享受上述税收优惠政策的公租房是指纳入省、自治区、直辖市、计划单列市人民政府及新疆生产建设兵团批准的公租房发展规划和年度计划，或者市、县人民政府批准建设（筹集），并按照《关于加快发展公共租赁住房的指导意见》（建保〔2010〕87号）和市、县人民政府制定的具体管理办法进行管理的公租房。

九、纳税人享受本公告规定的优惠政策，应按规定进行免税申报，并将不动产权属证明、载有房产原值的相关材料、纳入公租房及用地管理的相关材料、配套建设管理公租房相关材料、购买住房作为公租房相关材料、公租房租赁协议等留存备查。

十、本公告执行期限为2019年1月1日至2020年12月31日。

二维码2

财政部　税务总局关于继续实行农村饮水安全工程税收优惠政策的公告［见二维码2（2-17）］

财政部　税务总局关于车辆购置税有关具体政策的公告

（2019年5月23日　财政部　税务总局公告2019年第71号）

为贯彻落实《中华人民共和国车辆购置税法》，现就车辆购置税有关具体政策公告如下：

一、地铁、轻轨等城市轨道交通车辆，装载机、平地机、挖掘机、推土机等轮式专用机械车，以及起重机（吊车发改价格）、叉车、电动摩托车，不属于应税车辆。

二、纳税人购买自用应税车辆实际支付给销售者的全部价款，依据纳税人购买应税车辆时相关凭证载明的价格确定，不包括增值税税款。

三、纳税人进口自用应税车辆，是指纳税人直接从境外进口或者委托代理进口自用的应税车辆，不包括在境内购买的进口车辆。

四、纳税人自产自用应税车辆的计税价格，按照同类应税车辆（即车辆配置序列号相同的车辆）的销售价格确定，不包括增值税税款；没有同类应税车辆销售价格的，按照组成计税价格确定。组成计税价格计算公式如下：组成计税价格 = 成本 ×（1 + 成本利润率）

属于应征消费税的应税车辆，其组成计税价格中应加计消费税税额。

上述公式中的成本利润率，由国家税务总局各省、自治区、直辖市和计划单列市税务局确定。

五、城市公交企业购置的公共汽电车辆免征车辆购置税中的城市公交企业，是指由县级以上（含县级）人民政府交通运输主管部门认定的，依法取得城市公交经营资格，为公众提供公交出行服务，并纳入《城市公共交通管理部门与城市公交企业名录》的企业；公共汽电车辆是指按规定的线路、站点票价营运，用于公共交通服务，为运输乘客设计和制造的车辆，包括公共汽车、无轨电车和有轨电车。

六、车辆购置税的纳税义务发生时间以纳税人购置应税车辆所取得的车辆相关凭证上注明的时间为准。

七、已经办理免税、减税手续的车辆因转让、改变用途等原因不再属于免税、减税范围的，纳税人、纳税义务发生时间、应纳税额按以下规定执行：

（一）发生转让行为的，受让人为车辆购置税纳税人；未发生转让行为的，车辆所有人为车辆购置税纳税人。

（二）纳税义务发生时间为车辆转让或者用途改变等情形发生之日。

（三）应纳税额计算公式如下：

应纳税额＝初次办理纳税申报时确定的计税价格×（1－使用年限×10%）×10%－已纳税额 应纳税额不得为负数。

使用年限的计算方法是，自纳税人初次办理纳税申报之日起，至不再属于免税、减税范围的情形发生之日止。使用年限取整计算，不满一年的不计算在内。

八、已征车辆购置税的车辆退回车辆生产或销售企业，纳税人申请退还车辆购置税的，应退税额计算公式如下：

应退税额＝已纳税额×（1－使用年限×10%） 应退税额不得为负数。

使用年限的计算方法是，自纳税人缴纳税款之日起，至申请退税之日止。

九、本公告自2019年7月1日起施行。

二、降费政策方面

（一）行政事业性收费和政府性基金类

财政部关于调整部分政府性基金有关政策的通知

（2019年4月22日 财税〔2019〕46号）

中共中央宣传部，发展改革委、教育部、水利部、民航局、税务总局，国家电网有限公司、中国南方电网有限责任公司，各省、自治区、直辖市财政厅（局），新疆生产建设兵团财政局，财政部各地监管局：

按照国务院决策部署，现将调整部分政府性基金政策的有关事项通知如下：

一、自 2019 年 7 月 1 日至 2024 年 12 月 31 日，对归属中央收入的文化事业建设费，按照缴纳义务人应缴费额的 50% 减征；对归属地方收入的文化事业建设费，各省（区、市）财政、党委宣传部门可以结合当地经济发展水平、宣传思想文化事业发展等因素，在应缴费额 50% 的幅度内减征。各省（区、市）财政、党委宣传部门应当将本地区制定的减征政策文件抄送财政部、中共中央宣传部。各级财政部门要统筹安排资金，根据宣传思想文化事业需要积极予以支持，确保相关工作顺利开展。中央财政加大对财力薄弱地方的转移支付力度，支持地方做好相关工作。各级财政用于宣传思想文化事业方面的经费继续按照现有资金管理方式使用。

二、自 2019 年 7 月 1 日起，将国家重大水利工程建设基金征收标准降低 50%。降低后各省（区、市）征收标准见附件 1。

国家重大水利工程建设基金征收至 2025 年 12 月 31 日。自 2020 年 1 月 1 日起，缴入中央国库的国家重大水利工程建设基金，根据国务院批复的相关规划，统筹用于南水北调工程和三峡后续工作等。具体资金分配根据基金年度实际征收情况，以及国务院批复的南水北调工程和三峡后续工作相关规划的资金落实情况等统筹安排。

三、自 2019 年 1 月 1 日起，纳入产教融合型企业建设培育范围的试点企业，兴办职业教育的投资符合本通知规定的，可按投资额的 30% 比例，抵免该企业当年应缴教育费附加和地方教育附加。试点企业属于集团企业的，其下属成员单位（包括全资子公司、控股子公司）对职业教育有实际投入的，可按本通知规定抵免教育费附加和地方教育附加。

允许抵免的投资是指试点企业当年实际发生的，独立举办或参与举办职业教育的办学投资和办学经费支出，以及按照有关规定与职业院校稳定开展校企合作，对产教融合实训基地等国家规划布局的产教融合重大项目建设投资和基本运行费用的支出。

试点企业当年应缴教育费附加和地方教育附加不足抵免的，未抵免部分可在以后年度继续抵免。试点企业有撤回投资和转让股权等行为的，应当补缴已经抵免的教育费附加和地方教育附加。

四、自 2019 年 7 月 1 日起，将《财政部关于印发〈民航发展基金征收使用管理暂行办法〉的通知》（财综〔2012〕17 号）第八条规定的航空公司应缴纳民航发展基金的征收标准降低 50%。降低后的征收标准见附件 2。

附件 1：国家重大水利工程建设基金征收标准（编者略）
附件 2：航空公司民航发展基金征收标准（编者略）

财政部　国家发展改革委关于减免部分行政事业性收费有关政策的通知

（2019 年 5 月 8 日　财税〔2019〕45 号）

自然资源部、国家知识产权局，各省、自治区、直辖市、计划单列市财政厅（局）、发展改革委、物价局，新疆生产建设兵团财政局、发展改革委：

按照国务院关于降费减负的决策部署，为进一步减轻社会负担、激发市场活力，现就减免部分行政事业性收费有关政策通知如下：

一、减免不动产登记费

（一）对下列情形免征不动产登记费：

（1）申请办理变更登记、更正登记的；（2）申请办理森林、林木所有权及其占用的林地承包经营权或林地使用权，及相关抵押权、地役权不动产权利登记的；（3）申请办理耕地、草地、水域、滩涂等土地承包经营权或国有农用地使用权，及相关抵押权、地役权不动产权利登记的。

（二）对申请办理车库、车位、储藏室不动产登记，单独核发不动产权属证书或登记证明的，不动产登记费由原非住宅类不动产登记每件550元，减按住宅类不动产登记每件80元收取。

二、调整专利收费减缴条件

将《财政部 国家发展改革委关于印发〈专利收费减缴办法〉的通知》（财税〔2016〕78号）第三条规定可以申请减缴专利收费的专利申请人和专利权人条件，由上年度月均收入低于3 500元（年4.2万元）的个人，调整为上年度月均收入低于5 000元（年6万元）的个人；由上年度企业应纳税所得额低于30万元的企业，调整为上年度企业应纳税所得额低于100万元的企业。

三、本通知自2019年7月1日起执行。

国家发展改革委 财政部关于降低部分行政事业性收费标准的通知

（2019年5月24日 发改价格〔2019〕914号）

工业和信息化部、移民局、知识产权局，各省、自治区、直辖市发展改革委、财政厅（局）：

为进一步加大降费力度，切实减轻社会负担，促进实体经济发展，经研究，决定降低部分行政事业性收费标准。现将有关事项通知如下。

一、自2019年7月1日起，降低无线电频率占用费、出入境证照类收费、商标注册收费等部分行政事业性收费标准（见附件）。

二、对2019年7月1日前应交未交的上述行政事业性收费，补缴时应按原标准征收。

三、各地区、各有关部门要严格执行本通知规定，对降低的行政事业性收费标准，不得以任何理由拖延或者拒绝执行。

附件：降低的行政事业性收费标准

附件：

降低的行政事业性收费标准

一、工业和信息化部门（一）223-235MHz频段无线数据传输系统收费标准。

降低223-235MHz频段电力等行业采用载波聚合的基站频率占用费标准，由按每频点

(25kHz)每基站征收改为按每MHz每基站征收,即由现行800元/频点/基站调整为1 000元/MHz/基站。

原窄带无线数据传输系统(每频点信道带宽25kHz)的收费标准仍按现行规定执行,即800元/频点/基站。

(二)5905–5925MHz频段车联网直连通信系统收费标准。

1. 在省(自治区、直辖市)范围使用的,按照15万元/MHz/年收取;在市(地、州)范围使用的,按照1.5万元/MHz/年。使用范围在10个省(自治区、直辖市)及以上的,按照150万元/MHz/年收取;使用范围在10个市(地、州)及以上的,按照15万元/MHz/年收取。

2. 为鼓励新技术新业务的发展,对5905–5925MHz频段车联网直连通信系统频率占用费标准实行"头三年免收"的优惠政策,即自频率使用许可证发放之日起,第一至第三年(按财务年度计算,下同)免收无线电频率占用费;第四年及以后按照国家规定的收费标准收取频率占用费。

(三)卫星通信系统频率占用费收费标准。

1. 调整网络化运营的对地静止轨道Ku频段(12.2–12.75GHz/14–14.5GHz)高通量卫星系统业务频率的频率占用费收费方式。根据其技术和运营特点,由原按照空间电台500元/MHz/年(发射)、地球站250元/MHz/年(发射)分别向卫星运营商和网内终端用户收取,改为根据卫星系统业务频率实际占用带宽,只向卫星运营商按照500元/MHz/年标准收取,此频段内不再对网内终端用户收取频率占用费。

2. 免收卫星业余业务频率占用费。

(四)其他收费项目,按现行标准执行。

二、移民和出入境管理部门

(一)因私普通护照收费标准,由160元/本降为120元/本。

(二)往来港澳通行证收费标准,由80元/张降为60元/张。

(三)其他收费项目,按现行标准执行。

三、知识产权部门

(一)受理商标续展注册费收费标准,由1 000元降为500元。

(二)变更费收费标准,由250元降为150元。

(三)对提交网上申请并接受电子发文的商标业务,免收变更费,其他收费项目,包括受理商标注册费、补发商标注册证费、受理转让注册商标费、受理商标续展注册费、受理续展注册迟延费、受理商标评审费、出具商标证明费、受理集体商标注册费、受理证明商标注册费、商标异议费、撤销商标费、商标使用许可合同备案费,按现行标准的90%收费。

国家税务总局关于调整部分政府性基金有关征管事项的公告[见二维码2(2–18)]

二维码2

（二）社会保险费类

国务院办公厅关于印发降低社会保险费率综合方案的通知

（2019年4月1日　国办发〔2019〕13号）

各省、自治区、直辖市人民政府，国务院各部委、各直属机构：

《降低社会保险费率综合方案》已经国务院同意，现印发给你们，请认真贯彻执行。

降低社会保险费率，是减轻企业负担、优化营商环境、完善社会保险制度的重要举措。各地区各有关部门要以习近平新时代中国特色社会主义思想为指导，全面贯彻党的十九大和十九届二中、三中全会精神，坚持稳中求进工作总基调，坚持新发展理念，统筹考虑降低社会保险费率、完善社会保险制度、稳步推进社会保险费征收体制改革，密切协调配合，抓好工作落实，确保企业特别是小微企业社会保险缴费负担有实质性下降，确保职工各项社会保险待遇不受影响、按时足额支付。

降低社会保险费率综合方案

为贯彻落实党中央、国务院决策部署，降低社会保险（以下简称社保）费率，完善社保制度，稳步推进社保费征收体制改革，制定本方案。

一、降低养老保险单位缴费比例

自2019年5月1日起，降低城镇职工基本养老保险（包括企业和机关事业单位基本养老保险，以下简称养老保险）单位缴费比例。各省、自治区、直辖市及新疆生产建设兵团（以下统称省）养老保险单位缴费比例高于16%的，可降至16%；目前低于16%的，要研究提出过渡办法。各省具体调整或过渡方案于2019年4月15日前报人力资源社会保障部、财政部备案。

二、继续阶段性降低失业保险、工伤保险费率

自2019年5月1日起，实施失业保险总费率1%的省，延长阶段性降低失业保险费率的期限至2020年4月30日。自2019年5月1日起，延长阶段性降低工伤保险费率的期限至2020年4月30日，工伤保险基金累计结余可支付月数在18至23个月的统筹地区可以现行费率为基础下调20%，累计结余可支付月数在24个月以上的统筹地区可以现行费率为基础下调50%。

三、调整社保缴费基数政策

调整就业人员平均工资计算口径。各省应以本省城镇非私营单位就业人员平均工资和城镇私营单位就业人员平均工资加权计算的全口径城镇单位就业人员平均工资，核定社保个人缴费基数上下限，合理降低部分参保人员和企业的社保缴费基数。调整就业人员平均工资计算口径后，各省要制定基本养老金计发办法的过渡措施，确保退休人员待遇水平平稳衔接。

完善个体工商户和灵活就业人员缴费基数政策。个体工商户和灵活就业人员参加企业职工基本养老保险，可以在本省全口径城镇单位就业人员平均工资的60%至300%之间选择适当的缴费基数。

四、加快推进养老保险省级统筹

各省要结合降低养老保险单位缴费比例、调整社保缴费基数政策等措施，加快推进企业职工基本养老保险省级统筹，逐步统一养老保险参保缴费、单位及个人缴费基数核定办法等政策，2020年底前实现企业职工基本养老保险基金省级统收统支。

五、提高养老保险基金中央调剂比例

加大企业职工基本养老保险基金中央调剂力度，2019年基金中央调剂比例提高至3.5%，进一步均衡各省之间养老保险基金负担，确保企业离退休人员基本养老金按时足额发放。

六、稳步推进社保费征收体制改革

企业职工基本养老保险和企业职工其他险种缴费，原则上暂按现行征收体制继续征收，稳定缴费方式，"成熟一省、移交一省"；机关事业单位社保费和城乡居民社保费征管职责如期划转。人力资源社会保障、税务、财政、医保部门要抓紧推进信息共享平台建设等各项工作，切实加强信息共享，确保征收工作有序衔接。妥善处理好企业历史欠费问题，在征收体制改革过程中不得自行对企业历史欠费进行集中清缴，不得采取任何增加小微企业实际缴费负担的做法，避免造成企业生产经营困难。同时，合理调整2019年社保基金收入预算。

七、建立工作协调机制

国务院建立工作协调机制，统筹协调降低社保费率和社保费征收体制改革相关工作。县级以上地方政府要建立由政府负责人牵头，人力资源社会保障、财政、税务、医保等部门参加的工作协调机制，统筹协调降低社保费率以及征收体制改革过渡期间的工作衔接，提出具体安排，确保各项工作顺利进行。

八、认真做好组织落实工作

各地区各有关部门要加强领导，精心组织实施。人力资源社会保障部、财政部、税务总局、国家医保局要加强指导和监督检查，及时研究解决工作中遇到的问题，确保各项政策措施落到实处。

国家税务总局关于认真落实降低社会保障费率政策的通知［见二维码2（2-19）］

二维码2

人力资源社会保障部　财政部　国家税务总局　国家医保局关于贯彻落实《降低社会保险费率综合方案》的通知

（2019年4月28日　人社部发〔2019〕35号）

各省、自治区、直辖市及新疆生产建设兵团人力资源社会保障厅（局）、财政厅（局）、医保局，计划单列市人力资源社会保障局、财政局、医保局，国家税务总局各省、自治区、直辖市和计划单列市税务局：

为做好《降低社会保险费率综合方案》（以下简称《方案》）的贯彻落实工作，现将有关事项通知如下：

一、深入学习领会《方案》精神

降低社会保险费率是党中央、国务院作出的重大决策部署，是实施更大规模减税降费措施的重要内容,是应对经济下行压力的重要举措,对于减轻企业负担、激发微观主体活力、促进经济增长具有重要作用,事关改革发展稳定全局。各级人力资源社会保障、财政、税务、医疗保障部门要高度重视,认真组织学习,深刻领会《方案》精神,进一步提高对降低社会保险费率重要性、必要性和紧迫性的认识,切实把思想和行动统一到党中央、国务院的决策部署上来,采取有效措施抓好落实,务必使企业特别是小微企业缴费负担有实质性下降。

二、抓紧研究制定实施办法并做好组织实施工作

各地要根据《方案》精神和要求,结合本地实际情况,在党委、政府的领导下制定本地区实施办法,在组织领导、具体任务、政策措施、工作进度、监督检查等方面作出周密部署,层层压实责任,紧扣时间节点,对标对表加以推进。要严格执行《方案》有关规定,各地政策要规范统一,防止政策多样,严禁"边规范,边突破"。各部门要在党委(党组)领导下,紧紧围绕降费目标,统筹研究,明确职责,迅速行动,制定本部门的工作方案,并按照工作方案要求抓好组织实施,确保各项政策有效落地落细。

三、准确把握《方案》的有关政策

(一)关于降低养老保险单位缴费比例。各地企业职工基本养老保险单位缴费比例高于16%的,可降至16%;低于16%的,要研究提出过渡办法。省内单位缴费比例不统一的,高于16%的地市可降至16%;低于16%的,要研究提出过渡办法。目前暂不调整单位缴费比例的地区,要按照公平统一的原则,研究提出过渡方案。各地机关事业单位基本养老保险单位缴费比例可降至16%。

(二)关于继续阶段性降低失业保险费率。自2019年5月1日起,实施失业保险总费率1%的省份,延长阶段性降低失业保险费率的期限至2020年4月30日。

(三)关于继续阶段性降低工伤保险费率。按照《人力资源社会保障部 财政部关于阶段性降低社会保险费率的通知》(人社部发〔2018〕25号)已纳入降费范围的统筹地区,原则上继续实施,保持力度不减。此前未纳入降费范围但截至2018年底累计结余可支付月数达到阶段性降费条件的统筹地区,要按规定下调费率,确保将符合条件的统筹地区全部纳入降费范围。阶段性降费率期间,费率确定后,一般不做调整。

(四)关于调整就业人员平均工资计算口径。各省应以本省城镇非私营单位就业人员平均工资和城镇私营单位就业人员平均工资加权计算的全口径城镇单位就业人员平均工资,核定社保个人缴费基数上下限,合理降低部分参保人员和企业的社保缴费基数。调整就业人员平均工资计算口径后,为保证新退休人员待遇水平平稳衔接,人力资源社会保障部、财政部将提出基本养老金计发办法的过渡措施,并加强对各地的指导。

(五)关于完善个体工商户和灵活就业人员缴费基数政策。个体工商户和灵活就业人员参加企业职工基本养老保险,按照调整计算口径后的本地全口径城镇单位就业人员平均工资,核定社保个人缴费基数上下限,允许缴费人在60%至300%选择适当的缴费基数,以减轻其缴费负担、促进参保缴费。

(六)关于加快推进企业职工基本养老保险省级统筹。各地要逐步统一养老保险政策,完善省级统筹制度,为全国统筹打好基础。2020年底前实现企业职工基本养老保险基金省级统收统支。人力资源社会保障部、财政部将印发关于推进省级统筹的具体指导意见。

(七)关于提高企业职工基本养老保险基金中央调剂比例。为进一步均衡各省份之间养老保险基金负担,逐步提高企业职工基本养老保险基金中央调剂比例,确保企业离退休人员

基本养老金按时足额发放，2019 年基金中央调剂比例提高至 3.5%。具体工作由人力资源社会保障部、财政部另行部署。

（八）关于稳步推进社保费征收体制改革。企业职工基本养老保险和企业职工其他险种缴费，原则上暂按现行征收体制继续征收，稳定缴费方式，"成熟一省、移交一省"；机关事业单位社保费和城乡居民社保费征管职责如期划转。人力资源社会保障、税务、财政、医保部门要抓紧推进信息共享平台建设等各项工作，切实加强信息共享，确保征收工作有序衔接。各地要按照要求，合理调整 2019 年社会保险基金收入预算。妥善处理好企业历史欠费问题，在征收体制改革过程中不得自行对企业历史欠费进行集中清缴，不得采取任何增加小微企业实际缴费负担的做法，避免造成企业生产经营困难，务必使企业特别是小微企业社保缴费负担有实质性下降。

四、各部门在政府协调机制下加强协作配合

各级人力资源社会保障、财政、税务、医疗保障等部门，要在地方政府的领导下，完善降低社会保险费率及征收体制改革工作协调机制，切实加强部门协作配合，协商解决社会保险费征管工作中的重点、难点问题。畅通工作协调机制，统筹做好降低社会保险费率以及征收体制改革过渡期间的工作衔接，提出具体工作安排，确保各项工作顺利进行。

五、科学做好降费核算工作

各地要共同做好社保费费政策落实情况的统计核算和效应分析，做到"心中有数""底账清晰"。要协同提高数据质量，为做好社保降费核算奠定数据基础。要协商建立统计核算分析体系，不断提高社保降费核算的全面性、准确性、时效性，确保客观反映降费效果。要联合开展社保降费政策实施情况评估，及时向上级部门报告政策运行及效应分析情况。

六、全面开展宣传工作

各地要组织各方力量，紧跟时代步伐，聚焦全媒体时代和媒体融合发展，丰富宣传形式，拓宽宣传渠道，注重宣传实效，宣传好降低社会保险费率的重大意义，总体筹划，突出重点，正确引导舆论，为社保降费政策落实落地营造良好的舆论氛围。统一明确宣传口径，紧扣时间节点，确保宣传步调一致，依托权威媒体，进一步提高社会参与度和知晓度，准确解读各项政策，针对群众关切问题解疑释惑。

七、逐级抓实培训工作

各地要充分认识进一步加强《方案》学习培训的重要性、紧迫性和长期性，针对不同类型、不同层级、不同岗位人员，做好培训安排，创新培训方式，不断增强学习培训的针对性、实效性。人力资源社会保障部、税务总局已举办落实《方案》专题培训班，对省级人力资源社会保障部门、税务部门进行联合培训，组织集中研讨。各地也要结合实际，集中组织开展不同层次的业务培训工作，帮助相关工作机构和工作人员全面、准确理解掌握政策，明确操作流程和具体要求，提高贯彻《方案》的政策水平和业务能力。

各地要加强组织领导和工作指导，周密安排部署，采取有力措施，抓好组织实施，层层压实责任，及时掌握实施情况，认真分析遇到的情况和问题，研究提出解决办法，确保各项工作平稳进行。要从本地实际出发，注重动态跟踪，认真排查风险点，制定相关预案，把工作做实做细，确保社保待遇不受影响、养老金足额发放，维护参保人合法权益，保持社会稳定。遇有重大情况和问题要及时报告人力资源社会保障部、财政部、税务总局、国家医保局。

第三部分 落实减税降费

一、税务总局落实减税降费的举措

国家税务总局：减税降费要层层负责 确保落实

（来源：中新社 2019年1月17日）

中国国家税务总局局长王军17日在北京介绍，2018年全国税务机关组织税收收入（已扣减出口退税）137 967亿元（人民币，下同），比上年增长9.5%；全国共办理出口退税15 014亿元，增长9.7%。同时，不折不扣落实减税政策，超额完成全年减税目标，有效缓解了企业生产经营困难。

全国税务工作会议17日在北京召开，王军作工作报告时表示，2018年，全国税务机关完成了税收收入任务和减税目标，进一步优化了税收营商环境，推动完善了税制体系，提升了税收法治化水平，扩大了税收国际影响力，为推进国家治理现代化作出了积极贡献。

他介绍，落实减税政策后，税收增速逐步下降，由前4个月的16.8%回落到后8个月的5.2%，减税效应持续显现，纳税人投诉量下降11%，纳税人获得感进一步提升。

其中，2018年5月1日起实施的增值税三项改革平稳有序推进，5到12月降低增值税税率减税约2 700亿元，制造业减税占35%；统一小规模纳税人标准惠及50万户纳税人，减税约80亿元；办理留抵退税1 148亿元；10月1日起个人所得税第一步改革施行3个月，减税约1 000亿元，7 000多万个税纳税人的工薪所得无需再缴税；新出台的支持创新创业税收优惠政策减税约500亿元。

王军介绍，2018年税务机关还落实两次提高出口退税率政策，审核办理正常退税时间平均由13天缩短至9.7天。第三方机构开展的纳税人满意度调查结果显示，2018年纳税人满意度得分84.82分，比上次调查提高了1.21分；世界银行发布的《2019年营商环境报告》显示，中国纳税指标排名比上年提升了16位。

税务总局：确保减税降费政策落地生根

（来源：《经济日报》 2019年1月18日）

2019年，税务部门将进一步减轻企业负担、激发微观主体活力——确保减税降费政策落地生根。

2018年，全国税务系统深入推进国税地税征管体制改革，圆满完成税收收入任务和减税目标，进一步优化税收营商环境，完善税制体系；2019年，全国税务系统要突出确保减税降费政策措施落地生根这个主题，聚焦圆满完成预算确定的税费收入任务这一目标。

1月17日，记者从全国税务工作会议获悉，2018年税务部门组织税收收入（已扣减出口退税）137 967亿元，比2017年增长9.5%。同时，超额完成全年减税目标，仅降低增值税税率就减税约2 700亿元。

根据会议部署，各级税务机关要把确保减税降费政策措施落地生根作为2019年税收工作的主题，进一步减轻企业负担、激发微观主体活力、促进经济增长。

"两降一升"体现减税成效

2018年，全国税务系统深入推进国税地税征管体制改革，圆满完成税收收入任务和减税目标，进一步优化了税收营商环境，完善税制体系。

统计数据显示，2018年税收收入任务和减税目标圆满完成。2018年，税务部门组织税收收入（已扣减出口退税）137 967亿元，比2017年增长9.5%，全国共办理出口退税15 014亿元，增长9.7%。

"同时，全国税务系统不折不扣坚决落实好党中央、国务院出台的减税政策，超额完成全年减税目标，有效缓解了企业生产经营困难，有力支持了'六稳'工作的推进。"国家税务总局局长王军说。

据统计，2018年5月1日起实施的增值税三项改革平稳有序推进，5月份至12月份降低增值税税率减税约2 700亿元，制造业减税占35%；统一小规模纳税人标准惠及50万户纳税人，减税约80亿元；办理留抵退税1 148亿元。

个人所得税改革备受关注。自2018年10月1日起个人所得税第一步改革施行3个月，减税约1 000亿元，7 000多万个税纳税人的工薪所得无需再缴税；新出台的支持创新创业税收优惠政策减税约500亿元。

"落实减税政策认真高效，体现为'两降一升'：税收增速逐步下降，由前4个月的16.8%回落到后8个月的5.2%，减税效应持续显现，纳税人投诉量下降11%，纳税人获得感进一步提升。"王军说。

税收营商环境持续优化

2018年，全国税务部门连续第5年开展"便民办税春风行动"，制定进一步优化税收营商环境5年行动方案和深化"放管服"改革"五年工作方案"，共计出台120条具体措施。

各级税务机关下大力气破解企业"注销难"问题。统计显示，2018年10月份至12月，超过88万户纳税人享受了税务注销"免办"和"即办"服务。

此外，小规模纳税人自开票试点和取消发票认证范围"双扩大"惠及1 100万纳税人；电子发票开具份数首次超过纸质发票，便利了纳税人和消费者。认真落实两次提高出口退税率政策，提高退税服务水平，审核办理正常退税时间平均由13天缩短至9.7天。

第三方机构开展的纳税人满意度调查结果显示，2018年纳税人满意度得分84.82分，比上次调查提高了1.21分；世界银行发布的《2019年营商环境报告》显示，我国纳税指标排名比上年提升了16位。

2018年，国税地税征管体制改革全面展开。"国税地税征管体制改革力度规模之大、涉及范围之广、触及利益之深前所未有。"王军说。

据悉，各级税务机关均成立了改革工作小组和改革办，层层派驻3 477个联络（督导）组，税务总局相继下发36份联络督导清单对350项工作任务作出具体部署，统一制作了420份指导性意见、基本原则乃至操作模板等，编制了涵盖近700个具体改革事项的总台账，挂图作战、对表推进，确保改革平稳有序开展。

"全国省市县乡近2.3万个新税务局（分局、所）逐级统一顺利挂牌，各级税务局和内设机构、派出机构、事业单位得到较大幅度精简，优化了机构设置和职能职责，初步构建起优化高效统一的税收征管体系，切实增强了纳税人和缴费人获得感。"王军表示。

落实减税降费是硬任务

当前，税收在国家治理中的作用更加凸显，税收社会共治的基础越发坚实，给新税务带来了前所未有的机遇。同时，新税务还面临前所未有的挑战，税制改革任务越来越重，征管服务方式优化迫在眉睫。

"2019年，全国税务系统要突出确保减税降费政策措施落地生根这个主题，聚焦圆满完成预算确定的税费收入任务这一目标，把牢统筹推进优化税收执法方式与健全税务监管体系这条主线，巩固扩大国税地税征管体制改革成果，建设高素质专业化税务干部队伍，开启高质量推进新时代税收现代化新征程。"王军表示。

会议明确，各级税务机关要把确保减税降费政策措施落地生根作为今年税收工作的主题，摆在突出位置，进一步减轻企业负担、激发微观主体活力、促进经济增长。

"要牢固树立落实减税降费政策是硬任务的理念，深入开展减税降费政策宣传解读，采取更加有效的服务举措便利纳税人享受优惠，进一步扩大纳税资料备案改留存备查范围、申报即享受优惠等举措，做到该简化的程序简化，能精简的资料精简，努力使应享受优惠的每一名纳税人和缴费人都能便捷享受。"王军说。

记者了解到，税务总局已经成立了实施减税降费工作领导小组，并要求各地也成立领导小组，对减税降费落实情况实行层层负责制，确保落地、落细、落实。

"各地税务机关要确保完成预算确定的税费收入任务，积极参与税费预算编制和调整，认真做好减税降费规模测算等工作。"王军强调，要进一步牢固树立收入任务观，税费收入预算一旦确定，就要不折不扣坚决完成，确保国家税费收入安全，同时要坚决防止和纠正收"过头税费"，做到依法规范征税收费。

此外，2019年税务部门将以"新税务 新服务"为主题，连续第6年开展"便民办税春风行动"，再集成推出系列便民办税服务措施。

"各级税务机关要不断优化税收执法方式，坚决防止简单粗暴执法，坚决防止不顾实际情况'一刀切'执法；要进一步加强税收风险管理，既提高风险防范的精准性，又减少对纳税人不必要的干扰。"王军说。

国家税务总局全力推进减税降费政策落实［见二维码3（3-1）］

国家税务总局部署推进减税降费政策落实提升站位打好减税降费主攻战［见二维码3（3-2）］

二维码3

2019 年减税降费政策将如何落实？税务总局这样说

（来源：《经济日报》 2019 年 1 月 30 日）

小微企业普惠性减税措施是 2019 年减税降费的"先手棋"，对深化供给侧结构性改革，减轻企业负担，激发市场活力，推动形成积极的社会预期，促进"六稳"具有重要作用。为了让纳税人尽快享受到该领域红利，税务部门正加班加点，确保纳税人在新春佳节来临之前享受到政策"红包"。

1 月 29 日，国家税务总局举行 2019 年首场新闻发布会，介绍今年新一轮减税降费政策特点及税务部门具体贯彻落实措施。

记者从发布会获悉，针对新推出的小微企业普惠性税收减免措施，税务部门正抓紧做好各项工作，采取一系列简化申报流程、提高办税效率的举措，确保纳税人在新春佳节来临之前享受到政策"红包"。

政策更具普惠性

"1 月 9 日，国务院常务会议确定新推出小微企业普惠性减税措施，这是 2019 年减税降费的'先手棋'，对深化供给侧结构性改革，减轻企业负担，激发市场活力，推动形成积极的社会预期，促进'六稳'具有重要作用。"税务总局收入规划核算司司长蔡自力说。

新政更具普惠性，不仅放宽了增值税小规模纳税人免税标准，由月销售额 3 万元提高至 10 万元，还放宽了企业所得税小型微利企业的标准，提高年应税所得额、从业人数、资产总额标准。此外，进一步放宽了投资初创科技型企业享受优惠政策的范围。

一系列政策突出"三加力"，增加相关优惠税种、实行减半再减半优惠政策和叠加享受优惠政策。比如，对增值税小规模纳税人，在增值税免税标准提高的同时，最高可以按 50% 比例减征 6 个地方税种和 2 个附加。"通过以上'三加力'，这次新政更彰显了实质性减税。"蔡自力强调。

普惠性、实质性减税措施，给小微企业带来了实实在在的红利。比如，国家税务总局厦门市税务局测算，小微企业普惠政策将惠及大部分中小企业，2019 年将减免税约 15.5 亿元。国家税务总局漳州市税务局测算，增值税、企业所得税优惠政策产生的减税规模每年约 5.9 亿元。漳州福林汽车销售服务有限公司财务经理汤真毅表示，预计新政策可为公司减税 34 万元左右，而省下来的这部分税金正好可用于公司人员的技能培训和岗位补充。

浙江尤科斯纺织科技有限公司在今年之前应纳税所得额超过税收优惠标准，无法享受小微企业税收优惠，但按照此次发布的政策，企业能够享受税收优惠了。"税收优惠力度的加大为企业发展增添了活力，公司将用足用好税收政策，进一步提升企业生产经营能力。"该公司负责人尤建荣说。

"数据显示，调整后优惠政策将覆盖 95% 以上的纳税企业，其中 98% 为民营企业。此次出台的减税措施大幅降低了小微企业税收负担，减税政策可追溯至今年 1 月 1 日，实施期限暂定三年，预计每年可再为小微企业减负约 2 000 亿元，整体减税规模可达 6 000 亿元左右。重磅减税'红利'送到一户户民营企业手上，可以说大大提振了市场信心。"北京国家会计学院财税政策与应用研究所所长李旭红说。

不折不扣抓落实

在日前召开的全国税务工作会议上，国家税务总局局长王军强调，各级税务机关要把确保减税降费政策措施落地生根作为今年税收工作的主题。

一系列减税降费政策措施如何不折不扣落实到位？"减税政策的出台对税务部门而言，只是一个开始。从1月17日政策文件出台到2月份首批纳税人申报仅有半个月的准备期，时间紧、任务重。税务部门正加班加点抓紧做好各项工作，确保纳税人在新春佳节来临之前享受到政策'红包'。"蔡自力说。

目前，税务总局和36个省级税务局均已成立了由主要负责人任组长的实施减税降费工作领导小组，领导小组下设办公室和政策制定、征管核算、督查督办、服务宣传等专项工作组，制定了减税降费重点工作任务清单，明确了各项任务时间节点和责任部门，确保各项工作有序推进。

在配合财政部研究出台小微企业普惠性财税政策文件的基础上，按照简明易行好操作的要求，税务总局及时出台了"4+1"系列征管文件，即同步出台了4个税收征管配套公告和1份税务系统贯彻落实减税降费政策的综合性抓总文件，明确了重点任务，细化了落实要求。

此外，各地税务部门正在迅速组织开展针对纳税人的培训辅导，做到点对点精准滴灌和百分百全覆盖，帮助纳税人准确理解和充分享受减免税优惠。

减税效果究竟如何衡量？加强减税政策统计核算分析，成为落实减税降费政策的重要环节。据悉，税务总局已制发减税政策统计核算工作方案，从统一各层级、各地区、各税种、各政策的统计核算口径开始，建立包括申报数据采集、审核校验、汇总上报、核算分析等在内的自上而下、整齐划一、清清爽爽的统计核算分析体系，为及时准确全面反映减税降费成效奠定坚实基础。

"税务总局将以小微企业普惠性减税政策落实情况为重点，主动配合外部监督，同时，组织开展综合性工作督查，强化内部监督，并将贯彻落实减税降费工作列入绩效考评。对于有令不行、有禁不止、推诿扯皮、敷衍塞责的行为，将依法依规既追究当事人责任又追究相关领导责任。"蔡自力说。

"三无需""三自动"送红包

减税降费政策的落地离不开便利高效的征管服务保障。"税务部门从最大限度便利纳税人的角度出发，采取了一系列简化申报流程、提高办税效率的举措，力求以更多的办税便利促进纳税人更好享受政策红利。"税务总局纳税服务司副司长于耀财表示，这次普惠性政策的普适性便利主要体现为"三个无需"和"三个自动"。

据介绍，"三个无需"是指凡符合条件的纳税人，享受小微企业普惠性减税政策，均无需任何审批流程、无需任何核查手续、无需任何证明资料，只要如实填写纳税申报表即可享受。"三个自动"则是指凡采用电子申报的方式，只要纳税人项目填写完整，系统就可以自动帮助享受减免税优惠，包括自动识别纳税人是否可享受小微企业普惠性减税政策，自动计算纳税人的可减免税金额，自动生成纳税申报表。

"此次小微企业普惠性减税措施，不仅政策实打实、硬碰硬，而且操作也切实可行、简明易行。在普适性便利的基础上，不同税种的减免还各有一些既增便利又具实惠的措施安排。"于耀财说。

比如,在增值税方面,针对部分小规模纳税人可能有些月份销售额超过10万元,但按季计算可能未超过30万元的情况,允许纳税人在一个会计年度内根据自身实际在选择按月或按季申报纳税方式上变更1次。在企业所得税方面,对按月预缴的企业,如果年度中间符合小型微利企业标准的,统一调整为按季预缴申报,从而有利于减少纳税人申报次数。

"考虑到小微企业通常缺少会计人才,为了帮助它们有效获得减税红利,通过优化纳税服务的方式,自动帮助小微企业享受减免税优惠,一系列举措充分考虑到小微企业的现实情况,以降低税收遵从成本的方式,使小微企业便利地获得税收优惠,促进减税降费政策落地生根。"李旭红说。

据悉,为确保减税降费政策取得实效,税务部门将以"新税务?新服务"为主题,连续第六年深入开展"便民办税春风行动",并重点突出对小微企业的纳税服务,根据下一步降低增值税税率和社保费费率的要求,不断充实和完善有针对性的便利化服务措施,打好政策惠民和服务便民的"组合拳",让纳税人和缴费人享受到政策红利和办税便利的双重获得感。

硬核!税务总局22条举措推进减税降费政策落实

(来源:国家税务总局 2019年2月21日)

2019年是全国税务系统连续开展"便民办税春风行动"的第六年。与往年相比,今年的"便民办税春风行动"突出减税降费重点,集成推出了22条具体举措,既有政策性措施,又有服务性措施,全力推进减税降费政策落实。下面,小编就给大家重点梳理一下这里面的硬核举措。

一、报送资料再精简25%以上

精简报送资料是落实减税降费政策一项重要的服务性举措。

2018年底,税务总局清理了20项税务证明事项,切实精简企业和个人办税需提供的有关证明。在此基础上,税务部门将在2019年3月底前再取消一批税务证明事项,实现2019年底前对纳税人向税务机关报送的资料再精简25%以上。

二、多措并举优化发票办理

发票办理是纳税人办税的堵点、痛点,也是兑现纳税人享受减税降费政策的关键点。2019年,税务部门将推出一揽子优化发票办理的便利举措,确保增值税优惠政策落地见效。

(一)扩大小规模纳税人自开专票范围

自2016年将住宿业、鉴证咨询业、建筑业等5个行业纳入小规模纳税人自行开具专用发票试点范围以来,节约了纳税人往返税务机关的办税时间,推动了小微企业发展,社会各界反响良好。

租赁和商务服务业,科学研究和技术服务业,居民服务、修理和其他服务业等行业今年也纳入试点范围。自此,试点小规模纳税人自开专票的行业就扩大到了8个,即:

住宿业、鉴证咨询业、建筑业、工业、信息传输、软件和信息技术服务业、租赁和商务服务业、科学研究和技术服务业、居民服务、修理和其他服务业。

试点行业的小规模纳税人自开增值税专用发票，将不再受月销售额标准10万元和季度销售额30万元的限制。

（二）增值税发票抄报税工作减负

为进一步优化办税流程，除了特定纳税人及特殊情形外，取消增值税发票抄报税，改由纳税人对开票数据进行确认，最大限度减轻纳税人负担。

（三）扩大取消增值税发票认证纳税人范围

2019年3月1日起，将取消增值税发票认证的纳税人范围扩大至全部一般纳税人。取消增值税发票认证，就是由手工扫描需要抵扣的纸质发票，调整为由纳税人网上选择确认需要抵扣的增值税发票电子信息，是税务系统深化"放管服"改革的重要举措。手工扫描需要抵扣的纸质发票有两种方式，一种是纳税人自行购置扫描设备进行网上认证，另一种是前往办税服务厅办理发票认证。将取消增值税发票认证的纳税人范围扩大至全部一般纳税人后，能够节约纳税人因购买扫描设备产生的经济成本，减少纳税人前往税务机关认证发票所花费的时间，进一步减轻纳税人的办税负担。

（四）继续加大电子发票推广力度

2019年税务部门将继续加大电子发票推广力度，在税控开票软件中增加电子发票开具功能，开展税务机关网上代开增值税电子普通发票试点。优化增值税发票管理系统，在向纳税人推送增值税扣税凭证信息的同时，实现增值税普通发票信息的归集推送和共享共用，进一步解决纳税人发票办理难题。

相关链接：减税降费22条举措内容

1. 成立实施减税降费工作领导小组。
2. 设立小微企业服务处。
3. 大幅放宽可享受企业所得税优惠的小型微利企业标准，同时加大所得税优惠力度，对小型微利企业应纳税所得额不超过100万元、100万元到300万元的部分，分别减按25%、50%计入应纳税所得额，使税负降至5%和10%。
4. 对月销售额10万元（含本数）以下的增值税小规模纳税人，免征增值税。
5. 由省、自治区、直辖市人民政府根据本地区实际情况，以及宏观调控需要确定，对增值税小规模纳税人可以在50%的税额幅度内减征资源税、城市维护建设税、房产税、城镇土地使用税、印花税（不含证券交易印花税）、耕地占用税和教育费附加、地方教育附加。
6. 扩展初创科技型企业优惠政策适用范围。
7. 落实扩大境外投资者以分配利润直接投资暂不征收预提所得税范围。
8. 加强税收经济分析工作，以减免税政策效应、优化营商环境措施、重点行业、重大发展战略、区域比较、新旧动能转换为重点开展分析，实现税收经济分析高端定制和精准发力。
9. 推进"个税改革惠民众，改革红包我会领"等个人所得税法知识竞赛活动，进一步提高社会公众个人所得税改革的参与度和积极性，充分享受政策红利。
10. 税务总局按阶段明确个人所得税宣传口径，各省税务机关紧扣时间节点，确保宣传引导步调一致，依托地方权威媒体，帮助纳税人了解个人所得税政策，方便办理个人所得税业务。

11. 进一步清理税务证明事项，落实第一批取消20项税务证明事项的任务，3月底前再取消一批税务证明事项。

12. 精简涉税资料报送，2019年底前对纳税人向税务机关报送的资料再精简25%以上。

13. 取消《营改增税负分析测算明细表》。

14. 探索电子签章、电子资料在税收领域的应用和涉税文书电子化推送与签收。

15. 合理满足纳税人发票使用需求，积极推进发票领用分类分级管理，全面推行发票网上申领，为纳税人领用增值税发票提供便利。

16. 将小规模纳税人自行开具增值税专用发票试点范围扩大至租赁和商务服务业、科学研究和技术服务业以及居民服务、修理和其他服务业。

17. 除了特定纳税人及特殊情形外，取消增值税发票抄报税，改由纳税人对开票数据进行确认。

18. 加大电子发票推广力度，在税控开票软件中增加电子发票开具功能，开展税务机关网上代开增值税电子普通发票试点。

19. 将取消增值税发票认证的纳税人范围扩大至全部增值税一般纳税人。

20. 优化增值税发票管理系统，在向纳税人推送增值税扣税凭证信息的同时，实现增值税普通发票信息的归集推送和共享共用。

21. 围绕纳税人关注热点和投诉反映突出问题，2019年上半年开展全国纳税人需求调查，拓展征纳沟通渠道，增进征纳理解互信，有效减少因政策理解不一致、信息不对称等原因造成的纳税服务投诉。

22. 建立纳税人诉求和意见受理快速反应机制、协调沟通机制、问责机制。

全国政协委员：减税礼包干货满满　办税服务务实高效［见二维码3（3-3）］

设专窗、强辅导……纳税人感受减税降费举措落地的温度［见二维码3（3-4）］

大家读报告：减税降费持续发力　优化税收营商环境不断加力［见二维码3（3-5）］

减税降费"及时雨"惠及企业！税务部门用硬举措打造高效软环境［见二维码3（3-6）］

国家税务总局：全面落实深化增值税改革减税安排

（来源：中国新闻社　记者：赵建华　2019年3月13日）

中国今年的《政府工作报告》指出要实施更大规模的减税，并提出了2019年深化增值税改革的具体安排和工作要求。中国国家税务总局有关负责人12日表示，税务机关将全面落实《政府工作报告》中提出的深化增值税改革减税安排部署，助力中国经济高质量发展。

《政府工作报告》指出，将制造业等行业现行16%的增值税税率降至13%，将交通运输业、建筑业等行业现行10%的增值税税率降至9%，保持6%一档的税率不变，继续向推进税率三档并两档、税制简化方向迈进。

为确保降低增值税税率等各项改革措施如期落实到位、落地生根，中国国家税务总局近日印发《关于做好2019年深化增值税改革工作的通知》，从汇集改革合力、做实改革举措、确保改革成效3方面提出了12项具体举措。

图为纳税人办理业务（浙江省国家税务局供图　中新社记者：钟欣　摄①）

国家税务总局局长王军强调，深化增值税改革是2019年实施更大规模减税降费的"重头戏"，是减轻企业负担、激发市场活力的重大举措。各级税务机关要把贯彻落实好增值税改革、切实减轻实体经济税收负担，摆在重中之重的突出位置，实打实、硬碰硬，不折不扣狠抓落实，让企业和人民群众有实实在在的获得感。

确保减税降费政策措施落地生根是2019年税收工作的主题，也是纳税服务工作的重心。国家税务总局纳税服务司司长孙玉山介绍，税务部门从便利纳税人的角度出发，已经推出了一系列简化申报流程、提高办税效率的举措，力求以更多的办税便利促进纳税人更好享受增值税改革红利。

国家税务总局将指导各地优化办税服务，紧扣纳税人诉求，回应纳税人关切。各级税务机关还要确保政策施行后，纳税人能够及时、准确、顺利开具增值税发票。

国家税务总局已将深化增值税改革等减税降费重点工作纳入督查督办和绩效考评，各级税务机关也将对改革工作逐项梳理，逐项分解，明确责任部门和责任人员，完善督查和考评内容。各级税务机关还将组织开展税务系统内部和面向纳税人的辅导培训。

国家税务总局货物和劳务税司司长王道树表示，深化增值税改革措施政策性强、涉及面广，既涉及税务机关的准备，又涉及相关服务单位的支持，也需要纳税人的配合。

国家税务总局推出20项措施确保增值税改革落地［见二维码3（3-7）］

国家税务总局：确保减税降费政策"落地生根"［见二维码3（3-8）］

国家税务总局召开新闻发布会：减税降费政策叠加发力　为经济发展增添动能［见二维码3（3-9）］

二维码3

---

① 图片来源中国新闻网，http://www.chinanews.com/cj/2019/03-12/8777989.shtml。

国家税务总局领导深入基层调研减税降费工作

(来源:国家税务总局办公厅 2019年4月29日)

近日,为进一步贯彻落实党中央、国务院关于减税降费工作的决策部署,国家税务总局领导王军、于春生、张敏、孙瑞标、任荣发、王陆进、刘丽坚深入基层开展减税降费工作调研,广泛听取纳税人、缴费人和基层税务干部意见建议。

王军在浙江省桐乡市税务局办税服务厅调研①

税务总局党委书记、局长王军在浙江省桐乡市税务局濮院税务分局调研时强调,税务部门作为落实减税降费政策的"主攻手",要责无旁贷站在落实减税降费工作的最前沿和服务纳税人、缴费人的第一线,耐心细致做好各项征管服务工作,确保小微企业普惠性减税、个税改革、深化增值税改革等系列惠民举措在基层落实落地。王军在桐乡市税务局看望慰问减税办工作人员并主持召开座谈会,他强调,全国税务系统要以习近平新时代中国特色社会主义思想为指引,坚决落实好党中央、国务院各项减税降费决策部署,充分发挥好党建引领作用,广泛凝聚各方合力,坚持问题导向,持续改进不足,尽心尽力为纳税人、缴费人服好务,为地方党委政府服好务,为基层税务部门服好务,确保减税降费政策落实落地。

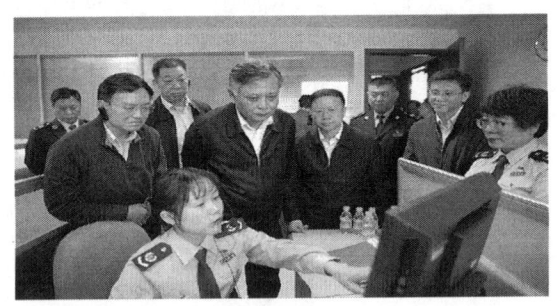

于春生在北京调研减税降费工作②

---

① 图片来源国家税务总局网站,http://www.chinatax.gov.cn/chinatax/n810209/n810575/n811941/n811998/c4301011/content.html。

② 图片来源国家税务总局网站,http://www.chinatax.gov.cn/chinatax/n810209/n810575/n811941/n811998/c4301011/content.html。

税务总局党委委员、副局长于春生在北京市西城区综合行政服务中心现场查看自助办税终端演示、"金税三期"系统运行情况并与办税服务厅工作人员亲切交流，深入听取纳税人、缴费人意见建议。他强调，各地税务部门要充分认识党中央、国务院减税降费决策部署的重大意义，站在讲政治的高度进一步加强学习，切实增强责任感、使命感、紧迫感，梳理薄弱环节，压实工作责任，坚持把纪律规矩挺在前面，严明工作要求，统筹监督力量，提高监督实效，为落实减税降费工作提供坚强保障，展现好税务部门良好精神风貌，不断优化营商环境。

张敏在吉林省办税服务厅调研减税降费工作①

中央纪委国家监委驻税务总局纪检监察组组长、税务总局党委委员张敏赴吉林开展减税降费工作调研。通过召开税务干部和纳税人座谈会、走访企业和办税服务厅、问卷调查等方式，了解减税降费工作推进情况并听取意见建议。她强调，要进一步深入学习领会习近平总书记重要指示批示精神，充分认识党中央、国务院重大决策部署的重要意义，采取更加有效的措施，确保各项政策落地见效。纪检机构要突出政治监督，加大监督力度，及时发现问题，推动整改，严肃查处违规违纪行为，坚决防止和纠正形式主义、官僚主义问题。

孙瑞标在贵州黔南州参加减税降费座谈会②

---

① 图片来源国家税务总局网站，http://www.chinatax.gov.cn/chinatax/n810209/n810575/n811941/n811998/c4301011/content.html。

② 图片来源国家税务总局网站，http://www.chinatax.gov.cn/chinatax/n810209/n810575/n811941/n811998/c4301011/content.html。

税务总局党委委员、副局长孙瑞标赴贵州调研减税降费落实工作，深入办税服务厅和企业了解减税降费政策落实情况，并与省、州、县（区）三级税务干部代表和13户企业座谈。他强调，2019年是新税务机构打基础促运转的关键一年，各级税务机关要进一步提高认识，坚持党建引领，将减税降费作为政治任务抓实抓细抓好；要持续推进减税降费各阶段的工作，建立与纳税人、缴费人的良好沟通机制，确保税收优惠政策落实到位；对纳税人和基层税务机关提出的问题，要"马上就办"、精准解决，不断改善税收营商环境。

任荣发在湖北省办税服务厅调研减税降费工作①

税务总局党委委员、副局长任荣发在湖北调研减税降费工作时指出，各级税务部门对减税降费工作要再动员再认识，切实提高政治站位，全面提升税收征管服务水平；要树立风险意识，及时有效发现风险、防范风险、化解风险；要持续优化税务执法方式，建立健全科学严密的税务监管体系；各级税务部门减税办要结合实际开展工作，全面加强统筹和指导，真心实意服务好纳税人、缴费人。调研期间，任荣发实地走访了长飞光纤光缆股份有限公司等企业，了解企业减税降费政策享受情况，并听取企业意见建议。

王陆进在重庆主持召开减税降费座谈会②

---

① 图片来源国家税务总局网站，http：//www.chinatax.gov.cn/chinatax/n810209/n810575/n811941/n811998/c4301011/content.html。

② 图片来源国家税务总局网站，http：//www.chinatax.gov.cn/chinatax/n810209/n810575/n811941/n811998/c4301011/content.html。

税务总局党委委员、副局长王陆进在重庆实地走访企业并主持召开税企座谈会，面对面了解市场主体减税降费实际感受，听取意见建议。他指出，各级税务机关要精准做好政策解读，持续优化纳税服务，及时响应纳税人涉税需求，尽百分之百努力解决好企业享受减税降费政策时遇到的问题，切实提升纳税人、缴费人获得感。在基层税务所和办税服务厅调研时，王陆进强调，要细致做好落实降低社保费率各项准备工作，密切加强与人社等部门协作，确保社保降率政策5月1日顺利实施、平稳落地。

刘丽坚在江苏省办税服务厅调研减税降费工作①

税务总局总审计师刘丽坚在江苏调研时详细了解办税服务厅减税降费专窗和社保费窗口业务办理、系统稳定性等情况，并看望慰问基层税务干部，听取纳税人、缴费人意见建议。刘丽坚在纳税人座谈会上强调，各级税务部门要不断提高站位、深化认识、周密部署，不折不扣把减税降费政策实施好、操作好；要认真梳理有关意见建议，不断提高服务质效，切实营造稳定公平透明、可预期的税收营商环境。

二维码3

5月征期看变化：减税降费惠民新政落地有声 [见二维码3（3-10）]

减税降费叠加效应放大　税务部门厚植"双创"沃土激发市场活力

（来源：国家税务总局　2019年6月10日）

按照党中央、国务院部署，为进一步实施创新驱动发展战略，税务部门在积极构建普惠性政策扶持体系、优化创业创新环境等方面持续推出系列举措，减税降费力度不断加大，税收扶持创业创新发展的政策效果不断显现，广大市场主体的创业创新活力不断增强。

助燃家乡创业梦

据中央财经大学教授樊勇介绍，2016年以来，国家多次扩大小型微利企业所得税减半征收范围，2019年，国家将小微企业普惠性税收减免政策作为实施更大规模减税降费的

---

① 图片来源国家税务总局网站，http://www.chinatax.gov.cn/chinatax/n810209/n810575/n811941/n811998/c4301011/content.html。

"先手棋",进一步扩大小微企业的减税红利。减税力度的逐年加大,持续激发了市场主体的创业创新热情。

杜雄杰前几年回到家乡——福建古田,创办了盛耳食品,通过电子商务渠道销售食用银耳。得益于国家减税降费政策,今年一季度公司享受小微企业所得税优惠近 7 万元。"税务部门的支持润物无声。"江西省万载县搏鹰实业有限公司负责人彭志勇说。前几年彭志勇回乡创业之初,税务部门根据企业主营加工出口欧美订单的箱包业务,为企业"量身定制"了涵盖公司开户、生产经营、出口退税等业务的税收优惠政策指引,并不断压缩退免税办理时间。近年来,税务部门减税降费力度持续加大,仅 2018 年公司就享受各类税收优惠千万余元。

"减免下来的税款,盘活了企业资金,为创办扶贫车间提供了助力。"彭志勇说,如今企业先后在万载县 17 个乡镇创建 29 个"扶贫车间",吸纳返乡就业人员 580 人,并为 157 个贫困家庭提供了就业保障。

和彭志勇一样回到家乡"闯事业"的还有黄春梅。她所在的广西崇左市湘桂糖业有限公司,受益于增值税税率的接连下调,公司今年可减少缴纳增值税超千万元。作为公司总经理,黄春梅兴奋不已,"税费减轻,企业计划加大第一车间基地建设和第二车间机糖生产创新投入,更好地实现蔗农增收、企业增效,也吸引带动一大批当地群众就业创业。"

减税降费带动创业创新,创业创新支撑高质量就业。据统计,2018 年,全国市场主体数量突破 1 亿大关;全国城镇新增就业 1 361 万人。

科技型企业加快创新发展

减税政策释放的红利,为企业创新注入了强劲动力。近年来,国家在增值税、企业所得税、个人所得税等多个税种都出台了系列优惠政策,打出了一套漂亮的"组合拳",帮助不同行业、不同类型的科技型企业找到适合自身创业创新的税收支持。

位于广东省东莞市长安镇的晟鼎精密仪器公司是一家大学生创业公司,公司运营总裁冼健威坦言快速发展的背后离不开国家政策和税务部门服务的有力支持。公司 2018 年享受到税收优惠减免税额共 12 万元,今年公司享受各项减税政策,预计减税超过 63 万元。冼健威说:"减免税额看起来不大,但对公司的发展弥足珍贵,能让我们有力盘活资金,有更多的资源投入到研发和创新中,提升公司的产品质量和技术含量。"

2018 年,国家进一步加大了研发费用加计扣除力度,允许企业委托境外发生的研发费用纳入加计扣除范围,并将科技型中小企业研发费用按 75% 加计扣除的政策进一步推广至所有企业,这让许多正在不断壮大的企业放了心。

上海湃睿科技信息有限公司的负责人周娟表示:"我们按照 75% 的比例享受加计扣除政策,相当于得到了国家的资金扶持,使我们的发展势头越来越好。"

在山东,莱州联友金浩新型材料有限公司是一家专业生产电池隔膜的高新技术企业,仅 2018 年企业享受 75% 研发费用加计扣除就达到 446 万元。公司董事长方开东说:"创新是企业发展的不竭动力,得益于税收优惠政策扶持,企业通过过硬的技术在激烈的市场竞争中站稳了脚跟。"2019 年增值税税率下调后,公司全年预计减税约 106 万元,下一步公司将把节约下来的资金用于研发投入,进一步培育自主创新能力。

减税又"简政"

近年来,税务部门深入推进"放管服"改革,不断优化税收营商环境。针对广大创业

"新人"推出压缩新办企业涉税事项办理时间、推行电子税务局等一系列优化征管服务的举措，为他们带来了全新体验。

税务部门考虑到初创企业办税的人力成本、时间成本，通过建设"智慧税务综合体"，使纳税人可以全面体验智能导税分流、云桌面办税、移动办税、自助办税终端等，享受便利的办税服务。"我们运用互联网、云计算、大数据、人工智能、物联网等前沿技术，把税收工作带入'智税时代'，为初创企业提供优质的营商环境和高效的征管服务。"国家税务总局烟台市税务局党委书记、局长郑舒东说。

西南财经大学教授、西财智库首席研究员汤继强介绍，为大力提高自主创新能力，推动实现创新发展，国家修订实施了新的《高新技术企业认定管理办法》，进一步扩大高新技术企业认定范围，简化认定手续；优化事中事后管理，并及时延续和完善了到期政策；完善科技企业孵化器和大学科技园税收优惠政策，为创业者们厚植"双创"沃土，努力营造良好营商环境。

"税务部门落实服务创业创新和减税降费政策的有力举措为港澳创业青年免除后顾之忧，更加坚定了港澳青年来内地创业发展的信心和决心。"全国人大代表、霍英东集团行政总裁霍震寰表示，营商环境的优化有利于吸引更多的港澳青年进入内地创业，特别是吸引港澳有志青年来内地创立科技创新型企业。

2019年初，国家税务总局专门设立小微企业服务处，负责为中小微企业提供涉税服务，建立小微企业涉税诉求和意见快速响应机制，切实维护小微企业合法权益。各地税务部门也纷纷推出了一些为科技型企业"量身定制"的征管便利化"自选动作"。

通过网报系统，新增"研发费用加计扣除智能通"功能，一键生成研发支出辅助账、汇总表等各项表格，增强科技型企业享受加计扣除政策的主动性和准确性。"我们将用好用足各类惠企惠民税收政策，以税收优惠助力企业升级，推出更多更实的办税举措，全力支持企业创新发展、绿色发展。"国家税务总局江西省税务局党委书记、局长胡立文表示。

合并"研发支出"辅助账4张表单，新表较原表填报内容减少了80%以上。国家税务总局上海市税务局实施该项简化措施，得到当地创业创新主体的热烈欢迎。在宁波，国家税务总局奉化区税务局举办"扶·青云志"税企沙龙活动，为创客们提供创业创新最新政策解读及涉税热点辅导，并搭建起税企长效沟通联动机制。在安徽，国家税务总局亳州市税务局组织服务队走进亳州学院，开展税收助力"双创"宣讲会活动，向即将毕业的学生和创客们普及税收知识。

国家税务总局有关负责人表示，下一步，税务部门将积极配合相关部门进一步完善以研发费用加计扣除为主的税收优惠政策，优化对中小企业创新的纳税服务举措，把对各类市场主体创业创新的优惠政策进一步落实好，不断增强市场主体的创业创新活力，把"双创"持续引向深入。

国家税务总局召开新闻发布会在深入开展主题教育中促进减税降费落实落地［见二维码3（3-11）］

二维码3

国家税务总局推出十条便民办税缴费新举措

(来源：新华网 记者：申铖 2019年7月23日)

国家税务总局23日发布通知，决定推出十条便民办税缴费新举措，更好地服务纳税人、缴费人。

国家税务总局新闻发言人付树林表示，根据党中央"不忘初心、牢记使命"主题教育工作部署，国家税务总局针对今年上半年减税降费政策落实中纳税人、缴费人反映的问题，检视并整改推出这些新举措，着力解决好纳税人、缴费人反映强烈的痛点、堵点和难点。

具体来看，这十条新举措包括推行税收优惠清单式管理，扩大出口退税无纸化申报范围，优化增值税发票查验平台功能，提供应抵扣发票信息提醒服务，推动办税事项容缺办理，规范统一自助办税事项，探索证明事项告知承诺试点，推行纳税人网上解锁报税盘，推行城镇土地使用税和房产税合并申报，加大部门间信息共享力度。

国家税务总局称，各级税务机关要认真落实减税降费各项政策规定，把检视问题贯穿始终，进一步转变作风，切实抓好便民办税缴费十条新举措的落地生效，真正为纳税人和缴费人办实事、解难题。

减税降费释放五大积极效果［见二维码3（3-12）］
减税降费让企业活力更强（锐财经）［见二维码3（3-13）］

二维码3

国家税务总局再取消25项税务证明事项

(来源：新华网 记者：申铖 2019年8月1日)

记者1日从国家税务总局了解到，国家税务总局近日印发《关于公布取消一批税务证明事项以及废止和修改部分规章规范性文件的决定》，在前期分两批取消35项税务证明事项的基础上，再取消25项税务证明事项，进一步提升纳税人、缴费人办税缴费便利度，增强减税降费获得感。

据税务总局政策法规司负责人介绍，税务部门坚决贯彻党中央、国务院关于持续开展"减证便民"的部署要求，进一步优化税务执法方式、更好落实减税降费政策、着力改善税收营商环境。截至目前，税务总局分三批共取消60项税务证明事项，涉及231个具体办税事项。

此次取消的税务证明事项中，有5项属于原本需要纳税人专门通过第三方取得的证明，如发票票证丢失登报声明、软件检测证明等；其余20项是原本需要纳税人提供的自有法定证照等资料，如个人身份证明、办理变更税务登记时需提供的营业执照等。

据了解，税务总局将取消证明事项作为简化税收优惠事项办理，增进减税降费便利化的重要举措。此次公布取消的25项税务证明事项中，有19项涉及税收优惠办理。

下一步，税务总局将继续把落实证明事项清理工作抓紧抓好，促进管理更有效，服务更优质，着力打造法治化、便利化的税收营商环境。

各单位坚持真找问题、及时整改、务求实效：推动主题教育走深走心走实［见二维码3（3-14）］

二维码3

减税降费　真招实招落实落细（大督查在行动）

（来源：《人民日报》　2019年9月23日）

今年以来，减税降费"红包"一波接一波，直击当前市场主体的痛点和难点。企业、群众对减税降费感受如何？怎样确保政策精准落地？实践中还存在哪些问题？连日来，围绕减税降费政策落实情况，国务院多个督查组深入一线，听民声、察实情，既发现了便民、高效的政策举措，也查出了问题、督促了整改。

让企业得到真实惠

"我们是一家小微企业，去年全年实现利润36.68万元。两次减税后，单一税费总额降低7万多元。"济南三泉中石实验仪器有限公司副总经理黄伟说。

"近年人力成本上升。今年降低社会保险费率，企业预计全年降费730万元，对我们劳动密集型企业来说很解渴。"山西航空产业集团有限公司副总经理陈阳说。

从督查情况看，减税降费政策使企业税费负担显著降低，员工收入有所提高，广大市场主体和劳动者得了真金白银的实惠，有了真真切切的获得感。

督查发现，各地多措并举，拿出不少真招、实招。

——山东省搭建减税降费综合监控服务平台，为办理正式税务登记的纳税人建立应缴税费清单、减税降费清单、风险评估台账等，方便掌握企业减税降费数据和疑点。

——江西省全面推行容缺受理服务，并依托网上办税服务平台开发推广容缺事项服务系统，以解决纳税人"来回跑、反复办"的问题。办税服务厅工作人员介绍，4月上线以来，系统已提供容缺受理服务5 000余件次。

——四川省强化减税降费监督工作，严肃查处违反减税降费工作纪律的人员，目前已对72人次进行责任追究；排查整治第三方借减税降费服务巧立名目乱收费情况，共约谈3家税控服务单位和22家已备案电子发票第三方平台公司。

不仅是政府真作为，一些国有金融控股集团也在强发力。山西金融投资控股集团有限公司通过减费让利，减轻小微企业融资成本。"去年取消收取评审费、主动降低担保费率至2%以下，今年继续对500万元以下资金下调担保费率至1%。"公司董事长张炯伟介绍。

督促消除政策执行"落差"

尽管减税降费总体成效显著，但督查组也发现，在一些地方，乱收费、收高费等现象使政策"利好"打了折扣。

市场监管不够到位,需加强打击乱收费。"机动车检测收费由2017年的270元集体上涨为350元。"督查组接到群众反映后,对山西省朔州市一些机动车检测公司暗访。督查组访谈朔州市市场监管局及民政局有关负责人,两部门表示将对违法行为依法查处。

政策执行不够严谨,需不断提升服务意识。有关政策明确要求自今年7月1日起,严格落实对ETC用户实施不少于5%的车辆通行费基本优惠政策。群众反映,江西省高速公路ETC优惠政策并未落实到位。督查组驱车暗访部分高速公路收费站,发现江西省高速公路ETC通行费实行"四舍五入"整元收取计费方式,10元通行费打完九五折后又被"四舍五入"成10元,群众没有充分享受到优惠。

"ETC可直接从银行卡扣款,既然不存在现金'找零'影响通行效率的问题,那么理应严格落实九五折的优惠政策。"督查组指出问题所在。对此,江西省交通厅表示将抓紧整改,明年1月1日前将ETC计费单位由整元变为分。

传导机制不够畅通,需打通政策落地"最后一公里"。今年《政府工作报告》提出,一般工商业平均电价再降低10%。督查组从四川省南充市两家商业中心租户处了解到,当地政府和电力公司已将工商业电价降到每度电不超过0.7元,但一些商业中心的物业公司和管理方打着收取送电服务费的名头,在转供电环节对租户仍按每度电1.4元收取电费,减税降费政策没有向小微企业有效传导。对此,当地政府已提出整改意见,相关落实举措正在出台。

查清查实问题线索,认真分析问题症结,积极推动解决问题,各督查组务实保障政策精准落地,受到好评。

努力缓解短期财政压力

实施更大规模减税降费,长远看有利于"放水养鱼"、激发经济发展活力。应对短期财政压力,各地采取哪些办法加以缓解?

主动挖潜,大力优化支出结构。督查组与有关部门座谈时了解到,山东省今年各级国有资本经营预算调入一般公共预算比例不低于25%,年终超收收入全部调入一般公共预算统筹使用;1—7月,青岛市市本级"三公"经费支出同比下降46.6%,全市民生支出同比增长12.1%,教育、就业、节能环保等重点民生支出得到较好保障。

"我市今年1—8月减税额度相当于上年同期税收的9.24%,预计全年减税额度将达到上年税收的10%。目前已压缩一般性支出7%。"山西朔州市常务副市长张韬表示,将于下月提请调整一般公共预算收支目标,仍有收支缺口则动用预算稳定调节基金。

多渠道盘活各类资金和资产。山东省将历年结存的预算稳定调节基金和收回的各类存量资金78.92亿元全部打入年初预算,切实发挥资金效益;扩大存量资金回收范围,将存量资金收回财政的期限由结转超过2年改为结转超过1年;开展行政事业单位房地产使用情况专项清理,对闲置资产采取调配划转、出售变现、出租等措施盘活利用。

靠深化改革护航减税降费 [见二维码3(3-15)]
减税降费让老工业企业迸发新活力 [见二维码3(3-16)]

二维码3

国家税务总局召开新闻发布会
减税降费红利持续释放　便民服务举措集成推出

（来源：国家税务总局办公厅　2019年10月30日）

10月30日上午，国家税务总局召开新闻发布会，主要介绍今年前三季度税务部门落实减税降费、组织税收收入、深化"放管服"改革、优化税收营商环境等情况。

前三季度减税降费"成绩单"出炉

据税务总局减税办常务副主任、收入规划核算司司长蔡自力介绍，近日，今年第三季度申报"大征期"结束，税务总局及时完成了前三季度减税降费统计核算工作。今年前三季度，全国累计新增减税降费17 834亿元，其中新增减税15 109亿元，新增社保费降费2 725亿元。新增减税主要包括增值税改革新增减税7 035亿元（其中，去年5月1日调整增值税税率翘尾减税1 184亿元，今年深化增值税改革减税5 851亿元），小微企业普惠性政策新增减税1 827亿元，个人所得税两步改革叠加新增减税4 426亿元。

"今年实施更大规模减税降费政策对税收收入的减收影响较为明显。"蔡自力介绍，前三季度全国税务部门组织税收收入（已扣除出口退税）112 658亿元，增长0.3%，增幅比去年同期回落12.9个百分点。前三季度，各行业门类税负水平，同比均实现不同程度的下降。比如，制造业新增减税4 738亿元，占新增减税总额的31.36%，行业税负同比下降1.08个百分点；批发零售业新增减税3 258亿元，占新增减税总额的21.56%，行业税负同比下降3.27个百分点。又如，建筑业，交通运输、仓储和邮政业共新增减税1 179亿元，占新增减税总额的7.8%，这两个行业税负同比分别下降0.63个和0.35个百分点。

减税降费促发展、激活力的效应进一步显现

蔡自力介绍，减税降费政策实施以来，税务部门在狠抓政策落实的同时，对政策实施效应进行了初步分析，结果显示，减税降费对稳定经济发展、激发创新创业活力等方面的作用日益显现。

——减税降费落地生根，稳定了经济发展预期。在国内外经济形势复杂多变的情况下，减税降费政策充分发挥了逆周期调节作用，更直接更有效地惠及广大纳税人、缴费人，稳定了经济发展预期。税务部门调查数据显示，92.2%的纳税人认为减税降费对企业生产经营活动产生了积极影响，提振了市场主体信心。

——研发投入快速增加，激发了科技创新活力。近年来，我国多次优化调整研发费用加计扣除等鼓励创新政策，使企业有更多的资金用于研发创新。税务部门调查数据显示，前三季度，45%的制造业纳税人将减税降费红利用于增加研发投入。税务部门监测的10万户重点税源企业前三季度研发费用同比增长19.3%，增幅较2018年全年提高3.4个百分点。

——民营经济深享红利，增强了向好发展基础。税务总局数据显示，前三季度，包括民营企业和个体经济在内的民营经济纳税人新增减税9 644亿元，占新增减税总额的64%，受益最大。小微企业普惠性减税政策受益对象大多是民营经济，前三季度，民营经济享受该政策新增减税 1 619 亿元，占比为 88.61%。前三季度，全国民营经济销售收入同比增长 9.7%，快于整体增幅 1.6 个百分点，购进机器设备投资同比增长 8.9%，快于整体增幅 2.8 个百分点。

——居民消费能力提升，拉动了社会消费增长。前三季度，个人所得税改革新增减税 4 426 亿元，累计人均减税 1 764 元。个人所得税的减少，直接增加了居民收入，提升了居民消费能力。税务总局数据显示，前三季度，反映居民消费活力的生活服务业销售收入增长 16.2%，互联网批发和零售销售收入同比增长 16.8%，分别高于三产销售增速 4.7 个和 5.3 个百分点。

——市场主体活力激发，助力了社会就业稳定。前三季度，全国新增市场主体（含个体工商户）办理过涉税事项的有 776.7 万户，月均新增 86.3 万户。减税降费政策增强了创业的意愿，提高了市场主体活跃度，创造了更多的就业岗位。

此外，出口企业受益明显，经营压力得到了有效缓解。前三季度，出口企业累计享受减税 2 742 亿元，同时受出口退税率两次提高的利好，出口企业增加出口退（免）税 409 亿元。

税务行政许可等事项办理程序再简化

税务总局税收宣传中心主任兼办公厅副主任、新闻发言人付树林介绍，为贯彻落实国务院关于深化"放管服"改革、优化营商环境的决策部署，税务总局近日发布《关于进一步简化税务行政许可事项办理程序的公告》，对仅保留的 6 项税务行政许可事项，从今年 12 月 1 日起，进一步简化办理程序，减轻办税负担，提高服务效率。

——压缩办理时间。对部分税务行政许可事项，在 20 个工作日法定办结时限的基础上，进一步压缩办理时间。比如，对纳税人延期申报核准、增值税专用发票最高开票限额审批等 3 个事项的办结时限压缩至 10 个工作日以内；对纳税人变更纳税定额核准事项的办结时限压缩至 15 个工作日以内。

——简并申请文书。对于纳税人延期缴纳税款、延期申报的核准事项，不再要求纳税人填报审批表或核准表，而是将有关内容并入"税务行政许可申请表"，实现"一表集成"。

——减少报送材料。对纳税人延期缴纳税款的核准事项，取消了延期缴纳税款报告、资产负债表等 5 项申请材料报送；对纳税人延期申报的核准事项，不再要求申请人单独报送情况说明，只需在申请表中简要填写相关信息即可。

——简化送达流程。对通过办税服务窗口向申请人直接送达税务行政许可文书，且申请人无异议的，只需申请人在文书末尾签名或盖章、注明收到日期即可，不需另行填写"税务文书送达回证"。

同时，为促进扩大对外开放，帮助非居民纳税人更好享受税收协定待遇，减轻纳税负担，税务总局还于近日修订发布了《非居民纳税人享受协定待遇管理办法》（以下简称《办法》），并自 2020 年 1 月 1 日起实施。与原办法相比，新办法享受待遇更加便利，报表更加精简，责任更加明晰。比如，《办法》大幅简化了非居民纳税人需填写的报表，不仅数量由原来的 10 张压缩为 1 张，而且填报的内容进一步简化，只需填报纳税人名称、联系方式等基本信息并作出声明即可。再如，《办法》规定，非居民纳税人享受协定待遇，实行"自行判断、申报享受、相关资料留存备查"的方式，即纳税人认为符合享受协定待遇的条件，无论是自行申报还是扣缴申报，除填报有关报表外，不需报送其他资料，一律改为留存备查。

积极构建褒扬诚信、惩戒失信的税收信用体系

"实施税收违法'黑名单'和联合惩戒制度是税务部门优化执法方式、改善营商环境的重要措施。"付树林表示。近年来，税务部门积极持续推进税收违法"黑名单"和联合惩戒制度，着力构建褒扬诚信、惩戒失信的税收信用体系，取得明显成效。

——打击虚开骗税违法犯罪方面。自 2018 年 8 月税务总局、公安部、海关总署、中国人民银行等四部委启动打击虚开骗税违法犯罪两年专项行动以来，截至 2019 年 9 月，全国依法查处涉嫌虚开骗税企业 17.63 万户；通过严查"假企业"，认定虚开增值税发票 835 万份，涉及税额 1 558 亿元；通过严打"假出口"，挽回税款损失 162 亿元，初步遏制了虚开骗税猖獗势头，有力保障了减税降费政策落实落地。

——落实税收违法"黑名单"制度方面。自 2014 年 10 月起公布"黑名单"案件以来，截至今年 9 月，全国税务机关累计公布 30 645 件，其中仅今年前三季度公布的案件数量达 14 003 件。税务部门将税收违法"黑名单"案件当事人全部纳入纳税信用 D 级范围，并依法采取更加严格的发票管理、出口退税审核等措施。

——推进联合惩戒工作方面。从 2015 年启动至 2019 年 9 月，税务部门已累计向相关部门推送税收违法"黑名单"信息 39.3 万户次，其中今年前三季度就推送 19.27 万户次。共有 2.46 万户次"黑名单"当事人被市场监管部门限制担任企业相关职务；2.5 万户次"黑名单"当事人被金融机构限制融资授信；3 万多户次"黑名单"当事人被限制取得政府供应土地、获取政府性资金支持等，有效震慑了重大税收违法失信案件当事人。

——落实信用修复制度方面。自 2016 年 4 月建立税收信用修复机制以来，截至今年 9 月，累计有 1 650 户涉及偷逃税款的"黑名单"当事人，在主动缴清税款、滞纳金和罚款后，从"黑名单"公告栏中撤出，体现了信用监管对诚信纳税的引导作用。

在主题教育中推动便民服务举措落实落地

付树林介绍，在今年 6—8 月开展的第一批"不忘初心、牢记使命"主题教育中，税务总局聚焦纳税人和缴费人反映强烈的问题，分两批推出 20 条便民办税缴费措施，取消 25 项税务证明事项，修订出台《纳税服务投诉管理办法》等，从申报缴款、便捷办税、发票使用、跨部门合作等方面，优化服务体验，切实提升了服务质效。

从世界银行近期发布的《全球营商环境报告 2020》来看，中国营商环境全球排名由去年的第 46 位上升至第 31 位，连续两年入列全球优化营商环境改善幅度最大的十大经济体。其中，纳税指标排名在前两年提升的基础上，今年再度提升 9 位，实现"三连升"。世界银行认为，纳税指标排名提升的主要原因一方面是中国出台了更大规模减税降费政策措施；另一方面是中国税务部门在落实减税降费、持续推进纳税便利化改革等方面取得了明显成效。

从税务总局委托第三方开展的 2019 年纳税人满意度专项调查结果来看，全国纳税人满意度综合得分为 84.42 分，比 2018 年同口径得分提高 1.44 分，继续保持稳中有进的态势，超九成的企业纳税人满意度明显提升，12366 纳税服务热线、办税服务厅服务、最多跑一次、申领增值税发票、纳税申报表等指标得分全面提升，说明各地税务机关围绕便民办税解难题，在主题教育中找差距、抓落实、促整改，确保各项改革措施落地生效，得到了纳税人和缴费人的认可。

"当前正在深入开展第二批主题教育,与第一批主题教育相比,税务部门参与的单位多、数量大,与纳税人、缴费人联系更直接、更紧密。"付树林表示,税务部门将以习近平新时代中国特色社会主义思想为指导,按照国务院近日颁布的《优化营商环境条例》要求,进一步落实好前期出台的各项便民办税缴费新举措,努力实现办税负担更"轻"、办税时间更"短"、办税渠道更"广"、办税方式更"优",持续打好政策惠民和服务便民的"组合拳",进一步提升纳税人、缴费人享受政策红利和办税便利的双重获得感。

中国减税降费助力企业受益国际贸易 [见二维码3 (3-17)]

税务总局:落实减税降费政策 促进中小企业健康发展 [见二维码3 (3-18)]

二维码3

二、其他部委落实减税降费的举措

四部委:继续推动大规模减税和降费

(来源:中国经济网 2019年5月17日)

今日,发改委在其官网发布了《关于做好2019年降成本重点工作的通知》(以下简称《通知》)。《通知》指出,今年将继续推动大规模减税和降费,在落实好此前减税降费政策的同时,还要继续向推进税率三档并两档、税制简化方向迈进,同时将固定资产加速折旧政策扩大至全部制造业领域。以及实现中小企业宽带资费再降低15%,移动网络流量平均资费再降低20%以上。

在加大金融对实体经济的支持力度方面,将继续降低小微企业信贷综合融资成本,同时还将适时启动股权融资支持工具,以支持符合条件的企业扩大直接融资。机构表示,结合近日国家税务总局交出的一季度国内减税降费"成绩单",以及5月1日起实施的,下调城镇职工基本养老保险单位缴费比例,这些措施都将增厚居民的"钱袋子",对于拉动居民消费和GDP增速有显著正面作用。

发改委发文继续推动减税和降费 落实与加大力度并重今日,发改委发布《关于做好2019年降成本重点工作的通知》,主要包括继续推动大规模减税和降费、加大金融对实体经济的支持力度、持续降低制度性交易成本、明显降低企业社保缴费负担、继续降低用能用地成本、推进物流降本增效、提高资金周转效率、支持企业内部挖潜等多方面内容。

在继续推动大规模减税和降费方面,发改委指出,在落实好将制造业等行业16%的税率降至13%,以及交通运输业、建筑业等行业10%税率降至9%等政策的同时,还要继续向推进税率三档并两档、税制简化方向迈进,并将固定资产加速折旧政策扩大至全部制造业领域。

将国家重大水利工程建设基金和航空公司民航发展基金征收标准降低一半。至2024年底对中央所属企事业单位减半征收文化事业建设费，并授权各省（区、市）在50%幅度内对地方企事业单位和个人减征此项收费。对产教融合试点企业兴办职业教育符合条件的投资，落实按投资额30%抵免当年应缴教育费附加和地方教育附加的政策。

清理规范部分中央设立的行政事业性收费，减免不动产登记费，调整专利收费减缴条件，降低因私普通护照等出入境证照、部分商标注册及无线电频率占用收费标准。开展政府部门下属单位、行业协会商会、中介机构收费行为专项治理，切实规范行政审批中介服务收费，进一步清理规范协会商会涉企收费，进一步打破中介服务垄断。

持续推动网络提速降费。实现中小企业宽带资费再降低15%，移动网络流量平均资费再降低20%以上。

在金融对实体经济支持方面，将继续推动落实降低小微企业信贷综合融资成本、实施降低小微企业融资担保成本的奖补政策，健全民营企业贷款风险补偿机制。积极支持符合条件的企业扩大直接融资，推动债券品种创新，扩大优质企业债券发行规模，实施好民营企业债券融资支持工具，适时启动股权融资支持工具。

国税总局一季度减税降费"成绩单"亮眼近日，国家税务总局交出了一季度国内减税降费"成绩单"。一季度，全国累计新增减税3 411亿元，减税项目主要有三类：一是2019年新出台政策减税722亿元；二是2018年年中出台减税政策在2019年的翘尾新增减税2 652亿元；三是2018年到期后2019年延续实施政策新增减税37亿元。

其中小微企业成为减税降费的重要目标。数据显示，今年第一季度，小微企业普惠性政策新增减税576亿元，其中提高增值税小规模纳税人起征点新增减税149亿元，放宽小型微利企业标准和加大企业所得税优惠力度新增减税287亿元，地方"六税两费"减征政策新增减税140亿元。

研究机构表示，对企业利润影响最大的是有关增值税的减税事项。增值税减税正式落地将直接利好企业盈利和现金流改善。2019年4月1日增值税减税正式实施，调降增值税率16%档至13%、10%档至9%。若以2018年为基数，并按照投入产出表进行估算，2019年该项的减税规模约为5 400亿元。

普通居民最关心的还是自己的"钱袋子"。2019年4月1日，国务院办公厅印发了《降低社会保险费率综合方案》，方案提出2019年5月1日起，缴费比率可降至16%。根据人社部等四部门的估算，2019年全年可减轻社保缴费负担3 000多亿元。5月1日开始，降低社保费率的政策举措实施，税务部门也将在确保企业"报好税"、优化纳税服务方面采取更多举措。伴随更多减税举措的落地，减税红利无疑将释放得更加充分。

有专家表示，从商业银行的角度来说，对企业减税降费进一步减轻了企业负担，提高了竞争能力，增强了企业盈利能力。近几年，银行对小微企业支持力度不够，很大部分原因是因为企业负担过重，财务报表难看，减负后的企业基本面会有所改善。

从广大居民的角度来说，对企业减税降负政策能让老百姓得到实惠，生产企业会对终端消费产品有所降价，比如4月1日，我国增值税减税政策正式实施后，制造业等行业现行16%的税率降至13%。最终都会让消费者受益。这一政策不仅惠及国内制造业，外企也同样受益。比如苹果手机在4月1日抢先公布了在中国销售的产品全面降价，各类产品的降价幅度很可观，多款产品全部降价，降价幅度平均为2.6%。国家的好政策，能够提高老百姓的消费积极性，有利于社会居民消费升级。

从企业的角度来说，减税降负政策体现了国家对实体经济的积极扶持，各类所有制企业普遍能从减税降费中受惠，而且政策效率很高，直达所有的市场主体。

减税降费措施，还将直接影响企业产品定价。对大规模消费品生产企业来说，影响最为明显，它们直接面对市场和广大的消费者群体，产品定价优势对于其市场竞争意义重大。很多企业将会考虑对产品降价，让利于客户和消费者，有的消费品生产企业甚至表示，预计产品降价幅度将与增值税减税3%的幅度大致相当。

机构预计：减税降费拉动我国GDP增速明显国盛证券估计，从A股整体的情况来看：本次增值税的减税规模约在1 200亿元，A股整体实际增值税税率下降1.2%，减少税负规模占净利润的比重约为3.2%。

减税的绝对规模前七的行业依次为：化工、采掘、商业贸易、医药生物、汽车、电子、家电，减税规模分别为337亿元、295亿元、194亿元、180亿元、180亿元、145亿元和96亿元。

实际增值税税率下调前七的行业依次为：商业贸易、有色金属、电子、汽车、国防军工、钢铁、化工，分别下降了8.6%、4.8%、4.8%、4.3%、3.9%、3.9%和3.8%。

税负减少规模占净利润前七的行业依次为：商业贸易、军工、采掘、有色金属、化工、电子、医药生物，占比分别为39.4%、22.6%、20.6%、17.6%、17.2%、17.1%、15.8%。

民生证券认为，减税降费合计可拉动2019年GDP增速0.8个百分点。同时测算个税减税带动消费扩张232亿元，拉动GDP增速0.26个百分点；增值减税降低有效税率0.78个百分点，拉动GDP增速0.27个百分点；社保费率下降和其他降费相当于降低企业所得税有效税率1.14个百分点，拉动GDP增速0.27个百分点。

中金公司预计，今年大规模的减税降费有望推动全年的消费增长，并从二季度开始提振企业盈利、对企业的减税效应在三季度左右达到高峰。同时，从个税改革的分阶段影响来看，二季度的消费环比提速可能最超预期。

太平洋证券预计，随着减税降费的落定，国内整体经济将逐步回暖，制造业投资有望加速回升，根据对于整体机器人、注塑机等产业链草根调研，太平洋证券预计到今年下半年，整体制造业投资将会明显回暖。

国盛证券估算，从A股整体的情况来看：本次增值税的减税规模约在1 200亿元，A股公司整体实际增值税税率下降1.2%，减少税负规模占净利润的比重约为3.2%。从行业的情况来看：上游周期（主要为化工、采掘、有色）和下游消费（主要为商业贸易、汽车、医药）受益较多。

发改委全速推进减税降费措施 预计今年减负规模近3 000亿元

（来源：《证券日报》　作者：苏诗钰　2019年7月17日）

今年5月份国家发改委和财政部印发了《关于降低部分行政事业性收费标准的通知》，自7月1日起降低部分行政事业性收费标准，预计将为企业和群众减负3 000亿元。7月16

日，国家发改委政策研究室副主任兼新闻发言人孟玮表示，按照国务院第43次常务会议的部署，国家发改委会同国务院有关部门进一步清理行政事业性收费，通过降低一般工商业电价、降低部分行政事业性收费等措施，进一步降低实体经济运行的成本。

关于降低一般工商业电价。从今年7月1日开始，国家发改委组织实施的第二批降电价的措施正式开始执行。加之4月1日开始执行的第一批降电价的措施，两批措施累计降低企业用电成本846亿元，其中降低一般工商业企业用电成本810亿元，全面完成了《政府工作报告》提出的"一般工商业平均电价再降低10%"的任务要求。

关于降低部分行政事业性收费标准。主要的措施包括国家发改委会同财政部降低了部分出入境证照类的收费标准，降低了部分商标注册的收费标准，降低了部分无线电频率占用费的标准；配合财政部减免不动产登记收费，加大专利收费减缴力度。相关文件已经印发实施，7月1日正式执行，共计减负金额约60亿元。

此外，加上发改委联合交通运输部实施的清理规范港口、铁路、机场等物流收费，工信部实施的降低电信资费，今年预计将为企业和群众减负近3 000亿元。

关于降成本工作进展，孟玮表示，一方面，安排部署年度任务并积极推动落实。会同工业和信息化部、财政部、人民银行联合印发《关于做好2019年降成本重点工作的通知》，提出8方面27项任务，目前各单位正在抓紧推进落实。国务院常务会议审议的降低制造业增值税税率、进一步清理规范涉企收费、延长阶段性降低失业和工伤保险费率、再降低一般工商业平均电价10%等一大批降成本政策陆续出台。

孟玮表示，另一方面，积极宣传推广地方典型经验。近期，组织召开全国降成本工作经验交流现场会，推广地方和企业典型做法。比如，北京充分运用再贴现、再贷款等工具和"先贷后借"模式，引导金融机构加大对小微和民营企业的支持力度；浙江实行城镇土地使用税差别化减免政策；重庆通过设立民营企业纾困基金，扩大信用贷款试点范围等方式加大金融支持力度，均取得了较为显著的成效。下一步，将督促地方抓好相关任务的落实，切实将降费红利及时传导到终端用户。

驻国家发改委纪检监察组强化监督　推进减税降费政策落地落实［见二维码3（3-19）］

发改委：促进民营经济发展　做好减税降费等3方面工作［见二维码3（3-20）］

强化逆周期调节　坚决不搞强刺激［见二维码3（3-21）］

二维码3

交通运输部徐亚华：落实减税降费政策，进一步降低物流成本

（来源：快资讯网　2019年10月19日）

10月19日，2019第四届中国物流与供应链金融峰会暨第三届中国商贸物流银行联盟峰会在郑州开幕，交通运输部运输服务司司长徐亚华现场高度称赞本届峰会的举办。

他认为，峰会为金融、物流等行业学习借鉴先进技术和管理经验、引领行业发展方向、

促进我国物流与供应链行业间的交流合作，提供了一个非常好的平台，更是各界了解物流与供应链产业发展的重要窗口和引领产业发展的风向标。

徐亚华认为，今年9月国务院发布的《交通强国建设纲要》对我国交通运输业发展描绘了蓝图，注入了新的发展动力，同时对打造绿色高效的现代物流明确提出了要求，各相关行业应仔细研究学习。

对于《交通强国建设纲要》提出的标准要求，徐亚华现场总结，首先是优化运输结构，加快推进港口集疏运铁路、物流国企及大型工矿企业铁路专用线等重点项目建设，推进大宗货物及中等距离货物运输向铁路和水运有序转换；推动铁水、公铁、公水、空路等多式联运发展，推广跨越式快速换乘转运标准化设施设备，形成统一多式联运标准和规则；发挥公路货运门到门的优势，推动传统道路货运转型升级和高质量发展。

此外，应完善航空物流网络，提升航空货运效率，发挥航空货运在快递、高附加值及鲜活产品中的作用；推进电商物流、冷链物流、大中物流、危险品物流及专业化物流的发展；促进城际干线运输与城市末端配送有机衔接，鼓励发展集约化配送模式。

徐亚华认为，应综合利用多种资源，加快交通运输、邮政快递、商务供销等行业的融合，加快建设县、乡、村三级农村物流网络，促进城乡发展；发展互联网高效物流，促进网络货运健康规范发展，创新智慧物流营运模式。同时落实减税降费政策，推进高速公路收费改革和差异化收费，降低物流成本。

更加积极发挥失业保险稳就业功能作用——2019年全国失业保险工作座谈会召开［见二维码3（3-22）］

二维码3

前10月减税降费效果持续显现 财政收支运行呈现三大特点

（来源：财政部网站 2019年11月21日）

11月19日，财政部公布今年前10个月财政收支情况。1—10月累计，全国一般公共预算收入167 704亿元，同比增长3.8%，增幅比去年同期回落3.6个百分点。全国一般公共预算支出190 587亿元，同比增长8.7%，增幅比去年同期提高1.1个百分点。

前10个月财政收支运行呈现三大特点

特点一：减税降费效果持续显现，相关税收同比下降

1—10月，全国税收收入141 514亿元，同比增长0.4%，累计增幅比1—9月提高0.8个百分点。当月税收收入增幅回升，主要是去年四季度考虑将出台更大规模的减税降费，为及早支持企业纾困解难，税务部门依法办理部分税款延期缴纳，导致去年同期收入基数较低。扣除此因素后，当月税收收入下降4%左右，延续了5月份以来持续负增长的态势。主体税种同比下降或小幅增长：国内增值税增长3.2%，比去年同期回落7.1个百分点，主要受去年降低增值税税率政策翘尾和今年增值税新增减税效果进一步放大等影响；企业所得税增长5.6%，比去年同期回落4个百分点，主要受提高研发费用税前加计扣除比例、小微企业普惠性税收减免，以及企业利润同比下降等影响；个人所得税下降28.6%，主要是去年提高起征点、调整税率的政策翘尾和今年增加6项专项附加扣除的减税效应叠加释放；进口货物增值税、消费税下降9.2%，主要受下调进口货物增值税税率等影响。各地全部顶格按50%税率减征小规模纳税人"六税两费"（具体包括资源税、城市维护建设税、房产税、城镇土地使用税、印花税（不含证券交易印花税）、耕地占用税、教育费附加、地方教育费附加），1—10月"六税两费"合计下降0.4%。

特点二：多渠道盘活国有资源资产增加非税收入，涉及降费政策的有关收入继续下降

1—10月，全国非税收入26 190亿元，同比增加5 581亿元，增长27.1%。增幅高，主要是通过特定国有金融机构和国企上缴利润，以及多渠道盘活国有资源资产等方式增加非税收入。其中：国有资本经营收入5 902亿元，同比增加4 088亿元，增长2.3倍，拉高全国非税收入增幅20个百分点。主要是特定国有金融机构和央企上缴利润4 655亿元，同比增加3 175亿元；地方也积极采取国企上缴利润等方式增加收入。国有资源（资产）有偿使用收入6 454亿元，同比增加965亿元，增长17.6%，拉高全国非税收入增幅5个百分点，主要是地方行政事业单位资产等非经营性资产收入集中入库。以上两项合计增收额占全国非税收入增收额的91%，拉高全国非税收入增幅25个百分点。同时，行政事业性收费收入在去年同期大幅下降18.6%的基础上，今年1—10月仅增长0.2%。7月1日起降低无线电频率占用费、商标注册收费等部分行政事业性收费标准，相关收入大幅下降：1—10月，工业和信息产业行政事业性收费下降53%，市场监管行政事业性收费下降31.6%。

特点三：财政支出保持较快增长，重点支出预算执行情况良好

各级财政部门面对减税降费带来的减收压力，积极主动作为，努力挖潜增收，保持较高的财政支出强度，支持国家的重大战略、重点改革和重要政策措施落地。1—10月，全国一般公共预算支出同比增长8.7%，增幅比去年同期提高1.1个百分点，比预算增幅（6.5%）高2.2个百分点。其中：中央一般公共预算本级支出27 577亿元，同比增长9%；地方一般公共预算支出163 010亿元，同比增长8.7%。分项目看，1—10月，教育、科学技术支出分别增长9.2%、10.9%，社会保障和就业、卫生健康支出分别增长8.7%、9.9%，节能环保支出增长15.2%，城乡社区支出增长11.3%。

积极采取措施应对财政收支平衡压力

财政部有关负责人表示，今年以来，面对实施更大规模减税降费带来的财政减收，各级财政部门认真贯彻落实党中央、国务院决策部署，积极采取措施实现财政收支平衡。

一是多渠道筹集资金弥补减收。中央财政按照年初预算安排，采取增加特定国有金融机构和央企上缴利润、加大预算稳定调节基金调入力度、适当增加中央财政赤字等措施弥补减收。地方财政也统筹采取盘活国有资源资产、加大预算稳定调节基金调入力度等方式筹集收入。

二是大力压减一般性支出。今年中央部门带头压减一般性支出5%以上，除重点、刚性项目外，其他项目支出平均压减幅度达到10%。在严格落实年初既定的一般性支出压减5%的基础上，部分地区主动加大压减力度，节省更多资金用于支持重点建设和民生改善。

三是硬化预算执行约束。为确保预算平衡目标实现，中央财政带头把紧预算关口，严格控制预算追加事项，除应急救灾等支出外，执行中原则上不再出台增支政策，必须出台的政策通过以后年度预算安排解决。各地也将严控预算追加作为今年工作重点，避免因追加预算冲击预算平衡。

四是加强"三保"等重点支出保障。为缓解地方收支压力，支持地方财政平稳运行，今年中央财政加大了对地方转移支付力度，比上年增长9%，力度是近几年最大的。在财力

吃紧的情况下，地方财政也在大力调整支出结构，切实加强预算管理，大力保障"三保"等必保支出。

下一步，财政部将坚持不懈做好2019年财政收支预算管理，确保全年财政收支运行平稳，为经济持续健康发展和社会大局稳定提供坚强物质保障。

前10个月地方一般公共预算本级收入增幅同比回落3.8个百分点

财政部有关负责人表示，1—10月累计，地方一般公共预算本级收入87 042亿元，同比增长3.3%，增幅同比回落3.8个百分点。据了解，受减收影响，目前湖北、重庆、吉林已按预算法规定调整省本级预算，主要是减少预算总支出、调入预算稳定调节基金；其他地区部分市县也调整了预算。下一步，财政部将继续密切关注地方预算执行情况，督促地方实现全年预算平衡，如有必要及时调整预算。

培育壮大文旅消费新动能［见二维码3（3-23）］
北京营商环境显著改善［见二维码3（3-24）］
商务部市场运行司负责人谈2019年前三季度消费市场运行情况［见二维码3（3-25）］
国务院报告：2018年跨境电商零售进出口202.8亿美元［见二维码3（3-26）］

二维码3

中共中央　国务院发布《关于推进贸易高质量发展的指导意见》推进贸易与环境协调发展［见二维码3（3-27）］

央行上海总部推进减税降费政策性退库工作

（来源：新浪网　2019年5月13日）

为深入贯彻落实中央减税降费政策，持续优化营商环境，有效服务社会民生，中国人民银行上海总部秉持为民服务理念，及时回应纳税人所需所急所盼，协同上海市财税部门，克服时间紧迫、业务量巨大的困难，采取一系列有效措施，加快减税降费政策性退库办理速度，最大程度方便纳税人，确保优惠政策不折不扣落实到位。经过多方共同努力，截至4月底，上海市国库系统共办理减税降费退库业务13余万笔，累计金额达5 492万元，切实保障了符合条件的纳税人及时足额享受减税降费政策红利，让企业和人民群众有实实在在的获得感。

今年，国务院和上海市政府先后颁布多项减税降费政策，扎实推进普惠性减税与结构性减税并举。上海市政府为深入推进"一网通办"改革，进一步整合优化办事流程，提升协同服务能力，提出围绕企业和群众高效办成"一件事"，推进100个业务流程优化再造需求，将办理退税作为其中一项重要工作。人民银行上海总部紧紧围绕中央和地方制度政策要求，有序、快速、准确办理涉及减税降费的退库业务。

据税务部门估计，上海市应享未享纳税人20余万户，涉及退库业务70余万笔。为提升退税效率，简化手续，税务部门按照同一纳税人合并，合并后仍有20余万笔，其中单笔金额在1万元以下的占比约90%。人民银行上海总部国库部门与税务、财政部门密切配合、协同联动，采用简化退库办理资料、专设批量退库电子通道、加强业务人员配备、协助查询账户信息等措施，加快减税降费退库业务办理速度，充分保障了纳税人及时享受政策红利。

为在保证资金安全的前提下尽快完成退库工作，人民银行上海总部会同市税务局、市财政局紧急成立了减税降费退库工作领导小组和工作小组，确立了"全面宣传、主动退税、简化资料、批量办理"的工作策略。一方面，通过综合运用普惠性舆论引导、精准告知、退税提醒通知等方式，加强对纳税人的宣传引导工作；另一方面，采取由纳税机关核实纳税人情况后，主动发起退库的方式，并简化退库办理资料，由税务部门提供收入退还书和汇总审批签报，通过电子化系统提交国库部门批量办理。

为确保此次减税降费退库资金快速、及时、准确发放，人民银行上海总部国库部门组织代理支库管辖市分行加班加点，在最短时间内，应急完成对税库横向联网电子退更免系统的优化升级，实现了批量下载退还书信息、批量审核退库资料、批量验印等功能，并通过批量导入 TBS 系统完成记账手续，真正实现全程信息化、网络化、无纸化，确保减税降费退库"跑道"安全、畅通、高效。

三、税收征管和技术保障助力减税降费的举措

新税务便民春风添力　新服务纳税人得实惠
——税务总局启动 2019 年"便民办税春风行动"

（来源：国家税务总局办公厅　2019 年 2 月 20 日）

今年是全国税务系统自 2014 年以来连续开展"便民办税春风行动"的第六年。2 月 20 日，主题为"新税务·新服务"的 2019 年"便民办税春风行动"正式启动，《国家税务总局关于 2019 年开展"便民办税春风行动"的意见》对外发布。在国税地税合并后新税务的开局之年，今年的"便民办税春风行动"围绕减税降费政策落地、办税提速增效、改善"线上""线下"服务渠道、推动税收协同共治等方面出台 4 大类 13 项 52 条便民办税服务举措，坚持问题导向，充分展示新机构、新服务、新形象，持续优化税收营商环境，不断提升纳税人和缴费人满意度、获得感。

新坐标："组合拳"围绕减税降费打

确保减税降费政策措施落地生根是 2019 年税收工作的主题。与往年相比，今年的"便民办税春风行动"突出减税降费重点，集成推出了 22 条具体举措，既有政策性措施，又有服务性措施，全力推进减税降费政策落实。

——切实落实减税降费措施。充分发挥税务总局和各省级税务部门减税降费工作领导小组统筹协调作用，出台一系列配套文件，在小微企业普惠性减税、初创科技型企业税收优惠、境外投资企业所得税减免优惠、个人所得税改革社会公众参与等方面下功夫，确保税收

优惠政策应知尽知、应享尽享。

同时，加强税收经济分析，确保减税降费取得实效。"税务部门首次将税收经济分析工作纳入便民办税春风行动。"据税务总局收入规划核算司巡视员刘新利介绍，"各省级税务部门也要每季度定期开展税收经济分析，确保及时发现和解决减税降费政策措施执行中存在的问题"。

——纳税人报送资料再精简25%以上。精简报送资料是落实减税降费政策一项重要的服务性举措。2018年底，税务总局清理了20项税务证明事项，切实精简企业和个人办税需提供的有关证明。在此基础上，税务部门将在2019年3月底前再取消一批税务证明事项，实现2019年底前对纳税人向税务机关报送的资料再精简25%以上。

——多措并举优化发票办理。发票办理是纳税人办税的堵点、痛点，也是兑现纳税人享受减税降费政策的关键点。2019年，税务部门将推出一揽子优化发票办理的便利举措，确保增值税优惠政策落地见效。

自2016年将住宿业、鉴证咨询业、建筑业等5个行业纳入小规模纳税人自行开具专用发票试点范围以来，节约了纳税人往返税务机关的办税时间，推动了小微企业发展，社会各界反响良好。

租赁和商务服务业，科学研究和技术服务业，居民服务、修理和其他服务业等行业今年也纳入试点范围。税务总局货物和劳务税司副司长张卫表示，"这3个行业的小微企业集中、代开需求量大、虚开风险较低，纳入试点有利于进一步激发市场主体创业创新活力。"新政明确，试点行业的小规模纳税人自开增值税专用发票，将不再受月销售额标准10万元和季度销售额30万元的限制。

为进一步优化办税流程，除了特定纳税人及特殊情形外，取消增值税发票抄报税，改由纳税人对开票数据进行确认，最大限度减轻纳税人负担。

此外，2019年3月1日起，所有一般纳税人均可通过网上平台选择确认抵扣增值税发票，不受纳税信用级别的限制，将大大节省纳税人前往办税服务厅认证的时间。

2019年税务部门将继续加大电子发票推广力度，在税控开票软件中增加电子发票开具功能，开展税务机关网上代开增值税电子普通发票试点，并将取消增值税发票认证的纳税人范围扩大至全部一般纳税人，进一步解决纳税人发票办理难题。

——建立纳税人诉求快速反应机制。围绕纳税人关注热点和投诉反映突出问题，税务总局将在2019年上半年开展全国纳税人需求调查，进一步拓展征纳沟通渠道，增进征纳理解互信，有效减少因政策理解不一致、信息不对称等原因造成的纳税服务投诉。不断完善纳税人诉求和意见受理快速反应机制、协调沟通机制、问责机制，努力做到在政策落实的过程中，纳税人遇到的问题随解随答、有求必应、快速响应。

新速度：让办税事项更少、环节更简、渠道更多

构建优化高效统一的税收征管体系，是改革国税地税征管体制的重要目标之一。为展示新机构新税务新气象，今年的便民办税春风行动在提速增效方面提出21条措施，主要通过优化流程提速、申报缴税提速、系统整合提速，让事项更简、办税更易。

——70%以上涉税事项"最多跑一次"。2018年，税务部门已经实现了50%以上本级《纳税人办税指南》中所列事项一次办结。税务总局纳税服务司司长孙玉山介绍，税务部门在2019年底前将实现70%以上涉税事项一次办结，纳税人可全程网上办理或最多只需要到税务机关跑一次。

据介绍，2019年税务部门将持续推行纳税人"承诺制"容缺办理和纳税申报"提醒纠错制"，还将升级税企沟通方式，加强大企业复杂涉税事项政策服务，选择部分大企业集团，签订税收遵从合作类协议并加强跟踪服务，满足大企业个性服务需求，助力大企业持续发展。

"大企业集团成员单位多，财务人员多，办税工作量大。税务部门充分考虑大企业集团的实际情况，主动提供个性化服务，针对性很强。"广西洋浦南华糖业集团股份有限公司负责人冯小华说。

——纳税申报、税费缴纳、出口退税服务全面升级。西南财经大学教授汤继强表示，纳税人和缴费人感受最深的就是办税的便利程度，这需要税务部门从优化申报、缴纳、退税等环节同步进行优化。

为了进一步规范个人所得税申报流程，税务总局将持续完善信息系统，压缩纳税人办理申报业务时间。在税费缴纳方面，推动自然人以统一身份、统一代码缴纳个人所得税、社会保险费和相关非税收入，提供"线上""线下"多渠道缴纳税费服务，并通过第三方非银行支付机构缴纳税费，为自然人办理缴纳税费提供便利。

同时，税务部门审核办理正常出口退税的平均时间将压缩至10个工作日以内，实现申报、证明办理、核准、退库等业务网上办理，推广标准版国际贸易"单一窗口"出口退税申报功能，推动退税申请、退税审核、退库业务实现全流程网上办理，为外贸企业，尤其是中小企业创造更加利好的发展环境。

——"线上""线下"多渠道轻松办税。在总结吸收近年改革经验成果的基础上，税务总局制定出台《全国税务系统深化"放管服"改革五年工作方案（2018—2022年）》，明确指出要构建强大稳定、智能高效的税收信息化体系。

税务总局征管和科技发展司副司长付扬帆介绍，随着个人所得税改革的落地推进，税务总局将优化个人所得税办税软件功能，提示扣缴义务人或纳税人修正，减少填报错误。税务部门还将通过拓展PC端、手机端、自助端等多种"线上"办税渠道，为纳税人提供全方位、多维度的服务。

"个税App页面简洁实用，政策显示清晰，随时随地都能进行掌上操作。"安徽天康集团有限公司财务负责人赵可华在体验个税App后分享了他的感受。

税务部门还将进一步改善"线下"服务渠道，持续推进"一门办"，到2019年12月底前，在地方政府的支持下，除对场地有特殊要求的事项外，税费事项进驻综合性实体政务大厅基本实现"应进必进"。

新环境：协同共治营造优质税收营商环境

2018年，税务部门全面深化"放管服"改革，税收营商环境持续优化，世界银行发布的《2019年营商环境报告》显示，我国纳税指标排名比上年提升了16位。2019年，持续优化税收营商环境依然是税收工作重点，今年便民办税春风行动专门推出9条措施，借助社会各方面力量，进一步压缩办税时间、办税次数，努力提升我国税收营商环境竞争力。

——提升纳税信用含金量服务小微企业发展。"银税互动"活动自2015年开展以来，各地税务、银监部门和银行业金融机构通力合作，树立褒扬诚信的价值导向，将企业的信用资产转化为有形资产。孙玉山表示,2019年税务部门进一步深化"线上"银税互动合作机制,实现贷款的申请、审批、放款均在"线上"完成,切实解决小微企业融资难、融资贵的问题。

——推动多部门信息共享提高征管效率。2019年,税务部门将继续强化与房地产管理部门协作,整合房地产交易、办税、办证业务流程,推动完善跨部门业务联办。同时,扩大车辆购置税电子完税信息办理车辆登记业务的试点范围,建立车船税全国税务直征数据库并与保险部门数据共享,实现与市场监管部门清税结果数据互联共享。

——加强专业机构监管提升涉税服务水平。涉税服务专业机构作为社会共治的重要力量。今年,税务部门将严格落实涉税专业服务实名制,实施信用评价与信用积分管理,增强涉税专业服务信息公告力度,加大对"黑中介"的打击力度,构建有利于税收共治的社会环境。

在启动仪式上,国家税务总局副局长任荣发强调,针对2019年便民办税春风行动重点举措实施和活动开展过程中遇到的新情况新问题,各级税务机关要不断完善提示提醒、协调解决机制,找差距、补短板,确保便民办税春风行动落细落实,确保减税降费政策落地生根,不断优化营商环境,努力提升纳税人和缴费人的满意度和获得感。

减税降费新政实施首个征期　纳税人体验便捷办税［见二维码3(3-28)］
航天信息:助推"减税降费"改革［见二维码3(3-29)］

二维码3

税务部门的这些"神器"助力减税降费落实落细

(来源:国家税务总局网站　2019年7月25日)

今年以来,在推进各项减税降费举措落实的过程中,税务部门不断优化、升级各项服务,推出"小微企业减税辅助监控信息化平台""减税云课堂""一站式"服务等有针对性的服务举措,进一步便利纳税人享受优惠政策,增强纳税人、缴费人的获得感。

上海:减税降费落实全程监控

"没想到仅一字之差,公司险些错过享受小微企业税收优惠的机会,幸亏税务部门的'神器',帮我们公司享受到了险些错过的12万多元税收红利!"上海银汀创新不锈钢发展有限公司财务经理王晓感激地说。

王晓所说的"神器",是国家税务总局上海市松江区税务局新近开发运行的"小微企业减税辅助监控信息化平台"。

"确保企业能享受到每一项符合条件的减税政策,其背后是对数字的精准把握。"松江区税务局企业所得税科副科长王欢介绍,"在小微企业普惠性减税政策实施后的首个申报期,我们发现,企业能否应享尽享税收优惠的关键,是能否正确填写申报表。这个平台的作用,正是通过对企业季度申报数据、财务报表数据进行的交叉性和连续性比对,监控企业季度申报和年度汇缴优惠政策享受情况,并跟踪记录后续的核实和处理结果,实现政策落地的全流程管理"。

上海银汀创新不锈钢发展有限公司就是在申报表报送没多久,被该平台的大数据实时扫描功能自动抓取到了疑点数据。

税务人员发现,这是一家从事金属制品加工、销售的高新技术企业,申报的应纳税所得额约为150万元,但是季初、季末的资产总额畸高,分别为4 760亿余元和2 660亿余元。由于资产总额超过小微企业标准,该企业只享受到高新技术企业税收优惠政策,减免税额约15万元。

税务人员立即向企业核实疑点数据。原来,企业财务人员在填写申报表时,误将单位万元当成了"元",仅一字之差,造成了资产总额填报畸高。实际上,企业的真实资产总额并没有超过小微企业资产总额5 000万元的标准。

最终,在税务人员的辅导下,企业财务人员在网上进行了更正申报,享受到小微企业优惠,减免税额增加到了约27万元。

据了解,"小微企业减税辅助监控平台"只是松江区税务局"减税降费辅助监控平台"整体系统下的一个子系统。今年,国家实施更大规模减税降费措施,该局就开始着手自主研发"减税降费辅助监控平台",其中囊括了增值税、地方"六税两费"、企业所得税等各个涉及优惠政策的税种。

王欢告诉记者:"'减税降费辅助监控平台'可实现'应享未享'税收优惠政策和'不应享已享'税收优惠政策两个维度的双向监控,提供涵盖单户企业申报、财务报表数据等内容的体检报告。通过数据滚动筛选,并对历年来企业申报易填错的情形进行研究,找出其中的比对逻辑来综合设计数据监控流程,从而实现监控全方位、企业全覆盖。"

有了系统给出的风险提示,税务部门一方面可以及时发现企业申报中存在的问题,开展提醒和辅导,为企业提供个性化服务,确保优惠政策应享尽享;另一方面,能及时开展中低风险排查,防止税收优惠适用错误,帮助企业及时化解纳税风险,充分落实政策落地与风险防范的双重工作要求。

王欢介绍说:"'减税降费辅助监控平台'将风险管理前置到事前、事中环节,可以在申报期内实时监控,也有效规避了事后监控处理过程中'不应享而享'企业补税后加收滞纳金的风险。这样通过服务加管理并行的方式,确保企业准确享受优惠、减税降费政策落地生根。"

浙江:"减税云课堂"企业很受用

今年大规模减税降费政策实施以来,为确保纳税人尽快掌握、了解政策,推进减税降费政策措施落地见效,国家税务总局浙江省税务局依托全省统一的征纳沟通平台,搭建基于数据云的纳税人学堂,让全省纳税人能够"足不出户"轻松学习减税降费最新政策。2019年以来,全省各地市已有165万纳税人加入网上纳税人学堂,享受"云上课堂"带来的便捷服务。

"尽管在出差,但是税务的课程一节不落,在高铁上就能观看纳税人学堂直播课程,没时间还可以保存下来抽空看。"中国水产舟山海洋渔业有限公司财务经理王芳是税务"云上课堂"的忠实观众,出差路上打开手机收看课程直播,并满意地点了一个赞。

据悉,"云上课堂"与线下实体课堂结合,可随心切换教学模式,突破了传统课堂的时空限制,整合了多元化多类型的教学资源,扩大了受众覆盖面。同时,浙江省税务局还将大数据技术应用于庞大的纳税人需求分析、涉税信息数据分析上，通过建立"一体化"纳税服务平台，分别设置"新手上路""新政解读""减税降费""优惠政策""风险提示"等专栏，由"业务骨干＋社会力量"组成税务培训专家团，设立多样化的"税课超市"，纳税人可以根据需求任意"选择"。

申报期前夕，舟山港综合保税区的纳税人学堂，把一场由5 000多家企业财务人员和1 000多名税务干部共同参与的减税降费培训搬到了"线上"，在线直播的形式让单次培训的受众面迅速扩大。随着直播的进行，越来越多的纳税人加入直播观看。"这样的线上直播方式，我们非常欢迎啊！现在还可以观看舟山地区税务局举办的培训，省时方便，还能及时掌握更多政策。"金华今飞控股集团有限公司的财务总监金群芳在自己办公室观看完直播后坦言，直播形式的课程让他能够更加通俗地理解政策、适用政策。"上半年公司就享受到普惠性优惠的20万元税收减免，我在申报过程中产生的不少疑问，在看直播时就得到了解答。"

据悉，"云上课堂"的课程直播目前已经实现了跨区域联动——更丰富的培训资源、更生动的培训案例和更无阻碍的课程交流，跨区域合作联动真正实现"1＋1＞2"的效果。

为了使"云上课堂"的教学效果更有保障，浙江省税务局进一步完善征纳沟通平台的智能机器人"税小蜜"功能，确保智能机器人随时能为纳税人提供咨询难点问题、获取税收政策文件等"一站式"服务。自"税小蜜"上线以来，已经接待纳税人11万余次，日均接待量达2 394人次。

同时，浙江各地税务部门还成立了专业问题解答团队，如杭州拱墅区的"小税滴"、金华永康的"小范问税室"、舟山市局的"税收政策辅导青年专家团"、台州黄岩区的"税小橘"、舟山市普陀区的"向俊工作室"……这些专家团队依托业务骨干和社会化协作，注重税企共同参与和体验，改变传统沟通方式，与纳税人建立一种前所未有的互动模式，不仅增进了学员和老师的课内外互动，也使纳税人在学习过程中真心感受到贴心的服务和愉悦，形成了教学相长的良性模式。

甘肃：减税降费探索"一站式"服务

项目落地时由专人和团队提供"点对点""一对一"个性化精准"管家式"纳税服务；项目落地后符合税收优惠政策条件的纳税人可足不出户"坐享"优惠服务——甘肃省税务部门从今年4月1日起，为省、市、县三级政府确定的重点项目和全省重点招商引资项目提供全过程"项目管家"纳税服务，同时，从5月1日起，全省纳税人享受税收优惠政策实行"不来即享"兑现机制，将税收优惠事项从"最多跑一次"提档升级为"一次也不跑"。

国家税务总局甘肃省税务局局长杨勇表示，探索全过程"一站式"税务服务，推进便民办税，将对全面落实减税降费政策，优化税收营商环境，提升纳税人满意度和获得感具有重要作用。

"项目管家"纳税服务根据重点建设项目不同阶段需求，出台了13项具体的服务举措，包括项目建设初期，提供管家团队直接送政策上门，点对点政策辅导培训等；项目实施后为办理各类涉税事项提供便利，提速办结时效，压缩办税流程等；纳税人缴纳税款后压缩重点纳税服务投诉处理时限，提高"银税互动"重点项目纳税人受益户数比例和纯信用贷款比例等。

"纳税和享受优惠通过网络就能办理，给我们带来了极大方便，节约了时间，也节约了人力物力财力。"酒泉钢铁（集团）有限责任公司集团税费管理业务总监刘永梅说。

税收优惠"不来即享"是税务机关依托电子税务局，对符合政策规定条件的纳税人实现税收优惠事项办理"自行申报、网上处理、先行享受、后续监管",使纳税人足不出户就"坐享"税收优惠政策的工作机制和流程。通过建立税收优惠政策代码库,利用信息技术手段,实现税收优惠信息采集与申报纳税数据无缝对接,同步实现网上直接申报、自行享受优惠,全面取消事前报送资料,从根源和流程上消灭"旋转门""玻璃门"的滋生余地,更大程度地发挥政策时效性和对经济发展的引导作用。

随着各项减税降费政策的逐步实施,减税规模逐月扩大。目前,甘肃21个行业大类均有税收减免,12个行业减税规模过亿元,其中制造业、批发零售业和建筑业位列减税规模前3位,分别占到减税总额的22%、20%、13.2%。非公经济减税规模占总减税规模的78.2%。

二维码3

2019　便利纳税人　服务无止境　[见二维码3(3-30)]
甘肃税务研发减税红利监控系统　[见二维码3(3-31)]

依托数据管控　提升征管效能

(来源:《中国税务报》记者:王梓炯　虞立教　2019年10月25日)[内容有删节]

今年以来,大规模减税降费政策密集落地,如何确保政策红利落实到位,成为税务工作的重中之重。浙江省税务局积极发挥大数据和风险管理局的数据集中优势,为减税降费政策落地生效保驾护航。

该局第一时间成立由大数据和风险管理局牵头,收规处、各税政业务处室参与的风险分析团队,集中抽取"金三"系统、电子税务局等产生的数据,开展减税降费政策落实和风险分析工作。通过构建"应享未享""不应享多享"两大专业风险模型,反复打磨取数口径,累计对1 000多万条申报数据进行加工,排查出"应享受未享受"疑点清册,涉及企业58万户。建立减税降费提示提醒长效机制,对纳税人相关数据定期验证和扫描分析,及时开展风险提醒,实现"滚动加工、持续推送",既提醒符合条件的纳税人应享尽享,又避免不符合条件的纳税人违规享受,维护了公平公正的税收环境。

发挥数据效应,提供经济决策支撑。税收数据是"经济晴雨表",是党委、政府科学决策的重要依据。依托大数据和风险管理局的"数据仓",积极开展税收大数据分析,深入发挥数据增值效应,切实为减税降费、税制改革、经济分析决策等提供坚实数据保障。自新机构成立至今,大数据和风险管理局已累计完成数据查询分析244次,编写代码9.64万多行,高质量完成减税降费退税费测算、个税税制改革税负情况测算、小微企业税负情况测算、浙江省宏观税负情况分析、税收收入形势分析等重点数据分析任务,为落实税费政策和税收决策提供了数据支撑。

税"管家":减税降费提质效

"坚持信息化引领破解税收工作难题,税收工作延伸到哪里,电子税务就保障到哪里。"这是展会带给记者的另一个感受。今年以来,国家实施了更大力度的减税降费政策,"税收信息化助力减税降费落地生根",成为展会上的一道亮丽的"风景"。

税费优惠"一本通"、减税降费质量保障管家、减税降费政策魔方宝库、减税降费"惠知道"……"数字广东"展区的大屏幕上展出了一系列广东税务部门的减税降费"微创新"。据广东省税务局征管和科技发展处有关负责人介绍，该局从"优惠政策集成、政策精准推送、政策在线办理"等各个环节着手，形成了一批落实减税降费政策的信息化"小助手"。

在诸多"小助手"中，"减税降费质量保障管家"吸引了记者的注意，它以申报小秘书、巡逻卫士、减免铁账、惠享家和减税指数5个功能板块构建起集"提醒+监控+服务+考核+成效展示"为一体的减税降费落实信息化体系。其中，"申报小秘书"负责申报环节提醒和监控，提高申报准确度；"巡逻卫士"负责定期扫描疑点数据，实现任务扎口化管理；"减免铁账"为纳税人提供"无感"和"一键"退库体验；"惠享家"负责信息绑定、减免查询、减免提醒以及一键退税；"减税指数"是项目的二期工程，将推出减税分析指数和政策落实指数，主要用于科学评价减税降费质效。

"峰会召开前夕，福建省减税降费监控平台成功上线试运行。"国家税务总局福建省税务局有关负责人介绍，该平台将大数据、风险管理理念引入减税降费政策落地全过程，通过对接"金税三期"查询库，借助23个监控指标对纳税人应享受而未享受、不应享受而享受税收优惠政策的风险点进行监控，实现了落实减税降费工作风险点事前预防、事中控制和事后治理的闭环式管理。截至5月8日，该平台共扫描问题数据121 220户次，化解风险点17 277户次。

减税降费广东佛山顺德样本：清清楚楚缴税款、明明白白享优惠、真真切切获红利［见二维码3（3-32）］

二维码3

四、各地落实减税降费的做法

各地减税降费政策陆续出台

（来源：《经济参考报》《山西日报》《南方日报》 2019年1月29日）

更大规模的减税正迎来更大力度的推进。仅今年1月的前三周，就有多个减税降费新政落下实锤，财税部门接连出台十余份涉及减税的政策细则和解读文件，涵盖小微企业普惠性所得税、小规模纳税人免征增值税、创投企业个人合伙人个税优惠、农产品批发市场房产税等内容。

当前，推进深化增值税改革、降低社会保险费率等一系列举措正在研究中。与此同时，地方版减税的"自选动作"也步入落地期，浙江、山西、广东等省份日前发布地方税费减征幅度政策，均一次用足"50%幅度"。

在去年1.3万亿元减税降费的基础上，今年我国将实施更大规模的减税和更为明显的降费。国家税务总局多次开会、发文，强调确保减税降费政策落地生根。1月17日召开的全国税务工作会议,将落实减税降费作为今年税收工作的重中之重。

在中央部门层面减税"规定动作"密集发布的同时,地方版"自选动作"也在紧锣密鼓推进。

1月23日,浙江省财政厅、浙江省税务局联合下发《关于浙江省贯彻实施小微企业普惠性税收减免政策的通知》,按50%的最高幅度来减征地方税费,送出新年第一波减税降费大礼包。

同日,山西省财税部门明确了两项税费减负政策,按照最大幅度50%减征增值税小规模纳税人地方税费,将全省城镇土地使用税税额标准按现行标准的75%调整。

1月25日,广东省财政厅、广东省税务局正式发布《关于我省实施小微企业普惠性税收减免政策的通知》,明确按照最大幅度50%减征增值税小规模纳税人"六税两费"。

当前,各省份税务机关正积极配合当地财政部门研究对增值税小规模纳税人在50%幅度内减征相关地方税种和附加的政策方案,按要求及时制发操作文件并抓好后续落实。

下一步,减税降费还将迎来一系列新举措,释放更多红利,包括推出深化增值税改革,继续推进实质性减税;全面实施修改后的个人所得税法及实施条例,落实好六项专项附加扣除政策,减轻居民税负;为精准反映减税降费政策实施效果,国家税务总局还将建立健全小微企业普惠性减税等政策措施实施情况的统计核算办法;同时,财税部门正在配合相关部门,积极研究制定降低社会保险费率综合方案,进一步减轻企业的社会保险缴费负担等。

"从目前已经出台的减税举措来看,都是大招、实招,而且行动迅速、落地很快。"中国社科院财经战略研究院副研究员蒋震对《经济参考报》记者表示,本轮减税降费是我国应对宏观经济形势推出的一系列重要对应措施之一,也是逆周期调节思路的重要表现。减税降费政策的逐步落地以及地方政府的积极推进将进一步稳定预期,激发市场主体活力,有利于培育新动能、稳定就业,促进经济实现高质量发展。

"在减税降费政策发布的基础上,税务部门进一步发文进行安排和强调,对于政策的有效实施将起到重要的保障作用。"北京国家会计学院财税政策与应用研究所所长李旭红对《经济参考报》记者表示,当前迫切需要了解减税降费所产生的效应,有助于更明确地获知哪些政策产生了积极效果,哪些政策还有进一步深入的空间,下一步政策的着力点应该在哪里,要回答这些问题均需数据支撑,做到"心中有数",才能精准施策。

关于地方可以在一些地方税种上进行50%幅度以内的减征,李旭红认为,地方可根据经济及财政资金的情况来安排。对于地方财力充足的省份而言,有效地用足减税额度,进行逆周期经济调节,扶持地方经济的发展,帮助地方企业渡过难关,带来可持续性发展,是具有长远发展观的举措。

二维码3

让企业轻装上阵!多地政府工作报告聚焦落实普惠性减税降费政策[见二维码3(3-33)]

各地两会聚焦激发市场活力：税要减费要降，企业上阵要轻装

(来源：《经济日报》 2019年2月14日)

各地政府分别从税收、社保、非税收入、纳税服务、营商环境等方面全面贯彻落实减税降费政策精神。可以预见，通过这一轮更大规模的普惠性实质性减税，能够为企业创造一个更好的发展环境，对于促进制造业、科技企业、小微企业等发展起到积极作用。

中央经济工作会议明确提出，积极的财政政策要加力提效，实施更大规模的减税降费。记者了解到，各省区市将落实中央更大规模减税降费政策作为今年工作重点，实行普惠性减税和结构性减税相结合，清理规范地方收费项目，着力激发市场主体活力。

写入各地政府工作报告

党中央、国务院高度重视减税降费工作，在以前年度推出一系列减税降费举措基础上，中央经济工作会议对2019年实施更大规模减税和更明显降费提出了明确要求。在今年年初各省区市举行的两会上，"减税降费"成为各地政府工作报告的重点，通过明确一系列举措，确保减税降费政策措施落地生根。

北京市2019年政府工作报告提出，构建高效统一的税收征管体系，加快建设新一代电子税务局。全面执行国家减税降费政策，确保企业社保缴费负担不增加。

黑龙江省2019年政府工作报告提出，落实好更大规模减税降费政策，进一步降低制度性交易成本，合理降低用能、物流、融资等要素成本，让企业轻装上阵。大力优化营商环境。落实便利办税措施，提升纳税服务水平。

江苏省2019年政府工作报告明确，加大减税降负力度，落实国家和省降低企业成本各项政策，清理规范涉企收费，全年为实体经济企业降本1 600亿元以上。

安徽省2019年政府工作报告提出，落实更大规模减税与更明显降费政策，降低企业社保缴费比例，清理、精简涉及民间投资管理的行政审批事项和涉企收费，加快清零涉企行政事业性收费。

河南省2019年政府工作报告提出，落实中央更大规模减税降费政策，实行普惠性减税和结构性减税相结合，对小微企业和科技型初创企业实施普惠性税收减免，清理规范地方收费项目，全面实施收费项目清单制，继续实行省定涉企行政事业性零收费，加大力度降低企业社保费率，让企业有实打实的获得感。

"减税降费有利于激活市场活力，深化供给侧结构性改革，拉动经济增长。目前，从各地执行的情况来看，已逐步形成合力，各地政府分别从税收、社保、非税收入、纳税服务、营商环境等方面全面贯彻落实减税降费政策精神，可以预见，通过这一轮更大规模的普惠性实质性减税，能够为企业创造一个更好的发展环境，对于促进制造业、科技企业、小微企业等发展起到积极作用。"北京国家会计学院财税政策与应用研究所所长李旭红说。

新政范围广力度大

1月9日，国务院常务会议确定新推出小微企业普惠性减税措施，涉及增值税、企业所得税、个人所得税、资源税、城市维护建设税、城镇土地使用税等多个税种，覆盖企业经营

的各个方面。

此次新政范围广力度大。根据规定，对月销售额 10 万元以下（含本数）的增值税小规模纳税人，免征增值税。对小型微利企业年应纳税所得额不超过 100 万元的部分，减按 25% 计入应纳税所得额，按 20% 的税率缴纳企业所得税；对年应纳税所得额超过 100 万元但不超过 300 万元的部分，减按 50% 计入应纳税所得额，按 20% 的税率缴纳企业所得税。

据统计，此次推出的新政仅小微企业的企业所得税减税，就惠及 1 798 万家企业，占全国纳税企业总数的 95% 以上，其中 98% 是民营企业，预计每年可再为小微企业减负约 2 000 亿元。

财政部、税务总局发布的政策文件明确，由省、自治区、直辖市人民政府根据本地区实际情况，以及宏观调控需要确定，对增值税小规模纳税人可以在 50% 的税额幅度内减征资源税、城市维护建设税、房产税、城镇土地使用税、印花税（不含证券交易印花税）、耕地占用税和教育费附加、地方教育附加。

根据最新税收收入统计，2018 年全国资源税 1 630 亿元，城市维护建设税 4 840 亿元，房产税 2 889 亿元，城镇土地使用税 2 388 亿元，印花税 2 199 亿元（其中证券交易印花税 977 亿元）。

"虽然以上均为小税种，在税收收入中的占比不大，但对于小微企业而言，却是笔不小的税费支出。因此，减免至一半，可以大为减轻小微企业的税收负担。"李旭红说。

记者了解到，目前包括北京、浙江、福建等在内的多数省区市已出台文件对上述 6 个地方税种和 2 项附加实行 50% 的最高幅度减税，体现了对企业的最大扶持。比如，1 月 23 日，浙江省财政厅、国家税务总局浙江省税务局联合下发文件，送出新年第一个减税降费大礼包，明确按 50% 的最高幅度来减征"六税两费"，一揽子政策叠加，预计 2019 年可为相关企业减税 195 亿元以上。

福建大新工业发展有限公司 2018 年度缴纳上述减税政策相关地方税 16.21 万元。根据新政策，2019 年预计享受 10 万元的税收优惠。"通过享受减税优惠，我们将把节省下来的资金用于升级生产设备、扩大生产规模，实现进一步发展。"该公司财务陈喜张表示。

"在经济下行压力较大的情况下，小微企业的生存发展压力更大，对税费负担的感受更加敏感。而且，企业觉得自身负担重，不仅是企业所得税、增值税的原因，很多是因为叠加其他税费导致负担感很强。此次优惠政策受益面大幅扩大，各地根据最高幅度减征，可以有效减轻小微企业压力和负担。"李旭红认为。

不断优化征管服务

对于如何落实中央提出的"实施更大规模的减税降费"，相关部门均作出了明确表态和部署。比如，财政部税政司巡视员徐国乔表示，除了小微企业普惠性税收减免措施，还将深化增值税改革，继续推进实质性减税；全面实施修改后的个人所得税法及其实施条例，落实好六项专项附加扣除政策，减轻居民税负；同时，配合相关部门，积极研究制定降低社会保险费率综合方案，进一步减轻企业的社会保险缴费负担。

税务总局政策法规司负责人介绍，在落实好已出台的小微企业普惠性减税等政策措施基础上，税务总局将积极配合有关部门抓紧研究完善降低增值税税率、降低社保费费率等实施方案，努力提高政策的科学性和普惠性。

税务总局明确，把确保减税降费政策措施落地生根作为 2019 年税收工作的主题。据悉，目前税务总局和36个省级税务局均已成立了由主要负责人任组长的实施减税降费工作领导小组,下设若干专项工作组,制定任务清单和作战图。按照简明易行好操作的要求,出台了4个税收征管配套公告和1份税务系统贯彻落实减税降费政策的综合性抓总文件,明确重点任务,细化落实要求。

记者了解到,各级税务机关正在深入研究便利纳税人和缴费人享受减税降费政策的举措,包括尽快实施扩大税收优惠备案改备查范围、加快税务证明事项清理、推进涉税资料清单管理等,确保落实减税降费政策措施提质增效。

比如,国家税务总局浙江省税务局明确,2019年在税务事项清单"最多跑一次"全覆盖、网上办理全覆盖的基础上,大力推进移动办税,争取年底前全面覆盖纳税人办税事项,有效减少纳税人现场办理,节约纳税人总办税时间。

国家税务总局江西省税务局明确,积极主动推出管理服务创新举措,充分发挥计算机自动识别、政策提示、标准判定、协助计税(费)等功能,进一步提升纳税人和缴费人享受减税降费政策的良好体验。

"高效的征管服务有助于减税降费政策落地生根,税务部门通过采取一系列简化申报流程、提高办税效率的举措,促进纳税人和缴费人更好享受政策红利,以更高的便利度和满意度,为纳税人和缴费人带来更强的获得感。"西南财经大学教授汤继强说。

把减税降费落细落实! 一个电话解开纳税人的烦恼 [见二维码3(3-34)]
明白册、三字经……减税降费这样宣传听得懂学得快 [见二维码3(3-35)]
备战2万亿元减税降费 税务部门迅速响应 [见二维码3(3-36)]

二维码3

山东税务:聚焦减税降费 优化营商环境

(来源:《中国税务报》 记者:张同鹏 高鸿鹏 仝晓平 2019年5月10日)

山东省税务局干部向纳税人宣传减税降费政策①

今年3月,山东省政府发布了全省营商环境评价报告,税务部门"办理纳税"指标得分98.99分,比全省营商环境综合得分高9.31分。国家税务总局山东省税务局始终把优化

---

① 图片来源:国家税务总局网站,http://www.chinatax.gov.cn/chinatax/n810219/n810744/n4016641/n4172765/n4172770/c4335888/content.html。

税收营商环境作为第一要务，成立以主要负责人任组长的专项工作组，倡树"以纳税人为中心"的理念，从"办理纳税"指标涉及的纳税次数、纳税时间、总税收和缴费率、报税后流程指数等4项指标入手，出台多项工作举措，全方位提升纳税人和缴费人获得感，得到了社会各界的充分认可。

办好前台事　跑出便捷办税"加速度"

夏津县德润宾馆的张先生在填写增值税附加税申报表时，误将本期是否适用增值税小规模纳税人优惠政策一栏选为否，导致未享受到减免优惠。导税员了解有关情况后，针对其适用的最新政策进行讲解，为其更改了申报表，将张先生税款所属期缴纳的多余税款，在下个税款所属期进行抵缴。"税务人员的服务真贴心，我没想到的都替我考虑到了。"张先生很是开心。

在莒县税务局办税服务厅，与其他窗口直接对接纳税人不同，34号窗口的张永敏进行着一项重要而又特殊的工作：将收集到的业务传递单发送给所属分局。作为税务系统里的"吹哨人"，她的邮件已被各分局和股室"置顶"，优先阅办。这种"后台围着前台转，前台围着纳税人转"的协同服务工作机制，与北京城市治理经验"街乡吹哨，部门报到"机制异曲同工，可谓税务版的"前台吹哨、后台报到"。"征管、法规、税收政策、税源管理等相关业务部门，每个部门派出一名业务骨干，组成业务骨干值班团队，每天进驻办税服务厅。"办税服务厅负责人王纪伟介绍说，业务骨干值班团负责办税服务厅内现场疑难问题的处理、政策答疑以及后台流转业务的办理等相关内容，能及时处理纳税人、缴费人在办税服务厅遇到的涉税疑难问题。前台一声哨响，后台全都跟上。"围着前台转，是为了精简前台对内职能，腾出精力和人员专心对外服务。说到底是为了围着纳税人转。"王纪伟补充道，"吹哨不是图热闹，解决问题最重要。"

2019年，山东省税务局全面优化升级办税服务厅管理，大力推行多元化办税方式，合理安排关键征期申报进度，从时间和空间两个维度上进行重组、拓展，着力缓解减税降费各项政策落实带来的办税压力。一是组建服务团队。设置小微企业优惠政策落实咨询服务岗，抽调各部门业务骨干成立减税降费咨询服务团队，在办税服务厅为纳税人提供"一对一"服务，现场解答减税降费政策相关问题。同时，对纳税人的办税资料进行现场辅导和预审复核，确保纳税人政策清、流程熟、填表准。二是推行错峰预约。梳理、分析纳税人申报行为规律，制定错峰申报计划，采取时间错峰、场所错峰、渠道错峰等方式，分时段、分渠道完成申报目标。将预约申报工作与减税降费政策宣传结合起来，在宣讲政策的同时，预约纳税人选择电子税务局办理申报业务。三是推行容缺受理。按照便民高效、依法合规的原则，制定《涉税事项容缺受理制度》，发布容缺受理业务清单。对设立登记、发票领用、完税证明开具等共计225项日常办税业务实施容缺受理，变传统的"材料齐全才能办理"为"边补充材料边办理"，打通纳税服务"神经末梢"，确保纳税人办理涉税事项"一次办好"。四是实时监控分析。整合排队叫号、视频监控、自助办税终端等管理服务系统数据，建成纳税服务监控指挥平台，形成全省标准统一、运行规范的信息资源管理体系。依托平台开展纳税服务数据分析和实时监控，总结办税业务变化规律和纳税人办税行为规律，分级实施减税降费业务专题分析，有针对性地调配服务资源，分流办税业务。五是加强应急管理。组建应急管理团队，开展应急管理培训，将秩序疏导、人员分流、解释说明、故障修复等工作任务细化责任到人，并在全省统一组织应急处置模拟演练。

"办税服务厅是纳税人与税务部门面对面接触的第一道窗口,也是体现税收营商环境的第一线,只有把办税服务做好,才能让纳税人更有获得感。"山东省税务局纳税服务处负责人孙黎说。

算好明白账　发送减税降费"大礼包"

"政府工作报告关于减税降费的消息一传来,我们就立即行动起来,开展了以'问需求、优服务、促改革'为主题的大走访活动。通过点对点、面对面的走访交流,深挖企业的需求,搜集企业的意见。从企业最有要求的地方做起,从企业最不满意的地方改起,解决企业最关心最直接最现实的问题。"东营市税务局纳税服务中心负责人董绍青表示,精准定位受惠群体、精准推送政策是确保减税降费工作落到实处的第一道关口,"事前需求评估机制,是我们开展工作有条不紊的制胜法宝,根据结果导向可以适时调整和谋划应对之策,避免了新政策、新举措实施和新系统运行带来的各类问题。我们希望带给纳税人的是'不变应万变'的信任感和踏实感"。

为进一步增强减税降费宣传工作的针对性,山东省税务局及时组织业务骨干系统梳理新一轮减税降费政策,编制政策汇编及宣传彩页,推出系列宣传短片,打造"政策直通车",着力做好精准定位、精准培训、精准推送等工作,推出了更受纳税人欢迎的政策宣传服务。

"听了你们的减税降费政策讲座,心里亮堂多了,但我还是心里没底,能否请你们帮忙算一下,我们企业今年都能省下哪些钱啊?"接过金捷电梯配件经销处经理李德辉的话茬,宁津县税务局税法宣传小分队的小李算了起来:"你厂是个体工商户,2018年共缴纳印花税、个人所得税、城市维护建设税等 4 297.22 元,增值税 13 953.66 元,合计缴纳税款 18 250.88 元。依据减税降费政策测算,2019 年你厂只需缴纳税款 1 320.28 元,全年应节省税款 16 930.6 元。""你们这么一算,我们这些小本经营者免了这么多的税,多亏了国家减税降费的好政策,企业生产经营的信心就更足了。"李德辉喜悦之情溢于言表。这是宁津县税务局第三税法宣传小分队在柴胡店税务分局减税降费政策培训班结束时的一段对话。

答好满意卷　架起税企互动"连心桥"

"求求你,给我个差评吧!"济南历下税务官微发布的一条信息,引起了纳税人的广泛关注。通过"求差评",该局共收到留言 527 条,由专人逐一对纳税人的留言做出回复后,归纳梳理出 28 条有价值的意见、建议,并据此进行问题整改和服务提升。这是山东省税务局通过各种形式和渠道面向纳税人广泛征求意见、建议的一个缩影。

为了能够及时了解纳税人的需求,山东省税务局坚持问题导向、需求导向,通过召开座谈会、上门大走访、微信公众号专栏、12366 纳税服务平台等多种渠道,收集纳税人投诉和减税降费相关诉求。同时,建立了问题响应机制,纳税服务部门设立减税降费权益维护岗,负责各渠道收集信息的受理、转办、追踪、回访、分析工作。各相关部门确定专人负责投诉和涉税诉求办理工作,按照"属地管理、分级负责、分类处理"的原则限时办结反馈。在税企座谈中,有纳税人提出新办纳税人套餐业务流程到了输入企业银行账户环节,企业要跑银行才能办理,期待办税便捷度进一步提升。针对这一问题,山东省税务局联合招商银行济南分行,开发了"智慧办税"系列产品,在新办纳税人套餐中嵌入了"在线开立银行账户"功能,并将端口对多家银行开放,在全国率先实现了纳税人新办企业全流程网上办理。

"税务部门不论是在业务办理效率方面,还是在优惠政策落实等方面,都跑出了自己的'加速度'。特别是在便利办税上,很多日常业务都可以通过网上办理,还推出了'全程网上办',让企业足不出户就可以办税,每一次进步都能感受到税务部门的用心。"山东省政协委员、圣玛丽亚医院董事长郑庆水由衷说道,"我们十分乐见并期待税务部门出台更多的服务措施"。

服务举措的优化升级,进一步增强了纳税人的满意度和获得感。2018年全国纳税人满意度调查中,山东省综合得分排名省级单位第三名;市、县和省会城市综合得分分别名列全国第二、第三、第四名。截至目前,办税服务厅现场评价系统显示,全省纳税人满意率始终保持在100%。"我们将不断探索简化申报流程、提高办税效率的举措,用高效便捷的服务助力减税降费政策落地生根,促进纳税人和缴费人更好地享受政策红利,以更高的便利度和满意度,为纳税人和缴费人带来更强的获得感。"山东省税务局总经济师黄玉远说。

二维码3

各地税务机关稳步推进降低社保费率工作　社保新政平稳落地　企业减负红利显现［见二维码3（3-37）］

大连税务:减税降费　青年汗洒五月天

(来源:国家税务总局网站　2019年5月24日)

大连市沙河口区税务局青年税务干部与大连市"青创空间"
的青年创业者一起交流学习税收法律政策①

5月11日,国家税务总局大连市中山区税务局100余名青年干部分成10支服务队,在胜利广场、温州城商品交易市场、桃源市场、青云商城等12家封闭市场,向驻场商户和过往的消费者宣传减税降费政策。

5月15日,借助第13个政务公开日,大连市税务局的青年业务骨干在本区域商业中心开展减税降费宣传活动,又掀起一轮高潮。

---

① 图片来源:国家税务总局网站,http://www.chinatax.gov.cn/chinatax/n810219/n810744/c101291/n4196390/c4299260/content.html。

青年干部朝气蓬勃的工作热情与减税降费助力企业发展的热烈氛围相得益彰,形成了一道特殊的风景线。商场商圈、社区街道、企业、办税服务厅,到处是年轻的身影。

据了解,为促进减税降费政策落实,大连市旅顺口区税务局设置"青年志愿者服务岗",70余名青年业务骨干轮流职守,随时解答纳税人各类业务问题,让减税降费政策红利不打折扣地落入企业口袋。大连三利消毒有限公司财务人员曹冬雪说:"以前想解决业务问题,通常要咨询办税服务厅、税源管理部门、税政科,现在进了办税大厅,无论是什么样的问题,都能'一问到底',为我们减轻了很多负担。"

大连圣益机械有限公司负责人董本龙说,几天前,公司接到了一份来自韩国的300万元订单,但是订单中要求的轴承工艺只有购买新设备才能生产出来。"没想到减税降费'大礼包'解决了难题。增值税降率以后,公司第二季度能省下30万元增值税,加上小微企业标准放宽,让原本无法享受到企业所得税优惠的我们也迈进了减税行列,所得税减免能省下近50万。"董本龙兴奋地说,"近百万元的减税让我们毅然把新设备娶回了'家',抓紧投入生产。"

为保证全部纳税人都能实现税收优惠政策应享尽享,大连市广大青年干部活跃在减税降费宣传辅导第一线。大连经济技术开发区税务局团委书记刘新华表示,近两个月,该局青年志愿者服务队收到纳税人锦旗7面,感谢信2封,12366热线表扬3次,导税台意见簿感谢12次。

当好减税降费"主攻手" 按下高质量发展"快进键" [见二维码3(3-38)]

二维码3

实打实将减税降费政策措施落实到位

(来源:《中国税务报》 记者:马国柱 马嘉玥 王迎 2019年11月19日)

宁东能源化工基地税务局干部解答纳税人在减税降费过程中遇到的问题①

---

① 图片来源:国家税务总局网站,http://www.chinatax.gov.cn/chinatax/n810219/n810739/c5139822/content.html。

国家税务总局宁夏回族自治区税务局在国家税务总局、自治区党委、政府的正确领导下，凝聚改革力量，采取一系列措施，确保减税降费各项政策实打实硬碰硬落实到位，让纳税人充分享受政策红利，为宁夏经济社会持续健康发展不断赋能。今年前8个月，全区新增减税降费60.5亿元。其中，税收减免44.3亿元，社保费减免16.2亿元。政策效应初步显现，政策红利持续释放。

高效稳定抓落实

宁夏税务局把减税降费作为学习教育、调查研究、检视问题、整改落实的重要内容，始终坚持问题导向，奔着问题去、盯着问题改。针对审计督查反映落实减税降费不彻底的问题，派出2个督查组对基层局进行全覆盖式督查，力促减税降费政策落实到位。

在全区各级税务机关实行层层责任制，逐级成立了36个由主要负责同志任组长的减税降费工作领导小组，各小组下设减税办和9个专项工作组，先后制定了6个减税降费专题推进方案、18项落实减税降费制度；制定了减税降费时间表、路线图、任务书，先后召开全系统减税降费工作推进会9次和专题会议8次，分类分批迅速推动落实。截至目前，已完成30批1096项具体任务。

组建减税降费"大运维"工作团队，按时完成核心征管5个一般版本、27个补丁及16个运行脚本的升级，做好系统减税降费相关功能的更新和完善，强化系统支持保障；做好征期系统运维，加快解决运维平台中减税降费相关问题，保障减税降费政策及时落地实施。

在扎实做好减税降费宣传辅导"规定动作"的同时，全区税务系统因地制宜构建各类宣传平台，确保培训辅导全覆盖。银川市税务局通过直播平台，采取"实体纳税人学堂+线上直播"的方式，开展政策辅导和互动解答，最高单场次参与人数达1.2万人；固原市税务局开发专门平台，发送定制信息，解决了山区交通条件相对落后、纳税人分散、大规模集中辅导和上门宣传多有不便的难点；石嘴山市税务局联合邮政部门定向投送"减税降费政策大礼包"，达到了减税降费"点对点"精准培训的目的。

宁夏税务局与阿里钉钉合作推出"获得"减税降费综合服务平台，集培训、查账、问答、学习、意见反馈等功能于一体，为纳税人提供政策定制、在线授课、推送减免税数据等8项服务措施。目前，已有企业注册用户26.68万户，注册率达85.8%；已利用平台开展视频培训20余次，参加培训8万余人（次），获得了纳税人和税务干部的一致好评。近日，该平台被总局汇编在《全国减税降费在行动》好经验好做法中，供各地交流借鉴。

宁夏税务局还积极探索社保费征管精细化管理，借助大数据技术，确保缴费人及时享受降费政策、及时办理多缴退费、及时反馈错误数据。截至目前，已对2.6万户企业开展降率政策的提醒和重点辅导，完成了千余户缴费人多缴退费。

多措并举优服务

宁夏税务局通过税企座谈、上门走访企业界人大代表、政协委员等途径，"点对点""面对面"就减税降费政策进行交流，进一步提升了纳税人的获得感。对政策追溯期纳税人多缴税款，与财政、人行、商业银行密切合作，将原来由财政先审批、税后办理的退税流程，简化为税务审批即可办理退库，提高了退税效率。目前，累计办理退税680万元，得到纳税人一致好评。

宁夏税务局积极推动自治区政府对增值税小规模纳税人按50%幅度减征"六税两费"

政策。

银川默根服装有限公司是一家小微企业,其财务负责人彦志忠打开减税降费综合服务平台"获得"后说:"以前纳税申报完后,也不太关心自己免了多少税。现在打开'获得'就能看到自己享受的减免税政策和数额,大到4万元的城镇土地使用税,小到15元的印花税,一目了然。看到兑现的这些'真金白银',真切感受到了国家减税降费对小微企业的支持。"

宁夏税务局充分发挥党支部攻坚克难的战斗堡垒作用,将党员先锋岗设在办税服务厅、设在征管体制改革和减税降费一线,充分调动了基层干部的积极性。将各党支部与基层局、企业等开展党建共建活动和减税降费工作有机融合起来,深入开展"党支部主题党日+减税降费"活动,开展减税降费政策宣传和意见、建议征集,以党建促业务,支持企业发展。同时,发挥群团组织积极性,开展了青年助力减税降费"金点子"宣传创意竞赛,40个基层团组织策划了57个减税降费宣传创意,其中宁东能源化工基地税务局携手外卖平台送减税降费"大餐"等13个"金点子"脱颖而出,力促减税降费工作。

宁夏注册税务师协会党委向全区税务师行业各级党组织和党员发出倡议,组建了税务师志愿者服务小分队和专家讲师团,深入企业、社区等开展公益宣传15场次,受训人数达2500多人(次)。积极推进事务所进驻12366设立宁夏税务师专家座席服务热线,50多名事务所的业务骨干、专家进驻全区各办税服务厅,配合和监督税务机关深入推进减税降费政策落地。

五张"施工图"助减税降费落地生根 [见二维码3(3-39)]
落实减税降费:机器人服务全天候 [见二维码3(3-40)]
专家问诊把脉 红利落准"口袋" [见二维码3(3-41)]
一面面"小红旗"是这样贴上去的 [见二维码3(3-42)]

二维码3

"减税费"注流蓄水 "新心通"引管疏渠

(来源:《中国税务报》 记者:陈希 苟仁金 张怡培 2019年11月27日)

今年以来,国家税务总局遵义市税务局紧抓减税降费契机,聚焦在国民经济中起着支柱性作用、税收贡献度高的大企业新需求,推出"新心通"服务系列新举措,以"新"作为、"心"服务打"通"服务"最后一公里",多角度助力大企业发展。

方法创"新"构图 突出减税降费

"国家的减税降费政策对广大大企业是一大利好,但要保障这些好政策不折不扣落地,就要求我们税务部门有全新的精神状态、管用的方法举措。"遵义市税务局局长李泽洋认为,党中央、国务院每一次大的利民政策出台,基层税务部门都要有配套适用的服务方式,打造主题鲜明、个性突出的纳税服务品牌,让好政策稳步落地。

在这一思路的引领下,遵义市税务局决定围绕落实政策设计大企业新服务蓝图,用服务加速度给大企业健康发展做"加法"。为此,该局深入大企业实地走访调研,充分听取纳税人的需求和意见、建议,结合"便民办税春风行动"和减税降费要求,认真研究分析后,创造性地在全省推出大企业"新心通"专项服务活动。

大企业"新心通"专项服务活动的主要对象是财务制度较为规范、在减税降费上具有明显感知和宣传效应的大企业群体。该服务共包含五项内容："访一访"，即走访大企业，对企业反映的问题和诉求做好登记办理，建立分户式档案，形成"一户一档一策"，并对大企业反映问题的解决情况进行跟踪管理。"帮一帮"，即帮助大企业解决生产经营中遇到的各类涉税难题，搭建风险防范控制体系。"赛一赛"，即围绕习近平新时代中国特色社会主义思想、2019年《政府工作报告》、减税降费政策等，邀请大企业参加知识竞赛，增强宣传效果及政策掌握程度。"比一比"，即在税务干部中开展服务"金点子"比赛，提升纳税人满意度。"学一学"，即强化税务人员的自学和税企互学，提升业务技能。

为了落实好"新心通"专项服务活动各项举措，遵义市税务局抽调市、县两级业务骨干组成17支专项服务专家团队，以全市595户千户集团、十大千亿级工业产业龙头等企业为直接对象，以上千家中小民营企业为拓展对象，在全市税务系统试运行大企业"新心通"专项服务，为大企业建档立卡，提供个性化的税收政策辅导、涉税体检、风险排查等优质涉税服务，全方面助力享受减税降费政策。

"在增值税税率刚由16%降到13%时，'新心通'服务团队人员就上门对我们财务人员进行了专门指导，很贴心。"贵州钢绳（集团）有限责任公司会计科刘祥林表示，"新心通"专项服务活动方式非常实用，在政策变化之际，服务团队针对公司实际情况，制订了专门的服务方案，为公司及时消除了困惑，充分享受政策红利。据测算，全年在新税率下，该公司增值税可比去年减免1 559万元。同时，该企业自西部大开发政策落地以来，享受西部大开发税收优惠政策，减按15%缴纳企业所得税，2017年减免所得税额384.75万元，2018年减免所得税额551.68万元。

税户暖"心"立意　落墨服务实招

"在我们公司刚启动资产重组之际，遵义市税务局'新心通'服务团队就来'帮一帮'，向我们宣讲企业重组、减税降费等税收政策，为我们化解了涉税风险。"遵义金业机械铸造有限公司董事长苏黎说，在"新心通"服务团队的帮助下，公司顺利并购上市并享受政策红利300万元，及时缴纳6 300万元股权转让的个人所得税。

据悉，在"新心通"服务团队走进企业"帮一帮"过程中，还围绕"税企共治+千企融合"，引领595户大企业一对一、一对十、一对百帮扶有行业代表性中小民营企业破解发展中的涉税难题。今年1—8月，"帮一帮"活动共帮助132户民营企业、小微企业融资20.01亿元，享受减税降费2 060.91万元。企业在获得减税降费红利后，也积极履行社会责任，投入到脱贫攻坚战中。2019年上半年，贵州省参与"千企帮千村"精准扶贫行动的民营企业达5 392家，结对帮扶5 478个贫困村，惠及贫困群众113.9万人，项目帮扶资金达157亿元。

"在'帮一帮'的同时，也是税务人员向企业'学一学'的机会。"该局总经济师罗玉梅表示，财务共享服务中心作为一种新的财务管理模式，正在许多跨国公司和国内大型集团公司中兴起与推广，智慧税务需要税企共同打造。

"遵义市烟草公司下属分公司、业务中心和站（线）众多，涉税业务复杂，急需财务共享服务中心这种新的处理方式。"遵义市烟草公司总会计师王泽煜认为，在以往"分级授权、集中管理"的财务体制下，存在"五分散"，即"风控分级分散、资金分级分散、账户分级分散、核算分级分散、信息分级分散"的情况，造成企业和税务机关双方财务、税务管理成本高、内控管理难度大，而财务共享服务中心这种集中式财务管理模式能够很好地解决以上问题。

遵义市烟草公司率先在全国烟草系统进行试点。自筹划试用财务共享服务中心起，遵义市税务局"新心通"服务团队就加入到项目中，全程参与跟踪项目建设，全方位服务"财务共享中心"服务平台出现的"税企直联"技术难题。同时，税务人员也从中深入学习了解财务共享服务中心运行模式，为后续服务打下了基础。

此外，遵义市税务局在"学一学"主题活动中，充分运用"税收清缴服务"方法，积极实施税企共同实践学好用好税收政策、共同组队实施"纳税体检"、共同探索打造智能税务风险防控体系3方面创新举措，全面防控减税降费不落地、税收政策执行不到位风险。茅台集团在税企互学互鉴"学一学"中，集团本部及其全国75家子公司全面实施一体化"纳税体检"，在遵企业今年以来享政策红利10.48亿元，降成本推动其担当尽责，在脱贫帮扶等方面投入资金达3.88亿元。

发展畅"通"染色　绘就美丽画卷

2019年4月1日，贵州省税务局向全社会发布大企业"新心通"纳税服务品牌，在全省部署该项服务活动。5月30日，全省大企业"新心通"开进赛场"赛一赛——读懂政府工作报告　学懂减税降费政策"知识竞赛在遵义市举办，来自全省的贵州茅台、瓮福集团、老干妈等大企业参加比赛。

贵州茅台集团总经理助理、财务处长汪智明在参赛后说："作为代表遵义市参赛的企业代表，将积极投入到税企共建'新心通'中，努力用心将改革的力量深入传递到经济发展的每一个角落。"

"新心通"活动对基层税务干部的影响也很深远，通过"比一比"，全市税务人员的业务技能得到了较大提升，收集到纳税服务"金点子"30条，"新心通"服务团队成员组队参加2019年贵州省税务系统大企业税收管理系列"业务大比武"，荣获全省第一名。

据统计，一年来，在"新心通"系列服务措施下，遵义市税务局为1539户重点税源、中小民营企业进行"一户一档一策"建档立卡，1—8月新增减税降费16.33亿元；为50户有特别需要的大企业设立首席联络员。其中，针对政策落地难点进行专项辅导，助150户企业充分享受研发费用加计扣除金额达4.55亿元；通过搭建税企交流平台，推动省内外多家企业现场签约1.5亿元销售合同。同时，纳税人对"新心通"专项服务举措满意度大幅提升，在2019年全国纳税人满意度调查中，该局在贵州省被调查5个地（州）市中荣获第一名。

"'新心通'服务将春风吹进大企业、民营企业，让纳税人获得感满满。我们将继续'守初心　担使命'，以更加优质的服务，绘就更加美丽的画卷。"贵州省税务局大企业局副局长王迎春说。

对此，贵州省税务局党委书记、局长钟油子对"新心通"也提出殷切希望："'新心通'逐渐成为我省大企业纳税服务的品牌，希望不断总结完善。"

厦门税务：纳税人学堂助力增值税新政宣传

（来源：国家税务总局网站 2019年4月2日）

4月1日起，今年更大规模的减税降费措施全面推开。据初步测算，此次增值税税率降低将惠及厦门近11万户企业。

为了第一时间让广大纳税人了解最新政策，明晰执行口径，近日，厦门市税务局以"纳税人学堂"的形式，就减税降费及增值税税率下调新政向纳税人做了细致讲解。

"假设某制造企业的购销业务均以含税价格计价，原适用税率为16%，在税率调整后适用税率为13%。增值税税率下调后，企业税负会有什么变化？"培训会上，来自厦门市注册税务师同心服务团的税法宣传讲师通过政策宣讲和案例演示等方式，让现场近400位来自涉税代理机构、进出口贸易公司、制造企业的财税人员学懂、弄通、掌握最新的减税降费优惠政策。

"此次二档增值税税率下降，进项税抵扣范围扩大，还允许生产、生活性服务业纳税人进项税额加计抵减应纳税额，可以说各行业都将'实质性受益'。对企业而言，只要对政策理解到位、执行到位，更是能收获'真金白银'。"在讲课的过程中，除了政策层面的解读，老师还特别就增值税纳税申报表调整后的栏目变化等实操层面的问题做了细致讲解。

"下调增值税税率，深化增值税改革，是2019年减税降费工作的'重头戏'。"市税务局党委书记、局长张曙东昨日表示。为确保减税红利精准落地，厦门税务系统已做了周密部署，将进一步健全组织保障机制，加大政策宣传辅导力度，抓住重点、有序推进减税降费政策措施落地生根。

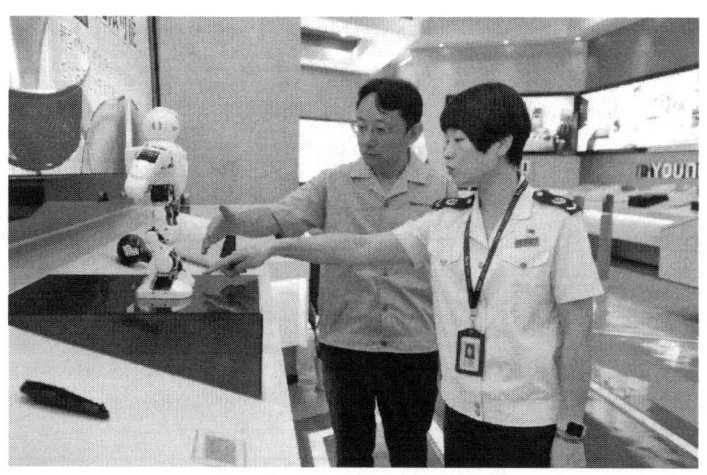

厦门市税务局对企业进行现场辅导①

---

① 图片来源：国家税务总局网站，http://www.chinatax.gov.cn/chinatax/n810219/n810744/n4016641/c5136001/content.html。

张曙东透露，厦门税务部门正通过对内加强培训，对外扩大宣传，全力确保4月1日"开好票"、5月1日"报好税"及后续"算好账"等各项工作。从即日起，全市税务系统将分批、分次做好对企业财税人员的培训辅导。一方面，扩展宣传辅导渠道、拓宽宣传辅导范围，细化宣传辅导内容，根据不同行业、不同规模、适用不同减税降费政策的纳税人特点，有针对性地开展精准辅导，"一对一"满足个性化需求，"点对点"开展政策推送；另一方面，进一步简化流程资料、减少办税次数、降低申报失误，努力使应享受优惠的每一名纳税人都便捷享受。

据悉，目前全市已有超过90%的纳税人完成了开票系统升级。预计3月底前，将完成第一轮纳税人培训。下一步，厦门市税务局还将立足"新税务、新服务"，扎实推进各项便利化办税举措，让优惠更实、负担更轻，真正把这件利企惠民促发展的大事办实办好。

减税降费点燃企业高质量发展"新引擎"！江苏税务这样落细落实

（来源：《新华日报》　2019年6月10日）

1月1日，个税专项附加扣除政策落地、小微企业普惠性税收减免政策实施；4月1日，下调增值税税率；5月1日，降低社会保险费率……今年以来，更大规模的减税降费政策措施在江苏省陆续落地，进一步激发和释放市场活力。据财税部门测算，江苏省今年可减轻税费负担2 000亿元左右。

减税降费事关江苏省经济发展，事关江苏省3 300万纳税人和5 000万缴费人的切身利益。省委、省政府高度重视，指出要不折不扣地落实中央政策，就是要用政府收入的减法来换取居民收入、企业效益的加法和市场活力的乘法，增添高质量发展新的动能。

当下，正值税务新机构成立一周年之际。江苏税务部门从整合到融合，从合并到合力，全面吹响"落实减税降费，促进经济高质量发展"的冲锋号。

政策再加力：点燃企业高质量发展"新引擎"

今年以来，一系列减税降费政策的接连落地，有效激发了市场活力。

在今年大规模的减税降费中，最受关注的是惠及全省130万户一般纳税人的降低增值税税率政策。尤其是江苏省48万户的制造业，更是迎来一场期盼已久的"及时雨"。

"按2018年度财务数据测算，减税降费新政将给集团带来近2.8亿元的税费减免，大大增强了我们稳居世界工程机械行业前列的信心。"徐工集团财务部部长赵成彦感受深刻。

在税收优惠的强力支持下，"智能制造"正引领江苏从"制造大省"快速实现到"智造强省"的跨越发展。

科沃斯机器人股份有限公司受惠于国家改革红利，一步步成长为一家知名企业。"多年来，一系列税收优惠政策成为科沃斯走上高质量发展之路的助推器。"公司财务管理中心总监陈殿胜介绍，此次增值税税率下调可减税达千万元，为新型传感模组的自主研发提供了更充足的资金保障。

"我们要把国家给我们的减税红利全部投入到研发新车、拓展海外市场中去。"东风悦达起亚公司财务部部长仇大华表示，今年税费负担再次降低，对企业发展是前所未有的重大利好。"今年公司原计划出口整车2万台，出口发动机6.5万台，全年预计实现出口销售收入2.85亿美元，这次普惠性、结构性减税，公司预计今年将减税超亿元。"

四个"最"，充分体现出减税降费的叠加效应：工薪阶层受益人数最多，从去年10月，个人所得税的起征点从3 500元提高到5 000元，到今年年初的六项专项附加扣除，累计人均减税超1 000元；小微企业受益面最大，增值税免税标准从每月销售收入3万元提高到10万元后，超过93%的小规模纳税人不需要再缴纳增值税；制造业成为最大的受益行业，48万户制造业纳税人减税额占增值税减税额一半以上。

服务再升级：打造税收营商环境最佳体验区

企业的蓬勃发展，离不开税收营商环境的持续优化。

"通过电子税务局提交申请材料，没想到几分钟后就收到税务局的审核结果。"4月2日，刚完成新办企业审核的昆山中升货运代理有限公司会计陈晨为税务部门智能化审核的高效"点赞"。目前江苏省新办企业的涉税审核时间从原先2小时缩短至10分钟以内，不动产登记缴税最快10分钟，办理出口退税平均时间4个工作日，各项税收服务工作都走在全国前列。

"又快又好又便捷！特别是发票领用'朝约夕至、次日必达'，跟网购一样轻松、方便。"江苏江中集团有限公司办税人员马平说。

国税、地税合并后成立国家税务总局江苏省税务局，发出的"1号文件"就是《税收服务高质量发展走在全国前列的意见》，提出支持科技创新、推动江苏智造、助力创业富民等11项目标任务，创新推出全面升级"不见面"服务清单、率先探索税收审慎包容监管方式、打造"半小时众创便捷办税圈"、普及税收信用"标签化"、创新数据服务产品、推广运用"线上执法"、建立动态评价机制等服务举措，着力打造税收服务发展的创新先导区、税收治理的综合示范区、税收营商环境的综合体验区。

江苏省税务局围绕提升办税便利化，大力推行"不见面"服务，编制《全程网上办清单》和《办税事项"最多跑一次"清单》，凡与减税降费密切相关的办税事项实现"应上尽上"，92.9%的办税事项实现全程网上办，营造更具活力的税收环境。

"今年，持续优化税收营商环境依然是税收工作的重点。"江苏省税务局局长侍鹏表示，江苏税务部门将持续深化"放管服"改革，不断推动办税次数更少、办税时间更短、办税程序更简，全力打造领跑全国的税收营商最佳体验。同时，按照"六个高质量"的发展要求，将减税降费和优化税收营商环境，作为服务江苏高质量发展的双引擎。

落实再强化：确保减税降费政策不打折扣

为做好减税降费，江苏税务部门全体动员、全员发力，围绕政策培训、申报辅导、风险预判和软件升级等关键环节，聚焦改革后重点难点，坚持"线上"与"线下"并举，"滴灌"与"喷灌"并用。在线下办税服务厅设置专区专岗专人，在线上12366设置专线专家，方便纳税人"线上""线下"随时随地咨询减税降费的具体操作；升级"金三"系统和开票软件，让90%以上的涉税事宜和90%以上的纳税人都可通过"线上"来办理。

让企业及时享实惠，需税务人主动发出"减税声音"。在南京，掌上"税惠通"政策查询精准导航；在无锡，"财信平台"定期推送企业"体检报告"；在徐州，"全链条"式服务让纳税人"真懂会用"；在常州，创新"一点通微课堂"涉税问题视频；在苏州，"指尖办税"让纳税人畅享便利；在南通，"雉税学堂"全天候在线答疑解惑；在扬州，"百里长街"政策要点轻松获知；在苏州工业园区，减税降费政策英文版面世广受点赞……

江苏恩华药业股份有限公司董事长孙彭生表示，此次减税降费的政策推进，力度之大、速度之快远超预期，预计公司全年受惠将达1亿元，税收服务真正做到了企业的心坎上。

江苏省税务局党委书记王学东表示，下一步，全省税务系统将在省委省政府和国家税务总局的领导下，以深化办税缴费便利化改革、全力打造税收营商环境最佳体验区为抓手，不折不扣落实好减税降费各项政策措施，以最大力度、最优服务、最严标准，推动江苏高质量发展走在前列。

天津高标准落实减税降费政策
为实现高质量发展奠定坚实基础

（来源：央广国际之声　2019年7月14日）［内容有删节］

天津在为民营经济营造更好发展环境过程中，高标准落实减税降费政策激发市场活力，高效率优化行政审批流程，释放企业干事热情，为实现高质量发展奠定坚实基础。

在天津天地伟业技术有限公司的研发车间里，一款拥有超高清夜视技术的安全监视系统正在进行生产测试。对于这样的高新技术企业来说，越多的研发投入意味着将能迸发出更有竞争力的科技产品。公司财务经理马迅说，天津正在大力推进的"减税降费"，让企业在今年一年里就可以从减税降费的"让利"中获益1000多万元，投入到科技研发生产中。

马迅：公司粗略算了一笔账，2019年公司预计将享受减税降费约1100万元，实际税负下降约20%。公司的流动资金增加了，增加了公司加大研发投入的信心和动力，公司今年决定大量引进人工智能，算法工程师等高端研发人才，投入行业领先技术的研发。

习近平总书记在今年的新年贺词中强调，减税降费政策措施要落地生根，让企业轻装上阵。最大程度让利于企业，是天津在落实减税降费政策中的重中之重。为此，天津围绕减税降费实施了一系列针对地区产业发展特点而制定的"自选动作"，用政府财税收入的"减法"换取市场主体效益的"加法"。

国家税务总局天津市税务局实施减税降费领导小组办公室副主任魏峥：按照总局的要求，对增值税小规模纳税人是可以在50%的幅度内减征。天津市人民政府就全部的落地，顶格顶上限50%的（实施）。1—4月，工业增加值增长超过4%，装备制造业增加值增长是6.8%。可以看到企业将更多的资金投入产品结构升级、新技术研发中，进而促进产品质量提升。

天津在用"主动减收"激发市场活力的同时，更加注重用"提升效率"服务企业发展。从2018年起，天津在深化"放管服"改革中推出了"承诺制、标准化、智能化、便利化"的"一制三化"的审批制度改革，让企业在事项审批的过程中实现"马上办""网上办""一次办"。这些变化，让凯莱英医药集团合规性手续专员王嘉琦感受强烈。

王嘉琦：尽早地去把实验室或者厂房更好地完善建立起来，这个环节压缩几天、那个环节压缩几天，整体的话我们就是少了一个月或半个月。对后期更好地维护客户的定制化需求起到了很好的作用，也让资金的流动性得到了更充分的体现。

2018年以来，天津共取消了346个政务服务事项，将557个事项合并为165个事项，下放94个事项。取消了3 842件申请材料、188个办理环节、106个证照；事项办理时限由法定平均21.4天压减至5.3天。企业眼中时限缩短、材料瘦身的背后，是天津市在政府职能、行权方式等方面的深刻变革。

天津市滨海新区开发区行政审批局联审科负责人徐文喆：原来我们小微企业寻求的一种突破，苦于没有这种相关的依据和保障，我们自己也没有办法做到这方面突破。但是"一制三化"改革就会为我们提供了一个强大的保证，让我们勇于突破，尽自己最大努力，为企业做到一个最良好的服务。

天津在优化营商环境过程中，减掉的是企业的负担，增加的是政府的服务，激活的是市场的活力。仅在今年的一季度，天津市新增市场主体增长35.8%，其中民营市场主体更是占到全部新增的99.3%，企业发展的信心与动力进一步增强。

天津市市长张国清：把天津的营商成本特别是制度性交易成本降下来，我们要在今年年内坚决降到在全国有明显竞争力的水平，把天津打造成成本"洼地"，让各类生产要素流向天津。

宁波税务：创新举措确保减税降费政策落地

（来源：国家税务总局网站　2019年8月22日）

日前，宁波市税务部门在全市推行减税降费"一所一册、一户一档"工作机制，各个基层税务所建立一本辖区纳税人享受政策优惠的台账清册、每一户享受优惠政策的纳税人都单独建档，确保各项减税降费政策精准落实到位。

税务干部正在手把手教纳税人如何使用"一户一档"系统①

---

① 图片来源：国家税务总局网站，http://www.chinatax.gov.cn/chinatax/n810219/n810744/n4016641/c5136001/content.html。

自今年3月该项机制实施以来，宁波市各基层税务所充分结合属地税源情况，通过"金三"系统，以纳税人申报、预缴税款等为数据源头，按户按月进行数据归集，全面掌握本轮应享优惠企业的总体情况，陆续设立各具特点的减税降费优惠清册，并在此基础上有针对性地制订宣传辅导计划，推出个性化服务举措。

宁波市税务局针对商贸企业集聚、办公楼宇集中的特点，编制减税降费推进图和税收优惠情况清册，并借助楼宇电子显示屏、楼道宣传广告栏推进政策宣传工作。同时，组织业务骨干利用午休时间在部分涉税服务需求较大的楼宇大堂设置政策咨询点，集中收集纳税人需求，解答纳税人疑问。

"今年的减税降费政策真的很'给力'，你看，上半年，企业一共减免税费107万元"。宁波市奉化区赛派磁电有限公司财务负责人王永国说，"以前我们减了多少税，算起来很麻烦，现在，有了这个系统，不用1分钟，就知道国家给了我们企业多少'红包'"。

"一户一档"系统不但为纳税人应享尽享减税降费红利提供了坚强后盾，更为纳税人扩大生产规模增加了"底气"。

"通过'一户一档'系统了解到，上半年，我们享受增值税降税率政策减免71.6万元，得益于研发费加计扣除比例提高减免税款105.6万元，还有城市维护建设税、教育两费等减免了7万多元。"宁波捷豹振动控制系统有限公司财务负责人李波说。

"'一所一册、一户一档'工作机制实行后，我们不仅全面摸清了家底，确保纳税人减税降费优惠应享尽享，也收集到了一些意见建议，对我们今后更好地疏解纳税人办税'堵点''难点'，优化纳税服务很有参考意义。"宁波市税务局相关负责人表示。

据了解，减税降费"一户一档"系统除了能为纳税人提供查询便利，还能对纳税人的申报情况进行监控，通过"定制"服务最大限度帮助纳税人应享尽享税收减免政策。

新疆：减税降费礼包激活企业发展细胞

（来源：国家税务总局网站　2019年8月15日）［内容有删节］

来自新疆维吾尔自治区统计局的数据显示，今年上半年，自治区税收收入476.51亿元，下降7.4%。其中，国内增值税下降10.6%，企业所得税下降10.8%，个人所得税下降31.7%。

今年以来，自治区全面贯彻国家关于减税降费决策部署。多轮减税降费措施的实施进一步降低了企业税费成本，直接提升企业盈利水平，充分激发了企业发展活力。

"多亏税务部门细心提醒，让我们第一时间享受到了政策红利。"新疆广汇物业管理有限公司办税人员丁春燕说，该公司今年在深化增值税改革政策实施首月就享受了5万元减税红利。

实际上，深化增值税改革政策刚开始实施，乌鲁木齐市税务部门就通过走访和大数据比对等方式，对能够适用各项优惠政策的纳税人开展针对性辅导，把减税降费政策送到企业。

自治区税务局纳税服务处副处长王炜表示，为有效促进减税降费政策落地见效，各级税务部门不断创新服务举措，不断提升纳税人、缴费人的满意度和获得感。

新疆亨一伦化工有限公司财务人员刘世萍说，减税降费政策刚一出台，税务干部就上门进行申报辅导，从政策公布到享受到红利无缝对接，公司在政策实施两个月里累计享受减税

22.87万元。

为切实推进减税降费政策落实，纾解企业难题，自治区各级税务部门相继推出了一系列创新服务举措。在哈密市、吐鲁番市，税务部门筛选增值税改革中减税效果不明显的企业名单，制作跟踪台账，及时掌握企业税负情况；喀什经济开发区税务部门定期通过网络平台"点对点"向纳税人推送提醒信息；石河子等地税务部门充分发挥专家服务团队优势，推行"坐诊、巡诊、回诊"等服务，做好全方位辅导等工作。

王炜说，今后，将继续围绕确保减税降费政策落地见效，营造更便利、高效的税收营商环境，以"放管服"的实际成效，助力新疆经济高质量发展。

北京市税务局深化"一对一"辅导精准落实减税降费政策

（来源：国家税务总局网站　2019年10月9日）

为实现"所有行业税负只减不增"的目标，确保减税降费成效"实打实"落地，按照总局文件精神和工作要求，国家税务总局北京市税务局全面开展针对税负上升增值税一般纳税人的一对一专项税负调查和政策辅导工作，并做好税负下降典型案例分析，切实帮助纳税人享受政策红利。

强化数据分析，精准把脉问题。为确保调查辅导精准开展，结合核心征管、电子抵账等系统数据，对增税企业的基础数据信息进行细致核实，通过申报数据、开票数据、认证信息等深入挖掘增税原因，特别是针对增税额较大的企业，主动问计问需，逐一了解企业实际经营和政策运用存在的问题。

建立工作机制，上下联动统筹。建立调查辅导专项工作市、区两级联动机制，各区局建立"科室＋管理所＋纳税人"三级专项调查和政策辅导工作机制，全局上下一盘棋，切实保障调查到实处、辅导有用处，解决企业的难点、痛点和关键点。

分类分级辅导，突出培训效果。重点关注纳税人适用不动产一次性抵扣、国内旅客运输服务纳入抵扣、加计抵减等政策的情况，消除申报错误、应享未享等问题，依据增税金额对纳税人进行分级分类，对不同等级企业实行差异化培训，对不同行业纳税人开展针对性辅导，确保调查和辅导工作落实快、出效果。

丰富宣传形式，释放政策红利。通过微信公众号、官方网站、办税服务厅电子屏等多种途径，利用减税降费动漫视频，网络直播，走进政务服务中心、商圈、公园等多种形式进行政策宣传并及时为企业答疑解惑，把原理讲清楚，把政策送到位，把红利充分释放。

截至9月征期，北京市税务局共组织两批次，对3 070户（次）纳税人进行了一对一政策辅导，对于存在2019年3月前待抵扣不动产进项税额，但深化增值税改革首月未及时一次性抵扣的纳税人，建立待抵扣不动产抵扣台账，每月更新、清理，引导纳税人及时享受，截至目前累计581户纳税人通过后期辅导完成抵扣。

江苏：减税降费创样板　真金白银添动能　[见二维码3（3-43）]

大数据分析　精准化辅导　确保减税降费"一个都不掉队"　[见二维码3（3-44）]

寄出减税降费专递　问需问策促落实 ［见二维码3（3-45）］

二维码3

深圳税务：税收协同共治让减税降费政策平稳落地

（来源：国家税务总局网站　2019年5月20日）

　　减税降费是国家深化供给侧结构性改革的重要举措，深圳税务部门将"减税降费"列为2019年"一号任务"。为确保一系列减税降费政策顺利落地，深圳税务部门发布了"减税降费措施十条"，上线"微税务"移动服务平台，联合涉税各方力量，着力构建"党建引领、部门合作、社会协同、公众参与"的税收共治新格局，将减税降费红利不折不扣送到群众和企业手上。

深圳税务干部上门为纳税人讲解最新政策①

互联网＋税务，打通信息共享渠道

　　深圳税务部门运用"互联网＋"思维，依托税务大数据，借助App、微信等网络工具，拓展服务渠道，实现税企之间互联互通。建立企业涉税数据体系，增强涉税数据获取和分析能力，精准分析税收风险，及时推送到户，切实提高企业税收风险防范能力。

　　4月1日，深圳市税务局推出的全新移动服务平台——"微税务"正式上线。上线后，已通过实名认证的企业办税人员可通过企业微信App或个人微信，接收税务机关推送的减税降费政策，掌握最新的税务通知公告，实时了解本企业的涉税风险事项，还可以根据实际业务需要报送所需资料。这意味着深圳市税务局开启贴身精准的税收管理服务模式。

　　据介绍，"微税务"移动服务平台打破了传统信息渠道缺乏互动的限制，税务人员不仅可将政策文件精准推送到指定企业的关键人员，及时查询到其是否阅读，还可附加纳税人学

---

① 图片来源：国家税务总局网站，http://www.chinatax.gov.cn/chinatax/n810219/n810744/n4016641/n4172765/n4172770/c4360983/content.html。

堂制作的视频资料，使政策推送更加精准有效，有利于税收政策传导，助力各项减税降费政策顺利落地。

税务+部门，协力优化营商环境

联合涉税各方力量，建立健全税收共治工作机制，加强部门合作、社会协同、公众参与，是推动减税降费政策落地生根的关键所在。深圳税务部门在减税降费工作中积极与财政、银行、社会组织管理等相关部门合作，构建税收共治格局，助力减税降费政策落地生根，服务企业发展壮大。

4月1日，深圳市税务局与深圳市社会组织管理局共同签署《战略合作协议》，双方就推进建立健全税务机关与社会组织沟通协调机制、合力构建良好营商环境达成共识。在党建联学联建、完善政策体系、精准纳税服务等方面积极发挥作用，通过666家行业协会，辐射10万家会员企业，对进一步优化税收营商环境，推动深圳经济向更高质量发展将起到更大的推动作用。

深圳市税务局纳税服务处处长曹旭东介绍，双方将联合开展社会组织税收优惠政策宣讲、税收政策培训辅导宣传，努力创建协调共治格局，将合作平台打造成为加强税企交流、促进跨界融合的"转化器"，落实政策优惠的平台。

罗湖区税务局积极加强内外联动，与深圳市罗湖区委宣传部联合举办深圳罗湖"双周发布"主题新闻发布会税务专场，以"2019年，减税降费如何影响你我的生活"为题，集中介绍了2019年减税降费政策措施和影响，以及深圳税务系列便民服务举措，单场发布会通过融媒体传播量超过100万次，起到了良好的政策宣传效果。

福田区税务局联合辖区企业发展服务中心签署合作备忘录，双方将从师资培训、信息共享、权益保护、高效问答等十个方面开展合作，为辖区企业提供优质高效的服务。蛇口税务局与南山区工商业联合会签订了《关于推进依法治税打造良好营商环境合作共建协议》，为辖区企业提供更精准、更优质的税法宣传与辅导培训，为重点大型企业和"走出去"企业提供"综合问诊，个性定制，全期辅导"式涉税服务，引导纳税人规避涉税风险、及时享受优惠政策。

"几年来，我们企业受益于税务部门的便民举措和贴心服务，跑税务局的次数越来越少了，沟通渠道越来越畅通无阻了，能及时获得官方的权威解读，在各类政策细节面前也越来越有底气了。"南山集团财务管理中心税务经理曹维琦表示，"期待今后会有更多的惠民利民举措，我们也会加强与税务部门的联系，共建良好、密切、信任的税企关系"。

南山区委常委、统战部部长鲍晓晨表示，工商联作为党和政府联系非公有制经济人士的桥梁纽带，将主动加强与税务及各职能部门的联系和协作，搭台、铺路、建管道，切实为非公有制企业解决发展过程中的"痛点"和"难点"。

据了解，深圳税务部门与邮政、银行、工商等部门建立了全面合作关系，不断拓展利民便民服务渠道，协力优化营商环境。与邮政部门合作，推出"网上申领，邮政速递"发票寄递服务，实现网上办理发票足不出户快递到家。不断拓展"银税互动"，推动税务、银行信息互通，帮助小微企业缓解融资难题。与工商等部门，实现信息资源共享，共同优化营商环境。

税务+协会，开启"尽知尽会"通道

深圳税务部门加强与各商会和行业协会的沟通联络，依托商会和行业协会扩大服务覆盖面，与深圳部分院校通力合作，共建税收政策宣传培训渠道，让纳税人对减税降费政策"应知尽知""应会尽会"。

深圳市税务局联合深圳市注册税务师协会举办"税与争锋"专业论坛，打造税务干部、涉税专业服务人员和纳税人三方研讨平台，凝聚三方对税收政策的理解和共识。同时，深圳市税务局加强与市各涉税专业服务行业的联系，设立"税局服务协会，协会服务会员"的培训模式，通过各个行业协会推荐优质师资，组建核心师资团队，由税务机关重点培育核心师资团队，再由核心师资向全市广大的行业商会、协会进行辐射。据统计，3月份，师资团队为纳税人开展减税降费相关培训44场次，参训人员总数4 605人。

龙岗区税务局与香港中文大学（深圳）签订合作培训协议，由学校经管学院招募5—10名学生组成兼职师资团，经过税务部门培训指导后，专门为学校外籍教师（非居民纳税人）、辖区其他外籍人员进行减税降费政策宣传辅导。

光明区税务局与光明区个体劳动者协会、光明区私营企业协会建立了协作机制，联合组织辖区中小微企业、个体工商户开展减税降费专场培训，与深圳市光明区税务代理中介协会开展合作，签订了税务志愿者服务协议。宝安区税务局与宝安区五类百强企业联合会签署《"携手五类百强 党建业务同行"合作备忘录》，力求通过双方党建共融、合作互促，开展8项减税降费主题活动，帮助企业享受好国家政策大礼包，激发推动经济高质量发展的活力。

前海税务局与深圳市私募基金协会、深圳市物流与供应链管理协会、深圳市商业保理协会、深圳市走出去战略合作联盟等7个行业协会形成定期交流、定向宣讲、官方微信平台连通、专人对接政策辅导等合作模式，提高减税降费宣讲覆盖面和社会影响力。

"行业协会对上连接政府监管机构，对下连接企业，作为政企之间的沟通桥梁，具有先天优势。对从税务部门了解的最新政策可第一时间推送给企业，帮助企业快速掌握，同时对企业诉求也可及时归纳总结，并迅速反映，通过深度交流最终实现共赢。"在前海税务局举办的行业协会减税降费培训会上，深圳市私募基金协会副会长常慧莉表示。

"我们专门整理了与各行业协会相关的减税降费政策，依托行业协会平台把这些政策进行详细讲解"。前海税务局党委委员、总经济师熊铁军表示，"许多税收新政刚出台，对行业协会进行宣讲是最高效最精准的方式。通过行业协会的纽带作用，能够以点带面，让税收政策普及效果最大化"。

据介绍，发挥社会组织特别是涉税专业服务社会组织及各类行业协会商会渠道优势，有助于畅通税务机关与纳税人之间沟通交流、信息反馈及解决问题的渠道，推动纳税服务供给侧改革，实现纳税服务精准化。

青岛税务：减税政策落地　服务企业发展

（来源：国家税务总局青岛市税务局　2019年6月6日）

今年以来，国家部署落实了一系列力度大、内容实、范围广的减税降费政策措施。国家税务总局青岛市税务局围绕减税降费主题，突出党建引领，充分发挥党支部战斗堡垒和党员先锋模范作用，吹便民办税春风，促优惠政策落实，助推经济高质量发展，获得了岛城纳税人的高度好评。

政策全落地　服务发展注入新动能

青岛柏兰集团有限公司是胶州一家民营企业，经历40载辛勤耕耘，现已发展成为一家集"规模化农业产业、农产品深度加工与生产、规范化经营与管理、国际化服务体系、专业化定向合作"六位于一体的国际农业产业集团企业。谈到税收优惠政策为企业带来的利好，企业总经理郭磊说："减税对我们的支持是最实在的，减的都是真金白银，变成企业实实在在的利润。税务部门不折不扣落实各项优惠政策，让真正具备创新能力的企业在行业发展中赢得了更多的主动权。"据她介绍，2018年以来，柏兰集团通过享受研发费用加计扣除、高新技术企业所得税优惠等政策，累计减免税额180余万元、办理出口退税1 700余万元，为企业再投资、再生产、再发展提供了强大的资金支持。

"减税降费使我们企业受益匪浅。今年，国家涉税新政不断出台，让我们企业轻装上阵，通过减税降费'大礼包'，我们企业共计享受税收优惠1 158万元，这对我们企业后续发展提供了有力的保障！"在谈到国家实施的减税降费政策时，青岛东软载波科技股份有限公司的人事总监金丽丽感慨地说。成立于1993年的东软载波是青岛市市北区一家从事集成电路设计、融合通信技术研发，聚焦能源互联网、智能化两个战略新兴领域的民营企业，2018年荣登"2018中国民营上市公司高质量发展30强"。金总监还提到，近年来该公司享受税收优惠政策力度不断增大，2018年研发费用加计扣除458万元；2019年，增值税预计至少减税500万元，社保降率征收预计降费100万元，个税新政减税100万元，共计享受税收优惠1 158万元，大大降低了企业税收负担，同时也为企业开拓市场、研发项目注入了高质量发展的新动能。

税收优惠实，企业信心足。在青岛，像柏兰集团、东软载波这样充分享受减税降费利好的企业还有很多，通过不折不扣地将各项优惠措施落实到位，青岛市税务局2019年一季度累计新增减税32.9亿元，为企业良性健康发展插上了腾飞的翅膀。

多层次覆盖　企业知晓政策不发愁

"政策暖人心，发展有信心。"青岛佳瑞庄园葡萄酒业有限公司总经理、平度市政协委员戴丽萍女士提起国家减税降费政策就赞不绝口，"初步测算，今年能减税20余万元，对于解决资金困难问题，真是雪中送炭啊！另外，税务部门政策辅导也非常及时到位，给你们的纳税服务点个赞！"据了解，平度市税务局围绕"新服务、新形象"，深入开展便民办税春风行动，以落实减税降费为主线，深入镇村街道、工矿企业，广泛开展减税降费优惠政策辅导。

"这群年轻人业务真不错，我在取号后的等候时间就进行了减税降费政策学习，在办税前就把所有问题都解决了！"青岛新富兴乐器部件有限公司的任会计高兴地说。据了解，由胶州市税务局青年业务骨干组成的减税降费青年服务队，在导税区开设"流动课堂"，随身携带减税降费宣传资料，主动为等候区纳税人进行减税降费政策宣讲，让纳税人进厅即可学习相关政策，有实际操作问题随时提出随时解决，确保纳税人尽享税收改革红利。

着眼于打造税务惠民新形象，喊响纳税服务"有力度、有温度、有深度、有准度"的口号，青岛市税务局创新培训辅导思路，做到点线面结合，开展多种形式的政策宣讲辅导。自工作开展以来，青岛税务系统组织纳税人培训辅导332期，辅导纳税人14.96万人次，通过QQ群、微信群、短信、办税服务厅咨询等方式辅导纳税人102.79万人次。

多渠道宣讲　纳税人获得感提上来

政策要落地，宣讲少不了。青岛市税务局创新思维、丰富载体，积极拓展多样化税收宣传阵地，不断增强宣传实效，在社会公众和纳税人群体间营造浓厚的减税降费氛围。

"太新奇了，来大厅办税等叫号的间隙，登录斗鱼 App 观看直播解税，就把小规模纳税人'六税两费'减征政策弄明白了！"洋马发动机（山东）有限公司负责人何崎泰行，在第一次观看完直播后发出感叹，"平时工作忙，抽不出整段的时间来学习，有了直播平台，可以利用碎片化的时间学习新政策，错过直播还能看录播，直接学习的效果比财务人员二次传达好很多！同时还可以向在线的讲师团留言，惑有所解，及时扫除知识盲点"。

针对部分事务繁忙、难以参加实体培训的纳税人、缴费人，青岛前湾保税港区税务局积极运用互联网＋思维，探索网上直播培训新模式，纳税人无需注册即可随时观看网上直播，避免二次传达导致的内容不全面、口径不一致、理解不到位等问题，得到了纳税人的认可和支持。

"前段时间有税务人员来我公司进行个税新政策宣传，没想到，今天竟然在这里的大屏幕上看到了减税降费的宣传，现在减税的'春风'真是吹进了咱们生活的各个角落，真是太好太温暖啦！"在李沧区最繁华的李村商圈，一位过往群众感慨。这是李沧区税务局借助李村商圈人流量大、受众面广的有利特点，在商圈最大的 2 个屏幕上播放减税降费宣传图片和视频，让过往的群众了解减税降费新政策，增强了宣传的影响力和辐射力。

减税降费送红利，破海扬帆正当时。青岛市税务局党委书记、局长冯光泽表示，青岛市税务局将继续突出党建引领，用便民办税的实招硬招，持续优化税收营商环境；本着抓牢抓实的原则，确保青岛减税降费正常措施精准落地、全面落实，将减税降费政策"礼包"送到全市每个纳税人手中，让纳税人有实实在在的获得感，助力全市经济高质量发展。

内蒙古税务：打通税收业务"最后一公里"

（来源：《光明日报》　2019 年 11 月 25 日）

呼和浩特市的王先生开了一家商贸公司，过去他每月都要跑税务部门，而从今年 7 月开始，他在手机上的"i 税服务平台"足不出户就办理了各项纳税事项。近日，内蒙古自治区推行的"i 税服务平台"受到国务院第六次大督查通报表扬，成为全国减税降费、深化"放管服"改革、优化营商环境的典型。

"i 税服务平台"今年年初试运行并于 7 月在内蒙古全区推广使用。该平台借助手机等移动互联网终端，在网上办税的基础上，优化整合现有征纳沟通渠道，打通了包括减税降费在内的各项税收业务与纳税人、缴费人之间的"最后一公里"，为纳税人、缴费人提供宣传培训、涉税业务咨询、涉税事项提醒、推送红利账单等个性化服务。截至目前，全区已有 60 万纳税人、缴费人使用"i 税服务平台"，占全区有效纳税人的 60% 以上。

在宣传培训方面，内蒙古税务局通过"i 税服务平台"直播等形式开展了 6 次大规模减税降费宣传培训，培训纳税人和缴费人 20 万人次，课程回放 5 万多次，总观看时长达 1.55 万小时。通过"i 税服务平台"直播方式对目标纳税人和缴费人进行宣传培训，具有针对性强、效率高、效果好等特点。

在咨询服务方面,"i税服务平台"将大量税收政策集中到一个24小时在线并能自我学习的智能机器人"税小i"中,通过语音或文字咨询问题,"税小i"可以给出较为精准而全面的解答。目前,"税小i"已接受各类涉税咨询1.7万多人次,解答各类涉税问题3.8万多条,准确率达到85.26%。通过持续维护更新服务内容,"税小i"解答问题越来越准,服务越来越贴心。

在精准推送方面,根据纳税人和缴费人的不同需求,以贴标签方式,详细分类,将税收政策点对点精准推送至纳税人和缴费人手机端。目前,已推送33万余条,使纳税人和缴费人及时获取税费业务办理信息,预知风险,做好业务办理规划;使税务人员及时关注相关业务办理时限、结果以及风险。目前"i税服务平台"已实现登记、申报、发票、认定、备案、违法处置、优惠政策7类28项业务的提示提醒,提示提醒达114万次。

在尽享减税降费红利方面,内蒙古税务局在"i税服务平台"中专门开发了减税降费红利账单功能,推送红利账单33万多次,使纳税人和缴费人能及时掌握缴纳的税费种、缴纳的税费额和减免的税费额等情况,使纳税人和缴费人更加直观地体验到减税降费红利。

据了解,按照推广计划,今年年底,内蒙古80%以上的有效纳税人、缴费人将使用"i税服务平台"。

广西税务局推出个性化减税降费服务

(来源:国家税务总局网站 2019年6月21日)

得益于减税降费政策的有效落实,柳钢集团今年科技研发投入持续加码,企业发展势头一路向好:今年前4个月,柳钢集团享受减免退税5 349万元,研发投入同比增长6.1倍;集团营业收入261.47亿元,同比增长18.54%。

"抓住以大规模减税降费换取经济高质量发展的新机遇,越来越多的广西大企业逐步将税收红利转化为研发投入,提高企业创新能力和市场竞争力。"广西税务局相关负责人表示。

今年以来,大规模减税降费各项政策相继落地,如何充分释放减税红利,助推经济爬坡过坎?自治区税务部门抓住大企业这个直接影响经济发展的"关键少数",实行"一户式"建档、"一对一"联络以及"个性化"减税降费服务,切实推进各项减税降费政策落细落实,助力广西大企业减负降本,为企业转型升级注入新动能。

广西交通投资集团今年有36条政府还贷公路变更为经营性公路,通行费收入需要按规定缴纳增值税,但36条高速公路涉及区域广、缴税手续复杂。广西税务局大企业局了解到情况后,由局领导带队多次到该集团公司走访调研,并征求自治区高速公路管理局、财政厅等相关部门意见,很快为企业量身定制了税务申报软件,顺利解决其申报和划扣异地税款等问题。

建立大企业重大涉税事项纳税服务工作机制,快速响应大企业重大涉税事项诉求,这是广西税务局提出的"个性化"服务大企业中的重要内容。

今年5月,广西税务局印发《大企业个性化纳税服务十五条措施》,针对大企业税收服务与管理的特点,推出大企业走访活动、开展税企高层对话、设立大企业首席联络员、开展税收政策培训、优化"走出去"企业服务、重大事项事先评估等15条措施，确保大企业在依法纳税上不绕弯路、在享受税收政策时不打折扣，不断增强服务的针对性、专业性和有效性。

增值税税率下调、进项税加计抵减、进项税抵扣范围扩大等一系列新政的全面落地，极大提振了企业发展信心。今年1—4月，全区企业因享受更大规模减税降费政策新增减免增值税14.75亿元，其中大企业新增减免增值税6亿元，占40.68%。同期，全区大企业共缴纳税款437亿元，占全区税收收入总量的49.9%；冶炼和压延加工业、铁路、船舶、航空航天和其他运输设备制造业增加值均实现了两位数以上的增长。减税降费力度之大前所未有，大企业研发创新意愿大大增强，自主研发的底气越来越足。广西建工集团今年前4个月享受减免退税5075万元，而同期投入技术提升的研发资金同比增长10%，多项自主研发技术获得发明专利和实用新型专利。据统计，今年1—4月，广西大企业研发投入同比增长30.16%。

为进一步支持广西大企业"走出去"降本提效，各级税务部门加快出口退税进度，尤其对纳税信用好的A类大企业，将退税时间压缩到3个工作日之内，比国家税务总局规定的5个工作日减少2日。今年1—4月，税务部门共为全区企业办理出口退（免）税25.6亿元，同比增长58%，其中广西大企业享受出口退（免）税9亿元，占全区出口退（免）税总额的35.16%。

西藏减税降费效应分析做得实

（来源：《中国税务报》 2019年9月20日）

国家税务总局西藏自治区税务局通过数据核算精益求精、专项调查不留死角、协调共治稳扎稳打等多项措施，扎实开展减税降费效应分析工作，确保减税降费取得成效。

该局通过逻辑关系校验，严把减税降费数据入口关，规范数据提供渠道，强化减税降费数据质量管控；制定减税降费数据会审、抽查、纠错工作制度，建立区、市、县三级逐层审核、反馈校验的工作机制。该局在总局下发的《增税纳税人信息清册》基础上，持续调查了解增税纳税人的税负情况，区分不同情况分类施策，"一对一"分析原因、面对面沟通解决，研究提出有针对性的政策建议等措施，辅导企业享受优惠政策。

该局建立税收分析工作领导小组、选题会商、多层次交流互鉴等横向分工协作、纵向紧密联动的税收分析机制，有的放矢地从多维度对减税降费情况进行实时效应分析。与此同时，该局建立跨部门减税降费工作沟通协作联络机制，随时就减税降费政策落实等方面的问题进行交流，构建落实减税降费共推共促的工作格局。

浙江：减税"东风"凭借力杭企发展正当时

（来源：《中国税务报》 2019年11月12日）

今年前三季度，浙江杭州市新增减税降费457亿元。今年以来，国家税务总局杭州市税务局确保政策第一时间落地，将落实减税降费作为政治任务来抓，作为衡量主题教育成效的具体标尺来抓,为企业减负担、增动力,促进杭企加速发展。

减负担:政策红利轻松享

4月,深化增值税改革政策落地,5月,社保降费开始实施……配合今年更大规模减税降费政策出台的节奏,杭州市税务部门确保政策第一时间落地,同时积极开展政策辅导宣传,确保企业"应享尽享"。

"如今,不需要经过烦琐的备案审批,符合条件就享受税收优惠,非常简单。"杭州蓝天园林建设有限公司的财务经理廖钰莹笑道。

今年以来,杭州市税务部门试点证明事项告知承诺制,不断减少享受减税降费的税务证明事项,绝大部分税收优惠政策实现"申报即享受"。同时还自主研发了增值税优惠管理一体化平台,整合现行200多项增值税优惠政策,筛查"应享未享"企业进行辅导。此外,杭州市税务局推出"小税滴""滨税直播""小夏云课堂"等多个税收政策辅导品牌,帮助企业了解政策。

促发展:增加民企创造力

习近平总书记在2018年民营企业座谈会上提出,要不断为民营经济营造更好发展环境。一年来,杭州税务部门服务民企发展,助力杭州民企行稳致远。

今年前三季度,杭州民营经济新增减税281亿元,占新增减税总规模的73.3%。其中,作为减税降费"主菜"的深化增值税改革惠及全市22万余户民营企业。有了资金支持,更多民营企业走上创新创造之路,以不断升级提升产品的不可替代性,在复杂的市场竞争中站稳脚跟。

在减税降费的助力下,主营商用餐饮设备的银都股份投入2亿元升级商用餐饮冷藏设备生产线,扩产项目预计2021年可供使用。

添便利:办税轻松激活力

在刚刚结束的2019年全国纳税人满意度调查中,杭州市税务局以87.35分的高分,连续五年蝉联全国省会城市第一。目前,杭州市已实现4小时办结企业开办手续,其中税务事项用时仅30分钟;电子税务局进一步引入云计算、人脸识别、电子签名等新技术,140项办税事项实现"网上办",网上办事率达90%;企业简易注销即时办结,房产交易税收跑出30分钟的全国最快速度,出口退税推行容缺办理……

杭州市各级税务部门对标对表国内国际一流标准,以数字化、智慧化的思维方式创新纳税服务理念。便捷的办税体验进一步激发了民间创业热情:今年1—9月,杭州市新办纳税人17.9万户,同比上升20.18%。

减税政策与便捷办税"组合拳"不但激发更多市场主体创业动力,还成为杭企"走出去"的"助推器"。今年前三季度,得益于研发费用加计扣除和高新技术企业优惠税率,杭州海兴电力科技股份有限公司减免企业所得税4 046万元,同比增长32%。在强劲的减税红利与创新驱动下,企业加大力度拓展海外市场,已为"一带一路"沿线38个国家的客户提供智能配用电解决方案和产品,入选2019年浙江本土民营企业跨国经营30强。

伴随着减税红利的不断释放,更多杭企借着政策东风,向着更稳健的未来、更广阔的市场迈进。

"互联网+税务"让办税更顺畅 [见二维码3(3-46)]

二维码3

落实减税降费,四川税务人很"拼"了
——中国网记者"减税降费基层行"采访手记

(来源:中国网 2019年5月13日)[内容有删节]

国家税务总局四川省税务局将落实减税降费政策作为一项严肃重大的政治任务,全系统上下以"实打实""硬碰硬"的行动坚决打好这场硬仗。各市(州)及基层县(市、区)税务局执行情况如何?纳税人有哪些实实在在的感受?办税流程再造后税务人工作与纳税人办税发生了哪些变化?4月11日至4月26日,中国网记者先后走访了成都市金牛区、眉山市经开区和东坡区、南充市高坪区、广安市邻水县、遂宁市船山区和雅安市雨城区税务局。

任何新政策的实施都离不开接地气的宣传工作。成都市金牛区税务局在宣传落实新政策的工作过程中,通过QQ群、微信公众号、官方微博等线上线下的互动宣传,及时解决纳税人的疑问诉求,并有针对性地举办了10期培训班,做到了宣传的全覆盖。

眉山市税务系统采取了一系列的措施来保证减税降费政策措施的落实落地。在宣传方式上,《苏小妹说税系列课堂》动漫视频令记者印象深刻。基层税务干部付出了巨大的努力,其辛苦程度让记者感叹!为保证办税厅工作人员读懂学懂减税降费的相关政策,及时准确让纳税人应懂尽懂、应知尽知、应享尽享,他们"每晨一教育,每日一培训,每周一分析,每月一考试,每季一考核"。

细节决定成败。南充市高坪区办税服务厅的服务工作做得很细,干净整洁的办税厅秩序井然,耐心细致的讲解让每位办税人员如沐春风,不会上网的纳税人在这里也能轻松做到网上办税。

南充市高坪区税务局办税服务厅的工作人员正在解答纳税人疑问①

---

① 图片来源:中国网,http://sc.china.com.cn/index.php?m=wap&siteid=1&a=show_wap&catid=1119&id=320117。

下调增值税税率、提高小规模纳税人起征点、个人所得税改革、社保费率降低……今年是新税务新机构成立后的第一个完整年度，也是"硬碰硬"的"减税降费"年。如何确保每一个纳税人都能充分享受到税改红利的"真金白银"？作为基层税务机关，重在落实执行。遂宁税务部门通过强有力的政策宣传、滴灌式的培训辅导，把减税降费政策深植于每一个纳税人的心中，通过设立专职专岗，简化办理流程，让纳税人的获得感得到切实提升。

推出"一卡一表"个性化定制服务，是雅安市税务部门的创新之举。减税降费政策有哪些？纳税人能得多大的"福利"？对税收工作还有什么意见建议？通过一张小小的明白卡和意见征求表，就能轻松释疑。

雅安市雨城区税务局东城税务分局所辖区域个体户众多，他们在政策的理解和把握上都有很多的疑惑，基层税务干部正是通过"拉网式扫街"的方式，将政策送上门，把利好讲到家，以"实打实""硬碰硬"的行动诠释责任与担当。

辽宁税务：践行初心使命促进减税降费落实落地

（来源：新华网　2019年7月29日）

近期，辽宁省税务系统以开展"不忘初心、牢记使命"主题教育为契机，围绕全面落实"减税降费"的税收工作主题，开展"营商环境建设突出问题"专项整治，以问题为导向"补短板、强弱项"，把解决全省纳税人、缴费人的涉税难题作为工作重点。

辽宁省税务局先后发布了《关于推进实体办税服务厅新办纳税人"套餐式"服务的通知》《纳税服务投诉管理办法》等一系列优化纳税服务的制度和办法，并在全省范围积极推进实体办税服务厅与电子税务局融合发展，着力打通"办税最后一公里"。截至目前，各类合理涉税投诉的办理时限压缩了50%。同时，在严格落实"首问首办"责任制基础上，还推出了减环节、压时限、"限办"转"即办"等措施，压缩办税时限40项，累计压缩工作日505个，目前，涉税"限办"转"即办"的事项已达31项，累计减少办税环节142个。

针对进户检查多的问题，盘锦市税务局运用大数据风险任务扎口推送与统筹机制，实施税务检查事项统筹和税务稽查计划备案制度，完善了"事前预警防控、事中引导遵从、事后分级应对"的全流程风险管理体系，实现了"无风险不检查"，减轻了企业负担。

朝阳市税务局推出24小时"税银"合作乡镇自助办税服务网点。目前，智能税收服务平台已逐步进驻朝阳市各大乡镇，智能办税服务网点乡镇"全覆盖"，申领发票、办税缴费远等困扰乡镇纳税人、缴费人的难题正逐步解决。

针对一些机关、单位对社保费缴纳相关知识和技巧掌握不全面等问题，营口市税务局社保降费宣传团队走进营口市总工会组织的培训班，现场为各企业人员讲解社保费降率要点，辅导财务人员做好账务处理。

在阜新，清河门区税务局将主题教育与纳税服务相结合，成立了减税降费临时党支部和党员志愿调研服务队，通过微信群一对一答疑、实地走访和建立告知工作辅导台账等方式，服务队帮助纳税人和缴费人准确理解政策，解决涉税难题。

税务干部走上街头宣传减税降费政策①

相关负责人表示,下一步,辽宁省税务局将聚焦工作问题,持续查找差距、不断抓好整改落实,进一步提升纳税人、缴费人减税降费获得感,更好助推辽宁经济高质量发展。

海南税务积极行动　多举措确保降低社保费率政策落地

（来源：凤凰网　2019 年 5 月 9 日）

5月份是执行社保费降率政策后的首个征期。5月5日,海南省各市县税务局陆续开出机关事业单位养老保险完税凭证,实现了全省机关事业单位养老保险顺利划转税务部门,并按照《海南省降低社会保险费率综合方案》以 16% 的单位缴费比例征收。

为确保纳税人及时了解新政,享受减税降费红利,海南省税务局迅速贯彻落实国务院办公厅降低社会保险费率综合方案要求,成立社会保险费和非税收入工作领导小组,形成各级政府负责人牵头,人社、财政、税务、医保等部门共同参与的工作协调机制,通过单位互访、联席会议、一站式培训、微信群即时沟通等方式确保征管职责划转顺畅、社保降率工作任务落实。

为确保税务干部熟练掌握社保缴费相关业务,海南省税务局共组织税务各业务口、前台大厅税务干部开展社保费业务培训 20 余次,培训人数约 2 800 人次,实现了税务人员业务培训全覆盖。4月上旬,海南省税务局联合海南省人力资源和社会保障厅,率先实现了税务 12366 税务咨询热线与 12333 人力资源社会保障热线一键呼转,将社保政策和征管措施的咨询无缝对接,为缴费人提供更便捷、高效的社保费咨询业务。

结合国家税务总局减税降费工作任务清单和海南社保费工作实际,按照"简明易行好操作"的要求,海南省税务局全面梳理、优化申报和缴费流程,完善业务规范,形成快速处理征期内各类突发问题的应急工作机制,全面落实首问责任、限时办结、预约办税、延时服务、导税服务和"最多跑一次"等各项服务制度,设置咨询服务岗,确保对纳税人和缴

---

① 图片来源：新华网辽宁背频道,http://www.ln.xinhuanet.com/2019-07/26/c_1124804010.htm。

费人的问题及时解答、事项及时办理。

在对缴费单位、缴费人的政策宣传方面，全省各市县税务局已举办各类型现场宣讲辅导会40余场，覆盖万余人次。同时，充分利用海南税务网站、12366纳税服务热线、办税服务厅等税务主阵地多轮次开展政策宣传，借助手机App和短信、微信公众号、网络直播平台、公交站台宣传栏、公交车身广告、电梯广告等人群聚集和关注点多的平台渠道做好减税降费政策解读及社保知识问答，通过召开政策宣讲会、印发宣传手册等上门送政策的形式，全方位对缴费人进行减税降费宣传辅导，实现了对全省企业、机关事业单位、个体工商户和灵活就业人员四类人群宣传全覆盖。

云南：践行初心使命　推动减税降费落实到位

（来源：国家税务总局云南省税务局　2019年7月29日）

自"不忘初心、牢记使命"主题教育开展以来，国家税务总局云南省税务局联系实际、统筹兼顾，将主题教育与落实减税降费政策有机结合，用实际行动确保各项重大决策部署在云南落地生根。

"补短板"检视整改作为"试金石"

云南省税务局把检视整改作为践行税务人初心使命的"试金石"。局党委班子成员分头带队到基层联系点、基层党建工作联系点和扶贫点，就省局机关存在形式主义、官僚主义问题和减税降费政策措施落实情况开展集中调研，掌握"一手"情况，力求把问题根源找准找实。

"经过此次深入辅导，切实解决了我们税收业务方面的难点问题，调研组还向我们详细询问了税收优惠政策享受情况和企业的涉税涉费服务需求，并采纳了我们提出的意见建议。"云南顺丰洱海环保科技股份有限公司负责人钟顺和说。

"我们带着问题到矛盾最集中、困难最突出的基层开展蹲点调研，结合落实减税降费政策措施，深入开展减税降费专题调研，同时深化党建引领，扎实开展'一带一路'税收服务边疆行特色调研。"调研组负责人介绍，通过精准把脉问诊、对症开方抓药，调研组提出七项具体整改措施，三个方面的长效改进机制，学做结合、查改贯通取得了阶段性成效。

"硬举措"落实减税降费"硬任务"

在助推经济高质量发展的道路上，云南省税务部门把落实减税降费工作作为第一政治任务，拿出"硬"措施，将减税降费工作推向纵深。

"今年，循环经济建设的不动产投资有700多万元的抵扣，新政实施后可以一次性抵扣，再加上增值税税率由16%降到13%省下来的900万元、社保费率降低省下的100万元，几项政策叠加，全年可节约1700万的资金。"在"减税降费党员先锋队"的帮助下，玉溪太标集团的财务总监郭强算清了企业的"减税账"。

减税降费政策落地以来，云南省税务部门坚持以服务好纳税人为工作重心，深入查找政策落实中的不足、挖掘纳税服务提升空间，在确保政策落实到位的基础上，为企业提供精准的税收辅导，提出科学合理的税收建议，确保纳税人"获得感"持续提升。

"下一步,我们将持续深化纳税人分级分类管理,对重点行业、重点企业进行建档立卡和科学分类,狠抓政策落实,确保减税降费全覆盖、全落实。"云南省税务局相关负责人表示。

"抓需求"提升纳税服务"软实力"

"预处理中心"是云南省税务部门针对进一步优化纳税服务进行的积极探索,随着基层税务部门办税服务厅"预处理中心"实体化运作,涉税咨询和事项办理前置受理得以实现,最大程度简化了办税流程,压缩了限时办结事项办理时间。

为进一步优化营商环境,云南省税务系统结合2018年云南省民营企业评议情况,围绕找差距、抓落实,认真核实整改,推出3类14项便民服务措施,始终坚持在减税降费一线践行初心使命,收获了纳税人的真诚点赞。2019年底前,云南省税务系统还将力争实现纳税人向税务机关报送的资料在税务总局精简25%以上的基础上,再精简5%,总共精简30%;云南省70%以上涉税事项一次办结,持续提升税收治理能力和服务水平。

河南税务:下硬功夫确保减税降费政策应享尽享

(来源:人民网 2019年4月1日)

近日,河南省税务局召开全省税务系统减税降费"应享尽享"攻坚行动动员誓师大会,发布《减税降费"应享尽享"攻坚行动方案》(以下简称《方案》),推出28条硬举措,以行动提升认识,以行动再聚合力,以行动再克困难,以行动再促工作,以行动确保成效,保障减税降费政策措施落地生根。

全员誓师合力攻坚促落实

"开展减税降费'应享尽享'攻坚行动,是河南税务系统更好更快推动减税降费政策'实打实、硬碰硬'落地的重大行动,是我们提升站位、强化担当、主动作为的创新举措,将进一步推动我省减税降费工作扎实开展,确保应享受减税降费纳税人、缴费人实实在在享受国家政策红利。"河南省税务局减税办负责人介绍道。

据了解,此次减税降费"应享尽享"攻坚行动动员誓师大会覆盖省市县三级税务机关,在介绍《方案》的同时,各省辖市税务局、郑州航空港经济综合实验区税务局、省局第三税务分局主要负责人均在会上作了表态发言,保证把减税降费政策"实打实、硬碰硬"落地。

郑州市税务局负责人在会上表示,"确保减税降费政策落地生根是党中央、国务院交给税务部门的政治任务,是总局、省局明确的贯穿全年的税收工作主题。郑州市局党委深知做好这项工作责任重大,深知确保各项政策顺利落实地、不出问题,必须凝心聚力,实之又实、细之又细地狠抓落实,一刻也不能放松"。

明确任务协调推进抓落实

减税降费"应享尽享"攻坚行动可以说是河南省税务系统打赢减税降费决胜战的"动员令""冲锋号"。《方案》将攻坚行动划分4个时间节点:减税降费政策准备和逐步落实阶段(2019年3—4月)、全面实施和半年小结阶段(2019年5—7月)、深入落实和持续推进阶段（2019年8—12月）、评估验收和总结提高阶段（2020年1—2月）。同时，细化28条"实"办法、"硬"措施，一项项明责任、压担子、提要求，形成了一张务实管用的作战图纸。

在第一阶段，进一步加大相关减税降费政策宣传培训力度，抓实抓细小微企业普惠减税政策首季申报，着力解决应享未享退税问题，做到应退尽退、"应享尽享"。其中，明确2019年4月15日前退还所有多征税款，确保应享未享纳税人退税率达到100%。第二阶段，持续做好原有减税降费政策的实施，全面开展各项督导检查，再次启动新一轮培训辅导，开展政策效应分析，对减税降费半年工作开展情况进行总结。

在第三阶段，对前期减税降费工作开展情况进行调研，组织减税降费落实情况检查，统筹做好减税降费和组织收入工作。同时，在第四阶段对2019年减税降费工作进行全面总结、评估验收和宣传推广。

严格要求压实责任保落实

2019年是新税务机构崭新亮相的第一年，落实减税降费政策对新税务机构来讲，是一场"试金大考"。今年减税降费政策落实得怎么样、效果怎么样、社会评价怎么样，直接关系到新税务的形象和荣誉。

《方案》中明确减税降费是深化供给侧结构性改革的重要举措，是当前的一项重要政治任务。同时，要求各级税务机关制定减税降费"应享尽享"攻坚行动工作责任制；把"四实四硬"要求作为刻度标杆，抓作风、抓细节、抓基层、抓质效；着力打好政策惠民和服务便民的"组合拳"；着力防范"应享未享"风险，着力防范应收未收风险，着力防范负面舆情风险；强化纪律监督，用铁的手腕、铁的纪律保障减税降费工作有力推进。

河南省税务局有关负责人表示，"减税降费是重大改革举措，也是艰巨的政治任务。河南省税务系统将深入贯彻落实党中央、国务院的决策部署，坚决做到思想统一、坚决做到真抓实干、坚决做到问效问责，以更加坚定的决心、更加务实的举措，打好打赢减税降费政策'应享尽享'这场攻坚战，办实利企惠民的大好事，向总局党委和省委、省政府，向全省广大纳税人和缴费人，交上一份满意的答卷"。

青海税务：统筹落实便民办税春风行动 以"双轮"驱动确保减税降费落地生根

（来源：国家税务总局青海省税务局　2019年2月27日）

国家税务总局青海省税务局迅速开展"新税务·新服务"为主题的"便民办税春风行动"，强化党建工作引领，聚焦税收重点任务，组织开展全员春训，全覆盖政策培训辅导，促进队伍融合，以狠抓"政策性措施、服务性措施"落实的"双轮"驱动，全力推进减税降费政策措施落地生根。

以匠心精神抓春训夯实基础

"火车跑得快，全靠车头带"。青海省税务局党委以"培育匠心精神　提升服务能力"为主题，紧密结合中央、总局和省委、省政府减税降费、"放管服"改革、优化营商环境等重点工作部署,强化党建引领,在省市县三级税务机关组织开展一系列税收专业化能力的春训活动,充分发挥机关作为司令部的表率示范作用,进一步提升税务人员综合素质和能力,夯实减税降费工作根基。

春训持续1个月。按照"融合、规范、落实"的要求,围绕"抓少数、管多数,抓班子、强堡垒"主线,突出"抓机关、带系统",以问题导向、目标导向和实践导向,紧扣减税降费等工作主题,进行减税降费政策解读、优化营商环境、便民办税、纳税人满意度调查等各项机关应知应会税费业务互补融合培训,凝聚思想共识,细化落实内容,推动干部业务知识扩容升级和能力提升。各党支部书记亲自抓春训,全员参加春训,用"身边人讲身边事、身边人讲自己事、身边事教身边人"的形式,研究解决工作中遇到的难点,交流工作亮点,优化工作举措。树立"把基础做成亮点、把短板化为优势、把匠心贯穿始终、把创新变成习惯"的新思维,增强培训的吸引力和感染力,以实际工作成效检验春训效果,以匠心精神推进减税降费落地落实落细。

以政策辅导全覆盖确保见效

省税务局成立9个工作组,分别由局领导带队,以"问需求、解难题、办实事"为主题,结合省委、省政府重大部署,深入开展"大走访、大排查、大调研"活动,强化防范化解税收工作风险的能力,推动形成省局机关深入基层了解实际情况、研究解决突出问题的良好氛围。突出减税降费工作,通过听取各地税务局领导班子汇报,实地查看,与税务干部职工、纳税人、缴费人座谈、走访当地重点税源企业等形式,重点了解掌握小微企业普惠性税收减免政策首个申报期工作开展、小微企业涉税诉求及意见快速响应机制落实、宣传辅导及便利服务等工作落实、减税核算统计分析工作推进等情况,分析摸排首个申报期培训辅导、征管操作、信息系统、统计核算等方面存在的问题,提出解决方案,为一季度申报和后续政策落实打好基础。

全省各地税务机关突出减税降费主题,以"时不我待、只争朝夕"的精神组织开展便民办税春风行动,统筹贯彻落实减税降费工作部署,同纳税人满意度整改、优化营商环境、落实"放管服"改革、日常税费征管等紧密结合起来,迅速全方位展开减税降费政策宣传辅导;采取信息媒体全面宣传、"面对面"集中培训、"一对一"个性化辅导、有针对性送减税降费政策上门等方式,做好纳税人100%全覆盖培训辅导,确保纳税人用足用好各项减税降费优惠政策,确保减税降费政策措施落地见效。西宁市、海东市、海南州、海西州等地税务部门送减税降费政策进当地"两会",同代表、委员共话减税降费,赢得点赞支持,提升了宣传辅导影响。

以统筹协作促融合优化服务

围绕总局启动便民办税春风行动明确的13类52项任务,省局率先梳理出"党委引领、政策落实、便捷办税、信息化建设和监督巡察"5大类28项具体内容,形成第一批任务清单,明确具体措施、预期目标、责任部门和完成时限,专题进行深入研究,统筹协同推进。各业务部门责任分工明确,沟通交流顺畅,在督导抓实工作中,强化干部队伍融合,形成互促共进格局,把工作短板转化为提升质效的潜力,以税务机关内部业务融合、部门融合,促进优化纳税服务。

组织开展"优化营商环境,提升纳税人满意度,我的短板在哪里"大讨论,进一步统一思想,达成工作落实的共识。围绕组织纳税人满意度整改和纳税人需求调查工作,转变思想观念，从重内部考核转向看外部纳税人、缴费人评价，促进队伍心合力合。推进整合12366纳税服务热线、电子税务局、网络应用服务热线等工作，将服务商热线纳入12366规范管理，考核其"接通率、答复准确率和服务规范性"，提升用户体验。优化各地办税服务厅人员结构，增强办税服务厅骨干力量，减少临聘人员流动对服务质量的影响。定期从全省12366投诉、自然人信息冒用案例中选择典型案例进行曝光，从内外两个方面形成机制，凸显服务，促进税法遵从。

以简化办税新亮点推进创新

在全面落实"政策性措施"的同时，突出落实"服务性措施"，以"双轮驱动"进一步精简报送资料，简化办税流程。省局制定具体措施并向纳税人告知，全省贯彻落实。对纳税通过网络进行申报的，不再向纳税人索取纸质资料；深入推进并提高使用新办企业套餐式服务的比例，扩大自助办税终端功能及覆盖面，加快网上申领发票推广，提高发票便捷性，提高跨区域迁移、注销工作效率；完善预约办税服务等措施，积极打造新税务新服务办税新亮点。

办税服务厅设置"减税降费咨询台"，从线上、线下简化优化办税缴费程序，严格落实6大类114项办税最多跑一次清单事项、首问责任制、限时办结、延时服务、导税服务等各项制度，确保对纳税人、缴费人问题及时解答，事项及时办理，为纳税人和缴费人提供更优质、更高效、更便捷的服务，以简化办税服务新亮点展现新税务新服务，推进工作方式方法不断创新，积极构建优化高效统一的税收征管体系，确保减税降费政策措施落地生根，进一步提升纳税人满意度与获得感。

黑龙江：多举措推动减税降费红利落地

（来源：今日头条 2019年12月6日）

"开了两年的店连个回头钱也没见到，原本想关店出去打工挣点儿钱，现在好了，国家出了减税降费好政策，一年下来少交了2万多的税费，我又换了一个大点儿的门店，生意比过去好多了！"日前，黑龙江省齐齐哈尔市龙沙区一家个体工商业户的业主庞雷对记者说。

庞雷两年前在城乡接合部开了个夫妻店，主要经营销售散装食品、饮品，年销售额在50万元左右，除去进货成本、房租、水电费，一年剩下来的钱也就勉强维持一家人的日常开销，本想转行出去打工多挣些钱，可是孩子正处在中考的关键期，正在左右为难之际，龙沙区税务局干部把减税降费政策送上门，让他对小店的前景有了希望。

年初以来，国家推行一系列减税降费政策，如何让纳税人真正地获得"红利"，为纳税人"减负"成为税务机关的首要课题。龙沙区税务局党委结合区域税收结构特点，本着减税降费政策落地、还利于纳税人的原则，提出了"两个必须"，即减税降费政策必须第一时间让纳税人知晓；减税降费红利必须第一时间让纳税人获取。

为此，网格化减税降费宣传辅导在龙沙区全面铺开，以各个税务所为网格单位，税务人员为网格点，全覆盖落实减税降费政策宣传辅导，面对面让纳税人了解政策的"红利"，确保应享尽享；依托纳税人学校开设"千人大讲堂"，让辖区内两万余户纳税人知悉减税降费政策；利用"税收开放日"、局长接待日，邀请纳税人行业代表走进税务局，了解和收集他们在减税降费过程中遇到的政策理解瓶颈，有针对性地开展培训，解决他们的实际难题，破除他们的心理负担，确保政策"红利"落实到位。

截至目前，龙沙区税务局累计减免税费1.6亿元，占全年税收任务的8.6%，真正地让减税降费政策落地，让纳税人获利。

安徽税务：线上线下联动，助力"减税降费"

（来源：《安徽日报》 记者：田婷 通讯员：黄遵胜 2019年11月17日）

11月11日，我省启动"四送一服"助推全年经济发展目标任务完成活动周，为企业纾困解难，精准帮扶实体经济，促进经济平稳健康发展。近年来，我省创新开展"四送一服"双千工程，精准服务实体经济，推动减税降费等政策落细落实，积极推动经济高质量发展。

上门辅导，送给企业"减税红包"

"多亏了税务部门的提醒和辅导，我们才顺利领到了34 800元的减税大红包！"日前，阜阳九珍食品有限公司会计孙海玲高兴地说。

今年，九珍食品新吸纳了3名退役士兵、1名建档立卡贫困户就业，但因为对重点群体就业税收优惠政策不了解，没有及时进行相关申报。阜阳市税务局通过与当地财政局、人社局、退役军人事务局、扶贫办等部门数据共享，筛选出可能符合优惠政策的纳税人，上门开展"一对一"的精准辅导，帮助企业足额享受税收红利。"过去，税务部门上门大多是检查，如今还上门帮扶企业、送政策红包，税务服务越来越人性化了！"孙海玲由衷赞叹。

实施更大规模的减税降费是党中央、国务院的重大决策部署。我省9月底开展的"四送一服"现场推进周活动，就将"大力推动减税降费落地"作为一项重要内容。活动期间，组织各级税务干部进企入园，宣传解读政策、广泛听取意见建议，了解减税降费政策执行情况和实施效果，进一步加快减税降费政策兑现、释放政策红利。

来自省税务局的数据显示，安徽税务登记管理着312万纳税人、6 761万缴费人，平均每天新增约1 000户纳税人（缴费人），月均申报缴税175万笔，处理涉税事项274万笔，产生数据量达785G。"我们充分利用税收大数据资源，加强分析比对，通过'四送一服'帮助企业精准享受减税降费政策，确保应享尽享、一户不漏。"省税务局减税办常务副主任李今是介绍说。

预防风险，全面扫描"疑点数据"

"大量的税务数据，不仅是矿山，也是充满着各种风险信息的汪洋大海。要利用大数据找到问题所在，帮助企业预防税收风险，促进税法遵从。"省税务局税收大数据和风险管理局局长叶向东说。

省税务局依托海量数据，设立了52项减税降费风险指标，覆盖2016年以来所有税费优惠政策。在税收优惠申报期结束2日内，系统通过扫描全省申报数据，重点查找企业可能存在应享未享或者不应享受却享受的情况。今年以来，全省税务机关共扫描出300多万条疑点数据，全部向纳税人、缴费人进行了提醒。

今年4月，淮南市税务局对该市一家老牌印刷企业进行了税收优惠提醒，并给企业退了税。而到了 7 月,税务部门通过大数据分析,发现该企业存在少缴税款风险,又进行了风险提示。一系列的"提醒"让这家印刷企业的财务负责人心悦诚服:"税务部门及时提醒应退、应缴税款,给了我们一本明白账,保障了企业的税收权益。"

来自省税务局的数据显示,今年前三季度,全省累计新增减税降费 571.9 亿元,其中新增减税 460.2 亿元。包括民营企业和个体经济在内的民营经济纳税人新增减税 316.5 亿元,占新增减税总额的 68.8%。民营经济主体成为本轮减税降费最大受益者。

包保服务,增强纳税人"获得感"

今年以来,为了更好地落实减税降费政策,提升纳税人、缴费人获得感,省税务局在全省推行了减税降费包保责任制。

"这一轮减税降费'包保'服务,让我们第一时间享受到了税收优惠!"日前,黄山精工凹印制版有限公司财务负责人黄洁高兴地说。

今年 9 月,黄山市税务部门在第一轮减税降费"包保"之后,对该市近 5 万户纳税人开展"包保"回头看,重点了解减税降费政策享受不够全面、税负不降反升、优惠政策申报错误的纳税人。

"在税务部门的帮助下,我们的'减税账'算得更清,今年预计可减税 800 万元以上,公司新上项目的信心更足了!"黄山科宏生物香料股份有限公司总经理程存照说。

在铜陵市,税收数据显示嘉源物业服务有限公司今年 4 月税负"不降反增"。作为这家企业的包保联系人,铜陵市铜官区税务干部夏建卫立即到企业了解情况。他仔细分析了企业经营情况、增值税申报表和发票,发现企业对政策理解不到位,未申请享受该行业 10% 的加计抵扣。在税务部门的提醒下,这家企业 4 月份进项可以多抵扣 6 257.75 元。并且,自 11 月起进项可以加计抵扣 15%。

"开展包保服务,一方面提高了税务工作人员业务素质,另一方面密切税企沟通,解决实际问题,有效打通政策落实'最后一公里',大力优化了税收营商环境。"省税务局党委书记张德志说。

"良药"助药企——江西省中医药行业减税降费情况调查

(来源:《江西日报》 记者:游静 2019 年 12 月 3 日)

中医药学是中国古代科学的瑰宝,也是打开中华文明宝库的钥匙。如何助推江西省中医药产业发展?近日,记者在对该省中医药企业的采访中发现,减税降费犹如一剂"良药",为江西省这个传统优势产业的高质量跨越式发展提供动力。

老牌药企的"新配方"

一个个老牌药企,犹如江西省中医药产业的一张张名片,减税降费带来的真金白银,让药香历久弥新。

老牌药企华润江中集团预计今年享受减税金额超过 4 000 万元、降费金额约 830 万元。企业相关负责人告诉记者:"减税降费的利好政策,让我们能更好地保护、发掘、发展、传承中医药产业。"

减负明显的还有黄庆仁栈药店。药店所属公司南华医药财务人员龚淑娴告诉记者："2018年，公司共享受免税销售额1 897万元，相当于享受减税200余万元，这对老牌药企的轻装上阵意义重大。"

江西百神药业股份有限公司在做强做优的同时，还带动中药材种植农户致富。企业董事长付诚告诉记者："企业每年享受减税降费金额近200万元，这让企业资金不'缺血'不'贫血'。"目前，该企业在全省的中药材种养基地总面积达15万亩，带动7万余户农户增收。

药品的研发成本高、周期长。根据统计，90%以上的新药研发最终以失败告终。随着减税降费政策落实，中医药企业的研发投入获得了资金支持，创新发展迈出更大步伐。

产业创新的"药引子"

"减税降费为企业的科技研发增添了底气、提供了动力。"江西济民可信药业有限公司总经理李义保介绍，仅2019年上半年，企业就享受高新技术税收优惠864万元、研发费加计扣除615万元。"我们将这些资金用于拳头产品'金水宝'胶囊的品质升级，还进行肿瘤、肾病、免疫、疼痛等多个领域药物的创新研发。"

有了减税降费政策的资金支持，江西省中医药企业不断向高端领域迈进。今年，江西青峰药业有限公司一项目荣获2018年度国家科学技术进步奖二等奖，该企业财务部门负责人曾凡田向记者介绍："在税收优惠政策的支持下，企业不断加大研发力度，2018年研发投入占销售收入总额的10%。"据了解，该公司2018年研发费加计扣除达2亿元左右，近三年的企业所得税减免超过1.5亿元。

小微企业的"解困药"

在不久前召开的"樟树第50届全国药材药品交易会"上，江西玉峡药业有限公司的黄精膏、二至膏等传统饮片及中药制品大受欢迎。"小微企业既要生存又要发展，现金流特别重要。"该企业负责人罗熙告诉记者，减税降费政策的实施，让企业发展更有信心了。

另外，小微企业的竞争力明显增强。江西樟树市同心药业有限公司董事长胡国安告诉记者："环保设备的技术水平，是企业竞争力的一项重要指标。我们前三季度已享受减税金额达7.5万元，这部分费用全部投入升级排污系统设备。"

记者获悉，为进一步帮扶小微企业，江西省税务部门加强对小微企业减税降费政策的宣讲，让企业应享尽享。充分利用纳税信用等级评价机制，深化银税互动，有效纾解企业资金困难，解决企业融资难题。

甘肃：减税降费不停步　纳税服务再提速

（来源：《中国税务报》　2019年8月19日）

"坐享其成""紧迫盯人"……针对兰州地铁运营项目和办税疑难问题，安排专人，设置专窗。国家税务总局甘肃省税务局类似的个性化服务举措还有很多。自今年上半年以来，该局以提质增效为主线，不断深耕纳税服务，面对纳税人的合理诉求，切实为纳税人减负，让办税"零门槛、零滞后"；注重调研、收集减税降费落实中存在的困难和问题，征集企业的意见、建议,让政策红利精准落进纳税人"口袋"。

项目管家　全程"坐享服务"

"我们兰州地铁能如期正式投入运营,服务广大市民,这离不开'项目管家'纳税服务团队的辛勤付出,我要为他们的服务真心地点赞!"兰州市轨道交通有限公司的财务经理张晓文真挚地说。

兰州地铁运营项目是省、市重大民生工程,及早投入运营,是广大市民的所想和所盼。兰州市税务局"项目管家"纳税服务团队,按照"特事特办"原则,安排专人实时跟进该项目,启动"绿色通道",迅速解决企业衔头发票申请印制审批事项,印制各类面额企业衔头定额发票1.65万本。并来到企业专题解决交通卡充值业务服务费开票问题和押金及预收款项账务处理问题,为兰州市地铁一号线顺利开通,如期投入运营提供了有力的涉税服务保证,得到了项目企业的高度认可和广泛好评。

今年4月,甘肃省税务局推出"项目管家"13条专项服务举措,对在甘肃落地项目,从项目评估、决策、勘察、设计、施工,一直到竣工投入至正常生产经营全过程提供"一条龙"服务。项目落地时,由专人和团队提供"点对点""一对一"个性化精准管家式纳税服务;项目落地后,符合税收优惠政策条件的纳税人可足不出户"坐享服务"。

今年,甘肃省、市、县三级108个"项目管家"纳税服务团队,共为4 187个重点项目提供了企业落实减税降费政策的个性化涉税专项服务。

疑难专窗　问题跟踪办结

"我公司增值税是按简易计税方法计征,申报过程中如按实际填写销项税额明细表等附表,按申报表勾稽关系计算出的应纳税额就不正确,每次申报时都要改,很麻烦。本月申报时,我到疑难专窗申报时顺便反映了这个问题,窗口人员让咨询区驻厅服务团队帮我解决了问题,税务局这种个性化服务真是不错!"中石油公司张掖分公司的办税人员杜宗明说。

甘肃省税务局在每个办税服务厅都设立疑难问题解决专窗,配备精兵强将,对减税降费过程中提出涉税问题的纳税人开展个性化辅导。针对窗口当下不能解决的难题,首办人员跟着辅导、盯着办结,限时解决"疑难杂症",化解涉税风险,确保纳税人疑难问题一次就能够解决。

三简三减　服务提质增效

该局在促进减税降费政策落地生根过程中,紧紧抓住"提质增效"这一关键点,积极推进事项环节简约化、涉税手续便捷化、办事过程快速化,缩短纳税人的办税时间。

"三简",即简流程、简环节和简审批。简流程,全面推行新办企业套餐服务,新办户当日"一次办好"领取发票等相关涉税事项,办理时间缩减4个工作日。简环节,推行实名办税和免填单服务,对符合企业所得税优惠政策条件的纳税人,实行"自行判别、申报享受、相关资料留存备查",企业享受优惠更直接。简审批,依托后续监管即时甄别,精准推送优惠政策,实现"不来即享",纳税人"零门槛、零滞后"享受税收红利。

"三减",即减资料、减时间和减成本。减资料,坚持"一套资料全程办",即纳税人从开办到注销,同一资料只报送一套。出口退税实行网上提交电子数据申报,从申请到审核全流程无纸化办理。减时间,优化税务注销即办流程,对符合即办条件的纳税人当场开具清税证明,10分钟内办结注销。并与市房管、国土部门"一条龙"办理不动产业务,不动产登记由15个工作日缩减至5个工作日,涉税环节由1个工作日缩减至10分钟内。减成本,对偏远、异地的纳税人在实名认证的前提下，实行"电话网络预约、办件结果邮寄"，做到服务低成本。依托电子税务局，网上、手机 App 申报，"线上申请、线下配送"方式领用发票。

容缺办理　办税"只跑一次"

"我一回去就把缺失的资料邮过来。太惊喜了！我们单位在城郊，要是以前我还得返回厂里再取一趟，一个来回又得大半天。"定西市安定区昌盛采石厂的办税人员令琛边说边从税务人员手里接过"税邮专递"服务名片。

该局在"税邮专递"的基础上进行升级，对所有减税降费纳税人实行容缺办理免费寄服务，即纳税人在办理减税降费事项过程中忘带或缺少部分非关键性办税资料时，业务办结后在规定期限内，只需打一个服务电话，即可享受"税邮专递"免费邮寄补正资料服务，真正确保了办税"只跑一次"。

专家团队　辅导"一企一策"

前不久，甘肃省税务局政策辅导专家团队深入重点企业提供政策辅导。他们来到甘肃民航机场集团公司，结合减税降费政策内容，重点对企业资产重组业务适用税收政策进行专业解读，对企业内部资产重组方案、如何进行会计及税务处理等问题进行了交流研讨，并提出了合理化建议。在中农威特生物科技公司，专家团队针对企业提出的产品过期报废后的税务处理、企业出借资金未收回利息是否缴纳税款等问题，均一一给予了回应和实务操作建议。

去年底，甘肃省税务局组织了一支由公职律师、注册会计师、税务师等人员组成的政策辅导专家团队。自启动以来，专家团队已深入 12 户企业开展"一对一"服务，全省各级税务机关政策辅导专家团队上门服务企业近千户，重点围绕支持十大生态产业、民营企业、小微企业等实体经济开展"一企一策"的专项法律政策服务，侧重解决减税降费政策适用、税收优惠"不来即享"办理、优惠资料留存备查、财务会计处理、法律救济渠道等方面遇到的实务性、操作性问题。

同时，专家团队在政策辅导过程中，注重调研收集减税降费政策落实中存在的问题，征集民营企业、小微企业涉税需求和意见、建议，研究提出规范税收处理、规范企业管理的具体措施，为民营企业开展税收法律政策"体检"，帮助企业实现税收优惠应享尽享。

截至目前，甘肃省、市、县三级税务机关均成立了政策辅导专家团队。

陕西税务：让党旗飘扬在减税降费工作一线

（来源：《中国税务报》　2019 年 7 月 2 日）

"现在我每次来办税服务厅，都会看到肩披'党员志愿服务队'绶带的税务人员在值守。他们服务特别热情，业务办理得也很快，真是不错。"近日，陕西省安康市云辉工贸公司会计刘雷对记者说。

记者了解到，在今年的减税降费政策落实过程中，国家税务总局陕西省税务局充分发挥党建引领作用，把党建触角延伸至减税降费政策落实的各环节、全过程，全省各级税务部门党组织带头、党员冲锋在前，让党旗高高飘扬在减税降费工作一线。

守初心担使命　兑现减税政策红利

陕西省税务局将"不忘初心、牢记使命"主题教育与落实减税降费工作紧密结合，坚持问题导向，奔着问题去、针对问题改，促进减税降费工作落实落细。

前不久，西咸新区税务局微信公众号向纳税人推送了一般纳税人"增值税减税速算法"，受到纳税人广泛关注，点击量迅速达到上万人次。

原来，西咸新区税务局党员干部在落实减税降费工作时发现，很多纳税人没有测算具体减税金额的能力，在安排生产经营计划时无法将减税带来利好考虑进来。为了帮助纳税人作出科学决策，有着32年党龄的西咸新区泾河新城税务局党委书记、局长何建堂主动承担重任，设计了这一小工具，帮助纳税人准确计算减免税费金额。

"通过这个小工具，我才知道今年我们减税能达1 800万元，账上的钱一下就宽裕了不少，下半年我们还能做更多的事情。"宝鸡中车时代工程机械有限公司财务总监匡华山对小工具赞赏有加。

这个方便实用的小工具的推出，正是陕西省税务部门依靠党建引领、升级便民服务，促进减税降费政策落地生根的生动实践。

改作风到一线　基层才是主战场

基层是减税降费的"主战场"，一线实则工作实，一线硬则作风硬。陕西省税务局不断提升政治站位，引导全系统各级党员领导干部改进工作作风，工作重心下移。目前，"到一线去"已成为陕西税务系统各级党员领导干部的自觉行动。

截至目前，陕西省税务局领导班子成员已经直联包抓37个税务所（分局），市县局领导班子成员直联包抓752个税务分局，他们主动以普通党员身份在基层减税降费工作中充当"主攻手"。

汉阴县税务局党委副书记、副局长王永刚到包抓的分局现场办公时，遇到一位纳税人"吐槽"享受税收优惠后退税流程比较麻烦。王永刚当即召集分局税收管理员，与纳税人一起商讨出简化退税流程的办法，并在全县税务部门推广，大大提升了退税速度。

做表率优服务　减税降费落地生根

陕西省税务系统充分发挥基层党支部的战斗堡垒作用和党员先锋模范作用，共组建"党员志愿服务队""共青团员突击队""巾帼文明服务队"等减税降费服务队110余个，万余名党员战斗在减税降费攻坚一线，活跃在减税降费服务前沿。

在延安，一支由税收业务骨干组成的"张思德志愿服务队"，开展精准化减税降费宣传辅导工作；在商洛，税务部门派出减税降费政策党员骨干宣讲团，培训辅导纳税人上万人次。

"非常感谢税务局的'党员先锋队'，他们主动上门提供辅导培训，帮我们扫除了许多政策疑点。"陕西地矿区研院有限公司财务总监李俊俊说。该公司员工分散在全国各地，缴纳个税事项复杂。咸阳高新区税务局了解到这一情况后，主动联系企业，组织党员先锋队上门为财务人员答疑解惑。

陕西省税务局党委书记、副局长席七万表示，全省税务系统将继续强化党建引领作用，用党建凝聚"向心力"、集聚"执行力"、提升"战斗力"，全力保障减税降费政策实打实落地。

减税负、增动力、促发展，减税降费来带沉甸甸的"获得感"
——今年河北省落实减税降费助力企业发展综述

（来源：《河北日报》 2019年8月15日）

实施更大规模减税降费，是党中央、国务院深化供给侧结构性改革、推进经济高质量发展的重大决策，是减轻企业负担、激发市场主体活力的重大举措。

今年以来，一系列更大规模减税降费"大餐"陆续上桌——1月1日，小微企业普惠性减税"先手棋"落子；4月1日，增值税降率改革"重头戏"上演；5月1日，社保降费新政实施。河北省各级税务部门牢固树立"落实减税降费政策是硬任务"的理念，强化"一竿子插到底"机制、做好全覆盖宣传辅导、提升便民办税服务，以税收的"减法"换来了企业效益和经济发展的"加法"。

一组组数据、一份份成绩单，标志着河北省上半年减税降费成效进一步凸显。这些减掉的负担转化成了盘活企业发展的财源"活水"，成为促进冀企高质量发展的新动力之一。

收获"真金白银"，小微企业点赞普惠性减税

"今年预计营业收入2 500万元，利润120万元，只需缴纳所得税7万元左右，一下子减了70%，太明显了！"河北新时基业防火保温材料制造有限公司董事长迟梅君激动地说，"这可是实实在在的真金白银啊！"作为一家生产矿岩棉的保温材料公司，该公司本来不符合小型微利企业资产总额标准。今年一系列更大规模的减税降费"大餐"陆续上桌后，该企业既可享受小型微利企业资产总额标准，又适用于超额累进计算方法计税，充分享受到政策红利。

今年1月1日起，减税降费"大餐"中的"开胃菜"——小微企业普惠性减税先手落子。政策出台后，如何引导小微企业正确填报成为各级税务部门的重点工作。

各级税务部门强化技术手段，填报进行提示引导、事中采取系统监控和人工核对。在网上申报系统设置事前校验提示功能，当小微企业符合免税条件，但错误填报了申报表时，就提示引导他们按照正确的规则填报。在申报期内采取事中系统监控和人工核对的方式，每日逐户核实小微企业申报的异常数据，确保符合条件的小微企业都能享受到优惠政策。

记者从河北省税务部门了解到，全省小微企业占所有法人企业的比重在96%以上，是吸纳就业的主渠道。本次实施的小微企业普惠性税收减免政策，明显降低了小微企业税收负担，促进企业发展壮大，提供更多的就业岗位和机会。

据了解，仅"对月销售额10万元（含）以下的小规模纳税人免征增值税"这一条政策，河北省就有超过192万户小规模纳税人受益。今年上半年，小微企业普惠性政策减税达52.88亿元。

发展增动力增值税降率为制造业发展下了一场"及时雨"

增值税是我国第一大税种，对于纳税人来说实实在在的"主菜"——深化增值税改革成为河北省今年减税降费的"重头戏"。今年上半年，河北省增值税改革减税170.48亿元，其中调整增值税税率翘尾减税36.37亿元，深化增值税改革减税134.11亿元。

"制造业增值税税率从16%降到13%，5月份增值税就减了16万。"河北常恒能源技术开发有限公司负责人乐呵呵地算起了"减负账"。

增值税税率下降、新个税法实施等政策红利组合拳的集中发力，犹如一场"及时雨"帮助常恒能源及时采购了反渗透清洗机等环保设备和监测仪器，也为企业的转型升级和绿色发展提供了更多的动力。

放水养鱼，搞活经济，得益于落实措施有力。在扩大宣传方面，张家口市税务局借助新媒体传播速度快、受众面广的优势，通过短信服务平台、网站、手机App、微信小课堂、办税厅显示屏等渠道广泛宣传政策。"全新税务第一年，减税降费出力气。注入发展强心剂，激发企业洪荒力……"由张家口市税务局推出的减税降费主题MV一经推出便迅速传开，不到一天点击量就过万次。

"落实深化增值税改革，税务部门重点是帮助纳税人理解好政策，开好发票，报好税。"河北省税务局货物劳务处董西娟表示，减税也要"简税"。让纳税人办税更便捷，河北省税务局在管理服务上下足了功夫。

通过税务局的网站、微信公众号、税企沟通群以及短信、微博等多种渠道向纳税人推送开票系统升级的宣传资料，仅用了10天就完成了36.6万户一般纳税人的系统升级工作。升级完成后，从4月1日开始，重点对大量开局原税率发票的情况进行跟踪监控，分5批辅导了开具异常税率发票的纳税人，指导纳税人作废或红冲错误发票。全省共辅导纳税人51 660户次，指导4 246户次纳税人作废错误税率发票13 762份，红冲发票2 181份。

轻装前行社保降费让民营企业发展信心足

5月1日，河北省社保降费新政实施，进一步为民营企业减负让利。按照省政府办公厅印发《河北省降低社会保险费率实施方案》，从2019年5月1日起，城镇职工基本养老保险单位缴费比例按照16%执行，企业和机关事业单位同步。据河北省税务局相关数据显示：河北企业5月份实际缴纳的城镇职工养老保险与4月份相比，出现19%—26%不等的下降。

谈及社保降低给企业带来的影响，河北农哈哈机械集团有限公司感触颇深。该企业为283名职工缴纳养老保险，按照今年5月河北省新的社会保险费率政策，5—7月份缴纳养老保险总额是633 430.5元，按以前缴纳基数和费率应缴976 600.05元，今年比去年同期减少343 169.55元，初步测算全年可以少缴养老保险60多万元。

"我省民营企业市场主体占比达到了95%以上。实施更大规模的减税降费，近99%的民营企业可享受到税收优惠，将更多资金用于投资，扩大企业规模。"河北省税务局减税降费工作领导小组副组长王文涛介绍说，今年上半年，全省税务部门征收社会保险费减免31.98亿元，这些减下来的钱可以让企业"轻装发展"。

"减税降费力度如此之大，给我们技术创新和项目发展提供了很大的帮助，也让我们享受到了实实在在的政策红利。"在邢台南宫市税务局"十百千万"党员干部落实减税降费活动座谈会上，南宫市精强连杆有限公司黄会计说。

如何不折不扣落实社保降费工作，让政策实惠尽快从文件上落到纳税人、缴费人的口袋里，是对各级税务部门的新考验。河北省税务局联合省人社部门举办全省社保降费专题培训班和12366、12333坐席人员联合轮训；确保社保骨干通政策、会解答；办税服务厅人员懂政策、会操作；其他业务部门人员知政策、会宣传。并实施降费方案"上官网"、多媒体宣传"齐发力"的全覆盖宣传辅导，千方百计将政策落到实处。

惠民利企，减税降费红利组合带来经济发展新动能

减税降费是深化供给侧结构性改革，推动经济高质量发展的重要举措。"经济链条环环相扣，上下传导。减税降费为经济发展加燃料添动力，当企业负担减轻了，行业活力得以激发，必定对我省产业结构调整和实体经济发展起到积极的促进作用，最终会传导至消费领域。"河北省税务局局长卢自强表示。

河北省上半年统计数据显示，全省生产总值17 700.0亿元，比上年同期增长7.1%，增速同比加快0.6个百分点。社会消费品零售总额8 028.5亿元，同比增长8.9%。消费需求继续保持对经济增长的主拉动作用，对全省经济增长的贡献率为61.4%。

减税降费是用财政收入的"减法"换取企业收益的"加法"和市场活力的"乘法"，目前减税降费政策红利不断释放，在减轻企业负担的同时，给地方政府财政收入增长带来压力。河北省税务总局有关负责人表示，短期看，减税直接体现减收，随着更大规模减税降费政策的落地，上半年税收收入增速明显回落。

如何让减税降费政策落地生根，更好地实现税收与经济的良性互动？河北省各级税务部门强化"一竿子插到底"工作机制，打通政策执行的"最后一公里"，聚焦深化"放管服"改革，全力以赴抓好减税降费工作，同时加强收入统筹，做到应收尽收，为各地方政府提供坚实的财力保障。

一系列着眼长远的政策措施，一项项精准稳妥的落地举措，不断让减税降费政策落地生根，让企业和群众有了切切实实的获得感。从长期看，减税降费为企业释放的红利效应不仅立竿见影、利在当前，更厚植了企业未来的发展空间，助推河北省经济加速发展。

湖南税务：释放减税红利　激发市场活力

（来源：《湖南日报》 2019年3月7日）

如何进一步释放减税红利，激发市场活力，推动经济高质量发展？3月6日，记者采访了国家税务总局湖南省税务局（以下简称省税务局）相关负责人。

减税降费让企业"轻装上阵"

"减税降费'红包'，让企业轻装上阵闯市场。"省税务局党委书记刘明权介绍，去年，湖南省不折不扣落实国家各项减税政策，如深化增值税改革三项措施、小微企业所得税优惠扩大范围、个人所得税改革，将制造业等行业增值税税率降低1个百分点，对装备制造等行业实施留抵退税，研发费用加计扣除比例提高到75%等，全年依法减免各项税费900余亿元。

减税的同时，该省大力降费。去年5月，省财政将最后一项省级立项的涉企行政事业性收费项目——"破损公路及公路设施赔（补）偿费和公路占用费"，改作国有资源（资产）有偿使用收入管理。至此，该省已实现省级立项的涉企行政事业性收费项目"清零"。

办税时间提速，税收营商环境更优。去年，该省推行办税便利化改革，推出"最多跑一次"清单等38项便民服务措施，实现"一窗一人通办"所有涉税业务，对70多项涉税事项实行"全程网上办"，并积极搭建"银税互动"平台，帮助2万余户民营企业通过纳税信用获得贷款217.6亿元。

"放水养鱼"激发市场活力

"政府工作报告中对减税降费作了具体部署,用企业税费的'减法'与市场活力的'加法'增强国民经济内生发展动力。"刘明权认为,此次减税,着眼"放水养鱼"、增强发展后劲并考虑财政可持续,是减轻企业负担、激发市场活力的重大举措,是完善税制、优化收入分配格局的重要改革,是宏观政策支持稳增长、保就业、调结构的重大抉择。

"在当前经济形势下,减税降费是支持企业发展的重要举措。"刘明权说,减税降费以后企业负担减轻了,轻装上阵,搏击市场,投资将会增加;在投资增加的同时,消费也会相应增长,从而拉动内需,为经济发展注入新动力。

"我省正在着力建设制造强省,政府工作报告中提出'深化增值税改革,将制造业等行业现行16%的税率降至13%',这是一个促进湖南'制造'向'智造'转型的重大利好。"刘明权认为,下调制造业等行业的现行税率,将有力助推我省制造业的快速发展,推动产业升级和消费升级,助推全省经济高质量发展。

四项措施确保减税"红包"落地落实

"我们将积极落实中央决策部署,实施更大规模、更大力度的减税降费,以优质高效的服务帮助企业降成本增效益。"刘明权介绍,今年,湖南省将从四个方面确保减税政策落地落实。

一是精准宣传。积极发挥省、市、县减税降费领导小组的作用,组织开展专题培训、进企辅导、视频解读等政策宣传活动,确保企业和个人对新的税收政策应知尽知、应享尽享。

二是精准施策。通过信息化管理,准确掌握受惠对象情况,以深化"放管服"12条税收改革措施为基础,推进"便民办税春风行动",力争在今年底前,实现企业向税务机关报送的资料再精简25%以上,实现首次申请发票等70%以上的涉税事项一次办结,取消专业技术鉴定意见(报告)或中介机构专项报告等20项资料证明事项,全面提速办税时间,落实落细各项减税降费政策。

三是精准统计。分行业、分类别做好政策效应分析,用集成数据、有效分析为省委、省政府科学决策提供税收依据。

四是精准考核。聚焦国家税务总局和省委、省政府部署,开展常态化的领导包干调研、暗访督察等,以严实结合的绩效管理推进减税降费工作落地。

减税降费在行动!税务部门送"课"上门 [见二维码3(3-47)]

二维码3

落实落细减税降费政策,各地税务机关出实招!

(来源:国家税务总局微信公众号 2019年4月3日)

作为减税降费政策的"主菜",4月1日,深化增值税改革政策落地实施。各地税务机关借第28个全国税收宣传月之机,积极行动,通过制订工作方案,做好培训辅导、政策解读,优化纳税服务等多种举措,确保将国家的减税红利送到纳税人手中。

"6+24+N" 一揽子制度安排抓落实

减税降费是今年宁夏税务部门的工作主题，区、市、县三级税务机关制订了落实减税降费政策措施实施方案，确立了"6+24+N"工作思路。"6"是明确政策研究、宣传辅导、纳税服务、统计核算、协调配合、考评监督6大任务，"24"是围绕6大任务明确24项具体措施，"N"是配套出台若干具体实施办法，通过串点成线、连线成面，为全面落实减税降费政策提供一揽子制度安排。

宁夏税务部门还制定了政策内容简明解读、优惠办理简便操作、政策红利简洁推送、办税流程简化环节的"四简"工作举措，出台落实减税降费政策措施暨做好首个申报期前小微企业相关纳税服务工作方案，在所有办税服务厅设置咨询服务岗，建立小微企业投诉快速处理机制。各级税务部门根据办税服务厅业务量合理确定窗口人员和窗口数量，保证纳税人办税便利。

为确保减税降费政策顺利落地，宁夏税务部门上线了新版"电子税务局"，通过"自动识别、自动计算、自动成表、自动校验"功能，保障纳税人按时享受优惠政策。制订了新增减税政策统计核算工作方案，适时跟踪监控减税申报数据，客观反映、深入分析减税降费政策在激发市场活力、促进创业就业等方面的社会经济效应。

"微税务"上线 政策推送更加精准有效

4月1日，在一年一度的税收宣传月启动仪式上，深圳市税务局推出的全新移动服务平台——"微税务"正式上线。今后，已通过实名认证的企业办税人员，可通过企业微信App或个人微信接收税务机关推送的减税降费政策，掌握最新的税务通知公告，实时了解本企业的涉税风险事项，还可以根据实际业务需要报送所需资料。

地铁集团财务人员周大治表示："通过微税务平台，税务局利用自身的专业性，可以更方便地将与我们企业无关的信息剔除掉，服务更加贴心高效。"

据悉，该平台打破了传统信息渠道缺乏互动的限制，税务人员不仅可将政策文件精准推送到指定企业的关键人员，并可附加纳税人学堂制作的视频资料，使政策推送更加精准有效。而且，税务人员还能了解企业的已读未读情况，及时针对相应情况进行定向辅导，解决了以往政策传达不及时、政策解读不专业、沟通渠道不畅通的难题，使得纳税服务更高效、更专业、更贴心。

"前台吹哨，后台报道" 协同机制服务减税降费

为落实好减税降费政策，日照市税务局创新打造了"前台吹哨，后台报到"的协同服务机制，即在办税服务大厅设置专岗负责减税降费业务的传递与衔接，前台工作人员接到减税降费业务时，将减税降费业务作为业务受理最高优先级办理，通过"钉钉办公软件"通知后台相关单位，相关单位根据业务事项安排业务骨干第一时间到场处理，以信息化的手段提高联动速度，第一时间发现问题、解决问题。

同时，该局还将协同服务机制进一步扩展延伸，建立了"吹哨→把关→分配→落实→考核→追责"全流程服务机制，由纪检监察部门对"吹哨报到"的落实效果进行监督，对"报到"部门纳税服务工作处理质量、办结率、到岗速度等进行打分评价，确保减税降费工作不打折扣地落实到实处。

"税务局内部如何流转的我不太清楚，我的感受是办税越来越便捷，特别是涉及管理分局的业务，不仅不用自己来回跑，办理时间也缩短了，所以我给了个好评！"金厦建筑工程有限公司财务人员刘志文说。

"20条硬措施" 让纳税人懂政策会操作

第28个全国税收宣传月活动期间,陕西省税务部门将以"落实减税降费,促进经济高质量发展"为主题,开展"一带一路"税收征管合作宣传、"便民办税春风行动"系列宣传、"秦人眼里看税收"视频征集等一系列丰富多彩的活动。

为确保减税降费政策落实到位,陕西省税务部门推出了《保障减税降费政策落实落细"20条硬措施"》。其中,在宣传辅导方面,将采取线上线下相结合的方式,对纳税人展开全方位、多维度申报培训,让纳税人既懂税收政策,又懂操作流程。在纳税服务工作方面,要以"放管服"改革、优化营商环境为契机,提高网上办、掌上办、自助办的覆盖面和使用率,释放互联网+的聚合效应,全面实现"最多跑一次"目标。

在办税服务大厅办完业务后,陇县旭日广告传媒有限公司总经理陈明科感慨道:"近几年陇县广告行业数量增加,竞争激烈,加之材料及人工成本逐年上涨,导致近两年企业连续亏损。今年国家针对小微企业的一系列减税降费政策就像一场'及时雨',从去年我公司的营业状况来看,每季度平均收入在23万元左右,年缴纳增值税及附加4万多元,按照这次优惠政策来算,今年我公司增值税及附加将全部减免,减轻了企业的负担,激发了小微企业的发展活力,让我对今年企业扭亏为盈充满信心。"

"清单式"服务 助推减税降费落地

"143个涉税事项即时办结、172个办税事项'最多跑一次'、566个税收优惠事项一目了然,以及拥有11大类35个业务套餐的'清单式'服务,将让湖南纳税人享受到减税降费'大餐'。"第28个税收宣传月一开始,国家税务总局湖南省税务局就统一发布了4类便民办税服务清单。此次"清单式"服务主要包括纳税服务事项清单、税收优惠事项清单、"最多跑一次"清单和"套餐式"服务清单4大类。

在发布清单的同时,湖南省税务局还携手省邮政公司开启"千名税收志愿者,邮送减税大礼包"活动。近千名邮政快递"小哥"将10万份由税务部门归集整理的包含各项减税降费政策的"减税降费大礼包"搬进快递车,将其与邮件和快递一道送进千家万户。

"我们将以更优的服务、更智能的办税、更精准的宣传辅导,保障减税降费红利在'春风'吹拂下洒遍三湘四水,为纳税人带来更多的税收获得感,为湖南经济高质量发展贡献税收力量。"湖南省税务局局长周巧艺表示。

全国税收宣传月:各地"实打实"推动减税降费落细落地 [见二维码3(3-48)]

减税降费为"金徽酒"创新发展注入新动能 [见二维码3(3-49)]

宗国英在省财政厅调研时强调 确保减税降费政策在云南落地见效 [见二维码3(3-50)]

前9个月我市累计实现减税降费329.9亿元 [见二维码3(3-51)]

为民族工业添力 减税降费助继电器龙头企业发展壮大 [见二维码3(3-52)]

乒乓球团体世界杯中国队又夺冠!来看看"国球"背后的减税降费故事 [见二维码3(3-53)]

古老藏药迸发"现代"活力 减税降费助高原民族产业高质量发展 [见二维码3(3-54)]

二维码3

"减税费"注流蓄水 "新心通"引管疏渠——国家税务总局遵义市税务局以"新心通"服务大企业发展［见二维码3（3-55）］

福建税务：税收治理显效能　减税降费促发展［见二维码3（3-56）］

五、落实减税降费企业的做法

普惠性减税降费让年味更"香甜"

（来源：国家税务总局微信公众号　2019年2月1日）

放宽小型微利企业标准、优惠税种扩大范围、增值税小规模纳税人免税标准提高、50%幅度内减征地方税费……这次的普惠性税收减免措施让小微企业惊喜不断。春节前夕，各地税务部门围绕减税降费陆续开展税收宣传活动，不少企业主表示，普惠性减税降费政策让他们对企业未来的发展更有信心了。

安徽：特色糕点企业感觉有点"甜"

"春节前后，每天用微信、电话订购咱家灌芯糖的客户源源不断，本来想着这个月肯定要缴税了，没想到新政策一来，给咱省了一笔钱……"在得知小微企业增值税起征点提高到10万元后，黄山查氏泰昌糖业有限公司负责人查忠喜上眉梢。

今年51岁的查忠是新丰查氏灌芯糖制作的传承人。"我十几岁便跟着父亲学做灌芯糖，随着打工潮去了江浙一带闯荡，如今父母都老了，我想自己也应该担起责任，将祖辈传下来的技艺发扬光大。从2015年开始，我就接管了泰昌糖业。"

"我们每天要销售灌芯糖150多公斤，预计全年销售额在150万元左右。"查忠自豪地说。新丰查氏灌芯糖因其色白、皮薄、馅香、芯匀、食不黏齿、口感细腻、味正鲜美等特色，深受当地群众及游客的喜爱。

今年普惠性税收政策出台更是给新丰查氏灌芯糖销售添了把"火"。"现在政策好了，我们成本降了，干劲也更足了。我现在都忙不过来，幸亏当年选择了回乡传承老手艺。"看着生意越来越好，查忠脸上满是笑意。

不仅仅是灌芯糖，素喜甜食的徽州人还创制出字豆糖、徽墨酥、顶市酥、冻米糖、寸金糖等一系列徽州传统糕点。年关将近，徽州特色糕点销售形势一片火爆，而一波接一波的税收优惠政策更是让徽州特色糕点生产企业轻装上阵开足马力。

休宁县万宁食品厂是一家主要生产顶市酥的手工作坊。"今年原材料价格上升了，原来打算涨一点价，但算上能够享受的最新税收优惠，我们就决定不涨价了！"企业负责人胡正志算起"账"来头头是道，"价格没涨，我们订单更多了，今年我更有赚头啦！"

"字豆糖在祁门有上百年的历史，还上过《舌尖上的中国3》。"64岁的字豆糖非遗传承人金惠民眼神专注，搅动着特制的大锅铲，时不时舀起一勺看看稠度。"作为靠手艺吃饭的行当，人工成本才是厂里最大的支出。想想我们企业还是小规模纳税人好。"在谈起去年出台的一般纳税人转登记为小规模纳税人政策时，金惠民感慨地说。

年味渐浓，位于黄山市迎宾大道的"徽州糕饼博物馆"里，前来参观和采购徽州糕饼的人络绎不绝。博物馆负责人胡国训介绍说："现在，徽州糕饼已经不止存在于徽州人的新年记忆中，越来越多的游客也青睐这份香甜。今年以来，销售额同比增长了近三成，可缴纳的税款却大幅度下降了，特别是我们很多糕点制作师傅还收到了个税改革'红包'。我们企业的发展势头足了，市民和游客的年味更香甜了。"

江西：税收优惠为企业发展加力

春节悄然至，幸福来敲门。

1月31日，距除夕仅剩5天。位于遂川县工业园东区的法萨实业有限公司生产车间里正热火朝天。只见高高的吊车来回穿梭，把一批批包装好的硅石材花纹板吊起又放下，工人们一派忙碌，有的抛光，有的压板，有的检测……

法萨实业是当地做深做精硅基新材料产业代表之一，主产板材。2018年生产4 500万块，产值5 000多万元，产品全部销往美国、德国、澳大利亚、以色列等国家。公司负责人辛晓春高兴地说："小型微利企业现在的年应纳税所得额、从业人数和资产总额标准上限都上调了，我们能享受到企业所得税的分段优惠。正巧，近期刚接到2亿元订单，正铆足了劲加班加点。下一步，将进一步拓展国内市场及拓宽东南亚、欧洲市场，在原有基础上，计划再扩建2条压板线、1条抛光线！"

江西遂川玉宁罐头食品有限公司专业开发特色新型休闲健康食品，天然新鲜的金桔果糕、果脯、水果条，对大规模普惠性减税政策，企业税务代理邓蔚宏掩饰不住内心喜悦。他扳起手指算："个人所得税的'红利'才刚刚算完，增值税、企业所得税的'红包'又接踵而至！"

进入2019年1月，新一轮更大规模、更具实质性的普惠性减税降费政策出台。有关专家表示，这次的优惠税种由企业所得税、增值税，扩大至8个税种和2项附加。小规模纳税人增值税免税标准，直接由月销售额3万元提高到10万元，范围广、力度大、涉及税种多，有利于激发企业的发展信心。

厦门：减税新政激发创新创业热情

厦门是一个创新创业的城市，小微企业作为厦门经济的重要组成部分，在发展、就业、创新方面发挥着不可替代的作用。此次小微企业普惠性减税政策减税力度大，优惠范围广，涉及在厦纳税企业总数的95%以上，释放"真金白银"的减税红利，企业获得感十足。

"增值税小规模纳税人免税标准由月销售额3万元提高到10万元，这对我们来说是一个重大利好的消息！"厦门慧聆企业管理咨询有限公司财务负责人黄女士说。

厦门慧聆企业管理咨询有限公司是一家主要从事企业管理咨询、商务信息咨询和信息技术咨询服务的小规模纳税人。据黄女士介绍，去年该公司四个季度的销售额均超过9万元，根据之前的按月3万元的增值税免税政策，企业无法享受到免税优惠。得益于新政的出台，该公司符合了小微企业免征增值税的条件，公司收到"真金白银"的减税红包。

黄女士算了一笔账，以2018年的数据来测算，2019年公司在增值税方面可以享受减免增值税税额2.76万元；在企业所得税方面，公司又可享受减免所得税额0.43万元，两部分加起来每年能少缴3.19万元，企业发展劲头更足了。

此次小微企业普惠性税收减免政策扩大了享受优惠的小规模纳税人、小型微利企业和投资初创科技企业范围，还增加了相关优惠税种、实行减半再减半优惠政策和叠加享受优惠政策，像慧聆企业管理咨询有限公司这样搭上减税降费东风的企业还有很多。

创客帮是一家从事创业服务、项目投资为主营业务的互联网科技公司，该公司负责人魏林棋表示，国家出台的一系列减税降费政策，不仅优惠力度大，还拓宽了企业享受优惠范围，公司所孵化管理的100多家中小微企业大部分都有受益。

创投企业和天使投资个人投向初创科技型企业可按投资额的70%抵扣应纳税所得额，新政进一步放宽了初创科技型企业的范围，将初创科技型企业条件中从业人数、资产总额和年销售收入标准分别提高到300人、5 000万元和5 000万元。魏林棋说："新一轮减税措施的落地，提振了企业发展信心，激发了我们创新创业的热情。"

据悉，新政出台后，厦门税务部门第一时间通过微信推送、纳税人学堂、上门辅导等方式开展点对点滴灌式新政辅导，让纳税人应知尽知、应享尽享。

减税降费叠加发力！企业创新发展之路越走越宽［见二维码3（3-57）］

二维码3

减税降费催生新变化："三新"企业加速发展［见二维码3（3-58）］

减税降费助民企：安踏前行不止步

（来源：国家税务总局微信公众号 2019年11月1日）［内容有删节］

创新是安踏的立命之本，从中国首家国家级运动科学实验室到全球设计研发中心，从环保可再生材料的应用到为36支国家队提供专业的比赛装备，企业研发投入由2005年初销售成本的1%到现在的超5%，创造了"鞋业"奇迹。

作为中国领先的体育用品企业，安踏专注于为广大消费者提供高性价比的专业体育用品，这也对安踏的创新研发能力有了更高的要求。2018年，安踏集团研发投入将近6亿元，占到销售成本的5.2%，这在行业内是相当可观的投入，也给安踏带来了一定的研发压力。

值得高兴的是，研发费用加计扣除及更大规模减税降费政策的出台，大大支持了安踏集团的科研创新，降低了集团的整体税负及研发成本，让安踏有了更足的底气提高研发投入比例，做出属于中国自己的优质运动品牌。

"减税降费为实体经济赋能，效果是立竿见影的！下阶段我们将进一步加大产品研发投入，不断推出符合和引领市场需求的产品，提高品牌竞争力。"赖世贤对安踏今后的发展信心满满，他介绍，安踏已经开始计划将更多的资金用于引进高端人才、优化全球研发配置、加强与国际一流伙伴合作以及加大对设备自动化、智能制造、智能物流等技术的研发投入，为集团高质量发展注入强劲动能。

二维码3

面对减税降费的"大菜""辅菜""小菜"，企业分享"吃"的门道［见二维码3（3-59）］

第四部分　纳税人获得感

一、小微企业

我国再次出台减税措施 加大对小微企业支持力度

（来源：新华社 2019年1月10日）

1月9日召开的国务院常务会议指出，发展好小微企业关系经济平稳运行和就业稳定。会议决定，对小微企业推出一批新的普惠性减税措施。

2018年，我国实施了较大规模的减税降费，全年减税降费规模约达1.3万亿元。"2019年新年伊始，小微企业再获新的减税'礼包'，体现了我国对小微企业发展的加力支持。"中国社会科学院财经战略研究院副研究员蒋震表示，小微企业是激发市场活力的重要主体，也是我国宏观经济平稳运行的关键因素。

会议从多方面提出减税举措。其中，大幅放宽可享受企业所得税优惠的小型微利企业标准，同时加大所得税优惠力度，对小型微利企业年应纳税所得额不超过100万元、100万元到300万元的部分，分别减按25%、50%计入应纳税所得额，使税负降至5%和10%。调整后优惠政策将覆盖95%以上的纳税企业，其中98%为民营企业。

会议同时提出，对主要包括小微企业、个体工商户和其他个人的小规模纳税人，将增值税起征点由月销售额3万元提高到10万元。允许各省（区、市）政府对增值税小规模纳税人，在50%幅度内减征资源税、城市维护建设税、印花税、城镇土地使用税、耕地占用税等地方税种及教育费附加、地方教育附加。

此外，会议明确，扩展投资初创科技型企业享受优惠政策的范围，使投向这类企业的创投企业和天使投资个人有更多税收优惠。为弥补因大规模减税降费形成的地方财力缺口，中央财政将加大对地方一般性转移支付。

"此次会议提出了针对小微企业的多项减税举措，政策力度大，涉及范围广，将进一步减轻小微企业的负担，也将进一步激发企业活力、助力企业发展。"蒋震说。根据会议部署，上述减税政策可追溯至今年1月1日，实施期限暂定3年，预计每年可再为小微企业减负约2000亿元。

小微企业喜迎普惠性降税！纳税人直呼"没想到"

（来源：国家税务总局微信公号 2019年1月14日）

2019年1月9日，国务院常务会议决定，对小微企业推出一批新的普惠性减税措施，包括大幅放宽可享受所得税优惠的小型微利企业标准、提高增值税起征点等。普惠降税措施的实施，无疑让小微企业如沐春风，纳税人对新政落地表示"非常期待"。

江西：普惠降税的三个"没想到"

新余市渝水区税务局第一时间组织青年骨干到"会计俱乐部"，向小微企业财务人员讲解此轮普惠降税政策

"真是开年放大招啊！"1月9日召开的国务院常务会议，决定再推出一批针对小微企业的普惠性减税措施。

江西省新余市渝水区仁和顺安矿业有限公司法人代表廖春华第一时间叫会计算了一笔账。"按照年应纳税所得额250万元计算，我们公司仅企业所得税一项就能直接减免一大笔，这真是一个大惊喜呀。"这轮普惠降税政策让他兴奋不已。

"没想到，幸福来得如此突然"

"仅仅过去2个月时间，如此大规模的减税政策就正式研究公布了，这是落实民营企业座谈会精神的有力举措，也是供给侧结构性改革中一次有效降低企业成本的行动。"江西省税务局党委书记、局长胡立文表示。

在民营企业座谈会之后，大规模的减税政策一直是纳税人的期待。"没想到来得这么快，个人所得税'红利'才刚刚算完，增值税、企业所得税新政红利就接踵而至了。"廖春华开心地说，这就叫"幸福来得太突然"。

"没想到，政策'含金量'这么足"

江西省税务局企业所得税处处长游润珍通过对比直观展示了该政策的"含金量"——针对小微企业的企业所得税减免力度持续增加，原来的政策规定小微企业减按50%计入应纳税所得额，现在最低可以减按到25%。对于应纳税所得额不到100万元的小微企业来说，税负已降至5%。而且，这一减税政策是普惠的，所有行业只要符合小微企业条件就能享受。

宜春市星航游泳健身培训馆总经理陈佳伦介绍，该公司每月销售收入（不含税）5万元左右，月交增值税1 500余元，按照新政策，增值税可全部免除，一年将节省资金1.8万元。

"没想到，减税范围这么广"

此次国务院常务会议决定推出的利好政策中，除了增值税、企业所得税两大税种外，还允许各省（区、市）政府对增值税小规模纳税人，在50%幅度内减征资源税、城市维护建设税、印花税、城镇土地使用税、耕地占用税等地方税种及教育费附加、地方教育附加。

"没想到，减税范围这么广，涉及的税种这么多。"中汇税务师事务所（江西）有限公司专职税务代理涂丽萍介绍说，城市维护建设税、教育费附加、地方教育附加的计税依据为增值税税额与消费税税额之和，随着增值税起征点的提高，一部分企业连这三种附加税也都减免了。

厦门：小微企业的"创业发展金"来了

"本来我们公司去年第四季度累计实际利润额98.9万元，按照现有的政策优惠可以享受近15万的减免税额，没想到国家又给我们小微企业送来了'创业发展金'！"厦门隆祥运物流有限公司法定代表人韩煜祥告诉记者，在家看到新闻时，他当下就算了一笔账，如果今年公司还能保持像去年这样的盈利水平，此次政策落地，公司2019年全年可少缴约20万元，比2018年又减少了5万元，可以再多购入一批新设备了。

1月9日召开的国务院常务会议明确，再推出一批针对小微企业的普惠性减税措施，其一就是大幅放宽可享受企业所得税优惠的小型微利企业标准，同时加大所得税优惠力度，对小型微利企业年应纳税所得额不超过100万元、100万元到300万元的部分，分别减按25%、50%计入应纳税所得额，使税负降至5%和10%。

新闻发出后，厦门市税务局第一时间在微信平台上发布了这一消息，确保纳税人及时获知这一利好消息，做好迎接新一轮"税收红包"的准备。"当天晚上我的朋友圈就被这一消息攻陷了，这么大力度的优惠，赢得一片叫好。"

不少刚刚起步的小微企业，成为此次政策的受益者。厦门惠影传媒科技有限公司是一家刚刚起步的小微企业，该公司的法人邱先生算了一笔账，"我们公司主营投影仪的销售和维护，销往各大电影院、机关事业单位，企业刚刚起步资金周转比较困难，按原来的标准我们2018年每季度都要缴增值税，如果小规模纳税人起征点由月销售额3万元提高到10万元，算下来可以节省数万元！同时城市维护建设税、教育费附加、地方教育附加都会相应减少，这可是一个'大红包'呀！"

很多面临成本上涨、经营压力的中小企业，十分期盼此次政策的落地。厦门市同安区褒溢香食府2018年以来，因客源流失和房租上涨、人力成本提高等因素影响，企业发展陷入瓶颈。该企业陈老板表示："这两年我们的经营情况不是很乐观，该政策若是正式实行，我们作为小微企业可以享受免征增值税优惠，对于餐馆的经营无异于雪中送炭，帮我们渡过难关。"对于即将落地的好政策，陈老板满怀期待。

甘肃：减税是最棒的新年礼物

"好消息！国家又给我们发红包了！"1月10日的清晨寒风凛冽，甘肃甘南州迭部县的办税厅刚刚开门，誉满城超市法定代表人张海梅就赶来同工作人员分享起前一晚在新闻联播中收获的"幸福感"。

1月9日，国务院常务会议决定推出一系列针对小微企业的普惠性减税措施。消息一经发布，甘肃小微企业有的连夜在税企微信、QQ交流群中探讨算账，有的第二天一早前往当地办税大厅问长问短，迫不及待地想知道刚出炉的新政策啥时候"变现""红包"如何到账……

灵台县火狐狸童装玩具店是一家主要从事服装销售的个体工商户，去年核定的每月销售额是65 000元，年应交税款为26 670元。"这一减税红包对我们来说太实惠了，税负完全降低到零，一下子省了2万多。"店主姜丽红告诉税务人员，"这样一来我们准备扩大经营规模，多雇佣几个人，既可以增加效益，也可以解决1到2个人的就业问题"。

"去年我们公司赶上了增值税改革的好政策，7月份从增值税一般纳税人转为了小规模纳税人，这一转就给我省下了10多万税款和财务核算支出。现在，国家又将小规模纳税人的起征点调高，这样我们的税负又能下降，这简直是今年最棒的新年礼物了！"肃南裕固族自治县藏八宝药浴设备制造厂法人索高林在微信朋友圈晒出公司去年的减税成绩单，分享自己的喜悦。

甘肃省税务局货物和劳务税处处长杜争平介绍，2018年5月1日起国家统一小规模纳税人标准，允许符合条件的一般纳税人转登记为小规模纳税人，这一举措让全省7 149户企业享受减税红利4 322.30万元。仅仅半年时间，又将增值税小规模纳税人起征点从3万元提至10万元，这对全省61万户小规模纳税人来说，无疑是2019年最好、最美、最大的

"新年礼物"。目前，甘肃省税务系统已从政策衔接、硬件保障、软件升级、服务优化、分析跟踪等方面着手，推进政策落地，使减税降负新政成为便民惠民工程。

宁波：小微企业将获10亿元"减税红包"

日前，国家针对小微企业推出了一批普惠性减税措施。

据宁波市税务部门初步测算，此举将为小微企业，特别是民营企业带来更大的政策利好。以力度最大的小微企业所得税优惠为例，新政实施后，企业年纳税所得额不超过100万元以及100万元到300万元的部分，税负将从原来的10%和25%，分别下降至5%和10%。新政策将覆盖95%以上的纳税企业，其中98%为民营企业，预计今年将为甬企带来税收优惠10亿元。

深耕铝制品细分市场多年的宁波奉化五环特种铝管制造有限公司，靠技术升级和设备创新走出了属于自己的高精尖之路，成为大众等汽车品牌的直供商。最近，该公司正在和德国专家合作研发新一代高精密激光打标机，新政落地无疑是一场"及时雨"。

公司负责人王霞飞非常高兴："2018年企业应纳税所得额约75万元，按照老政策，需缴纳约7.5万元企业所得税。如今新政税负低至5%，我们只要缴纳3.75万元，相当于打了个对折，极大地减轻了企业负担，让我们有更多资金能投入到研发中去。"

除了所得税，新政还扩大了小微企业增值税优惠的范围。对主要包括小微企业、个体工商户和其他个人的小规模纳税人，将增值税起征点由月销售额3万元提高到10万元，此举将让更多小微企业卸下包袱，轻装前行。

宁波瑞利环境卫生服务有限公司的会计汪亚维说道："我们公司月销售额刚好在10万元以下，新政施行后就不用交增值税了，仅这一项一年下来就能省下3万多元。这轮减税政策让我们这样的小企业也享受到了丰厚的减税红利。"

目前，税务部门正加紧制定此轮普惠性减税措施实施细则，并对相关企业进行细致梳理，确保企业应享尽享。

小微企业所得税减免将惠及1 798万家企业

（来源：《经济日报》 2019年1月21日）

1月18日，财政部、国家税务总局发布通知，实施小微企业普惠性税收减免政策，对月销售额10万元以下（含本数）的增值税小规模纳税人，免征增值税。同时，放宽可享受企业所得税优惠的小型微利企业标准。

财政部税政司、税务总局政策法规司有关负责人表示，此次推出的政策是今年减税降费政策的重要内容，也是更大力度减税的重要体现。总体来看，此次推出的小微企业普惠性税收减免政策重点聚焦在3个方面：

一是突出普惠性实质性降税。

在小微企业减税政策中，进一步放宽小型微利企业条件，与工业和信息化部等4部门小微企业标准高值衔接。这次小微企业的企业所得税减税，惠及1 798万家企业，占全国纳税企业总数的95%以上，其中98%是民营企业。

此次推出的减免政策预计每年可再为小微企业减负约 2 000 亿元。"小微企业对经济发展、扩大就业及科技创新均发挥着积极的作用,通过优惠政策使小微企业大幅降低税收负担,政策着力精准,有利于增强小微企业发展动力,促进小微企业发展壮大。同时,小微企业绝大多数是民营企业,减税政策对于带动民营经济发展将起到积极作用。"北京国家会计学院财税政策与应用研究所所长李旭红说。

二是增强企业获得感。

将现行小微企业优惠税种由企业所得税、增值税,扩大至资源税、城市维护建设税、城镇土地使用税等 8 个税种和 2 项附加。同时,在降低小微企业实际税负的同时,引入超额累进计税办法,小微企业年应税所得不超过 100 万元、100 万元到 300 万元的部分,实际税负降至 5% 和 10%,年应纳税所得不超过 300 万元的企业税负降低 50% 以上。小微企业四项政策均可追溯享受,自今年 1 月 1 日起实施。

三是切实可行、简明易行。

在小微企业所得税政策方面,通过扩范围、加力度,直接降低实际税负,增强小微企业享受优惠的确定性和便捷度,减少税收遵从成本。小规模纳税人增值税免税标准,直接由月销售额 3 万元提高到 10 万元。初创科技型企业优惠政策,也是直接提高标准、放宽范围。同时,兼顾地方财力差异,采取了允许地方可在 50% 幅度内减征 6 项地方税种和 2 项附加的措施。

"增值税涉税覆盖面广,通过大幅提高增值税起征点的方式进行免税,是普惠性税收减免的体现。扩展投资初创科技型企业享受优惠政策的范围,使投向这类企业的创投企业和天使投资个人有更多税收优惠,有助于引导更多社会资金投向种子期、初创期的科技型企业,助力科技发展,落实国家创新驱动战略。"李旭红说。

减税降费政策落地!受惠小微企业过了一个称心年

(来源:国家税务总局微信公众号 2019 年 2 月 21 日)

今年 1 月 9 日,国务院常务会议确定新推出小微企业普惠性减税措施,为广大小微企业送上了"开年好礼"。2 月是减税降费政策落地实施的首个征期,一些已率先"尝鲜"的纳税人,感受到了减税降费新政带来的实在利好。

河北:炒货店挂出了"减税降费"春联

春节期间,河北省邯郸市冀南新区台城乡的胡记炒货店门脸上贴的一副春联格外引人注目:"普惠减税炒出美滋味 大幅降费迎来好时光",横批:"减税降费"。炒货店老板胡振明在人们恭祝"新年快乐、生意兴隆"时总会说上一句:"这得感谢国家的好政策,减税降费给了我一个'大礼包',让我过了一个称心年,我得好好宣传宣传。"

胡记炒货店是一家在当地经营了 10 多年的老字号炒货店,用料精、口味正、价格公道,深受周边群众的好评。去年 9 月更是凭着过硬的质量和公道的价格被市里几家超市指定为供应商,营业额也是一路攀升。

"以前生意没有现在好,当时国家的季销售额不超过 9 万元免缴增值税政策帮我渡过了好多难关。"谈到创业历程,胡老板感慨颇多。

销售额超过起征点后,因行业竞争激烈,算下来利润并没有上涨太多。随着春节前旺季的到来,胡老板的炒货店更忙了,但税额的增加也成了他的一块"心病"。

当听说小微企业增值税起征点要提高到季销售额30万元时,老胡第一时间去了趟税务机关,把优惠政策从头到尾咨询了个遍。回家后就召开了家庭动员会,将学到的减税降费政策讲了一遍,让全家心无旁骛、鼓足干劲、扩大生产。

"国家普惠性减税政策'大礼包'增强了我们小微企业创业的信心。我要利用好这一优惠政策,炒出一片新天地。"谈到对未来的憧憬,老胡激动地说。

重庆:季报变月报!不到2分钟赚了1.6万元

"不到2分钟就赚了1.6万元,这个每秒赚钱速度你想想都嫉妒!按季申报改成按月申报,一年省了好多税钱……"一则朋友圈消息让重庆国英电器有限责任公司的财务负责人李浩宁火了起来。他自豪地说道:"一夜间我的朋友圈评论区成为热点,不少做生意的朋友纷纷点赞、转发,还有不少朋友直接与我进行业务讨论,他们都说我是精算师。"

原来,李浩宁在春节前接到重庆市税务部门发送的普惠性减税政策措施短信提醒后,便开始着手测算企业如何最大限度地享受减税红利。2月14日,他怀着激动的心情前往国家税务总局重庆市大渡口区税务局办税服务厅提交了一份小规模纳税人变更纳税期限的申请表,不到2分钟纳税期限就由季报转变为月报。

"公司是家用电器销售企业,淡旺季频繁交替,2019年公司便开辟了网上销售业务,'3·15''五一''双十一''双十二'等活动促销对销量影响更加显著。我们在年前就签了几个重要合同,不出意外今年3月份、5月份、7月份、8月份、11月份和12月份的预计销售收入至少都在15万元以上,其余月份的预计销售收入都在8、9万元左右。"李浩宁表示,如果按季缴纳增值税,公司全年预计需要缴纳4.32万元的增值税;如果选择按月申报,公司全年预计缴纳增值税2.7万元,比按季缴纳至少节省1.62万元。

"今年出台的国家税务总局第4号公告太给力了,这个新年红包最实在。"李浩宁高兴地说道。

甘肃:减税消除后顾之忧 企业开年扩大招工

新春伊始,甘肃清河源食品股份有限公司为周边贫困群众传出好消息:企业将扩大招工,新增用工岗位35个。

"2018年税率下调,我们公司少缴增值税额350万元。这个减税'大礼包',我们将用在产业发展上,让更多的贫困户受益。"企业财务负责人马秀秀表示,降税政策的实施,盘活了周转资金,让企业有更多的钱用于扩大产业,带动贫困群众发展。

清河源食品股份有限公司位于全国"三区三州"深度贫困地区之一的甘肃省临夏州,是一家集养殖、活畜交易、加工为一体的农业产业化龙头企业。通过"龙头企业+合作社+养殖企业+农户"模式,清河源公司直接带动了周边3 600多户农户发展畜牧养殖,解决当地群众就业2 400多人,为当地建档立卡贫困户的畜牧养殖拓展销路,消除后顾之忧。

据了解,2018年,全面深化增值税改革累计为甘肃省实体经济减轻增值税负担31.69亿元。今年,随着免征月销售额10万元及以下(季销售额30万元)小规模纳税人增值税政策持续发力,甘肃全省97%以上的小微企业将受益。

在减税"礼包"的扶持下,越来越多的甘肃企业通过"创业带就业、就业促脱贫",让脱贫产业惠及千家万户。"我们公司共吸纳了周边农村富余劳力75人，其中有14户贫困户。国家的减税政策增加了小企业利润，让我们做好自身发展的同时，可以有更多的机会带动贫困群众增收。"庆阳市布谷鸟机械制造有限公司负责人张争虎说道。

大连："转登记"减税十余万助企业渡难关

"目前我们企业的环保农业项目正处于攻坚收尾阶段，破解关键技术难题急需十几万元的资金投入，有了这笔省下的税款，就不用费力四处找钱了。"公司成功转为小规模纳税人后，大连学苑鉴定技术研究所有限责任公司环保农业项目负责人苏教授一下子轻松了。

据了解，该公司是从事鉴定技术研发、技术转让及相关技术咨询服务的一般纳税人，因为研发周期长，投入与产出不配比，成立3年来累计投入研发资金近400万元，一直未有收益。新一轮减税降费政策出台后，该企业恰好成为受益者。国家税务总局规定："转登记日前连续12个月或连续4个季度累计销售额未超过500万元的一般纳税人，在2019年12月31日前，可选择转登记为小规模纳税人。"也就是说，"转登记"后企业的增值税税率将降为3%，城建税等地方税种和相关附加也可享受相关减征政策。

接到该企业转"小规模"登记申请后，国家税务总局大连高新技术产业园区税务局工作人员克服目前系统有关模块尚未开发完毕的客观困难，帮助企业顺利完成了相关信息录入，确保其成功转为小规模纳税人，及时享受到减税降费新政。

经大连高新区税务局测算，该企业"转登记"后，税率从6%降为3%，增值税将直接减少10.71万元，城建税、教育费附加及地方教育附加也将随之减少1.97万元，共计减税超过12万元，降幅达到51.3%。

湖北税务：十堰市税务局减税降费促企业就业发展［见二维码4（4-1）］

减税降费让纳税人获得感满满［见二维码4（4-2）］

二维码4

让纳税人有更多获得感

（来源：《经济日报》　记者：刘麟　2019年2月17日）

近日，记者在湖南长沙、株洲和永州市调研，发现群众纷纷为减税降费办公室点赞。原来，"减降办"是湖南各地新近设立的机构，如今全省14个市州123个县（市、区）和相关工业园区的163个"减降办"全部挂牌，人员均已到位上岗。

新设机构带来了哪些便利？宁乡市飞红建材加工有限公司谢平介绍，该公司2018年错过了转为小规模纳税人的机会。2019年国家税务总局新推出小微企业普惠性减税措施，进一步放宽了增值税小规模纳税人免税标准，将原本于2018年底到期的"允许一般纳税人转登记为小规模纳税人"规定延长至2019年底。国家税务总局宁乡市税务局"减税降费办公室"主动与谢平联系，派专人全程指导该企业办妥转为小规模纳税人手续，预计每年可为该企业减少税负30余万元。

在湖南核工业地质局三〇三大队，长沙市天心区税务局"减降办"的工作人员正在上门开展减税降费政策辅导。大队负责人于辉胜介绍，经"减降办"工作人员测算，预计今年全队减税降费金额将达到 45.44 万元，减税降费比例达到 42.6%。

记者来到有"中国动力谷"美誉的株洲市，看到这里的"减降办"十分繁忙。株洲中车时代软件技术有限公司的杨会计正在株洲市石峰区税务局建设北路办税厅办理软件集成电路即征即退业务。株洲市石峰区税务局"减降办"为该企业开通了绿色通道，实现前台受理、后台审批无缝连接，2 个工作日后 1 306 万元退税款会直接打到企业账户。

永州市税务局把"减税降费"确定为今年的工作主题。江永县"减降办"负责人介绍，减税降费政策落实后，该县范围内的餐饮、住宿等服务行业将基本实现增值税及附加减免全覆盖，部分企业有望实现零税负，全县整体减税降费规模将达到 6 000 余万元。

"我们制定了时间表、路线图，并建立了督察落实机制，为落实各项减税降费政策打下坚实基础，持续释放改革红利，助力湖南实现高质量发展。"国家税务总局湖南省税务局党委书记刘明权介绍，截至 1 月 25 日，湖南省、市、县三级税务局共 163 个单位均已成立减税降费领导小组。"减降办"作为领导小组常设办事机构，负责组织落实领导小组减税降费工作各项决策部署，研究拟定减税降费工作管理制度、工作规则、运行机制。

湖南省税务局减税降费领导小组办公室 1 月 23 日与湖南财政厅联合发布落实小微企业普惠性税收减免政策通知，决定按照最大幅度减征增值税小规模纳税人的"六税两费"，即对增值税小规模纳税人减按 50% 征收资源税、城市维护建设税、房产税、城镇土地使用税、印花税（不含证券交易印花税）、耕地占用税和教育费附加、地方教育附加。从 2018 年 60 余亿元的征收额度来看，今年减半征收后预计将有 30 余亿元的税费减免惠及湖南小微企业。

"我们聚焦办税痛点、堵点、难点问题，推出了深化税务'放管服'改革的 10 多项措施，以此作为落实减税降费政策的'先手棋'，让纳税人有更多获得感。"刘明权说。

二维码 4

"税改红利"提升纳税人获得感 [见二维码 4 (4-3)]

4 月大征期：减税红利集中兑现　微企业忙并收获着

（来源：《中国税务报》　记者：贺艳　2019 年 4 月 10 日）

这个 4 月有点儿忙。4 月的纳税申报期，是纳税人和税务部门熟知的大征期，按月和按季度申报增值税的小规模纳税人都需申报纳税、所有企业按季度预缴企业所得税、加上按月申报的个人所得税、消费税等税费种……

这个 4 月还有点儿"甜"。"申报即享受"的小微企业普惠性减税政策，随着首季申报，减税红利集中兑现；4 月 1 日起深化增值税改革措施落地，各地按新税率顺利开出发票，更多企业税负减轻、轻装前行。

小微企业减税集中兑现

由于大部分小规模纳税人都是按季度申报，加上企业所得税按季度预缴，4 月征期是小微企业普惠性减税降费政策落地后的首个季度申报期，也成为小微减税红利的集中兑现期、减税效应的集中凸显期。

4月1日一早，安徽省天长市高朋实验设备有限公司会计丁兴朝一上班就坐在电脑前为企业进行2019年第一季度企业所得税申报。

从申报情况来看，企业今年第一季度销售收入1 777.84万元，利润71.11万元，按25%税率应纳企业所得税17.78万元，因享受今年初国家实施的小微企业普惠性减税降费政策，减免了企业所得税14.22万元，所以实际应纳企业所得税税额仅为3.56万元。

看到这一情况，公司法定代表人吴正高高兴地说："税收优惠力度很大，为企业带来明显的减税福利，省下的税款正好可以用来购置新设备。"

在重庆市南川区税务局办税厅"小微企业普惠政策涉税咨询服务专岗"前，企业办税人员李玲听说小型微利企业所得税优惠政策再次扩大范围，露出了开心的笑容。

清明节期间，重庆朝天门综合市场熙熙攘攘，人来人往。同样热闹的，是市场内1万多户个体户热议节前陆续收到的《定税通知书》，他们是小规模纳税人增值税起征点从每月3万元上调至每月10万元的直接受益者。

"不仅我们商场里所有的商户单月定税额都在10万元以下，据我了解，整个综合市场有11 600多户从事批发零售业务的个体户，都不用再缴增值税和附加税费了。"朝天门圣名国际服装城个体协会负责人赵强说。

据赵强介绍，受房租、水电、人力成本上升和电商冲击等多重因素影响，个体商户经营压力较大，利润不断走低，部分商户对经营前景持悲观态度。但随着减税降费效应的逐步释放，市场信心有了明显提振。"实打实的减税效果增强了大家的信心，关键是这个'红包'拿得很方便，大家什么都不用做就能享受，不用跑来跑去填表，太适合个体户了。"赵强说。赵强所说的"方便"是指小微企业普惠性减税降费政策措施"申报即享受"的特点，税务部门规定，凡符合条件的纳税人，都无须审批、核查和证明就能自动享受税收优惠。

增值税改革落地生根

普惠性减税与结构性减税并举，是今年减税降费政策的一大特点。在2019年近2万亿元的减税降费中，预计减税超万亿元的深化增值税改革成为"重头戏"。

4月1日，深化增值税改革系列政策落地实施，杭州市江干区税务干部广泛开展减税降费政策宣传。

4月1日起，增值税改革落地，所有增值税一般纳税人都是受益者。当天早上一上班，江苏沙钢集团财务部工作人员林燕在电脑上顺利开具了增值税税率为13%的发票，而此前同一品目的税率为16%，新发票上的税额比之前减少了23.41万元。作为中国最大的民营钢铁企业，沙钢集团年销售额逾千亿元，去年增值税税率由17%下调至16%，就给集团减税2.5亿元。

谈及本轮增值税改革，沙钢集团税务科科长朱建兵表示："按照2018年同期数据测算，预计2019年整个集团增值税减税额将达6亿元，真金白银的减税红利将为企业下一步转型升级、提质增效积聚力量。"

此次增值税改革，除了将16%的税率下调为13%、10%的税率下调为9%外，现代服务业、金融业、生活服务等行业仍保持6%的税率不变，但同步出台的4项配套措施，让这些行业同样能够实现税负只减不增。

配套措施出台前，重庆盈田酒店管理有限公司财务人员胡均很担心，上游企业提供的增值税抵扣发票，因为税率降低，抵扣税额减少，企业经营成本会因此增加。

"配套措施同步出台后，进项税额可以按10%加计扣除。我们用去年的数据测算，发现经营成本不但没增，全年还可以节约14万元的增值税。"胡均表示，酒店将把节省下来的税款用于硬件设施完善，为顾客提供更好的体验。

得益于增值税税率下调，减税效应正在从产品生产环节向消费环节传导。国家发改委发出调价通知，自4月1日起降低成品油价格、一般工商业电价、天然气基准门站价格和天然气跨省管道运输价格。苹果（中国）有限公司也宣布手机、平板电脑等主要在售产品降价300—500元不等，降幅与3个百分点的税率下调幅度相当。

"税负降低以后，会使商品成本降低，如果生产企业让利给消费者的话，消费价格也将降低。"上海财经大学公共政策与治理研究院院长胡怡建认为，通过价格传导机制，减税红利将由生产制造企业、经销企业和消费者共同分享，从而起到减轻企业税负、扩大消费内需的双重激励作用。

税务部门下足硬功夫

有了好政策，还要落实好。企业喜获减税红包，离不开税务部门在政策宣传辅导、服务精准实施等方面下的硬功夫。

"国家在减税降费方面真是'放了大招'，从中央到省、市的政策落地都是卓有成效的。"全国人大代表、明阳智慧能源集团股份公司董事长兼首席执行官张传卫说，"我们在全国都有分公司，税务部门常常到企业'一对一'辅导，广泛宣传辅导减税降费政策措施，多方位、立体化开展减税降费宣传，将最新减税降费政策及执行口径第一时间传递给企业"。

自3月初宣布实施更大规模的减税降费以来，国家税务总局共出台减税降费工作文件12个，其中深化增值税改革相关文件7个。从税务总局到省、市（区）、县级税务局都成立了实施减税降费工作领导小组，实行"一把手"负责制，并制定任务清单和作战图，将减税降费工作细化为170多项任务，挂图作战、层层推进。此外，征管配套、系统优化、政策解读、培训辅导等工作也随着征期到来一步步落地落细，促进减税降费政策落地生根的"原动力"不断释放。

小微企业普惠性减税政策落地后的首个季度征期正式开启，上海税务部门主动出击，帮助纳税人过好申报关。

上海市税务局与政府各相关部门、社会机构开展合作，建立100个社会共治点，为纳税人量身设计集"宣传""办税""咨询"为一体的纳税服务模式。

广东省税务局汇编印发《"4+25"税费政策汇编》《广东企业所得税优惠政策事项办理指引》《小规模免税新旧政策对比》及政策热点问题解答等，形成既专业又统一的执行口径。

广西壮族自治区税务局采取"一对一""专家团""税收优惠政策明白卡""贴心税管家"等方式，与纳税人精准对接，确保每个纳税人和缴费人应知尽享。

大连市税务局优化升级电子税务局系统功能，提供"用户中心、办税中心、查询中心、互动中心、公众服务"共5大类338项业务功能，90%以上涉税业务实现了网上办理。

安徽省税务局优化办税服务厅资源，严格落实首问责任、领导干部值班、最多跑一次等制度，选派业务骨干值守，及时解决征期中出现的问题。

重庆市税务局针对不同行业、不同规模、适用不同政策措施的纳税人，分期分批组织开展培训辅导，让适用政策的纳税人应享尽享、有知有感。

4月春回大地，是忙碌的季节，更是播种希望的季节。正如国家税务总局党委书记、局长王军在第28个全国税收宣传月启动仪式上所说的那样，税务部门将以最大力度、最优服务、最严标准将减税降费惠民大礼包实打实送到千家万户。

减税降费政策叠加发力　为中小企业发展再添动能

（来源：《经济日报》　2019年7月4日）

中小企业是国民经济社会发展的生力军，是扩大就业、改善民生、促进创业创新的重要力量，在稳增长、促改革、调结构、惠民生中发挥着重要作用。近年来，税务部门积极落实各项惠及中小企业的减税降费政策，优化便利服务，为中小企业发展再添动能。

政策扩大范围驱动"澎湃动能"

2019年国家实施更大规模减税降费政策，比如放宽小型微利企业标准、提高增值税小规模纳税人起征点等。一系列小微企业普惠性税收优惠相继落地，众多中小企业享受到真金白银的减税红利。

"今年二季度企业所得税预计只需缴纳1.47万元，同比减了近70%。"安徽禾田电气有限公司财务负责人黄春志说，公司资产总额4 300万元，过去不符合小型微利企业条件，今年国家大幅放宽小型微利企业标准，公司资产总额在5 000万元以下，达到了小型微利企业条件，可以享受所得税减半征收的优惠政策。

"之前受原材料价格上涨影响，经营利润被一压再压，减税降费大大缓解了资金压力，给公司发展打了一针'强心剂'。"黄春志说。

重庆市丰都县上一档酒店是一家中小规模的餐饮酒店，经理陈人华介绍，小规模纳税人增值税免税标准提高后，酒店被纳入增值税免税优惠范围，一季度已减免近8 000元，预计全年可减免增值税以及附加税费3万余元，成本将下降5%。

小微企业税收优惠力度逐年加大，有效稳定了企业经营预期，4月1日起实施的深化增值税改革，更激发了市场主体活力。

在湖南，宝山有色金属矿业有限责任公司财务负责人朱晓波介绍，今年增值税降率后，每月新增减税稳定在80万元，预测全年减免税费1 415万元。

"减税政策让公司有更多资金研发升级技术、发展矿山旅游业，拓宽增收盈利渠道，我们心里更有底了。"朱晓波说。

在上海财经大学教授胡怡建看来，中小企业能否在市场竞争中爬坡过坎、健康发展，关键在企业内生动力。"以小微企业普惠性税收优惠政策、深化增值税改革等为代表的新一轮减税降费措施，有效降低了生产经营成本，为中小企业成长壮大提供了澎湃动能。"

"精准滴灌"激发企业活力

受国际经济贸易形势影响，出口企业面临的压力、挑战日趋激烈。为支持促进外贸经济，税务部门积极落实减税降费政策，增强出口企业特别是中小出口企业竞争力。

中央财经大学教授樊勇表示，以深化增值税改革为例，适用税率降低后，出口企业购进货物的进项税额减少，原先被占用的采购资金大量释放，有利于增强出口商品的国际竞争力。

大连龙宁科技有限公司主营电子纸的生产与销售，旨在提供高性价比、低能耗、环保的电子纸产品。公司产品主要出口至韩国，去年销售额 1.3 亿元。增值税税率从 16% 降至 13% 后，公司采购相同数量的原材料比之前节省 260 余万元，经营压力明显减轻。

新疆阿拉山口力迅进出口有限公司是一家从事金属材料进出口代理的企业，产品主销欧美国家。该公司财务负责人房志宏介绍，近年来原材料价格走高，一度给企业拓展出口市场带来压力。"减税降费带来了'大红包'，预计今年将为代理企业少缴增值税 173 万元，我们要用足政策机遇，把更多好产品推出去。"

在我国，像龙宁、力迅这样稳步发展的出口企业不在少数，精准有力的减税降费政策正成为助推中小企业走出国门、闯出新路、行稳致远的乘势东风。

"行业竞争不进则退，减税降费是中小企业难得的发展机遇。"安徽协和成中药饮片有限公司董事长李素亮感慨。"今年一季度公司获得出口退税近 130 万元，随着适用增值税率降至 9%，年内将多减免约 600 万元，全年减免保守估计 1 270 万元。"协和成财务总监吴心峰介绍，今年公司内外贸销售规模预计将保持"双增长"势头。

税收扶持解决"成长烦恼"

就业是最大民生，中小企业贡献了 80% 以上的城镇劳动就业岗位，成为稳就业的重要支撑。税务部门通过释放减税降费红利，鼓励创业带动就业，促进就业数量质量同步提升。

华春众创工场（陕西）企业管理有限责任公司是陕西省一家国家级众创空间孵化企业，减税降费促使入驻创客数量明显增加。

资金少、成本高一直掣肘着大学生创业热情。现在烦恼有了解决办法。今年增值税小规模纳税人免征标准的提高，间接降低了初创企业门槛，激发了创业热情。华春众创财务经理刘勇介绍，今年华春众创入驻企业减税降费总规模达 180 万元，上半年有 50 家初创企业新办了入驻手续。

"减税降费减轻了公司负担，帮助实现了创业梦想，我们有信心把公司做大做强。"新入驻华春众创的一家小微企业经理曹勇说。

支持创业的同时，伴随减税力度不断加大，税收扶持创新发展的政策效果也逐步显现。"减税使企业资金充裕了，有了资金会进一步投入研发，研发又能够再获减税"这样一个利好循环，让我国中小企业的研发账越算越划算。科技创新热潮汇聚成国家经济的发展活力，2018 年我国市场主体已突破 1 亿户，今年以来又持续保持高速增长，日均新增登记企业达 1.86 万户。

优化服务推进"银税互动"

今年以来，税务部门充分发挥职能作用，紧盯中小企业发展过程遇到的堵点难点，深化"放管服"改革，优化税收营商环境，给中小企业发展带来更多支持。

融资难、融资贵是中小企业面临的难题，为破解贷款难，税务部门坚决落实支持金融企业向小微企业贷款的税收优惠政策，大力推广"银税互动"，与银行共享纳税信用评价结果，帮助中小企业缓解了资金压力。

珠海市佳创兴精密机械有限公司是一家生产五金配件的中等规模企业，已连续多年获评

A级纳税人，融资难一直是困扰公司发展的难题。在税务部门帮助下，公司近日获得"银税互动"贷款300万元。"解决了企业资金瓶颈，给我们带来了大利好！"该公司负责人为"银税互动"点赞。

在四川，国家税务总局成都市税务局与建设银行合作推出全国首款以纳税人享受的减税额度为银行主要授信依据的信贷产品"减税贷"。纳税信用A级或B级的纳税人，均能申请"减税贷"，无须任何担保和抵押，银行可给予最长一年的纯信用贷款。

渝人渝商建材经营部准备扩大规模，然而想获得更多资金却不容易。通过成都税务部门宣传，负责人冯平了解到"减税贷"，提出了贷款申请。"申请后第2天，银行就让我准备资料，没多久便拿到了40万元贷款额度。""减税贷"给冯平带来了更多信心。

与此同时，各地税务部门围绕扶持中小企业发展，创新办税服务，努力营造宽松便利的税收环境。2019年，税务部门连续六年开展"便民办税春风行动"，对纳税人向税务机关报送的资料再精简25%以上，实现70%以上涉税事项一次性办结，进一步提升了广大中小企业的获得感。

税务总局有关负责人表示，下一步，税务部门将以"不忘初心、牢记使命"主题教育为契机，继续打出落实减税降费政策和优化便民办税服务组合拳，进一步激发中小企业发展活力，促进经济高质量发展。

浙江税务：新增减费降税近千亿　助力企业动能提升［见二维码4（4-4）］

优质服务给纳税人带来获得感［见二维码4（4-5）］

二维码4

辽宁税务：减税降费有实效　小微企业获益多［见二维码4（4-6）］

减税降费助"小微"：村民家门口就业　脱贫致富有干劲［见二维码4（4-7）］

守匠心　护传承　减税降费助非遗文化带动更多创业就业［见二维码4（4-8）］

二、民营企业

2018年，税务部门支持民营经济发展在行动

（来源：国家税务总局　2019年1月8日）

2018年是改革开放40周年。这40年中国风雨兼程的改革开放史，是民营企业开荒拓野的砥砺奋进史，更是民营经济从小到大、由弱变强的蓬勃发展史。

40年，中国税务与民营企业一路同行、风雨同舟，陪伴民营企业跋涉了一程又一程，跨越了一关又一关，实现了一次又一次巨变。

回望2018年，对于民营企业，税务部门全心全意服务，一如既往呵护，加大力度减负，出台进一步支持和服务民营经济发展的26条举措，为民营企业和民营经济绘就更美蓝图添

色增彩。

细雨润物：减税"及时雨"浸润民企发展沃土

在中国经济发展持续创造奇迹的浪潮中，千万民营企业奋勇拼搏、锲而不舍，呈现出强劲的发展势头，取得了非凡的发展成就。

如今，民营经济呈现出"五六七八九"的特征，浓缩了广大民营企业百花齐放、千帆竞渡的壮阔景象。

如何助力民企再腾飞，让民营经济发展更强劲？2018年，税务部门认真贯彻落实党中央、国务院减税降负决策部署，为民营企业减轻了税负，送去了新的发展活力之源。

小微企业是民营企业的"大部队"。税务总局党委书记、局长王军在民营企业税收座谈会上提到，小微企业基本都是民营企业。据了解，2018年前三个季度，支持小微企业发展税收优惠政策共减税1 437亿元，同比增长41.3%，其中，享受减半征收企业所得税优惠的小型微利企业388万户，减税超过430亿元，同比增长60.8%，享受优惠户数前三位分别是批发零售业、制造业、租赁商务服务业，占比超过70%。月销售额3万元以下小微企业免征增值税优惠政策惠及企业超过3 000万户，减税超过1 000亿元，同比增长34.3%。

海南宏豪装饰工程有限公司是一家小微企业。2018年5月1日起，增值税小规模纳税人年销售额标准由50万元统一调整为500万元。宏豪装饰立即办理了"转登记"。"对我们这些年销售额标准超过50万元的小企业来说，'转登记'为我们送来了减税红利，转为小规模纳税人后，我们一年税负可减少近5万元。"企业办税人卢先生喜笑颜开。

创新型民企是民营企业的"排头兵"。近几年，创新型民营企业异军突起，在民营企业中发挥着越来越重要的作用。也正是税收优惠政策，让这类企业可以更加轻松上阵，走出了一条升级转型的"加速路"。据统计，2018年前三季度，支持科技创新税收优惠政策共减税4 016亿元，同比增长22.6%。其中，高新技术企业减按15%税率缴纳企业所得税政策减税超过2 500亿元，支持软件和集成电路产业发展增值税和所得税优惠政策减税825亿元，科技型中小企业研发费用加计扣除减免企业所得税390亿元。

"充裕的现金流，是民企能否长足发展的关键。"深圳市华科创智技术有限公司是一家互联网行业的民营企业，财务总监王家强说："根据研发费用加计扣除等政策，我们享受到3 300多万元税收优惠，研发资金很充足，企业创新更有力，目前，我们的订单已经突破了3亿元。税收优惠政策帮我们提振了信心，让我们在对创新有高标准的深圳，核心竞争力也得到了提升。"

2018年以来，深化增值税改革三项措施、小微企业所得税优惠"扩围"、鼓励创业创新税收优惠政策、个人所得税改革……一项项税收优惠，一次次精准落实，为民营企业下了一场接一场"及时雨"，滋润了企业发展的沃土。

"减负力度大，民企有信心，发展动力足！"大疆创新科技有限公司创始人、CEO汪滔如是说。

细雨润物，民企有声。在减税政策密集落地的2018年，无数民营企业如大疆科技一样，正用自己越发蓬勃的生命力，回应着来自减税降负的浸润。

春风常拂：优质服务让民企乐在心头

2018年，是国税、地税机构合并的第1年，是深化"放管服"改革的第3年，是便民办税春风行动的第5年。各项改革相互辉映，成效环环促进，为民营企业吹来了稳心定力谋发展的又一轮春风。

纳税服务再升级。"小微企业的财务力量比不上大企业。以前办税，一个人要跑两个大厅，花时间、耗精力、资料多。国税、地税合二为一后，我再也不是'跑姐'了。"河南长城特耐高新材料有限公司会计李源表示，机构改革后实行的"一厅通办""一网办理""一键咨询"，让他们尝到了便民办税的"甜头"。

简政放权更全面。2018年，容缺办理深入推进，新办纳税人套餐全面推行，企业登记和注销程序进一步简化，营商环境越来越好，市场的大门向民企开得越来越大。

"民营企业人手少，成本压力大，'新陈代谢'快，注册怕手续难，注销怕程序繁，这是我们民营企业主长期的顾虑。"南通希贤包装材料有限公司负责人曹庆松在签下3日内补齐欠缺资料的书面承诺后，顺利办理了税务注销。他兴奋地说："没想到，注销也能容缺，老企业顺利注销，新公司的成立一点也没耽误，民营企业现在的税收营商环境，真是越来越好！"

风险管理更优质。对于民营企业来说，随着经营规模不断扩大，特别是"走出去"步伐不断加快，各种涉税风险也接踵而至。时时刻刻帮助民企盯紧涉税风险，随时随地进行风险提醒，切实有效帮助解决风险疑点，就是在为民企发展解除后顾之忧。2018年，税务部门进一步梳理千户集团中民营企业名单，并设立了首席联络员，实现了与大型民企的无缝对接，时时刻刻帮助民企规避风险，站好税务岗。

VIVO集团财务官徐育涛表示，税务部门送来的《"走出去"税收指引》，推出的风险提醒体检等服务都是国产手机"走出去"背后的坚实力量。"税务部门是民企走得远、走得好、走得快的'安全管家'，是企业持续良好发展的重要保证。"

税收执法"一把尺子"更精准。陕西省西安合容电器设备有限公司的税务会计雷春玲说："税务部门检查能帮我们发现问题、解决问题。"国税、地税机构合并后，税收执法"一把尺子"量到底，事实认定标准、政策依据等有了统一口径，"这是民营企业的福音，我们权益保护的'金钟罩'越发坚固，发展底气也越来越足。"

与2017年相比，全国税务系统2018年纳税服务投诉受理数量同比减少739件，降幅为6.81%。为保障国税地税征管体制改革、个人所得税改革政策执行到位，税务总局强化了网站、12366热线、信函、现场等多个渠道的纳税服务投诉处理工作机制，畅通投诉受理渠道，确保纳税人投诉得到及时受理、转办、处理和反馈，为纳税人合法权益保驾护航。

税务部门借改革之力，将"机构改革每推进一层，纳税人获得感就增进一分"作为基本遵循，为民营企业提供了优质的营商环境。每一次更大力度的简政放权，每一项便民办税举措的落实，每一回精确的涉税风险提示，每一次精准的入户执法……都为民企办税送去了缕缕清新春风。

2018年，大型民营企业继续保持着近几年较快的增长势头，2018年前三季度实现净利润6 185.7亿元，较上年同期增长17.26%。

春风吹进百花开。民营企业在国家税收政策的贴心呵护下，正奋力生长，为傲人绽放积蓄着能量。

又添春色：更大力度帮助民企纾困解难

2018年11月1日，习近平总书记在民企座谈会上发表重要讲话，强调民营企业和民营企业家是我们自己人，充分肯定了我国民营经济的重要地位和作用。

国家税务总局积极贯彻习近平总书记的重要讲话精神，11月8日，召开了民营企业税收座谈会，听取民企涉税诉求，共商税收助力民营经济发展良策。王军在会上表示，税务部门将以更大力度、更惠政策、更优服务，助力民营企业走向更加广阔的舞台。

11月16日，国家税务总局印发《关于实施进一步支持和服务民营经济发展若干措施的通知》，推出"认真落实和完善政策，促进民营企业减税降负""持续优化营商环境，增进民营企业办税便利""积极开展精准帮扶，助力民营企业纾困解难""严格规范税收执法，保障民营企业合法权益""切实加强组织实施，确保各项措施落实见效"等5方面26条措施。

"26条举措条条有温度、有力度，体现了税务总局支持民营经济发展的真心、决心，令人感动。"十三届全国政协常委、全国工商联副主席、北京叶氏企业集团有限公司董事长叶青在接受记者采访时这样评价。

以26条为指引，全国各级税务机关开始了新一轮针对民营企业的大走访、大调研，送政策，听诉求，解难题……在走访、调研过程中，对于民营企业反映的涉税需求及问题，税务部门能解决的立即解决，不能解决的，列入台账，限时解决。

"如果不是税务部门的介入，我们5000万元的发票就'黄了'，相应的出口退税也就'完了'。"连云港远泰贸易公司宋经理表示，供货方拒不提供发票，税务部门走访时当即联系供货方税务部门，共同帮助解决，拖了半年的发票，很快就拿到了手。"什么是温暖，在走投无路的时候有人肯站出来帮助我们就是温暖。"宋经理十分满意。

融资难、融资贵问题一直是民营企业发展路上的一大难题。针对这一问题，各级税务部门进一步巩固"银税互动"成果，把民企的事儿当作自己的事儿，出更大力，采取更多举措，解决民企融资难题。

江西省税务部门在拓展融资渠道上求突破，提请政府每年拿出一定比例的财政资金设立专项基金，扶持民营企业发展。安徽省税务部门对纳税信用良好、确有特殊困难而不能按期缴纳税款的民营企业依法办理了延期。贷款"贷"出新规模，缓交"缓"出新空间。

"想不到纳税信用这么有用，想不到银税互动这么方便，想不到融资机制这么灵活。"金地矿业有限公司总经理王清源通过"银税互动"获得70万元纳税信用贷款后激动地说，"民企发展，更有希望！"

2018年，对民营企业来说，是乘风破浪谋发展、坚持不懈再创新、奋力拼搏又升级的一年。对税务部门来说，这也是齐心协力、攻坚克难，整装又出发的一年。正是这个不平凡的2018年，让税务部门和民营企业更加同心、同向……

虽然深冬时节已至，但对民企来说，一个新的春天，已经叩开了大门。

央视特别报道：减税降费激发中国民营经济发展活力［见二维码4（4-9）］

减税降费企业故事：创新是本分　环境是底气［见二维码4（4-10）］

图片故事：10家民营企业眼里的减税降费［见二维码4（4-11）］

二维码4

民营企业：减税降费给我们极大的振奋和鼓舞

（来源：新华网 《中国税务报》 2019年8月15日）

民营经济是我国国民经济重要组成部分，随着一大波减税降费政策红利逐渐显现，各地民营企业加力研发、动力满满，发展信心更足了。

吉林：减税降费让民企活力满满

制造业等行业的增值税适用税率由16%降至13%，城镇职工基本养老保险单位缴费比例由20%降至16%……今年以来，一系列减税降费政策逐项落实。在老工业基地吉林省，不少民营企业把省下的资金进行生产研发再投入，发展活力进一步增强。

记者日前走进长春奥托立夫汽车安全系统有限公司，车间里机器轰鸣，工人们正紧张忙碌着。近几年，汽车行业市场竞争愈发激烈，这家企业的利润率也从两位数下降到一位数。公司负责人彭伟介绍，企业一方面正努力降低生产成本，另一方面还需保持一定的研发投入，维持产品的市场竞争力，经营压力比较大。

今年以来的一系列减税降费政策给该企业打了一针"强心剂"，使其在汽车被动安全系统的技术研发上又大幅增加了投入。彭伟说，从今年的预计产值来看，增值税税率的下调，加上支付员工的养老保险费缴纳基数降低等各项税费减免，企业可节省近800万元。"减税降费政策对我们制造业企业来说太及时了！"他说。

对中小微企业而言，减税降费同样带来了活力和信心。近年来，长春城际轨道客车配件有限公司一直致力于新型高分子复合材料等技术创新，公司已是国内不少大型企业的供应商。公司负责人李建说，"现金流一直比较紧张，发展的步伐不敢迈得太快"。

"减税降费政策实施后，公司全年预计将增加84万元的现金流。"李建表示，企业的资金压力缓解了不少，可以把更多精力放在技术研发和市场上。

今年以来，在全国实施大规模减税降费政策措施的背景下，吉林省积极落实相关政策。《关于增值税小规模纳税人按50%幅度减征相关税费的通知》、支持和服务民营经济发展30条措施等相继出台，包括税费减免、解决企业融资难题、促进企业转型升级等内容，有效激发了民营经济发展活力。

2019年上半年，吉林省市场主体增长14%，企业和个人实际减税降费超百亿元。同时，吉林省重点税源企业研发费用支出同比增长32.7%，较2018年同期提升18.9个百分点。

吉林财经大学教授张巍表示，减税降费政策的实施，不仅减轻了企业负担，增强了企业发展后劲，还激发了老工业基地工业、制造业的发展活力，促进了经济更好地发展。

广东：减税降费助民企加力研发

2019年近2万亿元规模的一系列减税降费政策中，降低增值税税率备受关注。在广州，科创型民企占比超九成，大规模减税降费为这类企业发展提供了新动能。

以广州视源电子科技股份有限公司（以下简称视源电子）为例，仅4月1日起制造业增值税税率由16%降至13%这一政策，预计今年给企业带来近300万元增值税减税红利。"除了制造业增值税税率下调这一政策，2018年1月1日起研发费用加计扣除比例提高到

75%，预计今年企业能享受到 1 000 多万元的企业所得税减免。"视源电子总裁刘丹凤说。

作为扎根在广州市黄埔区近 15 年的创业人，刘丹凤表示他对近几年国家减税降费的力度之大深有感触："视源电子一直以来都很重视研发创新，公司有多个综合实验室，包括投资千万元建造的 EMC 实验室，公司员工约 60% 为技术研发人员。减税红利让企业资金更为充裕，推动企业增加研发投入，预计今年研发投入资金将增长 40%。"

广东省第十三届人大代表、广州市儒兴科技开发有限公司（以下简称儒兴科技）总裁许珊也向记者表达了类似感受。许珊说："大规模减税降费政策落地，对我们科创型民企是极大的振奋和鼓舞。在 2018 年 1 月 1 日至 2020 年 12 月 31 日研发费加计扣除比例提高到 75%、制造业增值税税率下调两项优惠政策推行下，儒兴科技今年预计可以享受到约 300 万元的减税红利。"

许珊告诉记者，儒兴科技是全球光伏行业知名的辅料供应商，其生产的铝浆市场份额持续多年位列全球第一。目前，公司核心产品保持每月推新、每年更新换代的创新速度。"减税降费政策的推行使企业固有成本降低了，让企业能对未来的经营管理、科研创新投入更多资金、更大精力，激发更多潜在创造力。"许珊表示。

对专注于开发、生产和销售陶瓷添加剂和聚酯催化剂等产品的美轲（广州）化学股份有限公司而言，减税降费不仅降低了经营成本，更提振了发展信心。由于全球经济发展放缓等客观因素，公司今年第一季度亏损，公司高层曾考虑是否要放缓产品线的生产研发，但随着 4 月起深化增值税改革等减税降费政策的持续推进，公司第二季度已将亏损额缩小了 63%，第三季度、第四季度盈利在握。企业财务负责人表示，今年公司将继续积极扩大再生产，预计投入研发费同比增长 10%，其中计划投入 2 100 万元用于复合锆增加剂、高纯 PET 催化剂等新产品研发。

大规模减税降费为企业带来发展信心，也让科创型民企有了更多期盼。"从《减税降费三句半》动漫、减税降费'专车'等花式宣传，到发放调查问卷、推送红利享受清单回执等摸查享受情况，我们感受到了政府落实减税降费的决心和力度。"许珊对税务部门落实减税降费政策的工作表示赞赏，同时她也期待国家能在高端人才引进方面出台更多优惠政策，以进一步降低企业经营成本，让企业把更多资金和精力投入研发创新，提升核心竞争力。

湖北：减税降费让民企动力强劲

"减税降费是场'及时雨'，2 400 万元的'大红包'缓解了公司资金压力。"健鼎（湖北）电子有限公司有关负责人江尚志介绍，作为全球主要的印制电路板运营商之一，该公司刚刚启动二期项目，正是资金压力大的阶段。

江尚志说，减税降费政策红利帮助公司继续保持了市场竞争力，今年上半年销售额 11 亿元、出口额 1.5 亿美元。

江尚志的感慨代表了众多减税降费政策受益企业的心声。眼下，降低增值税税率、下调社保费率、小微企业普惠性税收减免等"一揽子"减税降费政策正在湖北加快落地，有效减轻了市场主体负担，实实在在为民企转型升级和高质量发展赋能。

面对经济下行压力，我国重要的无纺布产业基地湖北仙桃市 202 户非织造布及制品企业，上半年实现出口额 20119.4 万美元，同比增长 13.05%，实现逆势上扬。

仙桃新发塑料制品有限公司财务负责人郭良成列出了公司的"减税账"：今年预计土地使用税减少 31 万元；固定资产当年一次全额抵扣，可增加 50 万元的流动资金；职工个人所得税全年减少50万元……

作为仙桃无纺布龙头企业,新发塑料制品有限公司每年有60 000吨高档无纺布、6亿件医疗类高端防护用品销往全球。今年上半年,该公司出口4 400万美元,比上年同期增长8.1%。"'百万级'减税降费红包对提振企业发展信心,提高国际市场竞争力大有裨益。"郭良成说。

为推动减税降费政策落地,湖北不断优化减税降费环节设置,利用信息化技术优化纳税服务。比如将减税降费政策数字化,按照11个减免税大类、46个减免小类形成覆盖所有税费种、所有行业、所有纳税人的减税性质代码体系,精准筛选符合减税降费条件的企业,尽量让纳税人在第一时间应享尽享。

"税务部门主动发放'减税降费政策明白卡',政策适用和享受情况一目了然。""了解到公司申报员工个人所得税疑问,税务专班赶来辅导我们按期完成申报。""'快速办、简化办、一次办'套餐式服务升级,企业办税省心、放心。"……大批民企负责人这样表达减税降费带来的获得感。

减税降费"甘霖"不仅为成熟的企业补充后劲,也为刚刚起步的创业者加油鼓劲。

"公司还在起步阶段,减税降费政策为公司发展提供了有力支撑。全国性税率普降政策带动了整条产业链一起降价,企业采购和运营成本降低,可以用更优惠的价格打开市场。"科力斯电梯有限公司财务负责人张璋说,加上个税改革让员工的税后工资更高,整个企业目前动力强劲。

我省减税降费支持民营企业发展［见二维码4(4-12)］

二维码4

减税降费增实力,这些民营企业扎堆儿的地方有了新变化［见二维码4(4-13)］

三、制造业企业

北京代表委员点赞新税务［见二维码4(4-14)］

二维码4

企业代表谈增值税改革:税费负担降 核心竞争力升

(来源:央广网 2019年4月3日)

据经济之声《天下财经》报道,深化增值税改革1日拉开大幕,这意味着今年减税降费的"重头戏"正式亮相。国家税务总局表示,改革实施首日,全国各地都顺利开出新税率增值税发票,企业减税效果初显。在国家税务总局1日召开的"落实减税降费,促进经济高质量发展"主题座谈会上,来自制造业、建筑业等多个行业的民营企业、小微企业代表说,一系列减税降费的"组合拳"直接降低了企业成本,使各类市场主体有更多的资金用于提升核心竞争力。

作为制造业企业代表,京东方科技集团股份有限公司首席执行官陈炎顺说,新型显示行业具有投资金额大、技术门槛高、回报周期长等特点,一系列减税降费的"组合拳"为企业加大研发投入、提升核心竞争力提供了新动力。"增值税减税政策力度非常大,京东方在建项目增值税支出预计减少36亿元,运营项目年节约税金8 000万元。多项政策并举,合计将为京东方减少增值税支出37亿元,每年为企业节约成本2.3亿元,这个额度占企业整个纳税额度的10%左右。京东方将把减税红利运用到研发投入上,为国家战略性新兴产业发展做出更大贡献。"

青岛瑞源工程集团有限公司董事长于瑞升是来自建筑业的代表。他说,增值税税率下降、社保费降低、小微企业普惠性税收减免等多项减税降费的新政叠加,并加速落地,让他感受到税收营商环境越来越好。"我们做了个测算,增值税税率下调,预计为集团减税2 000万元;小微企业普惠性税收减免,预计为集团小微类企业减少所得税支出200万元;社保降费,预计为集团减少社保费用支出1 000万元。企业真真切切感受到了实惠,减税降费恰逢其时。"

广东东莞市盛鼎精密仪器有限公司则是一家小微企业和大学生创业公司。运营总裁冼健威说,经过多年发展,公司从营业业绩50万元增长到了去年的3 634万元,快速发展离不开相关税收政策对小微企业的精准发力。"2016—2018年,我们享受小型微利企业所得税、研发费用加计扣除等税收优惠减免税额66.68万元,仅2018年就减免了税款15.09万元。这几十万虽然不多,但对我们这种成长中的小微企业确是弥足珍贵,让我们有更多的资金投入到研发和创新中,提升公司的产品质量和技术含量。"

中国税务学会副会长张连起说,总体而言,减税降费对于稳增长、促消费、激活力、保就业具有立竿见影的作用,对于推进制造强国、形成国内强大市场具有指标意义。"第一点是稳增长,大幅度降低制造业增值税税率,有利于垫高企业利润,引导企业自主创新的意愿和能力;第二点是促消费,增值税降率后的红利,通过价格传导机制,由生产企业、经销企业及消费者各方共同来分享;第三是激活力,成本低,企业活;第四点是保就业,减税对吸纳劳动力就业高的民营企业最为明显。"

国家税务总局局长王军在座谈会现场介绍,今年前两个月,累计新增减税1 828.5亿元,积极效应已初步显现。随着绝大多数小微企业在4月征期实行季度申报,特别是更大规模增值税减税和降低社保费率政策的实施,减税降费效应将更加充分显现出来。税务部门要算好改革效应"总分账",分析经济社会"效益账",并且帮助纳税人算好减税红利"获益账"。

他说:"减税降费直达市场主体,影响直接而深刻,希望广大纳税人、缴费人注重把握减税降费特别是增值税改革通过价格传导对市场主体预期、经营策略、竞争博弈等各方面的影响,把减税降费红利尽可能转化为发展动能,实现更快更长远发展。"

央广记者了解到,国家税务总局昨天(1日)在北京正式启动第28个全国税收宣传月。王军表示,今年税收宣传月主题聚焦减税降费,并打造持续50天的"加长版",税务部门将以最大力度、最优服务、最严标准将减税降费惠民大礼包实打实送到千家万户。

深化增值税改革给新疆纳税人带来减税"获得感"[见二维码4(4-15)]

二维码4

减税降费让纳税人获得感升温[见二维码4(4-16)]

深化增值税改革首月减税 1 113 亿元，制造业减税最明显

（来源：《第一财经》 2019 年 5 月 31 日）

随着 5 月份增值税申报期结束，4 月份开始实施的大幅降低增值税税率等减税数据已于 5 月 30 日公布，备受市场关注。

5 月 30 日，《第一财经》记者从国家税务总局了解到，据 5 月征期纳税申报数据显示，深化增值税改革首月（4 月）实现净减税 1 113 亿元。这主要由于 4 月 1 日起制造业等增值税税率从 16% 降至 13%，交通等行业 10% 税率降至 9% 等增值税减税新政实施。

国家税务总局货物和劳务税司司长王道树介绍，首月减税金额较大主要受两方面因素影响：一是销项端税率已经即时下调，但进项端按原税率开具的发票首月体现较多，抵扣相应较多；二是纳税人过去购入不动产尚未抵扣的进项税额本月一次性转入的金额较大。

在增值税首月减税 1 113 亿元中，制造业行业减税效果最为明显，实现净减税 476 亿元，占总减税金额的比例超过四成，居所有行业首位。

在《第一财经》记者实地调研中，制造业由于增值税税率大幅下降 3 个百分点受益最为明显。

主营妇幼卫生用品和生活用纸的恒安集团 CEO 许连捷曾告诉《第一财经》，不要小看增值税税率下降 3 个百分点，这对销售额超 200 亿元的恒安集团来说，估计一年能节约几千万元的税收，肯定会增加企业利润。

除了制造业外，在首月增值税新政减税中，处于增值税链条中间环节的批发零售业，实现净减税 416 亿元。适用 9% 税率的建筑业、房地产业、交通运输业分别实现净减税 32 亿元、12 亿元、7 亿元。

而适用 6% 税率的生产、生活性服务业，虽然此次改革税率保持不变，但受益于国内旅客运输服务纳入抵扣、加计抵减、允许不动产一次性抵扣等配套措施，均实现减税，现代服务业、生活服务业分别实现净减税 36 亿元、18 亿元。

在实地采访调研中，不少企业将减税红利用于更新设备、招募研发人才，增强核心竞争力。也有企业将拿到的红利用于提高员工工资，或适度让利给下游企业或消费者从而来提振销量。

今年减税除了增值税外，还包括主要针对小微企业的所得税、增值税和地方税减税政策，还有针对中低收入阶层的个人所得税普惠性减税举措。

国家税务总局最新数据显示，1—4 月全国累计新增减税 5 245 亿元，其中 2019 年新出台减税政策减税 1 934 亿元，2018 年实施 2019 年翘尾减税政策新增减税 3 267 亿元，2018 年到期后 2019 年延续实施减税政策新增减税 44 亿元。

由此可见，在今年前 4 个月的减税金额中，受去年实施的个人所得税减税政策和增值税降税率政策带来的减收更为明显。不过随着今年 2 万亿元减税降费政策主要在 4 月 1 日之后实施，今年减税主要集中在 5 月份之后。

从国家税务总局公布的前 4 个月的减税数据来看，个人所得税前 4 个月新增减税 2 143

亿元,其中起征点提高和调整税率翘尾新增减税1 945亿元,个人所得税专项附加扣除政策减税198亿元,累计有5 049万纳税人享受该项政策。两步税改因素叠加,累计有9 900万人工薪所得无须再缴纳个人所得税。

前4个月增值税改革相关政策累计减少制造业税收896亿元,随着4月1日之后今年增值税减税举措实施,未来增值税减税规模将明显扩大。

"税负降低以后,会使商品成本降低,生产企业让利给消费者,消费价格也将降低。"上海财经大学教授胡怡建认为,此次增值税改革通过价格传导机制,减税红利将由生产制造企业、经销企业和消费者共同分享,从而起到减轻企业税负、扩大消费内需的双重激励作用,增强了企业发展信心,激发了市场活力,助力确保经济运行在合理区间。

减下来的真金白银为制造业发展注入了新动能,有力激发了制造业特别是高端制造业迈向更高质量发展。数据显示,前4个月,我国高技术制造业、高技术服务业投资分别同比增长11.4%和15.5%,增速分别快于全国固定资产投资5.3个百分点和9.4个百分点。4月份,高技术制造业增加值同比增长11.2%,比规模以上工业快5.8个百分点。

税务总局重点服务和管理的2 050户大型企业集团(年纳税额1亿元以上的大型企业集团)数据显示,1—4月,上述集团中制造业企业研发支出占营业收入的比重为2.32%,较2018年全年提高0.22个百分点,高技术制造业营业收入和净利润同比分别增长7.7%和5.1%,明显高于上述集团中工业企业的整体水平。

减税降费是企业自主研发的底气[二维码4(4-17)]

增值税改革落地观察:减税"聚变"效应下的制造业"突围"[二维码4(4-18)]

千万元"减税红包"助力企业质检大楼尽早竣工[见二维码4(4-19)]

安徽:国地税合并向前推进一步 纳税人获得感增进一分[见二维码4(4-20)]

搭上减税降费"快车",制造企业强技扩产加速升级[见二维码4(4-21)]

减税降费开启制造业"智造"新时代[见二维码4(4-22)]

国家税务总局局长给刘文新回信:"你令我感动!"[见二维码4(4-23)]

算完减税降费明细账　厦门制造业企业点赞"很给力"

(来源:人民网　2019年8月14日)[内容有删节]

减税降费为制造业企业带来实实在在的"真金白银"。税费减下去了,一些老牌民营企业增资扩产也有了底气。厦门宏发电声股份有限公司就是其中的受益者。

"近年来,我们公司加快厦门、东部和西部三大生产基地建设,投资规模不断扩大,所需资金急剧增加,减税降费为我们公司增资扩产的关键阶段注入强大动力!"厦门宏发电声股份有限公司财务刘美美不禁点赞减税降费新政。

增资扩产需要资金,转型升级同样需要资金。华懋(厦门)新材料科技股份有限公司税务主管罗女士表示："新政给我们企业带来了实实在在的政策红利，有助于我们增加研发投入，提升产品的科技含量，赢得更多优质客户的认可。"

除了已经成熟发展的制造业大企业，不少成长期的企业表示，减税降费的落实落地，能最大限度助力企业利用好前期的投入资金，增强了企业的生存能力，在市场竞争激烈的环境下提升竞争力。

企业主要经营制造、加工金属制品与制造智能低压电器，目前员工总人数为153人，正处于发展的关键期。据占彬介绍，新政落地几个月后，企业就减税48.79万元，增值税税负降低了16.71%。如果按照去年的利润总额来算，省下的这笔税款相当于去年利润总额的51.72%。"这对于我们企业来说已经是一笔非常可观的发展资金。企业负担减轻，我们也打算乘势而上扩大生产规模，同时适当提高员工的个人工资福利，激发大家的工作积极性，共享减税降费红利。"占彬说。

减税降费，解锁更好的"中国智造"

（来源：国家税务总局微信公众号　2019年9月26日）

减税降费政策大规模实施以来，不仅给广大制造企业送去"真金白银"般的实惠，更促进了企业不断转型升级。各地"老企业"旧貌换新颜，在减税降费政策的支持下解锁出了更多更好的"中国智造"新模式。

从制造迈向"智造"，"老企业"焕发新活力。

"晨光""金陵金箔""中车浦镇"……这些耳熟能详的南京"老企业"，陪伴南京人走过了几十甚至几百年的时光。随着一系列减税降费政策的不断落细落实，这些"老企业"也在不断适应时代变化、探索发展，焕发出新的活力。

南京晨光集团有限责任公司前身是1865年成立的金陵机器局。在150余年的发展历程中，晨光集团见证了我国民族工业和航天事业的崛起，也经历了转型之变。"近十年来，晨光集团逐步由传统制造向智能制造转型，集团成立了高新技术企业金陵智造研究院，将在民用产业领域迈开创新的步伐。"晨光集团公司党委书记、董事长胡建军说："企业坚定转型和产业升级的背后，离不开一系列税收优惠政策的扶持。"

去年，晨光集团研究与开发费用超过4 000万元，在减税降费政策的支持下，享受研发费用加计扣除2 000万余元，全年实现利润总额约1.9亿元。今年4月以来，晨光集团仅增值税缴税较同期减少300多万元。胡建军表示，在转型的路上，有国家给力的税收政策、贴心的纳税服务，企业发展的底气更足了。

位于江宁区的南京金陵金箔集团是南京市"老企业"的代表之一。制作金箔要先将金块打成薄片，再由金箔工人反复锤打，方能锤出"薄如蝉翼、软似绸缎、轻如鸿毛"的金箔。"然而，传统作坊式的工艺手法远远不能满足如今金箔市场的需求，我们更需要引入新技术，才能使传统工艺焕发新活力。"金箔集团董事局主席江宝全说。

工艺改进和新产品的研发，离不开税收优惠政策的扶持。去年，金陵金箔享受高新技术企业所得税减免370万元，研发费用加计扣除1 905万元，省下来的"真金白银"助力企业开始尝试现代化的金箔加工工艺。"减税降费使我们有更多的资金投入到工艺改进和新产品研发，让传统工艺插上了现代科技的'翅膀'。"江宝全说。

中车（南京）浦镇车辆有限公司始建于1908年，百年发展见证了我国现代工业、机车车辆工业的沧桑历程，中车（南京）浦镇车辆有限公司逐渐成为我国轨道交通装备制造业的骨干企业和现代城市轨道交通装备的龙头企业。如今，该公司借助"一带一路"倡议加快迈上国际化道路，在国际市场展示"中国智造"的南京贡献。

今年1—7月，中车（南京）浦镇车辆有限公司享受研发费用加计扣除约1 317万元，增值税及其附加减免约723万元。"这些年，公司所得税享受15%的优惠税率、研发费用加计扣除等一系列鼓励自主创新的税收优惠政策持续出台，利好不断加码，极大促进了浦镇车厂智能制造的发展。这些实实在在的税收好政策，让公司在研发方面投入更多的资金，坚定走创新发展之路。"孙景南说。

减税降费助力　嵊州厨具行业腾飞

改革开放以来，嵊州厨具企业凭借着敢想敢做、敢闯敢拼的韧劲，与"结构调整""科技创新""品牌建设"牵手，突破了依靠贴牌、代加工、价格战的传统老路，走出了转型升级和可持续发展的时代大道。2005年，嵊州获得"中国厨具之都"的美誉。

浙江亿田智能厨电股份有限公司是嵊州市厨具企业的"领头羊"，曾获得"浙江省政府质量奖"。公司董事长孙伟勇形象得打了一个比喻："厨具公司好比一棵树，在初创期、成长期和成熟期各个阶段，都离不开税收优惠政策的精准滴灌。特别是今年新一轮减税降费政策，力度之大史无前例。仅增值税税率从16%下降到13%这一项，就可直接为公司节省近800万元的税款，再加上扩大进项税抵扣范围、不动产一次性抵扣等优惠政策，预计全年可减免近千万元，我们将省下来的钱全部用于技术改造和产品研发上，增强公司的发展后劲。"

减税降费政策点燃了企业创新的热情。"我们紧扣消费者的个性化需求，集中精力深耕集成灶新产品，使集成灶在吸油效率、安全操作、厨房装饰收纳等方面发挥更大的优势。"亿田智能厨电总经理陈月华介绍，今年3月，亿田智能厨电历时3年时间研发出行业首款蒸烤独立集成灶S8，打破了行业风机后置式局限，突破了集成灶普遍"2+1"模式，首次实现"2+2"集成模式。

"公司目前正筹备上市，税务部门主动上门，一对一给予税收辅导，从税收角度及时有效地为公司提供帮扶。"孙伟勇说，"现在税收政策和营商环境这么好，公司更要乘势而上，加快向产品价值链高端提升，擘画好公司发展新蓝图，加速向'百年亿田，百亿企业'目标迈进。"

减税降费激活力，企业发展迎机遇。在减税降费政策和税务服务的双重加持下，一批像亿田智能厨电这样在转型升级中跨越发展的厨具企业正如雨后春笋般不断生长，带动当地经济不断发展。

好风凭借力　中国智造扬帆向未来

2019年上海厨卫展上，九牧集团有限公司展示了和华为共同打造的——"九牧云"智慧健康管家及超级套间，两者在智能终端的合作吸引了无数关注。传统制造业领域的企业，也在不断增强或引入科技的力量，推动自身的转型升级，向"中国智造"转型。

从生产厨卫五金到整体卫浴再到定制泛家居，近年来，九牧集团销售额均实现两位数增长,市场占有率行业居前,连续9年全网销售冠军。漂亮的成绩单背后是企业家对创新发展的笃定,更是国家税收优惠政策的"好风"扶摇。九牧集团董事长林孝发表示:"企业每年投入大量资金到技术研发和产品创新,2018年企业研发投入14 641万元,按照75%的加计扣除比例计算,加计扣除额增加到了10 981万元,相比之前50%加计水平减税近700万元,为产品创新提供了更多资金支撑。"作为国家级智能制造试点示范企业,九牧集团成立了制造技术研究院、自动化研究院、数字工业研究院、品类新品中试研究院。

九牧厨卫有限公司税务高级经理徐婷也算了一笔账:"此次减税降费力度大,范围广。增值税降率、研发费用提高加计扣除比例、重点人群税收优惠以及地方性政策减免等一大波红利都惠及企业,1—8月企业享受减免金额超4 000万元,单增值税税率由16%降低为13%这一项,就为企业节省了约2000万元的税费,'真金白银'的实惠,实实在在增加了集团资金流。"

减的是税,增的是能力和活力。实体经济有了转型发展的内生动力,减税降费的红利正不断显现。"我们将充分利用国家政策和良好环境,不断拓展国际视野,增强创新能力和核心竞争力,形成具有全球竞争力的世界一流企业,推动'中国智造'走向世界。"九牧集团董事长林孝发说道。

海东税务:深化增值税改革 让纳税人拥有满满"获得感"[见二维码4(4-24)]

"税收-""创新+":减税降费为实体经济蓄力赋能[见二维码4(4-25)]

二维码4

青岛城阳:减税降费助力高新技术制造企业腾飞[见二维码4(4-26)]

成都:减税降费减出"低负"生态 推动经济高质量发展[见二维码4(4-27)]

深圳光明区:减税降费红利"+研发"提升企业竞争力[见二维码4(4-28)]

四、其他

新闻联播:税负稳中渐降 税改红利为经济发展增活力[见二维码4(4-29)]

2018年,减税降负推动经济高质量发展[见二维码4(4-30)]

毕马威:中国减税给企业个人以实在红利 稳增长效果不容小觑[见二维码4(4-31)]

新闻联播:减税政策加紧落实 助力经济稳步发展[见二维码4(4-32)]

个税改革:"获得感"从哪里来?[见二维码4(4-33)]

天津港保税区税务局多举措落实减税降费政策让纳税人拥有更多获得感[见二维码4(4-34)]

增值税降税率,对消费者也是大利好![见二维码4(4-35)]

大规模减税 多维度治理!税收营商环境更趋公平透明[见二维码4(4-36)]

提升服务质效　增强纳税人缴费人获得感［见二维码4（4-37）］

企业成本降发展信心提！社保费降率政策效应正在逐步显现［见二维码4（4-38）］

减税降费红利逐步释放！相关产业链悄然发生变化［见二维码4（4-39）］

多措并举　提升纳税人和缴费人获得感［见二维码4（4-40）］

税务部门不断创新服务提升纳税人获得感［见二维码4（4-41）］

通化市二道江区税务局从"心"出发增强纳税人获得感［见二维码4（4-42）］

滇中税务：高效细心服务提升纳税人获得感［见二维码4（4-43）］

北京：多措并举提质效　为纳税人和基层"双减负"［见二维码4（4-44）］

湖南长沙税务："税务小蓝帽"汽车办税厅在长沙上线［见二维码4（4-45）］

银川市税务局"暖心服务"到位"惠民红包"落地［见二维码4（4-46）］

吉林税务：开展代表委员大走访［见二维码4（4-47）］

人民日报：减税降费政策落地见效　企业发展更快［见二维码4（4-48）］

山西：精心打造"两账两册"算好减税降费"三笔账"［见二维码4（4-49）］

减税降费，助力企业"智造升级"［见二维码4（4-50）］

云南税务：精准对焦　企业更有获得感［见二维码4（4-51）］

湖北省省长王晓东在调研减税降费政策落实情况时强调以市场主体获得感检验减税降费成效［见二维码4（4-52）］

减税降费半年报：税费减了　企业发展信心更足了［见二维码4（4-53）］

减税降费增强了外企在华发展信心［见二维码4（4-54）］

上海税务局深入检视工作推进减税降费便民办税等政策落实用好优惠政策　着力解决纳税人诉求［见二维码4（4-55）］

西藏全面落实各项税收优惠政策［见二维码4（4-56）］

减税降费惠农兴农，地方特色产业助百姓脱贫致富［见二维码4（4-57）］

二维码4

政策落地见效　发展带来机遇——稳就业的成绩单让人眼前亮信心增［见二维码4（4-58）］

回顾2019：减税簿上"添一笔"　企业信心"加一分"［见二维码4（4-59）］

减税降费为特色产业"加码"产业集聚壮大区域经济［见二维码4（4-60）］

第五部分　媒体聚焦

一、《人民日报》

普惠性减税政策，一定就是三年 超95%企业能享受优惠

(来源：《人民日报》 记者：李丽辉 吴秋余 2019年1月28日)

财政部、税务总局日前发布通知，对小微企业普惠性税收减免政策进行了明确，政策执行期限为2019年1月1日至2021年12月31日。就小微企业普惠性减税的相关内容，财政部税政司、税务总局政策法规司有关负责人进行了解读。

减税惠及面更广，其中98%是民营企业

对小微企业实施普惠性税收减免，是今年减税降费政策的重要内容，也是更大力度减税的重要体现。总体上看，此次小微企业普惠性税收减免政策，重点聚焦在三个方面：

一是突出普惠性实质性降税。在小微企业减税政策中，进一步放宽小型微利企业条件，与工业和信息化部等四部委小微企业标准高值衔接。这次小微企业的企业所得税减税，惠及1798万家企业，占全国纳税企业总数的95%以上，其中98%是民营企业。也就是说，我国绝大部分企业主体都能够从这个政策中受惠。

二是实打实、硬碰硬，增强企业获得感。将现行小微企业优惠税种由企业所得税、增值税，扩大至资源税、城市维护建设税、城镇土地使用税等8个税种和2项附加。同时，在降低小微企业实际税负的同时，引入超额累进计税办法，小微企业年应税所得不超过100万元、100万元到300万元的部分，实际税负分别降至5%和10%，年应纳税所得不超过300万元的企业税负降低50%以上。

三是切实可行、简明易行。通过扩范围、加力度，直接降低实际税负，增强小微企业享受优惠的确定性和便捷度，减少税收遵从成本。小规模纳税人增值税免税标准，直接由月销售额3万元提高到10万元。初创科技型企业优惠政策，也是直接提高标准、放宽范围。同时，兼顾地方财力差异，对月销售额10万元以下（含本数）的增值税小规模纳税人，允许地方可在50%幅度内减征资源税、城市维护建设税、房产税、城镇土地使用税、印花税（不含证券交易印花税）、耕地占用税等6项地方税种和教育费附加、地方教育附加等2项附加。

减税方式简明好操作，增强获得感

为什么将增值税小规模纳税人免税标准提高至月销售额10万元？与此前相比，这次出台的政策有何变化？

两部门相关负责人解释说，近年来，我国不断加大对增值税小规模纳税人的税收优惠力度，逐步将其免税标准提高至月销售额3万元。本次进一步提高至月销售额10万元，免税政策受益面大幅扩大，且税收优惠方式简明易行好操作，将明显增强企业获得感，更大激发

市场活力，支持小微企业发展壮大，更好发挥小微企业吸纳就业主渠道的关键性作用。

政策调整前，小型微利企业年应纳税所得额、从业人数和资产总额标准上限分别为100万元、工业企业100人（其他企业80人）和工业企业3 000万元（其他企业1 000万元）。此次调整明确将上述三个标准上限分别提高到300万元、300人和5 000万元。

同时，引入超额累进计算方法，加大企业所得税减税优惠力度。政策调整前，对年应纳税所得额不超过100万元的小型微利企业，减按50%计入应纳税所得额，并按20%优惠税率缴纳企业所得税，即实际税负为10%。

调整后，对年应纳税所得额不超过300万元的小型微利企业，按应纳税所得额分为两段计算：一是对年应纳税所得额不超过100万元的部分，减按25%计入应纳税所得额，并按20%的税率计算缴纳企业所得税，实际税负为5%；二是对年应纳税所得额超过100万元但不超过300万元的部分，减按50%计入应纳税所得额，并按20%的税率计算缴纳企业所得税，实际税负10%。

举例说明，一个年应纳税所得额为300万元的企业，此前不在小型微利企业范围之内，需要按25%的法定税率缴纳企业所得税75万元（300×25%），按照新出台的优惠政策，如果其从业人数和资产总额符合条件，其仅需缴纳企业所得税25万元（100×25%×20% + 200×50%×20%），所得税负担大幅减轻。

投资初创科技型企业，享受优惠的对象范围扩大

创投企业和天使投资个人投向初创科技型企业，可按投资额的70%抵扣应纳税所得额。政策调整前，初创科技型企业的主要条件包括从业人数不超过200人、资产总额和年销售收入均不超过3 000万元等。此次调整将享受创业投资税收优惠的被投资对象范围，进一步扩展到从业人数不超过300人、资产总额和年销售收入均不超过5 000万元的初创科技型企业，与调整后的企业所得税小型微利企业相关标准保持一致，从而进一步扩大了创投企业和天使投资人享受投资抵扣优惠的投资对象范围。

两部门相关负责人表示，小微企业是发展的生力军、就业的主渠道、创新的重要源泉。当前我国经济运行稳中有变、变中有忧，外部环境复杂严峻，再推出一批小微企业普惠性税收减免措施，有利于降低创业创新成本，增强小微企业发展动力，促进扩大就业。下一步，财政部、税务总局等部门将按照党中央、国务院决策部署，抓紧按程序推出增值税改革等其他减税降费措施，增强社会获得感，推动形成积极稳定的社会预期。

减税降费　一份来自春天的大礼

（来源：《人民日报（海外版）》　记者：徐蕾　叶晓楠　刘峣　2019年3月7日）

"确保减税降费落实到位……全年减轻企业税收和社保缴费负担近2万亿元。"

3月5日，十三届全国人大二次会议在北京开幕，国务院总理李克强在作《政府工作报告》时提到的这个数字"亮了"！

根据报告，深化增值税改革，将制造业等行业现行16%的税率降至13%，将交通运输业、建筑业等行业现行10%的税率降至9%，确保主要行业税负明显降低……两会代表委员对此纷纷点赞,尤其是奋斗在一线的企业家深受鼓舞。"出乎意料""超出预期""力度空前""如逢甘霖",是他们最直接的感受。"我们要做的,就是顺应良好政策的春风借势发展,和社会各界一道共创美好生活。"

减税正当其时　给企业增后劲

"国家针对制造业的减税是重大利好,可谓正当其时,让人深受鼓舞。"全国人大代表、海信集团董事长周厚健说,当前中国制造业面临人口红利减少、经营成本上升等因素的影响,在国际上还受到金融危机冲击的影响。他以海信集团为例,2018年海信集团实现收入1 266亿元,缴纳税收87亿元。"在经济环境增幅放缓的情况下,企业面临的资金压力和经营压力巨大。有针对性地对制造业减税,可以更好地为中国制造业转型升级保驾护航。"

"制造业税率从16%降到13%,这么大的降幅确实没想到,这让我们很振奋。"全国人大代表、万丰奥特控股集团董事局主席陈爱莲笑着说:"在现场听报告时我就在想,一定要把降下来的资金用到科技创新上,加快新产品的开发、技术力量的提升。"

在接受记者采访时,不少代表委员对此表示"出乎意料""超乎预期"。全国人大代表、小米集团创始人雷军直言:"如果按照去年的收入来计算,小米的减税额度将超过10亿元。""这样,我们将有更多资源投入研发和制造,把产品做得更好。"

"这次释放的政策红利,步步高一年预估可以增加超过1个亿的收入。"在全国人大代表、步步高集团董事长王填看来,减税降费是"放了一个大招",是"一份来自春天的大礼"。全国人大代表、科大讯飞股份有限公司董事长刘庆峰直言,减税降费能让企业腾出更多精力为未来发展布局,同时放水养鱼,使企业有更好的盈利状况,从而更好地解决就业问题。"减税降费将为微观主体特别是民营企业带来更广阔的发展空间。与此同时,企业税负降低,员工的收入待遇也能得到提高。"全国政协委员、湖南商学院校长陈晓红说。

建立监督考核机制　把礼包送到"家"

政策出台后,如何落到实处,还要综合考虑复杂的现实情况。对此,全国政协委员、内蒙古乌兰察布多蒙德实业集团董事长石磊呼吁各地方政府、各主管部门建立健全减税降费监督考核机制以及回馈机制,解决减税降费政策落实中存在的"最后一公里"的问题。

"减税降费考核机制有待完善。各级政府在执行中央减税降费政策时如遇执行不力的情况,应该有相应的问责、追责机制。"石磊说,"此外,还应该建立相应的信息回馈机制,加强中央和地方的沟通。"

"新一届政府履职以来,对减税降费一直非常重视。目前,通过一系列政策措施,减税降费工作已取得较大成效。"全国政协委员、山西省政府研究室副主任焦斌龙也坦言,营改增后企业税负水平依然较高,随着税收征管能力的提升,企业压力可能会持续增大,建议考虑进一步降低增值税的法定税率,以持续减轻企业税收负担。"具体来说,就是建议进一步统筹规划我国的税制改革。普惠性减税与结构性减税、长期性减税与临时性减税应进行政策优化组合。"

周厚健指出,在当前制造业转型升级的大背景下,企业在研发投入、新建厂房和设备、兼并收购等方面都需要大量的外部融资,借款利息所含增值税不能抵扣,这对制造业企业是不小的负担。"另外,集团型企业其成员单位资金有盈有缺,相互间的资金调配是一个常态,对于集团内企业相互间有偿借贷的行为,依然要缴纳增值税,这加大了企业负担。"对此,周厚健代表建议,在增值税进项税抵扣不充分的现实情况下,进一步优化增值税税率结构,降低税率。

"在普惠制减税降费的基础上,对需要加速供给侧结构性改革的战略型新兴产业和国家发展战略的区域,进一步予以更大的差别化的减税降费政策,精准施策。"全国政协委员、奥克控股集团董事局主席朱建民建议。

刘庆峰则认为,目前财税条款在相应的修改过程中应该允许高新技术企业的研发费用在税前一次性列支并加计扣除。与此同时,统一认定高新技术企业资质的研发费用开支范围和研发费用加计扣除开支范围标准。"进一步减轻高科技企业税负和个人税负,将大大提升企业的创新原动力,使企业立足未来,增加长期的生产性技术研发投入,这对国家未来高新技术产业长足发展意义巨大。"

提振的是信心　赢得的是未来

全国人大代表、民革吉林省委主任委员郭乃硕表示,减税降费和相关奖补支持政策对稳定企业家心态、挖掘企业就业潜力和发展活力有直接影响。

"面对工业企业利润下滑的压力,下调制造业企业的增值税税率,有助于增添企业活力,助力我国制造业做大做强。"全国人大代表、传化集团董事长徐冠巨说。

"将制造业等行业现行16%的税率降至13%,将交通运输业、建筑业等行业现行10%的税率降至9%……"听完《政府工作报告》,中建三局党委书记、董事长陈华元代表精神振奋,"国家减税降费力度超出预期,我们要用好用足政策大礼包,以更大的决心、更实的举措、更强的担当,着力推进更高质量的发展"。

长期以来,企业社保缴费负担较重的现实,一直困扰着我国企业发展。报告中提到的"下调城镇职工基本养老保险单位缴费比例,各地可降至16%",这对企业来说,无疑是有助于降低用工成本的利好举措;于民众而言,获得感也进一步得到了提升。

全国政协委员、中铝青海分公司总经理星占雄算了一笔账:"社保费降低4个百分点,我们公司养老保险一年就可以少缴800万元。"

而作为创新重要源泉的小微企业,今年将迎来普惠性减税政策。小规模纳税人增值税起征点由月销售额3万元提高到10万元;大幅放宽可享受企业所得税优惠的小型微利企业标准……

"很多创业者都因为出师不利熬不过创业初期。"全国人大代表、湖北省应城市春华养生豆皮有限公司经理程梦醒感慨道,报告中对小微企业的减税"礼包"大大降低了创业成本,也帮他们留住了人才。"一定会激发更多年轻人的创新创业热情。"

近2万亿元减税降费清单,传递给企业和市场的是信心,是希望,更是未来。可以相信,不论经济社会发展任务有多重,要求有多高,随着减税降费举措逐步落地,我们都会交上一份漂亮的答卷。

白景明:减税降费将更充分释放发展潜能[见二维码5(5-1)]

二维码5

算好减税降费的大账

(来源:《人民日报》　记者:吴秋余　2019年4月1日)

在减税降费过程中,各地应当有"功成不必在我"的境界,不简单地以财政收入高低论英雄，而是用短期税收的"减"换取长远发展的"增"。

4月1日，作为今年减税降费"重头戏"的深化增值税改革正式落地，制造业等行业税率由16%降至13%，交通运输业和建筑业等行业税率由10%降至9%。一个月后，降低企业社保缴费负担的政策也将开始实施。

今年以来，减税降费的"红包"一波接着一波，从1月1日个税专项附加扣除政策正式执行，到1月9日小微企业普惠性减税措施推出，再到《政府工作报告》提出全年减轻企业税收和社保缴费负担近2万亿元，一系列减税降费直击当前市场主体的难点，给企业和个人带来了满满的获得感和良好的预期。

作为组织财政收入的主要手段，税收既关系着每个纳税人的"红包"，也关系着各级政府的"钱包"。近2万亿元减税降费规模近年来罕见，给财政收入带来的压力也显而易见。今年前两个月，全国一般公共预算收入同比增长7%，低于去年同期15.8%的增速，其中受到减税政策影响，个人所得税收入同比下降了18.1%。而在总体税收收入中，个人所得税仅占不到7%，增值税占比超过40%。可以预见，增值税税率下调将进一步影响财政收入增速，正如《政府工作报告》所说，这会给各级财政带来很大压力。在经济面临下行压力的背景下，一些人不免担心，大规模减税降费是否可持续，由此造成的财政收支矛盾又该如何解决？

正如一枚硬币有正反面，一项政策也会带来各种影响。对减税降费进行综合权衡时，既要算好财政收入的细账，更要算好经济社会发展的大账。

现实地看，减税降费是减轻企业负担、激发市场活力的重要举措，也是深化供给侧结构性改革、推动经济高质量发展的必然要求。当前深化供给侧结构性改革，要在"巩固、增强、提升、畅通"八个字上下功夫，其中，降低全社会各类营商成本，有效减轻企业负担，是"八字方针"的重要内容。只有让企业轻装上阵，才能更好培育经济发展新动能，让支撑高质量发展的内生动力更加强劲。

辩证地看，减税降费是另一种形式的财政支出，是宏观政策逆周期调节的重要举措。税收是促进经济社会发展的重要手段，而非经济社会发展的最终目的。通过减税降费把更多资金留给企业和个人，同样能够发挥出拉动经济增长、促进消费升级等重要作用。办好减税降费这件今年积极财政政策的大事，各级财税部门必须切实转变观念，既要努力把该收的收上来，更要全力把该减的减下去，让市场主体对减税降费更有感觉，让积极财政政策发挥出更好效果。

长远地看，减税降费是"放水养鱼"，有利于保持财政收入持续平稳增长。税收收入的多少一般取决于两个因素，即税率高低和税基大小。短期看，在税基不变的情况下，降低税率确实会造成收入减少，但从长期发展看，较高的税率可能抑制经济增长，使税基减小，税收收入下降，而减税则往往能刺激经济增长，扩大税基，最终使税收收入增加。近年来的实践一再证明，通过减税鼓励实体经济转型、新兴行业发展，最终实现税收增加，是一条可行的路子。最初实施营改增的上海等地，普遍出现了"放水养鱼"效应带来的税收良性增长，就是一个典型例证。

看清了减税降费的重要意义，就要更加坚决确保减税降费落实到位。在减税降费过程中，各地应当有"功成不必在我"的境界，不简单地以财政收入高低论英雄，而是用短期税收的"减"换取长远发展的"增"。财政部门也要发挥主观能动性，既要当好"铁公鸡",不该花的钱"一毛不拔",落实好一般性支出和"三公"经费的压减要求;更要打好"铁算盘",把该花的钱花好,花在刀刃上,通过加强财政资金绩效管理、加大对重点领域和关键环节的投入力度,让有限的财政资金产生更大的效益。

降低社保费率方案5月1日正式实施 企业社保缴费今年有望减负3 000亿[见二维码5(5-2)]

增值税改革全年减税预计超万亿元[见二维码5(5-3)]

"减税组合拳" 激发经济活力[见二维码5(5-4)]

一季度,全国税收收入同比增长5.4%,增幅同比回落11.9个百分点 减税降费惠及千万企业[见二维码5(5-5)]

一季度累计新增减税3 411亿元,个税收入下降29.6% 市场添活力 百姓得实惠[见二维码5(5-6)]

税费红包落袋 企业发展更快 全年将减轻企业税收和社保缴费负担近2万亿元[见二维码5(5-7)]

二维码5

5-8晒减税账本 亮发展信心 深化增值税改革首月实现净减税1 113亿元

9 900万人的工薪所得无需再缴个税 专项附加扣除 减税精准"落袋"[见二维码5(5-9)]

个税改革激发消费潜力

(来源:《人民日报》 记者:吴秋余 2019年6月18日)

[人民时评:钱袋子鼓起来,消费才能"活起来"。通过更精准的政策措施,不断改善居民消费能力和预期,激发普通居民更大的消费潜能

近14亿人的大市场,潜力无限,活力无穷。激发居民消费潜力,需要更多实招、硬招,架好消费新支点,撬动消费新增长]

当前,个税改革正在鼓起人们的钱袋子。前4月人均减税1 026元,累计近亿人的工薪所得无需再缴个税,改革红利更多惠及中低收入人群……从去年10月开始的个人所得税改革,近日交出了让人充满获得感的成绩单,这份减税红包不仅让人觉得"厚重",更让人觉得"精准"。首次实施的子女教育、继续教育、大病医疗、赡养老人等六大专项附加扣除措施,为广大老百姓带来实实在在的获得感。

与其他减税降费举措主要在企业端发力不同,这次个税改革直接增重了普通百姓的钱包,最直接的体现就是居民消费能力的提升。北京大学国民经济研究中心近期发布的研究报告就显示,本次个税改革最终可以扩大消费支出7 176亿元,若以2017年的国内生产总值(GDP)计算,本次个税改革可以拉动中国GDP增长0.87个百分点。

端午节前一周,1.23亿只粽子在某电商平台销售一空,同比增幅超250%;端午假期国内旅游接待总人数超过9 500万人次,实现旅游收入393.3亿元,同比增长8.6%;端午期间北京旅游售票、娱乐等服务消费支出同比分别增长75.6%和32.1%……消费成为拉动经济增长的主引擎,也是中国经济活力四射的重要体现。今年第一季度,最终消费支出对经济增长的贡献率达65.1%,消费对经济增长的基础性作用在不断巩固。在外部经济环境总体趋紧、国内经济存在下行压力的情况下,促进消费升级、激发消费潜力对当前中国经济发展意义重大。

钱袋子鼓起来,消费才能"活起来"。毋庸讳言,当前制约我国消费升级的因素还有很多,这其中,居民总体收入水平不高依然是个重要因素。让消费者有更大消费能力,实现从"愿消费"到"能消费"的转变,需要在不断做大社会财富蛋糕、努力增加居民收入的同时,通过更精准的政策措施,不断改善居民消费能力和预期,激发普通居民更大的消费潜能。

数据显示,当前中国城镇居民的边际消费倾向介于0.71到0.75,这意味着城镇居民收入每增加1元,至少有0.71元用于消费。以此次个税改革为例,六大专项附加扣除项目不仅是许多家庭未来的支出重点,也越来越成为中等收入群体的消费方向。相比单纯提高"起征点",专项附加扣除能够有效推动实现幼有所育、学有所教、病有所医、住有所居、老有所养等民生目标,兼顾普惠性和特殊性,充分考虑了不同纳税人实际负担状况,让减税红包精准落袋,也让中低收入群体生活负担有效减轻、消费能力普遍增强。

个税改革要落实习近平总书记"坚持问题导向,因势利导、统筹谋划、精准施策"的要求,在"精准"上下功夫。事实上,一些促进居民消费增长的政策措施也应该更加强调精准。比如,消费金融要更普惠,加快消费信贷管理模式和产品创新,释放促进消费升级的新动力;财税政策要更亲民,加大对与普通居民生活关系密切的中低端消费品补贴力度,让老百姓享受到更多质优价廉的好产品。从更大层面而言,个税改革取得实效,对于推进改革具有启发意义:在全面深化改革过程中注重精准施策,才能让宏观政策落地为具体措施、转化为微观感受,从而推动改革落地。

近14亿人的大市场,潜力无限,活力无穷。激发居民消费潜力,需要更多实招、硬招,架好消费新支点,撬动消费新增长,中国经济将在高质量发展的路上更加动力澎湃。

靠深化改革护航减税降费 [见二维码5(5-10)]

减税降费成绩单 晒出企业获得感 前三季度全国累计新增减税降费超一点七八万亿元 [见二维码5(5-11)]

税费减下来 获得感提上去 前三季度累计新增减税降费17 834亿元 [见二维码5(5-12)]

减税降费为高质量发展添动力 [见二维码5(5-13)]

税务总局发布明年个税专项附加扣除政策提醒 信息无变化将自动继续享受扣除 [见二维码5(5-14)]

二维码5

二、新华社

税务总局：确保减税降费政策措施落地生根

（来源：新华社　记者：郁琼源　2019年1月18日）［内容有删节］

国家税务总局局长王军17日在全国税务工作会议上指出，各级税务机关要把确保减税降费政策措施落地生根作为今年税收工作的主题，进一步减轻企业负担、激发微观主体活力、促进经济增长。

王军指出，2019年全国税务系统要重点确保减税降费政策措施落地生根，促进经济高质量发展；确保圆满完成预算确定的税费收入任务，为经济社会发展提供财力保障；优化税收执法方式，健全税务监管体系；坚持优化完善再升级，不断巩固和扩大国税地税征管体制改革成果；进一步加强国际税收合作，推动全方位对外开放；激发活力提高素质，切实加强税务干部队伍建设。

王军说，要牢固树立落实减税降费政策是硬任务的理念，深入开展减税降费政策宣传解读，采取更加有效的服务举措便利纳税人享受优惠，进一步扩大纳税资料备案改留存备查范围、申报即享受优惠等举措，做到该简化的程序简化，能精简的资料精简，努力使应享受优惠的每一名纳税人和缴费人都便捷享受。税务总局已经成立了实施减税降费工作领导小组，各地也要成立领导小组，对减税降费落实情况实行层层负责制，确保落地、落细、落实。

会议要求，各地税务机关要确保完成预算确定的税费收入任务，积极参与税费预算编制和调整，认真做好减税降费规模测算等工作。要进一步牢固树立收入任务观，税费收入预算一旦确定，就要不折不扣坚决完成，确保国家税费收入安全。同时要坚决防止和纠正收"过头税费"，做到依法规范征税收费。

王军说，2019年，税务部门将以"新税务 新服务"为主题，连续第六年开展"便民办税春风行动"，再集成推出系列便民办税服务措施。各级税务机关要不断优化税收执法方式，坚决防止简单粗暴执法，坚决防止不顾实际情况"一刀切"执法；要进一步加强税收风险管理，既提高风险防范的精准性，又减少对纳税人不必要的干扰；要继续联合有关部门，聚焦"假企业""假出口"深入开展打虚打骗两年专项行动，严厉打击涉税违法行为。

降低创业创新成本　增强小微企业发展动力——财政部、国家税务总局解读小微企业普惠性税收减免措施［见二维码5（5-15）］

"减税降费"成为税务部门今年关键词［见二维码5（5-16）］

二维码5

22 条减税降费举措、报送资料再精简 25% 以上 70% 以上涉税事项"最多跑一次"
——国家税务总局 2019 年"便民办税春风行动"启动

（来源：新华网　记者：郁琼源　兰佳颖　2019 年 2 月 20 日）［内容有删节］

今年是全国税务系统连续开展"便民办税春风行动"的第六年。在国税地税合并后新税务的开局之年，今年的"便民办税春风行动"围绕减税降费、办税提速增效、改善"线上""线下"服务渠道、推动税收协同共治等方面出台 4 大类 13 项 52 条便民办税服务举措。

减税降费再推 22 条具体举措

与往年相比，今年减税降费重点突出，22 条具体举措全力推进政策落实。

——切实落实减税降费措施。税务部门将在小微企业普惠性减税、初创科技型企业税收优惠、境外投资企业所得税减免优惠、个人所得税改革社会公众参与等方面下功夫，税收经济分析工作将首次纳入便民办税春风行动。

——纳税人报送资料再精简 25% 以上。精简报送资料是落实减税降费政策一项重要的服务性举措。2018 年底，税务总局清理了 20 项税务证明事项，在此基础上，税务部门将在 2019 年 3 月底前再取消一批税务证明事项，实现 2019 年底前对纳税人向税务机关报送的资料再精简 25% 以上。

——多措并举优化发票办理。试点行业的小规模纳税人自开增值税专用发票，将不再受月销售额标准 10 万元和季度销售额 30 万元的限制，并且自 2019 年 3 月 1 日起，所有一般纳税人均可通过网上平台选择确认抵扣增值税发票，不受纳税信用级别的限制。增加税控开票软件电子发票开具功能，开展网上代开增值税电子普通发票试点，并将取消增值税发票认证的纳税人范围扩大至全部一般纳税人。

——建立纳税人诉求快速反应机制。围绕纳税人关注热点和投诉反映突出问题，税务总局将在 2019 年上半年开展全国纳税人需求调查，拓展征纳沟通渠道，增进征纳理解互信。

普惠性减税落地　首个征期小微企业获利多［见二维码 5（5 - 17）］

聚合力、出实招　确保深化增值税改革措施落实到位——国家税务总局解读做好 2019 年深化增值税改革工作［见二维码 5（5 - 18）］

提振经济信心　增强发展后劲——海外人士积极评价中国减税降费举措［见二维码 5（5 - 19）］

二维码 5

国家税务总局再推 20 项硬举措助力深化增值税改革工作落实落地

(来源：新华网　记者：郁琼源　2019 年 3 月 21 日)

新华社北京 3 月 21 日电 记者 21 日从国家税务总局了解到，国家税务总局近日制发《2019 年深化增值税改革纳税服务工作方案》推出 20 项硬举措，以便利高效的纳税服务促进纳税人更好享受深化增值税改革政策红利，切实增强纳税人获得感。

根据新出台的增值税降率等各项改革措施，税务总局统一政策宣传辅导口径，及时更新 12366 税收知识库，为咨询解答提供实际支撑。各省份税务机关根据税务总局统一的宣传辅导口径，及时细化本省份宣传辅导内容，第一时间将简明易懂的政策送到纳税人手中。

税务总局在 12366 纳税服务平台、网上纳税人学堂增设降低增值税税率等各项改革措施内容。各地税务机关围绕深化增值税改革主题，既通过办税服务厅减税降费咨询辅导岗、纳税人学堂等"线下"形式，又借助电子税务局、"两微一端"等"线上"渠道，将宣传辅导对象由办税人员扩大到法定代表人、股东、高管、财务负责人、税务代理等人员，进一步拓宽宣传辅导范围。

税务总局修订《纳税服务规范》，重点修改深化增值税改革相关内容。在深化增值税改革政策出台后，及时更新《纳税人办税指南》相关内容，对纳税人办理减税降费事项实行资料清单化管理，清单之外资料一律不得要求纳税人报送。

根据方案，各地税务机关在深化增值税改革中通过多种方式，拓宽本地"最多跑一次"清单并向社会公告实施，确保增值税纳税人 4 月 1 日顺利开票、5 月 1 日顺利申报。

税务总局将适时组织开展纳税人需求调查，范围涉及全国 100 万户小微企业，了解减税降费政策落实情况。各地税务机关也要组织开展好本地范围内纳税人需求征集工作，确保调查结果真实有效。

按照方案要求，税务总局建立咨询紧急情况直报机制，并从全国办税服务厅、涉税专业服务机构、纳税人中各选取 100 个直联点，按周"点对点"收集纳税人在增值税政策、办理流程、系统操作等方面的热点难点问题和意见建议，跟踪政策落实情况。

空前力度减税拉开大幕　增值税改革"大棋局"助力高质量发展 [见二维码 5 (5-20)]

二维码 5

4 月 1 日"开好票"　5 月 1 日"报好税"
——我国深化增值税改革进入冲刺

(来源：新华网　记者：刘红霞　郁琼源　2019 年 3 月 27 日)

再过几天，我国今年近 2 万亿元减税降费的主力，即降低增值税税率，就将正式"入场"。各方面服务工作推进如何？广大纳税人还可期待哪些实实在在的获得感？财政部和国家税务总局相关负责人27日做客国务院新闻办公室,回应相关热点问题。

财政部副部长程丽华介绍,如果说年初出台的小微企业普惠性减税政策是今年更大规模减税的"开胃菜",那么此次增值税改革措施就是"主菜",更是"硬菜"。

"至此,今年主要的减税措施都已经出台。"她说,今年已经确定的主要减税措施出台早、落实快,体现了普惠性减税与结构性减税并举,着眼"放水养鱼"、增强发展后劲并考虑财政可持续,既是减轻企业负担、激发市场活力的重大举措,也是完善税制、优化收入分配格局的重要改革。

国家税务总局货物和劳务税司司长王道树说,目前税务系统内部的前期各项准备工作已经基本就绪,下一阶段重点是服务好纳税人,帮助纳税人尽快做好享受政策的准备工作,全力确保4月1日起"开好票"、5月1日起"报好税"。

此次增值税税率调整,6%一档保持不变,在16%、10%两档税率同时下调的情况下,适用6%税率的生产、生活性服务业纳税人,因进项税额减少税负可能出现上升。如何切实确保所有行业税负只减不增?国家税务总局副局长孙瑞标介绍,经过反复研究和测算,最终确定对其适用进项税额加计抵减10%的政策。

"为了最大限度方便纳税人,在优惠政策的实现方式上,我们采用了'三自'模式,即由纳税人'自主判断、自主申报、自主享受',避免因纳税人数量较多、审核时间长而造成政策延迟落地,保证纳税人及时充分享受改革红利。"他说。

今年深化增值税改革,还有一点备受关注:试行期末留抵退税政策。

期末留抵税额,是指纳税人销项税额不足以抵扣进项税额而未抵扣完的进项税额。对于期末留抵税额,我国采用结转下期抵扣的制度安排。孙瑞标介绍,去年我国对一些符合条件的企业在一定时期内未抵扣完的进项税额,实行一次性退还,实现退税1 148亿元。

"随着增值税改革步伐的加快,今年我们又将留抵退税扩大到全行业,纳税人只要符合条件,其新增留抵税额可以退还。"他说,这标志着我国初步建立了制度性的期末留抵退税制度,在完善增值税制度、优化营商环境等方面迈出了一大步。

在财政部税政司司长王建凡看来,降低税率是直接减少缴税,增加抵扣项目也是在减少缴税,期末留抵退税是增加企业现金流,减少企业财务费用。未来,从建立现代增值税制度的改革方向来看,三档并两档更有利于税制简洁、公平。

"但这项改革要根据经济发展、税制变化等诸多条件综合考量,是一个持续推进的过程。"他说。

税费减下来　获得感提上去——第28个全国税收宣传月启动促进经济高质量发展［见二维码5（5-21）］

一季度税收收入增速回落　减税效应显现为经济加动能［见二维码5（5-22）］

降低社保费率首月:办理流程更优　企业负担更轻［见二维码5（5-23）］

二维码5

社保费降率红利正在逐步显现

（来源：新华财经　记者：董道勇　2019年5月20日）［内容有删节］

2019年5月1日降低社会保险费率政策实施以来，税务部门将社保费降率工作纳入减税降费"大盘子"，协同人社、财政、医保等部门持续加强政策宣传解读辅导工作，提供多样化便利缴费渠道，推动企业缴费负担有实质性下降，社保费降率红利正在逐步显现。

税务总局社保组有关负责人表示，目前社保费降率政策在各地如期平稳落地，税务机关将继续稳步推进降低社保费率工作，切实加强宣传培训辅导，进一步释放政策红利。

制造业企业：成本下降增添发展动能

社保费降率政策实施，有效降低企业人力资源成本，缓解了制造业企业的资金困难，帮助企业找到更加适合的发展路径，进一步扩大了生产、提振了信心。

河南郑州宇通客车股份有限公司税务经理郭建辉说，按照降低社保费率方案，公司今年大概能少缴各项社保费4 500万元，把节省的资金投入到新能源客车产品升级，将对公司发展起到很大帮助。

中国石油大庆石化分公司拥有员工2.65万人，今年前四个月平均月缴纳养老保险5 800万元。公司社会保险科负责人说："经过仔细测算，公司今年5月至12月预计可以减少社保费6 670万元，有效降低了经营成本。"

对面临转型困扰的能源企业而言，本次降率政策的实施更是雪中送炭。鹤岗矿业集团有关负责人表示，新政策落实预计全年可减少缴费额5 000万元，这对于集团轻装前行、实现脱困发展以及维护职工利益意义深远。

"社保费降率给企业成本有直接影响，预计2019年能节省60万元，实打实降成本减负担。"安徽华谊化工有限公司财务负责人陶尚华表示，企业正处于转型发展期，急需改造技术，下一步将把节约的缴费资金集中投入到科研项目，进一步提高劳动生产率。

小微企业：直接受益发展更踏实

小微企业是经济发展的生力军，也是创新创业的重要源泉。今年以来，国家新推出一系列小微企业普惠性税收减免政策，大力支持小微企业加快发展。

大连市拓中教育、恒锐科技两家公司，都是近几年新成立的小微企业，分别从事网络在线教育、勘察设备研发销售等，成立伊始就面临市场竞争激烈、人力开支占比高、收入来源不稳定等困难。今年养老保险单位缴费比例降至16%后，5月两家企业分别少交2万元至4万元，给成长中的企业让出了更多利润空间，拓宽了生存发展空间。

黑龙江省大庆市中蓝劳务派遣有限公司的财务负责人表示："社保费降率政策是国家发放的政策红包，进一步降低了经营成本，实实在在的政策红利让我们的发展更加踏实。"

劳动密集型企业：省下"税费"职工福利有提高

社保费降率不仅意味着成本降低，许多劳动密集型企业还根据公司发展实际，把省下来的"费"更多用在改善职工生产生活、提高薪资待遇上，以期稳定用工规模，提升用工质量，激发生产经营活力。

"今年国家减税降费,对劳动密集型企业来说是'税+费'双喜临门。"5月,安徽省芜湖县企业社会保险费基数下限下降 600 多元。听到这个消息,有 1 600 余名员工参保的芜湖飞科电器有限公司财务负责人李淑迎高兴地说,这次不仅费率下调,基数也下降了,年少缴 680 万元。

中铁七局集团电务工程有限公司人力资源部部长王海斌介绍说:"集团缴纳养老保险费达 935 人,缴费金额月下调 23 万元,节省下来资金目前主要用于提升职工福利,前不久为职工建起食堂,更加方便了职工工作生活。"

黑龙江省龙建路桥第五工程有限公司社保工作负责人石岩告诉记者,5月养老保险缴费比例下调后,公司当月仅社保费这一项就比上月减少 11 万元,实现了减负增效。"这就意味着,我们有了更多发展资金,将在开展技能培训、提高薪资福利、增加用工人数上有更多作为。"

政策高效落实离不开精准辅导。"税务部门和人社部门联合上门辅导,加深了广大职工对社保费降率的理解。"安徽省长江钢铁股份有限公司财务会计李亮告诉记者,针对该公司社会保险缴费人数多,社会影响力大的特点,税务部门组织业务骨干上门"点对点"宣传辅导,确保企业政策理解透彻、操作规范。

二维码 5

专家:减税降费政策利当前更利长远 [见二维码 5(5-24)]

减税超千亿,积蓄新动能——深化增值税改革首月效果追踪 [见二维码 5(5-25)]

税制改革进行曲:减税降费"大菜"重在优化营商环境 [见二维码 5(5-26)]

"双创"税收优惠扩至 80 余项 前 4 个月减税逾 3 900 亿 [见二维码 5(5-27)]

税务总局:1—5 月份全国累计新增减税降费 8 930 亿元 [见二维码 5(5-28)]

任务过半 减税降费全力挺进下半程 [见二维码 5(5-29)]

国家税务总局发布新版《支持脱贫攻坚税收优惠政策指引》[见二维码 5(5-30)]

政策措施实打实 真金白银得实惠
——2019 年国务院大督查聚焦减税降费

(来源:新华社 记者:刘懿德 姜刚 罗江 字强 何伟 梁军 魏圣曜 2019 年 9 月 12 日)

当前,国家正大力推进落实减税降费举措,作为实现"六稳"的重要内容。国务院第六次大督查期间,记者跟随督查组在各地走访发现,各地把减税降费作为抓好经济工作的关键举措,通过实打实的政策措施,让纳税人和缴费人得到"真金白银"的实惠,实体经济减负、企业群众普遍受惠等一系列红利不断释放。同时,督查组真督实查,确保减税降费真正落到实处。

访企业、对账目,查政策、看落实

"企业今年预计能减免多少税费?""当地出台了哪些减税降费的政策措施?""作为企业家,您觉得落实得怎么样?"……9 月 3 日开始,第三督查组马不停蹄横跨内蒙古自治区中东部,先后在呼和浩特市、乌兰察布市、通辽市、呼伦贝尔市访企业、对账目、查政策、看落实。

督查组发现,内蒙古自治区加大减税降费政策措施实施力度,有效降低企业负担,预计全年减轻纳税人负担约411亿元。内蒙古全面降低企业物流成本,取消口岸设施维护费、口岸监管区过磅费,继续实施公路通行费减免优惠措施,上半年为企业和社会减负7.9亿元。

9月4日上午,第六督查组来到安徽省合肥京东方光电科技有限公司了解减税降费政策落实情况。"区里税务局领导联系我们,经常宣讲政策,前段时间还主动联系企业摸排招用的贫困人口,可以申报税收优惠政策。"公司合肥区域财务总监张建强说,"之前企业能否享受税收优惠政策是被动的,要自己去咨询,现在税务部门主动找我们,既方便又准确。"

督查组了解到,随着减税降费政策不断推进,这家公司今年仅节约社保费、城建税及教育费附加就预计达4 300万元。张建强说,今年以来,出口退税到账速度明显加快,由原先的15个工作日内减到7个工作日内,企业有实实在在的获得感。

减税降费亮点纷呈　着力促进经济发展

督查开展以来,各督查组针对减税降费开展一对一访谈、专题座谈和明察暗访,深入了解各地落实减税降费的情况,发现了一批好的经验做法,这些创新探索促进了经济的发展。

第三督查组在内蒙古自治区发现,自出台减税降费政策,实现了省定涉企行政事业性零收费。内蒙古自治区还创新推行"i税"服务平台,通过手机端或移动终端为纳税人提供多样化、个性化服务的智能移动纳税服务。

第十督查组在海南省发现,当地"压减"与"盘活"并举,全面推进减税降费工作。海南省加强财政预算收支管理,全省各级财政一般性支出压减5%以上、"三公"经费压减3%以上。海南省还盘活财政存量资金,全省统一时间节点,分批收回结转结余资金。据统计,今年1月至7月,海南省新增减税降费76.29亿元,其中新增减税62.58亿元,社会保险费减免13.66亿元,减税降费成效明显。

第十五督查组在甘肃省发现,甘肃省税务部门落实减税降费政策成效显著,通过为企业建立"项目管家",主动推送"明白卡"等组合措施,提升了企业对优惠政策的获得感。目前,全省组建了1 000多个"项目管家"服务团队,建立动态分户式档案,共服务全省各级列示重点项目4 187个,实现了省市县三级已开工列示重点项目全覆盖。

真督实查促进减税降费政策落到实处

督查期间,各督查组详细了解各省份落实减税降费的整体情况。督查发现,许多省份建立了减税降费和财政收支预算管理工作协调机制。江西省、广西壮族自治区、重庆市等部分地区取消了对下级政府财政收入考核的排名。

一些省份大力压减一般性支出。江西省大力压减会议费、差旅费、劳务费,从严控制"三公"经费。重庆市对于除脱贫攻坚、生态环保、教育等重点领域以外的专项资金,统一按13%的比例压减50亿元。

此外,部分省份还多渠道开源。重庆市采取拍卖、出租等措施盘活长期低效运转、闲置的政府存量资产,增加非税收入75亿元。贵州省预计可增加省级国有企业特别收益上缴92亿元左右。

督查中,各督查组坚持真督实查,着力纠正减税降费方面存在的问题,促进减税降费政策落到实处。

第十四督查组在云南省建水县经过暗访督查，查实了一个"红顶协会"。当地个体工商户在办理营业执照时，"被自愿"加入县个体私营经济协会并缴纳会费；全县两年半强收会费551万元，这些会费成为建水县市场监管局的"小金库"。

督查组要求建水县政府对发现的问题立即整改，对全县情况进行摸排，对相关责任人进行严肃处理。云南省红河哈尼族彝族自治州政府要举一反三，针对类似问题开展全面自查，清理规范"红顶协会"，加强行业协会管理。

红河州政府表示，对督查组反馈的问题照单全收、立行立改，督促建水县及州级有关部门及时整改，同时，抓紧规范行业协会内部治理，加强行业协会综合监管，并以此为切入口举一反三，推进营商环境持续好转。

第九督查组对广西壮族自治区河池市车管所年检收费高的问题进行了暗访督查。经查，河池市机动车检测中介服务机构大多与机动车检测机构同院办公或相邻办公，每车次检测收取代办费用约340元，总检测费用500余元。

一些群众反映，如果不通过服务公司自行进行检测，通过率不足5%；如果通过服务公司，通过率超过70%，且河池中介服务公司代理费明显高于周边地区。

初步查实问题后，督查组大力督促当地整改，全面规范代办服务市场。目前，河池市需进行检测的机动车保有量约72万辆，按每年70%左右的车辆检测估算，每年可为群众减少车检支出超1亿元。

新华时评："减"下万亿税费　"加"出发展动能［见二维码5（5-31）］
多举措护航万亿元级减税降费落地更实、效应更佳［见二维码5（5-32）］
减税降费让第二届进博会精彩纷呈［见二维码5（5-33）］

二维码5

国务院亮出个税汇算清缴新举措为纳税人减负

（来源：新华社　记者：申铖　2019年11月22日）

2019年11月20日召开的国务院常务会议提出，暂定两年内对综合所得年收入不超过12万元或年度补税金额较低的纳税人，免除汇算清缴义务。专家表示，此举将进一步切实减轻纳税人特别是中低收入群体负担。

个税改革关系每个纳税人的切身利益。会议指出，自去年10月实施以来，个税改革成效逐步显现，今年前9个月累计减税4400多亿元，惠及2.5亿纳税人，对完善收入分配、增加居民收入、扩大消费发挥了重要作用。

此次会议决定，暂定两年内对综合所得年收入不超过12万元或年度补税金额较低的纳税人，免除汇算清缴义务。

北京国家会计学院教授李旭红表示，当前，我国个税实施"代扣代缴、自行申报、汇算清缴、多退少补、优化服务、事后抽查"的税收征管模式。此次国务院亮出个税汇算清缴新举措,将进一步降低税收遵从成本,进一步切实减轻纳税人特别是中低收入群体负担。

会议决定,下一步,要合理有序建立个人所得税年度汇算清缴制度,使专项附加扣除政策更好落实并不断完善,实现税制可持续。

李旭红表示,当前,为方便纳税人、优化纳税服务,纳税人工资、薪金所得可在扣缴税款时减除专项附加扣除,但在此环节,专项附加扣除并不一定能够全额扣除,例如大病医疗支出等需要在汇算清缴环节扣除。

"此次国务院提出要合理有序建立个人所得税年度汇算清缴制度,这将进一步推动落实完善专项附加扣除政策,促进纳税人更加精准计算全年实际纳税义务,进一步促进合理纳税。"李旭红说。

减税降费效果持续显现 前 11 个月财政收入同比增长 3.8%

(来源:新华社 记者:申铖 2019 年 12 月 17 日)

财政部 17 日发布数据显示,前 11 个月,全国一般公共预算收入 178 967 亿元,同比增长 3.8%,增幅比去年同期回落 2.7 个百分点。其中,中央一般公共预算收入 86 116 亿元,同比增长 4.8%;地方一般公共预算本级收入 92 851 亿元,同比增长 3%。

受减税降费效果持续显现影响,相关税收收入放缓或下降。数据显示,前 11 个月,全国一般公共预算收入中的税收收入 149 699 亿元,同比增长 0.5%。主体税种同比下降或小幅增长:国内增值税 57 948 亿元,同比增长 2.3%,增幅比去年同期回落 7.1 个百分点;企业所得税 36 888 亿元,同比增长 5.7%,增幅比去年同期回落 3.6 个百分点;个人所得税 9 502 亿元,同比下降 26.8%。

非税收入方面,前 11 个月,全国非税收入 29 268 亿元,同比增加 5 936 亿元,增长 25.4%。财政部表示,非税收入增幅较高,主要是通过特定国有金融机构和国企上缴利润,以及多渠道盘活国有资源资产等方式增加非税收入。

土地和房地产相关税收方面,前 11 个月,契税 5 263 亿元,同比增长 18.9%;土地增值税 5 216 亿元,同比增长 13.9%;房产税 2 625 亿元,同比增长 8%;城镇土地使用税 2 204 亿元,同比增长 0.1%;耕地占用税 1 159 亿元,同比下降 25.6%。

财政支出方面,前 11 个月,全国一般公共预算支出 206 463 亿元,同比增长 7.7%。其中,中央一般公共预算本级支出 30 444 亿元,同比增长 8.3%;地方一般公共预算支出 176 019 亿元,同比增长 7.6%。

政府性基金方面,前 11 个月,全国政府性基金预算收入 68 080 亿元,同比增长 9.5%;全国政府性基金预算支出 75976 亿元,同比增长 19%。

三、《光明日报》

小微企业迎来一系列减税降费"红包"

（来源：《光明日报》　记者：鲁元珍　2019年2月17日）

2019年2月，小微企业迎来了新的普惠性减税降费政策措施落地后的首个纳税申报期，一系列减税降费"红包"落地，让小微企业享受到了新一轮的政策红利。

据了解，截至2月14日17时，已有29个省（区、市）明确小微企业减征资源税、城建税、房产税、城镇土地使用税、印花税（不含证券交易印花税）、耕地占用税和教育费附加、地方教育附加，这"六税两费"按50%幅度顶格减征。

新减税降费"红包"落袋

2019年2月1日，在厦门市思明区税务局办税服务厅，厦门某眼镜有限公司金湖路分公司的财务人员林鹭燕一大早就来到办税服务厅里等候办税。

自2019年1月起，国家开始实施新一轮小微企业普惠性减税降费政策。其中规定，对月销售额10万元以下的增值税小规模纳税人免征增值税，并允许小规模纳税人自主选择按月或者按季申报。新政出台后，林鹭燕所在公司选择按月申报的方式，成为最先享受普惠性减税的企业之一。

"今年1月，公司销售收入9万多元，按照原来的政策计算，要缴纳2 700元左右的增值税。现在，不仅一分钱不用缴，还省了城建税和教育费附加300多元。"林鹭燕对记者说。

新的小微企业普惠性减税降费政策措施不仅对小规模纳税人的增值税和小型微利企业的所得税作出进一步的减免，还允许各省（区、市）政府对增值税小规模纳税人，在50%幅度内减征"六税两费"。

"申报即享受"带来便捷服务

"申报即享受"是新一轮小微企业普惠性减税政策措施的一大特点，让小微企业纳税人享受到便捷服务。

在杭州市滨江区税务局办税服务厅的"小微企业咨询专窗"，税务人员张琛被问得最多的问题，就是"享受优惠要办什么手续""需要准备什么资料"，而张琛总是微笑着回答"都不用，无须审批、无须核查、无须证明，申报就能享受。"

"我在电子税务局网上申报，习惯性地按照原来的政策填了表格，结果系统弹出一个对话框，说本期销售额符合免税标准，提醒我把本期销售额对应填写在第10栏'小微企业免税销售额'里。"税务部门的电子申报系统的智能识别功能，让安徽省芜湖市茂林园林绿化有限责任公司的财务人员陶德下没有与减税"红包"擦肩而过。

据了解，在2月申报期到来之前，全国所有省级税务部门都在电子税务局的网上申报系统内增加了对小规模纳税人、小型微利企业享受税收优惠政策的提醒功能。当前，凡采用网上申报的方式，只要纳税人项目填写完整，系统就可以自动帮助其享受减免税优惠，包括自动识别纳税人是否可享受小微企业普惠性减税政策，自动计算纳税人的可减免税金额，自动生成纳税申报表等。

更丰厚的减税"红包"已在路上

"要树立'落实减税降费政策是硬任务'的理念。"国家税务总局局长王军在不久前召开的全国税务工作会议上指出，2019年，各级税务机关要把确保减税降费政策措施落地生根作为今年税收工作的主题，摆在议事日程的突出位置，坚持把各项减税降费政策作为一项政治任务、作为"一号工程"抓实抓好。

小微企业普惠性减税一经发布，各级税务机关及时加强对政策的宣传辅导和政策解读，对12366坐席人员和办税服务厅一线人员进行专项培训，并对预计符合优惠条件的纳税人，采取多种方式开展政策宣传和辅导。

据介绍，安徽省税务局开展"税务志愿江淮行、减税降费促发展"活动，税务志愿者深入工业园区、科技园区，分享减税降费政策二维码、发放宣传折页。重庆市税务局梳理发布《小微企业普惠性税收减免政策指引》及相关税费的政策释疑，并编制拜年信息，通过短信、微信、QQ等方式点对点宣传。大连市税务局引导涉税专业服务机构参与宣传辅导，组织涉税专业服务志愿者为纳税人提供咨询解答。

随着更多减税降费政策措施的陆续推出，以及税务部门便民办税服务举措的不断升级，小微企业将收获更加丰厚的减税"红包"。

一揽子减税措施将落地着眼"放水养鱼"激发市场活力［见二维码5（5-34）］

二维码5

减税降费"主菜"来了
——增值税新政实施首日聚焦

（来源：《光明日报》 记者：鲁元珍 2019年4月2日）

2019年4月1日，今年减税降费政策"大餐"中的"主菜"——深化增值税改革新政正式实施。新政实施首日，各地顺利开出新税率增值税发票，企业感受到明显的减税效果。

不仅如此，受增值税税率下调影响，自4月1日起，成品油价格、一般工商业电价、天然气基准门站价格、天然气跨省管道运输价格全部下调。增值税改革的巨大红利，让企业和消费者都有满满的获得感。

各地顺利开出新税率增值税发票

4月1日上午，重庆天友乳业股份有限公司的会计王利一上班就在电脑上为销售分公司开出税率为13%的发票。而此前，该品目税率为16%。王利告诉记者，对于同样的销售金额，这张发票的增值税额比之前减少了1 153.49元。

在厦门，荣利达物流集团有限公司的财务负责人林翠云也开出了新税率的货物运输发票,跟以往10%税率不同的是,这次的票面税率变成9%。"税率降低一个点,对我们来说是实实在在的减税红利。第二季度预计可以少缴纳增值税近30万元,着实减轻了我们的资金流压力。"林翠云感慨道。

从4月1日起,增值税税率下调的新政策正式实施,适用16%税率的制造业等行业改按13%税率征税,适用10%税率的交通运输等行业改按9%税率征税。据税务总局消息,改革实施首日,各地均顺利开出了新税率增值税发票。

除了税率下调外,此次增值税改革还包括扩大进项税抵扣范围、留抵退税、加计抵减等几项措施,也自4月1日开始实施。在扩大抵扣范围方面,首次将旅客运输服务纳入进项税抵扣范围;在留抵退税方面,留抵退税扩大到全行业;加计抵减方面,对主营业务为邮政、电信、现代服务和生活服务业的纳税人,按进项税额加计10%抵减应纳税额。

多项措施确保新政策落地生根

扩大进项税抵扣范围、加计抵减、增量留抵退税均为此次深化增值税改革的创新举措。国家税务总局货物和劳务税司副司长林枫表示,为确保这些全新的政策落地生根、切实生效,税务部门按照"简明易行好操作"的要求,扎实做好各项工作。

为进一步释放减税红利,此次改革将旅客运输服务纳入进项税抵扣范围。林枫指出,下一步,税务部门将会同交通运输管理部门,尽快将旅客运输票证信息纳入增值税发票管理系统,推进旅客运输服务票证的标准化、信息化、规范化。

对于行业性适用加计抵减政策,税务部门采取了由纳税人"自主判断、自主申报、自主享受"的方式。具体包括:纳税人申报纳税时,申报界面主动弹出对话框提示纳税人是否享受加计抵减政策;纳税人申报享受优惠政策时,计算机自动弹出《适用加计抵减政策的声明》,纳税人勾选其行业归属,自动确认享受政策的资格;纳税人自行填报加计抵减额,申报纳税系统会根据申报表内的勾稽关系,自动计算抵减当期应纳税额。

"今年对所有行业试行增量留抵退税制度,在完善增值税制度层面,又向前迈出了一大步。"林枫说,目前,税务总局正抓紧制定全国统一的留抵退税操作规程,以规范化、透明化、制度化为原则,确保符合条件的纳税人留抵税额应退尽退、应享尽享,切实增强企业获得感。

增值税降税将为消费者带来利好

增值税改革除了让企业直接受益外,也为消费者带来了利好。由于商品价格中含的税相应减少,增值税税率降低使商品价格有望降低。目前来看,部分行业已经出现了降价潮。

日前,国家发展和改革委员会宣布自4月1日起降低成品油价格、一般工商业电价、天然气基准门站价格、天然气跨省管道运输价格。根据公告,成品油增值税率由16%降低至13%后,国内汽油、柴油最高零售价格每吨分别降低225元和200元。国家发展和改革委员会要求,电网企业增值税由16%调整为13%后,省级电网企业含税输配电价水平降低的空间全部用于降低一般工商业用电。天然气基准门站价格调整方面,国家发展和改革委员会要求,天然气生产供应企业在与用户协商确定具体价格时,要充分考虑增值税率降低因素,将增值税率降低的好处让利于用户。

"增值税改革的巨大红利,将由企业和消费者共同分享,消费者与企业都是受益者,都会有满满的获得感。"西南财经大学教授汤继强指出。

中国社会科学院副院长高培勇认为,增值税改革的减税效应通过抵扣机制层层传导,"牵一发而动全身",这次减税降费将会给我国经济社会发展带来持续利好。

社保降费将为企业减负三千多亿元

(来源:《光明日报》 记者:邱玥 2019年4月5日)

城镇职工基本养老保险单位缴费比例降至16%、将阶段性降低失业保险和工伤保险费率政策再延长一年、核定调降社保缴费基数……国务院常务会议近日审议通过了《降低社会保险费率综合方案》(以下简称《方案》),落实中央关于降低社会保险费率的决策部署。在4日国新办举行的国务院政策例行吹风会上,人力资源和社会保障部副部长游钧、财政部社会保障司司长符金陵等对此进行了详解。

养老保险单位缴费费率下降4%

今年的《政府工作报告》提出,明显降低企业社保缴费负担。下调城镇职工基本养老保险单位缴费比例,各地可降至16%。

"目前我国多数省份的养老保险单位缴费比例为20%或19%,总体偏高,且占整个社保单位缴费相当大的比例。"游钧表示,此次降低社保费率的综合举措,尤其是将养老保险单位缴费费率降至16%,力度明显加大,将切实减轻企业缴费负担,激发市场活力,也有利于促进稳就业及高质量发展。

"从之前的20%左右降至16%,一次性降低4个百分点,预计2019年将减轻企业养老保险缴费负担1 900多亿元。同时减轻企业失业保险、工伤保险缴费负担1 100多亿元。三个险种合计全年可减轻企业社保缴费负担3 000多亿元。"游钧说。

据介绍,各类用人单位,特别是民营企业、小微企业都能从这次社保降费中受益。从地区范围看,除广东、浙江两省(广东省现行14%、浙江省现行14%)外,其他各省均可将城镇职工基本养老保险单位缴费率降至16%,受益省份较目前阶段性降费率的省份范围扩大,而且不设任何条件,普惠性更强。

"降低社保费率也有利于扩大社保覆盖面,促进养老保险制度的健康发展。费率降低后,企业参保门槛随之降低,不仅可以增强企业的活力和发展的后劲,也有利于提高企业和职工的参保积极性,形成企业发展与养老保险制度发展的良性循环。"游钧指出,同时,此次降费还可缩小省际社保缴费的不均衡性,促进省际企业公平竞争、职工待遇公平,对未来实现养老保险全国统筹也将起到积极作用。

《方案》同时还明确,将调整社保缴费基数政策。"鉴于非私营单位平均工资高于私营单位平均工资,此次以'非私营单位和私营单位就业人员平均工资加权计算的全口径平均工资'取代过去'非私营单位在岗职工平均工资',将显著降低缴费基数,使企业的缴费负担进一步减轻,从中受益更多。"游钧表示。

确保养老金按时足额发放

降低养老保险费率,将导致养老保险基金收入减少。那么是否会影响养老保险待遇的发放?如何确保基金收支平衡?符金陵表示,降低养老保险费率在有效减轻企业社保缴费负担的同时，确实会减少养老保险基金收入，加大基金收支压力。但降费不会造成养老金支付风险。"从总量上看，全国养老保险基金整体收大于支，滚存结余不断增加。根据最新年报统计，2018年，企业职工基本养老保险基金各项收入3.7万亿元，支出3.2万亿元，加上以前年度的结余，2018年底已经累积结余4.8万亿元。"符金陵介绍，降费后，未来几年仍能保持当期收支略有结余。同时，从结构上看，绝大部分省份在执行降费政策后，基金收支状况比较稳健，具有较好的支撑能力，不会存在"穿底"的情况。"降费的前提条件是必须要保证养老金按时足额发放。没有这个前提，降费就无从谈起。"游钧明确表示，"不仅如此，我们在确保养老金按时足额发放的同时，还会随着经济社会的发展继续提高企业退休人员养老金水平，使广大退休人员能够分享经济社会发展的成果。"

减税降费效应持续显现［见二维码5（5-35）］

前三季度人均个税减下1 764元——我国减税降费红利持续释放［见二维码5（5-36）］

二维码5

四、《经济日报》

个税改革民企减税幅度明显

（来源：《经济日报》　记者：曾金华　2018年12月4日）

新个人所得税法将于2019年1月1日起施行，为了让纳税人尽早享受减税红利，今年10月1日至12月31日，我国对纳税人实际取得的工资和薪金按每月5 000元的基本减除费用（"起征点"）进行扣除，并适用新税率表。

记者近日从国家税务总局了解到，个人所得税改革启动以来的首个申报期运行平稳，10月发放的工资薪金所得和个体工商户取得的生产、经营所得已完成申报。

改革实施首月，全国个人所得税减税316亿元，有6 000多万税改前的纳税人不再缴纳工资薪金所得个人所得税。数据显示，制造业纳税人减税规模最大，民营企业减税幅度较为明显。财税专家表示，这体现出个税改革既促进社会公平，又增添经济增长内生动力的改革初衷和重大意义。

改革惠及中低收入群体

本次个人所得税改革优化了税率结构，大幅拉大了中低档税率级距，改革红利更多地惠及中低收入人群。税务总局所得税司司长罗天舒介绍，10月领取工资薪金所得在2万元以下的纳税人，减税幅度都超过50%，占税改前纳税人总数的96.1%，减税金额达224亿元，占当月总减税规模的70.9%。

减税红包有助于增加消费预期，改善生活品质。"起征点"提高和税率结构优化双重利好共同作用，工薪阶层成为受益最大、降负最明显的群体。数据显示，改革实施首月，工资薪金所得减税304.1亿元，减税幅度41.3%，工薪阶层普遍受益。

山东东宏集团员工孔令彬的微信朋友圈里，分享的都是一些个税改革政策的利好消息。他说："这些好政策，不就是国家给我们年轻人发放的'大红包'吗，在这么好的时代，我们还有什么理由不去奋斗。"

减税降负优化服务

改革实施首月，民营企业员工少缴个人所得税164.5亿元，占当月减税总额的54.1%，减税幅度44%。税务总局税收科学研究所所长李万甫表示："从首个申报期的减税成效来看，民营企业减税总额和减税幅度都比较大，这将进一步激发民营企业内生动力，提高竞争软实力。"

个税改革对于提高民营企业员工工作积极性起到了积极推动作用，进一步增加了企业发展的信心。"个税改革后，我们公司大部分的员工不再缴纳个税，员工工资上涨，人心更稳，国家用政策红利为我们留住了人。"山东曲阜一家民营企业负责人刘磊说道。

各地税务机关还积极召开税企座谈会，开展走访活动，为企业掌握个税政策提供帮助。在走访中，针对许多中小型民营企业财务人员流动性大，培训辅导难度大的问题，税务部门开展了"点对点""一对一"辅导。

激发发展内生动力

作为实体经济的主体，我国制造业发展整体稳中向好。个税改革首个申报期，制造业员工个税减税规模达到58.5亿元，占本月减税总额的19.3%，这是此次个税改革的一个亮点。其中，装备制造业是制造业个税中减税规模最大的行业，实现减税34.3亿元。"制造业多数是劳动密集型企业，用工成本高，也是高收入人群集中的地方，降低税负，有利于推动制造业更好发展。"中国社科院财经战略研究院研究员张斌说。

值得一提的是，缴纳个税较多的高端科技型人才成为这次改革的重要受益者。广东省纽恩泰新能源科技有限公司常务副总李忠说，个税改革反映了众多科研人员的心声。不少企业通过提高奖金和薪金的方式留住人才，国家发放的个税"礼包"给这些企业负责人帮了大忙。

二维码5

减税降费带来政策大礼包［见二维码5（5-37）］

减税降费体现"六稳"要求

（来源：《经济日报》　记者：敖蓉　2019年3月12日）

2018年，我国减税降费规模达1.3万亿元，超出预期。根据《政府工作报告》，2019年我国将有更大规模的减税降费。对此，全国政协委员、中国财政科学研究院院长刘尚希近日在做客中国经济网两会访谈节目时表示，"在经济形势严峻复杂、面临更多不确定性的情况下，只有加大减税降费力度，才能实现中央的'六稳'要求，才能防范化解风险，为进一步改革开放，培育壮大新动能创造条件。"

刘尚希委员指出，通过降低税率来减税，更加有利于稳定预期。因为，降税率更具有稳定性、更具有透明性，企业会根据下降的税率来做规划。如果不是通过大幅度降低税率来减税,就会有某些不确定性,甚至某些优惠政策需要企业自己去申请才能享受到。"此次制造业等行业的增值税税率将下调3个百分点,有利于稳定企业预期,尤其是改善长期预期。此外,还有利于降低企业的负担,增加企业可支配收入。"刘尚希委员说。

目前执行的减税降费措施,是以普惠性减税和结构性减税相结合的。相比普惠性减税,结构性减税也值得关注。刘尚希委员说:"在结构性减税里,不是所有税种都下调,也不是所有税种都普降。从2019年预算可知,增值税、个人所得税是负增长,其他所得税会有所增长,随着企业盈利状况的改善,应税所得扩大了,所得税自然就要增加了。换一个角度来说,减税降费不是利益均摊,这也是一种结构性减税。"

多年来,一些企业对减税降费的呼声很高。什么样的企业对减税降费最敏感呢?"附加值高的企业,其税收负重感就相对要轻得多;附加值比较低,薄利多销,甚至处于盈亏边缘,这样的企业对税收就很敏感。"刘尚希委员表示,企业的经营状况在很大程度上取决于产品、服务以及附加值,减税降费只是一个方面。

从近两年的情况看,有些企业处于盈亏边缘,有的甚至严重亏损,在这种情况下通过减税降费方式去帮一把、扶一下,的确能让企业重获新生。但从另一个方面看,由于种种原因,有些企业必然面临被淘汰出局的境地,这是优胜劣汰的市场机制在发挥作用,是转型升级等客观形势产生的必然影响。刘尚希委员表示,不能拿个别的例子来衡量现在这个税收负担是重还是轻,只能从普遍层面上作整体分析判断。

"史上最大规模"减税降费如何落地见效 [见二维码5(5-38)]

以减税降费为契机推进高质量发展 [见二维码5(5-39)]

确保减税简明易行好操作 纳税人税控开票软件升级工作已全面完成 [见二维码5(5-40)]

增值税改革凸显减税与完善税制并重 [见二维码5(5-41)]

减税放大招 企业得实惠 [见二维码5(5-42)]

减税降费为经济添动力 [见二维码5(5-43)]

减税降费需要各方拧成"一股绳" [见二维码5(5-44)]

深化增值税改革首月净减税1 113亿元 制造业受益最大——减税降费效果显 企业发展信心增 [见二维码5(5-45)]

确保减税降费不折不扣落地生效 [见二维码5(5-46)]

二维码5

把减税降费红利转化为高质量发展内生动力

(来源:《经济日报》 记者:曾金华 2019年7月24日)

2019年7月23日,国家税务总局发布减税降费"成绩单",上半年全国累计新增减税降费11 709亿元,显示出减税降费落地生效。面对经济下行压力,实施减税降费应该继续加力、加温,更充分发挥各项政策效应,更有效减轻企业负担,推动经济高质量发展,助力经济运行在合理区间。

实施更大规模的减税降费政策,是党中央、国务院立足当前,放眼长远,充分考虑我国经济发展面临的形势任务而作出重大决策部署。今年以来,深化增值税改革、下调城镇职工基本养老保险单位缴费比例等措施相继实施。

一分部署,九分落实。这项重大改革实施半年,成效如何?国家税务总局最新数据显示,时间过半,减税降费规模也实现过半。同时,减税降费成效不仅反映在统计数字上,更是体现在企业、百姓的"获得感",以及经济运行状况提升上。

值得高度关注的是,减税降费与经济运行实现良性互动和循环。实施更大规模的减税降费,旨在通过减轻市场主体负担,用政府收入的"减法"换取企业效益的"加法"和市场活力的"乘法",增强经济发展动力。统计数据显示,减税降费的实施从多方面促进经济平稳健康运行。

比如,税务部门监测的10万户重点税源企业数据显示,重点税源企业的单位营业收入税负同比下降0.6个百分点,利润同比增长1.5%。在经济运行、企业经营面临一系列压力的情况下,企业税费负担减轻无疑是利润增长的重要因素。同时,减税降费还拉动社会消费增长,激励企业加强创新,增强民营经济活力,促进企业增加投资。

这说明了,在实施更大规模减税降费的过程中,既要算税收账和眼前账,更要算经济账、长远账。实施减税降费政策短期内可能会减少一些税费收入,但从长远看可以起到"放水养鱼"的作用,促进企业降负增效,有效激发市场活力,推动经济增长,由此扩大税基、增加税源。

当前国民经济总体平稳、稳中有进,同时国内外经济形势依然复杂严峻,外部不稳定不确定因素增多,经济面临新的下行压力。为此,减税降费实施不能丝毫松懈,而是要继续实打实、硬碰硬地切实贯彻落实。

下一步,各地、各部门要进一步加强协调、合力推进,切实解决实施过程中的新情况新问题,确保减税降费落地生根。同时,企业自身要加强科学管理、熟悉运用政策,争取充分享受政策红利,并把减税降费红利转化为高质量发展的内生动力。

税收增速回落　减税效应释放 ［见二维码5（5-47）］
严防乱收费抵消减税降费效果 ［见二维码5（5-48）］

二维码5

税务总局再取消25项税务证明事项
——"减证便民"让减税降费落实落细

(来源:《经济日报》　记者:曾金华　2019年8月6日)

在取消的税务证明事项中,有5项属于原本需要纳税人专门通过第三方取得的证明,其余20项是原本需要纳税人提供的自有法定证照等资料。

在取消的税务证明事项中,不少是各地纳税人、缴费人提出的"金点子",经过认真研究论证,使得"金点子"变为"硬措施"。

近日,国家税务总局印发《国家税务总局关于公布取消一批税务证明事项以及废止和修改部分规章规范性文件的决定》,在前期分两批取消35项税务证明事项的基础上,再取消

25 项税务证明事项，进一步提升纳税人、缴费人办税缴费便利度，增强减税降费获得感。

实施更大规模减税降费是中央作出的重大决策部署，近日召开的中央政治局会议强调，继续落实落细减税降费政策。税务总局政策法规司负责人介绍，截至目前，税务总局分 3 批共取消 60 项税务证明事项，涉及 231 个具体办税事项。

税务总局将取消证明事项作为简化税收优惠事项办理，增进减税降费便利化的重要举措。此次公布取消的 25 项税务证明事项中，有 19 项涉及税收优惠办理，包括纳税人享受有关税收优惠需提交税务机关备案的个人身份证明、单位性质证明、不动产权属证明、土地用途证明、资格资质证明等。

据悉，税务部门努力减少纳税人资料报送负担，在这次取消的税务证明事项中，有 5 项属于原本需要纳税人专门通过第三方取得的证明，如发票票证丢失登报声明、软件检测证明等；其余 20 项是原本需要纳税人提供的自有法定证照等资料，如个人身份证明、办理变更税务登记时需提供的营业执照等。

比如，此次取消了办理软件产品、动漫软件增值税即征即退时需提供的软件产品检测证明；享受有关增值税免税政策需提供的有机肥产品质量技术检测合格报告、滴灌带和滴灌管产品质量技术检测合格报告等，可为企业节省几百元至几千元一次的检测费用。

本批公布取消的税务证明事项中，不少是各地纳税人、缴费人提出的"金点子"，税务部门经过认真研究论证，使"金点子"变为"硬措施"。例如，对广州番禺某纳税人提出的取消票证遗失登报声明的意见建议，抓紧研究论证，在进一步完善有关监管措施，确保发票、票证安全的前提下，取消了发票、票证丢失登报证明。

"该放的放到位，该管的要管好。"税务部门在方便纳税人和缴费人的同时，优化税务执法方式，健全税务监管体系，惩处涉税违法行为，实现激发市场活力和规范市场秩序有机统一。

税务部门不断强化大数据应用，深化跨部门信息互换、监管互认、执法互助。例如，纳税人办理纸质车辆购置税完税证明丢失补发业务，原本需要提供较为繁复的证明材料，但随着今年 7 月 1 日起税务部门全面实现与公安机关交通管理部门之间车辆购置税电子完税信息共享，该项纸质完税证补发业务及所需证明材料一并取消。

同时，树立"诚信推定、信赖合作"的共治理念，着力构建基于诚信推定的新型税收征纳关系，对部分涉税事项探索推行告知承诺办理方式，"还权明责"于纳税人。例如，取消申请延期缴纳税款需提供公安机关出具的不可抗力事故证明，以纳税人自行承诺替代。税务机关强化对纳税人承诺事项的事后核查，对不实承诺甚至弄虚作假的，依法予以严厉处罚，并按规定纳入信用记录。

根据纳税人信用和风险状况，实施规范化、专业化、差异化管理和服务，在对高风险纳税人加强风险分析和应对的同时，进一步精简办税资料和程序，为低风险、无风险纳税人提供更好更优的服务。

看减税降费，要算长期红利账

（来源：《经济日报》　记者：董碧娟　2019年10月24日）

分析当前经济形势，离不开减税降费这个关键点。财政部最新统计数据显示，2019年1月至9月工业企业实际缴纳的增值税收入下降4.1%，企业所得税增幅同比回落9.8个百分点，个人所得税下降29.7%，进口货物增值税、消费税下降8.1%。另据此前国务院常务会议公开数据，今年前8个月，全国减税降费1.5万多亿元，全年减税降费总额预计将超过2万亿元。

减税降费的落脚点是"减"，而着眼点是"增"。随着政策红利加速释放，减税降费激发市场活力的能量愈加凸显，已成为对冲经济下行压力、保持经济运行在合理区间的关键一招。

与减税数据密切呼应的是，1月至9月，全国规模以上工业增加值同比增长5.6%，41个工业大类行业中有38个行业增加值同比增长；全国居民人均可支配收入22 882元，扣除价格因素实际增长6.1%。全球化监测和数据分析公司尼尔森发布的报告显示，个税改革带来的减税与中国消费趋势指数走高基本同步。

今年以来，在复杂的国际贸易形势下，外向型企业面临的市场不确定性风险持续增加。得益于更大规模减税降费，出口企业的新增负担得到一定程度对冲，普遍增加了抵御风险的能力，提振了信心。

与此同时，减税降费也为众多在华外商投资企业带来"真金白银"，使其在华投资发展更有劲头。1月至9月，全国新设立外商投资企业30871家，实际使用外资6 832.1亿元，同比增长6.5%。

数字很直观，由此产生的"四两拨千斤"功能更具有长效作用。以增值税为例，上海财经大学公共政策与治理研究院最新研究成果显示，增值税改革对我国主要宏观经济变量均具有明显的提振效果，可以累计带动国内生产总值（GDP）增长0.362%，若以2018年数据推算，相当于带动我国GDP增加3 014亿元。

与此同时，减税还会通过带动利润、就业增加等方式影响居民的收入水平与消费水平，2019年增值税改革会使居民消费增长1.413%。

此轮更大规模减税降费，涉及部门和环节多，对意识的凝聚统一、政策的系统科学、执行的准确高效、环境的公平透明等都提出了更高要求。在减税降费政策落地过程中，我国税制结构不断优化，税收征管水平和服务能力显著提升。比如，个税改革在大力度减负的同时，也实现了从分类税制向综合与分类相结合税制的重大转变，推动税制更加公平合理。

同时，大规模减税降费增加了财政收支平衡压力，这也为坚持政府过紧日子、压减一般性支出、优化支出结构，全面实施预算绩效管理等带来更大的改革倒逼力。

作为最直接、最有效、最公平的惠企措施，减税降费的高效能量正加速渗入经济肌理，不断激发市场活力。当然，也应看到，对于处在不同行业、不同产业链位置，竞争力不同的企业而言，在享受减税红利上的获得感可能与预期存在一定差异。这就需要相关部门进一步加大对减税降费背景下企业和市场活动的分析研究,通过完善制度规则,让更多企业不折不扣地收获红利。

国家税务总局局长王军表示,将持续精简表证单书,减少纳税人和缴费人资料报送,压缩办税缴费时间,力争税收营商环境的世界排名有较大提升,更好地增强纳税人、缴费人享受政策红利和服务便利的"双重获得感"。

专家认为,当前经济增速虽有所放缓,但结构优化基础正在夯实,这就需要继续齐心合力,将减税降费向更实更深推进,推动企业将政策红利更多用于新产品、新技术研发,在创新发展中谋求突破。

实施减税降费政策丝毫不能松懈[见二维码5(5-49)]

二维码5

社保降费一举多得

(来源:《经济日报》 记者:郑功成 2019年11月26日)

降低用人单位社保费率,是对长期以来减轻企业负担强烈呼声的政策性回应,也是避免企业尤其是民营企业和中小微企业因经营困难导致失业率上升的有力举措,还是优化社保制度安排的有效举措。

一方面,在经济下行压力加大的情况下,偏高的社保费率造成的问题越来越突出,一些企业因而缩小生产规模或无法扩大再生产,造成工人失业或者新增就业岗位萎缩,一些企业为维持生产经营而拖欠社保缴费或变相少缴,这事实上影响了职工的法定社保权益。因此,降低社保缴费率客观上成了稳企业稳就业的必要条件。

另一方面,社保降费还是优化社保制度的必由之路。鉴于企业缴费负担居高不下,各地又因抚养比不同而出现缴费基数不一、费率畸高畸低并存、基金积累余缺分化,这次较大幅度降低社保缴费实质性地促进了企业负担的公平性,为全国最终统一费率创造了条件。不仅如此,社保降费还倒逼深化社保制度变革,如促使国有资产划转社保基金步伐明显加快,地方结余的养老保险基金积累开展投资运营的步伐明显加快。这是多年来想做而始终未能有效推进的改革举措,这次降费提供了契机,使劳动者的社保权益得到更为有力的保障。

综上,伴随社保降费政策的落实,企业负担减轻与筹资趋向公平的效果将日益显现,制度变革将注入更多理性,从而更能为劳动者提供稳定的预期。

减税降费稳企业促就业

(来源:《经济日报》 记者:周怀生 2019年12月9日)

2019年,各地积极落实中央减税降费各项政策措施,减税降费效应逐步显现。事实上,减税降费也是稳就业的重要环节,可以显著提升企业发展信心。

近年来,由于国际经济形势严峻复杂,国内经济下行压力加大,一些企业订单有所减少,利润增速下降,这难免影响企业发展信心。一些企业为了降低运营成本、保持市场竞争力,可能会优化人员结构,给稳就业带来一定影响。对此,中央和地方出台了一系列减税降费政策,在很大程度上提振了企业发展信心。企业减下来的税费还可以新招一定数量的专业人才,壮大科研团队创新力量,增强企业抵御外部风险的能力。

我们应该认识到,企业是市场经济的主体,只有企业发展好,才能保证长期稳定就业。这是因为,企业把减税所得的费用投入生产和研发之中,竞争力强了,就会扩大规模,招收更多人才,满足企业长久发展,从而达到稳定就业的目的。比如,对于劳动力密集的制造业来说,减税降费可以缓解企业资金短缺问题,稳定职工收入,推进持续经营。

民营企业和小微企业是解决就业问题的主战场。据统计,我国大约80%的劳动者在民营企业就业。去年以来,经济运行下行压力等因素对这部分企业的生产经营和用工造成了一定影响。普惠性税收减免、降低增值税税率和社保费率,以及各地对于重点群体的就业支持等政策,为民营企业和小微企业发展营造了良好环境,对于促进企业降成本、稳就业发挥了积极作用,为民营企业减轻了负担,带来了活力,在稳住企业的同时也稳定了就业。

五、《中国财经报》

新年首个减税大礼包意在高质量发展

(来源:《中国财经报》 记者:李忠峰 2019年1月15日)

当前,经济困境以小微企业的矛盾较为突出,所以有针对性地面向小微企业扩大范围提标,能有效减轻小微企业负担。

在普通百姓开始享受"个税专项附加扣除"减税红利的同时,2019年1月9日召开的国务院常务会议决定,对小微企业推出一批新的普惠性减税措施。根据会议部署,此次减税政策可追溯至今年1月1日,实施期限暂定3年,预计每年可再为小微企业减负约2 000亿元。

上海财经大学公共政策与治理研究院院长胡怡建在接受记者采访时表示,此次对小微企业减税力度之大、范围之广前所未有,必将促进小微企业的发展,尤其对于稳定就业有重大意义。"减税措施之所以这么快出台,源于中央对经济下行压力增大的判断。当前,经济困境以小微企业的矛盾较为突出,所以有针对性地面向小微企业扩大范围提高标准,能有效减轻小微企业负担,更重要的是增强民营企业的信心。"胡怡建说。

小微企业"红包"再扩容

会议指出,大幅放宽可享受企业所得税优惠的小微企业标准,同时加大所得税优惠力度,对小微企业年应纳税所得额不超过100万元、100万元到300万元的部分,分别减按25%、50%计入应纳税所得额,使税负降至5%和10%。对主要包括小微企业、个体工商户和其他个人的小规模纳税人,将增值税起征点由月销售额3万元提高到10万元。

中国财政科学研究院副院长白景明接受记者采访时表示,新年之初,国家推出大规模的减税措施,主要是落实中央经济工作会议部署的"实施更大规模的减税降费"要求,推动小微企业进一步减税有利于稳就业、稳增长,特别是随着减税措施的加快落地及相关效应的持续显现,会在稳预期方面发挥积极作用。

"所得税、增值税两项措施互相补充,增大了整体的减税力度。在所得税方面,既扩大了覆盖面又加大了减税力度,将推动小微企业税负显著降低,给企业后续发展提供空间;增值税方面,直接将增值税起征点由月销售额3万元提高到10万元,减税力度非常大,充分体现了普惠性减税。"白景明说。

北京国家会计学院财税政策与应用研究所所长李旭红接受记者采访时表示,以前的减税多是结构性的,此次减税可以看作是对民营企业的普惠性减税。"实际上,小微企业对于成本更加敏感、融资成本较大型企业高、融资比大型企业更加困难,所以应对经济下行,减轻市场主体负担的需求非常迫切。此次税收优惠的出台,受益企业众多,小微企业可以将减免的税金用于再生产或者扩大投资,促进经济发展,也有利于加快供给侧结构性改革的步伐。"李旭红说。

据了解,此次放宽小微企业认定标准之后,将涉及企业1798万户,占全国全部纳税企业总数的95%以上,其中98%是民营企业。加大所得税优惠力度、提高增值税小规模纳税人起征点等都是直接提高标准、放宽范围,实打实、硬碰硬的措施。这些措施,从1月1日起实施,让企业尽早享受政策红利。

减税"组合拳"集中发力

此次会议还明确,允许各省(区、市)政府对增值税小规模纳税人,在50%幅度内减征资源税、城市维护建设税、印花税、城镇土地使用税、耕地占用税等地方税种及教育费附加、地方教育附加。

"这一政策给予了地方政府较大的自主权,各地可以根据本地的土地成本、财政状况对小规模纳税人给予税收减免。"白景明指出,土地等是小微企业生产运营过程中需要利用的基本要素,在这些方面减税将有助于减轻企业的基础成本。在此过程中,考虑到各地情况的不同,有必要给予地方一定的自主权,因地施策。以城镇土地使用税为例,发展程度不同的城市在这方面的评估就存在着显著差异,允许地方根据实际情况采取合适的减税措施,有助于让减税措施在落地时更有针对性及可操作性。

为了减少地方财政影响,这次会议明确:为弥补因大规模减税降费形成的地方财力缺口,中央财政将加大对地方一般性转移支付。

"实际上这次减税还有一个突出的特征是'组合拳式'的,出台了'一篮子'减税政策。它不仅实施范围广,涉及多个税种,而且力度大,配套政策多点发力。同时,对于地方减税而造成的财力缺口,中央财政将给予补助,支持地方财政可持续发展,更好地保障民生。相信随着时间推移,减税效果会愈加明显。"白景明说。

胡怡建也认为,以前减税基本都由中央来确定,但此次让地方根据当地实际情况因地制宜采取减税政策,显然更有针对性。

同时,"此次减税不仅仅针对直接税,还涉及间接税以及非主体税和税收附加减免,体现了政府通过发挥税收杠杆的作用,来发展经济、促进就业、改善民生的决心。多管齐下,努力保持今年经济运行在合理区间,实现一季度平稳开局。"胡怡建说。

当前,多地也正在加快研究出台减税降费措施。海南省日前提出,要分行业、分年度、分市县、分园区,细化测算、客观评估企业税费负担,认真研究减费降税措施,大幅度减税降费;天津市近日出台意见进一步促进民营经济发展,提出地方权限内税费按法定税率最低水平执行,印花税税负在现有标准基础上下调30%等措施。

更多减负措施即将推出

这次会议还明确,扩展投资初创科技型企业享受优惠政策的范围,使投向这类企业的创投企业和天使投资个人有更多税收优惠。

专家表示,现行投资初创科技型企业享受优惠政策的范围,会对初创科技型企业年限(2年)和范围以及创投企业和天使投资个人的所得税抵扣比例(70%)有限制,未来这些限制可能放宽。

目前,"稳就业"位列中央经济工作的"六稳"目标之首。"小微企业在经济中的作用更多地体现在解决就业、改善民生、孵化高新技术企业、催生新技术等方面。减税目标针对小微企业、个体工商户、科技型企业,是希望通过减税来降低税负、稳就业,真正体现了扶持中小企业,'放水养鱼'的诚意。"胡怡建表示。

李旭红认为,每一次减税降费,每一次精准落实,都为小微企业送去"及时雨",助力小微企业轻装上阵、放手发展。减税降费必然为市场主体减负担、增活力,激活经济发展的"一池春水"。

公开的消息显示,2019年,财政部将按照党中央、国务院决策部署,在全面落实已出台的减税降费政策的同时,正抓紧研究更大规模的减税、更为明显的降费。在制定方案时,坚持把握三个原则:一是突出普惠;二是简明易行;三是尽早实施生效。

据悉,财政部还将深化增值税改革,继续推进实质性减税。同时,配合相关部门,积极研究制定降低社会保险费率综合方案,进一步减轻企业的社会保险缴费负担。

随着更大规模减税和更明显降费政策的逐步落地,必将进一步激发市场主体活力,提振市场信心,促进经济实现高质量发展。

更加科学更有力度的减税降费 [见二维码5(5-50)]
2019年减税降费新政"亮"在哪里?[见二维码5(5-51)]
减税降费:打响重大改革和宏观调控"当头炮" [见二维码5(5-52)]

二维码5

减税降费助推高质量发展
——各界热议落实减税降费政策

(来源:《中国财经报》 记者:李忠峰 2019年2月19日)

中国注册税务师协会和中国注册税务师同心服务团日前在京联合召开减税降费座谈会,邀请税务机关、专家学者、企业家、税务师事务所等方面代表,围绕落实减税降费政策、服务纳税人等内容,共同探讨减税降费落地举措,共商推进经济高质量发展良策。

中国注册税务师协会会长宋兰表示，税务师是涉税专业服务行业的主力军。贯彻落实减税降费的决策部署，既是税务师行业义不容辞的责任，也是税务师贴近市场主动服务客户的行动。举办此次减税降费座谈会是税务师行业践行税收共治精神、服务国家战略的重要举措。

"作为国家的战略举措，减税降费政策的出台既有出于应对短期经济下行压力的考量，又有推动中国经济长远高质量发展、税制现代化乃至国家治理现代化的考量。"中国政法大学财税法研究中心主任施正文表示。

专家学者：减税降费激发企业活力，增强市场信心

国家税务总局货物和劳务税司副司长林枫介绍，今年的增值税改革主要有两项措施：一是自今年1月1日起，将增值税小规模纳税人月销售额免税标准从3万元大幅提高到10万元。二是自今年4月1日起，增值税一般纳税人发生增值税应税销售行为或者进口货物，原适用16%税率的，调整为13%；原适用10%税率的调整为9%。这两项措施都是服务于减税目标的。落实好减税降费这项工作，税务系统责无旁贷，各级税务机关必须把减税降费政策实打实、硬碰硬地落地。

"减税降费抓住了企业发展的根本。"中国注册税务师协会副会长、全国人大财经委原副主任郝如玉指出，与以往较注重"依法治国、纳税人的遵从度"不同，今年税收宣传月活动的主题确定为"落实减税降费，促进经济高质量发展"。落实减税降费政策不是单单依靠税务部门或者涉税专业服务组织就可以完成和实现的，这是一项综合的、系统的工程，要高度重视、认真研究。尤其像增值税这样一个复杂的、体量较大的税种，更要科学、谨慎、认真论证。减税降费在税收立法中，要充分听取各方面的意见，结合我国国情，注重在科学合理的税制体系布局上和税收立法的质量上下功夫。

施正文说，减税降费体现了政府和企业共渡难关以及"以民为本"的思想。近2万亿元的减税降费规模是积极财政政策加力提效的体现，也是今年普惠性减税与结构性减税并举发力的目标。减税降费有利于激发企业活力，增强市场信心。

"减税降费是今年党中央、国务院一项重要的战略部署，也是在复杂的宏观经济形势下进一步激发社会活力、经济活力，助力保持经济持续发展的一项重要举措。私募基金是形成创新资本的重要载体，如何激发私募基金的发展、登记备案以及投资是关系到下一步经济增长特别是经济高质量增长很重要的因素。所以，减税降费如何惠及到这个领域是非常重要的话题。"中国证券投资基金业协会会长洪磊建议，以促进资本形成为目标来加快税收制度改革，将既能够抑制贫富差距的拉大，又能够扩大税基，增加公共财政的收入，提供更好更便捷的服务。

税务师：发挥专业优势，助力减税降费落地

"在一些企业看来，降低社保费率受益更直接。另外，企业感受最深的还有提高企业研发费用税前加计扣除比例，这一政策进一步激励企业加大研发投入，增强了企业科技创新动力。"中联税务师事务所所长邓艳芳表示。

在服务减税降费落地实施过程中，中联事务所发挥专业优势，建立了全国税收呼叫中心，于3月1日正式投入使用。该中心通过"智能机器人——人工——专家坐席"三层架构，可以回答四五百个关于减税降费的问题，目前接受纳税人的电话咨询累计8万多人次。另外，该事务所还制作了一些包括个人所得税、企业所得税在内的减税降费方面的小视频或者音频，累计点击率已经超过3万人次。

"企业应当把税收与企业的业务结合起来。如果企业管理人员、业务人员不重视税收，税收政策很难落实到位。"北京华政税务师事务所所长董国云介绍，该事务所将减税降费政策如何在不同行业应用作了解读分析，并对企业如何用好减税降费政策，企业的业务人员如何跟供应商谈判，最终落到合同条款里等事项进行指导。

北京智方圆税务师事务所所长王冬生说，从专业服务机构角度看，如何助力落实减税降费政策表现在两个方面。一方面，帮助客户和纳税人正确理解税法，规避涉税风险，创造价值，改进管理。另一方面，帮助客户和纳税人正确应用税法，通过补充合同、调整价格等方式来享受改革红利。

纳税人：减税降费让我们有实实在在的获得感

中瑞方胜金融服务外包（北京）有限公司是一家专门负责人力资源与财税跨界的服务机构。公司总经理杜成介绍，从该公司接触最多的员工工资薪金以及个人所得税来看，国家的减税降费力度非常大。一些中小企业充分享受税收减免，现金流和创利能力都有所增加。

北京金隅天坛家具股份有限公司财务部部长沈志华、重庆海润节能技术股份有限公司北京分公司总经理宋萍、北京小爱智能科技有限公司财务总监周子琪、入慧（北京）科技有限公司创始人王志强、北京善远管理咨询有限公司创始人刘欣纷纷表示，企业切实享受到了国家的减税降费系列"大礼包"，真金白银的减税红利为企业进一步转型升级、改革创新培育了成长的"沃土"，实实在在的减税效果增强了企业发展信心。

减税降费助力经济转暖［见二维码5（5-53）］
落实减税降费政策需处理好五个关系［见二维码5（5-54）］
减税降费的逻辑与思考［见二维码5（5-55）］
上半年全国累计新增减税降费近1.2万亿元［见二维码5（5-56）］
上海财大：减税对我国经济的提振作用将持续三年［见二维码5（5-57）］
前三季度新增减税降费近1.8万亿元［见二维码5（5-58）］

二维码5

精准施策　充分释放个税专项附加扣除利好

（来源：《中国财经报》　作者：吴学安　2019年12月10日）

作为此次个税改革的一大亮点，六大专项附加扣除究竟能给纳税人减少多少税负？对大多数人来说，在不发生大病医疗等非日常支出的情况下，可以同时享受的大致是4项：子女教育、继续教育、赡养老人以及住房租金或房贷利息。这意味着，从今年1月1日起，在提高起征点的基础上，从理论上说，每人每月还可以再扣除4 600元。

减负增收、促进消费的作用是明显的。这也表明，个税征收不仅锚定收入端差异，而且也注意到支出端差异。此次个人所得税改革带给工薪阶层的减税面是百分之百，其中约8 000万人减了100%，不用再缴个税，约6 500万人减税70%以上。简单地说，以前是，赚得多、交得多；现在还可以是，负担重、交得少。从这些专项附加扣除的标准来看，一个总的基调就是"宽"，较好地遵循了公平合理、切实减负、改善民生的原则。

个人所得税最重要的功能是调节收入分配，促进社会公平，建立符合现阶段经济发展水平和社会情况的专项扣除制度势在必行,但如何有效发挥个税功能,实现政策目标仍有功课要做。以前,有人用"九龙治水"形容多部门管事的困难,但改革深入到今天,怕的其实不是参与部门多,而是有效配合不够多。因此,个税的实施和征管需要充分运用"互联网+"税务的先进信息化手段,通过税务部门与多部门实现第三方信息共享,核对申报信息的真实准确性,最大限度地减少纳税人提供证明材料,降低纳税人的税收遵从成本。从改革落地视角看,各部门只有打破信息孤岛,加强与税务部门衔接配合,才能推进个人所得税专项附加扣除改革的完美落地。

个税专项扣除改革为我们提供了一个观察国家治理变迁的视角。该项政策涉及面广、实施情况复杂。几十年来,分税制改革调整的主要是中央和地方之间的关系,是如何更好"分账"的问题。而现在则需要进一步协调部门关系,是如何更好"记账"的问题。与前者相比,后者对于精细化治理提出了更高要求。这意味着,个税改革提到了一个新的高度,提升国家治理体系和治理能力现代化也到了一个新的关口。而要达到精准减税,需要考虑专项附加扣除与基本减除标准之间的协同效应,平衡两者之间的规模及标准,既要达到一定的减税目的,又要达到收入调节的目标,实现个税精准施策的政策效应,个税改革的红利才能更好地释放,从而让更多的纳税人从中受益。

六、《中国税务报》

减税降费是税收领域主旋律

(来源:《中国税务报》 作者:李万甫 2019年1月11日)

全国十大税收新闻几乎都是围绕着减税降费这样一个税收领域主旋律展开的。2018年下半年以来,减税降费的呼声一直非常高,这将是2019年非常值得关注的一个话题。借此机会,我主要从顺应转型发展这个视角,谈一下减税降费的策略选择。

第一,要立足于转型发展。要把减税降费融入新时代转型发展这样一个大的宏观背景下去考量。经济发展的动能发生转换,要通过技术创新推动。管理思维、思路也要从原来需求侧的"三驾马车"的拉动,转向注重强化供给侧结构性改革。从目前和未来的发展来看,要坚持供给侧结构性改革不动摇,但需求侧管理也要给予高度重视。要把供给侧和需求侧结合起来,坚持扩需求与降成本实现有效兼容。我们要把减税降费这样一个看似很具体的政策放到国家大的宏观格局当中去思考,因为它直接对未来减税降费的政策取向选择、具体方式,包括政策性调整都有着直接影响。

第二,找准减税降费政策的基点。减税降费可能是近一段时期很重要的政策选项,因此要统筹考虑如何提振市场信心、实体经济和民营企业的问题、金融风险的问题、地方政府的治理问题、积极财政政策实施以及国际环境等因素。

第三，减税降费与重塑新时代的税收治理格局。在减税降费这样一个大的环境和背景下要重构税收治理格局，使减税降费和税改的方向、发展趋势协调一致起来。要推出一揽子的税制改革方案，向市场释放一个更大的礼包、更大的红利，优化税制结构。转型发展需要我们重新审视一系列问题，在这样一个环境背景下，减税降费是我们掀开新的税收治理结构、税制结构体系调整很好的契机。

小微企业喜迎普惠性减税落地首个征期［见二维码5（5-59）］
北京将为小微企业再减税90亿元［见二维码5（5-60）］
减税降费增强基金投资者信心［见二维码5（5-61）］
天津小微算细账　一年减税40亿元［见二维码5（5-62）］

二维码5

好政策坚定海归创业心

（来源：《中国税务报》　作者：童凡　曾艳　2019年3月5日）

"生物医药行业的产品研发周期要6年至10年，创新产品从进入市场到盈利还会经历一段'瓶颈期'，是国家的减税降费政策为我们的长足发展增添了基石。"全国人大代表、广州迈普再生医学科技有限公司董事长、留美博士袁玉宇说。

据了解，迈普是一家由多名留美博士和国家"千人计划"人才共同创建的公司，2008年在黄埔区成立，发展迅猛，2011年在德国成立了全资子公司。作为中国首家运用生物3D打印技术开发植入医疗器械的高新技术企业，产品热销全球。

"刚刚颁布的《粤港澳大湾区发展规划纲要》给我们带来了更高平台和更多机遇。下一步，我们将进一步引进高端人才，借好政策收获更大发展。"袁玉宇说。

广州赛莱拉干细胞科技股份有限公司也是一家从事生物医疗技术研究的高新技术企业。作为全球领先的干细胞制备服务商，赛莱拉建设有世界一流水平的人类干细胞库，成立十年来荣膺"中国干细胞产业领军企业""中国新三板创新百强""中国最具影响力医药企业百强"等称号。

全国政协委员、广州赛莱拉干细胞科技股份有限公司总裁、留法博士陈海佳向记者介绍道，赛莱拉发展过程中享受了医疗服务免征增值税优惠、研发费用加计扣除等多项税收优惠政策。2018年，仅享受免征增值税优惠的收入就达7 200多万元。

"减税降费政策让企业有了更多的资金投入新产品的研发投产，推动产品和企业又一轮升级，为我们民营科技企业的进一步壮大、登上世界舞台提供了加速器。"陈海佳表示。

"我们需要这样有温度的减税降费"［见二维码5（5-63）］
减税降费描绘发展新画卷［见二维码5（5-64）］
用战略眼光看待2万亿元减税降费［见二维码5（5-65）］
杨志勇：减税降费提升市场活力［见二维码5（5-66）］
减税降费是促进经济高质量发展的关键一招［见二维码5（5-67）］
减税降费：激发市场活力　释放发展潜能——专访中国税务学会理事、中国社会科学院财经战略研究院税收研究室主任张斌［见二维码5（5-68）］

减税降费吸引台胞来创业 [见二维码5（5-69）]
抓住减税机遇　布局中国投资 [见二维码5（5-70）]
减税降费对现代服务业　带来三重利好 [见二维码5（5-71）]
个税改革减税红利持续释放 [见二维码5（5-72）]
一季度　全国新增减税3 411亿元 [见二维码5（5-73）]
减税降费政策效应持续显现 [见二维码5（5-74）]
减税降费：具有短期和中长期双重效果 [见二维码5（5-75）]
减税降费：增值税为何是"主菜"？ [见二维码5（5-76）]

减税降费：顺应数字时代发展潮流

（来源：《中国税务报》　作者：蔡磊　2019年5月29日）

乘着减税降费的东风，积极探索新兴技术在税收领域的应用，助力打造简税制、宽税基、低税率、严征管的税收环境，推动数字经济乃至整个国民经济健康发展。

2019年《政府工作报告》提出，全年减轻企业税收和社保缴费负担近2万亿元，减税降费力度进一步加大。随着新一轮减税降费红利纷纷落地，市场信心得到大幅提升。值得一提的是，国家减税降费政策彰显着时代的特点，顺应了数字时代发展潮流。

降低税费负担，提升企业发展动能国家最近的减税降费措施，减轻了企业的负担，激励企业将节省下来的税收成本投入到设备更新、技术研发和转型升级上，提升企业发展动能，促进企业高质量发展。

以京东集团为例，今年4月1日起，原16%的增值税税率进一步下调到13%，京东集团绝大部分商品都在减税范围内，预计减税幅度将超过亿元。2018年10月，即个人所得税改革实施首月，员工个人所得税整体降低超过20%，使每个员工都从中受益。在2019年专项附加扣除开始执行后，相当比例的员工享受到专项附加扣除，这部分员工中接近一半的人能享受2项以上专项附加扣除，进一步享受了税负降低的福利。

今年5月1日起，城镇职工基本养老保险的单位缴费比例可从20%降至最低16%，预计仅北京地区，京东集团今年将节省过亿元成本。此外，软件企业研发费加计扣除等一系列企业所得税方面的优惠政策，将为京东集团节税过亿元。上述各项减税降费政策红利，将有助于京东集团加大技术投入，对提高企业活力，增强竞争力发挥了重要作用，极大提升了京东集团面对国内、国际市场竞争的信心。

降低遵从成本，促进数字经济发展近几年中国数字经济快速发展，恰逢减税降费措施频出。据统计，2018年中国数字经济规模达到31.3万亿元，占国内生产总值（GDP）比重34.8%，预计2030年占GDP比重将超过50%。减税降费给数字经济各市场主体带来巨大优惠，激发了市场活力，促进数字经济蓬勃发展。

值得注意的是，数字经济市场主体中，小微企业、个体工商户以及灵活就业人员占了绝大部分，该部分市场主体数量巨大，相对来说纳税意识较弱，税法遵从度较低。通过更大规模、更大范围的减税降费减轻他们的税收压力，降低他们的遵从成本，有助于提高其税法遵从度，进一步提升征纳双方的效率。

目前，减税降费的一系列政策逐渐实现了简税制、宽税基和低税率，降低纳税主体的遵从成本，使其更加"拥抱"税收征管，减少其合规风险，给"严征管"带来了基础和支撑。在纳税人税负不增加的情况下，保障税源，维护市场诚信，无疑会促进数字经济的健康发展。

探索新兴技术，助力税收诚信实现新一代的技术浪潮不仅给数字经济下市场主体带来了便利，同样为创造良好的营商环境、加强政府监管送上了有效手段。近年来，京东集团根据2016年《政府工作报告》关于推进"互联网+政务服务"的精神，在电子发票、电子工商、电子印章等领域不断探索，助力构建"互联网+政务服务"体系，共同为市场主体营造优良的营商环境。

电子发票的推广应用，大幅提升了征纳双方效能。对税务机关而言，电子发票的使用将在一定程度上优化税收征管方式，提升财税监管水平，真正实现由"以票管税"转为"信息管税"。对纳税人而言，电子专票的应用将大幅降低其发票管理成本，提升发票管理效率。以京东集团为例，2018年京东开具增值税专用发票超3 000万张，每张包括快递费综合成本超10元，如果采用电子专票一年可节约成本超3亿元。同时，电子专票的应用将简化办税流程，提高纳税人税法遵从度。更重要的是，电子专票的推广将逐步把所有国民经济活动信息纳入电子化监管，实现国民经济大数据化，助力政府科学决策，优化企业营商环境。

全流程电子化商事改革的推动，将大幅便利市场主体的商事登记，优化营商环境。电子印章的应用，将在电子政务、税务管理、电子商务和合同管理等多个领域促进市场诚信建设，为数字经济创造良好的发展环境。这些新兴技术在税收领域的应用，有利于打造简税制、宽税基、低税率、严征管的税收环境，让诚信不仅在税收层面，更在经济层面乃至整个社会层面得到贯彻，推动数字经济乃至整个国民经济健康发展。

二维码5

减税降费政策效应显现　5月全国财政收入增速进一步回落［见二维码5（5-77）］

稳定减税降费　政策效果的长期之策［见二维码5（5-78）］

前5个月新增减税降费8 930亿元［见二维码5（5-79）］

"减税降费给外资企业带来重大利好"

（来源：《中国税务报》　记者：崔荣春　2019年7月5日）

2019年7月2日，商务部召开"稳外贸、稳外资、促消费"新闻发布会。在分析前5个月外资增长较快的原因时，商务部外资司司长唐文弘在会上表示，国家2万亿元规模的减税降费政策，给外资企业带来重大利好。

商务部统计数据显示，今年1—5月，中国实际利用外资3691亿元，增长6.8%，增速较去年同期加快5.5个百分点，较第一季度加快0.3个百分点。值得一提的是，跨国公司看好中国市场，德国、韩国、日本、英国、美国对华投资分别增长100.8%、88.1%、18.9%、9.2%、7.5%，欧盟对华投资增长29.5%，埃克森美孚、巴斯夫、江森自控、普洛斯、好时等公司在华设立企业或扩大投资。大项目快速增长，新设或增资合同外资5 000万美元以上大项目605个，增长45.4%。数据还显示，中国外资结构持续优化，高技术制造业利用外资增长23.2%，占比11.3%；高技术服务业增长68.9%，占比17.2%。

商务部综合司司长储士家表示，外贸外资继续保持平稳增长，充分说明了中国经济的巨大韧性。除了市场多元化取得新进展、企业应对能力增强方面的原因外，还得益于一系列稳外贸、稳外资政策措施效应的持续显现。

记者了解到，减税降费政策，正是稳外贸、稳外资的重要政策之一。近年来，我国出台了多项改善营商环境的税收政策，特别是今年以来持续实施的一系列减税降费政策，为在华投资和拟来华投资的外国投资者，带来比以往更大的政策红利，无疑增加了外资企业对中国市场良好而稳定的预期。

同时，自2020年1月1日起施行的《外商投资法》，有助于提高投资环境的开放度、透明度和可预期性，而中国在推进投资自由、投资便利、投资保护，优化投资布局，提升投资平台等方面持续发力，也增加了外资企业投资中国的信心。

唐文弘表示，在目前国际跨国投资下降形势下，这两年中国利用外资保持了稳中向好的发展态势。下一步将继续按照中央"稳外资"的部署，深入推进外资促进行动计划，营造国际一流的外商投资环境。

上半年全国新增减税降费11 709亿元［见二维码5（5-80）］

分"四层次"做好减税降费文章［见二维码5（5-81）］

二维码5

减税降费：实现"1+1＞2"的减负效果

（来源：《中国税务报》 作者：李平 2019年8月21日）

实施更大规模减税降费，需要税费同降，实现"1+1＞2"减负效果；需要税费同征同管，为减税降费预留空间；需要深化税费改革，加快建立现代财政收入体系。

近年来，我国连续实施减税降费政策并不断加大政策力度。继2017年减税降费超过1万亿元、2018年约1.3万亿元之后，今年计划全年减轻企业税收和社保缴费负担近2万亿元。本轮减税降费主体聚集在增值税、企业所得税、社会保险费等主要税费种类，这将为我国应对经济下行压力、降低企业税费负担、增强微观主体活力发挥出重要作用。

实施更大规模减税降费，需要对我国税费同在的长期性有一个清醒的认识。根据公共财政理论，在公共财政体制下，税费同为政府财政收入的形式，承担着组织财政收入，配置社会资源，调节经济、调节分配的职能。但两者地位存在较大差距，税收是公共财政的第一大收入来源，费则处于辅助地位。但是，我国仍处于并将长期处于社会主义初级阶段的基本国情决定，在中国特色社会主义市场经济体制下，对于市场主体而言，税与费都是必要负担的现实将长期存在。根据财政部统计数据，2018年，全国一般公共预算收入中的税收收入156 401亿元、非税收入26 951亿元，政府性基金预算收入75 405亿元、国有资本经营预算收入 2 900 亿元。可见，实现减负目标，不应仅仅靠减税。实施更大规模的减税和更加明显的降费，担负着新的时代内涵、新的历史使命。

实施更大规模减税降费，需要做到税费同降，形成合力，实现"1＋1＞2"的减负效果。本轮减税降费措施主要包括，深化增值税改革，制造业等行业原16%的税率降至13%，交通运输业、建筑业等行业原10%的税率降至9%，确保主要行业税负明显降低；保持6%一档的税率不变，但通过采取对生产、生活性服务业增加税收抵扣等配套措施，确保所有行业税负只减不增，继续向推进税率三档并两档、税制简化方向迈进。与此同时，明显降低企业社保缴费负担，下调城镇职工基本养老保险单位缴费比例，各地可降至16%。从需求侧看，不论是个人所得税改革还是增值税减税，都将促进个人可支配收入的增加，其最终结果是促进消费增长，扩大国内需求市场。从供给侧看，减税与减轻企业社保缴费负担形成合力，进一步释放微观主体活力，促进企业多投资、多研发，助力实体经济发展，深化供给侧结构性改革。

实施更大规模减税降费，需要税费同征同管，大力提高征管质效，为将来的减税降费预留出空间。2018年7月，中共中央办公厅、国务院办公厅印发了《国税地税征管体制改革方案》，明确从2019年1月1日起，将基本养老保险费、基本医疗保险费、失业保险费、工伤保险费、生育保险费等各项社会保险费交由税务部门统一征收。税费由税务部门统一征收的优势在于：其一，税务部门在征管条件、信息系统和征收成本上具备显著优势；其二，税费同征同管有利于实现企业缴费的依法足额征收，并有利于提供高效便捷的行政服务；其三，为社会保障制度改革和社会保障基金体系完善奠定重要基础。税务部门统一征收社保费，将大大减少不诚信、不守法企业漏缴、少缴、不缴社保费的违法违规现象，促进社会保障制度完善。同时，需要从理论与实践出发，考虑税费征收的差别，研究新征管模式运行对市场主体的影响，特别是自然人税费征收管理问题。在实际征收过程中，要把握好社会保险费的征收力度，充分考虑社会保险费征管机制的变化对纳税人的影响和企业的适应程度。

实施更大规模减税降费，需要继续深化税费改革，为建立现代财政收入体系打下坚实基础。改革开放以来，我国一直推进税费改革，20世纪80年代分两步实行"利改税"，进入21世纪，先后实行了农村税费改革、成品油价格及交通费改革、环境保护改税、水资源费改税试点，税费改革正逐步走向规范化、法制化，但与党的十九大提出"加快建立现代财政制度"的目标相比还有差距。这需要凝聚共识，积极推进税费改革，逐步建立现代财政收入体系。未来一段时期的税费改革，应大幅降低行政事业性收费、政府性基金等占政府收入的比重，提高税收收入占政府收入的比重，只有这样，税收收入在政府收入中的主体地位才能稳固下来，才能更好发挥税收在国家治理中的基础性、支柱性、保障性作用。因此，需要继续清理行政事业性收费，较大幅度减少政府性基金种类，特别是对国有土地使用权出让收入较大的问题，应深化国有土地使用制度改革，加快房产税立法进程，减少地方政府对土地使用权出让金的依赖。对于具有税收性质的收费，特别是社会保障基金，应加快推进费改税，进一步降低各类费收入在政府收入的占比。进一步加强收费立法管理，针对目前各类行政事业性收费过多，多头管理、政出多门的状况，有计划地推进立法工作，实现收费管理的法治化、规范化，逐步把税收法定拓展到政府收入法定。

减税效应初步显现　将持续带动经济增长　[见二维码5（5-82）]

减税降费红利持续释放　便民服务举措集成推出［见二维码5（5-83）］

更大规模减税降费温暖和鼓舞中国经济奋勇前进——减税簿上"添一笔"　企业信心"加一分"［见二维码5（5-84）］

二维码5

七、其他媒体

（一）国外媒体

利好中国企业也将惠及韩企

（来源：《中国税务报》　作者：孙海燕　2019年1月21日）

为提升企业发展动能，进一步激发市场活力，中国政府出台了一系列减税降负政策。如下调增值税税率、退还部分行业增值税留抵税额、扩大小型微利企业所得税优惠政策范围、降低日用消费品进口关税、实施个人所得税改革等。随着政策的不断落地，企业负担明显降低，对促进经济高质量发展发挥了重要作用。

对中国政府实行的一系列减税降负政策，近邻韩国也十分关注。韩国《朝鲜日报》、INEWS24、《韩国经济》《租税日报》和KBS电视台联合新闻等主流新闻媒体，以及企业界、学术界都异口同声地积极评价本次中国政府的减税降负政策为应时之举，预测中国经济未来走势良好。韩媒普遍认为，通过减税降负减轻企业负担的举措，将会增强中国企业的产业竞争力及发展动力；个人所得税改革带来的红利将大大增强居民的获得感，提升居民的购买消费能力，这对中国内需市场是个大好消息，消费在经济增长中的贡献将进一步增大，有利于解决中美贸易摩擦导致的出口型经济发展受阻的问题。

韩国对外经济研究院（KIEP）下属的中国专家论坛（CSF）认为，中国由制造大国走向制造强国的先行条件是释放企业活力，增强产业竞争力，其中最为关键的是鼓励企业创新。尤其是要在第四产业取得一席之地的话，必须为中小企业的创新营造有利的大环境。这正是一系列激活企业活力的减税降负政策出台的大前提。尤其是在美国大幅减税以及中美贸易摩擦较为频繁的形势下，中国一系列减税降负政策是非常值得肯定的应时之举，不仅能够稳定外资企业"驻扎"中国之心，而且能够进一步吸引国内外投资，全方位地活跃中国经济。

THE FACT、INEWS24等韩国媒体对中国政府实施的个人所得税减税降负政策给予了积极评价，认为此次减税降负的主要受益者为中低收入群体，能拉动中低收入阶层的消费。在目前出口受挫的情况下，盘活中国国内消费市场实为上策。

韩国媒体认为，个人所得税改革提高了国内中低收入群体的消费能力，同时，中国进口关税税率大幅下调，"锦上添花"的政策为国外企业营造了绝好的商机。外国消费类企业将从减税带来的购买力上升中受益，特别看好韩国中高端化妆品企业在中国的未来前景。韩国消费类企业希望进入中国消费市场，享受中国政府减税降负带来的政策红利。KBS 联合新闻称，对中国的出口战略应由原来的企业配套类商品扩大到附加值较高的消费类商品。目前，韩国出口中国产品的 80% 左右为产业配套类商品，日用消费品占比不到 10%。

以个人消费品为主的韩国企业，如 LG 生活健康企业等韩国中高端化妆品企业，对中国市场的销售获利前景十分看好。对中国政府实施的通过减税增加居民可支配收入、提升居民消费能力的新经济发展政策持赞同立场。韩国 EUGENE 投资证券等韩国券商对中国个人所得税减税政策带来的个人消费能力增加持积极乐观的态度，甚至称，LG 生活健康将从中国人购买力增强中获得更多销售额和利润，将成为业内"最人气"股。

韩国著名经济类报纸《韩国经济》撰文介绍了中国增值税减税政策，并强调这一政策惠及所有企业，包括在中国投资的外国企业。增值税税率的下调对已投资或拟投资中国的韩国企业来说是绝对的利好。韩国现代经济研究院出版的《中国经济各领域现状及展望》的报告书中建议，韩国企业要做好充分的进驻中国市场的准备。部分韩国舆论也认为，中国一系列的减税降负举措给韩国企业带来巨大商机的同时，也带来了新的挑战。仁川大学东北亚国际通商学部金福龙（音译）教授认为，中国政府推出的一系列减税降费政策势必会激发企业技术革新活力、增强其竞争力，给韩国制造业带来更大竞争压力，到韩国购买服装和化妆品的中国游客或许会减少。

中国多管齐下确保经济稳定增长：减税降费　多轮降准

（来源：参考消息网　2019 年 2 月 15 日）

日媒称，中国政府正在采取各种对策，以应对中长期经济增长放缓的问题。财政货币政策是中国经济实现软着陆的关键。

《日本经济新闻》2 月 14 日刊文称，经济规模居世界第二的庞大经济体要持续保持超过 10% 的高速增长是非常困难的，减速是自然的事情。中国正在采取各种对策来应对这一问题。

文章称，从供给侧来提高生产率非常重要。而需求侧方面的课题是，以"一带一路"来开拓出口市场，同时确立以消费为中心的内需主导型增长模式。随着中国推进城市化进程，今后人口将继续从农村向城市迁徙，城市家庭可望增多，对家电产品的需求可能增大。

文章称，消费在中国国内生产总值（GDP）中所占的比例，在 2017 年为 53.6%，出现快速增长。但这与日美等发达国家相比还较低，只相当于它们的六至七成。要确立以消费为中心的内需主导型增长模式，需要提高正在流向城市的农民阶层的收入水平，缩小收入差距。

文章指出，供给侧改革和拉动消费政策取得效果需要数年时间。在此期间，需要通过财政和金融政策来谋求经济稳定。

文章称，关于财政政策，2018年12月召开的中央经济工作会议提出继续实施积极的财政政策，实施更大规模的减税降费。2019年1月中国已对个人所得税和小企业进行了减税。在货币政策方面则比较有弹性。2017年，防止民间部门和地方政府发生债务膨胀和呆账坏账等金融风险成为重大课题，去杠杆化变得很有必要。

文章称，中共十九大提出，今后要重点打好防范化解重大风险、精准脱贫、污染防治三大攻坚战，守住不发生系统性金融风险的底线。2018年3月的《政府工作报告》也强调了同样的内容，同时还要求解决小微企业融资难、融资贵的问题。

其后，中国人民银行在2018年年中把流动性管理目标从原来的"合理稳定"转为"合理充裕"。

文章称，中国央行在放松货币政策的同时，对小微企业融资难等问题也采取了应对措施，如对于向小微企业放款达到一定额度的银行，将降低其存款准备金率。去年4月、7月、10月更是不附加条件地下调了存款准备金率，累计幅度为2.5个百分点。

下调存款准备金率所释放的资金，起到了降低市场利率、放宽货币的效果。中国央行依然同时注重防控金融风险，并未明确表示奉行宽松的货币政策。但是，2018年12月的中央经济工作会议正式删除"中性"一词，提出了"稳健的货币政策"的表述。

文章指出，进入2019年，中国人民银行在1月2日决定，自2019年起，将普惠金融定向降准小型和微型企业贷款考核标准由"单户授信小于500万元"调整为"单户授信小于1 000万元"。1月4日又宣布，将在15日和25日分别下调存款准备金率0.5个百分点。但中国央行也指出，不搞"大水漫灌"式货币投放，在一定程度上警惕债务膨胀的风险。

进入2019年，中国央行一边顾及金融风险，一边把重点转向放宽金融，接二连三地启动了宽松货币政策。同时，也试图解决民营企业、小微企业融资难、融资成本高的问题。

二维码5

中国减税降费举措获IMF"点赞"［见二维码5（5-85）］

英国《金融时报》：减税是中国改革硬指标

（来源：《中国税务报》 作者：黄燕琳 2019年3月12日）

英国《金融时报》3月5日称，经济下行之际，正是考验改革意志的时刻。中国总理李克强的《政府工作报告》调低了经济增长目标，透露出更加务实的态度，此次报告的减税政策是最大亮点之一。

经济目标下调揭示经济压力《政府工作报告》宣布了2019年主要经济目标：国内生产总值增长6%~6.5%；城镇新增就业1 100万人以上，城镇调查失业率5.5%左右，城镇登记失业率4.5%以内；居民消费价格涨幅3%左右。

对于当下中国经济的主要风险，中国官方看法认为来自内外两方面：来自外部的是"外部输入性风险上升"，主要是来自世界经济增速放缓、保护主义、单边主义等因素；来自内部的主要是实体与民营经济的困境，而金融等领域风险隐患依然不少，主要表现为消费增速减慢，有效投资机会减少。

如何拼经济？《金融时报》认为，如果中国政府继续走加大投资的老路，那么最终结果还是现有问题会继续积累，而且必然引发新一轮资产价格的上涨。这种做法，也许可以暂时应对，但是中长期必然埋下金融危机隐患。当下基础设施投资抬头的趋势已经出现。在这种情况下，如果继续加大投资，那么必然主要依靠地方政府或者国企，这无异于饮鸩止渴，也违背去杠杆政策的方向。如此，减税是降低经济压力的最佳做法。

减税是改革硬指标《金融时报》认为，减税政策，可以说是本次《政府工作报告》的最大亮点。按照报告，这次减税在于普惠性减税与结构性减税并举：将制造业等行业现行16%的税率降至13%，将交通运输业、建筑业等行业现行10%的税率降至9%，确保主要行业税负明显降低；保持6%一档的税率不变，但通过采取对生产、生活性服务业增加税收抵扣等配套措施，确保所有行业税负只减不增。这一水平显然高于过去力度，2018官方表示为企业和个人减税降费约1.3万亿元。

《金融时报》称，一直以来，减税是呼吁最高却阻力很大的做法。可以说，减税是考验改革的硬指标，不仅在于口号，更在落实。减税之难在于激励机制问题。要改变这种状况，就要改变激励格局，改变以往地方财权和事权的不对应，谁拿走多少税收，谁就承担相应的义务。减税减多少，应该成为硬指标，让地方政府的激励与约束都与减税大小相关联，这才是改革的成效。李克强总理在报告中花费了很多时间谈论对地方政府运行方式的改革要求，这无疑是看到了问题的实质。的确，减税政策能否成功，取决于政府运行机制的改革。

日本媒体：经济刺激政策的核心是面向企业减税

（来源：《中国税务报》 作者：张小平 2019年3月12日）［内容有删节］

随着中国两会的召开，日本媒体高度关注中国国务院总理李克强宣布的大规模减税政策，各大媒体争相报道。

浅川雅嗣分析认为："2018年的中国经济减速明显，经济增长率创下28年来的低增长。但中国推出减税、财政扩张以及金融宽松等多项景气刺激政策，在这些政策的综合作用下，个人认为中国经济景气不会出现大幅滑坡。"

增值税减税有利于钢铁行业改善收益日本《产业新闻》报道，中国政府将现行增值税税率从16%下调为13%，将给钢铁行业带来726亿元的减税效果，这相当于（2018年）中国钢铁行业销售总额的1%。这样大规模减税将有利于企业改善收益，从而促进企业增加投资。

不搞"大水漫灌"式，中国多措并举提振经济，3月6日日本第一大财经媒体《日本经济新闻》，以《中国出台各种对策确保经济》为题，重点报道中国的减税措施。报道中说，在十三届全国人大二次会议开幕的当日上午，李克强总理强调，坚持不搞"大水漫灌"式强刺激。经济刺激政策的核心是面向企业减税。中国将深化增值税改革，将制造业等行业现行16%的税率降至13%；降低企业社保缴费负担，城镇职工基本养老保险单位缴费比例下调至16%。此次减税降费规模比2018年扩大很多，李克强总理也表示，这会给各级财政带来很大压力。

德国之声：IMF 为中国的新政策点赞

（来源：《中国税务报》 2019 年 3 月 12 日）

据德国之声 2019 年 3 月 8 日报道，中国两会期间推出的新政策，对内进行减税降费，对外扩大外资准入。政策出台之初，获得国际组织对其点赞，商业银行也拭目以待。

3 月 8 日，国际货币基金组织（IMF）评论道，中国刺激内需的经济政策将提高经济成长的品质，是正确的方向。针对减税降费，IMF 的发言人莱斯（Gerry Rice）表示："IMF 认为，这会让中国的执政者把焦点放在提高经济成长质量，而非数量。这也是 IMF 长久以来所提倡与鼓励的。我们也乐见中国有意支持现在仍较低迷的消费端。"他认为原先的社保负担影响企业聘雇意愿，现在下调社保缴费比例，同时也下调增值税税率，双方面加起来"有助于提高效率，减少避税的机会"。

德国之声在另一篇报道中还提到，中国总理李克强在《政府工作报告》中承诺要减税降费，他呼吁要切实让市场主体，特别是小微企业，有明显的减税降费的感受，坚决兑现对企业和社会的承诺，困难再多也一定要把这件大事办成办好。

报道提醒，减税增债就像是一个跷跷板，要处理好两者之间的平衡，不要给未来带来更大的负担。中国政府应该把力量放到经济结构转型上。报道称，经济结构转型非常困难，没有规则可循——虽然东亚有些地方改革成功了，但是中南美洲国家仍有很多陷在困局当中，迟迟无法突破。期待未来两年中国的经济转型发展取得实质性的突破。

美国媒体：新一轮减税方案有两大亮点

（来源：《中国税务报》 作者：诸晓瑾 2019 年 3 月 12 日）

2019 年 3 月 5 日，中国国务院总理李克强在《政府工作报告》中宣布了新一轮减税降费方案，该方案受到美国主流媒体关注。《纽约时报》《华盛顿邮报》、彭博社、美国有线电视新闻网（CNN）、美国 NBC 环球集团持有的全球性财经有线电视卫星新闻台（CNBC）均对此进行了报道。

各主要媒体认为，随着基于债务推动的支出和货币政策日益受到限制，中国多地在转向通过税收等政策支持经济增长。减税也是更广泛、更积极的财政支持的一部分。新一轮减税方案有两大亮点：一是制造业等行业现行 16% 的增值税税率降至 13%，交通运输业、建筑业等行业现行 10% 的增值税税率降至 9%；二是将法定基本养老保险单位缴费比例从原来的 20% 下降至 16%。增值税下调 3 个百分点，可能使企业利润增加 4 000 亿—6 000 亿元人民币，相当于国内生产总值（GDP）的 0.6%。在中国经济面临下行压力之际，此举将有助于企业获利。

CNN 认为，中国预计将为企业减税降费约 2 万亿元。但由于减税对经济的提振作用可能需要几个月才能产生真正的影响,因此可能会进一步降低财政收入。建议中国在提振经济活动和控制债务之间取得平衡。

《华盛顿邮报》认为,此轮减税比以往更为慷慨。但即使减税提高了企业盈利能力,要促使企业重启资本支出和投资周期,还需要更多的刺激措施,比如政府主导的基础设施支出或宽松的货币政策。

美媒关注中国减税降费保经济稳中有进 [见二维码5 (5-86)]

二维码5

外媒关注中国大幅减税降费:刺激消费提振经济

(来源:参考消息网 2019年4月6日)

参考消息网2019年4月6日报道,外媒称,中国将实施大幅减税降费政策以刺激消费。

据拉美社2019年4月4日报道,中国将从4月9日起实施又一项减税措施,这一次是调降对个人携带进境的行李和邮递物品征收的行邮税税率。此举的目的是刺激消费和提振经济。

报道称,国务院常务会议决定,对食品、药品等商品,税率由15%降至13%;纺织品、电器等由25%降为20%。报道认为,新的减税降费措施是中国为重振经济而推行的调整计划的一部分。

报道评论称,通过减税降费,中国政府希望增加该国所有地区居民的收入,以提升国内消费能力。国内消费能力被视为经济增长的重要推动力之一。

4月1日,中国的增值税减税政策正式实施。随后,路易威登、古驰、苹果等国际知名品牌降低了其产品在中国市场的售价。

除了这些行动之外,中国国家机构今年的"三公"经费支出也将进一步减少。"三公"经费是指公务接待、因公出国(境)和公务用车方面的开支。

此外,中国加快了修订重要法规和政策的步伐,报道认为,这将促进外国投资的增加。

报道称,中国将放松对市场准入的控制,进一步缩减外商投资准入负面清单,并在更多领域允许外资独资经营。

另据新加坡《联合早报》网站4月5日报道,中国政府一连两天宣布一系列减轻企业负担的措施,包括降低政府和经营服务收费,下调对进境物品征收的行邮税税率,并降低社会保险费率,以扩大进口和促进消费。

综合媒体报道,中国国务院总理李克强在国务院常务会议上宣布,从今年7月1日起将进一步降低中小企业宽带资费、工商业平均电价、铁路货物执行运价以及港口收费等行政事业性收费,实施后全年将为企业和群众减负3 000亿元人民币以上。

对于企业而言,专利申请和商标注册也会有明显的降费,其中商标续展注册费将由1 000元降为500元。

会议指出,为配合上个月通过的外商投资法实施,会议通过了一批配套的法律修正案草案,建议在行政许可设定和实施原则中增加"非歧视"原则,并加大对侵犯商标专用权行为的惩罚力度。

会议还决定,从4月9日起,将调降对个人携带进境的行李和邮递物品征收的行邮税税率,其中对食品、药品等商品,税率由15%降至13%;纺织品、电器等由25%降为20%。

报道称,中国将放松对市场准入的控制,进一步缩减外商投资准入负面清单,并在更多领域允许外资独资经营。

另据新加坡《联合早报》网站4月5日报道,中国政府一连两天宣布一系列减轻企业负担的措施,包括降低政府和经营服务收费,下调对进境物品征收的行邮税税率,并降低社会保险费率,以扩大进口和促进消费。

综合媒体报道,中国国务院总理李克强在国务院常务会议上宣布,从今年7月1日起将进一步降低中小企业宽带资费、工商业平均电价、铁路货物执行运价以及港口收费等行政事业性收费,实施后全年将为企业和群众减负3 000亿元人民币以上。

对于企业而言,专利申请和商标注册也会有明显的降费,其中商标续展注册费将由1 000元降为500元。

会议指出,为配合上个月通过的外商投资法实施,会议通过了一批配套的法律修正案草案,建议在行政许可设定和实施原则中增加"非歧视"原则,并加大对侵犯商标专用权行为的惩罚力度。

会议还决定,从4月9日起,将调降对个人携带进境的行李和邮递物品征收的行邮税税率,其中对食品、药品等商品,税率由15%降至13%;纺织品、电器等由25%降为20%。

(二) 新媒体

1. 中央和地方政府网站

李克强主持召开国务院常务会议部署加大对民营经济和中小企业支持等 [见二维码5(5-87)]

李克强考察三大银行普惠金融部并在银保监会主持召开座谈会:进一步采取减税降费措施,运用好全面降准、定向降准工具 [见二维码5(5-88)]

史上最大规模减税的受益者为何是小微企业?李克强为你详解缘由 [见二维码5(5-89)]

二维码5

国务院这一年关键词:减税降费 [见二维码5(5-90)]

李克强考察财政部:让减税的真金白银切实落到企业的口袋 [见二维码5(5-91)]

深化增值税改革实施倒计时10天,李克强来到税务总局这间办公室 [见二维码5(5-92)]

增值税减税配套措施来了,李克强这样说 [见二维码5(5-93)]

切实降低企业社保缴费负担 李克强严令政府要说到做到 [见二维码5(5-94)]

李克强:用更大规模减税助力企业打好"金算盘" [见二维码5(5-95)]

降低社保费率成效显现! 上半年企业"三险"缴费减少逾1 280亿 国务院:要确保政策不打折扣 [见二维码5(5-96)]

李克强主持上半年经济形势座谈会释放什么信号 [见二维码5(5-97)]

总理听取减税降费实施汇报　明确全年减税降费总额将超2万亿 ［见二维码5（5-98）］

我省全面落实减税降费政策　前4月共减税18.9亿元 ［见二维码5（5-99）］

上海今年减税降费力度空前　预计为全社会再减负约1 835亿元 ［见二维码5（5-100）］

我省规范机关事业单位收费　划定11种违规收费行为 ［见二维码5（5-101）］

北京市不折不扣落实减税降费政策全力优化营商环境 ［见二维码5（5-102）］

2. 国家税务总局和省（区、市）税务局网站：

国家税务总局全力推进减税降费政策落实 ［见二维码5（5-103）］

国家税务总局召开新闻发布会用实实在在的硬举措确保减税降费政策措施落地生根 ［见二维码5（5-104）］

山东政策组合拳持续发力，21个行业大类全部受益，民企受惠最大——减税近千亿，"催化"新动能 ［见二维码5（5-105）］

减税降费助力广东经济稳增长 ［见二维码5（5-106）］

二维码5

天津税务："清单式"辅导"滴灌式"服务落实税收优惠政策 ［见二维码5（5-107）］

减税利企好效应让重庆营商环境更优 ［见二维码5（5-108）］

3. 知名微博和微信客户端 ［见二维码5（5-109）］

纳税人喜迎新年"减税大礼包" ［见二维码5（5-110）］

减税降费政策落地！受惠小微企业过了一个称心年 ［见二维码5（5-111）］

化风险　解难题　优服务！减税降费提振企业拓展海外市场底气 ［见二维码5（5-112）］

二维码5

第六部分　学者观察

一、高培勇[①]：聚焦高质量发展语境下的减税降费

聚焦高质量发展语境下的减税降费

（来源：财政部网站 2019年10月23日）

党的十九大提出，我国经济发展由高速增长阶段进入高质量发展阶段。这应是我们今天讨论减税降费话题的语境。

与高速增长阶段大不相同，转入高质量发展阶段的中国经济所面对的主要矛盾是结构问题而非总量问题，矛盾的主要方面在供给侧而非需求侧。这意味着，转入高质量发展阶段的减税降费，应作为供给侧结构性改革的举措之一，其主要目标应锁定于降成本，瞄准结构调整，着力点落在供给侧。它的基本行动逻辑是，减税降费可减少作为企业产品和服务价格构成要素之一的税费成本，进而降低企业的生产经营成本。企业生产经营成本的降低，或有利于企业优化供给结构，或有利于企业提升供给质量。无论是供给结构的优化，还是供给质量的提升，最终都会收获推动经济发展质量变革、效率变革、动力变革的效果。

今年的减税降费操作就是聚焦高质量发展、"注重以供给侧结构性改革的办法稳需求"的具体体现。全年实施的减税降费规模高达近2万亿元，其中主要体现在当年一般公共预算减收。就规模和力度而言，无疑是空前的。然而，跳出规模和力度的局限而伸展至具体的操作层面，还可以发现，今年的减税降费有着鲜明的特点：

其一，与以往的实践有所不同，减税降费所涉及的重头是增值税而非企业所得税。这说明，今年的减税降费，其主要目的是给企业降成本而非扩需求。再注意到增值税的减少主要是通过税率的降低实现的，增值税税率的降低又主要体现在适用于制造业的标准税率上（从16%降至13%），也可以进一步说，今年的减税降费，其主要目的是给实体经济部门而非其他部门降成本。

其二，与以往的实践有所不同，减税降费规模与财政赤字增量之间是存有较大差距的。这说明，今年的减税降费，主要不是以增列赤字、增发国债办法来支撑的。再注意到减税降费的同时，中央财政一般性支出压减5%以上、三公经费再压减3%左右、长期闲置资金一律收回、增加特定金融机构和央企上缴利润以及地方政府主动挖潜、优化支出结构等方面的行动相继推出，也可以进一步说，今年的减税降费，其主要的财源支撑在于"节用裕民"——与削减政府支出相挂钩，以政府的"紧日子"换取企业的"好日子"。

其三，与以往的实践有所不同，减税降费是通过税费制度改革而非政策调整的途径加以实施的。这说明，今年的减税降费并非临时性的操作，而是立足于长久之计的减和降，系持

[①] 高培勇：中国社会科学院副院长、党组成员、学部委员，中国社会科学院经济研究所所长、教授、博士生导师。

续有效的行动。再注意到举凡改革行动往往要与既定改革规划相挂钩，循着既定改革方向而展开，也可以进一步说，今年的减税降费，主要不是着眼于熨平经济周期的短期安排，而系立足于解决经济运行中的结构性矛盾、实现经济持续健康平稳发展的长期战略。

综上所述，今年的减税降费以给实体经济降成本为主要目标，以节用裕民为支撑财源，以制度变革为实施途径，在归宿点、支撑财源以及实施途径上都有特别讲究，而并非"一锅煮""一勺烩"。换言之，减税降费的主要目标在原有"扩需求"的基础上，添加了"降成本"，且以后者为主。如此的安排，实系聚焦高质量发展的具体体现。在当下的中国，我们应以习近平新时代中国特色社会主义经济思想为指导，将以减税减费为主的积极财政政策纳入推进高质量发展和供给侧结构性改革的棋局之上，并真正付诸实践，以切实可行又管用见效的行动方案推动各项政策落到实处。

高培勇：中国减税降费走出新路［见二维码6（6-1）］

我们究竟需要什么样的减税降费？辨识来自于两个维度的两套分析答案［见二维码6（6-2）］

二维码6

二、邓力平[①]：中国特色的减税降费观

中国特色的减税降费观

（来源：《当代财经》 2019年6月15日）

2018年11月以来，习近平总书记在多次重要讲话中，反复强调要加大减税降费力度，实施更大规模减税和更明显降费。2019年我国财政税收与经济社会最重要的政策运用之一就是减税降费。当前世界各国都在减税，这是事实与趋势。但在把握市场经济对轻税政策一般共性的同时，还应明确不同国体政体、不同市场经济实现形式、所处不同发展阶段等重大因素对特定国家减税进程的要求。基于这一判断，笔者提出"中国特色的减税降费观"，以此来理解当前减税降费的重大决策与主要特征，为这一重要税制优化与政策运用提供理论支持与有力佐证，具体体现为六个关系的把握。

一、重大决策与贯彻落实

"重大决策与贯彻落实"讲的是决策与落实的关系。简言之两句话，一是减税降费是以习近平同志为核心的党中央作出的重大决策；二是中国税务人的任务就是要全力贯彻落实党中央的决策部署。这里谈三点认识。

其一，要坚持"党管税收"的基本原则。在我国，税制的长期设置与减税降费的实施都必须明确制度性要求，不仅要考虑与基本经济制度相适应，更要考虑坚持党的全面领导。

---

① 邓力平：厦门大学教授，博士生导师。

当前更大规模的减税降费是党中央总揽全局、应对国内外各种风险与挑战而作出的重要部署，是坚持党领导经济、领导税收的要求，是"党管税收"原则的现实体现，各方面都要全力贯彻，而作为党领导下的中国税务铁军更是落实这一决策的主力军。税务机关必须在坚持党长期执政、在中国特色国体政体的制度背景下，研究落实党中央确定的减税降费任务，实打实、硬碰硬地让减税降费政策措施落地生根。我国税收是社会主义国家税收。税收无论是今天减一点或是未来可能增一点，都是党中央根据形势发展作出的重要判断，都是党中央领导经济工作的重要体现，既要为经济社会发展与政府职能服务，也要为党长期执政、全面领导服务。

其二，要把握决策和落实的基本要求与实现落实目标的制度性优势。今年税收宣传月的主题确定为"落实减税降费，促进经济高质量发展"，体现的就是这一重要关系。税收宣传月第一次把减税降费放在税收收入任务前面，就是体现决策要求与时代特征。在这里，中央的决策是"减税降费"、目标是"经济高质量发展"；而税务部门的任务是"落实减税降费"，目标是"促进经济高质量发展"，而贯彻落实的重要保障就是党领导下的"集中力量办大事"的制度性优势、制度性安排与制度性保证。当前各国都在减税，但各国实施减税的方式据制度与体制各异。美国特朗普政府减税，美国联邦税务部门的任务是什么？回答是"该干什么还干什么"，没有全力"落实"一说。这是由美国"多党制""三权分立"与"两院制"国体政体特征决定的。而我国与之有着根本区别。我们是党领导下的税务铁军，始终必须且能够做到"提升站位、围绕中心、服务大局、尽锐出战"。我们要实打实、硬碰硬地确保减税降费政策落地生根，确保党中央的政策"红包"及时送到纳税人与缴费人手上。对此，我们必须时刻明确、牢记在心。

其三，中国特色的"经济税收观"有助于我们做好贯彻落实。从28年前第一个税收宣传月的主题"税收与发展"，到今年的主题"落实减税降费，促进经济高质量发展"，一路走来讲的都是"税收"与"发展"关系，都是在坚持"经济税收观"理念，既一以贯之又与时俱进。当前，我们要发挥"经济决定税收、税收作用经济""政治引领税收、税收服务政治"优势，做好"落实"，实现"促进"。在贯彻落实减税降费政策的过程中，税务机关要关注税收与经济关系。在新时代中，经济高质量发展是税制改革的遵循与目标，强调的是经济对税收"有影响"；而减税降费要服务于国家经济高质量发展，强调的是税收对经济"可作为"。两者最终达到"经济高质量发展呼唤减税降费，减税降费促进经济高质量发展"目标，我们要在实践中不断体会，赋予时代内涵。

二、光荣任务与收入职能

"光荣任务与收入职能"讲的是主题与主业的关系。这里有两层意思，即要在完成落实减税降费光荣任务这一"主题"的前提下，依法完成"预算确定的税费收入任务"这一税务"主业"。谈三点体会。

其一，要把握近年来已在进行中的减税降费进程，为理解当前"加大力度""更大规模减税"与"更明显减税"要求提供坚实基础。2015年11月，党中央审时度势地提出供给侧结构性改革，开始实施以"结构性减税"为标志的减税降费政策。2016年，全面推进营改增试点，开始以降税率为主的深化增值税改革。2017年，增值税改革的主要内容是取消13%的税率，将四档税率变为17%、11%和6%三档。2018年，将17%和11%的增值税税率又分别降低1个百分点，改革后适用税率分别为16%、10%和6%。同时，2018年个人所得税改革的主要内容是提高个人基本减除费用扣除标准以及调低相应税率级次。这些持续的政策带来了实实在在的减负效应，2015年减负5 000亿元，2016年为8 000亿元，2017年为1万亿元，2018年为1.3万亿元，为应对经济下行压力、增强微观主体活力起到了重要作用。在这过程中，税务部门的有效执行确保了政策的落实，并完成了"机构合并"与"税费统收"等许多重要任务。

其二，要把握当前加大减税降费力度的特征与要求。进入2019年，总量达2万亿元的更大规模减税降费全线铺开，特别是"深化增值税改革，将制造业等行业现行16%的税率降至13%，将交通运输业、建筑业等行业现行10%的税率降至9%，确保主要行业税负明显降低；保持6%一档的税率不变，但通过采取对生产、生活性服务业增加税收抵扣等配套措施，确保所有行业税负只减不增，继续向推进税率三档并两档、税制简化方向迈进"。与此同时，明显降低企业社保缴费负担，下调城镇职工基本养老保险单位缴费比例，各地可降至16%。这样的变化意味着不仅从供给侧发力，更是通过政府的自我变革，进一步释放微观个体的经济活力，特别是通过这次减税降费，让民营企业、中小企业真正地体会改革力度与目的，稳住了预期（王军，2019）。

其三，要处理好完成减税降费重要政治任务与依法征收预算确定的税费收入的关系。税务部门在全面完成党中央交给的减税降费光荣任务的前提下，还要全力依法完成预算确定的税费收入任务。必须认识到，"收好税、带好队"，是中国税务人长盛不衰的口号，一以贯之，始终有效。对于"预算确定的税费收入任务"，按照预算法和相关法律的要求，必须全力完成之。要明确在我国制度性安排下，收入任务必须长期存在，同时必须在法定框架内完成。西方没有税收任务这一说，只需要依据《税收征管法》和单项法规收税。而我国则不同，在"经济税收观"与"集中力量办大事"等制度性特征下，要始终坚持"以支定收"和"以收定支"的辩证统一，税收任务都须长期存在。同时，在向支出预算和政策拓展的新预算管理体制下，年度支出是刚性的，而预算收入是预测性的。但是，预测性税收任务一经人大批准，就是法定的税收任务，执行预算确定的法定任务指标就是依法治税。这一观点是理解当前依法征管与税收任务的关键。与此同时，在执行法定任务过程中，税务机关还要避免"多征、提前征收"等"收过头税"问题及"减征、免征、缓征"等"藏富于民"问题。最后，预算确定的收入任务因各种原因的确难以完成的，可以采用法定调整办法进行变更。对于上述这些近年来已经形成的中国特色收入任务观的理论基础、法律依据与成功实践，我们在全力完成今年减税降费任务的同时，还必须予以坚持。一方面，税务部门依然要做到依法征收、应收尽收，依然必须将履行了法律程序的《政府工作报告》中确定的收入任务完成纳入绩效考核。另一方面，各地可根据当前减税降费进程，在适时实事求是地考虑法定收入任务完成的可能，统筹考虑财政可持续性，必要时依据法定程序来调整收入任务，这也是依法征管与收入任务结合的内在之义。

在当前税收宣传月中，这一"主题"与"主业"的辩证关系要能让纳税人与缴费人充分理解。以2019年制造业对应的增值税改革为例，增值税税率从16%降到13%，我们首先要实打实、硬碰硬地将这3%的减税让纳税人得到享受；但是，从0到13%，纳税人必须依法纳税，税务部门必须依法征收。这一辩证的两个方面都体现着中国特色的减税降费进程。中国税务铁军不能像西方税务局那样，即便是减税，也是"有钱收钱，没钱拉倒"。我们要落实党中央的减税降费政策，同时也要完成预算确定的税费任务。政治任务和收入职能是统一的，都必须完成。

三、长期要求与特定使命

"长期要求与特定使命"讲的是长期与短期的关系。特定使命强调的是减税降费政策出台的时代背景与基本要求，前文已有论述。这里强调的是作为市场经济、特别是社会主义市场经济对减税降费的长期要求与必须注意的形式运用，主要谈三点认识。

其一，要把握市场经济一般对"减轻负担、轻税政策"的长期期盼。按照市场经济的基本要求，就是必须"使市场在资源配置中起决定性作用"，而市场经济的基本特征就是"供求决定、价格导向"。在这一机制中，税收并不是天然存在的。随着税收变量的加入，税收必然对市场主体行为产生扭曲作用，从而对价格形成产生影响。市场不欢迎税收，但经济行为主体必须与税收同在，税收从来都是一种"必要负担"。所以，必须寻求市场经济下合理的税收定位。这就是要坚持"把握税收中性、缴纳必要税收、不忘减轻负担"的基本判断，要做到"取之有道"，即税收在获取必要收入的同时，尽可能地降低税收负担，尽可能地减少对供求决定的影响和对价格形成的扭曲。循此逻辑，实施轻税政策、尽可能降低负担就是市场经济体制的长期要求。社会主义市场经济作为市场经济的一种表现形式，也应该服从这一共性要求。

其二，要把握社会主义市场经济下对减轻行为主体负担的特定要求与特殊平衡因素。笔者的基本观点是，要从坚持"以人民为中心"发展思想与市场经济相结合的高度，从坚持我国税收之"人民税收"基本属性与用好市场经济相结合的高度，来认识社会主义市场经济下"必要收入"与"减轻负担"的关系。必须强调，"以人民为中心"的市场经济就是社会主义市场经济，而以资本为中心的市场经济就是资本主义市场经济。社会主义市场经济下的政府，是党领导下的人民政府，担负着繁重的任务。西方政府只被局限为满足一般公共需要的有限职能，而我们人民政府则不同，其承担责任是扩展的，定义是"全面的"，因而必须"有足够的钱办必要的事"，必要税费是增强人民群众获得感的重要保障。因此，我们既要看到税费共同为国家职能发挥的积极保障作用，又要看到"减税降费"作为一个体制性表述就有比"降低税负"更广义的内在含义，必须始终统筹考虑。

其三，要探索社会主义市场经济下实施减轻税费负担的表现形式。要强调的是，在以资本为中心的资本主义市场经济下，即使一些具有"劫贫济富"的税制改革措施有利于提高市场资源配置效率，但在我国"以人民为中心"的社会主义市场经济下也必须慎用限用，甚至不用。以美国为代表的西方税制改革为例，相当一部分税制改革的长期原则是"劫贫济富"，就是让效率较低的企业和个人税负有所上升，同时效率较高的企业和个人税负相应下降。这一设计背后的逻辑是在"小政府、大社会"的环境下，通过税制调整将资源集中在效率较高的企业和个人手中，期待微观主体加大投资，以促进经济发展。但社会主义市场经济必须实现社会主义根本目的，到21世纪中叶，要把我国建成富强民主文明和谐美丽的社会主义现代化强国，并基本实现全体人民的共同富裕。因此，我们的税制改革绝不能"劫贫济富"，必须"以人民为中心"。以本轮个人所得税改革为例，不论是基本减除费用标准、六项专项附加扣除，还是反避税条款的加入，都预示着我国个人所得税向着公平公正方向迈出重要一步。其基本思想还是既有利于市场经济体制的运行，又有利于实现"以人民为中心"的社会分配格局。

四、税费同行与效应把握

"税费同行与效应把握"讲的是形式与效应的关系。在各国都处在单一"减税"的进程中，我国实施的是具有特色的"减税降费"组合。这实质上就要求我们把握"税费同行"的特点，努力实现这一政策组合的效应最大化。这里谈三点认识。

其一，"税费同行"首先是"税费同在"。既要明确"税费同在"是一般市场经济下政府收入形式的共性，更要明确"税费同在"组合在我国制度安排下的特性。就前者而言，要明确"税费归位"的一般意义。总体上说，税收的强制性、无偿性与固定性特征强于一般性的政府性收费，税收与政府性收费的使用范围与层次都有区别，这些已有共识。就后者而言，要看到当前各国都在依据国情与制度特征实现税费归位，我国多年来同样也在此潮流进程中。从 20 多年前的"费改税"，到后来持续实施的"税费分流"与"税费归位"改革，我们已经在市场经济下把握了税收与收费的不同特征。但是必须指出，我国政府的职能范围绝不是西方的"小政府、大社会"范式。事实上，公有制基础上人民政府要做的事就比私有制基础上政府要做的事更多。因此，就与政府行为相联系的"谁使用、谁付费"的收费等非税收入而言，不论如何降低费用，我国政府收费都还是会比西方政府更多。当然，这也意味着在一定阶段我国政府降费的空间也比西方政府更大，至少较易据形势变化而阶段性地进行调整。与此同时，作为发展中且迅速进入老龄化社会的我国来说，人民政府确保社会保险制度可持续健康运转的责任也更大，必要的社会保险缴费水平与统筹层次安排都是长期任务。因此，我国总体"税费同在"的格局与西方国家有所区别是客观存在。对于经济行为主体而言，税收与收费都是"必要负担"的现实将长期存在。所以，"减税降费"成为中国特色的重要减负措施就是一种必然。

其二，"明确税费差异、完善收缴方式"本身就是当前提升减税降费效应的题中之意。在前一阶段，随着税收征管体制改革的到位，我们探讨的是税务机关如何完成"预算确定的税费收入任务"。当时，笔者建议要坚持"税费任务有共性，税费差异要把握，征管方式需协调，依法规范能完成"的思路，把握"税费归位"规范与当前共同承担的统一，明确税务部门参与编制税费预算的必要性，把握税费之间、纳税人与缴费人之间差异，认识税费长期征管强度的差异与当前统一规范征收的渐进关系。在这些认识的基础上，把握税费收入任务实现的力度与节奏。而在减税降费新阶段的今天，我们要充分考虑减税降费新条件下的"税费同行"特征，努力使这一政策目标效应最大化，并在此基础上实现税费统收任务的统一。在落实当前降费政策的同时，笔者建议要从理论与实践的结合上考虑税费征收的差别，特别是在纵向与横向结合的角度上考虑征收方式改变的社会影响。我国税费同在、税费同降的现实提醒我们，要把握"税费统管"形式逐步实现、税务局逐步转向收入局、"联办迅速提升效率"等新征管模式运行对市场经济主体的影响。既要坚持为国家税费款项足额及时入库感到自豪的基本观点，又要将因效率提升而实际产生的税费负担作为新一轮税费制度改革的重要平衡因素。特别是对社保费等征缴力度的把握。要从根本上避免出现"在完善社保缴费征收过程中，没有充分考虑征管机制变化中企业的适应程度和带来的预期紧缩效应"等问题。税务部门应严格按照中央要求，令行禁止，有效执行对社保费等非税收入"不自行集中收缴"的要求。这是我国"集中力量办大事"的制度性优势的要求。从长远看，我们还要从理论与实践的结合上把握税费收缴的内在差异，尽快制定出合法、规范、适度的费用收缴机制。中国税务学会、中国国际税收研究会等也要在这方面多作贡献。这种长期与短期结合的收缴机制安排,既能事实上配合社保费等政策性降低效应的实现,也能从长远对行为主体形成合理预期,从而有助于提振信心,增强活力,还能树立正确的法定缴费观,支撑国家社保制度的可持续发展。

其三,"税费同行"当前主要体现为"税费同降"。因此,我们要探寻同时减税降费政策效应的最大化、合力化和机制化。减税降费政策目的要形成促进经济发展的合力,是要使减税降费的"红包"能够发挥应有效应。从需求方看,不论是个人所得税的改革还是增值税的减税,都将促进个人可支配收入的增长,其最终结果是要促进消费增长,扩大国内需求市场。而从供给侧看,这次的普惠性减税和结构性减税要与明显降低企业收费形成合力,促进企业多投资、多研发,将减税降费的款项转化为实际发展,扩大实体经济规模,助力供给侧结构性改革。只有这样,我们期盼的减税降费才能够有效促进经济高质量发展。

事实已经表明,我国"减税降费"是一个长期的过程。"税费同在"的特殊性决定了"税费同降"的复杂性,税费的同降也有不同的效应影响,都要在实践中加强研究、分类施策。例如,这次降费的重要内容是社保费的降低。根据国务院办公厅《关于印发降低社会保险费率综合方案的通知》(国办发〔2019〕13 号)的规定,其主要内容包括:一是"降费率",即明显降低企业社保缴费负担。下调城镇职工基本养老保险单位缴费比例,各地可降至 16%。二是"降费基",即以全口径城镇单位就业人员平均工资作为核定职工缴费基数上下限的指标,通过口径调整来降低实际缴费负担。三是"稳征收",即稳定现行征缴方式,各地在征收体制改革过程中不得采取增加小微企业实际缴费负担的做法,不得自行对历史欠费进行集中清缴。继续执行阶段性降低失业和工伤保险费率政策。四是长期性体制安排与阶段性降费同时发力,力图实现阶段效应与长期预期的叠加。此外,应同时加强社保制度的深化改革,如加快推进养老保险省级统筹改革、继续提高企业职工基本养老保险基金中央调剂比例、划转部分国有资本充实社保基金等。而在降低政府行政事业收费方面,我国也有很多举措,如专项治理中介服务收费、继续清理规范行政事业性收费、加快收费清单"一张网"建设,让收费公开透明,让乱收费无处藏身。就目前趋势而言,自 2019 年 3 月宣布减税降费计划、特别是 4 月与 5 月减税与降费措施的落地以来,困扰我国多年的"死亡税率"与"过重负担"舆论指责已经没有市场,经济行为主体预期已经稳定,"税费同降"的效应正在显现,支撑财政可持续与社保可持续的组合措施也在跟上,起步良好,效应可期。

五、减负期盼与民生刚性

"减负期盼与民生刚性"讲的是期盼与现实的关系。一般共性而言,谁都期待减税降费,但同时谁都不希望降低社会福利水平,因此,努力缓解这一矛盾是长期目标。古今中外,无论是自然人还是法人,所有纳税人都希望税负尽量低,但在期盼减负的同时,自然人都不愿意降低民生与福利水平,企业都不愿意看到营商环境退化与服务能力丧失。这是一个长期矛盾,解决之从来都必须把握"度"。而在今天实施大规模减税降费的进程中,恰逢"加长版"的税收宣传月之际,笔者认为还是应对这一矛盾及其潜在影响有所警觉,必须在宣传减税降费重要意义与实际效应的同时,持续做好税费宣传引导工作,使我国收入事业发展始终有一个良好的舆论环境。这里谈两点认识。

其一,继续坚持"能减必减、应收尽收"的宣传思路。在新时代中国特色社会主义发展中,作为党长期执政领导下的人民政府,既要努力降低经济主体的税费负担,又要有足够的财力满足人民群众对美好生活的追求。无论从哪个方面看,人民政府都要全力实现"以人民为中心"的发展思想。一方面，当前我国降低税费就是为了减轻企业负担、增加经济活力，发挥市场效应。人民政府既要努力确保民生支出水平不降，又要站在"以人民为中心"的高度来认识"过紧日子"的必要性。"过紧日子"不仅是财政方针，更是我们事业成功的重要保证。党和政府带头"过紧日子"，目的是为了老百姓过好日子，人民政府还在努力提高财政资金的使用绩效，营造良好的营商环境。正是在这样的基础上，我们一定能做到"能减必减"。另一方面，在宣传上还是要强调"应收尽收"，这是促进经济发展、保障必要民生、提供公共产品、履行公共职能之必须，道理大家都懂，强调依然必须。新时代对人民政府妥善处理减负期盼与支出刚性的矛盾提出更高要求，我们在相信人民政府能够做到这一点的同时，还需要对纳税人与缴费人在这两方面的要求进行正确引导，形成可行预期，确保财政可持续发展。

其二，与时俱进地用好税收宣传月平台。税收宣传月本身就是中国特色税收发展的产物，一路走来已经是第28个年头，成绩斐然，值得总结。从税收宣传月的宣传主题看，我们经历了"税收与发展""税收与改革""税收与法制""税收征管与市场经济""税收与文明""税收管理与依法治国""依法治税强国富民""税收与未来""税收与公民""诚信纳税利国利民""依法诚信纳税共建小康社会""依法诚信纳税共建和谐社会""税收·发展·民生""新常态·新税风""聚焦营改增试点、助力供给侧改革""深化税收改革、助力企业发展""优化税收营商环境，助力经济高质量发展"，直到2019年的"落实减税降费，促进经济高质量发展"。可以看出，这些宣传主题既强调了前述的税收与发展关系，强调了税收"围绕中心、服务大局"的一贯做法，又在事实上将收入与支出联动地加以宣传了。多年来的宣传主题，不少都强调了税收在民生和发展中的作用，强调的是有了税收、税收助力发展、发展改善民生的关系，这是中国特色的民生发展观的体现。我们的这种认识与安排既一以贯之，又与时俱进。要在经济发展的前提下，保障与改善民生，税收一定要在此过程中起积极的作用。我们的宣传要与减税降费，与改革红利，与每一位纳税人的心中、口袋中、手上的好处有机地结合起来。简言之，应收尽收与"放水养鱼"是统一的，都是为了实现"满足人民日益增长的美好生活需要"这一目标。从这个意义上说，特别是税务局已经成为收入局的今天，税收宣传月不仅仅应该事实上定位为收入宣传月，而应该拓展为收支联动宣传月。

六、纳税个体与人民群众

"纳税个体与人民群众"讲的是部分与全局的关系。党的十八大以来，以习近平同志为核心的党中央明确提出要"增强人民群众获得感"，这是党对人民群众的庄严承诺，是时代强音。各行各业都要为"增强人民群众获得感"作贡献，税务部门也不例外，已经围绕这一主题从税务角度做了大量工作，并相应提出"增强纳税人获得感"的口号。笔者对"增强纳税人获得感"的提法表示理解、赞同和支持，但笔者同时认为，对这一提法的把握要注意下面两点。

其一，要全面理解"增强纳税人获得感"的正确含义。笔者将这一含义理解为不可或缺的三个方面。一是"依法纳税有获得感"。虽然纳税人缴税是一种必要负担，但是纳税人基于对"必要"的深刻认识，基于对"依法"的认真履行，当纳税人知道其缴纳的税收有助于改善民生，有助于促进经济发展，能够为实现"两个一百年"奋斗目标作贡献，自然就会有获得感。常说"纳税光荣"就是获得感，"依法纳税"就是获得感。对这一获得感的理解是基本的，必须长期坚持。二是"得到服务有获得感"。无论是税务部门提供的与依法征管相对应的"纳税服务"，还是税务部门为政府"放管服"改革提供的"税收服务"，抑或是这次减税降费中从"服务"大局而提供的"减税服务"和"降费服务"，当然都能给纳税人带来获得感。三是"明显减税更有获得感"。由于税收实质上是经济行为主体必须承受的"负担"，因此，当减税实际上降低纳税人的税收负担时，这一降低自然会让纳税人有获得感，在经济学的意义上感觉更为明显。在当前落实减税降费的进程中，我们对纳税人减轻的负担是实打实、硬碰硬的普惠性和结构性减税，纳税人获得感自然会更加清晰。笔者认为，上述三方面共同构成纳税人获得感的内涵，在税收宣传中当然可以对其中一些侧面予以突出，当前应该特别突出"减税的获得感"，但总体上看应该全面把握其含义。我们不能形成"降低税费负担就有获得感，而依法缴纳税费和必要时国家提高税费就降低获得感"的误解。因为，必要的税费是"增强人民群众获得感"的重要财力保障，纳税人或缴费人对此必须始终有正确的理解。

其二，"增强纳税人获得感"的目标是为"增强人民群众获得感"作贡献。在我国制度安排下，纳税人及特定群体（主要指自然人）不能完全等同于人民；而在西方制度下，一些关于自然人纳税人及其群体的提法与做法在我国不适用。从这个意义上说，"增强纳税人获得感"不能完全等同于"增强人民群众获得感"，我们强调"增强纳税人获得感"和围绕这一概念所做的税收工作，包括当前落实减税降费的工作，目的都是为"增强人民群众获得感"作贡献。与此相对应，"以纳税人为中心"的提法也应局限在与依法征管和纳税服务范围内。对于这一点，必须始终做到头脑清醒，心中有数，把握新时代税收宣传的主动权。

作为本文的总结，笔者这里再谈谈学习习近平总书记关于减税降费重要论述的体会。2018年11月以来，习近平总书记先后在民营企业座谈会、中央经济工作会议、2019年新年贺词以及中央深改委第七次会议等多次重要讲话中，反复强调要加大减税降费力度，实施更大规模减税和更明显降费，做到简明易行好操作，实质性降低企业负担，确保减税降费政策措施落地生根，让企业轻装上阵，增强人民群众获得感。习近平总书记的这些重要论述是我们研究中国特色减税降费问题的指导思想，也是笔者提出上述六个关系的理论源泉。习近平总书记上面七句话的要求是明确的：首先，"要加大减税降费力度，实施更大规模减税和更明显降费"，体现的是党中央对减税降费的总体决策。其次，"做到简明易行好操作"与"确保减税降费政策措施落地生根"，这是党中央对税务铁军的要求。减税降费的实施主体就是税务机关，税务机关务必须完成党中央交办的各项任务。再次，"实质性降低企业负担"与"让企业轻装上阵"强调的是，这次减税降费的受益主体就是企业，是法人纳税人与缴费人，要让企业税负明显下降，焕发企业活力，从而实现高质量发展。最后，"增强人民群众获得感"，强调的是这次减税降费政策实施的最终目的，就是要通过落实减税降费，实现促进经济高质量发展的目标，就是要实现"增强人民群众获得感"的最高目标。这些重要指示对我们研究的指导意义就是，落实减税降费、"增强纳税人获得感"都是要服务与服从于"增强人民群众获得感"。这也就是我们研究中国特色减税降费观的根本目标。

三、李万甫[①]：关于当前减税降费若干问题的思考

关于当前减税降费若干问题的思考

（来源：《税收研究资料》 2019 年 3 月 1 日）

一、新时代减税降费的策略选择

1. 减税降费：习近平总书记关于税收工作重要论述的重点内容。

——自党的十八大以来，习近平总书记对税收工作发表了一系列重要论述，引领了税收改革发展向纵深推进，指明了税收改革发展的前行方向。

——有关减税降费的重要论述，是习近平总书记关于税收工作重要论述的重要内容。习近平总书记多次强调大力推进减税降费，特别是 2015 年以来，在历次中央经济工作会议上都阐述了有关减轻企业负担、推动实体经济发展等减税降费问题。2018 年 11 月 1 日在民营企业座谈会上的重要讲话，更是全面系统阐述了减税降费政策的重大意义，给民营企业吃了定心丸，也为全面开启更大规模减税降费提供了思想引领。之后，习近平总书记又多次作出重要指示批示，对做好减税降费工作提出明确要求。

——落实减税降费是重大政治任务和重大经济决策。落实好习近平总书记关于减税降费的重要指示批示精神，是加强"四个意识"、坚定"四个自信"、做到"两个维护"的重要体现。李克强总理、韩正副总理多次研究部署减税降费工作，召开座谈会，深入基层开展调研，统筹推进减税降费工作。财税等相关部门主动担当，平稳推进，地方各级党委政府积极行动、协调指导，确保减税降费落地生根。在当前经济出现新的下行压力，中美经贸摩擦升级等外部不确定性因素增大的情况下，减税降费是激发市场活力，应对经济下行压力的关键举措，是党中央、国务院的重大经济决策。

2. 减税降费：税收改革发展的主题。

——自党的十八大以来，国家陆续推出了一系列减税降费的重大举措，适应了经济转型发展的内在需求，顺应了改革发展的内在要求。

——以全面营改增试点改革实施为标志，减税降费进入了新的发展阶段，并取得了明显成效，得到了社会的广泛认同。

——以普惠性减税为特征的更大规模减税降费全面推行，助力小微民营企业和实体经济发展的减税降费政策举措陆续出台，效果渐显。税务总局提出确保减税降费落地生根是今年税收工作的主题，摆在组织税费收入工作前面进行部署。

3. 减税降费：契合供给侧结构性改革的内在要求。

[①] 李万甫：国家税务总局税收科学研究所所长、教授、博士生导师。

——以习近平同志为核心的党中央审时度势，大力深化供给侧结构性改革，助力高质量发展的主攻方向是供给侧，适当兼顾需求侧。

——按照"三去一降一补"要求，着力"降成本"，推出了以减税降费为核心的改革举措。此次更大规模减税降费，大大降低了企业的税收成本，高度契合了供给侧结构性改革需求。

4. 更大规模减税降费：应对经济下行压力的重大政策选项。

——减税降费是确保经济运行在合理区间的重要调控工具，在稳增长、促就业、调结构等政策目标实施中具有重要作用，也是体现税收在国家治理中的基础性、支柱性、保障性作用的关键举措，是众多政策选项中的首选。

——确保积极财政政策提力增效的主要手段。积极财政政策应当更加积极主动，把减税费与优支出有机结合，把普惠性减税与结构性减税相结合，为经济平稳运行提供宽松的财政环境和体制支撑。与2008年国际金融危机下积极财政政策主要靠增加财政支出，形成大水漫灌不同，此次更加注重从财政收入端为企业降成本、减税费，提升其作用功效。

——确保稳定预期目标实现的重大举措。高达近2万亿的减税降费规模，表明了党和政府的决心，也为市场主体增添了信心，向市场释放了强烈的信号，这是破解当前经济运行困局的关键点。

二、减税降费：推动政府与市场关系深度改革的重大举措

1. 税费是联系政府与市场关系的重要纽带。税收是国家机器运行的经济基础，并内生于市场机制中，并不是市场运行的外生变量。政府与市场的关系是经济改革的核心内容，政府与市场共融在市场体系的运行之中。税费作为政府的主要调控工具，影响市场运行。实施减税降费对理顺政府与市场关系具有深刻影响。

2. 减税降费是注重发挥市场在资源配置中的决定性作用和更好发挥政府作用的集中体现。减税降费有助于市场价格对资源配置的有效调节，反映市场供求状况，也有助于降低劳动力成本及制度性交易成本，增强企业的盈利能力。以市场化改革和市场机制有效运转作为政府行为的逻辑起点，培育市场主体，寻求政府有为有效的作为空间，增强市场自律性和自我修复能力，把握好调控的力度和节奏。

3. 减税降费将重塑收入分配格局。充分发挥税费在初次分配和再分配中的调节功效，规范收入分配格局。减税降费将降低政府在收入分配格局中的比重，相应增加企业和个人的收入份额，进一步理顺国家、企业、个人的分配关系。健全以税收、社会保障、转移支付等为主要手段的再分配调节机制，注重解决好收入分配差距过大，地区、行业的收入差距要缩小，提高低收入阶层的收入水平，培育中产阶层，调节高收入者。

三、减税降费政策的基本特征

1. 全面发力。

一是主辅税种同时发力。此次释放减税红利的税种覆盖面较宽，涉及十余个税种，涵盖了现行税制体系中的绝大多数税种，但主体聚集在增值税、企业所得税和个人所得税上面，极大提振了市场信心。

二是各种优惠方式全面发力。既有降低税率的优惠形式，也有税基式减免的方式，还有税额式或递延式减税方式，以及提高起征点、免征额的优惠形式，基于不同税种的属性差异、优化选择实施各类优惠方式并有机组合，形成了符合税种特点的减税优惠的"组合

拳"，达到了良好的减税效果。

三是直接减税与间接减税并行。既有减半征收、扩大扣除范围、拓宽优惠面、提高增值税起征点等直接减税政策，企业能够获得实实在在的现实红利，也有延长亏损弥补年限、制造业加速折旧政策等间接优惠政策，释放了较大的预期红利效应。

四是减税和降费并举发力。减税和降费并行推进，对于降低企业成本、规范企业财务核算、提升企业市场竞争力作用明显。

2. 精准发力。

一是聚集点集中。紧扣新时代高质量发展这一主题，直面经济运行中突出问题，2019年主要确保"六稳"目标，聚焦在制造业、小微及民营企业和个人，持续释放减税红利，助力经济高质量发展和市场活力的增强，助推民生状况的改善，符合减税政策的目标定位。

二是针对性强。所有减税降费政策的出台，指向明、针对性强，实施效果也更加明显。如助力实体经济发展，实施了降低增值税率等，助力小微企业发展方面，实施了提高小规模纳税人年销售额认定标准、减半征收所得税优惠大幅扩展等。一系列减税政策的实施、找准了经济运行中的薄弱环节，有针对性施策、施税，激发了市场活力和社会创造力的持续迸发。

3. 持续发力。

一是部分税收优惠政策是以往年度出台实施的，到期后继续执行，也有部分税收优惠是追溯实施的，确保政策实施的连续性。

二是深度发力。近年出台的诸多税收优惠政策，很大一部分是在以往行之有效的税收优惠措施的基础上，进一步扩大受惠面、拓宽优惠范围或加大税收激励力度，如连续下调增值税税率、小微企业减半征收等，税收优惠政策效果愈加明显。

4. 同向发力。

一是在坚持税制改革方向上推出的减税举措，如降低增值税税率，顺应了未来税制改革的变化趋势，提前释放出改革的红利。

二是通过改革税制，释放减税的红利。个人所得税改革中提高基本费用减除标准和增加专项附加扣除，不仅是个税改革的重要内容，也承载了为中低收入者减税这一改善民生的政策安排，具有一定的结构性减税特征，一系列个税制度创新，切实将减税主张融入改革进程当中，相得益彰，效果明显。

三是顺势破解了原有税制中的制度藩篱，既规范了原有制度中亟待解决的问题，又实现了减税目标，如增值税留抵退税，开启了完备增值税税制的先例，适应了减税的利益诉求。

四、中美减税政策比较

1. 减税背景和路径：中国面对经济下行压力出台减税政策，属于逆周期调节；美国在经济复苏强劲的情况下出台减税法案，属于顺周期调节。

中国出台大规模减税政策主要是为应对国内经济下行压力加大，面对新情况新变化，当前中国需要找到新的经济增长点，需要保持宏观政策连续性和稳定性，在区间调控基础上加强定向、相机调控，主动预调、微调。中国坚持以市场化改革的思路和办法破解发展难题，应对和解决经济下行压力加大时出台的减税政策，属于宏观政策的逆周期调节，是雪中送炭。

美国于2017年底推出减税法案时，其经济正处在强劲复苏阶段。2008年美国次贷危机引发全球金融危机，经济发展面临下行压力；2016—2017年，美国从国际金融危机中逐渐走出来，经济复苏迹象非常明显，在此情况下，出台了美国历史上30多年来最大的一次减税法案；2018年上半年美国经济增长较快，下半年经济增速平稳下滑，经济效益递减。美国国内专家认为，减税在经济衰退时期刺激经济最有效，然而，在充分就业和经济增长强劲的时期，本应增加税收或维持税收的自然增长，以解决长期财政赤字问题，而不是再一味削减税收。因此，美国减税法案的出台可以看作是顺周期调节，其短期刺激效应不会特别明显，长期看会逐渐递减。

2. 改革目标：中美都将稳增长、促就业、优结构作为减税的主要目标，但实施策略有差异。

中美两国在出台减税政策时都将促进经济增长、实现充分就业、结构优化作为主要目标，但是在具体实施手段上有一定的差异。

中国的减税降费尤其是2019年的减税政策目标是：保持经济增长在6%—6.5%的合理区间，形成精准的区间调控，稳预期，稳增长；首次将就业优先政策置于宏观政策层面，稳定现有就业水平并有合理增长，鼓励创新创业；调整结构，促进新旧动能转换，大力发展实体经济，不过度依赖银行、保险等虚拟经济（如：对银行、保险等金融服务无特殊优惠）。中国的经济增长仅次于印度（7%），但印度的经济增长缺乏就业保障，不持久。

美国出台税改法案时的目标定位是：促进美国经济增长，创造就业机会。美国就业处于充分状态，就业问题不存在，旨在更好更优的就业，而不是就业量；简化美国多年以来繁冗的税制；降低美国家庭特别是中产家庭的税收负担；减轻企业税负，使美国从最高税率的国家之一变为最低税率的国家之一，更具国际竞争力。通过税改解决结构不合理（只有高端，没有中低端）的问题，助力制造业回流，发展中端产业；解决过度依赖金融业、消费拉动比较疲软、基础设施比较落后等问题。

3. 减税内容和规模：中美都以降低税率为主，附以税基式减免，但调整的主要税种不同。

中国减税以降低增值税税率为主。2017年由四档降为三档，13%降为11%；2018年，17%降为16%，11%降为10%；2019年，16%降为13%，10%降为9%，对生产及生活服务类加计抵减。中国此次以降低增值税税率为主推进的减税降幅之大体现了决策者的魄力和决心。中国个人所得税税率结构作了调整，主要侧重中低收入阶层减税；提高了扣除标准，建立专项扣除。

美国减税主要集中在联邦税种，主要是公司所得税、个人所得税。大幅降低公司税税率，从35%降为21%。公司税占联邦税30%左右，个人所得税占60%以上。美国降低个人所得税最高档税率，提高了扣除标准。

中国2017年税费共减8 000亿—10 000亿元；2018年税费共减1.3万亿元，占税收总收入（13.7967万亿元）的9.4%，占GDP（90.03万亿元）的1.44%；2019年计划减税2万亿元。

美国国会预算办公室测算，美国10年内减税共计1.46万亿美元。平均每年减0.15万亿美元，按2018年美国GDP20.51万亿美元计算，当年减税只占GDP的0.73%。按照美国知名智库的预计，美国减税法案的减税规模远达不到预期。目前估测是按年度递减。

4. 减收弥补：中国比美国有更加灵活的筹措资金机制。

中国 2019 年减轻企业税收和社保缴费负担近 2 万亿元，这将给各级财政带来很大压力，财政赤字只提高了 0.2%。中央财政开源节流，通过特定国有金融机构和央企利润上缴、财政资金结余、一般性支出压减 5% 以上、"三公"经费再压减 3% 左右、长期沉淀资金一律收回等方式，弥补部分财政赤字；地方政府主动挖潜，大力优化支出结构，发行专项债，多渠道盘活各类资金和资产。

美国国会预算办公室（CBO）曾预计，2018—2028 年联邦财政赤字将增加 1.9 万亿美元。另据 CBO 测算，2018 财年联邦预算赤字高达 7 820 亿美元，同比增加 1 160 亿美元，相当于 GDP 的 3.9%（如剔除变动因素则为 4.1%），远高于 2017 财年 3.5% 的水平，赤字占比已连续 3 年增长，联邦债务率接近 GDP 的 110%，增长约 30 个百分点。目前美国没有更多的途径来弥补减税带来的收入减少，新的更大规模债务危机正在逼近。

5. 收入分配：中国减税政策利于中低收入群体，美国更利于富人。

中国个人所得税占税收收入 8%—8.2%。美国个人所得税占财政收入近 60%。中国收入分配不平衡主要在于初次分配。中美贫富差距的基尼系数差别不大，但两国的收入水平不同，美国整体收入高，中国整体收入低。

中国经历三次个人所得税改革：1986 年，主要针对外籍个人；1992 年，个人所得税全面整合，后续围绕起征点展开，进行修正；2018 年，将扣除标准从 3 500 元提高至 5 000 元，使个税纳税人削减至少三分之一，7 000 万人不用再担心承担个税；专项附加扣除三项变六项，由 7 000 万人增加至 9 000 多万人不用纳税；税率档次调整，体现对低收入阶层的优惠，月收入 2 万元以下收入群体的减税幅度超过 50%。

美国税改使高收入群体获益远高于中低收入群体。对于处于社会底层的工薪阶层而言，由于其收入本就难以达到个税起征点，故税改对他们的所得税税负几乎没有实际影响。根据加州大学洛杉矶分校法学院教授杰森·S. 欧的测算，2019 年，低收入家庭的税后收入预计上升 0.5%，约为 200 美元；高收入群体的税后收入增幅却将高达 3%—5%，达到 6.4 万美元。据税收政策中心预测，2018 年收入最低的后 20% 的家庭增加了 0.4% 的税后收入，收入最高的前 20% 的家庭，增加了 2.9% 的税收收入。到 2027 年，减税政策所产生的收益中有 83% 都将流向金字塔顶端人群。而对于那些贫困家庭而言，税改法案给他们带来的本就微不足道的减税效应到 2025 年之后也会消失，而到 2027 年，低收入群体平均会多交 264 美元的税款。

因此，中国个人所得税政策倾斜于中低收入阶层；美国对高收入阶层的个税优惠是一贯性的，美国认为只有对高收入阶层优惠才能更大幅度地使高收入阶层向市场涌入投资基金。中国缩小了贫富差距，美国不但未能扭转贫富差距，反而进一步加大了贫富差距。

五、实施减税降费值得关注的问题

1. 减税降费与地方财力保障。

——地方级税收收入预算未充分考虑减税降费因素，1—4 月份近 40% 左右的县市级税收收入出现了负增长，这一局面将会影响减税降费政策的落实，随着 5 月份部分降费措施的落地，地方财力问题将会愈加突出。

——地方各级税收收入预算较财政部代编的都有提高，税务部门面临既要落实减税政策又要完成预算指标的两难境地。各级地方财政状况普遍不容乐观，加剧了减税落地的难度。

——减税的主体税种均属共享税，但对央地财力的影响却有差别。减税带来的中央级财政短收弥补，相对有稳定的渠道，并没有较大幅度提高赤字率，而地方财力缺口尚缺乏稳定可靠的弥补渠道，将会加剧地方财政风险。

——加大转移支付力度，盘活财政存量资金和政府存量资产，增加地方国企利润上缴，压缩行政开支，优化支出结构，是解决地方财力困难的重要途径。

2. 增值税减税的作用机理与传导机制。

——增值税"中性"特征与优惠政策的效用问题。增值税负的均衡分布与抵扣链条的关联度极强，增值税优惠方式的选择均可能带来增值税的非中性特征，难以达成与政策初衷相吻合的状态。

——增值税减税效应有别于直接税，享受减税的主体具有不确定性，税负降低程度在各个环节上的分布具有非均衡性特征，根本在于上、下游企业在市场中的议价能力。而议价能力的大小主要取决于产品的供求弹性。减增值税，实质上是降低企业的"社会成本"，而如果企业的"私人成本"在上升，将会形成企业成本间的对冲，企业难以形成同等增加盈利的局面，但会提升市场主体的竞争空间。

——增值税减税改革对需求与供给两端的影响。外购不动产当期全部抵扣进项税，新增留抵税额予以退还等，有助于刺激投资需求，对消费价格的影响并不具有直接性，关联度不大，具有不确定性。

——大幅度、结构性降低增值税率，是此次更大规模减税的显著特点，承袭了2018年下调税率的走势，是最具影响的改革举措。降税率不会破坏增值税的"中性"，也能保持抵扣链条完整，符合增值税率改革方向。

——结构性下调增值税率，将会形成有升有降的结构性减税特征，两档原适用低税率的行业（原营改增试点行业）降负的程度会有差别，实行加计抵减优惠政策堪称我国首创，对生产、生活服务业具有一定的减负效应，对制造业等实体经济的作用效应较为明显。

3. 确保减税降费政策落地问题。

——税务部门是落实减税降费的"主攻手"。坚决依法征税收费，坚决不收"过头税费"，坚决落实减免税，坚决打击偷骗税。为确保减税降费政策落实，打通最后一公里，税务部门及时出台配套措施，优化纳税服务，加强政策解读和细化工作流程，确保减税降费落到实处，取得实效。

——正确看待依法征管和减税降费落地的关系。目前社会上时常还存在这样一种声音：一方面在严格落实减税降费、减轻税费负担，另一方面却在加大税收征管，试图减少组织收入压力，不符合减税降费的初衷。也有的将企业没有享受到减税的红利，归咎于税务部门，税务机关处于落实减税降费的风口浪尖。实质上说，依法征管与落实减税降费并不矛盾，可以说是相辅相成的。提高征管质效，减少税收流失，确保国家税收安全是税收征管的法定职责，也是确保减税降费政策落地的征管机制保障；落实减税降费，并非意味着放松征管、弱化征管，影响正常的税收征管秩序。

加强税收征管与落实减税降费，都是依法依规实施的，依法打击偷逃骗税等违法行为，是对纳税守法者的公平承诺，是税收法制公正的集中体现，而依法依规落实减税降费任务，也是确保纳税人充分享受改革红利的内在要求，对法定的坚守是妥善处理二者关系的基石。

4. 部门协同推进，切实形成落实减税降费共治格局。

——落实减税降费是当前重大政治任务。更大规模的减税降费是党中央、国务院统一部署实施的应对经济下行压力的重大战略举措，确保更大规模减税降费落实到位、激发市场主体活力，关系经济社会大局，关乎"六稳"目标的实现，必须从讲政治、讲大局、对党和人民事业负责的高度去认识和领会。

——确保减税降费落地生根见效，单靠税务部门或财税部门是难以完成的。此次更大规模的减税降费是综合性"一揽子"政策，这些政策本身就内含着各部门的职责权限，如制造业的认定、个税六项专项附加扣除等，无不需要各个部门的协同配合，协力推进，部门间信息共享尤为重要。希望各级地方政府要像关心税务部门组织收入一样，关心减税降费政策落地。

——注重精准协同施策，强化合力效应，构建共治格局。由党政统领、各部门协力，统筹推进各项工作，是中国特色社会主义制度优势的充分体现，在落实减税降费任务的过程中，加强部门间行政协调协助，探索经济治理中的共治机制，也是推动国家治理现代化难得的一次尝试。

落实减税降费应处理好"十大关系"［见二维码6（6-3）］

二维码6

四、郭庆旺[①]：减税降费的潜在财政影响与风险防范

减税降费的潜在财政影响与风险防范

（来源：《管理世界》 2019年6月15日）

一、引言

减税降费是我国深入推进供给侧结构性改革的一项重大举措，也是积极财政政策的重要组成部分。2013—2017年5年间，"累计减税超过2万亿元，加上采取小微企业税收优惠、清理各种收费等措施，共减轻市场主体负担3万多亿元"；2018年"全年为企业和个人减税降费约1.3万亿元"，2019年"全年减轻企业税收和社保缴费负担近2万亿元"。这种连续大规模减税举措，无疑对我国保持经济中高速增长，促进结构优化，经济长期向好的基本面不断巩固和发展做出了重要贡献。与此同时，我们也要看到，本轮以"减税降费"为核心的积极财政政策与传统的需求管理目标下的积极财政政策大不相同，不仅解决经济下行压力问题的切入点不同，而且对财政本身的影响也不同。习近平总书记多次强调要统筹"稳增长、促改革、调结构、惠民生、防风险"，因此在进一步落实减税降费政策的过程中，防范财政风险也是题中之意。

然而，减税降费对财政可能产生怎样的影响及其所蕴含的财政风险等问题，迄今尚未得到学界的重视。从现有文献来看，近年来学者集中讨论了"减税降费"的前奏——"结构

---

① 郭庆旺：中国人民大学财政金融学院教授、博士生导师。

性减税"特别是营改增的经济影响,包括营改增的减税效应(童锦治等,2015;曹越、李晶,2016;董根泰,2016;申广军等,2016;范子英、彭飞,2017)、价格效应(平新乔等,2009;程子建,2011;倪红福等,2016)、分工效应(陈钊、王旸,2016;范子英、彭飞,2017)、行业效应(杨默如,2010;王玉兰、李雅坤,2014;杨斌等,2015;李永友、严岑,2018;孙正、陈旭东,2018)等。虽然也有文献研究了营改增的财政效应,但主要测算的是其对税收收入的影响(胡怡建、李天祥,2011;胡春,2013;田志伟、胡怡建,2014;周彬、杜两省,2016)。

2015 年 11 月习近平总书记在主持召开中央财经领导小组第十一次会议上正式提出"供给侧结构性改革"之后,以"税收减免"和"取消或停征行政事业性收费"为主要内容的"减税降费"政策措施陆续出台,学界针对减税降费的性质(高培勇,2018)、成效(杨灿明,2017;陈小亮,2018;闫坤、于树一,2018;何代欣、张枫炎,2019)、问题与对策(杨灿明,2017;何代欣,2019;何代欣、张枫炎,2019;庞凤喜、牛力,2019)展开了深入讨论,但对于减税降费的财政效应尚无系统分析。

从某种程度上说,"减税降费"是自 1994 年"分税制"改革以来所实施的规模最大的制度性"减税"政策,不仅对微观主体行为、宏观经济运行产生巨大影响,也必将对财政自身产生深远影响。而减税降费的财政效应,不仅表现为财政收入效应,还有对财政平衡状况、财政收入体系以及地方财政产生的显著影响。如果忽视减税降费的财政效应,减税降费政策不仅难以维系,而且可能造成巨大的财政风险。因此,本文首先澄清减税降费的本质特征,然后在此基础上分析减税降费的潜在财政效应,最后从现代财政制度建设角度提出既要落实减税降费政策又要防范财政风险、保障财政健康发展的有效途径。

二、减税降费的本质特征

减税政策对经济活动和财政的影响取决于"减税"是小规模的还是大规模的、是需求激励型的还是供给激励型的、是临时性的还是长久性的。供给侧结构性改革进程中的"减税降费"具有以下 3 个相互关联的本质特征,这些特征决定了减税降费对财政影响的广度、深度和程度。

(一) 减税降费的持续针对性

从近 10 年的情况来看,我国四大主要税种(国内增值税、营业税、企业所得税和个人所得税)收入分别占税收收入和一般公共预算收入的比重平均为 70% 和 60%(如图 1 所示)。我国的减税政策针对的便是这些主要税种,而且前后两次进行了大规模减税。为应对世界经济衰退的外在压力,2008 年 1 月 1 日起施行的新企业所得税法将法定税率从 33% 降低到 25%,2009 年 1 月 1 日起在全国范围内实施增值税转型改革将生产型增值税转为消费型增值税;源于推动供给侧结构性改革的内在动力,2016 年 5 月 1 日起营业税改征增值税试点全面推开以及于 2017 年 7 月 1 日和 2018 年 5 月 1 日分别简并和降低增值税税率,2018 年 8 月 31 日全国人大常委会通过的个人所得税法修正案将基本减除费用标准由每月 3 500 元提高至每月 5 000 元等;同时,清理规范了多项政府性基金和行政事业性收费等各种收费。这种密集的大力度持续性减税降费举措在今后"必须坚持以供给侧结构性改革为主线不动摇"的大政方针下很可能还会出现。

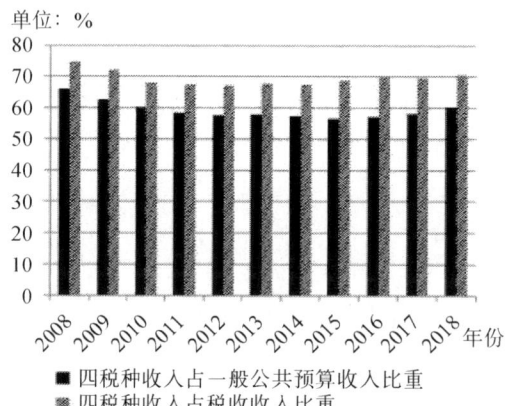

图 1　四种税收收入比重

资料来源：2017 年以前数据来自财政部公布的历年"财政决算"，2018 年数据来自《关于 2018 年中央和地方预算执行情况与 2019 年中央和地方预算草案的报告》。

（二）减税降费的成本降低性

作为推动供给侧结构性改革的减税降费措施，其直接目的是要降低民间经济行为主体的成本。营业税和增值税两大税种合并的营改增旨在降低企业生产经营成本，多次下调社保费率旨在降低企业用工成本，提高个人所得税基本减除费用标准旨在降低个人生活成本，增加个人所得税 6 项专项附加扣除旨在降低家庭负担，诸如此类，不一而足。当然，这些减税降费措施因增加企业和个人的可支配收入也可能会增加社会总需求。倘若如此，这既实现了减轻经济行为主体财政负担的目标，又能达到刺激居民消费和企业投资的效果。

（三）减税降费的长期持久性

我国目前虽然也存在着大量的税收优惠项目，但基本上都属于临时性、短期（或定期）性、专项性政策措施，而近年来在增值税、营业税、企业所得税、个人所得税、社会保险缴款等领域称之为"改革"的内容，以及清理废除一些基金和收费项目，要么属于税收制度的完善，要么属于非税收入制度的规范，皆以法律法规形式固化为制度。这显然有别于过去传统的为配合产业政策、科技政策、教育政策等需要而出台的临时性政策措施，是一种长期的甚至是永久性的制度建设，具有一定程度的不可逆性。

"减税降费"的"制度性减税"性质不仅有助于营造良好的政策环境，也有助于稳定经济行为主体的预期，同时对财政自身的影响也更加深远。

三、减税降费的潜在财政影响

在推进供给侧结构性改革的进程中，为了减轻企业负担，缓解经济下行压力，我国改变了以往以扩大财政支出为主的积极财政政策，转而以减税降费为核心的积极财政政策，实现了经济平稳运行。同时，具有上述本质特征的减税降费也会对财政本身产生显著影响，不仅可能影响财政收入、财政赤字规模，也有可能对财政收入结构、地方财政产生影响。

（一）对财政赤字规模的影响

减税降费大幅增加了财政赤字规模。按官方口径计算的一般公共预算收支差额，2013—2018 年财政赤字占 GDP 比率（简称财政赤字率，亦称"公布赤字率"）分别为 2%、2.1%、2.4%、2.9%、2.9% 和 2.6%，倘若从当年来自经济体系和注入经济体系的一般预算收支实际情况来看财政赤字,那么,我们计算出来的同期财政赤字率(以下简称"计算赤字率")分别为1.9%、1.8%、3.4%、3.8%、3.7%和4.2%;特别是,如果将一般公共预算、政府性基金预算和国有资本经营预算"三本预算"的收支状况综合考虑,由于全国政府性基金预算出现赤字,2018年"计算赤字率"高达4.7%(见图2)。显然,从2015年起,为了积极推进供给侧结构性改革,减税降费的力度加大,财政赤字规模明显增加。虽然2015年以来财政赤字率的大幅提高,可能有经济下行压力导致的短收增支自动稳定因素的影响,但减税降费这种相机抉择政策措施无疑是一个重要的原因。

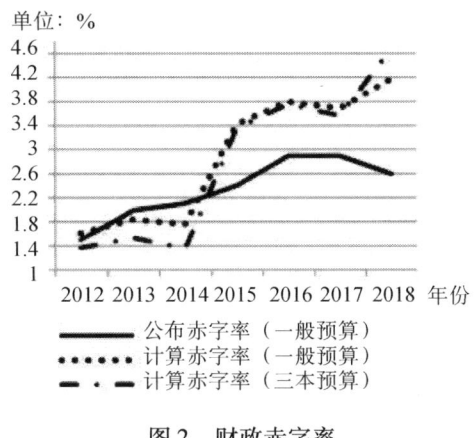

图2　财政赤字率

资料来源:财政部公布的历年"财政决算"(2017年及以前年度)和《关于2018年中央和地方预算执行情况与2019年中央和地方预算草案的报告》,GDP数据来自《中国统计年鉴(2018)》和国家统计局《2018年国民经济和社会发展统计公报》。

上述两组财政赤字率的差额主要在于"全国财政使用结转结余及调入资金"是否作为当年的一般公共预算收入。"全国财政使用结转结余及调入资金"属于历年积累的资金,动用历年"结余"原本就是弥补财政赤字的一种手段,无可厚非;况且,在目前全国财政存量资金规模庞大的情况下,"财政使用结转结余及调入资金"既可以盘活财政存量资金,提高财政资金配置效率,又可以减轻当年收入或发债压力,以免额外增加经济行为主体的负担,还可以扩大财政乘数(扩张)效应,有利于稳定经济运行。不过,为了更加客观准确地分析减税降费对财政赤字规模的影响,需要将"全国财政使用结转结余及调入资金"从当年的一般公共预算收入中剥离出去。

可以预见,在财政支出增长速度保持相对稳定的前提下,财政赤字率近期内仍存在上升趋势。主要原因在于,前述的减税降费的本质特征表明,针对主体税种的、制度化的永久性减税,一般会对未来三四年的财政收入产生不利影响。尽管从理论上说,减税降费会减轻企业负担,激发市场活力,稳定经济增长,扩大税基,从而相对增加一定程度的财政收入,但从许多国家大幅度减税之后的财政结果来看,财政赤字规模或多或少都有所增加。

(二)对财政收入规模的影响

鉴于积极的财政政策中的减税降费主要影响的是一般公共预算收入,因此,我们通过分析近年一般公共预算收入以及其中的税收收入占GDP比率(分别简称为一般公共预算收入比率和税收收入比率)的变化,可在一定程度上观察到减税降费对财政收入规模的影响。

首先，从一般公共预算收入比率和税收收入比率的情况来看，一般公共预算收入比率从 2015 年的 22.1% 连年降低至 2018 年的 20.4%，2016 年（21.5%）比 2015 年（22.1%）降低 2.7%，2017 年（20.9%）比 2016 年降低 2.8%，2018 年（20.4%）又比 2017 年降低 2.4%；同时，税收收入比率也从 2015 年的 18.1% 连年降低至 2018 年的 17.4%（见图 3），各年分别降低 3.3%（2016 年）、0.4%（2017 年）和 0.5%（2018 年）。一般公共预算收入比率和税收收入比率的这种变化态势，一方面表明减税降费措施得到了有效落实，另一方面也显示出对财政收入的减收效应。

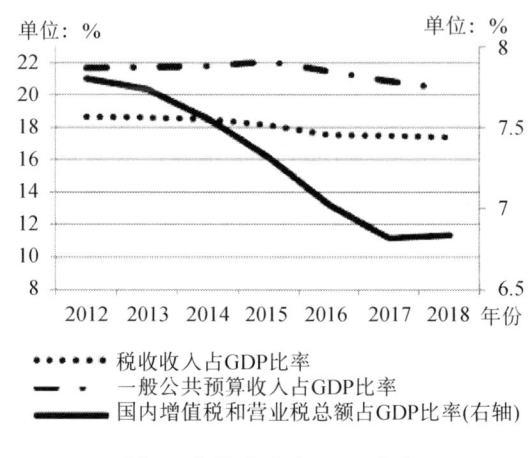

图 3　各类收入占 GDP 比率

资料来源：同图 1。

其次，鉴于增值税是第一大税种，而深化增值税改革又是减税降费的核心内容，故进一步考察增值税收入比率的变化情况。自从 2013 年 8 月 1 日营改增范围推广到全国试行之后，增值税（含过去的营业税）收入比率从 2012 年的 7.8% 降至 2018 年的 6.8%（见图 3），降低速度呈现出先加快后放缓态势：2013 年降低 0.9%、2014 年降低 2.4%、2015 年降低 3.1%、2016 年降低 4%、2017 年降低 2.9%，而 2018 年提高 0.3%。这些数据表明，全面营改增后的三四年里对增值税收入的影响最大，之后的减收效应递减甚至消失。不过，考虑到增值税税率在 2018 年 5 月 1 日下调至 16%、10%、6% 的基础上，2019 年又将进一步下调到 13%、9%、6%，新一轮增值税改革对增值税收入的减收效应又将出现，而且这种制度化、永久性减税将使这第一大税种的减收效应更大。

（三）对财政收入结构的影响

减税降费不仅会相对减少财政收入，可能增加财政赤字规模，还有可能对财政收入结构产生一定程度的影响。

首先，从财政收入的形式来看，财政收入可分为税收收入和非税收入。一般来说，非税收入的筹措依据是行政性的规章制度，税收收入的筹措遵循的是税收法定原则，因此，税收收入所占比重在一定程度上反映出财政收入体系的法治程度。在近年来的减税降费过程中，因减税的力度比较大，故税收收入所占比重有所降低。具体来说，2012—2018 年，虽然税收收入占一般公共预算收入比重变化不显著（从 2012 年的 85.8% 下降到 2018 年的 85.3%，期间 2015 年和 2016 年为最低，占比分别为 82% 和 81.7%），但税收收入占"四本预算"收入的比重下降得比较明显，从 2012 年的 55.9% 下降到 2018 年的 49.8%，而全国政府性基金预算收入占"四本预算"收入的比重从 2012 年的 20% 上升到 2018 年的 24%（见图 4）。随着减税降费力度的不断加大，税收收入比重难以提高，这在一定程度上会相对弱化财政收入体系的法治程度。

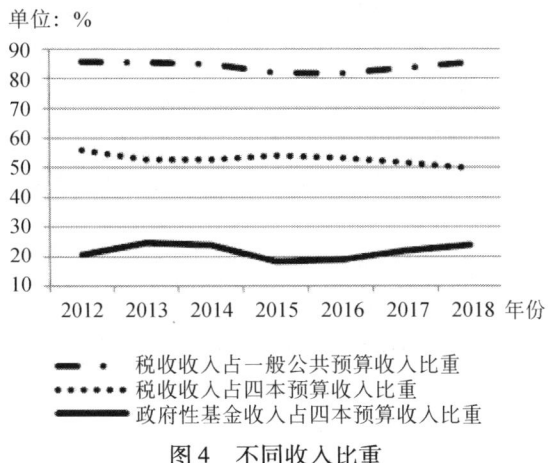

图 4　不同收入比重

资料来源：同图 1。

其次，从税收收入的结构来看，我国现有税种中，国内增值税、国内消费税、企业所得税、个人所得税四大税种筹措的税收收入占全国税收收入的比重在 77% 左右。作为减税降费主角的增值税改革在一定程度上推动了税制结构的优化：增值税（含营业税）收入占税收收入比重延续了一直下降的趋势，就近年来的情况看，该比重从 2012 年的 42% 下降到 2018 年的 39% 左右。与此同时，企业所得税和个人所得税收入占税收收入比重明显上升，从 2012 年的 25.3% 上升到 2018 年的 31.5%（见图 5）。可以预见，随着"实施更大规模减税降费"，以增值税为主的间接税收入比重会继续降低，而以企业所得税和个人所得税为主的直接税收入比重将不断上升。税制结构的这种变化符合党的十八届三中全会提出的"逐步提高直接税比重"的要求。

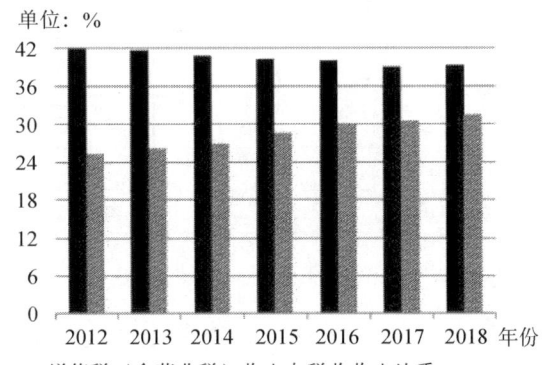

图 5　主要税种收入比重

资料来源：同图 1。

不过，需要注意的是，在关于税制结构增长效应的现有文献中，虽然存在不同论点，但综合绝大多数实证研究的结论，可按对经济增长有害程度从大到小，将主要税种排序为企业所得税、个人所得税、消费税、财产税（郭婧、岳希明，2015），特别是企业所得税收入占税收收入比重较高将明显降低经济增长率（OECD，2010；Arnoldetal，2011）。我国企业所得税收入占税收收入比重从2012年的19.5%上升到2018年的22.6%，即使企业所得税收入占"四本预算"全口径财政收入比重也在11.5%左右，占GDP比率近4%，而OECD国家的36个成员国企业所得税收入占税收收入比重和占GDP比率的平均值分别为9%和2.9%左右（OECD，2018）。因此，我国企业所得税比重有些偏高，而个人所得税比重明显过低。

（四）对地方财政的影响

在全国"税政统一，税制统一"的制度背景下，减税降费政策会对地方财政产生显著影响。第一，减税政策减的主要是增值税，而增值税是共享税（其收入在中央和地方间五五分成），增值税减税额中地方政府少收了一半；如果再考虑到增值税附加税，地方政府收入会减少得更多。第二，"降费"中的"费"可能有多种形式，如果仅就从财政角度界定的宽口径的"费"而言，可视为一般公共预算收入中的"非税收入"，而地方非税收入占全国非税收入比重在80%左右，故降费减少的主要是地方政府收入。因此，减税降费会使地方政府相对短收，增加财政赤字；或许引起地方政府策略性反应，寻求其他增收途径。

首先，减税降费增加了地方财政赤字规模。同减税降费对全国财政赤字规模的影响一样，若将2015—2018年各年地方财政使用结转结余及调入资金不作为地方财政收入而作为弥补财政赤字的手段，则地方财政赤字规模不只是"地方一般公共预算收入决算表"中的数据，而是高出1倍多，特别是2018年，计算赤字额是公布赤字额的2.48倍（见表1）。地方财政赤字规模的这种增加趋势及其弥补方式，将会给地方财政的可持续性带来巨大压力。其原因很简单，在近年来财政吃紧、地方财政已无力补充预算稳定调节基金的情况下，地方财政"结余资金"及"调入资金"很快就会耗尽。

表1　　　　　　　　　　　　　地方财政赤字规模

年度	地方一般公共预算收入（亿元）	地方财政使用结转结余及调入资金（亿元）	地方一般公共预算支出（亿元）	公布赤字（亿元）	计算赤字（亿元）	计算赤字是公布赤字的倍数（倍）
2015	138 099.6	7 236.07	150 335.6	5 000	12 236.07	2.45
2016	146 640.1	5 911.31	160 351.4	7 800	13 711.31	1.76
2017	156 521.2	8 407.15	173 228.3	8 300	16 707.15	2.01
2018	167 578.5	12 319.77	188 198.3	8 300	20 619.77	2.48

资料来源：同图1。

其次，减税降费改变了地方财政收入的结构。在地方支出压力不减而相对减收的情况下，地方政府必然做出策略性反应，即寻求其他收入来源以满足支出需要。在一般公共预算、政府性基金预算、国有资本经营预算"三本预算"中，地方政府在本级一般公共预算收入受到减税降费的影响后，无外乎从其他3种收入来源寻求增收之道，即中央对地方税收返还和转移支付、政府性基金收入和国有资本经营收入。但是，由于中央对地方税收返还和转移支付有严格规范的制度约束，地方政府无法左右这种收入来源；虽然国有资本经营收入在连年增加，但近4年来其规模仅占"三本预算"地方财政收入总额的0.7%左右，这种收入的增加对于填补一般公共预算收入的"亏空"显然是杯水车薪。因此，地方政府可能会更加依赖政府性基金收入：在"三本预算"的地方财政收入总额中，一般公共预算收入比重从2015年的46.4%一路下降到2018年的40.5%，而政府性基金收入比重相应地从22.1%持续上升至29.9%（见图6）；特别是在地方政府性基金收入中，国有土地使用权出让收入占地方政府性基金预算本级收入比重从2015年的80.5%一路上升到2018年的91.2%，占地方财政收入总额比重从2015年的17.2%持续上升到2018年的27%（见图7）。地方财政收入结构的这种变化格局，表明地方财政潜藏着巨大的波动性和脆弱性。

图6　地方各类收入比重

资料来源：同图1。

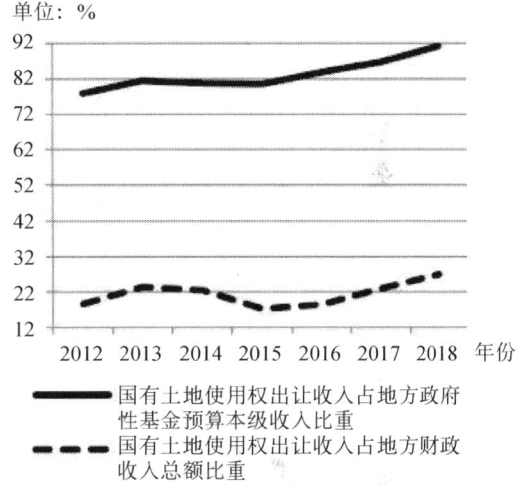

图7　国有土地使用权出让收入比重

资料来源：同图1。

四、防范财政风险的有效途径

从上述简要分析不难看出，减税降费对财政状况和财政政策都将产生巨大影响，不仅在一定时期内减少财政收入，还会改变财政收入结构，特别是对地方财政的影响更加明显。为了确保减税降费政策落地生根，同时又要防范财政风险，保证财政健康发展，必须要加快现代财政制度建设，其中更具有针对性的举措包括：制定财政整顿策略；加强财政治理；实行税收支出预算；推进财政收入体系现代化。

（一）制定财政整顿策略

为了控制财政赤字规模，防止政府债务负担率（债务余额占GDP比率）明显上升，相关决策部门应着手制定财政整顿策略。所谓财政整顿（fiscal consolidation）或财政调整（fiscal adjustment），是指政府在一定时期内，通过削减财政支出和（或）增加财政收入以改善预算平衡状况或降低财政赤字率和债务负担率，通常区分为支出型财政整顿（expenditure-based consolidation）（以削减财政支出为主）和收入型财政整顿（revenue-based consolidation）（以增加财政收入为主）。从近30余年特别是近年来许多国家所采取的财政整顿策略及其效果来看，在财政整顿策略采取减收减支且减支幅度大于减收幅度的国家，年均经济增长率最高，财政赤字率下降也较为明显；在财政整顿策略采取减支增收且减支幅度大于增收幅度的国家，财政赤字率的降低效果最佳，但年均经济增长率大大低于前者；而采取增收增支的国家，无论是从财政赤字率的降低上还是从经济增长的速度上看都表现最差（郭婧，2017）。总体来看，财政整顿策略的国际经验表明，削减财政支出规模可能不失为一种良策。

如何削减财政支出？首先，需要明确一个问题——是削减财政支出的绝对规模，还是控制财政支出的增长速度，抑或降低财政支出占GDP的比率（简称财政支出比率）？从我国现阶段经济社会发展的需要来看，难以削减财政支出的绝对规模，控制财政支出的增长速度或降低财政支出比率比较可行。而要控制财政支出增长速度，需要控制物价水平（CPI）过快上涨；要降低财政支出比率，需要保持一定速度的经济增长。此外，还需要审视、优化财政支出结构，特别是在预算编制过程中不能固守"存在即是合理"的观念，更要打破每一类（项）支出都要年年增长的习惯。其次，削减哪些项目的支出？从国际经验来看，高收入国家和发展中国家在财政整顿策略上有一定差异。高收入国家最重要的整顿措施是通过养老金制度和福利制度改革来削减财政支出（因为养老金和福利性支出是高收入国家政府的最沉重负担），而发展中国家以削减财政补贴和政府工资总额作为主要整顿措施（因为政府工资总额往往是发展中国家预算的最大部分）。

当前，我国控制和削减财政支出规模可将重点放在以下3个方面：第一，进一步深化"放管服"改革。在"放管服"改革进程中，特别要在"放"上攻坚克难。既然"放"是"简政放权"的简称，就不能仅限于取消下放行政审批等事项，更重要的是精简政府机构，尤其是各级地方政府不一定非要一一对应于中央政府的机构设置，有些"事业单位"是否也可以"走向市场"。只有这样，才能压缩一般性支出。第二，减少财政补贴支出。我国目前财政补贴项目名目繁多，数额较大，不仅扩大了财政支出规模，而且还有损于公平竞争，造成资源配置低效率。第三，适度控制社会性支出。随着我国经济社会的发展，不断增加社会性支出（包括教育、医疗、社会保障和社会福利等支出）是贯彻创新、协调、绿色、开放、共享的发展理念，满足人民日益增长的美好生活需要的必要举措。同时，社会性支出也要避免增长过快，特别是社会保障和社会福利性支出不应比照GDP增速，充其量与物价水平（CPI）挂钩。

（二）加强财政治理

李克强总理在2019年《政府工作报告》中提出，"中央财政要开源节流……一般性支出压减5%以上"。从近7年来的情况来看，由于中央本级一般公共预算支出总规模不大，仅占全国一般公共预算支出的14.7%左右，因此，要控制财政支出总规模，不能仅靠中央政府过紧日子，更重要的是地方政府过紧日子。如何确保政府过紧日子？这就需要加强财政治理。

从国际文献和各国实践来看，财政治理（fiscal governance）一般可界定为影响预算政策规划、批准、执行、监测和评估的规则、规章和程序，通常包括财政规则、中期预算框架和独立的财政机构（European Commission，2009）。财政规则（fiscal rules）是指对政府预算收支总额和债务余额规定的各种长期约束条件，通常是对各预算总量（如收入额、支出额、债务发行额、债务余额、赤字额）规定数值上限（或是绝对额，或是增长速度，或是占GDP比率）。中期预算框架（medium-term budgetary frameworks）是指允许政府不拘泥于年度预算制定财政政策的财政安排，通常包括多年度预算计划的编制、执行和监测以及收支预测。独立的财政机构（independent fiscal institutions）是指独立于政府或财政部门的公共机构，其职能包括监测财政规则的遵从情况、为预算编制准备宏观经济预测以及就财政政策事项向政府提供咨询意见。加强财政治理的目的，就是要实现良好的预算状况，提高公共支出的效率，减少财政政策制定的周期性，促进各级政府之间更好的协调。

就我国的财政改革实践来看，加强财政治理的主要举措应包括如下 4 个方面。第一，落实预算法定原则。各级政府不仅要严格执行各级人大或其常委会批准的年度预算草案，更要遵守《预算法》的各项规定；不仅要严格遵守《预算法》中有关中央政府举债的"余额管理"、省（自治区、直辖市）政府举债的"限额管理"规定，更要坚决遏制隐性债务，严禁以政府投资基金、政府和社会资本合作、政府购买服务等名义变相举债。第二，实行中期预算制度。《国务院关于实行中期财政规划管理的意见》（国发〔2015〕3 号）提出实行中期财政规划管理，要求年度预算编制必须在中期财政规划框架下进行，这是加快建立现代财政制度的重要一环。但是，现行的中期财政规划存在两个突出问题：一是只有全国和省级中期财政规划，省级各部门和省级以下地方财政部门未被硬性要求编制中期财政规划；二是中期财政规划只是报政府部门批准，缺乏法律约束力。因此，应尽快实行全覆盖的中期预算制度。第三，全面实施预算绩效管理。《中共中央 国务院关于全面实施预算绩效管理的意见》已于 2018 年公布。全面实施预算绩效管理是一项复杂而繁重的系统性工程，当务之急的是，"抓紧研究制定具体、有针对性、可操作的贯彻落实方案"，确保全面实施预算绩效管理工作落到实处。第四，加强各级人大常委会预算工作委员会工作。目前，人大预算工作委员会的主要职责是协助财政经济委员会对预决算、预算调整和预算执行等进行审查、监督以及对各部门、各预算单位或重大建设项目的预算资金和专项资金的使用进行调查。为加强财政治理，人大预算工作委员会的职责应进一步拓展，或可成为一个"独立的财政机构"，增加专业人员，为预算编制进行独立的宏观经济预测和财政形势分析以及就财政政策事项向政府提供咨询意见。

（三）实行税收支出预算

税收支出是指以特殊的法律条款规定的，给予特定纳税人或活动以税收优惠待遇而损失或放弃的税收收入。税收支出概念提出的目的，旨在将这种"损失或放弃的税收收入"视为政府的"隐性间接支出"，要求政府将其与显性直接支出一样进行预算管理与控制。因此，实行税收支出预算不仅可以提高财政透明度，加强财政纪律，便于税收优惠政策的"投入—产出"评估，更为重要的是可以控制税收支出规模。根据国际经验和我国国情，建立税收支出预算制度可分以下"三步走"策略。

首先，全面规范税收优惠政策。我国虽然税政统一，但各地区、各部门仍纷纷出台大量的税收优惠措施，导致税收优惠措施无序化、碎片化，甚至出现恶性税收竞争现象，扰乱了市场秩序。为了全面规范税收优惠政策，《国务院关于深化预算管理制度改革的决定》（国发〔2014〕45 号）明确要求，"除专门的税收法律、法规和国务院规定外，各部门起草其他法律、法规、发展规划和区域政策都不得突破国家统一财税制度、规定税收优惠政策"。随后，《国务院关于清理规范税收等优惠政策的通知》（国发〔2014〕62 号）以及《国务院关于税收等优惠政策相关事项的通知》（国发〔2015〕25 号），就清理规范税收等优惠政策作出具体部署。扎扎实实落实这些文件要求，是实行税收支出预算制度的前提条件。

其次，建立税收支出报告制度。在全面规范税收优惠政策的基础上，先从一些规模较大且对经济有重要影响的重点税收支出项目开始，建立专门的税收支出账户，进行数据统计、测算、分析和评估。同时，按照预算管理程序，按年编制税收支出报告，并附于正规年度预算报告后，以便有关部门全面了解财政政策状况和财政收支情况。

最后，编制正规的税收支出预算。在重点税收支出报告制度实施一段时间后，针对所有税收支出建立全面完整的税收支出账户，严格按照正规预算的立法程序，编制年度和中期税收支出预算，真正形成经立法机构审批、监督、检查的"第五本预算"。

（四）推进财政收入体系现代化

财政收入体系由多种收入手段构成，包括税收、收费、罚没、基金、国有资产收益、捐赠等。从政府融资角度来看，与其他收入形式相比，税收收入被视为最具有稳定性、可预测性和可持续性的收入（European Parliament，2014；OECD，2014），因为税收的规范性、法治性特征最为明显。从国家建设的角度来看，征税能力被视为国家能力的一个重要组成部分（Di John，2010），因为税收特别是直接税的征收体现了一国的行政管理能力和努力程度（Milleretal，2017）。如果说征税能力是国家能力的体现，那么征收所得税的能力则更是如此。因此，推进财政收入体系现代化就是在全面落实税收法定原则的同时，逐步以税收收入作为财政收入的主要来源。

当前，我国税收收入占全口径财政收入比重过低，影响了财政收入体系法治化和现代化程度。如前所述，2018 年税收收入占"四本预算"收入的比重仅为 49.8%。近年来，我国在清理规范了多项政府性基金和行政事业性收费的同时，也将一些收费形式改为征税形式，比如 2018 年正式施行的《环境保护税法》，以环境保护税取代了排污费。此外，从 2019 年 1 月 1 日起，社会保险费和非税收入的征管职责陆续划转到税务部门，这无疑将增强政策透明度和执法统一性。不过，将各项社会保险费和非税收入交由税务部门统一征收只是推进财政收入体系法治化在征管机构上的举措，还可考虑从立法角度出发，从根本上将一些大宗收入项目税法化。诸如，社会保险费的社会统筹部分可以改为征税制，即改为社会保险税；亦可将国有资本经营预算收入中的"利润收入"以"国有资本利润税"或"国有资本所得税"形式征收。总之，加强财政收入体系的法治化不仅能确保财政收入的规范与稳定，更是推进财政制度现代化的前提和基础，而现代财政制度又是国家治理体系和治理能力现代化的重要组成部分。

五、结语

"减税降费"作为降低经济行为主体的成本负担、推动供给侧结构性改革的一项重要财政政策措施，无疑也会对宏观经济运行和财政健康状况产生巨大影响。因此，要全面评价减税降费政策，至少要从以下 3 个维度展开分析，即经济效应分析（减税降费对经济增长及其主要驱动因素的影响）、分配效应分析（减税降费的最终受益者以及对收入分配的影响）和财政效应分析（减税降费的财政成本会有多大）。本文仅考察了减税降费的财政效应，且只是叙述性分析，有些问题有待做进一步的计量研究。

本文的研究结果表明，"减税降费"不仅对当前财政状况产生影响，也会对未来财政状况产生影响；不仅对财政规模和结构产生影响，也会对财政制度和体制产生影响；不仅对中央财政产生影响，也会对地方财政产生影响。"减税降费"的所有这些影响都将对国家财政造成巨大压力，同时也为进一步深化财政体制改革、加快建设现代财政制度提供了契机。

五、胡怡建[①]：减税降费改革激发五大政策效应

减税降费改革激发五大政策效应

（来源：《中国税务》 2019年4月1日）

2018年底召开的中央经济工作会议提出，要实施更大规模的减税降费；进入2019年，更大力度的减税和更为明显的降费举措相继亮相。在今年的《政府工作报告》中，李克强总理提出实施更大规模、高达近2万亿元的减税降费措施，可谓力度空前。减税降费从2017年1万亿元、2018年1.3万亿元到今年预计高达近2万亿元，这些减在当下、利在长远的减税降费改革，契合经济新常态下供给侧结构性改革目标和要求，具有减轻税费负担、促进转型发展、改善民生福利、优化税制结构和稳定收入预期五大政策效应。

减轻税费负担

今年的《政府工作报告》提出近2万亿元的减税降费规模，主要体现在以下四方面：一是减轻小微企业税负。首先，增值税方面，大幅度提高增值税小规模纳税人起征点，认定标准由月销售营业额3万元提高到10万元，使更多小微企业享受增值税免税待遇，从而减轻税收负担，尤其是民营企业成为受惠主体。其次，所得税方面，扩大小微企业范围和税收优惠力度，对于年应纳税所得额100万元以下的，适用5%的税率，年应纳税所得额100万至300万元的，适用10%的税率，远低于企业所得税一般25%的税率和小微企业20%的税率。

二是降低增值税税率。在2016年全面实施营改增后，进入以降税率为主的增值税深化改革。2017年取消13%档增值税税率，将四档税率改为三档税率。2018年降低17%税率和11%税率1个百分点，改革后的增值税适用税率分为16%、10%和6%三档。2019年4月1日进一步分别降低16%税率和10%税率3个百分点和1个百分点，改革后的增值税适用税率分为13%、9%和6%三档。

三是减轻社保缴费负担。一方面，下调城镇职工基本养老保险单位缴费比例，各地可降至16%，大致可降低3个百分点。另一方面，稳定现行征缴方式，各地在征收体制改革过程中不得采取增加小微企业实际缴费负担的做法，不得自行对历史欠费进行集中清缴。同时继续执行阶段性降低失业和工伤保险费率政策，使企业特别是小微企业社保缴费负担有实质性下降。

四是落实个人所得税专项扣除。主要政策措施：个人所得税由分类征收改为分类和综合相结合征收，将工薪所得、劳务所得、特许权使用费所得和稿酬所得由分类征收改为综合征收；由基本扣除改为基本扣除和专项附加扣除相结合，在基本减除费用标准每月由3 500元提高到5 000元基础上，增加子女教育、继续教育、住房贷款利息、住房租金、大病医疗、

[①] 胡怡建：上海财经大学公共经济与管理学院，教授、博士生导师。

赡养老人等专项附加扣除；对于综合计算的个税项目由按月征税改为按年征税。通过改革使中低收入者个税负担大幅降低。

上述四项税费改革，加上清理电价附加收费，降低过路过桥费以及取消或降低部分铁路、港口收费，降低中小企业宽带平均资费、移动网络流量平均资费等降费措施，按年化计算减税降费规模预计高达近2万亿元。

促进转型发展

2019年减税降费规模预计扩大至2万亿元，体现了政府减税费、保就业、稳增长的决心，对激发市场活力、鼓励企业投资、增加产品出口、促进经济转型发展起到了重要支撑作用。

一是激发市场活力。减税降费是降成本、补短板、促进供给侧结构性改革最为实在有效的举措。它通过有效降低企业成本，激发市场活力，增强内生动力，起到支持创新、创业以及小微企业发展的积极作用，对于发展新经济、培育新动能，为经济保持中高速增长、迈向中高端水平打下坚实基础。

二是鼓励企业投资。当前，受市场需求疲软、出口增长放慢、人口红利减少以及劳动力成本上升等影响，企业面临税费负担相对成本较高，利润下降，经营困难压力加大局面。通过大幅降低增值税税率，加大减税降费力度，有利于减轻企业税费成本负担，增加企业利润，提高企业经济效益，激发微观主体活力，从而增强企业的投资欲望和投资能力。

三是增强外贸出口。随着外部经济环境变化，国际竞争加剧，我国出口面临严峻挑战。通过实施积极减税政策，以减税增加居民可支配收入，拉动消费需求；以减税降低企业生产经营成本，促进供给。同时通过增加出口退税等鼓励出口的减税政策，使得我国出口企业产品成本降低，国际竞争力增强，达到增加出口、扩大外需的目的。

四是促进转型升级。将16%的增值税税率大幅下调3个百分点，有助应对工业制造业、商业服务业等实体经济所面临的较为严峻的经济压力和挑战。同时，通过较大幅度降低高档位税率，较小幅度降低中档位税率，低档税率保持不变，有利于平衡工商业与服务业税负，更好保持增值税中性，减少税收对资源配置的扭曲，提高资源配置效率，促进实体经济发展和经济转型升级。

改善民生福利

我国减税降费不是应对经济下行冲击的临时之举，而是深化减税降费改革、收入分配更多向企业和个人倾斜、改善民生福利、增强获得感的长远战略举措。

一是改善收入分配。无论是提高个人所得税基本减除费用标准，还是设置6项专项附加扣除，个人所得税改革都有利于减轻中低收入者的税收负担，缩小中低收入者与高收入者税后收入差异，起到改善收入公平分配功能的作用。

二是拉动居民消费。降低个人所得税税负，增加居民税后可支配收入，有利于增加居民个人消费。尤其是中低工薪收入者税负降低幅度较大，而低收入群体边际消费倾向较高，从而起到鼓励消费的作用。增值税减税改革，减轻了产品和服务的增值税税负，在价格传导机制下，一方面，通过减税直接降低居民消费品价格；另一方面，通过降低产品和服务税收成本间接降低消费品价格，从而起到扩大消费的积极作用。

三是增加劳动就业。大力推进减税降费改革，在宏观经济方面除了拉动经济增长外，对降低物价水平、刺激投资需求和增加劳动就业等方面也会产生重要影响。减税降费对劳动就业的影响主要是通过对经济的带动促进产业结构调整,这将有利于增加劳动就业,促进就业的增长。同时,延长促进就业再就业的税收优惠政策执行期限,也为拓宽就业渠道,扩大就业提供政策支持。

四是支持"双创"发展。2019年,国家出台了对小型微利企业支持力度更大的增值税和所得税政策,主要是小规模增值税纳税人起征点提高到10万元;扩大小微企业20%企业所得税税率的适用范围,所得税最低税率降为5%。这些减税政策有利于改善中小创新创业企业营商环境,支持实体经济自主创新和小型微利企业发展,为中小民营企业创新创业发展提供新机遇。

优化税制结构

减税降费也为全面深化税制改革、进一步优化税制结构、构建现代税收制度体系打下坚实制度基础。

一是优化税制结构。我国税收总体上以企业在生产经营环节缴纳具有累退性特点的间接税占比较高,而以个人在收入分配和财富积累环节缴纳具有累进性特点的直接税比重较低。全面落实个人所得税改革,降低增值税税率改革和积极推动房地产税立法改革,会起到提高直接税比重,降低间接税比重,提高个人在收入分配和财富积累中的纳税比重,降低企业在生产经营中的纳税比重,从而优化税制结构。

二是完善税收制度。全面实施和落实个人所得税由分类征收改为分类和综合相结合征收、由基本减除费用标准扣除改为基本扣除和专项附加扣除相结合、由按月征收改为按年征收,是完善个人所得税制的重大改革;而在取消、减并、整合现有房地产交易环节税费基础上,对个人住宅开征统一规范的房地产税,是完善财产税的重大改革。这两项改革皆有利于发挥税收促进收入和财富再分配的功能作用。

三是提升资源配置效率。2016年,我国全面实施营改增,这对于消除重复征税、减轻企业税负、促进产业转型发展等意义深远。但现行过渡期增值税仍存在税率较高、档次偏多、优惠过宽、制度复杂等缺陷。深化增值税改革应着力降低税率、减少优惠、简化制度、保持中性,更好发挥提升资源配置效率的功能。2019年降低税率的深化增值税改革,有利于简并税率、实现税收中性,有利于让市场对资源配置起决定性作用,进而提升资源配置效率。

稳定收入预期

受经济下行、增速放慢、出口疲软等因素影响,税收增长率预期降低,加上更大规模和更大力度减税降费,财政压力会进一步加大。为此,既要有短期应对措施,又要有长期趋势预判。

短期减税政策冲击。一是在稳定总体财政支出保持6.5%的增幅前提下,调整和优化财政支出结构,主要措施是压缩政府行政性支出,稳定增加公共投资和福利支出,为减税降费留有余地和空间,倒逼政府行政机构和管理体制改革,提高政府行政效率。二是通过扩大赤字来弥补财政缺口。2019年,赤字率拟按2.8%安排,比2018年预算高0.2个百分点,部分地支撑减税举措。三是增加央企、国有银行上缴利润以及将原先沉淀、长期没用起来的资金收起来,重新加以分配使用。这些办法也能大体上弥补这个缺口。

长期增税制度保障。减税降费激发市场活力,旨在增强企业发展后劲和财政可持续增长。虽然从静态和短期分析,当下我国实施的大规模减税降费政策会减少税收,使政府短期收入有所减少,财政压力加大,但从动态和长期分析,由于减税降费会改善企业经营,增强企业活力,刺激个人消费,通过拉动投资、增加消费、鼓励出口、稳定增长,有助经济转型发展，激发微观经济活力，促进经济持续良性发展，预期可为国家治理下的税收长期、持续增长提供更为坚实的基础。

增值税减税三大效应作用明显［见二维码6（6-4）］

二维码6

六、张连起[①]：推进减税降费　促进高质量发展

推进减税降费　促进高质量发展

（来源：《人民政协报》　2019年7月23日）

对于当前经济工作，怎么看、怎么办？一方面外部环境趋紧，另一方面稳中有变、变中有机。为了促使经济运行保持在合理区间，2018年，中央经济工作会议提出了"稳就业、稳外贸、稳投资、稳金融、稳外资、稳预期"的工作方向，并且明确提出"研究推进大规模减税降费"，以稳定市场预期与市场信心。2018年，全年减税降费规模超过1.3万亿元，2019年要完成近2万亿元的减税降费。

习近平总书记指出，减税降费政策措施要落地生根，让企业轻装上阵。释放减税降费红利，将进一步减轻企业负担，激发市场主体活力。

减税降费的根本目标是赋能中国经济增长，通过逆周期调节，确保中国宏观经济运行不滑出合理区间，此外还要赋予其供给侧结构性改革功能，确保实现经济高质量发展的目标。

一、"稳"的基础更巩固，"进"的势头更强劲

"不谋万世者，不足谋一时；不谋全局者，不足谋一域。"做好新形势下经济工作，必须从长期大势认识当前形势，认清我国长期向好发展前景。

从一穷二白到世界第二大经济体，从封闭半封闭到全方位对外开放，从产业结构单一到百业兴旺。回望70年，我们是见证者，更是参与者。

2018年，我国原煤产量为36.8亿吨，比1949年增长114倍；钢材产量11.1亿吨，增长8503倍；水泥产量22.1亿吨，增长3344倍。移动通信手持机和微型计算机设备产量分别达到18.0亿台和3.1亿台。

今年，在国内外经济形势复杂严峻的大环境下，主要指标仍保持在合理区间并好于预期。"察势者智，顺势者赢"。察"形"辨"势"，不难感受到中国经济有稳的基础、更有进的态势，长期向好的大势不会发生改变。

（一）稳中求进，"稳"字当头，关乎大局

---

① 张连起：中国人民政治协商会议第十三届全国委员会常务委员。

2019年上半年国内生产总值450 933亿元，同比增长6.3%，延续了总体平稳、稳中有进发展态势。

从转型进程看，我国经济由高速增长阶段稳步向高质量发展阶段迈进，经济发展质量在持续改善，2015年以来GDP增速连续16个季度稳定在6.5%—7%，全要素生产率持续回升，经济转型的进程稳步推进。

从结构调整看，近几年，针对我国经济发展中的结构性矛盾，中央坚定不移地推进供给侧结构性改革和三大攻坚战，在去产能、去杠杆、控债务、控地产、强环保等方面取得了显著成效，虽然短期产生了一定阵痛和紧缩效应，但经济仍然实现了平稳增长，并为高质量发展奠定了一定的基础。

稳，不是原地踏步，更不是简单重复过去的老路。既要保持经济社会大局稳定，也要继续深入推进供给侧结构性改革，打好"三大攻坚战"，加快建设现代化经济体系，不断激发经济高质量发展的内生动力。

（二）稳中有变，"变"是关键，深刻理解内涵

通过加快结构调整和推进全面深化改革，中国经济正呈现持续优化、加快优化的态势，朝着高质量发展的目标迈进。

——从产业结构看，创新驱动在加强。上半年，高技术制造业投资同比增长10.4%，增速比全部投资快4.6个百分点；高技术服务业投资增长13.5%，增速比全部投资快7.7个百分点。像新能源汽车、太阳能电池这样一些新产品的增长保持在两位数的水平。

——从需求结构看，需求持续扩大。外需市场多元化格局加快形成，内需代替外需成为经济增长的"压舱石"，投资保持稳定，消费成长为"顶梁柱"。

"变"主要体现在中美经贸争端长期化、复杂化。当前我们遇到的中美经贸摩擦，可以看作是中华民族伟大复兴的"淬火"。与其说堡垒最容易从内部攻破，不如说堡垒最容易因外部压力而增强。"吹灭别人的灯，会烧到自己的胡子。"一个绵延五千年文明大国有着愈挫愈奋的韧性，"掰一掰腕子"之后，才能赢得大国尊严。

（三）变中有忧，"忧"是关口，抓住机遇

从国际看，当今世界正面临百年未有之大变局，世界发展呈现各种矛盾相互交织、相互作用的复杂特征。一方面，世界多极化加速推进，不同思想文化相互激荡，世界经济格局发生深刻演变，大国关系面临深入调整；另一方面，经济全球化大势不可逆转，各种文明交流互鉴。我国发展的重要战略机遇期、中华民族伟大复兴的重大机遇，就蕴含在危和机同生并存的变局之中。

从国内看，经济运行变中有忧，主要是供给侧结构性矛盾仍然是制约经济高质量发展的主要障碍。外部环境变化与内部结构性矛盾交织，短期因素与长期因素相互作用，导致经济面临下行压力，是我们通往现代化进程中必然遇到的阻力和无可回避的挑战。说到底，就是我国经济增速换挡、结构调整阵痛的影响依然存在，化解多年来积累的深层次矛盾的任务还十分艰巨。这些"忧"是我国迈向高质量发展必须解决的问题和必须闯过的关口。

经济运行稳中有变、变中有忧，外部环境复杂严峻，经济面临下行压力。这就要求我们必须着眼于长期大势，科学分析当前形势，抽丝剥茧抓住主要矛盾，有针对性地加以解决。但这些变化不足以改变中国经济长期向好的大势，也阻挡不了中国经济高质量发展的步伐。

二、以更大规模减税降费，稳预期增信心

2019 年上半年财政收入同比增长 3.4%，减税降费效果持续加大。从主要收入项目情况来看，今年上半年国内增值税累计 35 570 亿元，同比增长 5.9%，比去年同期 16.6% 的增幅回落了 10.7 个百分点。去年 5 月以来，增值税进行了两轮深化改革，受降低增值税税率政策翘尾和今年增值税新增减税影响，减税效果进一步放大。

去年 10 月 1 日先行实施的提高个税"起征点"，以及今年 1 月 1 日，新修改的个人所得税法实施，今年上半年，个人所得税累计 5 639 亿元，同比下降 30.6%。

减税"大餐"中，深化增值税改革是"主菜"。党的十八大以来，中国持续实施减税降费政策，着力用政府收入的"减法"来换取企业效益的"加法"和市场活力的"乘法"。去年，全年减负约 1.3 万亿元，这对于降低企业负担、激发微观主体活力、促进经济增长发挥了重要的作用。

与过去几年相比，2019 年大减税有以下几个显著特点。

1. 方式上从结构性减税转向普惠式减税。减税降费是近年来经济工作的主题词。过去几年，围绕减税降费，国家出台了很多政策，这些政策往往是在不同时期针对不同的具体情况而制定的，选择性比较强。比如，扩大研发费用的加计扣除比例、针对小微企业的增值税和所得税减免等，都有具体适用的行业与企业类别。相比之下，2019 年的减税是普惠的，只要符合小微企业的五条标准、只要交增值税或社保费，不分行业、不分所有制、不分大小，就能从中受益。这就大大地扩展了减税降费政策的受益面。这就使得 2019 年的减税降费政策成为一个全面的、综合性很强的宏观政策，对所有大大小小的企业都将产生影响。

2. 力度上从"挤牙膏"转向"一步到位"。2019 年增值税下降 3 个百分点，远超社会预期。社保方面，虽然有广东、浙江等省的养老保险费率已经执行了较低标准，但全国大部分省区的养老保险费率多为 19%，现在"各省可以将养老保险费率下调到 16%"，也相当于下调了 3 个百分点，力度同样超预期。由于增值税、社保费是当下企业税费负担的主要方面，因此这一针对主要负担所进行的大幅度调整，政策的精准度极高、瞄准性极强，可以起到立竿见影的效果。2019 年的减税政策是个"一揽子"政策，不仅涉及企业，也包括个人与家庭；不仅包括增值税、社保费，也包括公路通行费、电价、融资成本等企业负担下调，是一个全方位的减税降费政策大礼包。

3. 从"单骑深入"到"集团军作战"。2019 年，中央政府筹划此轮大减税时，就同步形成应对财政减收的综合性方案。将赤字率从 2018 年的 2.6% 提高到 2.8%，绝对数值为 2.76 万亿元，较去年增加 3 800 亿元。将地方专项债券扩大到 2.15 万亿元，较去年的 1.35 万亿元净增加 8 000 亿元。同时，提高特定中央企业特别是金融企业的国有资本收益上缴比例，盘活长期沉淀资金。

可以看出，与前几年减税降费的"单骑深入"相比，2019 年围绕着"大减税"已形成一个"集团军作战"的格局，在减税减收的同时，增发债务、压缩支出也分别从旁策应，同时还积极调动和盘活财政存量资源。2019 年围绕着中央地方财政体制改革还有大动作，如要基本划清各个领域事权的支出责任范围、稳步推进房地产税等。理论与实践表明，这两者是明确地方收支范围、稳定减税效果的根本之策。因此综合而言，2019 年的大减税与此前有很大的不同，决策层已有平衡"财政不可能三角"的系统考虑，正是从这一点上讲，2019 年减税效果有制度层面的相关保障，减税效果可以预期。

从上半年的实际运行情况看，减税降费的政策效果十分明显。更重要的是，值此我国经济运行的外部环境发生重大变化之际，减税降费有效、有力地改善了社会预期，增强了生产者和消费者双方的乐观情绪。

三、中美经贸摩擦：中华民族伟大复兴的"淬火"

（一）中国会痛，但绝不会输

2019年FOMC票委、美国波士顿联储主席罗森格伦（Eric Rosengren）在5月21日周二参加纽约经济俱乐部的午餐演讲时指出，贸易摩擦是目前"突出的下行风险"。

美国芝加哥大学的研究显示，中美互加关税后，洗衣机的平均价格上升12%，烘干机等相关产品的价格也随之上升。美国服装和鞋业协会估计，如果贸易冲突进一步升级，一个四口之家每年的衣服、鞋子等花费可能会增加500美元；美国贸易顾问公司估计，中美贸易摩擦令美国家庭每年平均开支增加2 300美元。换句话说，美国消费者面临失去购买质优价廉商品的机会。

世界正值百年未有之大变局，中国也面临多年少见之考验。近期有关中国企业特别是制造业外迁的报道及"唱衰"中国制造业的论调甚嚣。

关于制造业外迁问题，我做过专项调研。随着产业分工和产业布局的深度调整，有的制造业企业考虑要素价格变化情况，向劳动力以及环保等成本比较低的地方去转移。有的企业基于自身发展战略的需要，主动积极开拓国际市场，也有少数的企业是为了规避中美经贸摩擦，"洗产地"去越南等地，但通常是中低端，而且数量不大，对就业、产业链等方面的影响总体可控。

企业外迁不是说搬就搬，要考虑运营成本、产业工人、供应链配套以及交通运输等因素的影响。可以说，受综合成本制约而外迁的，比如到越南北部制鞋、服装等，原材料、半成品等产业链还在中国。相信随着一系列政策措施落地见效，绝大多数企业会继续留在中国深耕发展，也会有更多企业来中国投资兴业，谋求新的更大发展。

（二）减税降费对于中美经贸摩擦的作用

1. 减税能够有效对冲美国加征关税的负面影响。美国对中国出口商品加征关税，最直接的影响是中国商品在美国变贵了。对此，中国可以提出对相关企业相关商品进行同幅度的减税，此举将有效降低中国出口美国商品的价格，有效应对美国贸易战。

2. 中国可以通过对美国的商品征税以解决减税的资金缺口问题。如果中国采取减税措施应对美国的贸易战，有人就会认为这种方式可能成为中国对美国的转移支付，因为美国加征关税直接带来了美国财政收入的上升，而中国的补贴就构成了财政负担。因而，为了对等，中国可以对美国出口中国的商品加征总额税，规模与对国内相关企业的减税相一致，此举就可以促使中美贸易战中两国财政的对等。

减税是一箭多雕之举。中国推行减税政策，不仅可以有效应对当前的贸易冲突，而且能够向社会释放重要信号，即中国将更加重视通过减税来应对宏观经济稳定问题。

上半年实现了6.3%的区间年度增长目标。当前要针对经济运行中出现的投资、消费苗头性问题，化解面临的最大风险点，精准发力，定向施策。

建议：一是让减税降费落地生根等积极财政政策激发市场主体活力；二是坚持就业优先政策惠民生；三是妥善处理管控外部风险的负面影响；四是加快实施专项地方债支持的基建项目。

明年是全面建成小康社会的"收官"之年，要通过结构性改革进一步挖掘新动能，激发市场微观主体的积极性；面对复杂多变的国际形势，我国逆周期政策仍应适当加强，积极财政政策要有预案，优化财政支出方向，结构上疏通向实体经济传导的机制，同时加大协调防范金融风险，宜疏不宜堵，坚持精准施策；鼓励政府国企央企的创投基金投入创新创业的初期阶段项目，发挥政府杠杆的撬动作用，吸引更多社会资本合规合法地投入相关国计民生产业；积极应对中美经贸摩擦，在国际竞争战略中建立全球视野，进一步加强国际经贸规则的对接，扩大国际合作、构建双赢机制。

减税降费：有温度　能感知　实质性［见二维码6（6-5）］

二维码6

七、白景明[①]：多角度看减税

多角度看减税

（来源：《中国金融》　2019年3月16日）

近年来减税成为社会热点话题。人们对减税充满了期望，企业呼吁减税不断加码以实现转型升级，个人要求通过减税扩大消费，政府希望通过减税实现多重政策目标。在这种背景下，2013年以来减税力度渐强。然而社会上仍有观点认为减税感受不强，甚至怀疑减税的真实性。怎样看待这种现象呢？

减税是调整利益群体当期和中长期利益的改革举措。从不同角度看减税，会得出不同的价值判断。

从学理角度看，减税可被视为协调全社会利益格局的制度选择。其目的不应偏袒任一社会群体，而应尽可能让所有人都受益。不仅如此，学理上还把税收定义为公共产品供给费用，取之于民，用之于民。所以，减税本质上是公共产品供求资金调整手段，要妥善处理减税受益者与公共产品享用收益内在平衡关系。

理论上讲，减税表现为减轻税收负担，包括下调税率、缩小征税范围、税收抵免等多种方式。近年来减税主要采取的方式是调整征收范围和税率，其中最为关键的是增值税改革，约80%的减税来自这项改革。但人们疑问最大的也是这项改革减税的真实性。我国增值税改革主要包括扩大征收范围和降低税率两项措施。2017年完成了营改增改革，把所有行业纳入增值税征税范围，并把17%、13%、11%、6%四档税率归并为17%、11%、6%三档税率，2018年又把17%和11%两档税率分别降至16%和10%。从学理角度看，这些措施都是减税。具体说，扩大征收范围增加了进项税额，降低税率减少了销项税额。需要指出的是，这种减税似应首先搞清增值税税额的确定方式。增值税是对商品或劳务的增值额课税，市场主体交纳的税额是销项税额减进项税额。销项税额是市场主体售出货物时向购买者收取的增值税税额；进项税额是市场主体购进原材料、消耗固定资产承担的增值税。可见，在销

---

① 白景明：中国财政科学研究院副院长、研究员、博士生导师。

项税额为 A 时，物质耗费引起的货物和劳务税收可抵扣的越多，缴纳的税额越少。营改增是把原征收营业税的行业逐步纳入增值税征收范围；这就扩大了所有行业进项税额抵扣范围，从而减轻了税负。降低税率对增值税纳税人来讲是双重减税，即购进原材料和固定资产时税收负担减轻，销售货物时税收负担也减轻。2018 年全面实施营改增后把过去 17% 和 11% 的两档税率分别下调了 1 个百分点。

这是 2018 年减税规模扩大的一个重要因素。因为国内增值税收入占税收总额比重为 40%，而国内增值税收入近 80% 来自适用 17% 和 11% 两档税率的行业。这些行业税率下调 1 个百分点能使所有行业都受益。2019 年又要把 16% 和 10% 两档税率分别下调至 13% 和 9%。这会带来数千亿元的减税额。

从学理角度看，减税有公平负担和宏观调控两大价值，前者更为重要。公平包括量能课税和规则统一两层含义。量能课税是指税制既要能够筹措收入，又不抑制投资和消费。其中个人所得税改革在拉大级距的同时，仍保持个人所得税最高边际税率为 45%，意义在于实现公平税负，给中等收入阶层降税。规则统一是指纳税人纳税义务平等，深层次价值是不扰动投资和消费，让市场主体平等竞争，让自然人平等消费。增值税扩围打通抵扣链条体现的就是公平，个人所得税改革全国统一规则体现的也是公平。宏观调控是指通过增加市场主体和个人可支配资金来扩大当期有效需求的可能性边界进而推动经济增长。它属于税收的附加功能，带有反周期政策色彩。当前大幅度降低增值税税率，实际上既减轻市场主体投资税收负担，又减轻最终消费税收负担，最终是扩大投资和消费扩张可能性边界。

从纳税人角度看，减税的意义仅在于减轻税负。纳税人包括企业和自然人两大类。我国税收近 70% 来自企业，近年来减税主要也是减轻企业税收负担。可见减税主攻方向符合中国实际。发达经济体税收主要来自对自然人课税，比如美国，近 60% 税收源自个人所得课税、财产课税和投资课税。因此，美国历次减税（里根、小布什、奥巴马）主攻方向都是减轻个人税收负担。两种减税重点差异实际上意味着税制不同行为主体对减税感受差异会很大。然而现在虽然从学理上说增值税税率下调力度空前，减税效应渐强，而且大部分企业对减税认可，但仍有人认为减税感受很小，甚至说未减反增。同时，很多企业还认为当下的减税力度不够，应该再加大减税力度。怎样看待这种情况呢？

从企业预期角度看，税收最小化就是最优税收。但究竟什么是税收最小化，对此并没有共识性标准。企业总是抱怨减税力度不够，希望再减。有观点认为当前企业仍然面临众多经营困难，所以应加大减税力度。这一观点貌似有理实际上是非理性预期。因为企业总是会面临经营困难，照此说减税应无限期进行，显然不合理。另一方面，经营困难成因众多，很难说税负是主因。

从自然人角度看，当然也是希望税收最小化，减税主观预期值是无限度的心理预期。进一步分析，纳税人对减税的感受并不仅受心理预期影响，还与制度安排特征有关。突出表现是，减税性税制改革尽管普惠性很强，但总归是有条件的减税。因为所有课税都是有条件的制度安排。比如，增值税降税率不是所有企业减税规模都一样。大企业减税规模必定超过中小企业。因为大企业原材料购进规模和销售规模大。再如，研发投入加计扣除政策只是有利润的企业才可享受。可见，即便是符合条件的纳税人，受资金收支规模、经济活动属性特征、外部环境条件变化等因素的影响对减税的感受程度也不一样。

总之，纳税人对减税的感受是以个人预期值为依据的主观判断，带有个体利益色彩。同时，减税作为一种制度安排又是有条件的利益输送。两者形成的反差造成减税感的共识性不强。但有一点大家在认识上还是一致的，即由于减税覆盖了各大主体税种（增值税、企业所得税、个人所得税）且对小微企业又单独加大力度，纳税人还是在不同程度上得到了减税红利。减税是政府实施的制度调整。政府是受人民委托提供公共产品维护社会秩序和经济秩序、调节全社会利益格局的行为主体。因此，从政府角度看，减税是要权衡全社会利益得失，能否实现特定宏观目标。

李克强总理宣布2019年将再减轻企业税收和社保缴费负担近2万亿元。如此高强度的减税降费意在破解中国发展重大难题，具体说就是要保"三稳"，即稳就业、稳投资、稳预期。进一步说，给企业减税降费目标是力促中国经济爬坡过坎。首先，就业是民生之本，稳增长意在稳就业。中国有9亿劳动力适龄人口，是美国全部人口的3倍，劳动参与人口的5倍，但中国的经济规模却不足美国的70%，然而奇迹在于带动的就业规模是美国的5倍。回看改革开放四十年历程，中国的成功在于走出了一条高就业高增长之路。相比较而言，同为人口大国的印度困惑就在于经济增长率与就业增长率难以相向而行。当前中国经济增长进入换档期，由过去10%的年均增速调至7%左右的年均增速。从经济发展规律角度看，这属于合理的换档，而且有益于可持续发展，但面临的压力是经济增速下调就业增长率却不能下调，不仅要维持原有就业规模，还要力争年度新增就业人员1 000万以上。显然，实现这种长期高就业型增长必须有强有力的政策手段来支撑。税费收入规模变动是政府调控经济运行的基本政策工具。2019年的减税降费具有明显的就业增长刺激倾向。突出表现在把扶持小微企业列为减税降费重点，具体措施包括抓好年初出台的小微企业普惠性减税政策落实、各地可将基本养老保险单位缴费比例降至16%、对就业困难群体在三年内给予定额税费减免等。把减税降费稳就业的突破点放在小微企业身上，主要原因在于小微企业是就业吸容力最强的市场主体，同时，近年来的实践表明，减税降费给小微企业带来的边际效益最高。因为小微企业自有资金比例最低且融资成本高。可见，减税降费稳住了小微企业，也就充分发挥了稳就业功能，实现了稳增长的保民生政策目标。

其次，稳投资是继续做大做强中国经济的基础。中国经济能够保持长达40年的高增长，关键因素之一是保持了固定资产投资年均两位数的增长率。发达经济体如美国、欧洲、日本等从20世纪80年代开始年均经济增长率不足5%的原因之一就是固定资产投资年均增长率不足8%。当前中国经济正处结构调整期，三大产业都面临大规模深度转型升级压力。这意味着市场内生性投资需求仍会扩张。同时，供需结构也在发生变化，供给侧改革的核心价值就在于使供给对接需求变动，要培育发展新动能。这也意味着投资要适度扩张。然而现实问题是，近年来我国的固定资产投资增长率却呈逐步下调趋势。2017年降至7%，2018年又降至5.9%，其中民间固定资产投资增长率为8.7%。可见，固定资产投资增长率与结构转换内生性投资需求增长有较大缺口。总体看，缺口成因在于企业负债率抬升和成本上升削弱了企业投资能力。显然，这需要政策助力予以化解。增值税是所有企业都要负担的税收。特别是当一个企业处于固定资产投资扩张期时，增值税负担会急剧膨胀。而且此时又处销售低峰期，因而进项税额会占压大量资金。这直接削弱了企业投资能力。2019年将把16%和10%两档增值税率降至13%和9%，这是历年来最大幅度下调增值税税率，是力度超强的普惠式减税：一方面会大幅度减轻固定资产购置进项税负担，如购进机器设备、不动产等；另一方面也会减轻制造业特别是装备制造业的销项税收负担从而带动投资增长。尤其要看到，对处于投资扩张期的中小企业和高科技企业来说，这种减税的边际效益最高。

最后，稳预期就是树立信心和决心，只有稳住了预期才能稳住投资、稳住就业。优化营商环境是稳预期的重要手段。税费制度是营商环境优劣的主要标志之一。对市场主体来讲，税费制度不仅关系到负担高低，而且关系到是否可以展开公平竞争，同时也涉及经营地国别选择。2019年再度减轻市场主体2万亿元税费，表明中国政府要为经济发展注入制度活力，要充分保障市场主体利益增长，这实际上是一种强大的心理预期稳定剂。进一步说，从国际比较角度看，中国的企业税费综合负担率并非高水平，这种情况下还要减税降费，实质上是向全社会乃至全世界表明中国政府优化营商环境的决心和确保经济可持续发展的信心。

总之，减税是一种利益调整。站位不同立场会对减税价值产生不同判断。这些判断代表不同的价值取向，都有一定道理。必须看到，这同时也说明了一个道理，即衡量减税成效必须以多种判断中的符合全社会长期利益增长之处为依据，不能依据某一角度得出的结论作出全面推断，要看到最优的减税是能够尽量放大全社会利益的减税。

深刻认识实施更大规模减税降费的重大意义［见二维码6（6-6）］
减税增支协同加力"放水养鱼"［见二维码6（6-7）］

二维码6

八、龚辉文①：关于减税降费问题的若干认识

关于减税降费问题的若干认识

（来源：《财政科学》 2019年第4期）

自从2018年12月中央经济工作会议提出"积极的财政政策要加力提效，实施更大规模的减税降费"以来，社会上对大规模减税降费的呼声日高，政策上2019年1月就快速出台实施多项减税措施（财税〔2019〕13号），包括提高增值税起征点（从月销售收入3万元提高到10万元）；扩大小微企业所得税优惠力度和范围（减半征收的上限由年所得100万元提高至300万元，而且不超过100万元的部分的优惠力度由减半计征提高至减征75%）；允许省级地方政府对增值税小规模纳税人在50%的税额幅度内减征资源税、城市维护建设税、

---

① 龚辉文：国家税务总局税收科学研究所理论室主任、研究员。

房产税、城镇土地使用税、印花税（不含证券交易印花税）、耕地占用税和教育费附加、地方教育附加等 8 项地方税费（各地实际全部按 50% 上限减征）；扩大初创科技型企业的优惠范围等。特别是在 2019 年 3 月 5 日李克强总理《政府工作报告》中作出以降低增值税税率和社会保险费费率为主要内容的"实施更大规模的减税""明显降低企业社保缴费负担""全年减轻企业税收和社保缴费负担近 2 万亿元"的部署以后，减税降费问题更加受到社会的关注。下面谈谈笔者的几点粗浅认识。

一、关于减税的理由

从实践经验看，减税的理由大体上可以归结为以下五个方面：

一是经济出现困难，需要通过减税刺激经济。经济困难有两种情况：周期性的经济不景气，是一种长期性、全局性的经济困难，往往需要包括税收在内的宏观经济政策的逆周期调节；临时性的经济困难（如贸易战、自然灾害等引发的困难），具有短期性、局部性特征，这种困难只需要临时性优惠政策"救急"，不适宜采取长期性减税措施。

二是税负过重，需要减税。税负的轻重或高低，既可以基于"最优税率"的理论判断，也可能出于纳税人的心理感受。理论上，根据拉弗曲线，当实际税率超过"最优税率"时，由于过高的税率会抑制经济活动的积极性而使税基萎缩，税率越高，税收收入反而下降，此时就需要实施减税政策，下调税率。虽然实践上如何判断"最优税率"存在困难，但历史上，西方国家曾经错误地夸大超额累进税率对收入分配的调节作用，把所得税最高边际税率确定过高，如美国联邦个人所得税最高边际税率曾达到 90% 以上，里根执政之初为 70%，当时里根政府就是接受供给学派的代表人物阿瑟·拉弗减税思想，最高边际税率由 1980 年的 70% 降到了 1982 年的 50%，1987 年降到 28%，就是法定税率过高而降税的例证。纳税人心理上的税负过重的呼声则容易给政府形成降税压力。

三是博取选民/民众支持的政治需要。减税往往受大众欢迎，因此为获得更多民众的支持，特别是在西方国家，在权力交替的选举过程中，为了博取选民的选票，投选民所好而作出减税承诺殊为常见。这种减税，更多的是出于政治上的考量，但是如果没有其他合理由作支撑的话，最后的结果就是要么难以兑现，要么兑现以后导致不好的财政后果。在社会减税呼声较高的情况下，这种政治考量就很容易造成政策制定为舆论所绑架。

四是财政出现了比较稳定的财政盈余而减税。这是比较理想的一种状况。说白了就是政府钱收多了花不完，没必要收那么多，因此减税。现实中有这样例子，比如新加坡，2017 年、2018 年都出现较大规模的财政盈余，于是不仅在个人所得税和公司所得税方面实施一定比例（50% 或 20%）的限额退税，还对符合条件的国民派发现金红包。

五是税收竞争导致减税。在经济全球化背景下，生产要素的跨境流动日益便捷，国际税收竞争成为吸引生产要素的普遍现象。税收竞争导致相互减税，全球公司所得税法定税率的持续下降趋势就是明证。2018 年美国特朗普税改，使联邦公司所得税率从 35% 降至 21%，很大程度上就是迫于国际税收竞争的压力。这种减税因素源于外部的压力，不同于前面的四种减税因素是源于国内自身的原因，但这种外在的税收竞争正日益成为现代税制改革的推动力。

可以比较一下我国这轮减税的原因。虽然美国特朗普的减税改革，对我们有所触动，但从这轮以降低增值税税率为主的减税内容看，似乎与国际竞争因素没什么关系；财政盈余更谈不上，因为我们早已是赤字财政了。比较肯定的是，经济面临困难是我国这轮减税的主因。2018年12月19—21日召开的中央经济工作会议指出，我国"经济运行稳中有变、变中有忧，外部环境复杂严峻，经济面临下行压力"，因此，宏观政策"强化逆周期调节，继续实施积极的财政政策和稳健的货币政策，适时预调微调，稳定总需求；积极的财政政策要加力提效，实施更大规模的减税降费"。2019年《政府工作报告》也是基于对经济形势的这种判断，而作出实施更大规模的减税降费的部署。另一方面，认为我国税负重，需要大幅度减税的呼声很高，颇有舆论绑架决策、不减税不行之势。因此必需正确认识税负的高低问题。

二、关于税负的高低

关于我国税负高低的争论是个老话题，虽然存在较大的分歧，但有一点是存在共识的：按正常的税收口径，我国宏观税负（税收收入占GDP的比重）在国际比较中并不高，但企业感受的微观税负似乎比较重。一个很重要的原因是除税收以外，我国还存在大量的税外收费，反映到宏观上，如果考虑不同口径的税外收费，会有不同水平的宏观税收负担（政府收入占GDP的比重），但总的结论是这一比重并不低，并因此成为减税降费的依据。不过，税负高低与减税降费的关系有必要澄清以下四个问题：

一是在比较税负时要注意区分税与费，注意税负的同口径比较。微观上，当我们谈到企业税负时，往往讲的是企业的税费负担。这从企业角度来说，是无可非议的，因为向政府支付的，无论是税还是费，都构成企业的现金流出，都是企业经营所付出的税收成本。但从营商的制度环境的评估角度来说，税费不宜混淆，不应将"企业税费负担重"等同于"企业税负重"。因为，要调整政策，改善制度环境，就需要区分税收制度与收费制度，"费重"需要降"费"，"税重"才需要减"税"，具有税收性质的收费，则需要"费改税"，不合理的收费则需要取消。宏观上，当我们讨论宏观税负时，存在不同口径的争论，即"税收"的口径从窄到宽，由是否包括"社会保障税"（社会保险费）到是否包括财政收入中的"非税收入"、政府性基金收入以及其他政府收费等不一而足，因而会有不同的结论。需要强调的是，在进行宏观税负的国际比较时，不论采用何种口径，都应该坚持同口径比较，避免用国内的宽口径与国外的窄口径相比。

二是企业税负在国内企业之间的比较，要区分企业税负的高低是由税收政策原因造成的还是企业经营水平造成的。有一个指标经常被企业用来反映税负重的依据：企业缴纳的税款（包括间接税）占利润的比重。如有的企业税负达到百分之一千多。其实这一比重的高，很大程度上不是反映企业税负有多高，而是反映企业的盈利水平不理想。不同的指标有不同的经济含义，不能简单地就用来证明企业税负的高低。

三是企业税负的国际比较，重点不是间接税（增值税），而是直接税，特别是企业所得税。因为增值税的进口征税、出口退税机制，使各国增值税（或销售税等）税率的高低不会影响国际的企业（产品）的税负水平，其税负水平最终由消费地国家的税率决定。媒体上有一个广泛的说法，即在中国"6 000块钱的手机要缴1 020块的增值税"（按下调增值税率以前的17%标准税率计算），而美国没有增值税，所以中国企业税负重。这一说法其实是站不住脚的：中国生产的手机出口到美国，缴纳的增值税享受出口退税，在美国销售时将同美国生产的手机一样按当地的零售税税率缴纳零售税；同样的，美国生产的手机在中国销售，进口时同样要缴17%（2018年5月1日以后降为16%，2019年4月1日以后降为13%）的增值税。但直接税，特别是公司所得税税率，会直接影响国际资本的收益率，因而公司所得税税率成为国际税收竞争的重要手段，也说明为什么全球公司所得税税率一直以来都呈持续下降趋势。也是美国特朗普政府要将联邦公司所得税税率降至21%，并引起国际社会普遍关注的原因。

四是减税幅度不是取决于纳税人的需要，而是受制于财政承受能力。因为，从纳税人的角度，当然是税负越轻越好，如果可能，最好不用缴税。但现实社会需要政府的存在，需要政府提供公共服务，需要税收的存在，因此合理的税负水平取决于政府提供公共服务的水平。在既定分配格局下，降税幅度要以不影响政府提供正常的公共服务为前提。我国现行财政赤字规模已接近GDP的3%（2018年为2.6%，2019年安排的赤字率为2.8%），在经济仍然保持6.5%上下的增速情况下，财政赤字规模仍呈扩大趋势，而各项民生支出刚性特征明显，因此减税政策的设计必需考虑财政的现实承受能力，一些大幅度减税的政策建议，固然吸引眼球，也能获得大片的叫好声，但如果真的付诸实施，可能会带来巨大的财政赤字风险，而影响今后经济发展的稳定性。与此相关，税负高低作为营商环境指标之一，必需与政府提供的公共服务水平相联系。不考虑政府公共服务水平，单纯地比较税负高低有失偏颇。

实际上，就基于正常口径的宏观税负，无论从横向的国际比较，还是从我国政府实际履行的职能来说，我国宏观税负水平都不算高，可以说是适度的，不存在大幅度减税的理由：从宏观税负的国际比较看，根据OECD 2018年11月底公布的最新收入统计，2016年OECD国家含社会保障税的宏观税负平均水平为34.0%，拉美和加勒比地区的25个经济体的平均值为22.7%，而我国加上社会保险费收入计算的同口径宏观税负水平，2016年为22.54%，2017年为22.76%，2018年为23.21%，要比OECD国家平均水平低10个百分点以上，而与基本属于发展中国家水平的拉美国家宏观税负的平均值持平；从政府职能看，我国政府在中国40年的改革开放过程中发挥的作用有目共睹，履行的政府职能相对较大，存在相对较高的税收收入需求，保持适度的宏观税负水平有其必要性。

三、关于减税的财政风险

通过上述对税负问题的分析，就我国正常的宏观税负水平和实际履行的政府职能而言，确实不需要实施大幅度的减税。不过，从当前面临的比较严峻的经济形势看，我国有必要采取有一定力度的减税措施，而现实中还存在诸如行政效率不高、财政资金浪费的现象，说明还存在提高行政效率的潜能，并为减税提供一定的空间。2018年12月中央经济工作会议关于"外部环境复杂严峻，经济面临下行压力"的经济形势判断是有战略眼光的。国际货币基金组织（IMF）在2018年10月份公布的《世界经济展望》，对2019年的世界经济是持比较乐观态度的，当时预测全球经济将平均增长3.7%，但2019年1月和4月公布的《世界经济展望》已分别下调至3.5%和3.3%，反映出2019年上半年世界经济不容乐观的"复杂严峻"。因此作出实施更大规模的减税降费，强化逆周期调节是有必要的。但大规模的减税降费确实要注意财政承受能力，防范财政长期风险。

从根本上说，笔者是赞成实施轻税政策的。就如《政府工作报告》中所称的"放水养鱼"，历史上实施轻税政策可以说都有利于经济发展。因此，政府的主动降税，"放水养鱼"，是利民利企业利经济的好事，还可以倒逼政府提高行政效率。但减税的幅度与节奏，要以财政能承受为前提，要保证财政的可持续。税收是重要的宏观政策工具，具有重要的调控作用，但不应夸大其作用，税收的首要职能仍是筹集财政收入，满足政府履行公共职能的正常资金需要。其实，2019年的《政府工作报告》已经考虑到财政可持续问题，对减税专门作了资金安排：报告预计2019全年减税降费近2万亿元，并指出"这会给各级财政带来很大压力。为支持企业减负，各级政府要过紧日子，想方设法筹集资金。中央财政要开源节流，增加特定国有金融机构和央企上缴利润，一般性支出压减5%以上、'三公'经费再压减3%左右，长期沉淀资金一律收回。地方政府也要主动挖潜，大力优化支出结构，多渠道盘活各类资金和资产。"但个人认为，仅这样的考虑是不够的，从长远看可能仍然存在财政风险，主要体现在三个方面：

首先，我们的经济周期是建立在乐观估计的增长周期之上的，6.0%—6.5%的GDP增长率基本上作为经济发展周期的底线。因此在经济增长接近6.0%的底线时，就需要实施强力的"逆周期"调节，财政赤字就已逼近占GDP 3%的国际警戒线。但从长远看，经济的上升与衰退的更替有其内在的规律，加上国际环境的不确定性，经济的波动在所难免，认为我们的GDP增长率需要长期不低于6.0%，既不必要，也不现实。可以预见的是，在GDP增长率在6.5%左右，财政赤字率就已高达2.8%的情况下，如果GDP增长率出现较大程度的下滑甚至负增长，财政将何以承担？

其次，《政府工作报告》虽然作出了"开源节流"的安排，但减税措施基本上都是长期性、永久性的，而压缩行政开支、提高央企利润上缴、增发地方债和提高赤字率等为减税"筹资"的措施几乎都是一次性、临时性的。也就是说，从2019年当年来说，财政已作了资金安排，可以承受大规模的减税，但减税效应是持久的，明年、后年怎么办？财政面临可持续风险。

最后，2019年的减税是建立在前几年减税基础之上的，而且多数减税措施，譬如说营改增、2017年7月1日取消13%增值税率改征11%税率、2018年4月1日增值税率降低一个百分点、2019年5月1日增值税率从16%、10%进一步降至13%、9%，再加上2019年1月1日起将增值税起征点从月销售额的3万元提高至10万元、增值税小规模纳税人可以在50%的幅度内降低资源税等6个地方税和教育费附加、地方教育费附加等减税措施，都是长期性的，具有叠加效应。因此减税的实际规模比我们预想的要大。2018年《政府工作报告》在总结过去5年的工作成就时指出，前几年的营改增大约减税2万亿元，加上其他减税降费措施，合计减负可达到3万亿元；2018年实际减税降费规模1.3万亿元；2019年安排减税降费规模近2万亿元，可见几年来的累计减税降费规模已很可观！而且像降税率等永久性减税措施，在今后仍呈现为减税因素，对财政收入造成减收压力。与此相关的另一个问题是，减税对地方政府的影响更大，因为增值税、企业所得税和个人所得税都是中央与地方的收入共享税种，加上对增值税小规模纳税人实施资源税等8项税费减半征收的措施，对地方政府的减收影响无疑更大，将会造成更多地方财政的困难。2019年地方政府专项债券发行规模已达2.15万亿元，比上年增加8 000亿元，"继续发行一定数量的地方政府置换债券"，地方债面临持续膨胀的风险。而且，在财政支出刚性的约束下，大规模的减税措施很有可能诱使地方政府"想方设法筹集资金"，非税收入比重可能会进一步提高，取消和清理行政收费项目可能陷入"割韭菜"式的取消一批长出一批的恶性循环。这不可不察，不可不防。因此，如何加快落实《政府工作报告》中提出的收费清单"一张网"建设和财政部"加快研究制定政府非税收入管理条例"就显得更为迫切。而且，就个人意见来说，还需要更进一步，即将所有行政收费项目实施"法定"管理，通过法律确定和约束政府的收费权。

九、张斌[①]：减税降费的理论维度、政策框架与现实选择

减税降费的理论维度、政策框架与现实选择

（来源：《财政研究》 2019年5月5日）［内容有删节］

2008年金融危机爆发以来，"减税降费"始终是积极的财政政策的重要组成部分。而随着我国经济从高速增长阶段转向高质量发展阶段，供给侧结构性改革提出后，减税降费经历了从"结构性减税""定向减税和普遍性降费"到"普惠性减税与结构性减税并举"的演变过程。减税降费的规模由每年约5 000亿元扩大到2018年的1.3万亿元，2019年进一步扩大到近2万亿元。[②] 减税降费政策力度的持续增加表明其在宏观经济政策中的地位和重要性不断提高，因此也就成为社会各界高度关注的焦点和热点问题，如市场主体的获得感不强，减税降费与财政支出政策的关系，减税降费与财政可持续性及中长期税制改革如何衔接等等的问题。要厘清这些问题，首先应结合经济运行的一般规律与中国现阶段经济社会发展的特征明确减税降费政策的理论依据和政策目标；然后以此为基础分析减税降费政策的影响因素和政策框架；最后，应根据中国财税制度运行的现状，按照兼顾短期和中长期，政策调整与制度建设相协调的原则，探讨进一步完善减税降费的具体政策措施。

一、理解减税降费政策的理论维度

"减税降费"是具有中国特色的政策性表述[③]，体现了中国当前政府收入结构和企业税费负担的特征，其实质是政府与市场主体之间资源分配格局与分配方式的调整。要理解这种调整的背景、目的与具体实现机制，需要结合特定国家特定发展阶段面临的具体问题，从经济运行的一般规律及其适用条件出发对其理论依据进行深入分析，也就是回答"为什么要减税降费"的问题。

（一）减税降费的两个基本理论维度在中国的政策语境下，"减税降费"既是积极财政政策的重要组成部分，同时也是供给侧结构性改革中"降成本"的关键措施。相应的，理解减税降费政策也就存在两个既有区别又相互联系的基本理论维度：一是从财政政策的角度

---

① 张斌：中国社会科学院财经战略研究院税收研究室主任、研究员、博士生导师。
② 资料来源：历年《政府工作报告》，中国政府网，http://www.gov.cn。
③ 在理论上通常表述为减税政策，本文第二、第三部分阐述共性问题时未严格区分减税降费和减税。

分析减税降费对需求和供给的作用机制及其政策效应。从西方宏观经济学流派来看，主要有凯恩斯主义和供给学派（杨灿明，2017）。二是从总量与结构的角度分析减税降费对政府与市场资源配置格局以及对经济运行机制的影响。

1. 需求侧与供给侧。凯恩斯主义宏观经济政策的基本出发点是总需求管理，强调由于存在价格和工资刚性（粘性），市场无法出清导致经济周期性波动及政府干预的有效性。减税政策是经济下行阶段相机抉择的宏观经济政策的组成部分，其基本作用机制是在实际产出达不到潜在增长率，存在产出缺口的情况下，通过减税将政府掌握的资源让渡给市场主体以增加总需求，从而提高实际产出。为增加总需求，减税的同时也应同步提高政府支出的规模，由此导致的财政赤字由经济过热阶段的预算盈余弥补以实现周期性预算平衡。凯恩斯主义理论框架下的减税政策是应对经济周期性波动的工具，具有临时性特征而非制度性的永久减税措施。

20 世纪 70 年代西方经济的"滞涨"引发了凯恩斯主义的危机，供给学派强调市场机制的有效性和政府干预的缺陷，其减税政策强调的是改变政府与市场之间的资源分配格局，以发挥市场的效率优势刺激供给、提高产出为目标。在理论上，减税带来的短期收入下降应相应减少政府支出以维持预算平衡；即使减税的同时不减少支出，从长期看，减税带来的经济增长会导致税基扩大从而改善财政收支状况。供给学派理论框架下的减税政策着眼于从根本上调整政府与市场的资源配置格局，更倾向于永久的制度性减税。

供给学派的减税政策及新自由主义的兴起在 20 世纪 80 年代后深刻影响了西方国家的宏观经济政策，发端于里根政府的税制改革引发了世界性的减税浪潮，通过大幅下调个人所得税的最高边际税率降低高收入群体的税负，通过减少税收优惠推动税制的简化，税制呈现出强调税收的"中性"以发挥市场机制在"效率"方面的优势，而相对弱化税收调节收入分配功能的趋势。同时，随着经济全球化的发展和资本的自由流动，在经济增长的同时，劳动与资本的分配格局也发生了深刻变化，经济增长的收益分配不均，而由于资本的自由流动在客观上制约了各国通过提高资本税负调节收入分配功能的发挥。开放经济条件下国际税收竞争的压力构成了世界各国侧重于吸引资本的供给侧制度性减税的外部环境。

2. 总量与结构。无论是需求侧的减税政策还是供给侧的减税政策，其政策影响都可以区分为总量效应和结构效应。凯恩斯主义相机抉择政策框架下的减税政策更多强调经济周期不同阶段政府与市场资源配置格局的动态调整，从长周期看宏观税负水平可以保持稳定。而供给侧的减税政策在降低资本的税负以刺激投资和增加供给的同时，如果相应提高劳动和消费的税负，并不必然导致社会总体税收负担的下降。

从政府与市场关系的角度来看，由于供给侧减税政策更多采取永久性税制改革的方式，因此往往被视为结构改革（structural reform）的一部分。结构改革的目的，是通过改变制度来改进经济政策的权衡，即"采取措施改变制度框架和约束，这些框架和约束管理着市场的行为及其效果"。在实践中，结构改革体现为政府对市场采取的放松管制、促进竞争和鼓励创新的制度变革，与解决"产出缺口"问题不同，结构改革着眼于通过制度变革来提高潜在增长率。一般认为结构改革对经济增长在短期产生负作用，长期才产生正作用（阿格尼丝·贝纳西-奎里等，2015）。应当说明的是，经济运行中需求侧与供给侧都存在总量与结构的问题，尽管结构改革更多强调制度变革对潜在增长率的影响，但消除扩大消费的制度障碍，如建立更加有效的消费者保护机制理论上也应被视为结构改革的一部分。在某种意义上，也存在需求侧的结构性改革。

（二）供给侧结构性改革

1. 供给侧结构性改革提出的背景。2008年国际金融危机爆发后，中国经济增速持续下行。2007年GDP增长率为14.2%，2012年降至8%以下，2015年到2018年的经济增速由6.9%降至6.6%。① 2008年以来导致经济增速下行的原因有很多，其中有国际金融危机爆发后外需下降和近期中美贸易摩擦等需求层面的因素；但主要原因在供给层面，由于长期以来支撑经济增长的"人口红利"逐步丧失，中国的要素禀赋发生了根本性转变，改革开放以来利用劳动力成本优势不断扩大出口和高度依赖要素投入驱动的增长模式难以持续，以原有要素禀赋、制度框架、产业结构和需求结构为支撑的经济潜在增长率下降是中国经济面临的主要问题。

这就意味着当前中国经济面临的主要矛盾不是经济周期性波动带来的总需求不足，经济政策的重点不是解决"产出缺口"，而是要通过产业结构升级、创新驱动提高经济的潜在增长率，推动社会生产力水平实现整体跃升。② 因此，在中国经济由高速增长阶段转向高质量发展阶段的时代背景下，以"供给侧结构性改革为主线"成为包括减税降费政策在内的各项经济政策的基本理论依据。

2. "减税降费"的实质是重塑政府与市场的资源配置格局与配置方式。党的十八届三中全会明确指出：经济体制改革是全面深化改革的重点，核心问题是处理好政府和市场的关系，使市场在资源配置中起决定性作用和更好发挥政府作用。③ 按照这一指导思想，供给侧结构性改革的核心任务是通过制度改革进一步激发市场主体的活力，推动经济结构不断优化升级，实现经济增长由要素驱动、投资驱动转向创新驱动。④ 就财政政策和财税体制改革而言，在供给侧结构性改革理论指导下的减税降费政策的核心是相对减少政府直接配置资源的规模，优化政府获取资源的方式，这就需要稳定宏观税负水平，优化政府收入结构，推进税费制度改革。同时，还要稳定财政支出的规模，控制"赤字"和各级政府债务，优化财政支出结构，让市场主体在公平竞争的环境下获得更大的资源配置量和配置权。

需要强调的是，推动中国现阶段经济结构升级的产业政策既需要有以"后发优势"为理论基础，以政府选择特定产业进行有针对性的扶持为手段，以实现"赶超"发达国家为目标的选择性产业政策，更需要有以"为市场主导的产业发展提供服务"为目标，在消除市场壁垒，促进竞争以激励创新的同时，致力于通过普惠性政策措施和制度建设降低市场主体的交易成本和创新成本的功能性产业政策（张斌，2017）。因此，中国现阶段的减税降费政策在兼顾"结构性"和"普惠性"的同时，更应重视促进市场公平竞争的普

---

① 资料来源：2007—2017年数据来自国家统计局网站，http：//data.stats.gov.cn；2018年数据来自国家统计局：《2018年国民经济与社会发展统计公报》。

② 习近平总书记在2015年11月10日中央财经领导小组第11次会议上明确指出：在适度扩大总需求的同时，着力加强供给侧结构性改革，着力提高供给体系质量和效率，增强经济持续增长动力，推动我国社会生产力水平实现整体跃升。http：//www.xinhuanet.com//politics/2015 – 11/10/c_1117099915.htm。

③ 十八届三中全会《中共中央关于全面深化改革若干重大问题的决定》。http：//www.gov.cn/jrzg/2013 – 11/15/content_2528179.htm。

④ 2015年3月发布的《中共中央国务院关于深化体制机制改革加快实施创新驱动发展战略的若干意见》中明确指出："加快实施创新驱动发展战略，就是要使市场在资源配置中起决定性作用和更好发挥政府作用"。http：//www.gov.cn/xinwen/2015 – 03/23/content_2837629.htm。

惠性措施。

3. 供给侧结构性改革是理解"减税降费"政策演变的基本理论线索。2008年以来，随着对中国现阶段经济运行特征和规律认识的深化，减税降费政策的内涵与外延也发生了重大转变，而供给侧结构性改革是理解政策演变的基本理论线索。

从历年《政府工作报告》[①] 的表述来看，以2015年中央经济工作会议明确提出"着力加强供给侧结构性改革"为界，减税降费政策可以划分为两个阶段。2015年前，减税降费主要表述为"结构性减税"，同时配合以税费改革、清费立税和"普遍性降费"。2009年为应对国际金融危机的冲击，积极的财政政策的重点是"大幅度增加投资和政府支出"，"结构性减税"也是以扩大国内需求为目标。尽管2010年《政府工作报告》提出："继续实施结构性减税政策，促进扩大内需和经济结构调整"，但扩大内需仍然排在经济结构调整之前。

2015年后，减税降费被视为供给侧结构性改革"降成本"的重要组成部分，同时，积极的财政政策的重心也开始转向减税降费。2016年《政府工作报告》提出："适度扩大财政赤字，主要用于减税降费，进一步减轻企业负担"；2017年《政府工作报告》指出："赤字率保持不变主要为了进一步减税降费"。2018年以来，实施更大规模的减税降费政策被视为积极的财政政策"加力提效"的主要措施，从减税方式看，普惠性减税的重要性在不断提高，2019年《政府工作报告》明确提出了"普惠性减税与结构性减税并举"的原则。

二、减税降费的政策框架

如前所述，需求侧与供给侧、总量与结构是理解减税降费的基本理论维度，而供给侧结构性改革是中国当前减税降费的基本理论依据。然而，对中国这样一个处于结构转型期的发展中大国而言，宏观经济运行中的各种矛盾错综复杂，短期问题与长期问题、周期性问题与结构性问题并存。[②] 中国当前的减税降费政策要以"供给侧结构性改革为主线"，但同时也要作为积极的财政政策的重要组成部分，兼顾短期内稳定总需求的目标。因此，减税降费政策的制订与实施要有清晰的政策框架，围绕当前社会各界讨论的焦点问题，应重点关注以下三个方面。

（一）与减税降费政策相关的几个基本关系

1. 法定税负与实际税负。无论是相机抉择需求管理框架下的总量性、临时性减税，还是关注供给侧的结构性、永久性减税，减税政策通常只能通过降低特定税种法定税负的方式实现。法定税负的下调能在多大程度上转化为市场主体实际税负的下降主要取决于两个因素。

一是税收征管。在西方成熟市场经济国家，由于税收征收率和纳税人遵从度相对较高，征管因素作为政策常量的影响较小，法定税负下降可以直接体现为实际税负的下降；但在发展中国家，由于税收征收率总体较低且在不同市场主体之间存在较大差异，因此，如果减税政策实施过程中税收征管力度有较大变化，征收率的提高会抵消甚至超过法定税负下降的幅度，而且这种影响对遵从程度不同的市场主体有很大差异。征管因素影响减税政策的极端情

---

① 参见历年《政府工作报告》。中国政府网：http://www.gov.cn。
② 2018年中央经济工作会议明确指出："要看到经济运行稳中有变、变中有忧，外部环境复杂严峻，经济面临下行压力。这些问题是前进中的问题，既有短期的也有长期的，既有周期性的也有结构性的。" http://politics.people.com.cn/n1/2018/1222/c1024-30481785.html。

况是实际税负超过了法定税负,即所谓"过头税"的现象。如果将纳税人为履行纳税义务而付出的"遵从成本"也视为市场主体的税费负担,税收征管因素还应包括通过"税收营商环境"体现的税收征管流程对纳税人的影响。

二是市场机制在不同市场主体之间对实际税负的调节作用。法定税负的下降经由税收征管体现为不同市场主体实际税负的变动,但减税政策作为市场经济运行的外生变量形成了对原有相对稳定的市场运行机制的冲击,减税带来的实际税负下降的利益会通过上下游产业链、同行业企业竞争等市场机制的调整进行重新分配。如增值税税率下调后,不同企业调整其最终含税销售价格的程度会由于供求关系、市场地位的差异而有所不同。减税政策在制订时要充分考虑特定市场结构和竞争状况对不同市场主体减税利益分配的影响,但要通过政策直接干预这种影响是非常困难的。

2. 微观税负与宏观税负。如果不考虑税收征管因素,减税降费政策在导致微观主体实际税负下降的同时并不必然带来政府税费收入的下降。如果减税降费的同时经济增长,税基扩大,微观主体税负普遍下降的同时,政府税费收入的绝对额仍有可能会增加。因此,从短期看,减税降费的效果应以政府税费收入占GDP的比重,即宏观税负水平来衡量。近年来,中国减税降费政策在宏观层面取得了显著的效果,2012年后税收收入占GDP的比重呈下降趋势,2013年为18.6%,到2018年降至17.4%,降低了1.2个百分点;一般公共预算收入占GDP的比重在2015年达到22.1%的近期峰值后也开始下降,到2018年降至20.4%,降低了1.7个百分点。[①]

从长期看,如果经济增长的同时还伴随着经济结构的变化,在单位GDP税收含量较高行业的增幅较大以及适用累进税率的自然人收入增长较快的情况下,减税降费政策甚至并不必然带来宏观税负水平的下降。

3. 税制优化与减税降费。在政策制订过程中,应明确区分税制优化与减税降费。税制优化的结果既可能是减税,如个人所得税改革引入专项附加扣除制度;也可能是增税,如开征环境保护税。如果减税降费政策更多强调供给侧和结构改革,目标是调整政府与市场之间的资源配置格局和配置方式,则应采取永久性的制度性减税,此时减税降费与税制优化在很大程度上是内在一致的。而如果减税降费政策还要同时关注短期经济下行问题,目标是稳定总需求,则要注意长期税制优化与短期减税降费政策的协调。以增值税改革为例,简并税率是税制优化的要求,而在下调税率的同时为确保所有行业只减不增的"加计抵减"政策则是应对经济下行压力的短期政策。如何避免短期减税政策长期化干扰税制优化是需要高度关注的问题。

(二)减税降费的经济效应

减税降费作为政策工具,减轻市场主体税费负担并不是政策的最终目标。经过市场机制调节后实际税负下降的收益究竟由哪些市场主体获得?这些市场主体在获得政府让渡的资源后,以何种方式配置这些资源以及由此产生的经济影响才是减税降费真正的政策目标。

1. 减税降费政策的传导机制。根据减税降费的作用方式,可以将其分为选择性(结构性)与普惠性两种。作为选择性产业政策组成部分的税收优惠政策,如高新技术企业所得

---

① 资料来源:根据《中国统计年鉴2018》相关数据计算得到,2017年GDP为最终核实数,2018年数据来自国家统计局:《2018年国民经济与社会发展统计公报》。

税优惠、研发投入的加计扣除等属于典型的选择性减税,这种减税方式政策目标明确、针对性强,但政策执行的成本较高。

普惠性减税降费的覆盖面广,政策力度大,具有简便易行好操作的特点,但与针对特定行为的选择性减税相比,普惠性减税方式政策发挥作用的链条更长,政府主观政策意图与实际政策效果之间往往存在着更大的不确定性。如自然人纳税人获得个人所得税减税后会有多大比例的资金用于增加消费受到不同收入群体的消费倾向、市场环境、对未来收入预期的变动等多种因素的影响。再如增值税税率下调后,最终消费环节商品和服务含税价格的调整决定了减税效应在企业和消费者之间的分配;而在含税价格调整后企业最终获得的减税既可以用于增加投资,也可以用于雇员薪酬以提高人力资本质量,还可以增加利润分配。不同行业、不同企业在减税后资源配置决策的差异汇集在一起形成了对收入、消费和投资等经济变量直接和间接的影响。因此,减税降费政策在制订时要充分考虑在特定市场环境下的政策作用机制及其直接和间接的经济效应,慎重选择减税的税种和减税方式才能更好地实现政策目标。

2. 减税降费方式选择对市场预期的影响。减税降费政策要通过引导和影响市场主体的决策才能发挥作用,而对未来经济发展前景的预期会对市场主体当期的决策,尤其是企业投资决策有重大影响。因此,减税降费政策不仅要关注政策本身对纳税人当期实际税负的影响,还要重视政策出台方式对市场主体预期的综合效应。

从减税方式看,主体税种的普惠性减税对"稳预期"的作用要优于操作比较复杂,针对特定行业或特定行为的税收优惠政策。从政策的出台方式看,整体性、一揽子方案并按照未来5—10年减税总规模进行测算和宣传对"稳预期"的作用要优于"切香肠""挤牙膏"式的出台方式。而且,整体性减税方案不仅可以扩大政策影响,也有利于通过增强政策的确定性进一步提高政策效果。

(三)减税降费与财政的可持续性

以应对经济周期性问题,稳定总需求为目标的临时性减税政策往往同时伴随着财政支出规模的扩张,由此导致的财政赤字通常采用增发国债的方式弥补。这种短期的扩张性财政政策并未从制度上改变政府与市场之间基本的资源配置格局并有可能产生"挤出效应",但短期的临时性减税政策在理论上对财政长期可持续性的影响较小。

以供给侧结构性改革为指导的减税更多地采取永久性制度优化的方式,长期财政的可持续性是决定政策力度和规模时必须关注的重大问题。在理论上,服务于供给侧和结构改革的减税政策应配合财政支出规模的相应下调以保持赤字和国债发行规模的稳定。

但从西方成熟市场经济国家的政策实践来看,由于财政支出中对居民的福利性支出占有很高的比重,减税与减支面临的政治压力有很大差异,随着经济全球化和资本的自由流动,一国内部的收入分配差距持续扩大[①],而在国际税收竞争的压力下,又无法通过增加对资本的税负进行调节[②],就更加依赖于福利性支出以维持社会稳定。由此导致许多西方国家出现

[①] 实际上,收入分配差距的持续扩大带来的消费不足和储蓄过剩对经济运行也产生了重大影响,中产阶层和低收入阶层收入增长缓慢制约了消费的增长,而除了扩大政府的转移性支出以增加居民可支配收入外,金融机构对居民贷款规模的扩大也是支撑消费扩张的基本手段,由此导致整个社会总体杠杆率的持续增加,而收入增长缓慢的消费者支付能力不足产生的违约风险则进一步增加了金融市场的不稳定。

[②] 在国际税收竞争的压力下,在减轻资本税负以促进投资的同时,西方国家为获取财政收入开始重视增值税等间接税的作用,但间接税的累退性会进一步恶化收入分配。

了严重的"结构性赤字",而在"缺乏强有力的社会和政治层面的领导力"的国家,这种问题尤为严重(迪米特里斯·N. 肖拉法,2018)。20 世纪 70 年代以来,在新自由主义的影响下,许多西方国家的财政经历了从财税国家到负债国家的演变,这被称为熊彼特意义上"税收国家危机"的现代翻版(沃尔夫冈·施特雷克,2015)。

而随着近年来数字经济、自动化、人工智能等新技术的发展,以就业市场结构性变革为前导的整个经济社会的数字化转型方兴未艾,由此对政府来自劳动报酬的税费收入和用于失业救济与教育培训的支出将产生持续而深远的影响,加上人口老龄化的加速发展,这将对现行财政收支制度和结构以及财政的可持续性产生进一步的冲击。

因此,中国当前减税降费政策框架中最核心的长期问题是对财政可持续性的评估及其应对措施,这需要在充分总结西方国家减税政策实践的基础上,结合经济社会的数字化转型、人工智能等新技术应用以及人口老龄化等中国现阶段的具体国情,兼顾短期和长期作出合理安排。

三、中国减税降费政策的现实选择

在明确减税降费政策的理论维度与政策框架的基础上,中国现阶段减税降费政策要从当前政府收入结构、税收征管以及企业税费负担的特征出发,充分考虑人口结构、技术变革等因素对财政收支的影响,兼顾短期和中长期目标来制定具体政策方案。

(一)中国现阶段税费负担的特征

中国现阶段减税降费政策要立足国情制定符合实际的具体实施方案,需要关注当前政府财政运行与市场主体税费负担的三个基本特征。

1. 政府收入结构。作为从计划经济体制向市场经济体制转型的经济体,中国政府收入具有多样性和复杂性的特征。2017 年,财政部公布的广义政府收入为 227 570 亿元①,占 GDP 的比重为 27.7%②。其中,税收收入占广义政府收入的比重仅为 63.4%;社会保险基金缴费收入的比重为 18.6%③;一般公共预算中的专项收入、行政事业性收费与不包括国有土地使用权出让收入的政府性基金三项合计的比重为 9.3%。④

大量具有专款专用性质的收费项目背后是各政府部门的权力,复杂烦琐的涉企收费项目不仅增加了市场主体的缴费负担和遵从成本,同时也为各政府部门和政府工作人员直接干预企业运行提供了渠道,是影响"营商环境"的重要因素。因此,作为供给侧结构性改革的重要组成部分,在普遍性降费的同时,按照清费立税的思路彻底清理、取消一批收费项目,

---

① 财政部:2017 年全国财政决算——广义政府运行,http://yss.mof.gov.cn/qgczjs/201807/t20180724_2971791.html。

② 广义政府收入不包括国有土地使用权出让收入,根据财政部 2017 年全国政府性基金收入决算表,国有土地使用权出让金收入为 49 997.08 亿元、国有土地收益基金收入 1 770.71 亿元、农业土地开发资金收入 306.70 亿元,上述三项合计收入为 52 074.48 亿元,占 GDP 的比重为 6.3%。国有土地使用权出让收入还应包括新增建设用地有偿使用费,2017 年该项目转列一般公共预算,无公开数据。数据来源:http://yss.mof.gov.cn/qgczjs/201807/t20180712_2959795.html。

③ 全国社会保险基金收入 58 437.57 亿元,其中保险费收入 42 417.66 亿元,占 GDP 的比重为 4.78%;财政补贴收入 12 351.76 亿元,扣除财政补贴后的净收入为 46 085.81 亿元。数据来源:财政部 2017 年全国社会保险基金收支决算情况总表,http://sbs.mof.gov.cn/zhengwuxinxi/shujudongtai/201810/t20181030_3057886.html。

④ 2017 年,一般公共预算中专项收入为 7 028.71 亿元、行政事业性收费为 4 745.27 亿元;不包括土地出让金的政府性基金收入为 9 405.18 亿元。数据来源:财政部 2017 年全国财政决算——全国一般公共预算预算收入决算表;2017 年全国财政决算——全国政府性基金收入决算表,http://yss.mof.gov.cn/qgczjs/201807/t20180712_2959795.html。

严格规范确有必要征收的收费项目是转变政府职能，优化营商环境，激发市场主体活力的必然要求。

从中长期看，国有资本经营收益、国有土地使用权出让收益、国有资产（资源）有偿使用收入等基于社会主义公有制的政府收入与基于强制性政治权力的税费收入如何布局也是影响未来中国税制改革和市场主体税费负担的重要因素。

2. 税式支出、财政补贴与"特惠制"。从市场主体税费负担的实际分布来看，我们不仅要关注选择性产业政策框架下的各类税收优惠政策对不同行业、不同类型企业实际税费负担的影响，还要关注地方政府在招商引资过程中通过降低土地成本对大企业的隐性补贴（蒋震，2014），通过财政支出方式对特定企业的"税收返还"以及通过产业投资基金以股权投资、贴息或直接补贴方式给予符合条件企业的财政补贴。各级政府以上述直接或间接方式给予企业的实质性税收优惠具有差异化、"一事一议"和不稳定、不规范等特征，而且大部分此类优惠都是由具有谈判能力的大企业获得。

这种"特惠制"而非"普惠制"（白重恩，2018）的优惠方式体现了政府权力对市场配置资源机制的直接干预，是影响大企业与中小企业之间实际税费负担的重要因素，同时也是阻碍"市场在资源配置中起决定性作用"的关键因素。因此，以供给侧结构性改革为指导思想的减税降费政策应在规范清理各级政府各种直接和间接税收优惠政策，转变政府职能的基础上，更多采用"普惠性减税"措施促进政府与市场关系的根本性调整。

3. 税收征管与减税降费的实现方式。税收征收率的变动及其在不同类型、不同规模企业及不同收入类型（个人所得税）之间的差异是决定市场主体实际税费负担的关键因素。近年来，营改增后税制的完善、税务机关信息化水平的提升（金税三期）和国地税合并带来了征收率的显著提升。而且，由于国有企业、外资企业为主的大型企业的税收遵从度较高，因此在减税降费中受益较大；而未按法定税负足额缴纳税款，税收遵从度较低，以民营企业为主的中小企业的实际税负则有所增加。这是导致大量中小企业在减税降费后获得感不强的一个重要原因。

在总体上看，实际征收率的显著提升为更大幅度降低法定税负创造了空间，这也是推动税制优化，建立现代税收制度的必由之路。但从短期看，税收遵从度在不同类型企业之间有较大差异，而且宏观经济运行面临重大外部冲击，"稳增长""稳就业"压力增加的情况下，也确有必要采取临时性措施强调"所有行业税负只减不增"和稳定企业社保缴费方式及负担。而如何兼顾短期和中长期，处理好税制优化与应对周期性问题的短期政策之间的关系是现阶段制定和实施减税降费政策需要关注的重要问题。

（二）财政的可持续性与中长期税制优化

1. 更大规模减税降费对地方政府财政可持续性的影响。在现行财税体制下，减税降费政策同时减少了中央和地方政府的收入。近年来，随着减税降费规模的不断扩大，部分债务负担较重的地方政府已经出现了财政可持续性问题。实施更大规模的减税降费政策要充分考虑地方财政的承受能力，在相应扩大地方政府专项债券发行规模的同时，考虑到中央政府在增收节支政策空间和债务融资成本等方面的显著优势，实施减税降费政策导致的收支缺口应主要由中央负担。中央财政在加大转移支付力度的同时，应针对不同地区财政的承受能力采取更有针对性的政策措施。

2019 年开始实施的更大规模减税降费的成本主要由中央财政承担，不仅有利于控制地方政府债务风险,更是避免地方政府在财政压力下巧立名目增加非税收入和对税务机关施加压力征收"过头税"的机制保障。中央应督促地方政府根据最新减税降费的规定相应下调地方税收任务,这是落实当前减税降费政策的关键环节。从中长期看,弱化直至取消税收任务,将预算收入作为预测性指标完善预算管理是推进依法治税的制度保障。

2. 减税降费、税制优化与财政的可持续性。从中长期看,如何吸取部分西方发达国家陷入"负债国家"困境的教训,协调好当前减税降费政策与税制优化及财政可持续的关系是必须关注的重要问题。

首先,减税降费政策要坚持以供给侧结构性改革为主线,以推动经济结构调整、新旧动能转换,实现社会生产力水平的整体跃升为目标。经济的高质量发展是未来税基扩大和确保财政可持续最重要的基础。为此要从重塑政府与市场资源配置格局与配置方式的高度对减税降费政策进行明确的定位。同时,中长期税制改革还要充分考虑人口老龄化、经济数字化转型、自动化及人工智能发展对财政收支和征管带来的影响,减税降费政策的具体措施要与税制优化的趋势保持一致。

其次,减税降费政策要与税制结构优化相协调。中美贸易摩擦是2019年以来最大的外部冲击,从短期看影响的是出口需求,而从中长期看则会对长期形成的国际产业分工格局产生重大影响。应对中美贸易摩擦的治本之策是加快中国经济转型的步伐,通过扩大内需,尤其是居民消费需求进一步扩大中国的消费市场规模,使中国由国际分工链条中产品加工地逐步转换为可以与美国相媲美的最终产品消费地,从而提升中国在国际分工中的主导权。而要实现中国消费市场规模的持续扩大,以大力推进经济高质量发展增加居民可支配收入为基础,降低增值税等具有累退性的间接税的比重,推进税制结构优化将发挥不可替代的重要作用。

最后,考虑到中国人口老龄化等因素带来的财政支出压力,需要保持适度的宏观税负水平,而税收征收率提高和国有资产的存量和收益为减税降费创造的空间是有限度的。下一步要按照十九大报告对加快建立现代财政制度的要求推动预算制度改革,通过预算支出的公开、透明建立纳税人税收负担与享受的公共服务之间的有机联系,这是避免陷入"负债国家"的困境,保证中长期财政可持续的制度基础。

(三)进一步减税降费的具体措施

在2019年已经出台近2万亿减税降费措施的基础上,下一步减税降费政策要相应弱化应对经济下行的临时性短期措施,更加重视与中长期税制优化的协调,可以采取的具体措施主要包括以下内容:

1. 增值税制度的进一步优化。降低增值税税率是具有普惠性质的大幅度减税措施,也符合未来税制结构优化的方向。在税率已降至13%、9%、6%三档税率,不断完善留抵退税制度的基础上,下一步增值税改革的中心任务是将三档税率简并为两档。而随着整个经济的数字化转型,无形资产在价值创造中发挥着越来越重要的作用,行业之间界限日趋模糊,简并税率后应将标准税率的适用范围扩大至绝大部分行业,改革小规模纳税人制度,这样才能更好地发挥增值税的"中性"优势。

从中长期看,增值税标准税率是否应降至10%以下取决于未来中国政府职能的演变,更重视社会福利的欧洲国家的宏观税负水平普遍高于美国、日本等国,其增值税占GDP的比重和标准税率也相应较高。

2. 社保缴费制度改革。2018年税务机关统一征收社保费后引发的社会讨论凸显了长期以来社保制度运行中名义费率与实际费率的巨大差距。大幅降低名义费率水平的同时提高实际征收率，为企业创造公平竞争的市场环境是未来社保缴费制度改革的目标。

尽管已经出台了企业缴纳的城镇职工养老保险费率降至16%和核定调低社保缴费基数等措施，中国的社保缴费名义费率水平仍居高位，社保缴费制度运行中的问题并未得到根本解决。在当前经济形势下，采取稳定缴费方式，确保企业社保缴费实际负担有实质性下降对于降低企业的用工成本，稳定就业具有重要意义。而从中长期看，要通过社保全国统筹和由税务机关统一征收以提高实际缴费率为社保名义费率的进一步下调创造条件。

3. 降低企业所得税税率。中美两国作为超大型经济体的竞争在世界经济格局重构中发挥着主导作用。从税制竞争的角度看，对比美国目前企业所得税21%的税率，中国也有必要降至20%左右。从目前企业所得税的行业分布看，2017年，制造业的占比仅有22.06%，金融业的占比高达24.71%，房地产业占比为15.41%。① 而2016年，上述三个行业增加值占GDP的比重分别为28.82%、8.22%和6.48%。② 为进一步扶持制造业发展，可以考虑在现有西部大开发、高新技术企业和小微企业税收优惠的基础上，将制造业的税率降至15%或20%的水平。

4. 降低个人所得税最高边际税率。2018年个人所得税改革将劳务报酬所得、稿酬所得、特许权使用费所得纳入综合所得并适用最高45%的边际税率。考虑到获得上述三项所得的大多属于高人力资本的群体，从鼓励创新的角度应适度降低最高边际税率。而随着数字经济的发展，传统工业社会以雇佣劳动为主的就业方式正在被更为灵活的就业方式所替代，自然人经营所得与劳动所得的边界会逐步淡化。建议将综合所得最高边际税率降至35%，与经营所得持平。未来在条件成熟时进一步将经营所得并入综合所得。

5. 在普遍性降费的基础上重塑政府税费制度体系。在已经出台的普遍性降费措施的基础上，下一步要从转变政府职能，规范政府与市场关系的高度，结合地方税体系建设，以清费立税为原则重塑整个政府的税费制度体系。尤其是重点审查、清理强制性征收、专款专用的专项收入和政府性基金项目，这不仅有利于降低企业经营成本，改善营商环境、激发市场活力，更是推进政府收入体系和政府职能规范化、法治化的关键措施。

减税降费与中长期税制优化 ［见二维码6（6-8）］

二维码6

---

① 数据来源：根据《中国税务年鉴2018》相关数据计算得到。
② 数据来源：根据《中国统计年鉴2018》相关数据计算得到。

十、张学诞[①]：近年来我国减税降费政策效果评估

近年来我国减税降费政策效果评估

（来源：《地方财政研究》 2019年3月15日）

一、近年来我国减税降费效果的实证分析

自2016年以来，我国加大减税降费力度，减轻企业负担，激发市场活力，助推供给侧改革，促进我国经济高质量发展。本部分对2016—2018年减税降费效果进行实证分析。

中国财政科学研究院（以下简称财科院）于2018年4—6月进行了第三次"降成本"大型调研活动，对企业成本微观数据进行了系统深入分析。基于对官方统计数据和本院线上调查数据的分析发现：

（一）2015—2018年税收增速低于GDP现价增速，税费占GDP的比重呈下降趋势

税费来源于经济，GDP为税费收入的总税基，比较两者增速可以反映减税降费效果。因税收收入以现价计算，相对应的是GDP现价增速，2015—2017年两者增速情况如图1所示，2015—2018年GDP现价增速分别为6.5%、8.6%、11.2%和8.5%，均高于税收收入增速4.8%、4.4%、10.7%和8.3%，从而带来我国宏观税负的持续降低。

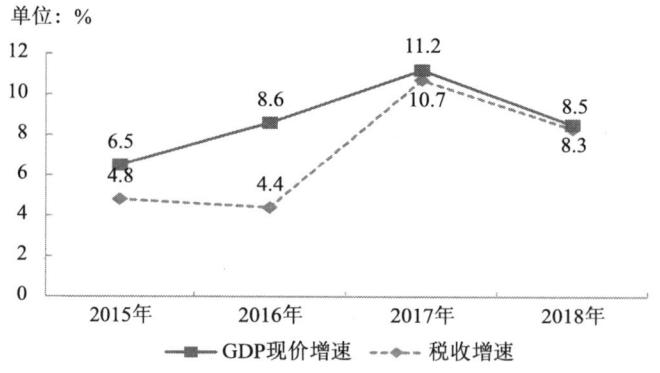

图1 2015—2018年GDP现价增速和税收增速对比图

税收收入低于GDP增长必然带来宏观税费负担的下降。考虑到减税降费仅影响一般公共预算收入和基金预算收入，本部分以扣除土地出让金收入的基金预算收入和一般公共预算收入之和占GDP的比重来反映近几年我国宏观税负变动情况，具体见图2。从中可以看出，2015—2018年，宏观税费负担分别为23.47%、22.93%、22.00%和21.51%，呈持续下降

[①] 张学诞：中国财政科学研究院研究员、博士生导师。

的态势，3 年下降了近 3 个百分点。其中，税收负担从 18.22% 下降至 17.37%，3 年下降 0.85 个百分点；非税负担从 5.25% 下降至 4.14%，3 年下降了 1.11 个百分点。

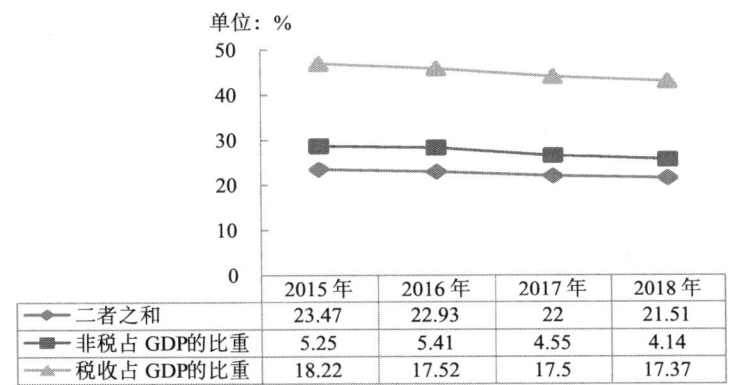

图 2　2015—2018 年宏观税费负担变动情况

我们测算了制造业、交通运输、仓储和邮政业、信息传输、软件和信息技术服务业 2015—2017 年的减税情况。制造业税收占现价 GDP 的比重从 2015 年的 22.19% 下降至 2017 年的 21.53%，下降了 0.66 个百分点，而 2017 年制造业 GDP 为 240 505.40 亿元，为此制造业 2016—2017 年共减税 1 587.34 亿元。同理，交通运输、仓储和邮政业两年共减税 40.89 亿元和 145.20 亿元，具体见表 1。

表 1　代表性行业 2015—2016 年减税效果分析

代表性产业税负	2015 年（%）	2016 年（%）	2017 年（%）	2017 年税负变动（相较于 2015 年）（%）	GDP（2017 年）（亿元）	减税（亿元）
制造业	22.19	20.98	21.53	-0.66	240 505.40	1 587.34
交通运输、仓储和邮政业	8.40	8.35	8.29	-0.11	37 172.60	40.89
信息传输、软件和信息技术服务	12.37	11.92	11.82	-0.55	26 400.60	145.20

资料来源：《中国税务年鉴》《中国统计年鉴》《中国统计摘要》以及 CEIC、WIND 数据库。

（二）样本企业"企业纳税总额占营业收入的比重"小于 5% 的企业占比呈上升趋势

财科院线上调查企业的"企业纳税总额占营业收入的比重"的分布情况如表 2 所示。从中可以看出，2017 年，61.7% 以上样本企业的"企业纳税总额占营业收入比重"小于 5%，90% 以上样本企业的"企业纳税总额占营业收入比重"小于 15%。这表明 6 成样本企业百元收入纳税低于 5 元。从时间趋势上看，"企业纳税总额占营业收入的比重"小于 5% 的企业占比呈上升趋势，从 2015 年的 58.4% 上升至 2017 年的 61.7%。

表 2　2015—2017 年样本企业"企业纳税总额占营业收入的比重"的分布情况　　单位：%

年度	<5%	5%—15%	15% 以上
2015 年	58.4	32.0	9.6
2016 年	58.0	31.8	10.2
2017 年	61.7	31.2	7.1

（三）样本企业"纳税总额占企业综合成本的比重"持续下降

样本企业"纳税总额占企业综合成本的比重"如图3所示。2015—2017年问卷样本企业"企业纳税总额占企业综合成本的比重"分别为5.52%、5.31%和5.20%，3年均值为5.34%，呈持续下降趋势。

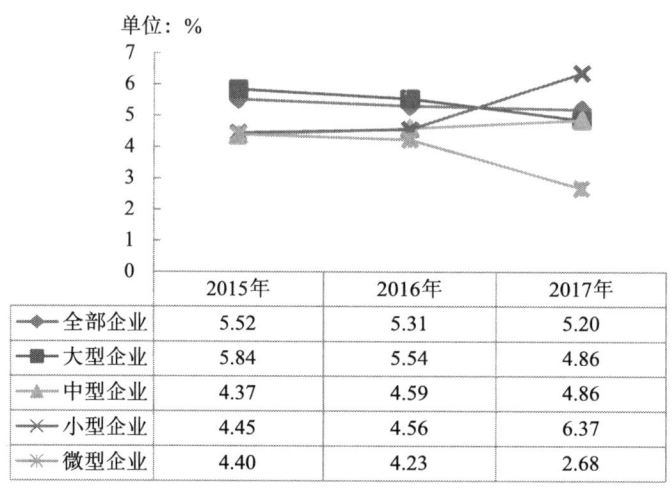

图3　2015—2017年样本企业"纳税总额占企业综合成本的比重"情况

从企业规模看，大型和微型企业"企业纳税总额占企业综合成本的比重"持续下降，而中型和小型企业"企业纳税总额占企业综合成本的比重"呈上升趋势。

（四）问卷样本企业的增值税（含营业税）税收负担持续下降，从2.35%降至2.30%

营改增是近年来涉及面最广、减税幅度最大的一项改革。无论是线上企业数据还是实地考察企业数据均显示，企业增值税负担持续下降。

线上问卷数据（见图4）显示，2015—2017年，样本企业增值税（营业税）负担分别为2.35%、2.34%和2.30%，呈持续下降趋势，3年降幅达2.1%。

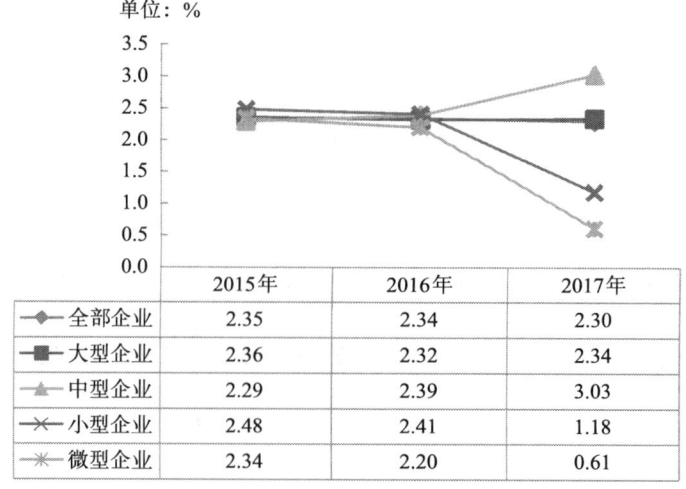

图4　2015—2017年分企业增值税（含营业税）负担情况

（五）微型企业税收负担最低，且持续下降，减税明显

从图10和图11中可以看出，微型企业税负最低。2017年企业纳税总额占综合成本费用的比重为2.68%，为各类企业最低。同样，2017年增值税负担为0.61%，也为各类企业最低。从时间趋势上看，税收负担持续下降，企业纳税总额占综合成本费用的比重和增值税负担分别从2015年的4.4%和2.2%下降至2017年的2.68%和0.61%，降幅分别为39%和72%，减税明显，说明针对微型企业的减税政策效果已经显现。

基于上述分析可以看出，我国近年来减税政策效果明显，近3年实体企业税收负担持续下降，尤以微型企业税负降幅最大，表明减税政策红利已释放，企业获得了实实在在的好处。

二、企业获得感不强的原因分析

政府自2016年以来不断加大减税的力度，出台了包括全面实施营改增、小微企业的增值税和企业所得税优惠政策、完善企业研发费用的扣除政策、固定资产加速折旧政策，以及创业就业等方面的大量税收优惠政策。初步统计，2016—2018年期间出台的税费政策约100多项。从前面分析可以看到，国家降低企业负担的减税政策可谓是真金白银。但企业获得感的确不强，社会上的减税呼声仍一浪高于一浪。为什么企业对减税政策缺乏获得感？我们认为，主要有以下几方面的原因：

（一）减税政策的效应释放存在时滞

减税政策的效应并不是即时的，由于种种因素，从减税政策出台到其效应释放实际上存在一定程度的时滞。具体看，减税政策效应存在时滞的原因主要为：

一是减税政策宣布与政策实际执行存在时滞。目前国内的多项减税政策是由国务院先宣布，但宣布的政策还需要由中央财税部门具体发文才能执行。同时，即使中央财税部门对减税政策已经发文，政策的落地还需要税务部门制定更为具体的配套征管办法。此外，地方基层税务部门在具体执行减税政策时，还需要有省级财税部门对中央文件的转发和进一步明确。因此，部分减税政策自宣布之日到企业能够实际申报并享受优惠之日之间实际上是存在一定的时滞。这种时滞往往会导致出现企业已通过媒体等渠道了解到政府宣布减税，但企业暂时还不能享受的情况，与企业的预期不一致。

二是部分减税政策效应的具体实现存在时滞。部分减税政策由于所涉及税种自身的特殊性，企业能够获得减税结果也需要有一定的时间。如企业所得税是实行先预缴再汇算清缴的制度，对于企业所得税减税政策，企业最终能够享受多大规模的减税需要等到下一年的汇算清缴时才能够确定下来。同时，部分减税政策还需要企业有相应的生产经营结果或行为才能享受，如给予小型微利企业的所得税减半征收政策，在企业亏损情况下享受不到减税的好处。再如，提高企业研发费用加计扣除比例的优惠政策，如果企业没有研发费用或研发费用很少，则该政策对企业带来的减税效应实际上没有或很低。

三是企业对减税政策缺乏了解也可能形成时滞。尽管政府实施了减税政策，但企业由于自身税务管理方面的原因，在获取优惠政策信息方面不及时，可能会导致部分企业不知道出台的减税政策或不能及时进行减免税申请备案；部分企业虽然知道减税政策，但缺乏对政策的深入理解，包括政策内涵、享受条件、办理流程等，致使一些企业没有享受到应有的减税政策好处。

（二）部分减税政策门槛高，企业享受不到，出现减税理想和现实的差距

除了减税政策效应时滞，部分减税政策的条件多、门槛高，也会导致出现尽管有减税政策，但实际能够享受到的企业很少，减税政策成了空中楼阁。

从实践看，由于政策门槛导致企业难以享受减税政策的情况主要有两个方面：

一是减税政策的条件严格，惠及面窄。部分减税政策有明确的目标对象，同时也为了避免优惠政策被滥用，所以就制定有严格的适用条件与标准。但优惠条件过于严格就容易带来惠及面低的问题。例如，对于小型微利企业的所得税优惠政策，工信部、国家统计局、发改委、财政部研究制定的《中小企业划型标准规定》对小微企业的认定标准宽，而《企业所得税法实施条例》及相关税收政策规定的小型微利企业认定标准窄，限制条件多，要享受小型微利企业所得税优惠必须同时满足年应纳税所得额不超过50万元且从事国家非限制和非禁止行业等四个基本条件。只有四个条件同时具备，才能享受优惠政策。这些条件的设定对处于起步和发展阶段的小型微利企业来说难以达到，使得小型微利企业所得税优惠虽然是宣传上的热点，但在实际执行中很难贯彻落实。再如，出台的科技型中小企业的研发费用加计扣除75%的政策，其目的是只对科技型中小企业在研发费用上给予比其他企业更高比例的扣除。为此，就需要制定科技型中小企业的相关标准，但按照相关科技型中小企业评价办法，科技型中小企业的认定须同时满足五个方面条件，条件也较为严格。此外，还有部分减税政策的惠及面很低。创业投资企业投资的抵免政策是鼓励创业创新的主要税收优惠政策之一，但在地方调研时，就有地区指出创业投资企业投资抵免政策自政策制定以来，当地只有1户企业能够享受。

二是减税受制于体制机制的障碍导致落实不足。部分优惠政策，虽然给出了相关的适用条件和标准，但这些条件或标准又过于原则化，实际上并不利于实际操作。例如，环境保护专用设备的企业所得税抵免政策，过去存在着优惠目录修订滞后，企业实际购置的环保设备与目录不相符从而不能享受优惠政策的问题。2017年对优惠目录进行了修订，从而更为符合企业购置环保设备的实际情况。但调研中企业也反映，相关条件和标准还是过于原则，不具有可操作性，基层税务机关和人员因为不具备环保专业知识，只是机械地按照目录上的设备名称等标准进行审核，导致企业难以享受此项优惠政策。

三是企业享受减税政策的成本高，部分企业缺乏参与热情。固定资产加速折旧政策有利于改善企业现金流。但一方面由于加速折旧政策给企业带来的利益不是很大，但税务和会计差异核算工作量大，相关表单填写复杂，出现问题还存在涉税风险，付出成本高；另一方面，部分企业对经营业绩有要求，如果采用加速折旧反而会影响企业利润。因此，实践中很多企业不愿意享受该优惠政策。

（三）部分减税政策的传导机制不佳

部分减税政策在整体上是明确可以减税，但由于传导机制的问题，减税结果在不同企业之间的分布则存在差别。2018年5月1日起，制造业等行业增值税税率从17%降至16%，交通运输业等行业及农产品等货物的增值税税率从11%降至10%。增值税税率降低，有利于降低商品和服务中所含税负，最终体现为最终产品和服务的价格下降。但是，由于增值税贯穿于全产业链条。如果税收转嫁不充分，税改的成效将不能得到充分体现，并引发利益在产业链上下游之间的重新分配。调研发现，增值税税率降低后，处于产业链中间环节的一些制造业企业，受上下游企业两头挤压，增值税税负虽略有下降，但企业成本上升，销售毛利下降。企业并没有获得增值税降低税率的好处，对改革颇有怨言。

以生产工业和民用高性能电加热器的某企业为例，在制造业企业增值税率下调为16%后，由于该企业下游的客户均比较强势，新税率执行后，基本都要求上游配套供应商，将增值税下降的1%价值下调产品单价让给他们。而上游一些主要原材料供应商也较强势，并没有因此而下调材料价格1%。综合来看，由于客户要求价格下降1%，而上游主要原材料没有下降，直接导致该企业实际利润率的下降。

具体看，以该企业某PTC加热器产品为例。税改前，该产品不含税销售单价为136.75元/台（含税价为160元/台），原材料不含税购进价为68.38元/台（含税价为80元/台）。据此测算，该产品应纳增值税为11.63元/台，销售毛利为68.37元/台。税率降低后，该产品的不含税价保持不变，则含税销售价为158.63元/台，含税原料购进价为79.32元/台，产品销售毛利不变，而应纳增值税下降为10.94元/台。但在实际经营中，税率降低后，下游企业要求该产品不含税销售价保持136.75元/台不变，而上游企业要求含税销售价不变，也就是说，该企业原材料含税购进价仍为80元/台，按16%的增值税税率计算，则不含税原材料购进价提高到68.96元/台。据此计算，该产品应纳税增值税下降为10.85元/台，但产品销售毛利则较税改前下降了0.58元/台。该产品月销售量约56万台，企业为此单月损失约32.6万元。这一损失完全转换为上游企业的额外收益（相关计算参见表3和表4）。

表3　　　　税改的理想状态：企业成本和毛利不变，增值税负下降　　　　单位：元/台

项目	原政策（增值税率17%）			5月1日变更后（增值税率由17%调至16%）			毛利额	增值税变动额
	含税价	不含税（含税价/1.17）	税额（17%）	含税价	不含税（原含税价/1.17）	税额（16%）		
销售	160	136.75	23.25	158.63	136.75	21.88		
采购	80	68.38	11.62	79.32	68.38	10.94		
销售-采购	80	68.37	11.63	79.31	68.37	10.94	—	-0.69

注：税率降低后，单台净现金流不变，毛利不变，增值税额下降0.69元。

表4　　　　税改的理想状态：企业成本和毛利不变，增值税负下降　　　　单位：元/台

项目	原政策（增值税率17%）			5月1日变更后（增值税率由17%调至16%）			毛利额	增值税变动额
	含税价	不含税（含税价/1.17）	税额（17%）	含税价	不含税（原含税价/1.17）	税额（16%）		
销售	160	136.75	23.25	158.63	136.75	21.88		
采购	80	68.38	11.62	80.00	68.96	11.04		
销售-采购	80	68.37	11.63	78.63	67.79	10.84	-0.58	-0.79

注：税率降低后，单台净现金流减少0.58元，毛利减少0.58元，增值税额下降0.79元。

（四）营改增后强征管机制抵消了一部分企业获得感

税收征管加强也是影响部分企业减税获得感的重要原因之一。随着国内税收制度的日趋

完善和金税工程的推进，减少了原征税中的制度漏洞和缩小了征管的弹性空间，实际上起到了扩大税基的效果。以营改增为例，在全面实施增值税制度和服务业增值税抵扣链条打通的情况下，原来不需要供应方提供发票抵税的企业需要其提供增值税专用发票，增值税抵扣链条的内在机制将过去有很大一部分业务游离在税收征管之外的企业纳入到增值税征管体系中，这些企业需要规范纳税。在原营业税制度下企业享受的不规范的部分优惠政策，在营改增后也不再存在，企业直接感受税负增加。如金融业在营改增后反映税负增加的很大一部分原因就是原有隐形优惠政策被取消。

同时，税收信息化管理的推进和完善，以及大数据分析等现代信息技术手段的运用，也挤压了原有不规范经济活动的生存空间，依法纳税的企业比例越来越高，如在增值税发票的管理上，在增值税防伪税控开票系统下，使得原有的虚开发票行为越来越难以遁形。税收信息化管理也对税务人员形成约束，减少了政策实施过程中的弹性空间。最近企业对社会保障缴费的担忧就充分反映了在征管加强后的企业负担增加问题，税收也同样如此。

随着征管法的修订完善和实施，以及税收征管信息化系统进一步发挥作用，征管加强对部分企业带来的负担增加还会延续。实际上，加强税收征管是依法治税的应有之义。因为税收征管机制增强影响的主要是部分不规范的企业、不规范的避税行为和不合法的税收筹划行为，否则就是对规范经营和依法纳税企业的不公平。因此，加强税收征管有利于构建企业公平竞争的市场环境。但由于征管加强带来的税基扩大结果，也可以为进一步实施减税政策提供基础，我们在减税政策制定中需要考虑征管加强的相关因素。

（五）经济下行期企业负担能力下降，且减税的边际效应呈现递减状况

企业的税负感受与其一定时期的负担能力密切相关。在不同时期，企业感受到的税负压力有所不同。处在经济上升阶段时，企业的产能利用率高、利润丰厚，承受税负的能力就强。在经济下行时期，企业面临产能过剩、劳动力成本提高、附加值降低、利润变薄等诸多困难，承受税负的能力自然随之下降。从财科院近年来进行的地方经济财政运行和降成本的企业调研中可以发现，企业对税费负担的感觉与国内经济形势和企业的实际经营情况存在密切联系。

随着我国经济发展进入新常态，经济增长速度从高速转为中高速，特别是2012年以来经济出现下行态势，企业普遍感受经营困难，亏损面增加，尤其对于产能过剩企业，其经营更是举步维艰。同时，企业的部分税种与经营状况相关，在经营困难时缴纳税收会自动下降相应较低负担。如增值税会随着营业收入的下降相应减少，企业无利润时也不需要缴纳企业所得税。但企业也存在着一些与企业经营状况不相关的税种，如房产税、城镇土地使用税等，税基是存量价值，税收稳定，即使企业经营状况不佳也不会降低，相当于固定成本。在经济下行、企业劳动生产率下降、利润不高的情况下，减税的幅度可能会低于部分企业盈利下降的幅度，因而企业会感觉税收负担重了。值得注意的是，在增值税制度下，企业通过转型升级提高产品附加值，也可能产生增税效果。这涉及企业如何去理解这种增税，企业产品附加值提高和增值税增税，但表明企业竞争力强，经营状况好，这种情况下的增税应是合理的。

此外，在持续实施减税政策的情况下，政策的边际效应也在逐步递减。企业对于减税带来的获得感也在逐步减弱。财科院2017年的降成本调查结果表明："约有60%的企业对48号文所出台措施表示认可，只有极少数企业不认可。"而2018年的调查结果为："接近40%

的企业对中央和地方所出台的降成本措施表示认可,认为效果一般的占50%以上,只有6%的企业认为成效较差,仍有不少企业获得感不是很强。"上述调查虽然是针对全部降成本措施,但减税作为降成本政策的主体内容,调查结果也能够表明,企业在减税政策实施初期的获得感较强,现阶段的获得感在逐步减弱。

三、未来经济形势的判断及优化税收政策的建议

(一)我国经济面临动能萎缩与衰减的风险

当前,我国经济社会处于一个非常关键的节点。从国内来看,虽然我国总体保持稳中向好的局势,但局部困难加大,诸多问题和矛盾相互叠加,给企业发展和居民生活带来很大压力。相当一部分实体经济,特别是中小民营企业利润下降、经营困难、发展无力,在生死线上挣扎的亦不在少数,尤其是自2018年7月份以来,实体经济逐渐呈现加速下滑的风险。2019年1—2月份,具有经济增长先行指标意义的固定资产投资同比仅增长6.1%,虽然增速有所回升,但增幅仍较低,如果扣除价格因素,实际增长则更低;社会消费品零售总额扣除价格因素实际增长6.7%,消费也逐渐呈现疲软和萎缩的不良趋势;规模以上工业增加值同比实际增长5.3%,剔除春节因素影响增长6.1%。从全球经济来看,不利于我国发展的因素也在增加。中美贸易摩擦、全球税收竞争、全球金融风险等因素,对我国的制造业带来新的挑战和压力,不利于我国产业结构转型升级,可能削弱我国发展动力。

总体来看,在上述内外因素的影响下,企业将会进入一个较为艰难期,国民经济活力和企业创新力将会受到抑制,产业升级和企业技术水平提升的难度加大,中小企业的经济下滑,可能对就业和居民生活水平带来不容忽视的负面影响,从而使我国经济动能面临萎缩与衰减的风险。

(二)优化税收政策的建议

在这种情况下,我国的宏观政策"闪转腾挪"的空间受到压制,货币政策难以解决动能萎缩与衰减中的深层问题,需要财政政策发挥更为积极有效的作用。在优化税收政策方面,建议如下:

1. 完善相关措施,将减税降费政策落到实处。

首先,完善增值税的减税政策。今年3月份,李克强总理在十三届全国人大二次会议上提出了两万亿的减税降费方案,并提出"将制造业等行业现行16%的税率降至13%,将交通运输业、建筑业等行业现行10%的税率降至9%,确保主要行业税负明显降低"。应尽快出台相应的配套措施,确保将减税降费方案落到实处,尤其是针对增值税税率降低,可能使生产、生活性服务业进项税额减少的状况,出台增加其税收抵扣的配套措施,确保所有行业税负只减不增。

其次,针对已出台的部分减税政策门槛高、企业享受不到的情况,完善相关措施,提升政策落地率和减税效果。主要包括:一是适当放宽减税政策的条件限制,扩大减税面。例如,针对小型微利享受企业所得税优惠必须同时满足年应纳税所得额不超过50万元且从事国家非限制和非禁止行业等四个基本条件,使得小型微利企业所得税优惠在执行中难以落地的状况,可适当简化、放松一些条件。二是及时修订相关的适用条件和标准,使其更加清晰明确,更具操作性。三是提升纳税服务水平,完善相关措施,降低企业减税申报成本,提升企业申报的积极性。

2. 调整支出结构,缓解减税带来的财政压力。如果不削减支出、不统筹资源,很难实

施较大规模的减税降费。为此，一是精兵简政，加快政府体制和事业单位改革，大力削减行政运行的一般性公共支出；二是坚持有为有不为，优化并适当减少经济建设支出；三是打造完整、统一的"大预算"，优化土地出让收入等资金的使用，提高资金的整体配置效益和财政保障能力；四是完善公共资源有偿使用制度，加快提高国有资本收益上缴公共财政比例，用于保障和改善民生；五是加快实施部分国有产权划归社保，充实社保实力，减轻财政压力；六是优化专项转移支付，减少财政补贴，提高财政资金使用效率。

3. 继续优化税制结构，统筹考虑房地产税等税制改革。按照简化税制的原则，结合下一步的增值税税率三档并两档、房地产税立法等重大改革措施，统筹考虑税制改革，继续优化税制结构，进一步破除制约我国经济社会发展的税制因素，增强国民经济活力。

4. 做好宣传、解释工作，引导市场和社会预期。围绕当前税收增幅、减税效果以及相关的税制改革热点，做好相应的宣传、解释工作，及时发布相关信息，尽可能扩大社会共识，引导市场和社会预期，减轻压力，优化税制改革的外部环境。

十一、庞凤喜[①]：论新一轮减税降费的直接目标及实现路径

论新一轮减税降费的直接目标及实现路径

（来源：《税务研究》 2019年2月1日）

一、引言

面对当前全球经济在深度调整中曲折复苏、国内经济运行稳中有变所带来的诸多不确定性，决策层面上，中共中央政治局会议早在2018年年中就提出了"六稳"的工作方向，并明确提出"研究推进大规模减税降费"，以稳定市场预期与市场信心；2018年12月召开的中央经济工作会议进一步明确指出"实施更大规模的减税降费"。操作层面上，财政部、国家税务总局等有关部门的主要负责人已多次表示"正在研究更大规模、实质性、普惠性减税降负举措"，预示着我国新一轮减税降费的序幕即将开启，其对于应对经济下行压力、支持实体经济发展无疑是雪中送炭，因而也备受社会各界的关注与期待。但相应引致的问题是，税收作为维持国家政权正常运转和社会稳定的重要且最为基本的支撑力量，减税降费将意味着财政收入下降、财政赤字扩大以及政府债务水平的上升。因此，需要我们正视的问题是，要平衡减税作用于经济的乘数效应与其所可能引致的公共风险，就必须摒弃原先长期实施的短期性、局部性与碎片化的减税政策，以全新的、更为明确的目标推动新一轮减税降费

---

① 庞凤喜：中南财经政法大学财税学院教授、博士生导师。

的有效展开。

从既有的研究看，学者们主要对近年来我国已出台的减税降费政策进行定位研判和效果评估（陈小亮，2018），指出其存在的问题及成因（杨灿明，2017），探讨新一轮减税降费的政策空间（闫坤和于树一，2018），并从降低制度性交易成本出发，分析企业减负对策的可行之道（彭向刚和周雪峰，2017；冯俏彬和李贺，2018）。

总体上看，已有文献在从宏观层面对减税降费的政策红利予以充分肯定的同时，也意识到进一步深化改革仍存在一定的体制性、机制性障碍，但对当前企业微观层面税费负担的主要来源及其形成机理的探讨尚不够深入，由此也导致对策建议或靶向不明，或流于对原有短期刺激措施的延续，亟待创新政策思路与行动路径，以实现缓解企业税费负担、振兴实体经济与优化调整税制结构的多赢。本文结合2018年10月至12月对鄂、苏、粤等地近80家企业的走访调研，就新一轮减税降费政策的直接目标及实现路径加以探讨。

二、当前减税降费政策实施的成效及主要问题

近年来，我国持续加大减税力度，逐步清理规范涉企收费，不断提升纳税服务质量。历年公布的统计数据表明，从国家层面看，减税降费工作已取得长足进展，企业税费负担及制度性交易成本总体上呈下降趋势。但从现实情况看，微观层面的减负效果在企业间具有明显的异质性。相对而言，中央企业、国有企业、高新技术企业、上市公司、"独角兽"企业、规模以上工业企业以及年纳税额在100万元以上的企业减负成效较为显著，而中小企业、民营企业以及分行业类别中的制造业、房地产业、交通运输业和住宿餐饮业的税费负担仍运行在较高点位，反映出部分减税降费措施在落地过程中还存在制度与执行层面的政策偏差。具体而言：

（一）惠企减负政策密集出台但企业获得感不强

我国近年频频推出的惠企减负政策呈现出数量大、类型多、力度不断加码等特征。以2015年至2018年出台的税收优惠政策为例，2015年与2016年国家层面出台的各项税收优惠政策文件总数分别为255项与275项，基本保持平稳。而到2017年，伴随减税降费改革的深入推进，各税种税收优惠政策文件数呈现井喷式增长，总计高达381项，其中尤以增值税、企业所得税两税种为甚，较之2016年，涉及前者的税收优惠政策文件数由97项上升至165项，而与后者有关的税收优惠政策文件数则由58项上升至82项。到2018年，增幅上虽有所回落，但税收优惠文件总数仍高达431项。

但是，减税降费效果能否充分实现，还取决于政策作用于企业生产经营行为的传导机制是否顺畅，以及行业自身特点、内外部市场环境、交易对象的议价能力等诸多因素。以增值税为例，首先，取消增值税13%的税率级次对适用税率从13%降为11%的企业而言属于明显的降负行为，但对于原材料购进方而言，则会直接导致其可抵扣的进项税额减少，且往往不得不将税负成本层层转嫁至下游企业，由此使得产业链上各环节企业实际税负水平难有明显变化；其次，增值税名义税率由17%和11%分别下调至16%和10%，对纳税人而言，理论上同样属于明显的利好消息，但如果企业所销售的商品处于买方市场，则极易出现客户压价导致减税红利被抵消；最后，为照顾中小企业的经营困难，国家不断提高增值税起征点及一般纳税人认定标准，其直接后果是，即使是经济发达省份，其小规模纳税人占比也逾八成，全国范围内这一比例自然更高，而被排斥在规范的增值税抵扣链条之外的小规模纳税人，或无法取得专用发票，或取得的专用发票只能抵扣3%，因而也大大削减了增值税税率简并及下调的降负效果。

（二）税费征管日趋规范但企业成本或大幅上升

不同于以往的结构性减税，本轮减税降费还将清理涉企收费纳入政策议题中。2018年《政府工作报告》显示，截至2018年3月，已压减政府性基金项目30%，削减中央政府层面设立的涉企收费项目60%以上。同时，税费征管体制日趋规范。

具体看，自2019年1月1日起，税务部门将统一征收各项社会保险费和先行划转的非税收入，由此，社会保险费及非税收入征缴体制机制也逐步趋于规范。首先，从社会保险费看，调整后的社会保险费征缴流程采用税式管理模式，税务部门将加大"扩面征缴"力度，利用专业优势，强化缴费基数稽核，相应地，不仅企业逃费将面临更为严厉的法律责任，而且在税务机关专业化的征管能力和手段下，大部分企业面临的社会保险费负担水平均有可能随之大幅上升，对于劳动力密集型企业、知识密集型企业，且此前未能为全体员工全额或足额缴纳社会保险费的企业，此举影响尤甚。一方面，上述企业员工工资占经营成本的比重相对较高，社会保险费基数大，社会保险费负担本身偏重；另一方面，部分员工来自农村，已享有新农保、新农合等社会保险待遇，且更注重眼前每月到手收益，但既有制度并无有效衔接，而是一律要求企业全员全额参保，企业若在"情"与"法"之间"走钢丝"，则涉费风险必将大幅攀升。因此，此次社会保险费征缴体制改革所可能带来的企业社会保险费负担跃升，一方面将进一步压缩企业利润空间，另一方面也将稀释员工的实收工资，致使部分企业可能会采取外迁、增加劳务派遣用工比例、改用机器人替代工人从而缩减用工数量等应对措施，更有甚者，部分盈利能力偏弱的企业还可能面临被迫关停的风险。

其次，依据相关法律规定，企业负有安置残疾人就业的社会责任，否则需缴纳相应比例的残疾人就业保障金。现实中，该款项已由税务部门负责征收，虽有益于基金收入及时、公平、足额地入库，但问题是，因残疾人总量及结构并不能满足现有政策设计下企事业单位对残疾人的用工需求，因此，残疾人就业保障金收费实际上构成企业重要的非税负担来源之一，甚至出现企业亲自上阵或委托中介机构争抢残疾人及花钱买残疾人证等现象，背离国家法律的创制初衷。

最后，从工会经费看，企业一方面要统一、足额上缴工会经费，另一方面又通常有60%—70%的部分被返还至企业工会账户，且被返还的资金还被指定专门用途，即企业实际负担虽只有30%—40%的水平，但企业缴费总额、缴费与返还的时间差及用途限定，将挤占企业现金流，从而抬高企业资金使用的机会成本。

（三）制度性交易成本有所下降但企业隐性负担仍居高不下

制度性交易成本是企业在遵循政府制定的一系列规章制度时所需付出的成本，属于影响企业负担的非市场性因素，与政策和法律、法规制定，以及政府机构的监管和运行效率密切相关，并成为投资者、生产经营者关注的重要问题。从世界银行最新出版的《营商环境报告（2019）》看，我国通过实施多项行政管理改革缩短纳税时间，使年纳税次数缩减为7次，纳税时间在2017年提速20%的基础上，再次提速30%，减少65小时，为142小时/年。可见，近年来，税务部门在优化纳税服务方面取得了积极成效，企业面临的税务营商环境得到明显改善，相关制度性交易成本总体上有所下降。

但我们仍需清醒地认识到：第一，制度性交易成本涉及的范围，即使是纳税方面，也远远超过世界银行《营商环境报告》所量化的内容；第二，当前企业部分显性的制度性交易成本正呈现隐性化发展态势。例如，增值税专用发票对于纳税人综合税负的形成具有举足轻重的作用，而重中之重又在于专用发票的获取与认证，在税收征纳实践中，若开票方企业被认定为走逃（失联）企业，则其开具的发票将被认定为"失控发票"，受票方将承担连带责任，对应的进项税额需转出，更有甚者，还可能会被税务机关认定为"虚开发票"，被要求补缴税款、滞纳金以及一定比例的罚款。同时，由于增值税专用发票对增值税管理及增值税收入安全的重要性，税务部门对发票管控极为严格，包括企业开票数量、票面开具限额等限制过多，企业或难以取得足额发票，或为完成一笔交易一次性开具数十张甚至上百张发票，影响企业的正常生产经营。再以军品免征增值税为例，依据《财政部国家税务总局关于军品增值税政策的通知》（财税〔2014〕28号）和《国防科工局关于印发〈军品免征增值税实施办法〉的通知》（科工财审〔2014〕1532号），申请享受该优惠的纳税人须取得科研生产许可证和增值税合同清单，并逐级审核上报，待财政部、国家税务总局最终审核并批准后，再由企业主管地税务机关通知纳税人，方能进入免税申报的办理程序，而合同清单申报办理过程复杂且漫长，加之纳税人销售的免征增值税的军品，如已向采购方开具增值税专用发票，还需将增值税专用发票追回后才能免税，导致相关企业或疲于准备相应的证明材料而放弃免税，或因难以获取合规的免税资格而无法享受免税。上述现象列举，均属于企业纳税过程中承受的制度性交易成本，且难以有效量化。

三、新一轮减税降费的直接目标：对企业纳税人实施更具实质性与普惠性的降负

为对冲国际金融危机对我国经济发展所带来的不利影响，中央经济工作会议相继于2008年、2015年、2016年作出"实行结构性减税""实行减税政策""在减税、降费、降低要素成本上加大工作力度"的决策部署。实际操作中，减税降费的突出特征体现为短期性、局部性与碎片化。因此，虽实施减税降费多年，但在达成"稳增长、调结构、惠民生、防风险"的政策目标上仍存在较大的改进空间。显然，新一轮减税降费必须摒弃传统思维与习惯套路，确立清晰的政策直接目标及其实施路径。我们认为，应通过推进整体性制度建设，对企业纳税人实施更具实质性与普惠性的降负，同时，依据税源结构的调整变化，将税源监控的重点由企业扩大到自然人，从而为税制结构的转型升级奠定基础，并为企业的实质性、普遍性减负提供操作空间。

（一）以科学、统一、普惠的制度建设取代局部性、差异化的税收优惠

回顾以往的减税政策调整，或以稳定税负为约束条件，或侧重于总量管理与临时权宜，且均选择税收优惠作为主要抓手和基本实现方式。尽管税收优惠具有操作便捷、实施成本低、见效快等优点，但是，局部性、差异化的税收优惠过多、过滥、不规范、不透明，会同时带来税基侵蚀、总体优惠规模测度不明、公平性缺失等问题。

因此，新一轮减税降费应立足于我国税费制度及征管体制改革的顶层设计，通过科学、统一、普惠的制度建设形成企业减负的长效机制。其之所以应该如此，正是因为统一而普惠可以使企业轻装上阵，并集中精力做研发、搞创新、开拓市场，做大"蛋糕"，而不是眼睛紧盯政府，试图获得各种因"人"而异、因"事"而异、局部性、差异化的税收优惠与政府补贴，千方百计参与"蛋糕"分配。以普惠性、实质性减负作为新一轮减税降费的直接目标，不仅有利于营造公平公正、开放透明的市场环境，有利于合理引导市场预期、稳定市场主体信心，还有利于在竞争中优化资源要素配置，推动新旧动能转换，逐步淘汰粗放型经济发展方式下低附加值、低技术含量、高耗能、高污染的行业企业，培育并壮大技术先进、

知识密集、附加值高、成长性好、带动性强的先进制造业,从而实现经济的高质量发展,同时,还可以避免因政策频繁变动且相互冲突引致的资源耗损。

(二)以宽基数、低负担、优结构为企业大规模减税降费拓展政策空间

长期以来,我国税负过高的问题一直为社会各界广为诟病,而这种过高又突出表现为两个方面:一是企业税负过高;二是名义税负过高。从企业税负看,则集中体现为我国税收收入直接取自企业的比重长期超过90%,其中,直接取自企业的间接税超过直接税,直接取自企业的直接税又远超直接取自个人的直接税。尽管经济学理论大都认为间接税税负可以转嫁,但实际能否转嫁及转嫁的复杂程度与理论上所讲的不同,且过高的间接税对关乎企业生死的现金流具有重要的阻滞作用,因此,企业综合税负水平与所得税税负水平过高无疑均会对企业生存境况、投资活力、研发创新能力产生不同程度的影响。简言之,企业不应成为税负承担的重心。尤其是在我国自然人所得与财富获得极大增长的情况下,我国将征管重心置于企业的状况亟待改变,而这也构成新一轮减税降费必须以对企业纳税人实施更具实质性与普惠性的降负作为直接目标最为现实的原因。对于名义税负过高而言,除税制设计之初征管能力较弱而"宽打窄用"的原因外,还与长期以来税收优惠的混乱、繁杂以及地区之间税费基数不统一、征缴力度不一致所导致的税费基数过窄,使高名义税率、费率成为保证政府财政收入的现实之选直接相关。

因此,在各项惠企减负政策频频出台但企业获得感并不强的情况下,亟待以宽基数、低负担、优结构为新一轮大规模的减税降费拓展政策空间。其基本逻辑是,唯有宽基数、低负担、优结构才能够体现税费制度的公正公平与确定统一,也才能在保障政府财力的前提下为大幅降低企业名义税率、费率腾挪空间。

(三)以规范、简便的政策执行取代政府监管的过度干预

目前,"金税三期"工程已在全国全面推广,"互联网+税务"行动方兴未艾,"放管服"改革也在向纵深推进,可以说,我国税务部门的征管条件与手段已日臻成熟,纳税便利度也在不断提升。但是,因政府与市场的关系未能理顺而造成的制度性交易成本"隐性化",仍有必要在当前行政审批事项已大幅削减的同时,从优化行政审批形式入手,推动政府行政效率与质量的提升,从而节约企业资金的机会成本与办理业务的时间成本,避免企业因繁杂且漫长的行政审批流程而贻误商机,从而有效降低企业制度性交易成本中的隐性负担和"政府失灵"所可能引致的社会风险。

因此,使企业减税降费落到实处,有必要以规范、简便的政策执行取代政府监管的过度干预。例如,在政府简政放权的同时,灵活、合理、适度地履行监管责任;细化并提高政策条款的透明度,减少政策执行中的模糊地带和信息不对称,既约束税务机关过高的自由裁量权,也降低税务机关与税务人员的执法风险;而税务机关也应注重主动作为、积极作为,维护纳税人的正当、合法权益,构建征纳双方责任共担、利益共享的协调机制。

四、新一轮减税降费的实现路径

当前,我国经济正处于新旧动能转换、由高速增长阶段向高质量发展阶段迈进的关键时期,尽管税费负担并非决定企业盈利能力的最关键因素,但财税政策的改变将最终影响到企业的生存与竞争力,而且也关系到社会稳定以及财政、经济和社会的可持续发展。因此,积极推动并落实新一轮减税降费,使企业负担得到普遍性、实质性降低,对于提振市场信心,增强经济发展的动力与活力均具有极为重要和迫切的现实意义。针对当前企业运行中的痛

点、难点,我们认为,推进新一轮减税降费的实现路径主要有如下方面:

(一)税制改革应尽快通过"简税"实现"减税"

理论和实践表明,当前和未来,我国减税的核心和落脚点应该是:尽快通过"简税"实现"减税"。所谓"简税",主要是相对于原有繁杂且区别对待的税收优惠而言上的"简"。所谓通过"简税"实现"减税",是指通过规范而统一的税制要素调整所实现的税收负担实质性、普遍性下降,其基本特征体现为"规范"与"统一"。这是因为,在原有的减税思路下,政府主要借助于大规模临时性、差异化的税收优惠政策,以放弃一部分税种、"一部分时间""一部分纳税人"的财政收入换取经济增长,不仅效果不彰,而且由此带来的扭曲市场资源配置机制、征管成本上升等,更是"所得"难以得偿"所失"。而在当前大数据等现代技术广泛应用于税收征管的有利时机下,通过尽快使税制安排更加规范、简明和公平,使征管程序更加便捷,可以进一步从技术上以"简税"推动企业实质性、普遍性"减税"。

1. 继续规范增值税并降低其名义税率水平。近年来我国不断推进的营改增改革,其主要目的是为了优化税制,消除重复征税,促进产业结构调整。尽管营改增现已全面推开,但与规范的增值税税制,即普遍征税、环环征税、单一税率、尽可能少税收优惠的理想状态相比,仍存在一定距离。

目前,增值税名义税率已简并至16%、10%和6%三档,且税率级次三档并两档已成为明确的改革方向,未来还应努力朝一档税率迈进,使增值税税率结构更加规范。而基于增值税特殊的计税依据与独特的链条抵扣机制,迫切需要尽快清理当前低效、零散、繁杂的税收优惠政策,还原增值税抵扣链条的连贯、完整。而为进一步确保增值税抵扣链条的完整性,还有必要大力缩小小规模纳税人比例,大力提升一般纳税人的总量规模,避免因小规模纳税人规模过大导致增值税链条断裂,并允许企业对正常利率标准内购进的金融服务实施税款抵扣,以实现增值税以增值额为课税对象的税制要求,并从增值税角度缓解企业部分融资难的问题。同时,在对既有税收优惠进行清理的基础上,尽快下调生产制造业普遍适用的16%的增值税税率水平。这对于在经济下行压力不断加大的情况下,订单减少、利润率下降、生产规模萎缩但固定成本难以有效降低的生产制造业尤为必要。

2. 简化、健全增值税发票管理程序。目前,增值税发票管理程序方面存在的主要问题,既有制度层面的因素,也有执行层面的因素。因此,除对增值税制进行科学设计外,税务部门还应强化主动担责、服务纳税人的意识,充分利用信息化手段,建立高效联动的风险防控机制,加强日常评估及后续监控管理,提升后续监控的及时性和针对性,跟踪分析纳税人发票使用及纳税申报情况,精准识别高风险纳税人并及时采取措施。同时,应将发达国家增值税发票管理的先进做法与经验作为重要课题加以认真研究并积极借鉴,尽早取消对纳税人获取专用发票的诸多限制,并避免善意取得发票纳税人的正当利益受到侵害。

3. 下调企业所得税税率并对小微企业统一免征企业所得税。企业所得税作为国家直接参与企业利润分配的税种,其轻重直接关系企业税后可支配利润的多寡,尤其是大量私营企业、民营企业,其税后利润分配还需缴纳个人所得税,况且,我国现行《企业所得税法》自2008年国际金融危机起始年实施,迄今已逾10年,其间,世界上大多数有影响的发达国家、发展中国家以及我国周边国家和地区均已对企业所得税税负作调降处理,而当前经济运行仍处于下行通道,如何切实为企业"松绑",改善其市场竞争环境,被摆在十分重要的地位,因此,本轮减税降费政策实施中,有必要尽早下调企业所得税税率。对小微企业而言,其经营规模小、人员有限,为按时报税、缴税,往往需要花费大量时间与人力来准备台账、申报表等财务资料,其耗费的各项资源与最终缴纳的税款极不成比例,就税务机关而言也得不偿失。因此,可考虑对小微企业完全免征企业所得税,从而既进一步将减轻企业税负落到实处,又有助于通过对小微企业的"放水养鱼"壮大税源,并促进就业。

(二)优化、调整主要涉企收费项目及其征收办法

尽管本轮减税降费已在清理涉企收费、加大对乱收费的查处和整治力度方面采取措施,但是,企业社会保险费、残疾人就业保障金、工会经费等主要的费负感受依旧未得到有效缓解。因此,有必要继续优化、调整主要涉企收费项目及其征收办法,以实质性降低企业的非税负担。

1. 做实社会保险缴费基数并大幅调低缴费率。现阶段,我国的社会保险缴费由政府、企业和个人三方共同承担,其中,企业承担的比例约占员工基本工资总额的三成。企业承担过高的社会保险费缴纳比例,不仅会抬高企业用工成本,还可能会抑制企业的创新支出以及加薪能力,而劳动要素价格上涨和创新支撑不足会共同削弱企业的核心竞争力。因此,一方面,在消化社会保险体制转轨成本上,政府必须有所担当,敢于担当,中央财政应尽快承担起基础养老金全国统筹的责任;另一方面,尽快全面推动落实社会保险费征缴体制改革,并以此为契机,重新审视社会保险责任在国家、企业与家庭及个人之间的划分,在社会保险征缴工作划归税务部门,并做实社会保险缴费基数的基础上,大幅调低社会保险费费率,以切实降低企业用工成本,减轻企业负担。

2. 科学设计残疾人用工制度。残疾人就业保障金是扶持残疾人就业、促进社会文明进步的重要资金保障,但在实际操作中,惩罚而非奖励导向的制度设计已对企业正常的用工决策造成负面影响,加之残疾人就业保障金资金收支规模、用途不透明等问题愈加突出,企业对此认同感也普遍较低。因此,有必要对各地区的残疾人实际规模进行摸底,充分了解企业对残疾人用工的需求量及需求结构,进而合理划分政府和企业在协同履行社会责任方面的边界,科学设计残疾人用工制度。

3. 降低工会经费费率并减少对其返还用途的限制。尽管工会经费占企业非税负担的比重不算高,但其先征后返以及对返还部分的使用限制过多而造成工会账户资金积压等问题,对企业而言同样属于负担。况且,随着非税收入转由税务部门统一征收,工会经费的计缴基数将相应提高,进而为进一步降低费率创造条件。例如,可规定上缴工会经费30%—40%即可,并减少对其返还款项用途的限制,以后再随情况变化作出相应调整。

(三)简政放权应由"量化改革"转向"质效提升"

打通改革落实的"最后一公里",关键在于执行。因此,有必要继续深入搜集企业等各方意见,切实从实践操作层面打造更为优质、便捷的营商环境,降低企业的制度性交易成本。具体而言,一是进一步深化"放管服"改革,削减不必要的许可、评估、审批、认证、年检等项目,放宽部分享受优惠条件企业的资质认定,打造权力瘦身的"紧身衣",塑造新型的政企关系;二是基于统一高效和服务便民的原则,精简、整合、重构审批机构,通过电子政务的方式实现审批运行过程的重塑与再造;三是转变政府职能,优化政府管理的方法和效率,实施"负面清单"制度,并提高政府相关审批事项的透明度,便于企业及时了解、早做准备;四是精简涉税资料报送,实行涉税资料清单管理,推动涉税资料电子化,从而切

实简化企业的纳税流程,缩短企业的纳税时间;五是强化政府责任意识,确保各项举措落地生根、不走样、不变形,从而充分释放改革红利,切实增强企业的获得感。

另外,还需要明确的是,在新一轮减税降费措施推进的过程中,必须重视财政支出刚性与财政赤字规模扩大等诸多约束,因此,必须注重相关配套改革。包括:应尽早建立并完善自然人税收征管体系;大力推进财政支出方面的改革,确保国家财政安全,并减少对企业实质性、普遍性降负的支出性约束;深化垄断行业价格改革,推动要素价格市场化,并关注二次受电受水企业的负担情况;取消金融机构对小微企业贷款的增值税免税优惠,改以统一而普遍的财政贴息缓解企业的融资难、融资贵问题。

二维码6

持续推进减税降费的经济社会效应分析[见二维码6(6-9)]

十二、白彦锋①:更大规模的减税与我国经济高质量发展

更大规模的减税与我国经济高质量发展

(来源:《武汉科技大学学报(社会科学版)》 2019年第4期)

一、深刻认识和把握"新时代"的特征

1. 我国市场经济体制已经基本建成,并表现出了一定的"垄断竞争"特征。党的十九大报告指出,中国特色社会主义进入新时代。自1992年党的十四大提出建立社会主义市场经济体制以来,我国市场经济体制已经初步建立,市场化程度不断提高,市场在配置资源的过程中话语权越来越强,我国市场经济发展已呈现出一定的"垄断竞争"特征。正是在这种背景下,国家近些年来大力扶持小微企业的发展,在个人所得税政策中通过专项附加扣除等多种方式减轻中低收入群体负担,使社会阶层之间保持足够的流动性,以保证国家社会经济的健康可持续发展。

2. 劳动力供给"两极化"特征明显。近年来,我国劳动力供给表现出一定的"两极化"特征,图1表示劳动供给量与工资之间的关系,其中,横轴表示劳动供给量(L),纵轴表示工资(W)。在B→A曲线段,低收入群体"抱团取暖",为了维持一定的生活水平,随着工资的降低,劳动供给量反而会增加;当工资提升到一定水平,即到达B→C曲线段,劳动供给量随着工资的提高而正常增加;当工资水平进一步提高,到达C→D曲线段时,随着高收入群体工资水平的提高反而会使得劳动力供给减少。例如,现实生活中有一些人年轻时努力工作,当他们的财富增加到一定程度时,会选择提前退休转而选择从事慈善、教育事业(如比尔·盖茨、马云等)。在这种情况下,首先要优化营商环境,鼓励"大众创业,万众创新",为成才、创业、致富创造条件。其次,当人们收入水平提高、收入差距拉大之

---

① 白彦锋:中央财经大学财政税务学院院长、教授、博士生导师。

后，一要加大对高收入人群的调节力度，二要重视对中低收入群体的最低生活保障，确保在经济有活力的基础上将收入差距控制在社会可承受的范围之内。

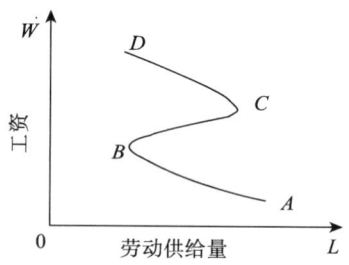

图1 劳动供给量与工资的关系

3. 市场需求呈现出个性化、多样化、高端化的新趋势。进入新时代，我国劳动力成本逐渐上升、劳动力优势不再，随着生活水平的提高，人们对于高质量产品的需求日益增多，消费需求变得更加挑剔。人们不再像过去那样围着"价廉物美"打转转，消费升级和个性化消费表现得愈加明显。同时，随着互联网、微信等新媒体的不断涌现，也要求企业的市场营销和加工制造必须适应这种圈层化社会的变化，适应消费需求个性化、多样化、高端化的演变趋势。

总体来看，消费者对市场需求的变化，促使我国经济加快转型升级，向着高质量发展迈进。而市场经济发展程度的提高和劳动力供给的"两极化"趋势，则要求财政政策更加积极，在促进经济高质量发展的同时，要一方面加强对高收入人群的调节力度，另一方面做好民生"兜底"工作。

二、正确认识当前的财政收入形势：基础原材料价格上涨助推财政增收

2018年1—9月份，全国一般公共预算收入同比增长8.7%，其中税收收入同比增长12.7%，但2018年前三季度，国内生产总值同比增长67.4%。对于财政收入、税收收入与经济增长之间的"背离"，很多人表示不解与困惑。事实上，财政收入、税收收入当中还要扣除价格因素。GDP和财政收入增幅计算口径不同，GDP增速以不变价计算，财政收入增速以现价计算，不能直接对比。比如，2017年GDP增速为6.9%，按现价计算为11.2%，比财政收入7.4%的增速高近4个百分点。

2018年上半年，GDP增速为6.8%，按现价计算为10%，而财政收入增速为10.6%，二者基本相当；7、8月份财政收入增幅已经回落至6.1%和4%，预计全年财政收入增速会低于以现价计算的GDP增速。进一步来看，2018年前三季度，全国规模以上工业企业利润同比增长14.7%，增速比1—8月份减缓1.5个百分点。统计显示，1—9月份，在41个工业大类行业中，34个行业利润总额同比增加，7个行业减少。其中，石油和天然气开采业增长4倍，黑色金属冶炼和压延加工业增长71.4%，有色金属冶炼和压延加工业下降16.5%，汽车制造业下降3.8%。同时2018年1—9月份，全国国有及国有控股企业（以下简称国有企业）经济运行态势较好，偿债能力和盈利能力比上年同期均有所提升，利润增幅高于收入8.9个百分点，钢铁、石油石化、有色等行业利润增幅较高。可见，我国2018年1—9月份财政收入和税收收入的快速增长，从所有制成分上来看，主要得益于国有经济的快速发展；从企业规模上来看，规模以上企业要好于中小微企业，这表明，在国内外经济形势错综复杂的情况下，大型企业抗风险能力更高，而中小微企业通常善于"顺风驶船"，在经济形势压力增加时，更需要财税政策扶持一把；从行业类别上看，主要受益于基础原材料的快速增长。也就是说，我国财税收入的快速增收，是前期国家供给侧结构性改革加大对"小乱散污"企业治理的结果，也是国家"蓝天保卫战"环保成本上升的必然反映，同时也是全球基础原材料价格有所抬头的结果。总体来说，财税收入的快速增长主要是规模以上国有经济贡献的。但是，为了进一步提高经济增长质量，需要激发民营经济的投资积极性、稳定外资增长预期，同时，还要防止上游价格的快速上涨对中下游行业的价格传导，保持价格总水平基本稳定。

从某种意义上讲，对"小乱散污"企业的治理，使得民营经济和小微企业出现了所谓的"经营困难"问题，遭遇了"市场的冰山""融资的高山"和"转型的火山"。事实上，不管是国有经济还是民营经济，都是中国自己的企业，"手心手背都是肉"，金融部门和监管机构在面对国有企业和民营企业时应当一视同仁，使之保持"竞争中性"。国务院促进中小企业发展工作领导小组第一次会议指出，目前我国中小企业具有"五六七八九"的典型特征，即贡献了50%以上的税收、60%以上的GDP、70%以上的技术创新、80%以上的城镇劳动就业、90%以上的企业数量，是国民经济和社会发展的生力军，是建设现代化经济体系、推动经济实现高质量发展的重要基础，是扩大就业、改善民生的重要支撑，是企业家精神的重要发源地。

在这种情况下，必须强调"两个毫不动摇"，即必须坚持和完善我国社会主义基本经济制度，毫不动摇地巩固和发展公有制经济，毫不动摇地鼓励、支持、引导非公有制经济发展。当前经济形势下，国有经济的日子相对好过一些，但这时也更需要"拉民营经济一把"，这也是财政政策更加积极的内涵所在。换句话说，保持对中小微企业的财政扶持力度，也是与稳预期、稳就业等"民生"工作一脉相承的。

三、我国地方经济存在"双重讨好"模型

关于我国国有经济和民营经济之间的关系，近来社会上出现了一轮讨论的热潮，这也可以看作是我国社会主义市场经济发展到一个新阶段之后，人们对于下一步我国经济发展的一场"大讨论"，有助于推动我国经济高质量健康发展。有学者认为，中国出现了"政策扶持部门"和"市场部门"的新二元经济情况。由于国有经济效率比较低，而民营经济效率相对较高，政府通过向民营经济收取税费进而对国有经济进行补贴。但由于财政补贴的边际效用递减，为了维持补贴效力，就需要持续增加补贴规模，从而导致民营经济负担加重，使中国的财政政策陷入财政刺激陷阱当中。

实际上，这种逻辑可能并不成立，或者这种逻辑方向至少并不是单向的。这是因为，第一，中国很多地方政府为了招商引资，工业用地基本都是零地价，同时，地方政府对于企业社保缴费，总是尽量从低，中国的工会组织从大局出发，也很少像国外那样动辄给企业施加压力。这样算下来，企业在我国投资兴业的综合成本还是明显偏低的。也就是说，对于企业来说，我国在低成本、降成本方面还是有着综合制度优势的。第二，就国有企业和医院、学校等事业单位来说，他们其实有着强烈的"讨好"地方政府的冲动。因为我国行政主导的管理体制，容易导致很多资源向政府部门集中。例如，2018年个人所得税制改革之后，一些地方及一些人可能无法享受到政府的减税大礼包。这是因为，在综合个人所得税制之下，地方医院和学校等事业单位会将个人工资以外的收入尽量纳入税基，或者会将纳税人过去通过发票报销取得的收入货币化，这样做都是为了保证医院、学校等单位对地方政府的税收和财政贡献，从而赢得地方政府部门对于相关单位乃至个人发展的支持。国家税务总局《关于严格按照 5 000 元费用减除标准执行税收政策的公告》（国家税务总局公告 2018 年第 51 号）就在一定程度上印证了减税政策在执行过程中遭遇制度惯性的"尴尬"。这一方面说明地方政府的财政压力有向地方事业单位传导的可能，另一方面从客观上使得地方事业单位"讨好"地方政府，弱化了国家减税的政策红利。可以说，国家减税的政策红利之所以有被弱化的可能，是因为地方财政收支缺口的客观压力所致。

总体来看，这就形成了"地方事业单位讨好地方政府、地方政府讨好本地企业"的中国地方经济"双重讨好"模型，说明我国国有经济和民营经济其实都是在同一起跑线上竞争。

四、我国国有企业和民营企业之间存在良性互动

我国国有企业和民营企业之间存在良性互动关系，这种良性互动在二者之间成功搭建起了激励相容机制，这应该是改革开放 40 年来我国混合所有制经济取得成功的重要原因，是经济快速发展的成功秘诀之一。在过去的 10 余年间，澳大利亚多家上市公司通过利用计算折旧、盈亏抵免等税收优惠，很少缴纳企业所得税。与之不同的是，我国国有企业客观上避税动机很弱，如上文所述，国有经济甚至还有尽量向国家多上缴税费的动机，"贡献"带有主动而为的色彩。这样一来，民营企业即使避税动机更加强烈，在同一市场环境下，其避税行为也会有所收敛。国有企业竞争效率相对较低，然而，在"同台竞技"的民营企业的压力之下，国有企业也会尽量提升效益和质量。这样，在税收和经营效益上，国有企业和民营企业之间其实形成了良性互动关系，是"标尺竞争"理论在中国的具体体现。

在厘清我国社会主义市场经济体制下国有经济和民营经济之间的内在关系之后，我们才能排除干扰、放下羁绊，认真思考如何通过积极财政政策助推我国经济高质量发展的问题。

五、积极财政政策：减税与增支比较

李克强总理在 2018 年第十二届夏季达沃斯论坛开幕式上致辞表示，我国积极的财政政策将更加积极，在扩内需和调结构上发挥更大作用，继续推进减税降费。不仅要坚决落实已出台的降低企业税费负担的政策、坚决制止给企业增加新的负担，还要研究明显降低税费负担的政策。财政部部长刘昆也指出，全面落实已出台的减税降费政策，同时抓紧研究更大规模的减税、更加明显的降费措施，真正让企业轻装上阵、放手发展。税收影响人们的收入，历来不被人们所欢迎，不管什么时候问纳税人，回答总是"税负重""负担重"，因此，减税几乎是一个永恒的话题。中华人民共和国成立以来，我国对税收的态度经历了"税收无用论"到"税收万能论"的两种极端，直到今天，"税收本恶"应该是人们对于税收的基本认识。但是，现代经济的发展，无论如何都绕不开税收话题，在这一点上，古今中外的人类社会都概莫能外。

减税和增支都是积极财政政策的具体措施。比较起来，减税的政策路径快捷、政策时滞较短，而财政支出作用路径长、时效慢，从财政收入到财政支出的过程当中还容易形成制度损耗，并会滋生"跑部钱进"等问题。因此，减税政策是首选。当然，减税直接冲减收入，容易在"财政收入和财政支出"之间形成绕开预算的"直通车"，也可能存在"萝卜快了不洗泥"的问题。此外，纳税人享受到减税"红利"的前提是有收入且是纳税人。对于中低收入群体来说，如果月收入低于个人所得税每月 5 000 元的免征额，那么税改提高免征额对他们来说只能是旁观者；同时，对于本次税改新增的专项附加扣除，对于低收入群体来说似

乎也只能"围观"。同样的道理，在企业所得税当中各种税前扣除、企业研发费用税前加计扣除、固定资产加速折旧等税收优惠，也都是以纳税人盈利作为受益的前提条件的。从这种意义上说，增加对中低收入群体的财政补贴可以与减税政策搭配使用，实现对各种收入群体的全覆盖。

具体来看，我国当前的宏观税负和微观税负都存在进一步完善的空间。但是，新一轮的减税改革必须既要"面子"又要"里子"，在建立科学现代财政制度的框架内进行，向着高质量发展的税制结构迈进。

第一，在税种数量上，按照最优税制的要求，发挥好我国多层次、多环节复合税制的优势。改革开放之后，我国在税制建设上曾经从"税收无用论"走向了"税收万能论"的极端，使我国税种数量一度超过了30个。几乎每个部门都要开征一个颇具本部门特色的税种，似乎有了部门税收，部门才有钱、有权，才好行使本部门的职能。近年来，随着我国市场经济的发展，我国大幅削减了筵席税、固定资产投资方向调节税等阶段性调控的税种，使我国的税种数量下降到了20个以内。但是，我国现行税制当中一些税种收入规模过小，还存在进一步简并的空间，否则，随着我国税收法定主义进程，一些小税种随着立法进程有可能"转正"，使得税制"虚胖"，又增加了未来简化税制的难度和成本。例如，可以考虑将车辆购置税、烟叶税等并入消费税，将契税并入印花税，将城镇土地使用税并入资源税，将土地增值税、房产税简并为房地产税，这样将使我国税种数量由近20个大幅压缩至10个左右，在一定程度上摆脱税收过多的"恶名"。

第二，逐步提高直接税的比重。2018年以来，美国针对包括我国在内的很多贸易合作伙伴发起了贸易战，大幅提高了我国输美产品的关税水平。针对这种情况，逐步降低我国增值税的税率，同时简并税率，在目前已由17%、13%、11%、6%四档简并降低为16%、10%、6%三档的基础上，可以进一步向两档简并降低。这样做，一是有助于简化增值税，发挥好增值税中性税种的作用，减少增值税"高征低扣、低征高扣"等抵扣链条面临的问题。二是随着增值税税率降低，减轻增值税筹集财政收入的压力和"一税独大"的风险。三是降低间接税，增加个人所得税和企业所得税，推动我国逐步提高直接税比重的优化调整。近年来，我国增值税、消费税等间接税增速通常维持在一位数，而个人所得税和企业所得税却保持了两位数的增速，这就表明我国税制结构在逐步向着十八届三中全会提出的间接税与直接税并重的方向"趋势性"改善。美国等发达经济体税制以所得税特别是个人所得税为主，目前正在承受其经济空心化带来的影响。产业结构从"一二三"到"二三一"再到"三二一"，虽然是客观经济规律，但是对于大国来说，农业、加工制造业、服务业等三次产业之间保持相对均衡仍然十分重要。近年来，美国金融业畸形发展，美国还通过美元汇率调整"翻手为云覆手为雨"，在新兴经济体陷入金融危机之后以救火队员的形式出现，低位扫货再拉高出货，大幅攫取超额收益。但是，随着新兴经济体实力的不断增强，美国故伎重演难保不露马脚，其美元霸权越来越多地遭受到包括其贸易伙伴在内的阻击。美国试图通过"再工业化"重振美国经济，这就警示我们必须保持第二产业和第三产业之间的产业平衡，同时保持好间接税和直接税之间的税制平衡。四是降低增值税，对冲美国对我国输美产品加征关税的负面影响，保持对外贸易健康持续发展。与加征关税相配合，美国近期宣布启动退出万国邮政联盟程序，阻止外国商品廉价涌入美国，从而重振其制造业。这种逆全球化、违背经济规律的做法虽然注定会失败，但是我国有必要通过增值税简并税率改革和提高出口退税率改革对出口产品给予火力支援。这样看来，我国增值税的减税就是"趋势性减税"，与我国前些年车辆购置税的"阶段性减税"性质迥异。

第三，降低个别税种的最高边际税率，增强纳税人对国家减税改革的获得感和幸福感。例如，2018年我国个人所得税法修订之后，综合所得最高边际税率仍然高达45%，甚至高于美国。未来可以按照"低税率、宽税基、少优惠、严征管"的最优税种标准降低最高边际税率，同时不断提高税收征管水平，实现对高收入群体的有效征管。近来国家对影视明星的"税收风暴"行动就有助于缩小居民收入差距，保持社会各阶层之间的合理流动性，是真正的长治久安之策。此外，我国土地增值税还有60%的高税率，随着国家"房住不炒""坚决遏制房价上涨"等措施出台，有助于为房地产市场降温，也为土地增值税改革提供了有利的外部市场条件。

此外，按照国务院的统一部署，社保费收缴职能近期划归税务部门。这样一来，我国税务部门就实现了对税收收入和非税收入的统一征管，与美国国内收入署类似。这一政策引起不少企业的恐慌，原因是我国社保费率水平"虚高"，民营企业和外资企业基本都是按照地方政府规定的最低水平缴纳的。《中国企业社保白皮书2018》显示，企业社保缴费基数合规企业比例呈现两极分化，一方面，社保基数完全合规的企业增加至27%，比上年小幅提升3个百分点；另一方面，仍然有31.7%的企业统一按最低基数下限参保。而未来税务部门一旦据实征收，将使这些企业的用工成本翻番。国有企业规范水平较高，政策变化对国有企业用工成本基本没有什么影响，这就使得社保征缴改革成为民营企业和外资企业的又一场"生死局"。

税务部门和地方政府因此也陷入了两难境地。严格依法征收，民营企业和外资企业征缴水平向国有企业靠拢，后者无法生存，而不严格依法征收，则将可能面临怠政渎职的风险。为此，只有在加强全国统筹和严厉打击偷漏费"双管齐下"的同时，使虚高的社保缴费水平"落地"，甩掉中国企业负担过重的"恶名"，既给予企业稳定预期，又保证全国范围内社保体制的可持续运行。

十三、樊勇[①]：总体规划，实现政策效果最大化

总体规划，实现政策效果最大化

（来源：《中国税务报》 2019年1月11日）

如何实施较大规模的减税降费改革，实现经济高质量增长，是当前学术界和业界关心比较多的话题。有些方面，大家的意见和看法还不完全一致，容易引发一些讨论甚至非议。个

---

① 樊勇：中央财经大学财政税务学院党委书记、教授、博士生导师。

人认为，要辩证考虑以下一些关系，才能有效地实现减税降费的政策目标。

一是税收与支出。税收跟支出的相互联系，是通过预算管理建立起来的，这种联系可以是短期的，比如年度预算，也可以是中长期的，比如中长期预算，因此减税应该反映在预算管理上，这样有利于提高减税的科学性、透明度和政策预期，进而实现既定政策目标。但遗憾的是，目前编制的还是年度预算，中长期预算在制度和技术上还没完全建立起来，因此减税以及对减税的预期主要还停留在短期目标内。

二是减税与减负。一般来说，减税指由于税收政策变化带来的少征税款，即税负下降。但由于经济增长等因素，多年来，我们的税收收入都是增长状态，这里就容易产生一些误解，认为减税就是要实现税收负增长。现实中，不同类型的税负衡量口径比较多，经济含义也不一样，容易引起认识上的不一致或不可比性，需要厘清。

三是税收与价格。税收是价格的组成部分，因此减税可以通过降低生产成本，增加企业利润，进而影响经济行为。但这里的前提条件是市场充分竞争、税负的不可转嫁等外部因素的存在，如果没有这些前提条件，税收的调控作用就会出现偏差，而这种偏差往往都认为是税收政策变化失败的结果。而且现在行为经济学一些观点认为价格并不能全部决定经济行为。

四是税收与征管。这包括两方面问题：第一，征管能力能否适应或匹配税制改革后新税制的需要，就是减税政策的落地问题，如果征管不能适应这种变化，减税的效果就不可预测。第二，在减税过程中出现的一些问题并不是税收政策本身带来的，而恰恰是征管落实税收法定原则的内在要求。比如，个税改革带来的房租税收问题，营改增带来部分金融行业所谓税负上升问题。税收法定首先是有法可依，有法可依后必然就要做到有法必依，执法必严，违法必究，否则就违背了法治精神。税收政策和征管都需要全面完整地落实税收法定原则。

五是落实较大规模的减税降费还需要考虑税种跟税种之间、税种与其他收费改革的联动，以体现整体效应。

总之，我们要推行的大规模减税降费改革是一项系统工程，应做到顶层设计，总体规划，避免碎片化和正负相抵效应现象的产生，这样才能实现政策效果的最大化。

增值税减税：要落地，更要生根［见二维码6（6-10）］

二维码6